# Beklenmeyen Misafirler: Suriyeli Sığınmacılar Penceresinden Türkiye Toplumunun Geleceği

I0126999

# Beklenmeyen Misafirler: Suriyeli Sığınmacılar Penceresinden Türkiye Toplumunun Geleceği

Derleyenler:

Bilhan Kartal ve Ural Manço

TRANSNATIONAL PRESS LONDON

2018

Beklenmeyen Misafirler: Suriyeli Sığınmacılar Penceresinden Türkiye
Toplumunun Geleceği
Derleyenler: Bilhan Kartal ve Ural Manço

First Published in 2018 by TRANSNATIONAL PRESS LONDON in the United
Kingdom, 12 Ridgeway Gardens, London, N6 5XR, UK.
www.tplondon.com

Transnational Press London® and the logo and its affiliated brands are
registered trademarks.

Paperback
ISBN: 978-1-910781-53-1

Cover Design: Gizem Çakır
Cover Photo: Altay Manço

www.tplondon.com

# KATKIDA BULUNANLAR HAKKINDA

**Kadir Canatan** Nevşehir-Hacıbektaş doğumludur. Rotterdam Sosyal Akademi'de Sosyal Hizmetler, Rotterdam Erasmus Üniversitesi'nde Sosyoloji, Hür Amsterdam Üniversitesi'nde ise Batılı Olmayan Toplumların Sosyolojisi ve Kültürel Antropolojisi alanlarında lisans ve yüksek lisans eğitimi aldı. 2001 yılında "Hollanda'da Türkiye Kökenli Sivil Toplum Örgütlerinin Gelişimi ve Liderlik" adlı tezini savunarak Rotterdam Erasmus Üniversitesi Sosyoloji Bölümü'nden doktor. unvanını aldı. Doktoraya paralel olarak ve doktora sonrasında Utrecht Devlet Üniversitesi ve bazı araştırma kurumlarında görev aldı. 2005 yılında Hollanda'dan Türkiye'ye kesin dönüş yaptı ve Balıkesir Üniversitesi Sosyoloji Bölümü'ne öğretim üyesi olarak atandı. 2013 yılında İstanbul Yıldız Teknik Üniversitesi Sosyoloji Bölümü'nde geçen Prof. Dr. Canatan buradan emekli oldu. Şu an İstanbul Sabahattin Zaim Üniversitesi Sosyal Hizmet Bölümü'nde görev yapmaktadır. Yayınlanmış çeşitli telif eserleri, tercüme kitapları ve makaleleri bulunan Prof. Dr. Canatan; azınlıklar, çokkültürlülük, entegrasyon, göç gibi konular başta olmak üzere sosyoloji alanında pek çok çalışması bulunmaktadır. Son yıllarda yaptığı çalışmalarından bazı örnekler şunlardır: Aile Sosyolojisi (ed.), Beden Sosyolojisi (ed.), Mukaddime: Klasik Sosyal Bilimler Sözlüğü, Avrupa'da Çokkültürlülük, Entegrasyon ve İslam, İbn Haldun Perspektifinden Bilgi Sosyolojisi, Avrupa'da Ulusal Azınlıklar: Hollanda-Friesland Örneği, İslam Siyaset Düşüncesi ve Siyasetname Geleneği, İnsan Fenomeni, Beyan Sosyolojisi, Beyan ve Beden, Kendi Gözlerimizle Görmek.

**Cansu Akbaş Demirel** Ankara Üniversitesi SBF Uluslararası İlişkiler Bölümünde lisans ve Ege Üniversitesi SBE Uluslararası İlişkiler Bölümünde yüksek lisansını tamamlamıştır. 2007'den bu yana Türkiye'de iltica ve göç üzerine çeşitli konferanslarda bildiriler sunmuş; ayrıca sivil toplum kuruluşları kapsamında Türkiye'de iltica üzerine çalışmalar yapmıştır. Türkiye'deki Suriyeliler: Statüler ve Hükümet Politikaları (Ayrıntı, 2015) başlıklı yayımlanmış bir kitap bölümü bulunmaktadır. Halen Ege Üniversitesi Uluslararası İlişkiler Bölümü'nde doktora öğrenimine devam etmektedir.

**A. Çağlar Deniz**, Selçuk Üniversitesi İlahiyat Fakültesinde lisans, Gazi Üniversitesi SBE Din Sosyolojisi Bölümünde yüksek lisans öğrenimi gören Deniz, doktorasını İstanbul Üniversitesi Sosyoloji Bölümü'nde tamamladı. University of Delaware'de (2012-2013) misafir araştırmacı, Univerza v Ljubljani'de (2014) ve Kırgız-Türk Manas Üniversitesi'nde (2015) misafir hoca olarak bulundu. Vatansız Aşk (Yakamoz, 2002) ve Türk Modernleşmesinde Düşünsel Dönüşümler (Anahtar Kitaplar, 2013),

Öğrenci İşi (İletişim, 2015, 2. baskı), Hafıza Yelpazesi (2014, E) yazarın daha önce yayımlanmış telif eserleridir. Toplumsal Hareket Teorileri ve Ortadoğu İsyanları (2015, Orion), Öteki Muhafazakarlık (2016, Phoenix) adlı kitapların editörü ve bölüm yazarıdır. Bizim Müstakbel Hep Harap Oldu (2016, İ. Bilgi Üniversitesi) adlı kitabın da eş yazarı olan Deniz, Yeni Medya ve Toplum (2016, Literatürk) kitabının eş editörü ve bölüm yazarı, Bir Din Aydını Profili: M. Şemseddin Günaltay (2016, Rağbet) ve Kent Fragmanları (2016, Phoenix) kitaplarının ise bölüm yazarıdır. Deniz, TRT tarafından 2015 yılı içerisinde hazırlanıp dolaşıma sokulan Öğrenci İşi adlı belgeselin de bilimsel danışmanlığını yapmıştır. Gündelik hayat, kent, gençlik, din ve siyaset sosyolojisi alanlarında yayınlanmış makale ve bildirileri vardır. 2010-2017 yılları arasında Uşak Üniversitesi Sosyoloji Bölümünde araştırma görevlisi ve öğretim üyesi olarak çalışmıştır.

**Yusuf Ekinci**, Gaziantep Üniversitesi SBE Sosyoloji Anabilim Dalında yüksek lisans öğrenimi gördü. Bizim Müstakbel Hep Harap Oldu (2016, Bilgi Üniversitesi Yayınları) adlı kitaba eş yazar olarak; Türkiye'de İslam ve Sol (2014, Vivo Yayınları), Kent Fragmanları (2016, Phoenix Yayınları) ve Öteki Muhafazakarlık (2015, Phoenix Yayınları) kitaplarına ise kitap bölümleri ile katkıda bulundu. Bazı akademik dergilerde makaleleri yayımlandı ve araştırmalarını paylaşmak için çeşitli bilimsel toplantılara katıldı. Hâlen Yıldırım Beyazıt Üniversitesi İnsan ve Toplum Bilimleri Fakültesi Sosyoloji Anabilim Dalında doktora öğrenimine devam eden Ekinci, 2010 yılından bu yana Gaziantep'te öğretmen olarak görev yapmaktadır.

**Muazzez Harunoğulları** Gazi Üniversitesi Eğitim Fakültesi Birleştirilmiş Lisans/Yüksek Lisans bölümünden (2001-2006) mezun oldu. 2007 yılında Atatürk Üniversitesi Sosyal Bilimler Enstitüsü Beşeri ve İktisadi Coğrafya Anabilim dalında başladığı doktora eğitimini 2013 yılında tamamlayarak Doktor ünvanını aldı. 2014 yılından itibaren Kilis 7 Aralık Üniversitesi Fen Edebiyat Fakültesi Coğrafya Bölümünde Yrd. Doç. Dr. olarak görev yapmaktadır. Uluslararası Göç, Orta Doğu'nun Jeopolitiği, Enerji Jeopolitiği, Enerji Kaynakları, Siyasi Coğrafya alanlarında çalışmalarını sürdürmektedir.

**A. Banu Hülür**, Selçuk Üniversitesi İletişim Fakültesi Halkla İlişkiler ve Tanıtım Bölümünde lisans, aynı üniversitenin Halkla İlişkiler ve Tanıtım Anabilim Dalında yüksek lisans eğitimini tamamladı. Gazi Üniversitesi Sosyal Bilimler Enstitüsü Halkla İlişkiler ve Tanıtım Anabilim Dalında İnançlara Yönelik Söylemin İdeolojik İnşası konulu teziyle doktora derecesini aldı. Bizim Müstakbel Hep Harap Oldu (2016, Bilgi Üniversitesi Yayınları) adlı kitabın eş yazarı olan Hülür, Yeni Medya ve Toplum (2016,

# BEKLENMEYEN MİSAFİRLER

Literatürk) kitabının eş editörü ve bölüm yazarı, Lobicilik ve Siyasal İletişim (2014, Açık Öğretim Fakültesi) ve Kent Fragmanları (2016, Phoenix Yayınları) kitaplarının ise bölüm yazarıdır. Göç çalışmaları, din ve iletişim, iletişim sosyolojisi, yeni medya, siyasal iletişim ve halkla ilişkiler konularında çok sayıda makale ve bildirisi bulunan yazar, halen Abant İzzet Baysal Üniversitesi İletişim Fakültesi Halkla İlişkiler ve Tanıtım bölümünde çalışmalarını sürdürmektedir.

**Bilhan Kartal** Doktora eğitimini ve tez çalışmasını Avusturya hükümetinin OeAD bursunu kazanarak Klagenfurt Alpen-Adria Üniversitesinde, Türkiye'den göç etmiş olan topluluğun ikinci kuşağının eğitim başarısızlığının sosyokültürel nedenleri üzerine tamamladı (1988). Almanya'da Alexander von Humboldt Vakfı'nın daveti üzerine Duisburg-Essen Üniversitesinde konuk öğretim üyesi olarak çalıştı (1991). 1996'da doçent, 2001'de profesörlük unvanını aldı. Anadolu Üniversitesi Yurt Dışında Yaşayan Türklerin Sorunlarını Araştırma Merkezi'nin kurucu müdürlüğünü (2002-2008) ve Eskişehir Ekonomik ve Sosyal Araştırmaları Merkezi müdürlüğünü (2010-2014) yaptı. 1991 yılından itibaren üyesi olduğu Alexander von Humboldt Vakfı'nın davetiyle çeşitli Alman Üniversitelerinde bulundu. Prof. Dr. Kartal 1982'den bu yana görev yaptığı Anadolu Üniversitesinde göç sosyolojisi ve toplumsal hareketler derslerini vermektedir.

**Ahmet Koyuncu** 1977 yılında Konya'da doğdu. 2001 yılında Selçuk Üniversitesi Sosyoloji Bölümü'nden mezun oldu. 2002-2010 yılları arasında Konya Büyükşehir Belediyesi'nde sırasıyla Basın Yayın ve Halkla İlişkiler Daire Başkanlığı, Sosyal Araştırmalar Merkezi Müdürlüğü'nde ve son olarak Kültür ve Sosyal İşler Daire Başkanlığında Organizasyonlar Müdürü olarak görev yaptı. 2012 yılında Necmettin Erbakan Üniversitesi Sosyoloji Bölümü'nde öğretim üyesi olarak göreve başladı. Kent ve göç sosyolojisi alanında çalışmaları bulunan Doç. Dr. Koyuncu, Türkiye'de Suriyelilere yönelik ilk kitap olan Kentin Yeni Misafirleri Suriyeliler isimli kitabın da yazarıdır. Halen mevcut görevini sürdürmekte olan Koyuncu, evli ve iki çocuk babasıdır.

**Ural Manço** 2012 yılından beri Aksaray Üniversitesi Fen Edebiyat Fakültesi Sosyoloji Bölümü öğretim üyesidir. Lisans eğitimini Belçika'daki Liège Devlet Üniversitesinde sosyoloji dalında tamamladıktan sonra Belçika'nın çeşitli üniversitelerinde araştırma görevlisi ve bazı kamu kuruluşlarında sosyal uyum uzmanı olarak çalışmıştır. 1997-2012 yılları arasında Brüksel Saint-Louis Üniversitesi Sosyoloji Araştırma Merkezinde sırayla öğretim görevlisi ve sözleşmeli öğretim üyesi olarak bulunan Profesör Manço'nun çalışma konuları; din, göç ve kimlikler sosyolojilerini, sosyal çalışma ile kültürlerarası ilişkileri kapsamaktadır.

**Suna Gülfer Ihlamur Öner** Lisans eğitimini ODTÜ Uluslararası İlişkiler Bölümü'nde 1999 yılında, yüksek lisans eğitimini Kent Üniversitesi, Canterbury, İngiltrere'de Uluslararası İlişkiler ve Avrupa Çalışmaları alanında Eylül 2000 tarihinde tamamladı. İtalya'da bulunan Trento Üniversitesinde Sosyoloji ve Toplumsal Araştırmalar Doktora eğitimini "İtalya'daki Romen Ortodoks Kiliseleri: Romen-İtalyan Ulus-ötesi Ortodoks Alanının İnşası" başlıklı tez çalışmasıyla 2009 yılında tamamladı. 2002 yılından beri çalışmakta olduğu Marmara Üniversitesi, Siyaset Bilimi ve Uluslararası İlişkiler Bölümünde öğretim üyesi olarak görev yapmaktadır. Temel araştırma alanları arasında ulus-ötesi göç, zorunlu göç, Avrupa entegrasyonu ve din çalışmaları bulunmaktadır. N. Aslı Şirin Öner ile birlikte derlediği Küreselleşme Çağında Göç: Kavramlar, Tartışmalar (İletişim Yayınları, 3. Baskı: 2016) başlıklı bir kitabı bulunmaktadır.

**Aslı Şirin Öner** Lisansını Marmara Üniversitesi Siyaset Bilimi ve Uluslararası İlişkiler Bölümü, yüksek lisansını İstanbul Bilgi Üniversitesi Uluslararası İlişkiler Bölümü ve doktorasını derecesini Bosna Savaşı'nın yol açtığı zorunlu göç ve göçmenlerin ülkelerine geri dönüşlerini incelediği teziyle 2008'de Marmara Üniversitesi Avrupa Birliği Enstitüsü'nde tamamlayan Şirin Öner, halen aynı Enstitüde öğretim üyesi olarak görev yapmaktadır. Uluslararası göç, Avrupa Birliği'nin göç ve sığınma politikaları ve Balkan siyasetine dair çeşitli yayınları bulunan yazarın Küreselleşme Çağında Göç: Kavramlar, Tartışmalar (der. S. Gülfer Ihlamur-Öner ile birlikte, İletişim Yayınları, 2016 [3. Baskı]) ve Dram Sonrası Bosna: Mültecilerin Geri Dönüşü Üzerine Bir Alan Araştırması (IQ Kültür Sanat Yayıncılık, 2013) ve Yurttaşlığı Yeniden Düşünmek: Sosyolojik, Hukuki ve Siyasal Tartışmalar (der. Ayşe Durakbaşa ve Funda K. Şenel ile birlikte, İstanbul Bilgi Üniversitesi Yayınları, 2014) adlı kitapları yayınlanmıştır. Şirin Öner, son araştırmasını 2010-14 döneminde 1989 Göçmenleri ile Ahıska Türkleri'nin Türkiye'ye göç ve uyum süreçleri üzerine gerçekleştirmiştir.

**Alaaddin F. Paksoy** Anadolu Üniversitesi İletişim Bilimleri Fakültesi, Basın ve Yayın Bölümü (anadal) ve Sinema ve Televizyon bölümü (ikinci anadal) lisans programlarından mezun oldu. 2007 yılında Stockholm Üniversitesi, İletişim Çalışmaları Bölümünde yüksek lisansını tamamladı. 2012 yılında Sheffield Üniversitesi, Gazetecilik Çalışmaları Bölümünden doktora derecesini aldı. Doktora tezinde Türkiye-Avrupa Birliği ilişkilerinin Birleşik Krallık medyasında nasıl sunulduğunu inceledi. Paksoy, Anadolu Üniversitesi İletişim Bilimleri Fakültesi Basın ve Yayın Bölümünde Yardımcı Doçent Doktor olarak çalışmaktadır.

# BEKLENMEYEN MİSAFİRLER

**İbrahim Sirkeci** 2005 yılından bu yana Regent's University London'da Ulusötesi Çalışmalar Kürsü Başkanı ve Profesör olarak çalışmaktadır. Aynı zamanda Regent's Göç ve Entegrasyon Araştırma Merkezi'nin Direktörüdür. Regent's Üniversitesi'nden önce İngiltere'de Bristol Üniversitesi'nde ve Türkiye'de Atılım Üniversitesi'nde çalışmıştır. 1999 yılında Almanya'nın Köln Üniversitesi'nde misafir araştırmacı olarak bulunmuştur. 1999-2002 yılları arasında Doktorasını Beşeri Coğrafya alanında Sheffield Üniversitesi'nden burs alarak yapan İbrahim Sirkeci, 1990-1997 yılları arasında Bilkent Üniversitesi'nde burslu olarak Siyaset Bilimi alanında lisans eğitiminden sonra Hacettepe Üniversitesi Nüfus Etütleri Enstitüsü'nde Nüfus Bilimi yüksek lisans programına devam etmiştir. Son olarak 2006-2007 yıllarında University College London'dan Yüksek Öğrenim ve Öğrenme alanında doktora sonrası eğitim almıştır. 20 yılı aşkın bir süredir nüfus ve göç alanında Almanya, Türkiye, Irak, İngiltere, Norveç ve Romanya'da alan çalışmaları yürütmüş olan İbrahim Sirkeci'nin araştırmaları Avrupa Birliği, Britanya Bilimler Akademisi gibi kurumların yanı sıra şirketler tarafından desteklenmiştir. Sirkeci aynı zamanda Türkiye İstatistik Kurumu, EuropeAid, Dünya Bankası, Datamonitor, Ria Money Transfer, Avrupa Komisyonu, İngiltere Araştırma Konseyi gibi kurum ve kuruluşlarda danışmanlık ve değerlendirmeler yapmıştır. Göç, nüfus, çatışma ve işgücü piyasaları üzerine çok sayıda kitap ve yüzlerce makalesi bulunan Sirkeci'nin alan yazınına 'Göç ve Çatışma Modeli' 'Transnasyonal Hareketli Tüketici' gibi kuramsal katkılarının yanısıra *Migration Letters*, *Kurdish Studies*, *Remittances Review* gibi önde gelen ve özgün dergileri kazandırmıştır. Profesör Sirkeci 2012'den bu yana düzenlenen Göç Konferanslarının da başkanlığını üstlenmektedir. 1995 yılında Özgürlük ve Dayanışma Partisi'nin kuruluş çalışmalarında da yer almış olan İbrahim Sirkeci 2008'den bu yana BirGün gazetesinde Londra Yazıları başlığıyla köşe yazıları da yazmaktadır.

**Ulaş Sunata** ODTÜ İstatistik lisans ve Sosyoloji yüksek lisans derecelerini başarıyla tamamladıktan sonra doktora çalışması için Almanya'nın Göç Araştırmaları ve Kültürlerarası Çalışmalar Enstitüsü'nden (IMIS) davet aldı. DAAD ve Hans-Böckler Vakfı burslarıyla Osnabrück Üniversitesi'nden 2010 yılında sosyoloji doktoru ünvanını aldı. O tarihten beri Bahçeşehir Üniversitesi Sosyoloji Bölümünde tam zamanlı öğretim üyesidir. Göç ve diaspora üzerine çalışan Sunata'nın Almanya'da yayınlanmış iki kitabının yanı sıra göç, küreselleşme, diaspora, şehirleşme ve toplumsal cinsiyet alanlarında yayınlanmış çok sayıda akademik makalesi bulunmaktadır. 2013'ten beri Suriyeli mültecilerle ilgili farklı kamp ve şehirlerde saha çalışmaları yapmaktadır. Disiplinlerarasılığı ve takım çalışmasını daha güçlendirmek adına Bahçeşehir Üniversitesi Göç ve Kent Çalışmaları Araştırma ve Uygulama Merkezi (BAUMUS) kuruculuğunu üstlenmiştir.

**Elif Uzun** 1999'da Anadolu Üniversitesi Hukuk Fakültesi'nden mezun oldu. Yüksek Lisans ve Doktora öğrenimini aynı üniversitede tamamladı. 2007'de doktor, 2014'te doçent unvanı aldı. Milletlerarası Hukuka Aykırı Eylemlerinden Dolayı Devletin Sorumluluğu ve Uluslararası Hukukta Andlaşmaların Esaslı İhlal Nedeniyle Sona Erdirilmesi ve Askıya Alınması başlıklı iki kitabının yanında uluslararası hukukun çeşitli alanlarında makaleleri bulunuyor. Anadolu Üniversitesi Hukuk Fakültesi'nde Milletlerarası Hukuk Anabilim Dalında öğretim üyesi olarak çalışıyor.

**M. Murat Yüceşahin** Ankara Üniversitesi, Dil ve Tarih-Coğrafya Fakültesi, Coğrafya Bölümü'nde doçent olarak görev yapmaktadır. 2002 yılında tamamladığı doktorasından sonra özellikle nüfus coğrafyası ve sosyal coğrafya ile ilgili araştırmalara yönelmiş ve bu alanda pek çok yayın yapmıştır. 2011 yılında Laxenburg, Avusturya'da 'International Institute for Applied Systems Analysis (IIASA), World Population Program'a davetli araştırmacı olarak katılmış, orada ve sonrasında Türkiye nüfusunun doğurganlık, ölümlülük ve göç eğilimlerine ilişkin deneysel çalışmalar yapmıştır. Yüceşahin'in başlıca ilgi alanları arasında nüfus coğrafyası, sosyal coğrafya ve feminist coğrafya yer almaktadır. Pek çok akademik görevinin ve bilimsel eserlerinin yanı sıra Dr. Yüceşahin, göç çalışmaları alanındaki ilk Türkçe akademik süreli yayın olan Göç Dergisi'nin ve Coğrafi Bilimler Dergisi'nin editörlüğünü yürütmektedir.

# İÇİNDEKİLER

# TÜRKİYE'YE YÖNELİK SURİYELİ GÖÇÜNÜN ÇOK YÖNLÜ DOĞASINA GİRİŞ

## Bilhan Kartal

*Herkesin zulüm altında başka ülkelere sığınma ve*
*sığınma olanaklarından yararlanma hakkı vardır*
*(İnsan Hakları Evrensel Bildirgesi, 1948, mad. 14.1).*

Dünya siyasi tarihinde yeni paradigmaların oluştuğu her dönemde farklı karakteristiklere sahip göç hareketleri gerçekleşmiştir. Temelde bir dünya krizinin doğurgusu olarak görülebilecek günümüzdeki mülteci ve sığınmacı hareketleri politik, etnik, dini, ekonomik ve ekolojik düzlemlerde çeşitli olumsuz gelişmelerin var olduğu kriz bölgeleri ile sınır güvenliğini sürekli artıran ve kabul konusunda giderek kısıtlayıcı tedbirler alan gelişmiş ülkeler arasında olağanüstü bir insan hareketliliği olarak değerlendiriliyor (Bade, 2017). 2016 yılsonu verileri, çatışma, zulüm, ağır insan hakları ihlalleri ve iklim değişikliği temelli çevre sorunlarına bağlı olarak 65,6 milyon kişinin yaşadığı bölgeyi terk etmek ve yaşamını başka bir yerde sürdürmek zorunda kaldığını gösteriyor (Sirkeci, 2017: 129). Küresel boyutlu zorunlu göç hareketinin kaynakları kuşkusuz sadece bu itici etkenlerle sınırlı değil; olumsuz politik ve sosyoekonomik gelişmeler ile krizler de kişileri tek başına ya da aileleriyle birlikte yaşamlarını ülke sınırları içinde ya da sınır aşırı coğrafyalarda idame ettirebilecekleri bir başka yerleşim yerine, daha iyi yaşam koşullarına ulaşma arayışına itiyor. Dünya genelinde giderek artış gösteren zorunlu insan hareketliliğinde kendi ülkesi içinde yerinden olmuş kişi sayısının (40,3 milyon) mevcut mülteci (22,5 milyon) ve sığınmacı (2,8 milyon) statüsü taşıyanların sayısından çok daha yüksek olması, yakın gelecekte mülteci ve sığınmacı sayısının daha da artacağı öngörüsünü güçlendirirken BMMYK denetimindeki 17,2 milyon mülteci popülasyonunun yarısını 18 yaş altındaki çocukların oluşturması ise sorunlu bir alana işaret ediyor (UNHCR, 2016).

Birleşmiş Milletlerin kuruluş aşamasında ana konusu İkinci Dünya Savaşı'nın sona ermesiyle birlikte Doğu-Batı çatışmasına bağlı olarak yerinden edilenlerin, yurtsuzlaştırılanların sığınma arayışı idi. Aradan geçen sürede bu mesele daha geniş coğrafyaları kapsayarak derinleşti; farklı dönemlerde, farklı

1

nedenlere dayalı ve farklı özelliklere sahip büyük çaplı göç hareketleri gerçekleşti; 2017 G20 Hamburg Zirvesinde de "ilticanın sebepleriyle mücadele" zirvenin başat konuları arasında yer aldı (G20, 2017). Zorunlu insan hareketliliği günümüzde kitlesel bir nitelik kazanarak uluslararası siyasi alanın temel meselelerinden biri haline geldi. İkinci Dünya Savaşı'ndan bu yana yaşanan en büyük göç akımının kaynağı Suriye. Bu sorun alanında siyasetin uluslararası ve ulusal boyutları birbiriyle çok yakından bağlantılı. Göç yönetimi Avrupa Birliği örneğinde olduğu gibi devletler üstü düzeyde ve Birliğe üye ülkelerin özgün koşulları çerçevesinde biçimlendirilmeye çalışılırken geçiş ve hedef ülkesi olarak konumlanan ulus devletler de iç siyaset iklimi açısından uygun olan düzenlemeleri oluşturma çabası içinde.

Uluslararası siyaset alanında göç hareketleri, göç veren ve göç alan bölgelerde terör, güvenlik, sınır kontrolü vb. konu başlıkları ile birlikte değerlendirilirken kalkınma, gelişme, yoksulluk, çatışma, barış ve çevre boyutları ile uluslararası göçün sermaye ve iş piyasalarına ilişkin koşulları ve organizasyon biçimlerini değiştiren küreselleşmenin çok boyutlu süreçleri de akademik çalışmaların ilgi alanına girdi. Bir yapısal dünya krizi meselesi olarak görülen zorunlu göç hareketlerinin bu çok yönlü doğası sosyoloji, siyaset bilimi, ekonomi, tarih, coğrafya, nüfus bilimi, hukuk, eğitim, sağlık bilimleri vb. alanları kapsayan disiplinler arası bir işbirliğini gerekli kılıyor. Örneğin medya araştırmalarında sosyal psikoloji başta olmak üzere sosyoloji ve diğer ilgili disiplinlerle işbirliği yapılması yönünde güçlü bir eğilim söz konusu. Bu özellik, başlangıç aşamasından bu yana genelde bir disiplin içinde tek bir nedensellik ve tek bir boyut üzerinden geliştirilen kuramsal çabaların sürekli yeni bir form alan insan hareketliliklerini açıklama konusunda yetersiz kalmasının da asıl nedeni. Günümüzde göç hareketlerinin farklı disiplinlerin ilgi alanına dahil olmasının yanı sıra yeni alan kavramsallaştırma çabaları da dikkat çekici. Bu konuda örnek olarak verilebilecek operasyonel alan tanımına yönelik çalışmalardan biri sosyal tarih göç araştırmalarıdır. Bu kapsamda sosyal bir süreç olan göçün tarihsel süreç bağlamında birbiri ile ilişkili olan toplum, ekonomi ve demografik gelişme açılarından değerlendirilmesi gerektiği görüşü esas alınarak göç eden grupların özgün kolektif göç davranışlarının yorumlanması hedefleniyor (Bade, 2004).

İnsan hareketliliği meselesine Türkiye üzerinden bakılacak olursa; ülkenin coğrafi ve tarihi yapısına bağlı olarak farklı dönemlerde yoğun göç süreçlerine kaynaklık ettiği ve kitlesel sığınmacı akımları ile karşı karşıya kaldığı görülür. 1950'li yılların sonlarından itibaren Türkiye'den sanayileşmiş Batı Avrupa ülkelerine önce devlet eliyle, 1973'ten sonra yasal olmayan düzlemde gerçekleşen işgücü göçü ve siyasi sığınma hareketleri ile petrol zengini ülkelere işgücü göçünü SSCB'nin çözülmesiyle birlikte bu kez Türkiye'ye yönelik düzensiz göç izledi; böylelikle Türkiye "göç veren" ülkeden "geçiş ülkesi" ve "göç alan ülke" statüsüne konumlandı. Güncel göç hareketini ise 2011'den günümüze değin yoğun seyreden Suriyelilerin kitlesel hareketliliği oluşturuyor. İç savaş başladığında nüfusu 22 milyon olan Suriye'de 6.3 milyon kişi ülke içinde yer değiştirmek zorunda kalırken nüfusun %25'inden fazlasına karşılık gelen beş milyon kişi ise ülkeyi terk etmek zorunda kaldı. Bu orana farklı ülkelerde kayıtsız olarak yaşayanlar dahil değil. Bugüne kadar 96 bini sivil olmak üzere 321 bin kişinin yaşamını yitirdiği, en az 145 bin kişinin ise kayıp olduğu varsayılıyor (IOM, 2017).

Suriye ile tarihsel nüfus ilişkilerine ve coğrafi konum açısından uzun kara sınırına sahip olan Türkiye, Haziran 2012-Aralık 2017 arasında sayısı 3.381.005'e ulaşan Suriyeli topluluğun dünya genelinde en çok yoğunlaştığı ülke durumunda. Ülke nüfusunun %4,2'sini oluşturan topluluğun yerli nüfusa oranı Kilis'te (%95), Hatay'da (%24) ve Gaziantep'te (%17) görüldüğü gibi, belirli kentlerde sıra dışı bir yüksekliğe ulaştı (GİGM, 2017). Büyük çoğunluk coğrafi ve iktisadi dağılım göstererek sınır illeri ile İstanbul, İzmir, Bursa'da; Güneydoğu bölgesinde Adıyaman, Diyarbakır, Malatya gibi illerde ve Ankara, Kayseri, Kocaeli, Konya gibi büyük sanayi kentlerinde yoğunlaşıyor. Konuya ilişkin çalışmalar yakın gelecekte geri dönüş beklentisinin gerçekçi olmadığını gösteriyor. Bölgedeki istikrarsızlık nedeniyle Suriyelilerin uzun bir süre daha Türkiye'de kalacağı; istikrar sağlanması durumunda da büyük çoğunluğun geri dönmeyeceği varsayılıyor. Bu nedenle geniş kapsamlı toplumsal katılım ile entegrasyon hedefli politikaların üretilmesi önem taşıyor. Gelen nüfusu ekonomik büyüme ve gelişme kaynağı olarak değerlendiren; iş piyasasına ve eğitim sistemine katılım meselelerine öncelik tanıyan güçlü bir göç yönetimi anlayışının bu durumu uzun vadeli politikalarla avantaja çevirebileceği; ancak bugünün göç yönetiminin başarısızlığının ise ileride muhtemel ekonomik, sosyal ve siyasi sorunlara kaynaklık edebileceği görüşü hakim.

Göç süreçlerinin karmaşık ve çok boyutlu doğası ile Suriye'nin bulunduğu bölgede istikrarsızlığın uzun sürmesi, yaygınlaşması ve gelecek belirsizliği Türkiye'deki Suriyeliler meselesinin akademik düzlemde farklı disiplinler içinde, farklı boyutlarıyla ele alınmasını gerekli kılıyor. Bu kitapta yer alan makalelerde de söz konusu süreç siyaset bilimi, uluslararası ilişkiler, hukuk, sosyoloji, eğitim, iletişim ve coğrafya disiplinlerinin ilgi alanına giren boyutlarıyla değerlendiriliyor. Bilindiği gibi, büyük çaplı ulus aşırı insan hareketlilikleri ile karşı karşıya kalan ulus devletlerin göç yönetimi, rasyonel politikaların geliştirilmesi ve uygulanması açısından büyük önem taşır. Aslı Şirin Öner'in geçmişte Türkiye'ye yönelik göç hareketlerine ilişkin geliştirilmiş olan göç politikaları ve yasal düzenlemeler ile son yıllarda oluşturulan kurumsal yapı bağlamında düzensiz göç hareketleri, insan ticareti ve göçmen kaçakçılığı meselelerine yer verdiği *Türkiye'nin Göç Yönetiminin Dünü ve Bugünü* başlıklı makalesinde, ikili, çok-taraflı ve bölgesel işbirliklerini kapsayan küresel göç yönetişiminde Türkiye'nin göç yönetiminin yeri irdeleniyor. Yakın geçmişe dek Türkiye'de uluslararası göç yönetimi bağlamında politikaların üretilmesi ve uygulanması ile ilgili kurumsal yapı yoksunluğu söz konusu idi. Türkiye'nin göç alan bir ülke statüsüne dönüşümü ivme kazanınca 1980'den itibaren yabancıların statüsü ve iltica sistemi açısından önemli gelişmeleri beraberinde getiren yasal ve idari düzenlemeler gerçekleştirildi. Yine de mevcut göç ve iltica mevzuatı 1990'lı ve 2000'li yıllarda göç yönetiminin ihtiyaçlarını karşılayacak nitelikte olmadığından daha geniş ve kurumsallaşmaya temel oluşturacak bir göç yönetimi açığı ortaya çıktı. Bu dönemde AB ile üyelik müzakerelerinin kapsamında uyum sürecinin düzensiz göçle mücadele ve göçmen haklarının korunması konularında olumlu rol oynadığı görülüyor. Esas kapsamlı göç yönetimi çabalarının ise, henüz Suriyelilerin 2011'de başlayan kitlesel göçü bağlamında kurumsallaşmanın hukuki zeminini oluşturan, göç ile ilgili ilk geniş kapsamlı ve güncel yasa Yabancılar ve Uluslararası Koruma Kanunu (YUKK) ile birlikte başladığı söylenebilir. İl, ilçe ve yurtdışında devletin göçe ilişkin kamu politikalarını yöneten Göç İdaresi Genel Müdürlüğü de (GİGM) kuşkusuz kurumsallaşma ile birlikte telaffuz edilmesi gereken bir yapılanma. Bu çalışmada ayrıca Türkiye'de göçün etkilerine en çok maruz kalan yerel yönetimlerin görev ve rollerinin net olmadığına, ulusal göç yönetimindeki yerlerinin belirsizliğine de dikkat çekiliyor. Türkiye gibi çok kısa bir sürede yoğun göç almış olan bir ulus devlet için küresel göç yönetişiminin en önemli unsuru kuşkusuz devletlerarası işbirliğidir. Küresel göç yönetişiminde ikili, çok taraflı, bölgesel işbirliği faaliyetlerinde yer alan Türkiye, hareketin başlangıcında krizi kendi olanaklarıyla çözme; göç yoğunlaşarak sürdüğünde ve kalıcılık meselesi belirginleştiğinde ise göç yönetişiminin önemli unsurlarından biri olan BM ile işbirliğini giderek artırma eğilimi göstermiştir. Ne var ki göç yönetişiminin diğer önemli konusu olan külfet paylaşımı önemli bir mesele olarak hala çözüm bekliyor.

"Hukuk", göç süreçlerinin temel boyutlarından biridir; ulus devletler göç politikalarını oluştururken temel teşkil eden Mültecilerin Statüsüne İlişkin Sözleşme (1951) ve bu Sözleşme'ye dair Mültecilerin Hukuki Statüsüne İlişkin Protokol (1967) gibi özünü Geri Göndermeme İlkesi'nin oluşturduğu hukuk metinleri esas alınır. Uluslararası hukukta Cenevre Mülteci Sözleşmesi kapsamında etnik aidiyeti, siyasi görüşü ve inancı nedeniyle zulüm gördüğü için ülkesini terk eden ve bir başka devletten sığınma talep edenler mülteci olarak adlandırılmaktadır. Hukuki düzlem dışında, geniş mülteci kavramında ise yoksulluk ya da ekonomik temelli ve son dönemde iklim ve çevre temelli mülteciler yer alıyor. 1951 Sözleşmesine coğrafi çekince koyan Türkiye, Avrupa'dan gelen ve belli koşulları taşıyanları mülteci olarak kabul etmekle birlikte bu sınırlama dışında kalanların da temel haklarını korumak durumunda. Neredeyse sadece Avrupa dışındaki ülkelerden gelen çok sayıda iltica talebi Sözleşme ile pratik arasındaki büyük uyumsuzluğa işaret ediyor.

Uluslararası hukuk belgelerine taraf olan Türkiye'nin temel hukuk metinlerini oluşturan Yabancılar ve Uluslararası Koruma Kanunu ile bu Kanuna bağlı Yönetmelikte iltica talebinde bulunanların statülerinin belirlenme sürecindeki ve statü tanındıktan sonraki hakları düzenlenmiştir.

# SURİYELİ GÖÇÜNÜN ÇOK YÖNLÜ DOĞASINA GİRİŞ

*'Yabancılar ve Uluslararası Koruma Kanunu'nda Yer Alan Koruma Türleri: Mevzuat ve Kavramlar'* başlıklı makalesinde Elif Uzun, Türkiye'nin coğrafi sınırlama şerhi koyduğu 1951 Mülteci Sözleşmesine bağlı temel düzenlemeler ile terminoloji meselesine yer veriyor. Bilindiği gibi, göç araştırmalarında uluslararası ve ulusal düzeydeki hukuki metinlerde temel düzenlemeler ile birlikte kullanılan terminoloji büyük önem taşır. Örneğin Türk hukuku, mülteci statüsünün sadece Avrupa ülkelerinden gelenlere verilmesine bağlı olarak uluslararası hukuktan farklı bir terminolojiye sahip. Coğrafi çekince nedeniyle Suriyelilere yönelik Geçici Koruma Yönetmeliği düzenlenmiş; kitlesel sığınma durumlarında Türkiye'de bulundukları süre içinde asgari yaşam koşullarına ulaşabilmelerini hedefleyen "geçici koruma" sağlanmıştır. Kitapta yer alan diğer makalelerde de vurgulandığı ve yer aldığı gibi, birbirinin yerine kullanılabilen 'mülteci-sığınmacı' vb. kavram karmaşasına dikkat çekilen bu çalışmaya göre, kavram karmaşası mültecilere yönelik uluslararası yükümlülükler açısından önem taşıyor. Ayrıca Suriyelilerin kitlesel sığınma süreci ile birlikte daha belirgin hale gelen bu kavram tartışmalarında hukuki düzenlemelerin terminolojisi ile gündelik dilin terminolojisinin birbirine karışması ilgili taraflar arasındaki iletişimi de olumsuz etkiliyor.

Cansu Akbaş Demirel *"Suriyeliler ve 'Diğerleri': Türkiye'ye Sığınanların Karşılaştırmalı Hukuki ve Sosyal Konumları"* başlıklı makalesinde "Suriyeliler ve diğerleri" sınıflandırması üzerinden hukuki düzenlemeler ile sığınan grupların sosyal durumlarını irdelerken sığınma sisteminin içindeki hiyerarşik yaklaşımın eleştirisini yaparak tartışmaya açıyor. Çalışma, homojen bir grup olarak algılanan ve sınıflandırılan Suriyelilerin gerçekte Suriye'den gelen geçici koruma kapsamındaki herkesi ifade ettiğine dikkat çekiyor. Suriye'de mülteci statüsünde barınırken savaş nedeniyle Türkiye'ye göç etmek zorunda kalan Iraklılar ve Filistinliler de Suriyelilerle birlikte geçici koruma kapsamında bulunuyor. Bu çerçevede Afganistan, Irak, İran ve Afrika ülkeleri başta olmak üzere Suriye dışında diğer ülkelerden gelenlerin sayısı Suriyeli topluluğun sayısı ile karşılaştırıldığında göreli olarak çok düşük. Sayısal üstünlüğe bağlı olarak "Suriyeliler ve diğerleri" sınıflandırmasının kullanımı çok yaygın; göç politikaları, akademik çalışmalar, medya temsilleri ve sivil toplum faaliyetleri de temelde Suriyelilere odaklı. "Suriyeliler ve diğerleri" arasında ayrımcılığı tetikleyen bu durum hiyerarşik açıdan değerlendirildiğinde, hiyerarşinin alt sıralarında kalan "diğerleri" açısından çifte mağduriyet söz konusu.

Farklı kaynak ülkelerden Türkiye'ye zorunlu olarak göç edenlerin YUKK'a göre farklı statülere sahip olması nedeniyle tanınan haklar ve bu haklara erişim düzeyleri birbirinden farklı. Örneğin Türkiye'den uluslararası koruma talep eden bütün grupların temel haklar kapsamında sağlık hakları benzer olmakla birlikte aynı sağlık kuruluşlarına başvuramıyorlar. Eğitim açısından da temelde tüm gruplar benzer haklara sahipken uygulamada en avantajlı olanlar geçici koruma statüsü tanınan Suriyeliler. Çalışma hakkı açısından ise "diğerleri"nin "Suriyelilere" göre daha avantajlı konumda olmasına rağmen bütün gruplar açısından benzer çalışma koşulları geçerli. Farklılaşma ve beraberinde eşitsizlik en çok Suriyelilerin eğitim ile kamplarda barınma imkanları bağlamında görülüyor. Her ne kadar Suriyeli çocuklar devlet okullarına aktarıldığında bu durum ortadan kalkacak olsa da, şimdilik geçici eğitim merkezleri ile desteklenen projeler kapsamında farklı kurumlarda Arapça eğitim veriliyor iken böyle bir fırsat diğer gruplar için söz konusu değil. Bu çalışmaya göre, eğitim ve barınma bakımından diğer gruplara oranla görece daha iyi durumda olduğu varsayılan Suriyeliler devletten, özellikle sivil toplum ve yerleşik olanlardan yetersiz de olsa sosyal destek bulabilirken özellikle seslerini duyurmak için BMMYK binası önünde ağızlarını diken Afganlar başta olmak üzere sığınma talep eden diğer gruplara yönelik farkındalık oluşmamış; bu guruplar kurumlar ve toplum nezdinde, insani yardım faaliyetlerinde neredeyse görünmez duruma konumlandırılmıştır.

Göç olgusunun temel boyutlarından biri de demografidir. Ters açıdan bakıldığında, göç hareketleri toplumların nüfus yapısını etkileyen unsurlar arasındadır. Küresel düzeyde etkili olan demografik dönüşümün analizi göç araştırmalarında ve ülkelerin göç yönetiminde, göç veren ve kabul eden ülkelerin nüfus yapılarının niteliklerinin ve demografik eğilimlerdeki değişimlerin belirlenmesi açısından büyük önem taşır. Göç kabul eden ülkelerde gelen nüfusa yönelik eğitim, sağlık vb. kamu hizmetleri ile hazırlanan uyum programlarında bu analizler dikkate alınır. Toplumlar arasında özgün koşullarda gerçekleşen demografik dönüşümle ilgili önemli farklılıklar söz konusu. Bu bağlamda Murat Yüceşahin ve İbrahim Sirkeci'nin kitapta Suriyeli sığınmacıları ilgi alanlarına dahil eden farklı disiplinlerden çalışmalara eklemlenen 'Suriyelilerin Demografik Yapısı' başlıklı makalelerinde, Suriye nüfusu ve bu nüfusun Türkiye ile birlikte en yoğun barındığı ülkeler arasında yer alan Birleşik Krallık ve Almanya nüfus yapılarıyla kapsamlı bir şekilde karşılaştırılıp, uzun süreye yayılan bir demografik analiz sunuluyor. Demografik analiz konusuna Suriyeliler özelinde bakıldığında, topluluk dinamik nüfus yapısıyla makalede ele alınan ülkelerden önemli farklılıklar gösteriyor. Günümüzde çoğu ülkenin nüfusu giderek hızla yaşlanırken Suriye'nin genç nüfus yapısını koruması ve tüm yaş gruplarında kadın sayısının erkek sayısından yüksekliği, 2011'den bu yana devam eden çatışmalar ve sınır aşırı göç ile ilişkilendirilebilir. İlerleyen yıllarda gelişmiş ve gelişmekte olan ülkelerde nüfus artış hızının düşüklüğüne bağlı olarak işgücü yoksunluğunun ortaya çıkacağı; Suriyeli toplulukta olduğu gibi dinamik nüfus yapısına sahip göçmen toplulukların ise bu işgücü açığını kapatma potansiyeli taşıyacağı öngörüsüne bağlı olarak orta ve uzun vadede dinamik nüfusun eğitim ve istihdam gibi sosyoekonomik açıdan önemli toplumsal etkilerine dikkat çekilen bu çalışmada, Türkiye'nin de nüfusu hızla yaşlanmakta olan diğer ülkeler gibi göç yönetimini ve uyum politikasını bu potansiyelden yararlanmak için demografik analizlere temellendirerek biçimlendirmesi gerektiğine işaret ediliyor.

Uluslararası sığınmacı koruma prosedürüne göre mülteci ve sığınmacıların koruma talebinde bulundukları ülkeye entegrasyonunun sağlanması, kaynak ülkeye geri gönderilmesi ve güvenli bir üçüncü ülkeye yerleştirilmesi seçenekleriyle birlikte üç ana çözüm yolundan biri (IOM, 2010). Ancak "sığınmacıların güvenliklerinin tehlike altında olduğu ülkelerine geri gönderilmemesi" Cenevre Sözleşmesi'nin önemli ilkeleri arasında yer alıyor. Ayrıca klasik göç alan ülkeler ile AB'nin kısıtlayıcı ve seçici göç politikalarına bağlı olarak mülteci ve sığınmacıların BM Mülteciler Yüksek Komiserliği tarafından üçüncü ülkeye yerleştirilme süreci de olağan dışı uzun sürüyor; güvenli bir üçüncü ülkeye yerleştirilmeleri ender gerçekleşiyor. Bu nedenle mülteci ve sığınmacıların koruma talebinde bulundukları ülkeye entegrasyonlarının sağlanması meselesi, günümüzde bu toplulukları barındıran ulus devletlerin öncelikli konularından biri olarak görülüyor. 2016 yılı verilerine göre, kaynak ülkelerde henüz istikrar sağlanamadığı için sığınmacıların yüzde 45'i ortalama 20 yıldır büyük çoğunluğu kriz bölgelerinde yer alan ülkelerde bekletilmekle birlikte ortalama bekleyiş süresi 26 yılı buldu (UNHCR, 2016). Bu durum mülteci ve sığınmacıların yaşam merkezinin bekletildikleri toplum yönüne kaymasına ve sonuçta statülerinin fiilen göçmenliğe evrilmesine yol açtığı için entegrasyon meselesinin politik ve bilimsel tartışmalarda gündeme gelmesi kaçınılmaz.

Toplumsal yaşamın ekonomi ve iş piyasası, eğitim ve öğrenim süreçleri, sağlık ve hukuk sistemi, sosyal sistem vb. temel alanlarına olabildiğince eşit katılımı kapsayan çok boyutlu bir süreç olarak tanımlanan "entegrasyon", insan hareketliliğinin biçimine ve koşullarına bağlı gerçekleşir. Entegrasyon BMMYK ile ulus devletler tarafından *mülteciler/sığınmacılar, yerel halk ve kurumlar arasında gerçekleşen çift yönlü bir süreç* olarak tanımlansa da bir taraftan klasik asimilasyoncu bakış, özellikle yoğun yabancı nüfus barındıran gelişmiş ülkelerde politik ve akademik alan ile toplumda hala ağırlıklı olarak geçerliliğini koruyor. Diğer taraftan bu ülkelerde "asimilasyon", "kültürel çoğulculuk" ve "çokkültürcülüğe" dayalı entegrasyona ilişkin yaklaşımların toplumsal ve politik bir uzlaşı açısından artık geçerliliğini yitirdiği görüşü ile mevcut tartışmaların dışına çıkılması yönündeki eğilim giderek güçleniyor. Günümüzde bir paradigma değişimi söz konusu. Değişen göç koşulları ile göçmenlerin, mültecilerin ve sığınmacıların kaynak ülkelerle bağlantılarını sağlayan yeni iletişim, bilgiye erişim ve ulaşım olanakları da entegrasyon konusunda yeni bakış açılarını gerekli kılıyor. Aumüller ve Bretl (2008: 16-17) "Mültecilerin ve sığınmacıların entegrasyonu neyi ifade ediyor?" sorusunu sosyal gerçekliğin analizine dayalı bir anlayışla tartışmaya açtıklarında henüz Suriyelilerin kitlesel ve zorunlu göçü başlamamıştı. Bu bakış açısına göre, mülteci ve sığınmacılara yönelik bir entegrasyon kavramı "politik haklardan yoksun olma; ekonomik ve sosyal katılım açısından ise yasal düzlemde sadece sınırlı haklara sahip olma durumu" şeklinde somutlaştırılabilir. Bu durumda, ancak bütün toplumsal alanlara eşit erişim koşulları var olduğunda bir toplum içinde yer alan grupların entegrasyonundan söz edilebilir. Konuya Türkiye özelinde bakıldığında, kuramsal ve ampirik eksenli entegrasyon çalışmalarının henüz yeni başladığı söylenebilir. Bilhan Kartal'ın *"Sığınmacı Statüsünün Dönüşümü ve Entegrasyon"* başlıklı makalesi, 2010'lu yılların başından bu yana etkili olan sığınma hareketlerinin özgün gelişme özelliğine bağlı olarak dönüşmekte olan sığınmacı statüsü ile entegrasyon arasındaki ilişkiye dikkat çekiyor. Çalışmada Türkiye'nin ilk entegrasyon tartışma evresi olarak nitelendirebileceğimiz bu süreç, sürekli yeniden üretilerek asimilasyon, entegrasyon ve çokkültürcülük anlayışlarına evrilen Batı kökenli kuramsal çabalara referansla değerlendiriliyor.

Bilindiği gibi, alanyazında göç eden toplulukların sahip olduğu etnik, ulusal, kültürel ve dini farklılıkların süreye bağlı olarak göç alan ülkenin sosyal yapısını etkilediğini ve farklılaştırdığını ortaya koyan çalışmalar ağırlıklıdır. 2011 yılından itibaren Antep ve Kilis gibi belirli sınır kentlerde yoğunlaşan Suriyelilerin büyük çoğunluğu kampların dışında şehir merkezlerinde ikamet ederek yerleşik olanlar ile birlikte toplumsal alanlarda yer alıyor. Çeşitli ilişkileri ve ayrımcılık, dışlama ve gerilim gibi olumsuz tepkileri barındıran bu özgün toplumsal karşılaşma ortamlarındaki etkileşimin toplumun kültürel ve sosyoekonomik dokusunda dönüşümlere yol açması kaçınılmaz. Bu etkileşim Yusuf Ekinci, Banu Hülür ve Çağlar Deniz'in iki tipik sınır şehrinde yürüttükleri bir alan araştırmasının verilerine dayalı *"Yabancılık ve Marjinallik Bağlamında Suriyeli Sığınmacılar: Antep-Kilis Örneği"* başlıklı makalelerinde, kuramsal çabalara dayandırılarak "ev sahibi" ve "öteki-yabancı" ilişkileri "yerleşiklik, yabancılık ve marjinallik" kavramları üzerinden tartışmaya açılıyor. Göç araştırmaları, aynı ülke içinde ve sınır aşırı gerçekleşen göç hareketlerinde önceden göç etmiş ve zamanla yerleşikliğe evrilmiş olanların yoksulluklarını yeni gelenlere devrettiğine işaret eder. Benzer biçimde bu araştırma da Suriyeli topluluğun "öteki" statüsünü göçmen kökenli kentlilerden devraldığına dikkat çeken özgün örnekler sunuyor.

Dünya genelinde mülteci ve sığınmacıların büyük çoğunluğu Etiyopya, Uganda, İran, Lübnan ve Pakistan gibi sınır ülkelerinde ya da Türkiye gibi aynı zamanda hedeflenen üçüncü ülkeye geçiş güzergâhı olarak da konumlanan ülkelerde yoğunlaşıyor (UNHCR, 2017). Bir taraftan zorunlu insan hareketliliğinin çok yüksek maliyeti güçlü ekonomiye sahip olmayan bu ülkeleri sosyal güvenlik ve yerel ekonomi açısından istikrarsızlaştırırken diğer taraftan "mülteci/sığınmacı ekonomisi" süreye bağlı olarak ve genişleyerek büyüyor. Bu bağlamda iş piyasasına dahil olmak, entegrasyon sürecinin temel boyutlarından biri olan yapısal entegrasyon kapsamında sığınmacıların en temel ihtiyaçlarından biri olması nedeniyle büyük önem taşıyor. Klasik göç alan ülkelerin ve günümüzde yoğun göçmen nüfusa sahip gelişmiş ülkelerin göç politikalarına temel oluşturan entegrasyon yaklaşımlarında da yapısal faktörlere vurgu daha güçlü. Zira iş piyasasında güvenli bir istihdam, göçmenlerin, mültecilerin ve sığınmacıların toplumsal yaşamın diğer alanlarında yer alabilmeleri açısından temel koşul olarak görülürken entegrasyon sürecinin diğer aşamalarının düzenli geliri ifade eden güvenli istihdama bağlı olarak çok hızlı gerçekleşeceği varsayılıyor. İşte bu nedenle toplumsal yaşamın bütün alanlarında yer almanın yanı sıra sosyal kabulün de temeli olarak önem taşıyan, kilit taşı olarak görülen yapısal entegrasyona büyük anlam yükleniyor. Ne var ki hem yasal düzlemde hem de pratikte mültecilerin ve sığınmacıların yaşadıkları ülkelerde uzun ve belirsizliklerle dolu bekleme sürecinde iş piyasasına katılımları son derece kısıtlı ve ağır koşullarda gerçekleşebiliyor. Alan yazında genelde bu durumun göçmenlerin zayıf kültürel sermaye ve sosyal ağ yoksunluğu ile yakın ilişkili olduğu görüşü hakim. Goldenberg ve Sackmann (2014: 29-30) ise bunun aksine yerli olanlar ile aynı vasıfları taşıyan göçmenlerin iş piyasasındaki mağduriyetlerinin çok daha ağır olmasının sadece yetersiz sosyal ağların eksikliğine dayan-dırılamayacağını öne sürüyorlar. Onlara göre çok boyutlu "ayrımcılık ilişkileri" göçmen sermayelerinin etkili olamamasının önemli bir sebebi. Her zaman belirgin olmayan ayrımcılık eylemi göçmen oranının yüksek olduğu toplumlarda kurumlar ve bireyler düzeyinde farklı biçimlerde, farklı düzeylerde ve farklı nedenlere dayalı olarak gerçekleşiyor.

Konuya Türkiye açısından bakıldığında, bütün göçmen gruplarda olduğu gibi Suriyelilerin de en temel ihtiyaçlarından biri kuşkusuz "çalışmak". Yakın geçmişte iş piyasasına dahil olma konusunda sığınmacıların ve Suriyelilerin çalışma iznine ilişkin haklarının belirlendiği YUKK'nu (2013) izleyen özel düzenlemeler yapıldı. Yeni düzenlemelere rağmen sadece kayıtlı oldukları şehirde sağlık, eğitim ve iş imkanlarından yararlanabilen topluluk içinde kayıt dışı çalışan sayısı çok yüksek. Düzenlemeye göre çalışma izni alanların Türkiye'deki çalışma yaşındaki Suriyeli nüfusun %1'inden az olması, kayıt dışılığın önemli bir göstergesi. Çalışma iznine ilişkin düzenlemenin sığınma hareketinin başlamasından yaklaşık beş yıl sonra yürürlüğe girmesi, bu duruma yol açan temel etken olarak görülüyor. Ayrıca iznin alınabilmesi, işveren ve Suriyeliler tarafından belirli koşulların yerine getirilmesini gerektirirken kalifiye işgücü açısından da sınırlı iş imkanlarının yanı sıra diploma ve sertifika belgeleme zorunluluğu söz konusu. Topluluğun iş piyasasına katılımına ilişkin kesin veri sıkıntısına karşın alan araştırmalarının bulguları büyük çoğunluğun tarım, imalat, inşaat ve hizmet sektörleri başta olmak üzere kayıt dışı alanda yer aldığına işaret ediyor. Sadece özel bir grup olarak sağlıkçıların barınma ve göçmen sağlığı merkezlerinde çalışabilme fırsatının olduğu söylenebilir. Bu çerçevede yüksek çocuk işçiliği ile birlikte Suriyeli sığınmacıların Türkiye ekonomisine en az iki milyonluk önemli bir potansiyel ve fiili emek arzı girişine dikkat çeken Ulaş Sunata, *"Suriyeli Sığınmacıların Emek Piyasasına Katılımları"* başlıklı makalesinde veri eksikliğini emek piyasasına ve çalışma koşullarına etki ölçümüne odaklanan çalışmaların kısıtlılığının önemli bir nedeni olarak görüyor. Çalışmaya göre, gelir ve eğitim seviyesine bağlı olarak daha düzenli ve güvenli gelir kaynaklarını tercih eden Suriyelilerin kuşkusuz emek piyasasına etkileri söz konusu. Ancak çalışma ve gelir durumlarına ilişkin güvenilir veri yoksunluğu farklı araştırma sonuçlarına neden olabiliyor. Kimi araştırma bulguları belirli illerde fiyatların ve enflasyonun önemli ölçüde arttığını gösterirken rapor ve çalışmaların bazılarında ya yerli işçilerin enformelden formel işlere yükselmesi, düzensiz işyerlerinden düzenli işyerlerine kayması gibi olumlu gelişmeler öne çıkarılıyor ya da örneğin tekstil işletmelerinde ve mevsimlik geçici tarım sektöründe olduğu gibi yerli ve Suriyeli işçilerin ücretlendirilmesinde büyük uyumsuzluk ve toplumsal kabul sorunu olduğuna ayrıca genel olarak ücretler düştüğü için bu durumun ülke ekonomisine olumsuz etki yaptığına güçlü vurgu yapılıyor. Özellikle emek istismarı ve haksız rekabete yol açan kayıt dışılığın yerli işgücü piyasasına etkisi genelde olumsuz. Her ne kadar Suriyelilerin yerli grubun tercih etmediği işlerde çalışmaları sosyal gerginliği frenlese de bu durum, yerleşik olanlar arasında düşük vasıflı ve kadın çalışanları işinden etmesi nedeniyle bir tehdit unsuru olarak görüldüğü için topluluğun yoğunlaştığı bölgelerin sosyal dışlama ve toplumsal gerginlik potansiyeli taşıdığı göz ardı edilmemeli. Emek piyasasına katılım meselesinin Türkiye'nin geniş yelpazeli sığınmacı ekonomi evreni kapsamında yasal statü, istihdam edilebilirlik durumu, sosyal algı ve siyasi irade, yaşanılan yer, sınıf aidiyeti, etnik kimlik nitelikleri, tabi olunan bölgesel ve sektörel ayrımlar, yasal çalışma koşulları ve işgücü piyasasındaki mevcut durum, kayıt dışı istihdam ve yerel işgücüne etkisi gibi çok sayıda değişken üzerinden değerlendirildiği makale, içinde büyük girişimciler ile kendi küçük işletmelerini açanların da yer aldığı topluluğun sosyoekonomik açıdan heterojen bir yapıya sahip olduğuna ve etnik pazara yönelik bir ticari pazarın giderek geliştiğine dikkat çekiyor.

Bilindiği gibi, kadınlar göç araştırmalarında 1970'li yıllara kadar sürece ağırlıklı olarak erkeklere eklemlenen görünmez aktörler olarak konumlandırıldı. Bu gecikmenin sebebi kuşkusuz göç hareketlerinin, özellikle iş gücü göçünün pederşahi bir anlayışıyla ele alınmasının; erkeğe geçimi üstlenen hane reisi rolünü veren, kadına eş, anne ve ev kadını rolünü yükleyen ataerkil toplum algısının yaygınlığıdır. 1990'lı yılların başında sosyal, ekonomik, politik ve yasal eşitsizlik meselesini konu edinen feminizm tartışmalarının söz konusu algının aşılmasında ve kadınların göç araştırmalarında yer bulmasındaki etkisi yadsınamaz. Türkiye'deki gelişmelere bakıldığında, ilk evre göç çalışmalarının odak konusunu temelde hareketin dinamikleri ve örüntüsü oluşturmuş; ancak 2000'li yılların başından itibaren toplumsal cinsiyet perspektifi gelişerek göç süreçlerinin kadınlar üzerindeki etkileri akademik çalışmaların ilgi alanına girmiştir. Yine de hedef kitlesini sığınmacı kadınların oluşturduğu kapsamlı ve nitel araştırma yoksunluğundan söz edilebilir.

Konuya ilişkin bir araştırmanın bulgularının değerlendirildiği *"Suriyeli Kadın Sığınmacıların Perspektifinden Zorunlu Göç"* başlıklı makalede Muazzez

# SURİYELİ GÖÇÜNÜN ÇOK YÖNLÜ DOĞASINA GİRİŞ

Harunoğulları, Kilis'te yaşayan Suriyeli kadınlar üzerinden göç ve kadın ilişkisini göç öncesi ve yeni toplumdaki deneyimler ile algı bağlamında ele alıyor. Araştırmada, Suriye'deki totaliter rejim baskısı, fişleme ve tutuklamalar, işkence ve şiddet, rejim askerlerinin ve terör örgütlerinin saldırıları ile cinsel istismar ve yaşam tehdidi başlıca itici etkenler olarak bulgulanmış. Türkiye'ye kaçarken de travmatik olaylar deneyimlemiş; coğrafi yakınlık ve akrabalık bağları nedeniyle Kilis'i tercih etmiş olan kadınlar arasında en dezavantajlı kesim ise çocuklarının bakımını tek başına üstlenmek zorunda olanlar. Barınma ve çalışma gibi temel gereksinimlerin yeterli düzeyde karşılanamadığı bu süreç, kadınların "istikrar sağlanır sağlanmaz ülkelerine geri dönme" beklentisini güçlendirmiş. Düzenli bir işi olmayan ve yaşamını çoğu zaman yerleşik olanların yardımlarıyla idame ettirmeye çalışan kadınlar sosyoekonomik açıdan heterojen bir yapı sergiliyor; öyle ki grupta ortalama barınma koşullarına sahip olanlarla birlikte yüksek kira karşılığında çok donanımsız konutlarda ve bodrum, depo vb. kapalı alanlarda barınanlar ile üniversiteye devam edenlerin yanı sıra okuma yazma bilmeyenler yer alıyor. Bu araştırma da bütün ulus aşırı göç süreçlerinde büyük önem atfedilen "dil bilme"nin toplumsal iletişim, uyum ve iş bulma açısından en önemli üstünlük olduğunu, bunun aksine gelir ve dil yoksunluğunun ise mekânsal dışlanmayı beraberinde getirdiğini bir kez daha ortaya koyuyor. Bilindiği gibi, ulus aşırı göç süreçlerinin aile yapısı üzerindeki güçlü etkileri göç araştırmalarının odaklandığı konulardan biri. Benzer biçimde, bu araştırmanın verileri de kadınların sığınma süreci öncesinde ataerkil yapıdan kaynaklanan ikincil konumunun Kilis'te aile içi rol değişimine yol açacak bir gelişme göstermeye başladığını; Türkçe konuşabilenlerin eşleri işsiz iken akraba ve tanıdıkları vasıtasıyla tekstil sektöründe, ev hizmeti ve çocuk bakımında, terzi, pastane ve zeytin toplama işlerinde çalışarak evlerinin geçimini sağladığını gösteriyor.

Alanyazında, eğitim hakkının temel hak ve özgürlükler bağlamında yorumlandığı İnsan Hakları Evrensel Bildirgesine (1948) dayandırılarak "Eğitim insanın en temel haklarından biridir." ifadesi yoğun kullanılır. Ulus devletlerin vatandaşlarına eşit eğitim imkanları sunma meselesi de bu bağlamda tartışılır. Bildirgenin eğitim hakkına ilişkin 26. maddesi uluslararası temel hukuk düzenlemelerinde mülteci ve sığınma hareketleri de dahil olmak üzere bütün göç türleri için geçerlidir. Yine bu çerçevede Mültecilerin Hukuki Durumuna Dair Cenevre Sözleşmesi'nin 22. maddesine göre kabul eden ülkeler temel eğitim konusunda vatandaşlarına uyguladıkları muamelenin aynısını uygulamakla, özellikle temel eğitim sürecinde yer alması gereken çocukların eğitimini sağlamakla yükümlüdür. Klasik göç ülkeleri ile yoğun göçmen nüfus yapısına sahip Batı Avrupa ülkelerindeki göç alan yazınında eğitim ve öğrenim süreçlerine eşit katılımın, toplumsal yaşamın diğer temel alanları ile birlikte entegrasyon açısından büyük önem taşıdığını gösteren çok sayıda rapor, araştırma ve çalışma yer almaktadır. Toplumsal uyumun sağlanması ve toplumda sosyal ayrımın engellenmesi, temelde göçmen çocukların eğitim kurumlarında ve kamusal hayatta yer almaları ile ilişkilidir.

Hem klasik entegrasyon anlayışında hem de yeni bakış açılarında sosyal entegrasyon boyutunda dil yeterliliğine, yapısal entegrasyon boyutunda ise göçmenlerin statülerini belirleyen ve toplumsal kaynaklara erişimi sağlayan "eğitim" konusuna büyük önem atfedilir. Bunu iş piyasasına dahil olmak, siyasal ve yasal katılım gibi göçmenleri toplumsal sistem içinde tutacak diğer süreçler izler. Konuya Türkiye'deki Suriyeliler ve eğitim meselesi açısından bakıldığında, topluluğun yarısından fazlasını oluşturan çocukların temel eğitim alanında temsili bütün entegrasyon süreçlerinin gerçekleşmesi açısından kuşkusuz büyük önem taşıyor. Zira eğitim, ikinci ve izleyen kuşakların bütün toplumsal alanlara katılımı, hakların kazanımı ve fırsatlara erişimi açısından ön koşul oluşturmakta. İşte bu açıdan özellikle kamp dışında yaşayan çocukların temel eğitim yoksunluğu, sorunlu bir alan olarak değerlendiriliyor.

Bu bağlamda Gülfer Ihlamur Öner'in *"Suriyeli Çocukların Eğitim Hakkı ve Eğitime Erişimi"* başlıklı makalesinde eğitime erişememe, emek sömürüsü ve erken yaşta evlendirilme olmak üzere önemli boyuttaki tehditler tartışılıyor. Suriyeli nüfusun Türkiye'de bulunma süresinin uzamasıyla birlikte eğitim meselesi Millî Eğitim Bakanlığı tarafından 2015 yılında ele alınarak Bakanlığın denetiminde devlet okulları, 2016/2017 eğitim ve öğretim yılı sonundan itibaren kademeli olarak kapatılması planlanan Geçici Eğitim Merkezleri ve özel okullarda eğitim verilmeye başlandı. Ancak raporlar ve nitel araştırma verileri ülke genelinde okul çağındaki çocukların okula kayıt olma oranının çok düşük olduğuna, dolayısıyla uzun vadede çok boyutlu bir sosyoekonomik sorun alanına işaret ediyor. Dil yetersizliği, yoksulluk, çocuk işçiliği, kız çocukların erken yaşta evlendirilmesi, ailelerin eğitim süreçlerine ilişkin bilgi eksikliği ve gelecek belirsizliğinin yanı sıra okul yönetimlerinin yetersizliği ve kayıt için ek belge talebi gibi olumsuz tavrı, her iki grupta bu özel öğrenci kitlesine yönelik formasyona sahip olmayan öğretmenlerle ilgili nitelik ve nicelik sorunsalı ile müfredata ilişkin sorunlar başta olmak üzere göç sürecinden bağımsız olmayan ve altyapı eksikliğinden kaynaklanan daha pek çok unsur eğitime erişimin başlıca engellerini oluşturuyor. Bu nedenle bir taraftan zorunlu göçe yol açan çatışma sürecinin olumsuz boyutlarını deneyimlemiş, psikolojik travma yaşamış olan çocukların eğitim ve öğrenim süreçlerine dahil olmalarını engelleyen yapısal ve sosyal kısıtlılığın aşılmasına diğer taraftan sınırlı imkanlara sahip olan devlet okullarının üzerinde oluşan büyük baskının kaldırılmasına ilişkin düzenlemeleri içeren, eğitim alanında güçlü entegrasyon politikalarının geliştirilmesine ivedi gereksinim var. Araştırmalar Suriyelilerin kentlerdeki ekonomik açıdan dezavantajlı gruplardan yoksulluğu devralmasına benzer biçimde Suriyeli çocuk işçilerin de Türkiye'deki mevcut yerli çocuk işçilerle birlikte yoksulluğu paylaşarak pek çok tehdidi barındıran önemli bir sorun alanına eklemlendiğine işaret ediyor. Bu nedenle ülkenin göç politikasında bütün çocukların eğitim ve öğrenim süreçlerine katılımının sağlanması öncelikli görünüyor.

Makro ve mikro dinamiklere bağlı gelişen kritik siyasi ve ekonomik süreçlerde, özellikle sosyoekonomik göstergelerin zayıfladığı dönemlerde kitle iletişim araçlarının toplumları manipüle etme, düşünce yapılarını biçimlendirme açısından işlevi ve gücü tartışılamaz. Bu çerçevede yeni bilgi ve iletişim teknolojilerinin bireyin ve toplumun gündelik pratiklerine nüfuz etmesi; günümüzde toplumların "medya toplumu" olarak adlandırılması kuşkusuz, medya içeriğinde toplumsal gelişmelerin, toplum gerçekliğinin nasıl temsil edildiği; medyanın toplumun düşünce biçimine, görüşlerine nasıl etki ettiği ve toplumun medyanın sunumuna nasıl tepki verdiği sorularını tartışmaya açıyor. Meseleye Türk basınında Türkiye'deki Suriyelilerin nasıl temsil edildiği açısından bakıldığında, bugüne değin olumlu söylem ve veri içeren çok sayıda haber ile akademik çalışma mevcut. Bu durum konunun insani boyutunun çoğu kişi tarafından kabul edilir görünmesiyle birlikte gazetelerin önemli bir bölümünün sığınmacılara açık kapı politikası uygulayan siyasi iktidara yakın bir yayın politikası izlemesinden kaynaklanıyor. Medyanın sunumu, sığınmacı krizinin Türkiye'nin toplumsal ve siyasal gündeminde nasıl yer aldığıyla ilgili belirleyici etkenlerden biri. Alaaddin Paksoy'un mevcut iletişim çalışmalarından farklı olarak olumsuz örneklere odaklanan *"Bir Türk Oryantalizmi Örneği Olarak Türk Basınında Suriyeli Sığınmacılar"* başlıklı makalesinde ülkede en yüksek tiraja sahip ulusal gazetelerde yer alan olumsuz dile sahip haber metinleri ve köşe yazıları "Türk Oryantalizmi" tartışması üzerinden çözümleniyor. Çalışma, Türk elitinin geçmişe dayalı bir kimlik sorunu kapsamında "Araplar ve Ortadoğululuk" anlayışının bugünkü basın içeriğinde de Suriyeliler üzerinden kimi zaman bu coğrafyanın dışlandığı ve Türk kimliğinin yüceltildiği bir araç olarak kullanıldığını ortaya koyuyor. Suriyelilerin gazetelerin haber ve köşe yazılarında bir araçsallaştırma unsuru olarak değerlendirildiğini; gazetelerin ideolojik duruşlarına bağlı olarak, siyasi iktidarla olan mesafelerini belirlemek için hatta siyasi iktidarla olan mücadelelerinde nefretten öte iktidarı eleştirme aracı olarak kullanıldığını bulgulayan bu araştırmaya göre, öznesi çocuklar, kadınlar ve insani yardım olan yazılarda ise dışlama, ötekileştirme ve nefret dili yer almamakla birlikte sığınmacıların ekonomik maliyeti ve sosyal külfeti söz konusu olduğunda kısıtlı da olsa topluluğu dışlayıcı bir dil belirgin. Bu çalışma, medyadaki olumsuz sunumun aynı zamanda entegrasyon sorununa dayalı kriz göstergelerinden biri olduğu görüşüne de temel oluşturacak örnekler içeriyor.

Göç politikalarında yeni gelenlerin yerleşik olanlar ile iletişimi ve toplumsal yapılarda yer alması, toplumsal bütünleşmeyi esas alan entegrasyon süreci açısından büyük önem taşır. Kitlesel Suriyeli göçünün başladığı ilk yıllarda Türkiye'de açık kapı politikası izleyen hükümetin ve muhalefet partilerinin siyasi söylemlerinde, sivil toplum alanında ve medyada hoş geldin kültürü yoğun yaşatıldı. Bu dönemde politik ve ekonomik alanlar, medya temsili ve kurumlar bağlamında tartışılan "hoş geldin kültürü" ve "toplumsal algı" kavramları akademik araştırmaların da ilgi alanına girdi. Ancak göç hareketinin uzun sürmesine bağlı olarak bu olumlu yaklaşım önyargılar barındıran muhafazakar söylemlere dönüşme eğilimi gösteriyor. Bu durumun, Suriyelilerin sosyal sistem için bir tehdit olarak görülmelerine ve iş piyasası, konut ve eğitim alanları ile resmi kurumlarda farklı ayrımcılık biçimleriyle karşı karşıya kalmalarına yol açma kapasitesi ise düşündürücü. Bugün sürecin başlangıcında yoğun kullanılan olumlu söylem ve yaşatılan hoşgeldin kültürü giderek bir olumsuzlama eylemine evriliyor. Konuya ilişkin araştırmalar toplumda artan çeşitliliği olumlu bulanların oranının süreye bağlı olarak giderek azaldığına, Suriye'de insan güvenliği sorunu ortadan kalktığında topluluğun geri dönmesi gerektiği görüşünün güçlendiğine işaret ediyor. Olumsuz toplumsal algının özellikle ekonomik göstergelerin zayıfladığı dönemlerde yabancı düşmanlığı ve ırkçılık meselelerine temel oluşturması kaçınılmaz. İşte bu nedenle toplumsal kabulün içselleştirilmesini sağlayacak, sosyal ve yapısal entegrasyonu hedefleyen göç politikalarının üretilmesi büyük önem taşıyor. Göç tartışmalarında ise yaşamını bağımsız idame ettirmenin ve toplumsal kabulün temelini oluşturan "iş piyasasına dahil olma" durumu, entegrasyon sürecinin merkezine konumlandırılıyor.

Bu çerçevede Ahmet Koyuncu'nun toplumsal kabul ve dışlanma boyutuna odaklı *"Türkiye Toplumunda Suriyeli Sığınmacıların Toplumsal Kabulü ve Dışlanması"* başlıklı makalesinde iş piyasası, sağlık, eğitim ve yerleşik olanlar ile iletişim boyutları üzerine Konya'da gerçekleştirilmiş olan geniş kapsamlı bir alan araştırmasının bulguları tartışılıyor. Yerleşik olanlar arasında toplumsal sorunların asli kaynağı olarak gösterilen ve ülkenin ekonomisi, sosyal yapısı, geleceği ve huzuru açısından bir tehdit olarak algılanan Suriyelilerin genel kanının aksine, belirli sektörlerde emek piyasaları açısından vasıfsız-ucuz işgücü ihtiyacını karşılayarak önemli bir açığı kapattığına; ayrıca, yerleşik olanların Suriyelilerin sağlık ve eğitim gibi kamu imkanlarından faydalanmasına dair bilgisinin uygulamalarla örtüşmediğine dikkat çeken araştırmaya göre, tüm alanlarda yeni göç politikalarının oluşturulması gerekli. Bu bağlamda resmi kurumlar, yerel yönetimler ve STK'ların etkileşimli bir yapı içinde sürece dahil edilerek işlevselleştirilmesi, özellikle sivil toplum kapsamında ve eğitim alanında çocuklar ile velileri kapsayan kaynaştırma hedefli projelerin hayata geçirilmesi önem taşıyor.

Çoğul toplum yapısına sahip olan bazı gelişmiş ülkelerde de mülteci akımının başlangıcında yoğun kullanılan olumlu söylem ile yaşatılan "hoşgeldin kültürü"nün süre uzadıkça tartışmalı bir meseleye evrilmeye başladığı görülüyor. Örneğin konuya ilişkin bir araştırmanın verilerine göre, Alman toplumunda göçmen kökenli olanlar da dahil olmak üzere çoğunluk, mültecilerin ülkede daimi olarak kalmasına karşı (DW, 2016). Konuya Türkiye özelinde yaklaşıldığında, büyük çoğunluğu kampların dışında, şehir merkezlerinde yaşayan Suriyeliler "yeni komşular" olarak gündelik toplumsal yaşamın bir parçası haline gelmiş durumda. Araştırmalar Avrupa ülkelerinde gözlenen eğilim gibi Türkiye'de de yerleşik olanlar arasında göçmenleri, başka ülkelerden gelen işçileri istemeyenlerin sayısının giderek arttığına dikkat çekiyor. Kaynak ülke ve etnik grup aidiyeti toplumlarda göç tutumlarının oluşmasında kuşkusuz önemli bir etken. Bu bağlamda Suriyeliler ve "kültürel farklılıkları" tehdit, "din" ise olumlu tutumun temel kaynağı olarak algılanıyor. Özellikle semavi dinlerin anlayışına dayalı komşuluk kültürü bugün giderek çoğullaşan toplumların göç ile yeni gelenlere bakışını olumlu yönde etkiliyor. Göçmen nüfus oranının yüksek olduğu Batı Avrupa ülkelerindekine benzer biçimde Türkiye'de de yerleşik olanların ekonomik yük ile sosyal, kültürel ve ahlaki yozlaşma tehditlerini içeren olumsuz bakışı benzerlik taşımasına rağmen yine de tepkinin fazla olumsuz olmaması insani değerlerle ilişkili. Küreselleşmeye bağlı olarak yeni değerler ile ulus devlet modeli ve onun milliyetçi değerleri arasında bir gerilimin yaşandığını vurgulayan Kadir Canatan'a göre, günümüzde geçmişte bir arada yaşaması düşünülemeyen insanlar ve gruplar şimdi birbirleriyle komşu olma durumunda. Komşuluk anlayışının günümüzde zayıflaması, toplumsal yapıyı ve ilişkileri değiştiren ve insanlar arası ilişkilerde güven bunalımı yaratan kentleşme; eğitim düzeyinin yükselmesi; bireyselleşme; sekülerleşme ve toplumsal çözülme gibi modernleşme süreçlerinin bir ürünü. Bu çerçevede komşuya güven konusunun "modernleşme" üzerinden ele alındığı *"Komşuluk Hukuku Açısından Suriyeli Göçmenler"* başlıklı makalede, heterojen bir yapıya sahip olan ya da savaş ve çatışmalar nedeniyle gerilimlerin var olduğu ülkelerde komşuya güvenin düşüklüğü açıklanmaya çalışılıyor. Buna göre, insanlar arası ve toplumsal ilişkileri dönüştüren, geleneksel sosyal yapıların çözülmesine yol açan modernleşme süreci insan ilişkilerinde ciddi bir güvensizlik ve risk yaratırken demografik, sosyal ve kültürel unsurlar da komşuya güveni etkiliyor.

Bir küresel gerçeklik haline gelen mülteci ve sığınmacı hareketleri günümüzde ulusal ve uluslararası politik alanların başat meselelerinden biri. Dinamikleri ve profili giderek çeşitlenen hareketlerin yapısal bir dünya krizine temellenmesi, yol açan kaynaklarla küresel sistem meselesi bağlamında mücadeleyi gerektiriyor. Ancak bilindiği gibi, gelişmiş ülkeler demografik ve ekonomik yapıları nedeniyle sürekli göçmen alımına ihtiyaç duyar. Bu noktada günümüzdeki temel beklenti, mültecilerin ve sığınmacıların barındıkları gelişmiş ülkelerde iş piyasalarına dahil olarak ülke kalkınmasına katkıda bulunmaları gibi olumlu etkiler. Yoğun göçmen nüfus barındıran bu ülkelerde söz konusu beklentiye koşut olarak destek ve uyum mekanizmaları ile göçe dair çekicilik artırılmaya çalışılıyor. Bu çerçevede ülkeye giriş, ülke sınırları içinde barınma ile başvuru ve kabul süreçlerinde kurumlarla iletişimi kolaylaştıracak bilgilendirme ve karşılama hizmetleri verilerek özellikle nitelikli olanların kendilerini istenen kişiler olarak hissedebilmeleri hedefleniyor. Toplumda çeşitliliğin içselleştirilmesi, yeni gelenlere karşı duyarlılığın artırılması, yeni gelenlerin yeni yerleşimlerine alışması ve toplumsal katılım düzeyinin iyileştirilmesi açısından bu yaklaşım önemli görülüyor. Ancak yerleşik olanlar tarafından mültecilerin ve sığınmacıların sosyal sistem için bir tehdit olarak algılanmamaları ve devlet tarafından kapasitelerinin değerlendirilebilmesi konusu ise iş piyasası, barınma/konut ve eğitim alanları ile resmi kurumlarda farklı ayrımcılık biçimleriyle mücadeleyi gerektiriyor. Bu doğrultuda çoğul toplum yapısına sahip olan gelişmiş ülkelerde; örneğin özellikle kalifiye işgücü olarak görülen mültecilere yönelik bilgilendirme ve danışmanlık çalışmaları yapan özel birimlerin oluşturulduğu Kanada ve İsviçre gibi yaşlanan toplumlarda geleceğe dair bir yaklaşım değişimine işaret eden kısa ve uzun vadeli farklı göç ve uyum politikaları gözleniyor (Carrel, 2013).

Göç olgusu, toplumsal değişmenin temel kaynaklarından biridir. Özellikle insan hareketliliği uluslararası nitelik taşıdığında, gelen nüfusların toplumsal değişmeyi biçimlendirmesi ve ivme kazandırması kaçınılmazdır. Bu bağlamda Ural Manço'nun *"Güçlü Bir Toplumsal Değişim Etkeni: Türkiye'ye Yönelik Suriyeli Göçü"* başlıklı sonuç yazısında Suriyeliler meselesi toplumsal değişim ile ilişkilendirilerek Türkiye'deki Suriyeliler özelinde ve 1960'lardan itibaren Türkiye'den Batı Avrupa ülkelerine göç eden topluluk üzerinden, karşılaştırılarak tartışılıyor. Suriyeli topluluğun büyük olasılıkla benzer aşamalardan geçeceğine dikkat çekilen yazıda, göçmen tahayyülü açısından Türkiye'deki Suriyeliler ve Avrupa'daki Türkler arasındaki yapısal nedensellikler ve farkların yanı sıra benzerliklerin de altı çiziliyor. Bunun yanı sıra Suriyeli nüfusun önceliğinin, Türkiye'de yaşama süresinin uzamasına ve geçici koruma statülerinin kalıcılığa evrilmeye başlamasına bağlı olarak değişerek, amacın artık bir Avrupa ülkesine iltica etmekten yerleşmeye, ikamet iznine sahip göçmen statüsüne, hatta vatandaşlığa geçmeye, hayatı Türkiye'de yeniden kurmaya dönüşeceği de öngörülüyor. Suriyelilerin Türkiye nüfusuna göre daha dinamik bir demografik yapı sergilediğini, bu nedenle ülkenin sadece dünyada en çok sığınmacı değil, aynı zamanda dünyada en çok sığınmacı çocuk barındıran ülke konumunda olduğunu gösteren veriler ise öncelikle eğitim, demografik yapı ve istihdam meseleleri olmak üzere gelen nüfusun toplumsal katılımını odak noktasına taşıyor.

Mülteci ve sığınmacı grupların toplumsal katılımının sağlanamaması ve sosyoekonomik açıdan dikey geçiş yapamamaları kuşkusuz yeni bir tür alt sınıf oluşumuna yol açar. Göç süreçlerinin temel boyutları olan barınma, istihdam, sağlık ve eğitimi kapsayan bir entegrasyon politikası bu nedenle devletlerin topluma yeni dahil olanlar üzerinden geleceğe dönük bir yatırımı olarak anlamlı. Bu bağlamda önemli oranda göç veren bir ülke iken son dönemde göçe geçiş sağlayan ve özellikle göç alan bir ülke konumuna evrilen; göç yönetimi henüz yeni kurumsallaşmaya başlayan Türkiye'de de bütüncül bir göç politikasının oluşturulması önem taşıyor. Gelecek, "beklenmeyen misafirler" olarak beliren; toplumsal değişme ve toplumsal gelişmeyi etkileyecek olan Suriyeli sığınmacılar ile birlikte şekillenecektir. Gelişmeler, sürecin kısa ve uzun vadede politik eksende ve sosyal bilimlerde yer alan temel konulardan ve araştırma alanlarından biri olacağına işaret ediyor.

Çıkış noktası, Türkiye'deki Suriyeliler meselesinin temel boyutlarını tartışmaya açmak olan bu kitapta yer alan makalelerin odaklandığı konuların her biri kuşkusuz tek başına esaslı olarak irdelenmeye aday. Bu çabamızın alan yazında konuya ilişkin mevcut çok sayıdaki araştırma, makale ve raporlar ile birlikte yeni çalışmalara temel oluşturmasını dileriz.

**Kaynakça**

Aumüller, J. ve Bretl, C. (2008), Lokale Gesellschaften und Flüchtlinge: Förderung von sozialer Integration. Die kommunale Integration von Flüchtlingen in Deutschland, Mitglied im Europäischen Migrationszentrum: Berliner Institut für Vergleichende Sozialforschung.

Bade, K.J. (2017), Migration Flucht Integration. Kritische Politikbegleitung von der 'Gastarbeiterfrage' bis zur 'Flüchtlingskrise'. Erinnerungen und Beiträge, Osnabrück, https://www.imis.uni-osnabrueck.de/fileadmin/4_Publikationen/PDFs/Bade_Migration.pdf (erişim: 25/04/2017).

Bade K.J. (2004), Sozialhistorische Migrationsforschung. Studien zur Historischen Migrationsforschung Bd. 13, (Der.) Bommes M. & Oltmer J., V&R unipress GmbH Göttingen mit Universitätsverlag Osnabrück, http://www.zeithistorische-forschungen.de/sites/default/files/medien/material/bade0305.pdf (erişim: 11/12/2016).

Carrel, N. (2013), Anmerkungen zur Willkommenskultur bpb: Bundeszentrale für politische Bildung, 11.11.2013, http://www.bpb.de/apuz/172378/anmerkungen-zur-willkommenskultur (erişim: 14/11/2016).

DW - Deutsche Welle (2016), Almanya'da "hoşgeldin kültürü" düşüşte, http://www.dw.com/tr/almanyada-ho%C5%9Fgeldin-k%C3%BClt%C3%BCr%C3%BC-d%C3%BC%C5%9F%C3%BC%C5%9Fte/a-19385623, 07.07.2016, (erişim: 11/07/2016).

GİGM (2017), Geçici Koruma, http://www.goc.gov.tr/icerik3/gecici-koruma_363_378_4713 (erişim: 23/07/2017).

G20 (2017), G20 Germany Hamburg, https://www.g20.org/Webs/G20/EN/G20/g20_node.html (erişim: 12/09/2017).

Goldenberg, O.; Sackmann, R. (2014), Arbeitsmarktzugaenge von Migranten und ausländischen Fachkräften in ländlichen Regionen, Universitätsverlag Halle-Wittenberg.

Heckmann, F. (2015), Integration von Migranten. Einwanderung und Nationenbildung, Springer VS, Wiesbaden.

IOM - International Organization for Migration (2017), Syria Crisis IOM Appeal 2017, https://www.iom.int/sites/default/files/IOM%202017%20Syria%20Crisis%20Appeal%2017%20January%202017%2024%20Jan%20FINAL%20-%20English%20%28002%29.pdf (erişim: 28/09/2017).

IOM - International Organization for Migration (2010), "World Migration Report, The Future of Migration: Building Capacities for Change", https://www.iom.int/files/live/sites/iom/files/Newsrelease/docs/WM2010_FINAL_23_11_2010.pdf (erişim: 12/06/2016).

Sirkeci, İ. (2017a), "Turkey's Refugees, Syrians and Refugees from Turkey: a Country of Insecurity", *Migration Letters*, 14 (1): 127-144.

UNHCR (2017), Hauptaufnahmeländer, http://www.unhcr.org/dach/de/services/statistiken (erişim: 07/10/2017).

UNHCR (2016), "Figures at a Glance", http://www.unhcr.org/figures-at-a-glance.html (erişim:17/12/2017).

KARTAL

# TÜRKİYE'NİN GÖÇ YÖNETİMİNİN DÜNÜ VE BUGÜNÜ

### N. Aslı Şirin Öner

### Göçler ülkesi Türkiye

Yer aldığı coğrafya ve sahip olduğu tarih gereği hem aynı zamanda göç alan ve göç veren ülke hem de göç geçiş ülkesi özelliği taşıyan Türkiye, Cumhuriyet'in kuruluşundan bu yana çok sayıda nüfus hareketine sahne olmuştur. Bu nüfus hareketlerinden özellikle Cumhuriyet'in ilk yıllarında gerçekleşenleri, modern Türkiye'nin 20. yüzyıl başı itibariyle dahil olduğu modernleşme projesi ve ulus-devlet yaratma çabası kapsamında değerlendirmek mümkündür. Bu dönemde, bir yandan Müslüman olmayan nüfusun yurt dışına göçü, diğer yandan vaktiyle Osmanlı toprakları olan ülkelerdeki Türk ve Müslüman nüfusun Türkiye'ye göçüyle beraber nüfusu türdeşleştirme çabası içine girilmiştir.

Ulus-devlet inşasının yerleşik hale geldiği 1950'li ve 1960'lı yıllarda, hem iç göç hem de dış göç ivme kazanmıştır. 1950'lerde kırdan kente göçte ciddi anlamda artış kaydedilirken, 1960'lar ve 1970'lerde Müslüman olmayan nüfusun Türkiye'den göçü hızlanmıştır. 1960'larda dış göçe ilişkin bir diğer gelişme ise Türkiye'nin, "misafir işçi" programları kapsamında, Almanya başta olmak üzere pek çok Batı Avrupa ülkesine işçi göndermesidir. İlk başlarda geçici işçi göçü şeklinde gerçekleşen bu göç hareketi, 1970'lerin ikinci yarısından itibaren göçmenlere aile birleşmesi hakkı tanınması neticesinde yerleşime dayalı göçe dönüşmüştür. 1980'lere gelindiğinde ise, ulus-devlet inşasının belirginleşmesinin yanı sıra Türkiye, Türk ve Müslüman olmayanların göçmen olarak geldikleri bir ülke halini almıştır. Diğer taraftan, Türkiye'ye 1999 yılında adaylık statüsü verilmesiyle beraber, özellikle 2000'lerin ilk yarısında Avrupa Birliğine (AB) uyum süreci hız kazanmıştır. Bu gelişmelere, 2011 yılında başlayan ve bu çalışmanın kaleme alındığı sırada da belirli ölçüde devam eden Suriyelilerin kitlesel göçü eklenmiştir.

Devletler, sınırlarına yönelik olarak gerçekleşen göç hareketlerini düzenlemek ve insani biçimde yönetmek için göç yönetimi adı verilen ulusal bir sistem kurmaktadırlar. Türkiye'nin de kendine has bir göç yönetimi mevzu bahistir. Bu göç yönetimini 2000'ler öncesi ve sonrası olarak ayırmakta fayda var. 2000'ler öncesinde göç yönetimi, 2510 sayılı İskan Kanunu (1934) başta olmak üzere birkaç kanun ve 1994 İltica Yönetmeliği ile 1951 BM Mültecilerin Statüsüne İlişkin Sözleşme gibi uluslararası belgelere dayanmaktaydı. Fakat bu göç yönetimi ihtiyaçları karşılamaktan uzaktı. Türkiye'nin göç veren kadar göç alan bir ülke konumuna gelmesi, AB'ye uyum süreci ve Suriyelilerin kitlesel göçü, geniş kapsamlı bir göç yönetimini zorunlu kılmıştı. 2000'lerdeki göç yönetimine baktığımızda, AB'ye uyum sürecinin de etkisiyle, bu zorunluluğa cevap vermek amacıyla yapılan çeşitli yasal düzenlemelere ve üretilen politikalara dayanan bir yönetim olduğunu söyleyebiliriz.

Türkiye'nin göç hareketleri açısından değişen konumu, AB'ye uyum süreci ve Suriyelilerin devam eden göç hareketinin etkisiyle oluşturulan göç yönetiminin ele alındığı bu çalışma, üç bölümden oluşmaktadır. İlk bölümde, Türkiye'ye yönelik göç hareketleri ve bu hareketler karşısında izlenen siyaset ve yapılan idari ve yasal düzenlemeler tarihsel açıdan irdelenmektedir. İkinci bölümün odak noktası, göç yönetimine ilişkin oluşturulan kurumsal yapıdır. Bu kapsamda, göçün yönetimiyle ilgili olarak kurulan idari birimler ve yerel yönetim, son bölümde ise, Türkiye'nin göç yönetiminin küresel göç yönetişimi içindeki yeri üzerinde durulmaktadır.

## Türkiye'ye Yönelik Kitlesel Göç Hareketleri ve İzlenen Siyaset

Türkiye tarihi incelendiğinde, farklı dönemlerde farklı nitelikte nüfus hareketlerinin gerçekleştiği görülmektedir. Bu hareketleri üç dönemde incelemek mümkündür. İlk dönem, İçduygu vd. (2014) yaptığı sınıflandırmaya göre, ulus-devlet yapılanmasına başlandığı 1923-1950 dönemi, ikincisi ulus-devlet inşasının yerleşik hale geldiği 1950-1980 dönemi ve üçüncüsü de, bu inşanın küresel anlamda belirginleştiği 1980'den günümüze kadar geçen dönemdir. Bu bölümde Türkiye'ye yönelik olarak gerçekleştirilen kitlesel göç hareketleri ve bu hareketler karşısında devletin izlediği siyaset söz konusu dönemler baz alınarak incelenmektedir.

*1923-50 Dönemi.* Cumhuriyet'in ilk yıllarında Türkiye'ye yönelen kitlesel göç hareketleri incelendiğinde, I. Dünya Savaşı ile beraber Osmanlı İmparatorluğu'nun dağılması sonucu kurulan ülkelerde – ki bunlar daha ziyade Balkanlar'da yer almaktadır – yaşayan Müslüman ve Türk nüfusun, Cumhuriyet kurulduktan sonra ülkemiz topraklarına doğru gerçekleştirdiği göç hareketinin bu döneme damga vurduğu söylenebilir. Balkan Savaşları ile başlayan Müslüman ve Türk nüfusun göç süreci, Cumhuriyet'in ilk yıllarında "siyasi bir iradenin planlaması ile düzenlenen göç hareketleri" (İçduygu vd., 2014: 54) ile devam etmiş ve Cumhuriyet'in kuruluş döneminde başlanan ulus-devlet inşasının unsurlarından biri olarak algılanan nüfusun türdeş hale getirilmesinde önemli rol oynamıştır.

TÜRKİYE'NİN GÖÇ YÖNETİMİNİN DÜNÜ VE BUGÜNÜ

Bu dönemde Balkanlardan Türkiye topraklarına doğru olan kitlesel göç hareketlerinin ilki, 30 Ocak 1923'te Lozan'da imzalanan "Türk-Yunan Nüfus Mübadelesine İlişkin Sözleşme ve Protokol" çerçevesinde Yunanistan'ın Müslüman nüfusu tarafından gerçekleştirilmiştir. Mübadele Sözleşmesi uyarınca, İstanbul'da oturan Ortodoks Rumlar ve Batı Trakya'da oturan Müslümanlar dışarıda tutulmak kaydıyla, Yunanistan'daki Müslüman azınlık ile Türkiye'deki Ortodoks Rum azınlık 1923'ün son aylarından başlayarak mübadeleye tabi tutulmuşlardır. 1939'a kadar mübadele kapsamında Yunanistan'dan gelen Müslümanların sayısı 384,000'dir (Kirişçi, 2000). Yunanistan'dan gelen mübadiller, Balıkesir, Bursa, Edirne, Kırklareli, Kocaeli, İstanbul, İzmir, Manisa, Niğde ve Samsun başta olmak üzere ülkenin pek çok şehrine yerleştirilmişlerdir (Arı, [1995] 2003].

1923'ten II. Dünya Savaşının sonrasına kadar geçen dönemde Türk-Yunan mübadelesi haricinde Bulgaristan, Romanya ve Yugoslavya'dan yapılan göçlerden söz etmek gerekir. Bulgaristan'dan gerçekleşen göç hareketinde 1923 yılındaki darbenin ardından Bulgaristan Kralı Boris'in uygulamaları sonucunda siyasi, sosyal ve ekonomik koşulların ülkede yaşayan Türkler için giderek ağırlaşması önemli rol oynamıştır. Yönetimin baskı politikalarına maruz kalan Türkler çareyi Türkiye'ye göç etmekte bulmuşlardır. 1923'ten 1940'lara kadar geçen dönemde göç eden Türk, Pomak ve Müslüman Romanların sayısı 200,000'in üzerindedir (İçduygu ve Sert, 2015).

Romanya'dan yapılan göçlere baktığımızda orada yaşayan Türklerin de baskı altında kalmaları sonucu Türkiye'ye göç ettiklerini görmekteyiz. Romen hükümeti, 1924 yılında çıkartılan Toprak Kanunu uyarınca, Türklerin yoğun olarak yaşadıkları Dobruca bölgesine Romenleri yerleştirmeye başlamış, bölgeye uygulanan iktisadi ve sosyal politikalar nedeniyle zor duruma düşen Türkler de Türkiye'ye göç etmek zorunda kalmışlardır. 1923-34 yılları arasında nispeten yavaş seyreden göç 1934'ten itibaren hız kazanmış; Romanya'dan göçlerin artarak sürmesi sonucunda iki ülke arasında 4 Eylül 1936'da Dobruca'daki Türk Halkın Göçünü Düzenleyen Mukavelename imzalanmıştır. 1934-38 döneminde göç edenler Türk devletince iskan edilecek göçmenler olarak nitelendirilmişlerdir (Duman 2008, akt. İçduygu ve Sert, 2015: 94). 1923'ten II. Dünya Savaşı sonrasına kadarki dönemde Romanya'dan yaklaşık 121,300 kişinin göç ettiği görülmektedir (Kirişçi, 2000).

Aynı dönemde Yugoslavya'dan (1918'de kurulan ve 1929'da Yugoslavya Krallığı olarak ilan edilen Sırp, Hırvat ve Sloven Krallığı) Türkiye'ye doğru olan göçlerde de iktisadi, siyasi, sosyal ve kültürel koşulların kötüleşmesi rol oynamıştır. Yugoslavya'da yaşayan Türk ve Müslüman topluluklar, bir yandan toprak reformu ve vakıfların mallarına el konulmasının yarattığı olumsuz etkiler, diğer yandan maruz kaldıkları siyasi baskılar yüzünden Türkiye'ye göçe yönelmişlerdir. Örneğin, Yugoslavya'da yaşayan Türkler, seçme ve seçilme hakkı ile anadilde eğitim hakkından mahrum bırakılmışlardı. Resmi istatistiklere göre, 1923-49 yılları arasında 5894 kişi daimi göçmen (devlet tarafından iskan edilen), 111,318 kişi de serbest göçmen olarak Türkiye'ye gelmiştir (Öksüz ve Köksal 2004, akt. İçduygu ve Sert, 2015: 94). 1939-50 yılları arasında Yugoslav devleti göçe izin vermediği, 1950'den sonra ise sınırlarını gayri resmi biçimde açtığı görülmektedir. Öte yandan, 1918'den itibaren Kosova'nın Yugoslavya tarafından kolonileştirilme süreci başlamış ve bu esnada çok sayıda Arnavut Türkiye'ye göç etmiş veya ettirilmiştir. Arnavutların ya da Bulgaristan'dan gelen Pomakların göçünden de anlaşılacağı üzere, Balkanlardan Türkiye'ye yapılan göçlerde milliyetten çok din faktörü etkili olmuştur.

Yukarıda sözünü ettiğimiz göç hareketleri sayesinde modern Türkiye'nin nüfus yapısı dinsel ve etnik yönden ciddi ölçüde türdeş hale getirilmiştir. Diğer taraftan, siyasi karar alıcılar bu türdeşleştirmeyi ülkede hakim kılmak adına çeşitli idari ve yasal düzenlemeler yapmışlardır. Türkleştirme politikaları kapsamında yapılan bu düzenlemeler arasında 1934 İskan Yasası'nın ön plana çıktığını görüyoruz. Yasa uyarınca, Türkiye'ye göç etme ve yerleşme hakkı yalnızca "Türk soyundan gelen ve Türk kültürüne bağlı olanlar"a aitti. Her zaman başarılı olunmasa da, bu tanıma uymayanların Türkiye'ye göç etmeleri engellenmeye çalışılmıştır. Aynı yasa, Türkiye'de bulunduğu halde Türk soyundan gelmeyen veya Türk kültürüne bağlı yaşamayanların (örneğin anadili Türkçe olmayanların) ülkenin belirli yerlerine yerleştirilmeleri ve böylece asimile edilmelerine yönelik düzenlemelerin nasıl yapılacağını da belirtmektedir (İçduygu, Erder ve Gençkaya, 2014). Türkiye'nin ulus-devlet inşasında önemli bir rol oynayan Yasa'da Türklüğe yapılan vurgu ise, ulus-devletin korunmasında belli bir etnik kimliğe dayalı anlayışın hakim olduğunu göstermektedir.

*1950-80 Dönemi.* Soğuk Savaşın egemen olduğu bu dönemde, İçduygu vd. (2014) dile getirdikleri gibi, ulus-devlet inşası "yerel" ve "ulusal" açılardan yerleşik bir boyut kazanmıştır. Türkiye'ye yönelik kitlesel göç hareketlerinde, yine Balkanlardan yapılanların öne çıktığı görülmektedir. Göçler özellikle Yugoslavya ve Bulgaristan'dan gerçekleşmiştir. Önceki döneme benzer şekilde yaklaşık 800,000 kişi Türkiye'ye gelmiştir (Kirişçi, 2000:8). Göç edenlerin Müslüman ve Türk olması, Türkiye nüfusunun Türkleşmesi ve Müslümanlaşması bağlamında türdeşleşmesine önemli etki etmiştir.

II. Dünya Savaşı sonrasında komünist yönetimlerin kurulduğu Yugoslavya ve Bulgaristan'da bu yönetimlerden memnun olmayan ve çeşitli baskılara maruz kalan Müslüman ve Türk nüfus Türkiye'ye göç etmiştir. Yugoslavya'dan (1946 yılında kurulan Federal Yugoslavya Halk Cumhuriyeti) yapılan göçleri siyasi doğasından ötürü mülteci hareketleri olarak değerlendirmek mümkün ancak göç edenlerin 28 Temmuz 1951'de

# TÜRKİYE'NİN GÖÇ YÖNETİMİNİN DÜNÜ VE BUGÜNÜ

Cenevre'de imzalanan Birleşmiş Milletler Mültecilerin Statüsüne İlişkin Sözleşme'de de tanımlanan mültecilerden farklı olduklarının altını çizmekte fayda var. Türkiye'deki iltica sistemini sınıflandıran Kirişçi'ye (1991, 1996) göre, üç tür mülteciden söz edilebilir: 1) Avrupa ülkelerinden Türkiye'ye sığınma amacıyla gelen ve 1951 Cenevre Sözleşmesi'nin kurallarına tabi olan *sözleşme mültecileri*, 2) Irak, İran vb. Avrupa ülkeleri dışından gelen *sözleşme-dışı mülteciler* – ki bu kişiler, Türkiye'nin 1951 Sözleşmesi'ne coğrafi çekince ile taraf olması nedeniyle üçüncü ülkelere yerleştirilmektedirler, 3) Balkanlardan gelen, Türk kökenli göçmenler niteliğindeki *ulusal mülteciler* – ki bu grup, Türkçe konuşmayan Müslüman, Orta Asya ve eski Sovyetler Birliği'ndeki Türklerle ilişkili olan etnik gruplar ve Arnavut, Boşnak, Çerkes ve Tatarlar gibi zamanında Osmanlı İmparatorluğu topraklarında yaşayanları kapsamaktadır. Bu bağlamda düşünülecek olursa, Yugoslavya'dan gelenleri ulusal mülteciler olarak nitelendirebiliriz.

II. Dünya Savaşının başladığı 1939'dan 1950'ye dek göçe izin verilmeyen Yugoslavya'da, 1950'den sonra sınırlar gayr-ı resmi biçimde açılmış, 1953'te Balkan Paktı'nın imzalanması üzerine yönetim, göçe resmen izin vermiştir. Bu izni fırsat bilerek 1950'lerden 1960'lara dek, Bosna ve Sancak'tan gelen Boşnak, Arnavut ve Pomak dahil olmak üzere yaklaşık 150,000 kişi Türkiye'ye göç etmiştir (Altuğ 1991 ve Beltan 2006; akt. İçduygu ve Sert, 2015).

1950-80 döneminde Bulgaristan'dan yapılan göçler ise iki aşamada gerçekleşmiştir. 1950-51 yılları arasındaki göçler ilk aşamayı oluşturmaktadır. Soğuk Savaş ortamında Doğu ve Batı blokları arasında yaşanan gerginliğin Türk-Bulgar ilişkilerine olumsuz yansıması sonucunda Bulgaristan'da yaşayan Türk-Müslüman nüfusa karşı izlenen politikanın sertleşmesinin yanı sıra tarım alanlarının kolektifleştirilmesiyle beraber ekonomik açıdan zorlukların baş göstermesi üzerine bu grup Türkiye'ye göç etmenin yollarını aramaya başlamıştır. O dönemde Türkiye ile ilişkileri kötü olan Bulgaristan için daha uygun bu durum, ülkedeki Türk-Müslüman azınlığı göçe zorlamak için iyi bir fırsat olmuştur.Bulgar hükümeti, hazırlanan zeminden faydalanarak 1950 yılının yaz aylarında Türkiye'ye bir nota vermiş ve Kasım ayına dek 250,000 kişilik bir grubun Türkiye'ye göçmen olarak alınması talebinde bulunmuştur (Dayıoğlu, 2005). Türkiye'nin bu isteğe notayla karşılık vermesi üzerine iki ülke arasında bir "nota düellosu" başlamış ve bu arada çok sayıda kişi Türkiye'ye göç etmek için Bulgaristan'daki Türk konsolosluklarına başvurmuştur. Neticede 1950 yazından 1951'de Bulgar hükümetinin göçü yasaklamasına kadar geçen dönemde yaklaşık 155,000 Bulgaristan Türkü Türkiye'ye göç etmiştir (Şimşir, 2009: 246).

Bulgaristan'dan göçün ikinci aşaması, 1968'de imzalanan "Yakın Akraba Göçü Anlaşması" sonucu gerçekleşmiştir. 1951'de Bulgar hükümeti göçü yasaklayınca, pek çok kişi akrabalarının arkasından gitmek amacıyla hazırlık yaptığı halde Türkiye'ye gidememiş ve yönetimin asimilasyoncu politikalarına maruz kalmıştır. Özellikle ülkede yaşayan Pomaklara karşı baskılar giderek artınca Türkler Bulgaristan'daki Türk temsilciliklerine göç için dilekçe vermeye başlamışlardır. Türklerin Türkiye'ye göç etme isteği Bulgar yönetimi tarafından tepkiyle karşılanmış ve yönetim onları bu fikirden vazgeçirmeye çalışmıştır. Türkiye ise bu durum karşısında sessiz biçimde diplomatik girişimde bulunmayı seçmiş; basına neredeyse hiç yansımayan girişimler neticesinde Mart 1968'de Bulgaristan ile göç anlaşması yapılmıştır. 1950-1951 göçüyle parçalanmış aileleri birleştirme amacını taşıyan 1968 Anlaşması kapsamında, 1969'dan geçerlilik süresinin sona erdiği Kasım 1978'e dek yaklaşık 130.000 Bulgaristan Türkü ülkemize göç etmiştir. Aslında Anlaşma amacına ulaşmamıştır, zira gerek evli kardeşler gerek amcalar, dayılar, teyzeler, halalar, yengeler ve onların çocukları anlaşma dışı bırakılmışlardır (Şimşir, 2009: 336-361; Eroğlu 1992, akt. Dayıoğlu, 2005; Milliyet, 31 Mayıs 1989, akt. Dayıoğlu, 2005).

Soğuk Savaş döneminde, fazla olmamakla beraber Yunanistan ve Romanya'dan da göçler yaşanmıştır. II. Dünya Savaşı ve ardından gelen Yunanistan iç savaşı sırasında çok sayıda Müslüman Türkiye'ye sığınmıştır (Kirişçi 1995). 1951 yılında Yunanistan'da durumun normale dönmesiyle birlikte Türkiye de sığınmacıları kabul etmeyi durdurmuştur. 1950'ler ve 1960'lar boyunca yaklaşık 26,000 Müslümanın göç etmesi söz konusu olmuştur (Beltan 2006, Kirişçi 1995; akt. İçduygu ve Sert, 2015: 98). II. Dünya Savaşı'ndan sonraki dönemde Müslüman ve Türk nüfusun diğer Balkan ülkelerine oranla göreceli olarak daha iyi bir durumda bulunduğu Romanya'dan ise sadece 1200 kişi Türkiye'ye göç etmiştir (Kirişçi 1995).

1950-80 dönemindeki yasal düzenlemelere bakıldığında, 1951 Cenevre Sözleşmesi ve 1967 New York Protokolüne dayandıkları görülmektedir. Yukarıda da belirtildiği gibi, Türkiye Cenevre Sözleşmesi ve New York Protokolüne coğrafi çekince ile taraf olmuştur. Bu çekince uyarınca Türkiye, sadece Avrupa'da meydana gelen olaylardan kaçarak Türkiye'ye sığınanlara mülteci statüsü vermektedir. Diğer bir deyişle, Genç ve Şirin Öner'in (2016) vurguladıkları gibi, Türk iltica rejimiyle belirtilen koruma Avrupa dışından gelenlere sağlanmamaktadır. Türkiye, bu coğrafi çekinceden ötürü yoğun şekilde eleştirilere hedef olmuştur fakat Paçacı-Elitok'un (2013: 170) ifade ettiği gibi, Türkiye AB üyeliğini garantilemeden bu çekinceyi kaldırma yanlısı değil, zira Avrupa'nın tampon bölgesi olmak ve sığınmacıları bir mıknatıs gibi çekmek istemiyor. Diğer taraftan, ilerleyen sayfalarda altı çizildiği üzere, bu çekinceyi kaldırmaya istekli olmasa da yaptığı düzenlemelerle çekinceden kaynaklanan olumsuzlukları telafi etmeye çalıştığını söyleyebiliriz.

*1980'ler ve Sonrası.* 1980'li yıllarla başlayan dönemde, ulus-devlet inşasının "küresel" anlamda belirginleştiği görülmektedir. Türkiye, yakın tarihine bakıldığında, ilk defa yabancıların göçüne sahne olmuş ve göç- veren ülke olmanın yanı sıra göç-alan ülke kimliği de edinmeye başlamıştır (Kirişçi,

2003). Bu dönemde öncelikle kökenleri itibariyle Müslüman ve/veya Türk olmayanların Türkiye'ye göç ettiklerine tanık oluyoruz 1980 ve sonrasında Türkiye'ye göç edenlerin önemli bir bölümü düzensiz veya kayıt dışı göçmen konumundadır. Ülkeye yönelik kitlesel göç hareketleri incelendiğinde gerek Balkan ve eski Sovyet ülkeleri, gerekse Asya ve Afrika kaynaklı çok sayıda göç hareketinin gerçekleştiği görülmektedir.

1980'lerdeki kitlesel göç hareketlerinden ilkinin 1979 İran Devrimi sonrasında yapıldığını söyleyebiliriz. Bu süreçte yaklaşık olarak bir milyon İranlının Türkiye'den sığınma talep ettiğini görüyoruz (Kartal ve Başçı, 2014). Türkiye, 1951 Sözleşmesi'ne coğrafi çekinceli taraf olması nedeniyle Avrupa dışından gelenlere mülteci statüsü vermediğinden ötürü turist vizeleriyle Türkiye'ye gelen İranlılar, vize süreleri sona erinceye kadar barınmış (diğer bir deyişle Türkiye'nin sağladığı geçici korumadan yararlanmış), sonrasında da önemli bir kısmı göçmen ağlarını kullanmak suretiyle Avrupa ülkelerine göç etmiştir (İçduygu, 2000).

Soğuk Savaşın sona erdiği yıllarda ise hem Doğu'dan hem de Batı'dan göçler söz konusudur. Doğudan gerçekleşenlere baktığımızda, 1988-91 arasında Irak'tan üç kitlesel hareket ile karşılaşıyoruz. "1988 yılında İran-Irak savaşının sona ermesinden sonra Türkiye'de geçici kamplarda barındırılan 50,000'den fazla Kürt peşmerge, Irak'tan gelen akımın ilk ayağını oluşturmuştur. 1990-1991 yıllarında Körfez Krizinden kaçan ve hareketi ikinci büyük dalgayı oluşturan yaklaşık 60,000 Iraklı ve Kuveytli sığınmacı grup ise kısa bir süre sonra geri dönmüştür. Son büyük dalga kapsamında 1991 yılında Irak ordusundan kaçan ve büyük çoğunluğu oluşturan Kürtlerin yanı sıra Türkmen, Arap ve Keldanilerin de yer aldığı yaklaşık 500,000 kişilik bir sığınmacı hareketi söz konusudur" (Kartal ve Başçı, 2014: 282). Türkiye, 1991 yılında yaşanan son dalgada, Silopi'deki mülteci kampında sığınmacılara geçici koruma sağlamış, uluslararası toplumun desteğiyle Kuzey Irak'ta oluşturulan güvenli bölgedeki Iraklılara da insani yardımda bulunmuştur.

Batı'dan yapılan kitlesel göç hareketlerinde 1989'da Bulgaristan'dan gelen Türkler ve 1992-95 yılları arasında devam eden Bosna Savaşı sırasında Türkiye'ye sığınan Boşnaklar ön plana çıkmaktadır. 1984'ün sonlarına doğru Bulgar yönetimince "yeniden doğuş süreci" adı altında ülkede yaşayan Türklerin Bulgarlaştırılmalarına yönelik uygulamaya konulan, isim değiştirme kampanyası -Bulgaristan Türklerinin tabiriyle "adçılık" - başta olmak üzere yapılan siyasi, kültürel ve sosyal baskıların giderek artması sonucunda 1989 yılının Haziran-Ağustos döneminde 310,000'in üzerinde kişi Türkiye'ye göç etmiştir. Türkiye, 22 Ağustos 1989'da vizesiz giriş yapılmasına olanak tanıyan uygulamaya son vermek zorunda kalmış, diğer bir deyişle Mayıs 1990'a kadar sınırı kapatmıştır. Bu tarihten Mayıs 1990'a dek Türkiye'ye vizeli giriş yapılmıştır. Ancak Bulgaristan'dan Türkiye'ye yönelen soydaş akımı durmamıştır. Toplam olarak, Haziran 1989-Mayıs 1990 döneminde

Bulgaristan'dan Türkiye'ye yaklaşık 346,000 kişi göç etmiştir (Şimşir, 2009: 457).Türkiye, bu kitlesel göç hareketi karşısında ortaya çıkabilecek sorunları bir düzen içinde çözmek amacıyla bir "Devlet Bakanlığını göçle ilgili iş ve işlemlerin koordinasyonu ile görevlendirmiş, böylece hizmetlerin tek elden koordineli şekilde yürütülmesini sağlamıştır. Göçmen soydaşların önce geçici iskan yerlerinde barındırılmaları, sonra sürekli yaşayacakları iskan yerlerinin sağlanması ve buralara nakledilmeleri, meslek vasıflarına uygun sürekli işlerin bulunması, sağlık ve eğitim sorunlarının çözülmesi, gıda ve kira yardımı yapılması, yeni ekonomik ve sosyal çevreye uyumlarının sağlanması hep bu Devlet Bakanlığı tarafından yürütülmüştür" (Şimşir, 2009: 445).

Soğuk Savaşın sona ermesiyle birlikte dağılma sürecine giren Yugoslavya'nın parçası olan Bosna-Hersek'te 1992'de çatışmaların patlak vermesi üzerine 20,000-25,000 civarında Boşnak Türkiye'ye sığınmıştır (UNHCR 2000; akt. Kümbetoğlu 2003). Bosnalı sığınmacılardan bir kısmına, 1989 göçmenleri için Kırklareli'nde yapılan misafirhanede devlet tarafından geçici korunma sağlanmış, diğerleri ise kendi çabalarıyla İstanbul veya diğer kentlere yerleşmişlerdir. Kümbetoğlu'nun (1996:275) belirttiği gibi, Kırklareli'ndeki misafirhanede ağırlanan Bosnalıların sayısı zorunlu göçün ilk zamanlarına oranla değişmiş, kamp nüfusu 1994'te ortalama 2800 iken, bu sayı daha sonra 660'lara düşmüştür. Geçici koruma sağlananların çoğu, 1995'te Dayton Barış Anlaşması'nın imzalanmasının ardından ülkelerine geri dönmüştür.

1990'larda Yugoslavya topraklarından göç Bosna-Hersek'ten yapılanla sınırlı kalmamıştır. 1997'de, Yugoslavya'nın dağılma sürecinin tamamlanmadığını gösterecek şekilde, Sırp ordusu ve polis gücü ile Kosova'nın bağımsızlığı için mücadele eden Kosova Kurtuluş Ordusu (UÇK) arasında başlayan çatışmaların 1998'de şiddetlenmesi üzerine yaklaşık 18,000 Kosovalı Arnavut, çareyi Türkiye'ye sığınmakta bulmuştur. 1999 yılının Mart ayında NATO'nun Sırbistan'a yönelik düzenlediği, yaklaşık iki hafta süren hava saldırısının ardından Miloşeviç yönetimi Kosova'daki askerlerini ve polis gücünü geri çekmiş ve Kosova'daki savaş ortamı da sona ermiştir. Bunun üzerine Kosovalı sığınmacıların çoğu Kosova'ya geri dönmüştür.

1980'lerden günümüze kadar gelinen dönemin son kitlesel göç hareketi, Mart 2011'de başlayan rejim karşıtı gösterilerin çok kısa bir süre içinde çatışmalara ve derken iç savaşa dönüşmesiyle beraber Suriye'den gerçekleşen harekettir. Birleşmiş Milletler Mülteciler Yüksek Komiserliği'nin "yakın tarihte görülen en büyük göç dalgası"ndan komşu ülke olarak Türkiye de nasibini almıştır. 252 kişiden oluşan ilk Suriyeli kafilenin 29 Nisan 2011'de Türkiye'ye giriş yapmasıyla başlayan göç, savaşın altıncı yılını tamamladığı bu yıl (2017) itibariyle de devam etmektedir ve Türkiye, 3 milyonun üzerinde Suriyeli'ye ev sahipliği yaparak dünyanın en fazla sığınmacı barındıran ülkesi konumuna gelmiştir. Birleşmiş Milletler Mülteciler Yüksek Komiserliği'nin

(BMMYK) verilerine göre, 6 Temmuz 2017 itibariyle Türkiye'deki kayıtlı Suriyeli sığınmacı sayısı 3,079,914'tür.

Türkiye, Suriye'de çatışmaların başlaması üzerine, ülkeden kaçan Suriyelileri "açık kapı" ilkesi çerçevesinde kabul edeceğini ve onlara "geçici koruma" sağlayacağını ilan etmiştir. "Türkiye'nin sürecin başından beri ilan ettiği ve iç politikada zaman zaman polemik konusu olan 'açık kapı politikası' Başbakan Erdoğan ve diğer Hükümet yetkililerince 'insani bir gereklilik' olarak ifade edilmektedir" (Erdoğan, 2015: 5-6). Ancak uygulamaya bakıldığında "geçici koruma", kısa süre içinde başlamış olsa da, yasal ve idari boyut kazanması Yabancılar ve Uluslararası Koruma Kanunu'nun (YUKK) Nisan 2014'te yürürlüğe girmesinin ardından 22 Ekim 2014'te yayınlanan Geçici Koruma Yönetmeliği ile söz konusu olmuştur. Aslında Suriye'den ilk sığınmacı kafilesinin girişinden 11 ay sonra (Mart 2012) sığınmacı kriziyle mücadelenin yasal çerçevesi niteliğinde bir yönerge yürürlüğe girmiş, fakat "gizlilik" ilkesi uyarınca kamuoyu ile paylaşılmamış, hatta bu durum eleştiri ve tartışmalara yol açmıştır (Erdoğan, 2015: 13).

1980'den günümüze kadar olan dönemde yapılan yasal ve idari düzenlemeler incelendiğinde, özelikle 1990'lar ve 2010'lar arasında Türkiye'nin yabancıların statüsü ve iltica sistemi açısından önemli gelişmelere tanık olduğunu ifade etmekte fayda var. Söz konusu gelişmeler; 1994'te İltica ve Sığınma Yönetmeliği'nin benimsenmesi, 2002'de Vatandaşlık Yasası'nda değişiklik yapılması, 2003'te yabancıların çalışma izinlerine ilişkin kanunun kabul edilmesi (6735 sayılı Uluslararası İşgücü Kanunu'nun Ağustos 2016'da yürürlüğe girmesiyle Yabancıların Çalışma İzinleri Hakkında Kanun yürürlükten kaldırılmıştır), 2005'te Avrupa Birliği ile müzakereler başlamadan önce İltica ve Göç Alanında Ulusal Eylem Planının hazırlanması, 2006'da yeni İskan Yasası'nın kabul edilmesi ve 2013'te kabul edilen Yabancılar ve Uluslararası Koruma Kanunu'nun Nisan 2014'te yürürlüğe girmesidir.

1994 İltica ve Sığınma Yönetmeliği ile başlayacak olursak, bu yönetmelik dünyadaki değişen şartlar içinde göç ve iltica rejimi ve bu rejim içerisinde yer alan politika ve uygulamaları, dünyadakilerle uyumlaştırma amacıyla atılan ilk adım niteliğindedir ve bu yüzden de ayrı bir öneme haizdir. Resmi adı "Türkiye'ye İltica Eden veya Başka Bir Ülkeye İltica Etmek Üzere Türkiye'den İkamet İzni Talep Eden Münferit Yabancılar ile Topluca Sığınma Amacıyla Sınırlarımıza Gelen Yabancılara ve Olabilecek Nüfus Hareketlerine Uygulanacak Usul ve Esaslar Hakkında Yönetmelik" olan 1994 İltica ve Sığınma Yönetmeliği yürürlüğe girene dek sığınmacıların statülerinin belirlenmesi ve onların üçüncü ülkelere yerleştirilmelerinden yalnızca Birleşmiş Milletler Mülteciler Yüksek Komiserliği (BMMYK) sorumluydu. Genç ve Şirin-Öner'in (2016) belirttikleri gibi, 1980'lerin sonu ve 1990'ların başında gerçekleşen kitlesel zorunlu göç hareketleri, Türk yetkililer ile BMMYK arasında koordinasyon dahil olmak üzere pek çok alanda soruna yol açtığından ötürü hükümet 1994 İltica Yönetmeliği'ni çıkarmak zorunda kalmıştır. Yönetmelik uyarınca, sığınmacılar hem BMMYK hem de Türk yetkililerine başvuru yapmak durumundaydılar. Başvuruları değerlendiren Türk yetkililer, sığınmacıların mülteci statüsü elde etmek için öne sürdükleri korkuların sağlam temelli olup olmadığına karar veriyorlardı. Eğer başvuru yapanın korkuları sağlamtemelli ise, BMMYK'nın statüyü belirlemesine kadar geçici koruma sağlanıyordu (Suter, 2013: 13). Bu uygulamadan da anlaşılacağı üzere, 1994 Yönetmeliği ile beraber iki-katmanlı bir sığınma politikası getirilmiş olduğunu söylemek mümkün. İlk katman, Avrupa'dan gelen sığınmacılar ile Türk kökenli kişiler için söz konusuyken, ikinci katman hem BMMYK hem de Türk yetkililere başvuru yapmak zorunda olan Avrupa-dışı ülkelerden gelen sığınmacılar için söz konusuydu (Suter, 2013).

1994 Yönetmeliği, Türkiye'nin 1951 Cenevre Sözleşmesi'ne coğrafi çekince ile taraf olma durumunu saklı tutarak Asya ve Afrika'dan gelen sığınmacılara geçici sığınma hakkı tanımak ve mülteci statüsü elde ettikten sonra onları mülteci kabul eden üçüncü ülkelere yerleştirmek suretiyle bu konudaki isteklerinin karşılanmasına olanak tanımaktadır. Fakat aynı zamanda coğrafi çekinceyi korumaya çalışarak "Türkiye'nin yabancı ("Türk soyundan olmayan ve Türk kültürüne bağlı olmayan") mültecilerin yerleştiği bir ülke olmasını önlemeye çalışmıştır" (İçduygu, Erder ve Gençkaya, 2014: 61).

1994 Yönetmeliği çerçevesinde uygulamada karşılaşılan sorunların başında asıl olarak, uluslararası hukuk bakımından "sığınmacı/mülteci" statüsünün kazanılması için uygun koşullara sahip olduğu halde, ülkeye yasadışı giriş yapmış ve zamanında yetkili makamlara başvurmamak suretiyle iç hukuku ihlal etmiş bulunan kişilerin durumu gelmektedir. 1994 Yönetmeliği, 4. maddesinde, konuyla ilgili düzenleme yapmış ve ülkeye gerek yasal gerekse yasa dışı yollardan giriş yapan kişilerin giriş yaptıkların yerin valiliğine 10 gün içerisinde başvurmaları öngörülmüş, daha sonra bu süre "makul" süreye çıkarılmıştır (Kaya ve Eren, 2014).

2000'lerdeki gelişmelere bakıldığında, Avrupa Birliği'ne (AB) uyum sürecinin rol oynadığı görülmektedir. 2002'de Vatandaşlık Yasası'na getirilen değişiklik, düzensiz göçle mücadele ve göçmen haklarının korunmasını olumlu yönde etkilemiştir (Genç ve Şirin-Öner, 2016). 2003 yılında çıkarılan Yabancıların Çalışma İzinleri Hakkında Yasa ile pek çok işte çalışan yabancılara yönelik kısıtlamalar son bulmuştur (Paçacı-Elitok, 2013). 2005'te ise, iltica ve yasa dışı göçle ilgili bir yol haritası niteliğinde olan İltica ve Göç Alanında Ulusal Eylem Planı, AB'ye katılım müzakereleri sürecinde Türk iltica, göç ve yabancılar hukuku mevzuatı ve sistemiyle AB müktesebatı ve sistemi arasında paralellik sağlamayı amaçlamaktadır. Ulusal Eylem Planının hazırlanmasında Kasım 2004'te oluşturulan İltica-Göç Eylem Planı Görev Gücü önemli bir rol oynamış, 2004 Kasım-Aralık döneminde "Türkiye'nin

İltica ve Göç Eylem Planı" taslağını hazırlamış ve aldığı görüşler çerçevesinde Plana son şeklini vermiştir. Tasarı, İçişleri Bakanlığınca tamamlanmış ve Bakanlar Kurulunda kabul edilerek 25 Mart 2005'te yürürlüğe girmiştir. Plan, Türkiye'nin iltica alanında tâbi olduğu uluslararası sözleşme ve iç hukuk düzenlemeleri ile iltica politikasında değişiklikler getirmiştir. "Plan kapsamında, Türkiye'nin iltica ve göç mevzuatı ve sisteminin AB müktesebatı ile uyumlu hale getirilebilmesi için uyumlaştırma sürecinde yürürlüğe konması gereken yasal düzenlemeler, idari yapılanma ve fiziki alt yapının tamamlanması için gereken yatırımlar ve alınması gereken tedbirler yer almaktadır" (Güner, 2007: 87). Planda belirtilen hedefler doğrultusunda 1994 İltica ve Sığınma Yönetmeliği değiştirilmiştir. Ocak 2006'da kabul edilen yönetmelik değişikliği ile "10 günlük başvuru süresi kaldırılmış, yerine başvuruların 'gecikmeden' ve 'makul olan en kısa süre içerisinde' yapılması öngörülmüş ve böylece net bir süre belirlemek yerine duruma daha uygun nitelikte bir kavram olan 'makul süre' kavramı mevzuatımıza girmiştir" (Kaya ve Eren, 2014: 24). Ancak geri göndermeme (*non-refoulement*) ilkesinin sağlaması gerektiği güvencelere yer verilmemesi 2006 Yönetmeliği'nde de eksiklik olarak karşımıza çıkmaktadır.

2006 yılında ise 1934 tarihli İskan Yasası'nın yerini yeni bir yasanın aldığını görüyoruz. Aslında yeni İskan Yasası'nın AB'ye uyum süreci çerçevesinde düzenlemeler içermesi beklenmiş, ancak göçmenin, eski yasada olduğu gibi, "Türk soyundan ve Türk kültürüne bağlı olup, yerleşmek amacıyla tek başına veya toplu halde Türkiye'ye gelip bu Kanun gereği kabul olunanlar" şeklinde tanımlanması, beklentilerin aksine, Türkiye'nin uluslararası göç olgusuna 1920'ler ve 1930'lardaki zihniyetle baktığını göstermiştir ki bu da bir ölçüde şaşırtıcıdır.

2010'ların gelişmesi olan Yabancılar ve Uluslararası Koruma Kanunu (YUKK), göç ile ilgili ilk geniş kapsamlı ve güncel yasa olması hasebiyle önem arz etmektedir ve bu anlamda Türkiye'nin iltica ve sığınma rejimi açısından köşe taşı niteliğindedir (Genç ve Şirin-Öner, 2016: 133). İnsan hareketliliği alanında politika yapıcılar için gerekli kurumsal mekanizmaları sağlamasının yanı sıra, uluslararası örgütler ve bürokratik seçkinler başta olmak üzere bu alanda yer alan tüm aktörler için dönüştürücü olduğu kadar zihniyet değiştirici bir süreci temsil etmektedir (Açıkgöz ve Arıner, 2014). Göçe ilişkin olarak YUKK'nda yer alan başlıca konular, şunlardır: vize politikası, oturma izni, sığınma, sınır dışı etme ve idari gözetim altında tutma ve göçmen entegrasyonudur (topluma uyumudur).

Konumuz açısından önem taşıyan başlık niteliğindeki sığınmaya ilişkin olarak YUKK'nun yaptığı katkı tartışmasız bir boyuttadır, zira YUKK çıkarılana dek uluslararası koruma alanında düzenleme yapan ulusal bir yasa bulunmamaktaydı. Mevzuat, coğrafi çekince ile taraf olunan 1951 Cenevre Sözleşmesi ile 1994 İltica ve Sığınma Yönetmeliği'nden ibaretti. 1951

Sözleşmesi ile ilgili olarak Türkiye, yoğun biçimde eleştirilmesine karşın coğrafi çekincesini YUKK'ta da sürdürmüş ve hatta Avrupa'yı Avrupa Konseyi ülkeleriyle sınırlamıştır. Fakat coğrafi çekincesini bir anlamda telafi etmek amacıyla, YUKK'nda ortaya konulduğu üzere, 1994 Yönetmeliği'nde Avrupa dışından gelenleri kastetmek amacıyla kullanılan "sığınmacı" kavramı yerine "şartlı mülteci" adı altında alternatif bir kategori oluşturulmuştur. Şartlı mültecileri üçüncü ülkeye yerleştirme, daha önce olduğu gibi, yine Birleşmiş Milletler Mülteciler Yüksek Komiserliği (BMMYK) sorumluluğundadır. "Kanun ile uluslararası hukukta mevcut olan geri gönderme yasağı Türk hukukuna da girmiştir" (Kaya ve Eren, 2014: 25). Bunun yanı sıra, AB müktesebatının da yardımıyla, YUKK'nun "ilk sığınma ülkesi" veya "güvenli üçüncü ülke" gibi yeni kavramlar getirmiştir.

YUKK'un m. 63 (1)(c) gereği 'ülke genelindeki silahlı çatışma durumlarında, ayrım gözetmeyen şiddet hareketleri nedeniyle şahsına yönelik ciddi tehditle karşılaşacak' kişilere 'ikincil koruma' (*subsidiary protection*) verilmesi söz konusudur. Fakat bu statünün tanınması için öncelikle statü belirleme işlemlerinin gerçekleşmesi lazımdır. Suriyelilerin Türkiye'ye girişleri çok sayıda, aniden ve kitlesel şekilde gerçekleştiği için statü belirleme sürecinin işletilmesinde büyük sorunlar yaşanmaktadır (Kaya ve Eren, 2014).

## Göç Yönetiminin Türkiye'deki Kurumsal Yapısı

Türkiye'nin göç yönetimiyle ilgili kurumsal yapı hakkında iki hususu vurgulayarak söze başlayabiliriz. Bu hususlardan ilki, yakın zamana dek Türkiye'de uluslararası göçü yönetmek, politika geliştirmek ve uygulamakla görevli bir kurumsal yapının olmamasıdır. Göç ve iltica alanının yönetiminde farklı kuruluşlar görev almıştır. İçişleri Bakanlığına bağlı Emniyet Genel Müdürlüğü Yabancılar Şubesi ve Valilikler, Türkiye'ye yasa dışı biçimde giriş yapmış göçmenleri kontrol altına alma, toplama merkezlerine yerleştirme ve gereken durumlarda sınır dışı etmeden sorumlu olmuşlardır.

İkinci husus ise, söz konusu kurumsal yapının oluşmasında iki etkenin rol oynamış olmasıdır. Birinci etken, Türkiye'nin 1980'lerden sonra yoğun biçimde yabancı göçü alan bir ülkeye dönüşmesi, ikincisi de 1999'da adaylık statüsünün verilmesiyle birlikte AB ile üyelik müzakereleri sürecinin başlamasıdır. Demirhan ve Aslan'ın (2015) belirttikleri gibi, bir yanda AB müktesebatının uyarlanmasının gerekliliği, diğer yanda yoğun şekilde gerçekleşen düzensiz göç hareketleri sayesinde kurumsal yapılar ve üstlendikleri roller giderek belirginleşmiş ve buna bağlı olarak da söz konusu kurumların idari açıdan kapasitelerinin geliştirilmesi yönünde talepler artmıştır.

AB'nin Adalet ve İçişleri müktesebatına uyumu gerçekleştirmek amacıyla farklı devlet birimlerinde çalışan yetkililerin bir araya geldiği özel bir Görev Gücü (*Task Force*) oluşturulmuştur. Bu Görev Gücünün faaliyet alanları sınır kontrolü, göç ve ilticadır. Görev Gücüne ek olarak, göç ve iltica alanında genel bir strateji geliştirmek için "sınırlar", "göç" ve "iltica" olmak üzere üç tane çalışma grubu da oluşturulmuş ve bu gruplar Haziran 2002'de faaliyete başlamışlardır (BMMYK ve İçişleri Bakanlığı, 2005:6). Görev Gücünün yaptığı çalışmalar sonunda; Nisan 2003'te "Türkiye'de Dış Sınırların Korunmasına İlişkin Strateji Belgesi", Ekim 2003'te "Türkiye'nin Avrupa Birliği'ne Katılım Sürecinde İltica Alanında Yapılması Öngörülen Çalışmalara İlişkin Strateji Belgesi (İltica Strateji Belgesi)" ve "Türkiye'de Göç Yönetimi Eylem Planın'a Katkı Sağlayacak Strateji Belgesi (Göç Strateji Belgesi) hazırlanmıştır. Öte yandan, Temmuz 2003'te AB Topluluk Müktesebatının Benimsenmesine İlişkin 2003 yılı Türkiye Ulusal Programı yürürlüğe girmiştir.

Önceki kısımda da belirtildiği gibi, İltica-Göç Eylem Planı Görev Gücünün çalışmaları sonucunda 2004 yılı sonunda hazırlanan ve Mart 2005'te kabul edilen İltica ve Göç Alanında AB Müktesebatının Üstlenilmesine İlişkin Türkiye Ulusal Eylem Planı, Haziran 2006'da yayınlanan İçişleri Bakanlığı Uygulama Talimatı'nı müteakiben Ulusal Program 2008'de güncellenmiştir. Sığınma usulleriyle beraber mülteci ve sığınmacıların hak ve yükümlülükleriyle ilgili düzenlemelere yer veren Talimat, 1994 Yönetmeliği'nden sonraki ikinci temel düzenlemedir (Demirhan ve Aslan, 2015). Aynı yıl, yeni Ulusal Program uyarınca, İçişleri Bakanlığına bağlı, resmi adı "İltica ve Göç Mevzuatı ve İdari Kapasitesini Geliştirme ve Uygulama Bürosu" olan İltica-Göç Bürosu ile Entegre (Bütünleşik) Sınır Yönetimi Bürosu kurulmuştur. Bu büroların temel görevleri, iltica-göç ve bütünleşik sınır yönetimi alanlarında eylem planlarıyla belirlenmiş olan hedeflere yönelik çalışmaları gerçekleştirmek ve bilhassa yasal altyapıyla ilgili hazırlıkları koordine etmektir.

2000'li yılların başında oluşturulmaya başlanan kurumsal yapı, esas şeklini 2013 tarihli Yabancılar ve Uluslararası Koruma Kanunu (YUKK) ile almıştır. YUKK hükümleri ve Türkiye'deki kamu politikalarını incelediğimizde, kurumsal yapı açısından, göç yönetiminin merkezi ve yerel olmak üzere iki düzeyde gerçekleştiğini söyleyebiliriz. Merkezi düzeyde göç yönetimine ilişkin vurgulanması gereken ilk husus, gerek YUKK'nun öngördüğü yapılanma gerekse öncesinde oluşturulan parçalı göç yönetimi yapılanmasında merkezi yönetim ile taşra uzantılarının ağırlıkta olmasıdır. Dolayısıyla, göç yönetiminin kurumsal yapıları daha ziyade Ankara'da örgütlenmişlerdir ve belirledikleri politikaları ve aldıkları kararları taşra teşkilatları vasıtasıyla uygulamaktadırlar (Demirhan ve Aslan, 2015: 46).

Merkezi düzeydeki yapılar, Bakanlar Kurulu, Göç Politikaları Kurulu ve Göç İdaresi Genel Müdürlüğüdür (GİGM). Göç politikasının temel belirleyicisi olan Bakanlar Kurulu, "kolektif bir sorumlulukla genel olarak hükümet politikasının anayasa, kanunlar, hükümet programı ve kalkınma planları gibi temel düzenleyici metinler bağlamında belirlenmesi, uygulanmasının takibi ve denetiminden sorumludur" (Demirhan ve Aslan, 2015: 47). Göç politikasının ana hatları Bakanlar Kurulu tarafından belirlenir, uygulanmasını takip eden ve denetleyen de yine Bakanlar Kuruludur. Ancak her zaman tüm bakanların toplanması söz konusu değildir. Bazı çalışmalar, belirli bakan veya bakanların görevlendirdiği kişilerden oluşan kurullar aracılığıyla da yapılmaktadır. Bu kurullardan biri de YUKK'nun 105. maddesinin düzenlediği Göç Politikaları Kurulu'dur. Bu Kurul, İçişleri Bakanı'nın başkanlığında, Aile ve Sosyal Politikalar, Avrupa Birliği, Dışişleri, Çalışma ve Sosyal Güvenlik, Kültür ve Turizm, Maliye, Milli Eğitim, Sağlık, Ulaştırma Denizcilik ve Haberleşme bakanlıkları müsteşarları ile Yurt Dışı Türkler ve Akraba Topluluklar Başkanlığı Başkanı ile Göç İdaresi Genel Müdüründen müteşekkildir. Başlıca görevleri arasında; Türkiye'nin göç politika ve stratejilerini belirleme, uygulamasını takip etme, bu alanda program belgeleri ve uygulama belgelerini hazırlama, kitlesel akımlar olması halinde uygulanacak yol ve yöntemleri belirleme, insani amaçlarla Türkiye'ye toplu halde kabul edilen yabancıların ülkeye giriş ve ülkede kalış usullerini belirlemenin yer aldığını görüyoruz.

Merkezi düzeydeki son yapı, YUKK'nun 103. maddesi ile İçişleri Bakanlığına bağlı olarak kurulmuş olan Göç İdaresi Genel Müdürlüğüdür (GİGM). Göç alanında oluşturulan kamu politikalarını yönetmek amacıyla 81 il, 148 ilçe ve ayrıca yurtdışında teşkilatlanan GİGM, taşra yapılanmasını tamamlamasının ardından Mayıs 2015'te tüm illerdeki görevleri Emniyet Genel Müdürlüğünden devralmış durumdadır. GİGM'nün temel hizmet birimleri, Yabancılar Dairesi Başkanlığı, Uluslararası Koruma Dairesi Başkanlığı, İnsan Ticareti Mağdurlarının Koruması Daire Başkanlığı, Göç Politika ve Projeleri Daire Başkanlığı, Uyum ve İletişim Başkanlığıdır.

GİGM'nün başlıca görev ve yetkileri ise YUKK'nun 104. maddesinde belirtildiği üzere: (a) Göç alanındaki, mevzuatın ve idari kapasitenin geliştirilmesi, politika ve stratejilerin belirlenmesi konularında çalışmalar yaparak Bakanlar Kurulunca belirlenen politika ve stratejilerin uygulanmasını izlemek ve koordine etmek; (b) Göç Politikaları Kurulunun sekretarya hizmetlerini yürütüp, Kurul kararlarının uygulanmasını takip etmek; (c) Göç, insan ticareti mağdurlarının korunması ve geçici korumaya yönelik iş ve işlemleri yerine getirmek; (ç) 19.9.2006 tarihli ve 5543 sayılı İskân Kanunu'nda Bakanlığa verilen görevleri yürütmek; (d) Düzensiz göçle mücadelenin yapılabilmesi maksadıyla kolluk birimleri ve ilgili kamu kurum ve kuruluşları arasında koordinasyonu sağlamak, tedbirler geliştirip bunları uygulamak ve takip etmek; (e) Göç alanında faaliyet sürdüren kamu kuruluşlarının çalışmalarının programlanmasına ve projelendirilmesine yardımcı olmak, proje tekliflerini değerlendirmek, bunları onaylamak, yürütülen çalışma ve projeleri izlemek ve bu çalışma ve projelerin uluslararası standartlara uygun şekilde yürütülmesine destek vermek; (f) Türkiye'de bulunan vatansız kişileri tespit edip, bunlarla ilgili iş ve işlemleri yapmaktır (Demirhan ve Aslan, 2015: 48).

Bu yapıların yanı sıra, GİGM'ne bağlı olarak faaliyet gösteren kurul ve komisyonlardan da söz etmek gerekir. Bunlar, Göç Danışma Kurulu, Uluslararası Koruma Değerlendirme Komisyonu ve Düzensiz Göçle Mücadele Koordinasyon Komisyonudur. Göç Danışma Kurulu, İçişleri Bakanlığı Müsteşarı ya da görevlendirdiği müsteşar yardımcısının başkanlığında, Türkiye İnsan Hakları Kurumu, Avrupa Birliği, Çalışma ve Sosyal Güvenlik ve Dışişleri Bakanlıklarının en az daire başkanı seviyesindeki temsilcileri, Genel Müdür, genel müdür yardımcıları, Yabancılar Dairesi, Uluslararası Koruma Dairesi, İnsan Ticareti Mağdurlarını Koruma Dairesi, Uyum ve İletişim Dairesi ve Göç Politika ve Projeleri Dairesi başkanları, Birleşmiş Milletler Mülteciler Yüksek Komiserliği Türkiye Temsilcisi, Uluslararası Göç Örgütü Türkiye Temsilcisi ile göç alanında çalışmalar yapan beş öğretim üyesi ve beş sivil toplum kuruluşu temsilcisinden meydana gelmektedir. Kurulun görevleri arasında göç alanında yapılan politikaları izleyerek onlara ilişkin önerilerde ve yapılacak yeni politikalara dair de değerlendirmelerde bulunma yer almaktadır.

GİGM tarafından belirlenen temsilci başkanlığında, Adalet ve Dışişleri Bakanlıklarının görevlendirdiği birer temsilci ve bir göç uzmanından meydana gelen Uluslararası Koruma Değerlendirme Komisyonunun iki temel görevi vardır: İlki, göç yönetiminin yetkili birimlerine yapılmış uluslararası sığınma başvurularıyla ilgili verilen kararlara ilişkin itirazları değerlendirerek karara bağlamak; ikincisi ise, uluslararası korumanın iptal edilmesi veya sona ermesine ilişkin olarak yapılan itirazları değerlendirmek ve karar vermektir.

Düzensiz Göçle Mücadele Koordinasyon Kurulu ise, İçişleri Bakanlığı Müsteşarı ya da görevlendirdiği müsteşar yardımcısı başkanlığında, Genelkurmay Başkanlığı, Çalışma ve Sosyal Güvenlik ve Dışişleri bakanlıkları ile Millî İstihbarat Teşkilatı Müsteşarlığı, ilgili kolluk birimleri ve Göç İdaresi Genel Müdürlüğünün en az daire başkanı seviyesindeki temsilcilerinden oluşmaktadır. Kurulun görevleri arasında düzensiz göç ile etkin mücadele edebilmek için ilgili kamu kurum ve kuruluşları arasında koordinasyonu sağlama, yasa dışı şekilde Türkiye'ye yapılan giriş ve çıkış yollarını belirleyerek bununla ilgili tedbirler geliştirme, düzensiz göçle ilgili önlemleri alma, bu alanda geliştirilip, uygulanacak mevzuata ilişkin çalışmaları planlama ve uygulamasını izleme bulunmaktadır (Demirhan ve Aslan, 2015: 51).

Yerel düzeydeki göç yönetimine geçmeden önce, merkezde örgütlenen ve fakat taşra örgütlenmesiyle de göç yönetimi alanında faaliyet gösteren Başbakanlık Afet ve Acil Durum Yönetimi Başkanlığından da (AFAD) söz etmek gerekir. Her ne kadar doğal afetlere daha etkin biçimde müdahale etmek ve sonrasında iyileştirme faaliyetlerini hızlı şekilde tamamlamak için kurumlar arasında gerekli planlamayı yapmak ve koordinasyonu sağlamak amacıyla kurulmuş olsa da AFAD, 2011'den bu yana Suriye'de devam eden savaştan kaçarak Türkiye'ye sığınanların barınmaları amacıyla merkezler kurma ve bu merkezlerde çeşitli hizmetleri sunma görevini de üstlenmiştir. Bu kapsamda, çatışmaların başladığı 2011 Nisan ayından bugüne dek Türkiye'ye giriş yapan 3 milyonu aşkın Suriyeli'den 242.771'i AFAD tarafından 10 şehirde kurulup yönetilen 24 barınma merkezinde hayatlarını devam ettirmektedir (AFAD, 2017). AFAD, Kızılay ve diğer kamu kurum ve kuruluşlarıyla işbirliği içinde, barınma merkezlerinde iaşeden sağlığa, sosyal etkinlik ve eğitimden tercümanlığa kadar pek çok hizmet sunmaktadır. Türkiye, Suriyeli sığınmacılara yardım amacıyla BM standartlarında 25 milyar ABD dolarını aşkın bir kaynak harcamış; Küresel İnsani Yardım 2016 Raporuna göre, 2015 yılındaki 3,2 milyar Dolar yardımıyla en fazla uluslararası yardımda bulunan ülkeler sıralamasında ABD'nin ardından ikinci olmuştur (Global Humanitarian Assistance, 2016).

Yerel düzeyde göç yönetimi incelendiğinde, sorumluluğun esas itibariyle merkezdeki kamu kuruluşlarının taşra birimlerine ait olduğu görülmektedir. Genel sorumlu birimler valiliklerdir ve görevlerini Göç İdaresi ve Afet Acil Durum İl Müdürlükleri vasıtasıyla yerine getirmektedirler. Göç İdaresi İl Müdürlükleri, uluslararası düzeyde gerçekleşen kitlesel göç hareketleri karşısında sığınmacıların kayıt altına alınması, istatistiklerinin tutulması, oturma izinlerinin verilmesi ve gereken durumlarda sınır dışı edilmelerinden, Afet Acil Durum İl Müdürlükleri ise, il düzeyinde barınma merkezlerinin yönetiminden sorumludurlar. Böylece barınma, gıda, giyim, sağlık, eğitim gibi hizmetler koordine edilmektedir (Demirhan ve Aslan, 2015: 52).

Yerel göç yönetiminde her ne kadar esas sorumluluk merkezdeki kamu kurum ve kuruluşlarının taşra birimlerinde olsa da belediye, il özel idaresi ve köyler başta olmak üzere yerel yönetimlerden de söz etmek yerinde olacaktır, zira onlar vatandaşa daha yakın, onların sorunlarına daha vakıftırlar ve karar organları da halk tarafından belirlenmektedir. Bunun yanı sıra, gelişmiş ülkelerin çoğunda kamu hizmetlerinin önemli bir kısmı yerel yönetimler tarafından yapılmaktadır.

Türkiye'ye yönelik uluslararası göç hareketleri genel olarak merkezi yönetimin bir sorunu gibi değerlendirilmektedir ama aslına bakılırsa göçmenlerin belirli süre zarfında Türkiye'de yaşamaları onların yerel yönetimlerin görev yaptıkları alanlarda ikamet ettiklerini göstermektedir. Göçün etkisi belediye teşkilatlarının bulunduğu kentsel alanlarda daha fazladır. Örneğin, 2011 yılından bu yana Suriye'den kitlesel şekilde göç eden 3 milyonun üzerinde kişinin yalnızca 242.771'i barınma merkezlerinde, geri kalanı ise şehirlere dağılmış biçimde yaşamlarını sürdürmekte ve dolayısıyla yerel yönetim hizmetlerinden faydalanmaktadırlar. Bu durum, belirli nüfusların baz alınmasıyla oluşturulan belediye idarelerini olumsuz yönde etkilemektedir.

"Günümüzde büyükşehir statüsünü kazanmış illerde belediye dışındaki yerel yönetimler olan il özel idareleri ve köyler yasal olarak kaldırıldığından bu yerleşim yerlerinde sorumluluk tümüyle belediye idarelerine geçmiş durumdadır. Nitekim belediyelerin görevli olduğu kentsel bölgelerde ulaşım, kent içi düzen, barınma, çevre-temizlik, zabıta hizmetleri (özellikle dilencilikle mücadele), su sağlama vb. kamusal hizmetler kitlesel göçten en fazla etkilenen alanlar olarak görülmektedir" (Demirhan ve Aslan, 2015: 53).

Uluslararası göç hareketlerinden en fazla etkilenen birimler olmalarına rağmen yerel yönetimler ulusal göç yönetiminde belirli bir yere sahip değillerdir. YUKK'nda yerel yönetimlerin göçle ilgili çalışmaların neresinde yer aldıkları ve bu alandaki politikanın belirlenmesi ve uygulanmasında hangi rolleri oynadıklarına dair herhangi bir düzenleme söz konusu değildir. Yalnızca YUKK'nun 104. maddesinde "Genel Müdürlük, görevleriyle ilgili konularda kamu kurum ve kuruluşları, üniversiteler, yerel yönetimler, sivil toplum kuruluşları, özel sektör ve uluslararası kuruluşlarla iş birliği ve koordinasyonu sağlamakla yetkilidir" denilmektedir. Bu maddeden hareketle, yerel yönetimlerin kısmi bir paydaş olarak düşünüldüklerini söyleyebiliriz. Uygulamalar incelendiğinde ise, genelde yerel yönetimler özelde ise belediyelerin daha ziyade kendi kanunlarına dayanarak göçmenlere yönelik sosyal amaçlı yardımlar yaptıkları görülmektedir.

İl Özel İdarelerinin yetki ve görevlerini düzenleyen 5302 sayılı yasada da göç ve göç yönetimine ilişkin bu idarelere verilmiş açık bir yetki ve göreve bulunmamaktadır. "Kanunun 6. maddesinde İl Özel İdarelerinin… sosyal hizmet ve yardımlar, yoksullara mikro kredi verilmesi, çocuk yuvaları ve yetiştirme yurtları… gibi görevleri yapabilecekleri belirtilmektedir. Bu da İl Özel İdarelerinin bu alanda çalışmalarına imkân tanımaktadır" (Demirhan ve Aslan, 2015: 55).

Yerel yönetimlerin göç yönetimiyle ilgili yetkileri kanunlarda yeterince açık biçimde ortaya konulmamıştır fakat belediyeler uluslararası göç alanında önemli çalışmalar yürütmekte ve harcamalar yapmaktadırlar. Son dönemdeki çalışmalar, daha ziyade Suriyeli sığınmacılara yönelik yardım kampanyaları şeklinde olup onların gıda, giyim vb. acil ihtiyaçların bir kısmını sağlamayı amaçlamaktadır. Bunun yanı sıra bilhassa Suriye sınırında bulunan belediyeler, gelen sığınmacılara olabildiğince fazla bir hizmet sunmaya çalışmaktadırlar. İstanbul Büyükşehir Belediyesinin Kasım 2014'te başlattığı "Suriyeli Kardeşlerimiz İçin El Ele" kampanyası çerçevesinde dört TIR kamyonu yardım toplanarak Gaziantep ile Kahramanmaraş'a; Ankara Büyükşehir Belediyesinin "Bu Çaresizliğe Dur De" kampanyası ile içinde gıda, giyim, temizlik, eğitim malzemesinin yer aldığı 39 TIR kamyonu yardım toplanarak Kahramanmaraş'taki kamplara gönderilmiştir (Demirhan ve Aslan, 2015: 55)

Görüldüğü gibi, kitlesel göç hareketleri karşısında yerel yönetim birimlerinin görev ve rolleri net değildir. Ancak gelecek yıllarda büyük bir olasılıkla, özellikle Suriyelilerin önemli bir bölümünün ikametleri devamlılık kazanacağı ve bu durumun çeşitli uyum sorunlarına yol açacağından ötürü, yerel yönetim birimlerinin konuyla ilgili daha fazla politika ve hizmet üretmeleri ve aynı zamanda Türkiye'nin ulusal düzeyde göç yönetimine aktif olarak katılmaları gerekecektir.

Türkiye'de, Suriye'den gelen sığınmacılar haricinde, bugüne dek kalıcı duruma gelmiş ya da gelme olasılığı yüksek olan pek çok göçmen grubu bulunmaktadır. Fakat yerel yönetimlerin söz konusu göçmenlerin şehir yaşamına uyumlarıyla ilgili kayda değer çalışmalar yaptıklarını söylemek pek de mümkün değildir. Bu durumun istisnası, 2008 yılında Zeytinburnu Belediyesi liderliğinde başlatılan ve AB'den alınan hibeyle yürütülen 12 aylık Göç İle Gelen Ailelerin Şehir Hayatına Adaptasyonları İçin Belediyeler Arası Diyalog Projesidir. Ortakları arasında Bağcılar Belediyesi, Almanya ve Belçika'dan birer belediye ve Marmara Belediyeler Birliğinin yer aldığı proje, "Türk ve Avrupa belediyeleri arasında yeni işbirlikleri başlatmak; Türk ve Avrupa belediyeleri arasında bir kültür köprüsü kurmak ve genişlemenin getirdiği fırsat ve tehditler hakkında farkındalığın arttırılması; Türkiye ve AB arasında AB göç politikasının öğrenilmesi ve uygulanması yoluyla karşılıklı deneyim paylaşımının sağlanması; AB göç ve entegrasyon standartlarının karşılanması için Türk belediyelerinin kapasitelerinin arttırılması; ve AB ülkelerinden Türkiye'ye göçmenlerin entegrasyonu alanında belediye hizmetlerinin kalitesinin arttırılması için deneyim aktarımı"nı amaçlamaktadır (Bağcılar Belediyesi, 2014).

Bir başka proje de Zeytinburnu Belediyesi bünyesinde yer alan Yerel Kalkınma ve AB İlişkileri Koordinasyonu Merkezi tarafından yürütülen, Kasım 2015'te başlayıp 31 Ekim 2017'de tamamlanması öngörülen "Göçmenlerin Entegrasyonu İçin Yerel Kuruluşların Öğrenimi" projesidir. "Göçmenlerin toplumsal ve sosyal entegrasyonunu sağlamak için çalışan yerel organların, STK'nın, uygulamacıların ve istihdam ve girişimcilik alanı da dahil diğer alanlarda faaliyet gösteren ilgili aktörlerin eğitimini, güçlendirilmesini ve öğrenimini" (Zeytinburnu Belediyesi, 2016) amaçlayan projeye destek veren ülkeler arasında İtalya, İspanya ve Avusturya yer almaktadır.

## Küresel Göç Yönetişimi ve Türkiye

Küreselleşmeyle birlikte uluslararası boyut kazanan, hızlanan ve farklılaşan göç (Castles ve Miller, 2008: 12), yarattığı etkiler ve yol açtığı sorunlar açısından bakıldığında, devletleri ürettikleri politikalar üzerinde yeniden düşünüp düzenleme yapmaya ve diğer devletlerle işbirliği içinde hareket etmeye iten bir olgu haline gelmiştir.

Devletler arası işbirliği, küresel yönetişimin önemli unsurlarından biridir. Ulus-devlet seviyesinin üstünde uluslararası (devletler arasında), ulus-üstü (devletlerin üstünde) veya uluslar çapında (devletler arasında) var olan düzenlemeyi anlatmak amacıyla kullanılan bir terim niteliğindeki küresel yönetişim, göç alanında da karşımıza çıkmaktadır (Betts, 2017: 157). Betts'in (2011) ifade ettiği gibi, her ne kadar devletlerin göç hareketlerine verdikleri karşılıkları düzenleyen resmi ve "yukarıdan-aşağıya doğru" çok-taraflı kurumsal bir çerçeve bulunmasa da yine devletlerin oluşturduğu "aşağıdan-yukarıya doğru" bir küresel göç yönetişimi çerçevesinden söz edebiliriz. Özellikle 2000'li yıllarda devletlerin farklı paydaş devletlerle gayrı-resmi işbirliği içine girdikleri iki-taraflı, bölgesel ve bölgeler-arası kurumların sayısı giderek artmaktadır.

Uluslararası göçün küresel göç yönetişimi kapsamında ele alınması ise, önce 11 Eylül 2001'de ABD'de, ardından 2004'te Madrid'de ve 2005'te Londra'da yaşanan terör saldırıları sonrasında göçmenlere karşı güvenlik endişelerinin ortaya çıkması ve yeni güvenlik algısına dayalı göç politikalarının geliştirilmesiyle söz konusu olmuştur. "11 Eylül olaylarına karışan teröristlerin göç yollarını kullanması, sonrasında 11 Mart 2004'te Madrid, 7 Temmuz 2005'te Londra ve 21 Mart 2012'de Toulouse'da (Fransa), yaşanan terör olaylarına ülkede yerleşik göçmenlerin karışması, sadece düzensiz göçmenlere ve sığınmacılara değil, yasal bir şekilde ülke içinde yaşamakta olan göçmenlere karşı da bir güven sorunu doğurdu. Bunun neticesinde, toplumsal uyum (entegrasyon), ulusal kimlik ve vatandaşlık kavramları sorgulanmaya başlandı" (Akçapar, 2012: 566). Ihlamur-Öner'in (2012: 596) belirttiği gibi, küresel göç yönetişimi, göç olgusunun devlet-merkezli perspektiften ele alınmasını yetersiz bulmakta ve farklı aktörlerin de göçle ilgili politika ve normların oluşturulması sürecine etkin bir biçimde katılmalarını öngörmektedir.

Küresel göç yönetişiminde aktörlerin davranışlarının düzenlenmesinde Birleşmiş Milletler (BM) gibi devletler arası kuruluşlar ve uluslararası mülteci rejimi gibi uluslararası rejimlerin yanı sıra uluს-üstü rejimlerin de önemli bir rol oynadığını belirtmemiz gerekir. Devlet-dışı aktörlerin kanun ve kuralların düzenlenmesine katıldıkları küresel yönetişim, ulusal ve uluslararası düzeyde olduğu kadar bölgesel ve yerel düzeyde de gerçekleşmektedir (Brühl ve Rittberger, 2001; akt. Kara ve Dönmez Kara, 2016: 4). Göç yönetişimi, küresel yönetişimin bir parçasıdır, zira hem uluslararası ve uluს-üstü hem de ulusal, bölgesel ve hatta bölgeler-arası bir yapıya sahiptir.

Göçü düzenlemek ve göçmenleri korumak amacıyla oluşturulan kurumsal, yasal düzenleme ve uygulamalar ile devletlerin sınır-ötesi hareketlere yönelik düzenlemelerinin bütünü niteliğindeki küresel göç yönetişiminin tarihsel gelişimini incelediğimizde üç aşamayla karşılaşmaktayız (International Organization for Migration, 2013). İlk aşamada iki dünya savaşı arası dönem öne çıkmaktadır. Bu dönemde işgücü göçünü düzenlemek için 1919'da Uluslararası Çalışma Örgütü (UÇÖ), II. Dünya Savaşının ardından da 1950 yılında BMMYK, 1951'de ise Uluslararası Göç Örgütü (UGÖ) kurulmuştur. BMMYK'nin kurulmasıyla birlikte de mülteci hareketlerini düzenlemeye yönelik olarak 1951 Cenevre Sözleşmesi kabul edilmiştir. İkinci aşama, göç yönetişiminin göç hukukun yanı sıra uluslararası insan haklarından, uluslararası kamu hukukuna kadar pek çok alanı kapsayacak biçimde genişletilmesinin ifade edildiği aşamadır. Üçüncü ve son aşamada, Uluslararası Göç Örgütünün desteklediği ve Bölgesel İstişare Süreçleri (BİS) adı verilen gayrı-resmi ağların (Koser, 2010; Betts, 2010) göç yönetişiminin en hızlı şekilde gelişen biçimi olduğunun anlaşılması üzerine, bu sürece önem verilmek suretiyle farklı bölgelerde ağlar ve onlara ek olarak Küresel Göç ve Kalkınma Forumları oluşturulmuştur (Kara ve Dönmez Kara, 2016). Küresel göç yönetişimine katkıda bulunanlar arasında BM ve UGÖ de yer almaktadır.

Küresel göç yönetişimin iki türünden söz edilebilir: Resmi-kurumsal göç yönetişimi ve gayrı-resmi göç yönetişimi. Resmi-kurumsal göç yönetişimi, hem BM tarafından hem de BM sisteminin dışında gerçekleşmektedir. BM bünyesinde gerçekleştirilen örnek olarak BMMYK'nin yürüttüğü mültecilerin korunmasına ilişkin faaliyetler ve UÇÖ'nün yürüttüğü işgücü göçüne ilişkin faaliyetler verilebilir. BM sisteminin dışında gerçekleşen resmi-kurumsal göç yönetişiminde ise temel aktör UGÖ'dür (Rustamov, 2011: 18-19). Bu örgütün uluslararası göç yönetiminde dört öncelikli alanda faaliyette bulunmaktadır. Bu alanlar, göç ve kalkınma, göçün gerçekleşmesini sağlama, göçü düzenleme ve zorunlu göçtür (Rustamov, 2011: 20).

Gayri resmi göç yönetişimi bağımsız girişimler, kuruluşlar arası düzenlemeler ve bölgeler arası işbirliğinden oluşmaktadır. Bağımsız girişimler, pek çok devlet ve küresel aktörün son derece karmaşık ve çok boyutlu bir olgu niteliğindeki göçün yönetiminin zorluğunu anlaması ve gayrı-resmi düzeyde toplanma çağrılarında bulunması üzerine geçtiğimiz yirmi yıl içinde başlatılmış girişimlerdir (Rustamov, 2011: 21). Bağımsız girişimlere örnek olarak Bern Girişimi, Küresel Uluslararası Göç Komisyonu, Göç ve Kalkınma Konusunda Yüksek Düzeyli Diyalog ve Küresel Göç ve Kalkınma Forumunu verebiliriz. Kuruluşlar arası düzenlemelerin örnekleri, Küresel Göç Grubu ile Uluslararası Göç Politikası Programıdır. Bölgeler arası işbirliği ise, yukarıda sözünü ettiğimiz Bölgesel İstişare Süreçlerini içermektedir. BİS'nin öne çıkan örnekleri, AB-Afrika Göç Diyaloğu, Asya-Avrupa Toplantısı, İber-Amerika Göç Diyaloğu, NAFTA ve Orta Amerika ülkeleri arasındaki Puebla Süreci ve AB-Latin Amerika ve Karayipler Zirvesidir (Rustamov, 2011: 29).

Küresel göç yönetişimiyle ilgili son olarak uluslararası işbirliğine de değinmek gerekir. Devletler, sınır aşan bir olgu niteliğindeki göçle başa çıkabilmeleri için diğer devletlerle işbirliği yapma ihtiyaçları aşikardır, zira ekonomik, sosyal, güvenliğe dayalı ve insani gerekçeler ile kamu düzeninin sağlanmasına yönelik gerekçeler bu işbirliğini zorunlu hale getirmektedir. Göç alanında yapılan uluslararası işbirliği faaliyetlerine baktığımızda, ikili, çok taraflı ve bölgesel işbirliğiyle karşılaşıyoruz. İşbirliği kimi zaman iki ülke, kimi zaman ise ikiden fazla ülke ya da uluslararası kuruluşlar arasında yapılmaktadır.

İkili işbirliği çalışmalarının temelini, ülkeye giriş, ikamet, göçmen hakları, konsolosluk işlemleri, geri dönüş işlemleri vb. konuları düzenlemek amacıyla iki devlet arasında imzalanan anlaşmalar oluşturmaktadır. Bu anlaşmalara örnek olarak, iki ülke arasındaki işgücü göçünü düzenlemeye yönelik işgücü anlaşmaları ve sınır yönetimine ilişkin ikili anlaşmalar verilebilir. Bunun yanı sıra, göçmen kaçakçılığı, düzensiz göç, insan ticareti gibi suçları önlemek amacıyla da geliştirilmektedir. Ayrıca devletler gerek karşılıklı olarak gerekse Uluslararası Polis Teşkilatı (INTERPOL) gibi küresel ya da Avrupa Polis Ofisi (EUROPOL) gibi bölgesel nitelikli örgütlerle göç alanında polisiye işbirliği de gerçekleştirmektedir. İşbirliği yapılan kuruluşlardan biri de Avrupa Birliği Sınır Güvenliği Birimi'dir (Frontex). Bu kuruluş, Birlik üyesi ülkelerin, üye olmayan komşu ülkelerle olan sınırlarını koruma, güvenliklerini sağlama, ulusal sınır muhafızları arasında işbirliği gerçekleştirme ve sınırlara ilişkin risk analizleri yapma görevlerini üstlenmiştir. Frontex'in 2005'teki kuruluş aşamasında daha ziyade sınır yönetimine dair işbirliği, ortak politika izlenmesi ve sınır muhafızlarının eğitimleri öne çıkmış olsa da, zaman içerisinde bilhassa Ege ve Akdeniz'de AB'nin "sınır devriyesi"ne dönüşmüş olduğu söylenebilir. AB, karşılaştığı göçmen krizinin 2015'te kritik düzeye ulaşmasının ertesinde Frontex'i yeniden yapılandırma kararı almıştır. Yetki ve görev alanı genişletilen Frontex'in halefi konumundaki kuruluş, Avrupa Sınır ve Sahil Koruma Ajansı adıyla Ekim 2016'da göreve başlamıştır.

Çok taraflı işbirliği faaliyetleri, gerek göç alan gerek göç veren ülkelerce gerçekleştirilmektedir. Bu faaliyetler, yukarıda da söz edildiği üzere, Küresel Uluslararası Göç Komisyonu, Uluslararası Göç ve Kalkınmada Üst Düzey Diyalog, Küresel Göç ve Kalkınma Forumu gibi BM'in organize ettiği çok taraflı girişimler ile Bern Girişimi, Küresel Göç Grubu ve Uluslararası Göç Politikası Programı gibi diğer çok taraflı girişimler olarak karşımıza çıkmaktadır. Çok taraflı işbirliği, uluslararası göçe ilişkin olarak farkındalığın yaratılması ve göç yönetimine katkıda bulunması açılarından önemlidir. Fakat çok taraflı işbirliği çalışmaları, gayri resmi yapılanmalara dayanmaları ve aldıkları kararların tavsiye niteliğinde olmasından ötürü yaptırım gücüne sahip değillerdir.

Bölgesel işbirliği faaliyetleri, aynı coğrafyada yer alan devletlerin göçle ilgili yaşadıkları ortak sorunların çözümüne ilişkin geliştirdikleri oluşumlardır (IOM, 2004). Bu faaliyetler, işgücü göçü ile ilgili düzenlemelere ağırlık veren, AB, Güneydoğu Asya Uluslar Birliği (ASEAN), Kuzey Amerika Ülkeleri Serbest Ticaret Anlaşması (NAFTA) ve Asya Pasifik Ekonomik İşbirliği (APEC) gibi bölgesel kuruluşlar veya yukarıda da sözü edilen bölgesel istişare süreçleri şeklinde düzenlenebilen girişimlerdir. Bölgesel danışma süreçleri, devletlerarası istişarelerin artırılması, çeşitli hükümet yetkililerinin bir araya getirilmesi, uluslararası örgüt ve sivil toplum kuruluşlarından gözlemcilerin süreçlere katılabilmeleri, bağlayıcı olmayan diyalog geliştirici ve deneyimlerin paylaşılacağı bir platform oluşturulması, coğrafi yakınlığa göre işbirliklerinin oluşturulması, göç konularında gündem oluşturarak bu konudaki sorunlara odaklanılması gibi alanlarda uluslararası işbirliğinin geliştirilmesine katkı sağlayan eylemlerdir (Solomon, 2008; akt. Kara ve Dönmez Kara, 2016: 9).

Bu kısmı sonlandırmadan önce Türkiye'nin küresel göç yönetişimindeki yerine de kısaca değinmek gerekir. Türkiye, uluslararası göç alanında ikili, çok taraflı ve bölgesel işbirliği faaliyetlerinde yer almaktadır. İkili işbirliği, işgücü, güvenlik, insan ticareti, göçmen kaçakçılığı konularında ikili anlaşmalar çerçevesinde yürütülmektedir. 13 ülkeyle ikili işgücü anlaşması imzalanmıştır. İkili işgücü anlaşmaları, 1960'lı yıllarda işgücü göçünün yaşandığı Federal Almanya, Avustralya, Avusturya, Belçika Fransa, Hollanda ve İsveç gibi Batı Avrupa ülkeleriyle, 1970 ve 1980'li yıllarda ise ağırlıklı olarak Katar, Libya, Ürdün, Kuveyt gibi Arap ülkeleri ile imzalanmıştır. Bunun yanı sıra, 56 ülke ile imzalanan 76 adet güvenlik işbirliği anlaşması organize suçlar ve terörizmle mücadelede işbirliğini amaçlamaktadır. Yine güvenlik kapsamında Almanya, Bahreyn, Gürcistan, Katar, Kazakistan, Makedonya, Moritanya, Pakistan Polonya, Tunus, Sudan, Suriye ve Yemen ile imzalanmış ikili anlaşmalar da vardır. Ayrıca Karadeniz Ekonomik İşbirliği Örgütüne (KEİ) üyeliği kapsamında diğer üye ülkelerle vize muafiyeti anlaşmaları imzalamıştır. Çok taraflı işbirliğini ise, BM, UÇÖ, AB, Avrupa Konseyi, KEİ, İstikrar Paktı ve Uluslararası Göç Politikaları Geliştirme Merkezi gibi örgütlerle insan ticareti ile mücadele alanında yürütmektedir. Uluslararası Göç Politikaları Geliştirme Merkezi (*International Centre of Migration Policy Development*) başkanlığında yürütülen Brdo Sürecinin Türkiye'yi İnsan Ticareti Mağdurlarını Koruma Daire Başkanlığı yetkililerinin temsil ettiği ve gündemini Güneydoğu Avrupa'da gerçekleşen insan ticareti olaylarının oluşturduğu toplantısı, 26 Haziran 2014'te İstanbul'da yapılmıştır (ICMPD, 2014). Ayrıca Türkiye göçmen kaçakçılığı ile mücadele kapsamında da çok taraflı işbirliği faaliyetlerinde yer almaktadır.

Türkiye'nin aktif rol oynadığı bir diğer alan da bölgesel işbirliği alanıdır. 1991 yılında başlatılan ve düzensiz göçle mücadeleye yönelik işbirliğini güçlendirmeyi amaçlayan Budapeşte Süreci, Türkiye'nin yer aldığı uluslararası işbirliği girişimlerinden biridir. Türkiye, 2003 Eylül ayından beri Budapeşte Sürecinin eş başkanı konumundadır. "Orta Asya'da ve daha yaygın olarak bölgedeki karışık göç dinamiklerinden ve farklı nedenlerle olan göç eylemlerinden kaynaklanan çeşitli sorunların üstesinden gelinmesini" amaçlayan Almatı Sürecinde de yer almaktadır (Göç İdaresi Genel Müdürlüğü, 2016). Ayrıca Asya'da Avrupa Güvenlik ve İşbirliği Teşkilatı benzeri amaç ve kurumlara sahip bir işbirliği yapılanmasının temellerini atmayı hedefleyen Asya'da İşbirliği ve Güvenliği İnşa Etme Konferansının da

TÜRKİYE'NİN GÖÇ YÖNETİMİNİN DÜNÜ VE BUGÜNÜ

(*Conference on Interaction and Confidence Building Measures in Asia*/CICA) kurucu üyelerinden biridir (T.C. Dışişleri Bakanlığı, 2014). CICA'nın faaliyet gösterdiği alanlar arasında insan kaçakçılığı ve ticaretiyle mücadele de yer almaktadır. Son olarak da, Güneydoğu Avrupa İşbirliği Girişimi (SECI) ve İstikrar Paktı üyeliklerinden bahsetmek gerekir. Balkanlar'da güvenliğin inşa edilmesi suretiyle bölge refahını arttırmayı amaçlayan SECI, Türkiye dâhil olmak üzere bölge ülkeleri arasında ticari ve iktisadi konuları düzenlemektedir (T.C. Dışişleri Bakanlığı, 2011). SECI'nin göç alanındaki faaliyetleri daha ziyade Balkanlar'daki göçmen kaçakçılığıyla ilgilidir. Türkiye de bu sorunu engellemeye yönelik çalışmalara katılmaktadır. İstikrar Paktı kapsamında da yine göçmen kaçakçılığı ve insan ticareti ile mücadele konularında faaliyetlerde yer almaktadır.

Küresel göç yönetişiminin önemli unsurlarının başında devletler arası işbirliği geldiğini yukarıda belirtmiştik. Söz konusu işbirliği, özellikle Suriye krizi gibi sığınmacı krizlerinde büyük önem kazanmaktadır. Türkiye'nin işbirliği konusunda takındığı tutumu özetlemek gerekirse, şu hususlara vurgu yapabiliriz: Türkiye, krizin ilk safhasında bu krizi kendi olanaklarıyla çözeceğine inandığından ötürü BM ile işbirliği yoluna gitmemiş; fakat 2012 yazı itibariyle ülkedeki Suriyeli nüfusundaki artış ve bu nüfusun kısa dönemde ülkelerine geri dönemeyecekleri gerçeğinin belirginlik kazanması sonucunda Türkiye de Suriyeliler'e yönelik siyasetini değiştirmek durumunda kalmıştır. Bu bağlamda, BM ile işbirliğini giderek artırmıştır. Örneğin, Dünya Gıda Programı, Kızılay ve AFAD arasındaki işbirliği sayesinde kamplarda kalan Suriyeliler'e dağıtılan elektronik kartla yiyecek sağlanmıştır. Ayrıca UGÖ, Şanlıurfa'da bulunan Suriyeli çocukların okul ulaşımına yardım etmiş ve Hayata Destek Derneği ile beraber hareket ederek Hatay'da kamp dışında yaşayan Suriyeliler'e yemek fişlerinin dağıtımını sağlamıştır (IOM, 2014; akt. Kirişçi, 2014: 45). Suriye Bölgesel Müdahale Planı'nda da ortaya konulduğu üzere Türkiye, aralarında Gıda ve Tarım Örgütü, UGÖ, BM Kalkınma Programı, BMMYK ve UNICEF'in bulunduğu pek çok kuruluş ile Suriyeliler'in sorunlarıyla alakalı olarak işbirliği yapmakta ve çok sayıda projede yer almaktadır. Bunun yanı sıra, Türkiye'deki Sivil toplum Kuruluşları ile uluslararası paydaşları arasındaki ilişkilerin geliştirilmesi yönünde çaba harcandığını söyleyebiliriz. Bu kapsamda, BMMYK himayesinde düzenlenen "işbirliği ve grup toplantıları" ile uluslararası örgütlerle geliştirilen işbirliğini bölgesel düzeye yaymak amacıyla BMMYK'nın yardımlarıyla düzenlenen Suriye'ye Komşu olan Ülke Bakanları Toplantılarını anmakta yarar var. Kısacası, Türkiye'nin uluslararası paydaşlar ile geliştirdiği işbirliğini artırarak devam ettirmesi ülkemizdeki Suriyeliler'in ihtiyaçlarının karşılanması açısından önem taşımaktadır.

Göç yönetişiminin önemli unsurlarından biri konumundaki işbirliği açısından diğer önemli konu ise külfet paylaşımıdır. Bu konu Suriyeli sığınmacılar bağlamında ele alındığında, Erdoğan'ın (2015: 187) belirttiği gibi, bu sığınmacılara yönelik olarak izlenen "açık kapı" politikasının yalnızca komşu ülkeleri ilgilendiren bir sorun şeklinde algılanmasının tepki yarattığının altı çizilmelidir. Türkiye başta olmak üzere Suriye'ye komşu ülkeler açısından külfet paylaşımı son derece önem taşımaktadır. ABD, Kanada, Avustralya ve AB'nin kuzeydeki üye ülkeleri gibi gelişmiş ülkelerin Suriyeli sığınmacıları kendi ülkelerine kabul etmeleri Türkiye ve diğer komşu ülkeler ile dayanışma içinde olduklarını gösterecektir ki bu durumun ne kadar önemli olduğu aşikardır. Ancak tablo göründüğü kadarıyla pek de parlak değildir, zira Bulgaristan'ın Suriyeliler'in topraklarına sığınmalarını önlemeye çalışmasından ve Almanya ve İsveç haricindeki üye ülkelerin sığınmacı kabulü konusunda oldukça çekingen ve isteksiz davranmalarından görüldüğü gibi, AB üyeleri beklenen "dayanışma"yı gösterememektedir. Bu durum da kaçınılmaz olarak Suriyeli sığınmacıları olumsuz şekilde etkilemektedir. Halbuki uzun vadeli düşünüldüğünde, Türkiye'nin devamlı surette artan Suriyeli nüfusun temel gereksinimlerini karşılama kapasitesinin zorlanacağı bir gerçektir ve uluslararası toplumun bugünkü külfet paylaşımının ötesinde daha olumlu bir tavır sergilemesi gerekmektedir.

## Sonuç Yerine

Cumhuriyet'in kuruluşundan itibaren farklı nitelikte pek çok kitlesel göç hareketine sahne olan Türkiye, 2000'li yıllara dek kapsamlı bir göç yönetimine sahip olmamıştır. 2510 sayılı İskan Kanunu (1934), coğrafi çekince ile kabul ettiği 1951 Mültecilerin Statüsüne İlişkin Sözleşme ve 1994 tarihli İltica ve Sığınma Yönetmeliği, 2000'lere gelinceye kadar Türkiye'nin göç yönetiminin dayanaklarını oluşturmuştur. Fakat 1990'lar ve 2000'lerde yaşanan gelişmeler, bu göç yönetiminin ihtiyaçları karşılayacak nitelikte olmadığını göstermiş; dolayısıyla AB'ye uyum süreci ve Suriyelilerin 2011'de başlayan kitlesel göçünün de etkisiyle kapsamı daha geniş ve kurumsallaşmaya ağırlık veren bir göç yönetimi oluşturulmaya başlanmıştır. Bugünkü göç yönetiminin yapılanması ise 2013'te kabul edilen 6458 sayılı YUKK kapsamında gerçekleştirilmiştir. Bu yönetim, daha önceki dönemlerde YUKK gibi göç ve iltica konularını geniş bir biçimde ele alan bir yasanın olmaması ve göç idaresinden sorumlu yeni bir kurumun oluşturulması nedeniyle yeni olmakla birlikte, yönetimin arkasındaki zihniyetin pek de yeni olmadığı söylenebilir, zira 2510 sayılı İskan Kanunu 2006'da değişmiş olsa da "Türk soyundan ve Türk kültürüne bağlı olma" ölçütü yeni Yasa'da da geçerliliğini korumuştur. Buna bağlı olarak, göç ve iltica rejiminin dünü ile bugünü arasında zihniyet açısından pek fark yoktur.

Öte yandan YUKK, şimdiye dek dağınık olan göç ve iltica mevzuatını toparlayıcı nitelikte olması ve aynı zamanda kurumsallaşmanın hukuki zeminini oluşturması nedeniyle önem taşımaktadır. YUKK'da net bir biçimde ortaya konulduğu üzere, göç alanındaki kurumsal yapılar İçişleri Bakanlığı bünyesinde oluşturulan GİGM'nde toplanmışlardır. Bakanlar Kurulu ise

YUKK hükümlerinin yürütülmesinden sorumludur. Yine İçişleri Bakanlığı bünyesinde yer alan Göç Politikaları Kurulu da göç politikasının oluşturulmasında rol oynamaktadır.

GİGM, merkezi ve yerel düzeyde örgütlendiği kadar yurtdışı teşkilatına da sahiptir. Yerel düzeydeki sorumlu İl ve İlçe Göç İdaresi Müdürlükleri iken, yurtdışında Göç Müşavirlikleri ile Göç Ataşelikleri sorumlu olarak karşımıza çıkmaktadır. İl ve İlçe Göç İdaresi Müdürlüklerine yardımcı olması amacıyla herhangi bir yerel yönetim birimi görevlendirilmemiştir. Aslında bu durum bir eksiklik olarak düşünülebilir, zira belediyelerin gerek halkın göçmenlerle ilgili bilinçlendirilmesi gerekse göçmen uyumuna ilişkin faaliyetlere önemli katkılar yapacağı aşikardır. Suriyeli sığınmacılar örneğinde de görüldüğü gibi toplumun, insani gerekçeler yüzünden Türkiye'ye sığınan kişilerle ilgili olarak uluslararası hukuk konusunda, temel düzeyde, gerek yerel yönetimler gerekse sivil toplum kuruluşları tarafından temel düzeyde bilgilendirilmesi çok faydalı olacaktır. Bu sayede kamuoyu açısından farkındalık oluşturmak ve yurttaşların insan ticareti ve göçmen kaçakçılığı ile mücadeleye destek vermelerini sağlamak mümkün olabilir.

Son olarak, Türkiye'nin birçok ikili, çok-taraflı ve bölgesel işbirliği faaliyetlerine katılmak suretiyle küresel göç yönetişiminde de varlık gösterdiğinin altını çizmek gerekir. Faaliyetler daha ziyade düzensiz göç hareketleri, insan ticareti ve göçmen kaçakçılığı konularına odaklanmaktadır. Fakat insan ticareti ve göçmen kaçakçılığı ile mücadelenin geliştirilmesi gerekmektedir. Bu bağlamda, başta AB olmak üzere uluslararası toplumun ortak olduğu projelerin artması büyük önem taşımaktadır. Ayrıca Suriyeli sığınmacılarla ilgili olarak yapılan devletler arası işbirliği de geliştirilmeli ve özellikle külfet paylaşımı konusunda gelişmiş ülkeler başta olmak üzere uluslararası toplumun daha fazla hassasiyet göstermesi gerekmektedir.

## Kaynakça

Açıkgöz, M., Arıner, H. O. (2014), "Turkey's New Law on Foreigners and International Protection: An Introduction", *Turkish Migration Studies Group (TurkMis)*, Briefing Paper 2.

Afet ve Acil Durum Yönetimi Başkanlığı (2017), "Barınma Merkezlerinde Son Durum", www.afad.gov.tr/tr/2372/Afet-Raporu-Suriye (Erişim: 20/07/2017)

Akçapar, Ş. (2016), "Uluslararası Göç Alanında Güvenlik Algılamaları ve Göçün İnsani Boyutu" içinde S. Gülfer Ihlamur-Öner ve N. Aslı Şirin Öner (der.), *Küreselleşme Çağında Göç: Kavramlar, Tartışmalar* İstanbul: İletişim Yayınları, 3. Baskı, 563-576.

Arı, K. (2003), Büyük Mübadele: Türkiye'ye Zorunlu Göç (1923-1925), İstanbul: Tarih Vakfı Yurt Yayınları, 3. Baskı.

Betts, A (2010), "Global Migration Governance – the Emergence of a New Debate", *Global Economic Governance Programme*, Briefing Paper.

Betts, A. (2011), "Introduction: Global Migration Governance", in A. Betts (ed.), *Global Migration Governance*, Oxford: Oxford University Press, 1-37.

Betts, A. (2017), *Zorunlu Göç ve Küresel Politika*, (Türkçesi: S. M. Türkaslan) Ankara: Hece Yayınları.

Dayıoğlu, A. (2005), *Toplama Kampından Meclise*, İstanbul: İletişim Yayınları.

Demirhan, Y. ve Aslan, S. (2015), "Türkiye'nin Sınır Ötesi Göç Politikaları ve Yönetimi", *Birey ve Toplum Dergisi*, 5 (9): 23-62.

Erdoğan, M. M. (2015), *Türkiye'deki Suriyeliler: Toplumsal Kabul ve Uyum*, İstanbul: İstanbul Bilgi Üniversitesi Yayınları.

Global Humanitarian Assistance (2016), Global Humanitarian Assistance Report 2016, http://www.globalhumanitarianassistance.org/wp-content/uploads/2016/07/GHA-report-2016-full-report.pdf 8 (Erişim: 27/05/2017)

Göç İdaresi Genel Müdürlüğü (2016), "Almatı Süreci", http://www.goc.gov.tr/icerik3/almati-sureci_576_577_1099 (Erişim: 29/05/2017)

International Organization For Migration (2004), "International Cooperation", Essentials Of Migration Management Volume One: Migration Management Foundations, http://www.rcmvs.org/documentos/IOM_EMM/v1/V1S07_CM.pdf (Erişim: 29/05/2017)

International Organization for Migration (2013), *Göç Terimleri Sözlüğü*, Editörler: Richard Perruchoud ve Jillyanne Redpath-Cross, 2. Baskı, IOM Yayınları, No: 31.

International Centre of Migration Policy Development (2014), Brdo Process Initiative Meeting of the National Anti-Trafficking Co-ordinators in South Eastern Europe (NATC – SEE) Meeting Report. İstanbul-Türkiye, 26 June 2014, http://www.icmpd.org/ fileadmin/ ICMPDWebsite/ICMPDWebsite_2011/Capacity_building/THB/NATC_Platform/Past_Meetings/Ist anbul__June_2014/Meeting_report_NATC_SEE_Istanbul_2014.pdf (Erişim: 23/05/2017)

Ihlamur-Öner, G. S. (2012), "Küresel Bir Göç ve Mülteci Rejimine Doğru?", içinde S. Gülfer Ihlamur-Öner ve N. Aslı Şirin Öner (der.), *Küreselleşme Çağında Göç: Kavramlar, Tartışmalar* İletişim Yayınları, 1. Baskı, İstanbul, 577-601.

İçduygu, A., Erder, S. ve Gençkaya, Ö. F. (2014), "Türkiye'nin Uluslararası Göç Politikaları, 1923-2023: Ulus-devlet Oluşumundan Ulus-Ötesi Dönüşümlere", *MiReKoç Proje Raporları*, 1/2014.

İçduygu, A. ve Sert, D. (2015), "The Changing Waves of Migration from the Balkans to Turkey: A Historical Account", içinde Hans Vermeulen, M. Baldwin-Edwards, R. van Boeschoten, (eds.), *Migration in the Southern Balkans: From Ottoman Territory to Globalized Nation States*, IMISCOE Research Series, Springer Open.

Kara M. ve Dönmez Kara, C. (2016), "Türkiye'de Göç Yönetişimi: Kurumsal Yapı ve İşbirliği", *JED / GKD*, 10:2 :1-25.

Kartal, B. ve Başçı, E. (2014), "Türkiye'ye Yönelik Mülteci ve Sığınmacı Hareketleri", *CBÜ Sosyal Bilimler Dergisi*, 12 (2): 275-299.

Kaya, İ. ve Eren, E. Y. (2014), Türkiye'deki Suriyelilerin Hukuki Durumu: Arada Kalanların Hakları ve Yükümlülükleri, SETA Yayınları 55.

Kirişci, K. (1991), "The Legal Status of Asylum Seekers in Turkey: Problems and Prospects", *International Journal of Refugee Law*, 3(3), 510–528

Kirişci, K. (1996), "Refugees of Turkish Origin: "Coerced Immigrants" to Turkey Since 1945", *International Migration*, 34, 385–412.

Kirişci, K. (2000), "Disaggregating Turkish Citizenship and Immigration Practices", *Middle Eastern Studies*, 36(3): 1-22.

Kirişci, K. (2014), "Misafirliğin Ötesine Geçerken: Türkiye'nin 'Suriyeli Mülteciler' Sınavı", Brookings Enstitüsü ve USAK.

Koser, K. (2010), "Introduction: International Migration and Global Governance", *Global Governance*, 16: 301-315.

Kümbetoğlu, B. (1996), "Göçmenlik, Mültecilik, Yeni Bir Yaşam ve Sonrası", II. Ulusal Sosyoloji Kongresi: Toplum ve Göç Bildiriler Kitabı, Mersin: Başbakanlık Devlet İstatistik Enstitüsü ve Sosyoloji Derneği.

Kümbetoğlu, B. (2003), "Küresel Gidişat, Değişen Göçmenler ve Göçmenlik", içinde A. Kaya ve Günay G. Özdoğan (der.) *Uluslararası İlişkilerde Sınır Tanımayan Sorunlar*, İstanbul:

Bağlam Yayınları.

Paçacı-Elitok, S. (2013), "Turkish Migration Policy Over the Last Decade: A Gradual Shift Towards Better Management and Good Governance", *Turkish Policy Quarterly*, 12 (1): 162-172.

Rustamov, S. (2011), "Global Governance of Migration", Unpublished MA Thesis, Department of Management and Engineering MA in International and European Relations, Linköpings University, Sweden.

Suter, B. (2013), "Asylum and Migration Policy in Turkey: An Overview of Developments in the Field 1990-2013", *MIM Working Paper Series*, No: 13:3, Malmö: Malmö University.

Syria Regional Refugee Response, "Total Persons of Concern", 27 April 2017, http://data.unhcr.org/syrianrefugees/country.php?id=224 (Erişim: 3/05/2017)

Şimşir, B. (2009), *Bulgaristan Türkleri*, Ankara: Bilgi Yayınevi, Genişletilmiş 2. Basım.

Şirin Öner, N. A. (2014), "Göç ve Sonrası: Ahıska Türkleri İle Bulgaristan Türkleri'nin Türkiye'ye Göçü ve Uyum Süreçlerinin Karşılaştırılması", Marmara Üniversitesi, BAPKO, Yayınlanmamış Proje Raporu (Proje No. SOS-A-031110-0265).

Şirin Öner, N. A. ve Genç, D. (2015), "Vulnerability leading to mobility: Syrians' exodus from Turkey", *Migration Letters*, 12(3): 251-262.

T.C. Dışişleri Bakanlığı (2014), Asya'da İşbirliği ve Güven Artırıcı Önlemler Konferansı (AİGK) http://www.mfa.gov.tr/asyada-isbirligi-ve-guven-arttirici-onlemler-konferansi.tr. mfa (Erişim: 29/05/2017)

T.C. Dışişleri Bakanlığı (2011), "Güneydoğu Avrupa İşbirliği Süreci". http://www.mfa.gov.tr/guneydogu-avrupa-isbirligi-sureci.tr.mfa (Erişim: 29/05/2017)

Zeytinburnu Belediyesi (2016), "LL2II - Göçmen Entegrasyonu İçin Yerel Kuruluşların Öğrenimi Projesi", http://www.zeytinburnu.istanbul/LL2II---Gocmen-Entegrasyonu-Icin-Yerel-Kuruluslarin-Ogrenimi-Projesi (Erişim: 30/05/2017)

# YABANCILAR VE ULUSLARARASI KORUMA KANUNU'NDA YER ALAN KORUMA TÜRLERİ: MEVZUAT VE KAVRAMLAR

## Elif Uzun

### Giriş

Kitabımızın bu bölümü ne Suriyeli sığınmacıların halihazırdaki durumlarını veya sorunların tespit ediyor, ne de bir politika önerisinde bulunuyor. Bölümün amacı, genelde sığınmacılar ve mülteciler, özelde de günümüzdeki Suriyeli sığınmacılar konusuna ilgi gösteren okuyucuyu, mevcut uluslararası ve ulusal düzeydeki hukuk metinleriyle ve bu metinlerin terminolojisiyle tanıştırmak. Bir ülkeden başka bir ülkeye geçmiş olmaları nedeniyle göçmen, mülteci ve sığınmacı kavramları birbirleriyle sık sık karıştırılır ve bazen yanıltıcı da olabilecek şekilde eşanlamlı gibi kullanılır. Bunun yanında Türk mevzuatının uluslararası hukuk mevzuatından ayrılan terminoloji tercihi konuyu Türkiye özelinde çalışmak isteyenler açısından sorun çıkarabilmektedir. Terminolojinin hukuk alanındaki karşılığının ortaya koyulmasıyla, mülteciler ve sığınmacılar konusundaki çalışmaların hukuka yönelik değerlendirme ve eleştirilerinin daha açık ve etkili olmasını da amaçlıyoruz. Aşağıda, sığınmacılar ve mülteciler hakkındaki temel hukuksal tanımları, ulusal ve uluslararası temel hukuk metinlerinin sentezini bulacaksınız.

### Uluslararası Düzenlemeye Göre Hukuksal Kavramlar

Yirminci yüzyılda yaşanan iki dünya savaşı, milyonlarca insanın yer değiştirmesine neden olmuş ve devletler günümüz mülteci hukukunun temelini oluşturan çeşitli düzenlemeler yapmak zorunda kalmışlardır. *1951 Mültecilerin Statüsüne İlişkin Sözleşme* (bundan sonra *1951 Mülteci Sözleşmesi*)[1] ile kurulan hukuki düzen, devletlere, mülteci statüsündeki kişilere çeşitli haklar sağlama yükümlülüğü getirmektedir. Bunun yanında mültecilerin sorunlarını çözmeye ve haklarını garanti altına almaya yönelik çeşitli bölgesel teşebbüsler de bulunmaktadır. Mültecilerin gerek hedef ülkeye ulaşmaları sürecinde gerekse ulaştıkları devlette yaşadıkları dram uluslararası bir sorun olarak

---

[1] Mültecilerin Hukukî Durumuna Dair Sözleşmenin Onaylanması Hakkında Kanun, Kanun No: 359, Kabul Tarihi: 29.08.1961, Resmî Gazete (R.G.) 05.09.1961/10898.

görülmüş ve Birleşmiş Milletler (BM) bünyesinde küresel ölçekte mültecilerle ilgili çalışmalar yapmak üzere Mülteciler Yüksek Komiserliği (BMMYK) kurulmuştur. Bunların yanında pek çok sivil toplum örgütü, yerel, bölgesel ve küresel ölçekte yardım ve izleme faaliyeti yapmaktadır.

Uluslararası mülteci hukukunun en önemli metni, *1951 Mülteci Sözleşmesi* ve bu Sözleşme'ye dair *1967 tarihli Mültecilerin Hukuki Statüsüne İlişkin Protokol*'dür (Bundan sonra *1967 Protokolü*)[2]. 13 Mart 2017 itibariyle *1951 Mülteci Sözleşmesi*'ne 145, *1967 Protokolü*'ne 146 taraf devlet bulunmaktadır. Birleşmiş Milletlere üye devlet sayısının 193 olduğu düşünülecek olursa, söz konusu belgelerin önemi açıkça ortaya çıkmaktadır.

*1951 Mülteci Sözleşmesi* ile *1967 Protokolü*, evrensel düzeyde mültecilere özgülenmiş tek çok taraflı antlaşmadır. Bu belgelere, *1951 Mülteci Sözleşmesi*'ne ve/veya *1967 Protokolü*'ne taraf devletlerin bakanlar toplantısında 2001 yılında kabul edilen beyannameyi ve BM Genel Kurulu tarafından 1967'de kabul edilen Devlete Sığınmaya İlişkin Beyanname'yi de BM'nin öncülük ettiği bağlayıcı olmayan belgeler olarak eklemeliyiz. Bunların yanında, bölgesel düzeyde doğrudan mültecileri konu alan çeşitli antlaşmalar ve bağlayıcı olmayan ancak devletlerin beyanlarını ve tutumlarını ifade etmesi bakımından önemli olan ve çeşitli derecelerde devletlerin iç hukuklarında benimsedikleri çok taraflı beyannameler bulunmaktadır.

'Mülteci', *1951 Mülteci Sözleşmesi* madde 1A (2)'de, "ırkı, dini, tabiiyeti, belirli bir sosyal gruba mensubiyeti veya siyasi düşünceleri yüzünden, zulme uğrayacağından haklı sebeplerle korktuğu için vatandaşı olduğu ülkenin dışında bulunan ve bu ülkenin korumasından yararlanamayan, ya da söz konusu korku nedeniyle yararlanmak istemeyen; yahut tabiiyeti yoksa ve bu tür olaylar sonucu önceden yaşadığı ikamet ülkesinin dışında bulunan, oraya dönemeyen veya söz konusu korku nedeniyle dönmek istemeyen" kişi olarak tanımlanmıştır.

*1951 Mülteci Sözleşmesi*'nin tanımından anlaşılabileceği üzere, mültecilik, koruma sağlayan devletin verdiği bir statü değildir. Mülteci, maddede yer alan unsurların gerçekleşmesi nedeniyle kendiliğinden mülteci haline gelmiştir; devletler ise kendi iç hukuklarında belirledikleri usullerle bu durumu tespit etmekte ve durumun tespit edilmesiyle Sözleşme'nin öngördüğü korumayı sağlama yükümlülüğü altına girmektedirler (Çiçekli, 2009: 51).

Koruma sağlayan devlet tarafından kişinin mültecilik statüsünün hukuki yollardan açıkça beyan edilmesinden önce bu kişinin 'mülteci' olarak adlandırılması mümkün olmamaktadır. Zira koruma sağlayan devlet, iltica talebinde bulunan kişinin durumunu incelemekte ve maddede yer alan

---

[2] "New York protokolü" olarak da bilinir. Dışişleri Bakanlığı'nın 13.06.1968 tarih ve 721.501-BMKY-I-816 sayılı yazısı üzerine, Bakanlar Kurulu'nca 01.07.1968 tarihinde kararlaştırılmıştır: R.G. 05.08.1968/12968.

şartların gerçekleşip gerçekleşmediğini araştırmaktadır. Nitekim uygulamada da koruma talebinde bulunan kişiler önce yasal veya yasal olmayan yollarla koruma talebinde bulunacakları ülkeye giriş yapmakta ve mültecilik statülerinin resmi olarak tanınmasını beklemektedirler.

İşte mültecilik statüsünün resmi olarak tanınmasına kadar olan sürede iltica talebinde bulunan kişiler, terminolojik olarak ayrı bir şekilde isimlendirilmektedir. İngilizcede *asylum seeker* olarak kullanılan ifade, Türkçe literatürde ağırlıklı olarak sığınmacı kelimesi ile karşılanmaktadır. Sığınmacı, koruma (*asylum*) talebinde bulunmakta, eğer mülteci olduğu anlaşılırsa, bu durumu tanınmakta ve mülteci (*refugee*) statüsü kazanmaktadır. Mültecilik statüsü resmen kabul edilmemiş kişiler için fiili (*de facto*) mülteci, bu statüyü elde etmiş kişiler için ise hukuki (*de jure*) mülteci tabiri de kullanılmaktadır (Odman, 1995: 188-9; Çiçekli, 2009: 139-46; Saraçlı, 2011: 79).

*1951 Mülteci Sözleşmesi* 1A(2) maddesinin yaptığı tanım çerçevesinde, mültecilik statüsünün varlığından bahsedebilmek için şu koşulların bulunması gerekir:

Zulme uğramaktan haklı nedenlerle korkma.

Zulme uğrama korkusunun ırk, din, tabiiyet (milliyet), belirli bir toplumsal gruba mensup olma veya siyasi düşüncelerden kaynaklanması.

Ülkesi dışında bulunma.

Kendi ülkesinin korumasından yoksun bulunma, yararlanmak istememe veya ülkesine göre dönememe, dönmek istememe.

## Uluslararası Hukukta Geri Göndermeme İlkesi ve Geçici Koruma

*1951 Mülteci Sözleşmesi*'nin mülteciler yahut mülteci statüsü talep eden sığınmacılar için sağladığı en büyük koruma, geri göndermeme ilkesi ile ifade edilir. Geri Göndermeme İlkesi uluslararası örf ve adet hukuku kuralı olarak kabul edilmelidir (Uzun, 2016: 97). İlke, zulme uğrama tehdidi altında bulunanların ülkelerine gönderilmesini yasaklamaktadır. Böylece devletler, *1951 Mülteci Sözleşmesi*'nin tanımladığı mülteciler söz konusu olduğunda, kendi ulusal düzenlemeleri ne olursa olsun, bu kişileri zulme uğrayacakları ülkeye iade edemeyeceklerdir.

*1951 Mülteci Sözleşmesi* md. 33(1), geri göndermeme ilkesini/geri gönderme yasağını ifade eder:

"Hiçbir Taraf Devlet, bir mülteciyi, ırkı, dini, tabiiyeti, belirli bir sosyal gruba mensubiyeti veya siyasi fikirleri dolayısıyla hayatı ya da özgürlüğü tehlike altında olacak ülkelerin sınırlarına, her ne şekilde olursa olsun geri göndermeyecek veya iade etmeyecektir."

Uluslararası ve ulusal düzeylerde, ülke topraklarında bulunan yabancıların ülke dışına çıkarılması sonucunu doğuran çeşitli uygulamalar bulunmaktadır.

*1951 Mülteci Sözleşmesi'*nin 32. maddesi de dikkate alındığında, geri göndermeme ilkesi, sınır dışı etme, iade etme, suçluların iadesi gibi her ne adla olursa olsun, mültecilerin ölüm, işkence, zulüm tehdidi altında olacakları ülkeye gönderilmemesini gerektirmektedir.

Mülteciler konusundaki en önemli sorunlardan biri, kitlesel sığınma durumunda geri göndermeme ilkesinin uygulanıp uygulanmayacağıdır. Kitlesel sığınma talepleri, özellikle iç savaş, iç savaş korkusu yahut baskıcı hükümetlerin askeri yöntemlere başvurması veya tehdidinde bulunması durumunda komşu devletlere yönelen geniş insan topluluklarından gelmektedir. 'Kitlesellik'in tanımı tam olarak yapılamazsa da, kısa sürede gerçekleşen önemli sayıda insanın koruma talebiyle sınıra gelmesi ve koruma talep edilen devletin bu sayıdaki insana koruma sağlama kapasitesine sahip olamaması olarak betimlenebilir (Goodwin-Gill ve McAdam, 2007: 335; Çiçekli, 2009: 115).

Söz konusu durum, kendisinden koruma talebinde bulunulan devletler açısından büyük bir külfet getirmekte ve uygulamada, *1951 Mülteci Sözleşmesi* tarafı olsun olmasın, bazı devletlerin kitlesel sığınma taleplerine olumsuz yanıt verdikleri gözlemlenmektedir. Bunun yanında söz konusu taleplerin olumlu karşılandığı pek çok örnekte, geri göndermeme ilkesi uygulanmış olmakta, ancak *1951 Mülteci Sözleşmesi'*nin mültecilere (ve mültecilik statüsünün resmen belirlenmesini bekleyen sığınmacılara) tanıdığı haklar hayata geçirilememektedir. Bu durumda belki bazı en temel haklar dışında, mülteciler (ve sığınmacılar) çok zor koşullar altında yaşamaya mecbur bırakılmaktadırlar.

Kitlesel sığınma olaylarında gözlemlenen sorunların çözümü için iki önemli kavram geliştirilmiştir. Bunlardan ilki, sorumluluk paylaşımıdır. Buna göre kitlesel sığınma olaylarında uluslararası topluluk, kitlesel sığınmanın getirdiği sorumluluğu paylaşmalıdır. İkinci kavram ise, geçici koruma kavramıdır. Geçici koruma, devletlerin kitlesel sığınma taleplerini ilk aşamada olumlu karşılamasını, ancak sonrasında *1951 Mülteci Sözleşmesi'*nin getirdiği yükümlülüklerle (yani mültecilik statüsü tanıma ve bu statünün gereklerinden yararlandırmayla) bağlı olmayarak farklı bir kalıcı çözüm bulma olanağına sahip olması anlamına gelir (Goodwin-Gill ve McAdam, 2007: 340-3; Çiçekli, 2009: 117-9). Silahlı çatışma, yaygın şiddet ya da sistematik ya da yaygın insan hakları ihlallerinden kitlesel olarak kaçan sığınmacıların durumuna istisnai olarak, olağanüstü durum koşullarında ve zaman sınırlaması altında çözüm bulunmaktadır. Böyle bir durumda ülkelerinden ayrılan kişiler için resmi bir mültecilik statüsü verilmemekte, dolayısıyla ulaştıkları ülkede kalmalarına yönelik herhangi bir vaatte bulunulmamaktadır. Kaçmalarını gerektiren koşulların değişmesi durumunda ülkelerine dönmeleri yahut başka bir devlette mültecilik statüsü elde etmeleri öngörülmektedir. Bununla birlikte, söz konusu sürenin kısa olmayacağından hareketle, mültecilik statüsünün getirdiği haklar kadar geniş olmasa bile, yaşamlarını devam ettirmelerine

YUKK'TA YER ALAN KORUMA TÜRLERİ

yönelik temel haklardan yararlandırılmaları gerekliliği, geçici koruma kavramına dahildir.

## *1951 Mülteci Sözleşmesi*'nin Türk Hukukundaki Yeri

Türkiye *1951 Mülteci Sözleşmesi*'ni 29.08.1951 tarihinde imzalamış, 29.08.1961 tarihli ve 359 sayılı Kanun ile Sözleşmeye taraf olmuştur. Dolayısıyla *1951 Mülteci Sözleşmesi*, Anayasanın 90. maddesi uyarınca kanun hükmündedir, yani iç hukuk açısından da bağlayıcıdır (Uzun, 2013: 135). Ancak Sözleşme taraflara, tarafların beyanlarına bağlı olmak üzere, mülteci statüsü verilecek kişilerle ilgili olarak coğrafya ve zaman sınırlaması konusunda bir tercih imkânı tanıyordu. Türkiye bu imkâna bağlı olarak 1951'den önce sadece Avrupa'da meydana gelen olaylar çerçevesinde Sözleşme'ye taraf olduğunu beyan etmiştir.

1967 *Hukuki Statüsüne Protokolü*, *1951 Sözleşmesi*'ndeki coğrafya ve zaman sınırlamasını kaldırmıştır. Protokol, 31 Ocak 1967'de New York'ta imzalanmış, 4 Ekim 1967'de yürürlüğe girmiştir. Türkiye Protokol'e zaman sınırını kaldıran ancak coğrafi sınırı devam ettirdiğini bildiren bir deklarasyonla, 01.07.1968 tarihli ve 6/10266 sayılı Bakanlar Kurulu Kararı ile katılmıştır. Türkiye'nin mülteci statüsünün tanınmasıyla ilgili olarak sadece Avrupa'da meydana gelen olaylar çerçevesinde taahhütte bulunması, yani sadece Avrupa'dan Türkiye'ye gelecek kişiler için mülteci statüsü vermesi, Türk hukukunun uluslararası hukuktan farklı bir terminolojiye sahip olması sonucunu doğurmuştur. Zira pratikte Türkiye Avrupa dışındaki ülkelerden gelen çok sayıda iltica ve sığınma talepleriyle karşılaşmıştır.

## Türk Hukukunda Mülteci ve Sığınmacı Kavramları

Coğrafi sınırlamanın hukuk metinlerindeki karşılığı, Avrupa'dan gelenler için mülteci, Avrupa dışındaki ülkelerden gelenler için sığınmacı tabirlerinin kullanılması olmuştur. 1994 tarihli *Türkiye'ye İltica Eden veya Başka Bir Ülkeye İltica Etmek Üzere Türkiyeden İkamet İzni Talep Eden Münferit Yabancılar ile Topluca Sığınma Amacıyla Sınırlarımıza Gelen Yabancılara ve Olabilecek Nüfus Hareketlerine Uygulanacak Usul ve Esaslar Hakkında Yönetmelik*'te (*İltica ve Sığınma Yönetmeliği*[3]) bu çerçevedeki tanımı, 2013 tarihli *Yabancılar ve Uluslararası Koruma Kanunu* (YUKK)[4] tarafından da sürdürülmektedir. Kanun 'mülteci' ve 'şartlı mülteci' olmak üzere ikili bir ayırım yapmıştır. Kanun'a göre mülteci;

"Avrupa ülkelerinde meydana gelen olaylar nedeniyle; ırkı, dini, tabiiyeti, belli bir toplumsal gruba mensubiyeti veya siyasi düşüncelerinden dolayı zulme uğrayacağından haklı sebeplerle korktuğu için vatandaşı olduğu ülkenin

3   Yönetmelik Geçici Koruma Yönetmeliği'nin 61. maddesi uyarınca yürürlükten kaldırılmıştır.
4   *Yabancılar ve Uluslararası Koruma Kanunu*, Kanun No: 6458 Kabul Tarihi: 4/4/2013, R.G. T. 11.4.2013 S. 28615.Kanu'nun 125. maddesi uyarınca çalışmada değinilen maddeleri yayım tarihinden bir yıl sonra yürürlüğe girmiştir.

dışında bulunan ve bu ülkenin korumasından yararlanamayan ya da söz konusu korku nedeniyle yararlanmak istemeyen yabancıya veya bu tür olaylar sonucu önceden yaşadığı ikamet ülkesinin dışında bulunan, oraya dönemeyen veya söz konusu korku nedeniyle dönmek istemeyen vatansız kişi"dir.

Şartlı mülteci ise şu şekilde tanımlanmaktadır:

"Avrupa ülkeleri dışında meydana gelen olaylar sebebiyle; ırkı, dini, tabiiyeti, belli bir toplumsal gruba mensubiyeti veya siyasi düşüncelerinden dolayı zulme uğrayacağından haklı sebeplerle korktuğu için vatandaşı olduğu ülkenin dışında bulunan ve bu ülkenin korumasından yararlanamayan, ya da söz konusu korku nedeniyle yararlanmak istemeyen yabancıya veya bu tür olaylar sonucu önceden yaşadığı ikamet ülkesinin dışında bulunan, oraya dönemeyen veya söz konusu korku nedeniyle dönmek istemeyen vatansız kişi"dir.

YUKK, mülteci veya şartlı mülteci statüsü verilemeyenler için bazı hallerde 'ikincil koruma statüsü' verileceğini söyler. Buna göre, "menşe ülkesine veya ikamet ülkesine geri gönderildiği takdirde:

a) Ölüm cezasına mahkûm olacak veya ölüm cezası infaz edilecek;

b) İşkenceye, insanlık dışı ya da onur kırıcı ceza veya muameleye maruz kalacak;

c) Uluslararası veya söz konusu tehdit nedeniyle yararlanmak istemeyen yabancı ya da vatansız kişiye, statü belirleme işlemleri sonrasında ikincil koruma statüsü verilir".

İkincil koruma mevzuatımıza ilk defa YUKK ile girmiştir. İkincil korumaya girebilecek gruplara örnek olarak kadın sünnetini ve recm cezası verilen kadınları verebiliriz (Ekşi, 2016: 163). İkincil korumayla ilgili de sonraki dönemlerde yönetmelik hazırlanması söz konusudur.

YUKK son olarak, geçici koruma statüsünden bahseder. Madde 91'e göre, ülkesinden ayrılmaya zorlanmış, ayrıldığı ülkeye geri dönemeyen, acil ve geçici koruma bulmak amacıyla kitlesel olarak sınırlarımıza gelen veya sınırlarımızı geçen yabancılara geçici koruma sağlanabilir.

## Yabancılar ve Uluslararası Koruma Kanunu'na Göre Statü Belirleme Prosedürü

YUKK statü belirleme prosedürünü ayrıntılı bir şekilde düzenlemiştir. Ayrıntılandırılması gereken noktalarda *Yabancılar ve Uluslararası Koruma Kanununun Uygulanmasına İlişkin Yönetmelik*[5] yol göstermektedir. Ülke genelindeki silahlı çatışma durumlarında, ayrım gözetmeyen şiddet hareketleri nedeniyle şahsına yönelik ciddi tehditle karşılaşacak olması nedeniyle menşe

---

[5] *Yabancılar ve Uluslararası Koruma Kanununun Uygulanmasına İlişkin Yönetmelik*, R.G.T. 17.03.2016 S. 29656.

ülkesinin veya ikamet ülkesinin korumasından yararlanamayan veya söz konusu tehdit nedeniyle yararlanmak istemeyen yabancı ya da vatansız kişiye, statü belirleme işlemleri sonrasında ikincil koruma statüsü verilir.

Sınır kapılarına gelmiş yahut bir şekilde Türkiye'ye girmiş bulunan kişiler YUKK'nda sayılan statülere için başvurularını doğrudan valiliklere (il göç idaresi genel müdürlüğüne) yapmalıdır. Bu başvuru kolluk kuvvetlerine yapıldığı takdirde başvurular valiliklere gönderilir. YUKK md. 65'e göre, her yabancı veya vatansız kişi kendi adına başvuru yapabilir. Başvuru sahibi, başvuruları aynı gerekçeye dayanan ve kendisiyle birlikte gelen aile üyeleri adına başvuru yapabilir. Makul bir süre içinde valiliklere kendiliğinden uluslararası koruma başvurusunda bulunanlar hakkında; yasa dışı girişlerinin veya kalışlarının geçerli nedenlerini açıklamak kaydıyla, Türkiye'ye yasal giriş şartlarını ihlal etmek veya Türkiye'de yasal şekilde bulunmamaktan dolayı cezai işlem yapılmaz.

YUKK md. 69'a göre, başvuru sahibi kayıt esnasında kimlik bilgilerini doğru olarak bildirmek ve varsa kimliğini ispatlayacak belge ve seyahat dokümanlarını yetkili makamlara teslim etmekle yükümlüdür. Bu yükümlülüğün yerine getirilmesini sağlamak amacıyla, başvuru sahibinin üzerinde ve eşyalarında kontrol yapılabilir. Kayıt esnasında başvuru sahibinin kimliğine ilişkin belge olmaması hâlinde, kimlik tespitinde kişisel verilerinin karşılaştırılmasından ve yapılan araştırmalardan elde edilen bilgiler kullanılır. Kimlik tespit araştırmaları sonucunda da kimliğine dair bilgi elde edilememesi hâlinde, başvuranın beyanı esas alınır. Kayıt esnasında; başvuru sahibinin menşe veya ikamet ülkesini terk etme sebepleri, ülkesini terk ettikten sonra başından geçen ve başvuru yapmasına neden olan olaylar, Türkiye'ye giriş şekli, kullandığı yol güzergâhları ve vasıta bilgileri, daha önceden başka bir ülkede uluslararası korumaya başvurmuş veya korumadan yararlanmışsa, bu başvuru veya korumaya ilişkin bilgi ve belgeleri alınır. Mülakat zamanı ve yeri kayıt esnasında bildirilir. Kamu sağlığını tehlikeye düşürebileceği değerlendirilen başvuru sahibi sağlık kontrolünden geçirilir. Başvuru sahibine kayıt esnasında; kimlik bilgilerini içeren, uluslararası koruma başvurusunda bulunduğunu belirten, otuz gün geçerli kayıt belgesi verilir. Kayıt belgesi, gerektiğinde otuz günlük sürelerle uzatılabilir. Kayıt belgesi, hiçbir harca tabi olmayıp başvuru sahibinin Türkiye'de kalışına imkân sağlar.

YUKK md. 75, mülakatla ilgilidir. Etkin ve adil karar verebilmek amacıyla, başvuru sahibiyle kayıt tarihinden itibaren otuz gün içinde bireysel mülakat yapılır. Mülakatın mahremiyeti dikkate alınarak, kişiye kendisini en iyi şekilde ifade etme imkânı tanınır. Ancak, aile üyelerinin de bulunmasının gerekli görüldüğü durumlarda, kişinin muvafakati alınarak mülakat aile üyeleriyle birlikte yapılabilir. Başvuru sahibinin talebi üzerine, avukatı gözlemci olarak mülakata katılabilir. Başvuru sahibi, yetkililerle iş birliği yapmak ve uluslararası koruma başvurusunu destekleyecek tüm bilgi ve belgeleri sunmakla yükümlüdür. Özel ihtiyaç sahipleriyle yapılacak mülakatlarda, bu kişilerin özel durumları göz önünde bulundurulur. Çocuğun mülakatında psikolog, çocuk gelişimci veya sosyal çalışmacı ya da ebeveyni veya yasal temsilcisi hazır bulunabilir. Mülakatın gerçekleştirilememesi hâlinde, yeni mülakat tarihi belirlenir ve ilgili kişiye tebliğ edilir. Gerekli görüldüğünde başvuru sahibiyle ek mülakatlar yapılabilir.

YUKK md. 78 uyarınca başvuru, kayıt tarihinden itibaren en geç altı ay içinde Göç İdaresi Genel Müdürlüğünce sonuçlandırılır. Kararın bu süre içerisinde verilememesi hâlinde başvuru sahibi bilgilendirilir. Kararlar bireysel olarak verilir. Başvuru hakkında karar verilirken menşe veya önceki ikamet ülkesinin mevcut genel şartları ve başvuru sahibinin kişisel şartları göz önünde bulundurulur. Başvuru sahibine, zulüm veya ciddi zarar görme tehdidine karşı vatandaşı olduğu ülke veya önceki ikamet ülkesinin belirli bir bölgesinde koruma sağlanabiliyorsa ve başvuru sahibi, ülkenin o bölgesine güvenli bir şekilde seyahat edebilecek ve yerleşebilecek durumdaysa, başvuru sahibinin uluslararası korumaya muhtaç olmadığına karar verilebilir. Karar, ilgiliye veya yasal temsilcisine ya da avukatına tebliğ edilir. Olumsuz kararın tebliğinde, kararın maddi gerekçeleri ve hukuki dayanakları da belirtilir. İlgili kişi bir avukat tarafından temsil edilmiyorsa, kararın sonucu, itiraz usulleri ve süreleri hakkında kendisi veya yasal temsilcisi bilgilendirilir.

İdari bir işlem olan bu karara itiraz etmek de mümkündür. YUKK md 80, itirazla ilgili hükümler içermektedir. Buna göre, ilgili kişi veya yasal temsilcisi ya da avukatı tarafından kararın tebliğinden itibaren on gün içinde Uluslararası Koruma Değerlendirme Komisyonuna itiraz edilebilir. İdari itiraz sonucu alınan karar, ilgiliye veya yasal temsilcisine ya da avukatına tebliğ edilir. Kararın olumsuz olması hâlinde, ilgili kişi bir avukat tarafından temsil edilmiyorsa kararın sonucu, itiraz usulleri ve süreleri hakkında kendisi veya yasal temsilcisi bilgilendirilir. Başvuru koşullarına göre öngörülen farklı süreler gözetilerek yetkili idare mahkemesine başvurulabilir. İtiraz veya yargılama süreci sonuçlanıncaya kadar ilgili kişinin ülkede kalışına izin verilir. Avukat tutma imkanı olmayan kişiler bulundukları il barosundan maddi durumlarını gösteren belgelerle adli yardım kapsamında avukat talep edebilir.

YUKK'nun geçici koruma kapsamında saydığı yabancılarla ilgili prosedür, 2014 tarihli *Geçici Koruma Yönetmeliği*'nde ayrıntılı bir şekilde düzenlenmiştir. Yönetmeliğin 9. maddesine göre geçici koruma kararı İçişleri Bakanlığının teklifi üzerine Bakanlar Kurulu tarafından alınır. 10. maddesine göre de geçici korumayla ilgili genel kararlar Bakanlar Kurulu tarafından alınmaktadır ve Göç İdaresi Genel Müdürlüğü ise bireysel kararları alarak uygulamayı gerçekleştirmektedir. Buna ek olarak, geçici koruma kapsamındaki

---

6 *Geçici Koruma Yönetmeliği*, R.G.T. 22.10.2014 S. 29153.

yabancıların işkenceye, insanlık dışı ya da onur kırıcı ceza veya muameleye tabi tutulacağı veya ırkı, dini, tabiiyeti, belli bir toplumsal gruba mensubiyeti veya siyasi fikirleri dolayısıyla hayatının veya hürriyetinin tehdit altında bulunacağı bir yere gönderilemeyeceğinin hükme bağlandığını da belirtmek gerekir. Geçici koruma durumunda geri göndermeme ilkesinin uygulanıp uygulanmaması tartışma konusuyken Yönetmelik Türkiye açısından bu tartışmayı bitirmiştir. Geri göndermeme ilkesi geçici korunanlar için de geçerlidir.

Şu anda ülkemizde bulunan Suriyeliler bu kapsamdadır. Bu nedenle Türkiye'deki Suriyeliler için "geçici korunan Suriyeliler" ifadesi tercih edilmelidir. Suriye'den gelenlerin kitlesel akın oluşturduğu tespiti yapılmasıyla kitlesel akının karşılığı olan geçici koruma rejimi işlerlik kazanmıştır. Kitlesel akın ve geçici koruma için gelen kişilerin hangi coğrafi alandan geldiği önemli değildir (Ekşi, 2016: 64-165). Yönetmeliğin Geçici Madde 1 de Suriyelilerle ilgili düzenleme vardır. Maddede Suriye Arap Cumhuriyetinden gelen Suriye Arap Cumhuriyeti vatandaşları ve vatansızlar ve mültecilerin geçici korumadan faydalanacağı belirtilmektedir.

## Uluslararası Düzenlemelere Göre Mültecilerin Hakları

1951 Mülteci Sözleşmesi ve Sözleşme temelinde gelişen uluslararası hukuk, zulme uğrama korkusuyla ülkesinden ayrılmış olan kişinin haklarını, bu kişinin bir başka ülkedeki bulunuşunun hukuki durumunun çeşitli boyutları çerçevesinde hükme bağlar. Ancak uluslararası insan hakları hukuku da, mültecilerin haklarının belirlenmesinde 1951 Mülteci Sözleşmesi'nin yanında diğer ana kaynak olarak yer alır. Böylece 1951 Mülteci Sözleşmesi'nin eksik kaldığı noktalarda mülteciler açısından tamamlayıcı bir koruma oluşturulmuş olur.

*Salt Fiziksel Olarak Bulunanların Hakları.* Bir mültecinin kendi ülkesinden başka ülkede bulunuşunun ilk boyutunu, fiziksel bulunuş oluşturur. Böyle bir durumda kişi sadece kendi devletinin sınırları dışında, başka bir ülkede bulunmaktadır. Mülteci olup olmadığı belli değildir; durumu resmi makamlarca incelenecektir. Bu kişilerin statüleri henüz kesinlik ve resmiyet kazanmaması, korunmayacakları anlamına gelmez (Hathaway, 2005: 278 vd.). Nitekim yukarıda dile getirdiğimiz geri göndermeme ilkesi, esasında, bu durumdaki kişilerin sahip oldukları en büyük haktır. *1951 Mülteci Sözleşmesi'*nin 31. maddesine göre mülteciler ülkeye yasadışı yollarla girdikleri için tutuklanamazlar ve cezalandırılamazlar.

Henüz mültecilik statüleri resmiyet kazanmamış kişilerin fiziksel güvenliği insan hakları hukuku çerçevesinde güvence altındadır. Bu hak, devlet görevlileri tarafından ülkeye ulaşmak isteyen mültecilerin öldürülmesi, ülkeye giriş yapmış olan mültecilere kötü davranılması yoluyla ihlal edilebileceği gibi, devlet görevlilerinin mültecilere ülke vatandaşlarınca yapılan saldırı, tecavüz ve kötü muamele gibi eylemlere göz yumması yoluyla da ihlal edilebilir. Gerek *1951 Mülteci Sözleşmesi*'nin bazı hükümleri gerekse uluslararası insan hakları hukuku, mültecilerin, yaşamlarını sürdürmeleri için gerekli olan temel ihtiyaçlara ulaşma hakkı bulunduğunu belirterek bu konuda devletlere yükümlülük getirir. *1951 Mülteci Sözleşmesi*'nin 20. maddesi gerek hükümetin gerekse uluslararası kuruluşların yürüttüğü yardım çalışmalarında mültecilerin vatandaşlardan farklı muameleye tabi tutulmamasını öngörmektedir. Bu hüküm özellikle Afrika ve Asya'daki genel bir açlık ve yoksulluk durumunun bulunduğundan önem arz etmektedir. Yine sağlık hizmetlerinden yararlanma da, insan hakları hukuku çerçevesinde mültecilere tanınması gereken önemli bir haktır. Zira mülteciler, özellikle Afrika ve Asya'daki kamp koşulları çerçevesinde salgın hastalıklara maruz kalabilmektedirler.

*1951 Mülteci Sözleşmesi*, mülkiyet hakları ve vergi yükümlülükleri ile ilgili bazı hükümler içermektedir. Sözleşme'nin 13. ve 29. maddeleri düzenlemektedir. Fiziksel bulunuş düzeyinde mültecilerin sahip olduğu kabul edilen haklardan birisi de, aile birliği hakkıdır. *1951 Mülteci Sözleşmesi* metninde açık bir hüküm olmamakla birlikte, Sözleşme'yi ortaya çıkaran konferansın nihai metninde aile birliğine yapılan vurgu ve uluslararası insan hakları hukuku, BM Mülteciler Yüksek Komiserliği'nin aldığı kararlarla birlikte aile birliğinin sağlanmasında devletlere bazı yükümlülükler getirmektedir. Bu çerçevede, mültecilik statüsünün verilmesinde aile üyelerinden daha önce mültecilik statüsü verilenlerin bulunmasının kolaylaştırıcı bir etken olarak görülmesi; aynı ülkede ancak farklı yerlerde bulunan aile üyelerinin bir araya getirilmesinin sağlanması; aile kavramının sadece koruma sağlayan ülkenin hukukuna ve kültürüne göre tanımlanmaması gibi hususlar, mültecilerin aile birliği hakkının hayata geçirilmesi açısından önemli görülmektedir (Çiçekli, 2016: 362-363).

Mültecilerin yararlanması gereken haklardan bir diğeri, düşünce, vicdan ve din özgürlüğüdür. Mülteciliğin siyasi bir kavram olduğu hatırlanacak ve mültecilerin ülkelerini terk etmek zorunda kalmalarının en önemli nedenleri arasında dini azınlığa mensup olma nedeniyle ayrımcı muameleye maruz kalmaları olduğu düşünülecek olursa, bu özgürlüğün önemi daha iyi anlaşılabilir. Üstelik mültecilerin gittikleri ülkelerde karşılaştıkları önemli sorunlardan birisi, farklı dini inanca sahip olmaları nedeniyle o ülkenin devlet görevlileri tarafından ceza soruşturmasına ve cezalandırmaya yahut sivil vatandaşlar tarafından saldırıya maruz kalmalarıdır. Uluslararası insan hakları hukukunun tanıdığı güvenceler yanında mültecilerin bu hakkı, *1951 Mülteci Sözleşmesi*'nin 4. maddesindeki "mültecilere, dini vecibelerini yerine getirme hürriyeti ve çocuklarının dini eğitim hürriyeti bakımından, en az vatandaşlara uyguladıkları muamele kadar uygun muamele uygulama" yükümlülüğü ile güvence altına alınmaya çalışılmıştır.

Eğitim hakkı, statüleri belirsizlik taşımakta olsa bile, ülkede bulunan mültecilerin sahip olduğu haklardandır. *1951 Mülteci Sözleşmesi*'nin 22. maddesi eğitim hakkıyla ilgilidir. İnsan hakları hukuku uyarınca gelişen ilkeler çerçevesinde ilk ve temel eğitimin ücretsiz olarak devlet tarafından sağlanması bireyler için bir haktır. Bununla birlikte, ilk ve temel eğitimin sonrasındaki mesleki eğitim ve yükseköğretim ücretli olabilmektedir. Ancak burada da mültecilere diğer yabancılardan daha elverişsiz bir muameleyi yasaklanmaktadır (md. 22/2).

*1951 Mülteci Sözleşmesi* 27. maddesinde, devletlere, "ülkelerinde bulunan ve geçerli bir seyahat belgesine sahip olmayan her mülteciye kimlik kartı çıkartma" yükümlülüğü getirmektedir. Böylece mültecilerin, henüz resmi olarak mülteci olmamış olsalar bile, mevcut statülerini belgeleme imkânları olmakta ve kendilerine tanınan haklardan yararlanmak için talepte bulunma olanağı sağlanmaktadır.

Fiziksel olarak ülkede bulunmuş olmakla sahip olunan haklar konusunda son olarak değinilmesi gereken hak, mültecilerin mahkemelere başvurma hakkıdır. Bu hak, geniş bir şekilde yorumlanarak, idari yardım almayı da kapsar şekilde, mültecilerin bulundukları ülkenin hukukuna tabi olduklarının kabul edilerek aralarındaki uyuşmazlıkların bu ülkenin mahkemelerince çözümlenmesinin reddedilmemesini ve mültecilik durumlarıyla ilgili karşılaştıkları sorunlar için yine idari makamlara ve mahkemelere başvurabilmeyi içerir. *1951 Mülteci Sözleşmesi* md. 16, bu hakla ilgili olarak, "Her mülteci, bütün Taraf Devletler'in toprakları üzerindeki hukuk mahkemelerine serbestçe ve kolayca başvurabilecektir" hükmünü içermektedir.

*Hukuka Uygun Olarak Bulunanların Hakları.* Bir mültecinin bir ülkede bulunuşu, sadece fiziksel bulunuşunun ötesinde bir resmiyet taşıyor olabilir. Sözgelimi, bir başka ülkede mülteci olarak yaşayan ancak geçici bir süre için *1951 Mülteci Sözleşmesi* tarafı olan bir devlette bulunan mülteci, bu devletin koruma sağladığı bir mülteci olmamakla birlikte, (geçici) mültecilik statüsü nedeniyle uluslararası korumanın kapsamındadır. Bunun yanında iltica talebinde bulunmuş ve taleplerini sonucunu bekleyen, hatta iltica talepleri kabul edilmemekle birlikte ret kararının temyiz sonucunu bekleyen kişilerin, aynı çerçevede, ülkede hukuka uygun bir şekilde bulundukları kabul edilir. Söz konusu devletin bu durumdaki kişilere mülteci hukuku bağlamında sağlaması gereken ilave haklar bulunmaktadır (Hathaway, 2005: 657 vd.).

Ülkede hukuka uygun şekilde bulunan mülteciler, sınır dışı edilmeme hakkına sahiptirler. Bunun aksine ülkede sadece fiziksel olarak bulunan kişilerin sınır dışı edilmeme hakları yoktur. Ülkede hukuka uygun şekilde bulunanlar açısından *1951 Mülteci Sözleşmesi*'nin 32(1). maddesinde düzenlemektedir.

Ülkede hukuka uygun olarak bulunan mülteciler, *1951 Mülteci Sözleşmesi*'nin 26. maddesi uyarınca seyahat ve ikamet özgürlüğüne sahiptir.

UZUN

Buna karşın ülkede sadece fiziksel olarak bulunan mültecilerin seyahat ve ikamet özgürlüğü sınırlanabilmektedir. Bu sınırın kaynağını ve sınırını, *1951 Mülteci Sözleşmesi*'nin 31(2). maddesi oluşturur.

Ülkede hukuka uygun olarak bulunan mültecilere tanınan son hak, *1951 Mülteci Sözleşmesi*'nin 18. maddesinde yer alan, kendi işinde çalışarak gelir elde etme hakkıdır. Madde devletlerin ülkedeki iş gücü piyasasını koruma amacıyla yabancılara verme eğiliminde olmadıkları ücretli işte çalışma hakkını değil, kendi işinde çalışma hakkını vermekte; diğer yandan da bu hakkın sınırını vatandaşlarla değil diğer yabancılara verilen haklarla eş düzeye getirmektedir.

*Hukuka Uygun Olarak Kalanların Diğer Hakları.* Mülteci statüsünün resmi olarak verilmesine bakılmaksızın geçici yahut daimî ikamet izni verilenlerin, ülkede hukuka uygun olarak kaldıkları kabul edilir. Hukuka uygun olarak ülkede kalmakta olan mülteciler, yukarıda sayılan haklardan yararlanacakları gibi, ayrıca başka haklara da sahip olacaklardır (Hathaway, 2005: 730 vd.). Bu haklara ana hatlarıyla değinecek olursak, ilk olarak bahsedilmesi gereken, çalışma hakkıdır. *1951 Mülteci Sözleşmesi*'nin çalışma hakkıyla ilgili 17. maddesi, mülteciler açısından, yabancılara uygulanan en avantajlı düzenlemeden yararlanma hakkı getirmektedir. Ancak neredeyse bütün devletler iş gücü piyasasını korumak amacıyla yabancı işçiliğe belli sınırlamalar hatta yasaklar getirmektedirler.

Hayatlarını sürdürmeleri açısından diğer yabancılardan farklı koşullara sahip ve zorunlu olarak kendi ülkeleri dışında bulunmaları nedeniyle mülteciler açısından bu durum çok da avantajlı değildir. Nitekim aynı maddenin ikinci fıkrası, yabancılarla aynı düzeydeki ilk fıkrayı, bazı mülteciler açısından genişletir. Mültecilerin korumasız bir konumda olmaları, onları iş yaşamı koşullarında sömürüye ve istismara açık hale getirmektedir. *1951 Mülteci Sözleşmesi* bu noktayı dikkate alarak, devlete, mültecilerin uygun koşullarda çalışmalarının sağlanması için 24. maddesinde yükümlülükler getirmektedir.

Çalışma hakkının yanında önemli bir hak da, sosyal güvenlikten yararlanma hakkıdır. *1951 Mülteci Sözleşmesi*'nin 24. maddesinin 1 fıkrasının b bendi ile ikinci ve üçüncü fıkraları bu konuyla ilgilidir. Ülkede hukuka uygun olarak kalmakta olan mültecilerin sahip olduğu başka bir hak, kamu yardımlarından faydalanma hakkıdır. *1951 Mülteci Sözleşmesi*'nin 23. maddesine göre bu konuda taraf devletler vatandaşlarıyla aynı muameleyi yapacaktır. Bu madde mültecilerin durumu göz önüne alındığında büyük önem taşımaktadır.

Ana hatlarıyla değindiğimiz bu haklar yanında, *1951 Mülteci Sözleşmesi*'nin 21. maddesiyle getirdiği yabancılarla eşit düzeyde konut edinme hakkını; 14. maddesiyle getirdiği vatandaşlarla eşit düzeyde fikri mülkiyet hakkını; 28. maddesiyle getirdiği yabancılarla eşit düzeyde uluslararası seyahat hakkını; 15. maddesiyle getirdiği siyasi amaç ve kar amacı taşımayan dernekler ile meslek sendikaları ile ilgili hakları ve 16. maddesinin ikinci ve üçüncü fıkralarıyla getirdiği vatandaşlarla eşit düzeyde mahkemelere ulaşma hakkını unutmamalıyız.

*YUKK'na Göre Haklar.* Anayasada düzenlenmiş olan temel hak ve özgürlükler, kanunla getirilen sınırlamalar dışında devletin egemenlik alanı içinde bulunan herkes için geçerlidir. Yabancılar söz konusu olduğunda, temel hak ve özgürlüklerden faydalanma konusunda bazı sınırlamaların getirilmesi olağan karşılanır. Ancak 1982 Anayasasına göre yabancıların temel hak ve özgürlükleri uluslararası hukuka uygun olarak kanunla sınırlanabilir (md. 16). Söz gelimi yabancıların siyasal katılımla ilgili hak ve özgürlüklerden faydalanması oldukça sınırlıdır. Yine yabancıların bazı meslekleri icra etmesi kanunlarca yasaklanabilmektedir.

En geniş anlamıyla mülteciler ve sığınmacılar söz konusu olduğunda durum biraz karmaşıktır. Zira bu kişilerin ülkeye gelişi devletin açık rızası ve politikası sonucu değil, söz konusu kişilerin korunmasını uluslararası düzeyde haklı gösteren koşulların sonucudur. Kitlesel olmasa dahi çok sayıda yabancının ülkeye gelişi, ülkenin ekonomisini, kamu düzenini, kamu güvenliğini ve kamu sağlığını tehdit edebilir. Bunun yanında özellikle sınır ülkelerde geçmişten gelen düşmanlıklar nedeniyle mülteciler ve sığınmacılar saldırıya ve istismara açık hale gelebilirler.

Bütün bu olasılıklar dikkate alındığında mültecilerin ve sığınmacıların bulunduğu ülkede yaşamlarını sürdürebilmeleri için kamu organlarını eylemde bulunmaya zorlayıcı düzenlemeler bulunmalı, aynı zamanda devletin mültecilerin ve sığınmacıların temel hak ve özgürlüklerini sınırlamasının açık kanuni dayanakları bulunmalıdır. YUKK'nda da çeşitli hükümlerle bu amaç gerçekleştirilmek istenmektedir.

Türkiye'ye gelen yabancılarla ilgili en önemli meselelerden biri, seyahat ve ikamettir. Asıl olan seyahat ve ikamet özgürlüğü ise de, YUKK md. 71 uyarınca, başvuru sahibine, kendisine gösterilen kabul ve barınma merkezinde, belirli bir yerde veya ilde ikamet etme zorunluluğu ile istenilen şekil ve sürelerde bildirimde bulunma gibi idari yükümlülükler getirilebilir. Başvuru sahibi, adres kayıt sistemine kayıt yaptırmak ve ikamet adresini valiliğe bildirmekle yükümlüdür. Madde 82'ye göre ise, şartlı mülteci ve ikincil koruma statüsü sahibi kişiye, Göç İdaresi Genel Müdürlüğünce, kamu düzeni veya kamu güvenliği nedeniyle belirli bir ilde ikamet etme, belirlenen süre ve usullerle bildirimde bulunma yükümlülüğü getirilebilir. Bu kişiler de, adres kayıt sistemine kayıt yaptırmak ve ikamet adresini valiliğe bildirmekle yükümlüdür.

YUKK md. 95, kabul ve barınma merkezleriyle[7] ilgili düzenlemeler içerir.

---

[7] Kabul ve barınma merkezleri ve geri gönderme merkezleriyle ilgili yönetmelik vardır.

Buna göre, başvuru sahibi veya uluslararası koruma statüsü sahibi kişinin, barınma ihtiyaçlarını kendisinin karşılaması esastır. Göç İdaresi Genel Müdürlüğü, başvuru sahibi veya uluslararası koruma statüsü sahibi kişinin barınma, iaşe, sağlık, sosyal ve diğer ihtiyaçlarının karşılanacağı kabul ve barınma merkezleri kurabilir. Merkezlerde özel ihtiyaç sahiplerinin barındırılmasına öncelik verilir. Kabul ve barınma merkezleri, valilikler tarafından işletilir. Genel Müdürlük, merkezleri; kamu kurum ve kuruluşlarıyla, Türkiye Kızılay Derneği ve göç alanında uzmanlığı bulunan kamu yararına çalışan derneklerle protokol yaparak işlettirebilir. Kabul ve barınma merkezi dışında ikamet eden başvuru sahibi veya uluslararası koruma statüsü sahibi kişiler ve aile üyeleri bu merkezlerdeki hizmetlerden yararlandırılabilir. İmkânlar ölçüsünde merkezlerde kalan ailelerin bütünlüğü korunur. Göç alanında uzmanlığı bulunan ilgili sivil toplum kuruluşu temsilcileri, Genel Müdürlüğün izniyle kabul ve barınma merkezlerini ziyaret edebilirler.

Mülteci ve sığınmacıların karşılaştıkları en büyük sorunlardan biri, aile bütünlüğünün korunamamasıdır. YUKK md. 34, mülteciler ile ikincil koruma statüsü sahiplerinin yabancı eşine, kendisinin veya eşinin ergin olmayan yabancı çocuğuna, kendisinin veya eşinin bağımlı yabancı çocuğuna, her defasında iki yılı aşmayacak şekilde aile ikamet izni verilebilmesini öngörmektedir. Ancak, aile ikamet izninin süresi hiçbir şekilde destekleyicinin ikamet izni süresini aşamaz. YUKK'un bu maddesinin uluslararası koruma başvurusunda bulunanlar ile şartlı mülteciler hakkında herhangi bir hüküm içermemesi dikkat çekicidir.

Mültecilerin ve sığınmacıların çalışmalarına ilişkin düzenlemeler de bulunmaktadır. YUKK md. 89'a göre, başvuru sahibi veya şartlı mülteci, uluslararası koruma başvurusu tarihinden altı ay sonra çalışma izni almak için başvurabilir. Mülteci veya ikincil koruma statüsü sahibi, statü almasından itibaren bağımlı veya bağımsız olarak çalışabilir. Yabancıların çalışamayacağı iş ve mesleklere ilişkin diğer mevzuatta yer alan hükümler saklıdır. Mülteci ve ikincil koruma statüsü sahibinin iş piyasasına erişimi, iş piyasasındaki durum ve çalışma hayatındaki gelişmeler ile istihdama ilişkin sektörel ve ekonomik şartların gerekli kıldığı hâllerde, belirli bir süre için, tarım, sanayi veya hizmet sektörleri, belirli bir meslek, iş kolu veya mülki ve coğrafi alan itibarıyla sınırlandırılabilir. Ancak, Türkiye'de üç yıl ikamet eden veya Türk vatandaşıyla evli olan ya da Türk vatandaşı çocuğu olan mülteci ve ikincil koruma statüsü sahipleri için bu sınırlamalar uygulanmaz. Çalışma izin talepleri *Uluslararası İşgücü Kanunu'na*[8] göre belirlenir. Kanun'un 17. maddesine göre uluslararası

---

Yönetmeliğin amacı Göç İdaresi Genel Müdürlüğüne bağlı bu merkezlerin işletilmesi, işlettirilmesi ve denetimiyle ilgili düzenleme yapmaktır. *Kabul ve Barınma Merkezleri ile Geri Göndermeme Merkezlerinin Kurulması, Yönetimi, İşletilmesi, İşlettirilmesi ve Denetimi Hakkında Yönetmelik*, R.G.T. 22.04.2014 S. 28980.

[8] *Uluslararası İşgücü Kanunu*, Kanun No: 6735 Kabul Tarihi: 28.07.2016, R.G.T. 13.08.2016 S. 29800.

koruma talebinde bulunan başvurucular, şartlı mülteciler ya da geçici korunanlar kimlik belgelerinin düzenlenmesinden altı ay sonra çalışma izni veya çalışma izni muafiyeti için başvurabilirler.

YUKK 89, eğitim ve öğretimden faydalanmayla ilgili hükümler de içerir. Madde uyarınca başvuru sahibi veya uluslararası koruma statüsü sahibi kişi ve aile üyeleri, ilköğretim ve ortaöğretim hizmetlerinden faydalanır.

Sağlık hizmetlerinden ve sosyal yardımlardan faydalanma konusunda YUKK 89 bazı hükümler içermektedir. Başvuru sahibi veya uluslararası koruma statüsü sahibi kişilerden; (a) Herhangi bir sağlık güvencesi olmayan ve ödeme gücü bulunmayanlar, 31.5.2006 tarihli ve 5510 sayılı Sosyal Sigortalar ve Genel Sağlık Sigortası Kanunu hükümlerine tabidir. Genel sağlık sigortasından faydalanacak kişilerin primlerinin ödenmesi için Genel Müdürlük bütçesine ödenek konulur. Primleri Genel Müdürlük tarafından ödenenlerden ödeme güçlerine göre primin tamamı veya belli bir oranı talep edilir. (b) Sağlık güvencesi veya ödeme gücünün bulunduğu veya başvurunun sadece tıbbi tedavi görmek amacıyla yapıldığı sonradan anlaşılanlar, genel sağlık sigortalılıklarının sona erdirilmesi için en geç on gün içinde Sosyal Güvenlik Kurumuna bildirilir ve yapılan tedavi ve ilaç masrafları ilgililerden geri alınır.

Yine YUKK md 89'a göre, başvuru sahibi veya uluslararası koruma statüsü sahibi kişilerden ihtiyaç sahibi olanların, sosyal yardım ve hizmetlere erişimleri sağlanabilir. YUKK md 67 uyarınca ise, işkence, cinsel saldırı ya da diğer ciddi psikolojik, bedensel ya da cinsel şiddete maruz kalan kişilere, bu türden fiillerin neden olduğu hasarlarını giderecek yeterli tedavi imkânı sağlanır.

## Geçici Koruma Yönetmeliği Kapsamındaki Haklar

Geçici koruma kapsamına alınanlara valilik tarafından Geçici Koruma Kimlik Belgesi ve yabancı kimlik numarası verilir. Bir yabancının ülkemizde vatandaşlık alması için beş yıl ikamet etmesi gerekir. Geçici Koruma Belgesi'nin süresi beş yılın hesaplanmasında dikkate alınmayacaktır (Ekşi, 2016: 170).

Geçici Koruma Yönetmeliği de, yönetmelik kapsamındaki yabancılara sağlık, eğitim, iş piyasasına erişim, sosyal yardım ve hizmetler ile tercümanlık ve benzeri hizmetler sağlanabileceği belirtilmektedir. Yönetmeliğin 27. maddesi uyarınca, geçici koruma kapsamındakiler için sağlık hizmetlerini yürütmek üzere sürekli faaliyet gösterecek sağlık merkezleri kurulabilir. Sağlık merkezinin bulunması halinde, yeterli sayıda ambulans ve sağlık personeli bulundurulur. Temel ve acil sağlık hizmetleri ile bu kapsamdaki tedavi ve ilaçlardan hasta katılım payı alınmaz. Sunulan sağlık hizmeti bedeli, Sağlık Bakanlığı kontrolünde, Sosyal Güvenlik Kurumu Başkanlığı tarafından genel sağlık sigortalıları için belirlenmiş olan sağlık uygulama tebliğindeki bedeli geçmeyecek şekilde AFAD tarafından ödenir.

Geçici korunanlar acil ve zorunlu haller dışında, özel sağlık kuruluşlarına doğrudan başvuramazlar. Bulaşıcı hastalık riskine karşı gerekli tarama ve aşılar yapılarak her türlü önlem ve tedbir alınır. Üreme sağlığıyla ilgili olarak yetkili personel tarafından bilgilendirme yapılır ve destek faaliyetleri yürütülür. Kişisel veya toplu kullanım alanlarının sağlığa uygunluğu kontrol edilerek, tespit edilen aksaklıkların giderilmesi ve geçici barınma merkezlerinin bulunduğu çevre koşullarının sağlık açısından uygun hale getirilmesi sağlanır. Geçici korunanlar arasında madde bağımlılığı veya psikolojik sorunları olduğu tespit edilenler hakkında sağlık kurumuna nakli de içerebilecek şekilde gerekli tedbirler alınır. Çocuklara yönelik gerekli aşıların yapılması amacıyla gerekli tedbirler alınır.

Yönetmelik 28. maddede eğitim hakkıyla ilgili düzenlemeler içermektedir. Madde hükmüne göre, yönetmelik kapsamındaki yabancıların eğitim faaliyetleri, geçici barınma merkezlerinin içinde ve dışında Millî Eğitim Bakanlığının kontrolünde ve sorumluluğunda yürütülür. Bu kapsamda, 54-66 aylık çocuklar öncelikli olmak üzere okul öncesi eğitim çağındaki 36-66 aylık çocuklara, okul öncesi eğitim hizmeti verilebilir. İlköğretim ve ortaöğretim çağındakilerin eğitim ve öğretim faaliyetleri, Millî Eğitim Bakanlığının ilgili mevzuatı çerçevesinde yürütülür. Her yaş grubuna yönelik dil eğitimi, meslek edindirme, beceri ve hobi kursları talebe bağlı olarak düzenlenebilir.

Geçici korunanların çalışmalarına ilişkin usul ve esaslar, Bakanlığın görüşü alınarak Çalışma ve Sosyal Güvenlik Bakanlığının teklifi üzerine Bakanlar Kurulunca belirlenir. Geçici koruma kimlik belgesine sahip olanlar, Bakanlar Kurulunca belirlenecek sektörlerde, iş kollarında ve coğrafi alanlarda (il, ilçe veya köylerde) çalışma izni almak için Çalışma ve Sosyal Güvenlik Bakanlığına başvurabilir. Yabancıların çalışamayacağı iş ve mesleklere ilişkin mevzuatta yer alan hükümler saklıdır. Geçici korunanlara verilen çalışma izinlerinin süreleri, geçici korumanın süresinden fazla olamaz. Geçici koruma sona erdiğinde, bu kapsamda verilen çalışma izni sona erer. Geçici korunanlara verilen çalışma izni, Kanun'da düzenlenen ikamet izinleri yerine geçmez (md. 29).

Yönetmelik aile birleşimi konusunda da bazı hükümler getirmektedir. Yönetmelik kapsamındaki yabancılar, başka bir ülkede bulunan eşi, ergin olmayan çocukları ve bağımlı ergin çocukları ile Türkiye'de bir araya gelmek üzere aile birleşimi talebinde bulunabilir. Bu başvurular, Göç İdaresi Genel Müdürlüğünce değerlendirilir ve ilgili kamu kurum ve kuruluşları, uluslararası kuruluşlar ve sivil toplum kuruluşlarıyla iş birliği halinde gerekli çalışmalar yapılabilir. Refakatsiz olduğu tespit edilen çocuklarla ilgili olarak çocukların talebi beklenmeksizin aile birleşimine ilişkin işlemler derhal başlatılır (md. 49).

## Sonuç

Küresel bir sorun olarak karşımıza çıkan göç ve iltica, her geçen gün çok daha fazla ülke yurttaşını ilgilendirir hâle geliyor. Afrika, Asya ve Ortadoğu'da yaşanan savaşlarla milyonlarca insan yerinden oluyor ve hayatlarını daha güvenli bir şekilde geçirebilmek için başka ülkelere gitmeye çalışıyor. Bu durumdan öncelikle savaşların yaşandığı bölgedeki komşu ülkeler etkilenirken mülteciler en güvenceli ülkelerde yaşamanın yollarını arıyor.

Mülteci akınları her zaman misafir ülkeler için bir takım külfetler ortaya çıkarır. Farklı din, dil ve kültüre mensup çok sayıdaki mültecinin misafir ülkelerde gelecek güvencesine sahip olmadan barınması hiç de kolay değildir. Mülteci akınlarıyla değişen demografik yapı, ırkçılık ve yabancı düşmanlığıyla birleşen sosyal tepkilerle birlikte misafir ülkenin kamu düzenini sarsar. Bu tehlikeden kurtulmak için devletlerin öncelikli tercihi olan mülteci girişini yasaklamanın bedeli ise, mültecilerin kendi ülkelerinde zulme maruz kalmasıdır. Ne var ki mültecilerin ülkeye kabulüyle onların asgari yaşam koşullarında hayatlarına devam edebilmeleri bile çoğu zaman mümkün olmaz. Tarih boyunca şahit olunan olumsuz deneyimler, mültecilerin sadece kabul edilmesini değil, daimi veya geçici olarak bulundukları ülkelerde de temel haklarının sağlanması yönünde uluslararası düzenlemeler yapılmasını gerektirmiştir. Ancak sorunun büyüklüğü ve mültecilerin kırılganlığı bu düzenlemelerin hayata geçirilmesi için her boyutta etkin takibi gerekli kılmaktadır.

Kitabımızın bu bölümündeki amacımız, mülteci sorunlarına ilişkin aktif araştırma ve çalışma yürütenlerin uluslararası ve ulusal düzeydeki hukuki metinlerde kullanılan terminolojiyi ve temel düzenlemeleri tanımasıdır. Gündelik siyasetin de önemli bir gündemini oluşturması açısından, mülteciler ile ilgili hukuki düzenlemelerin terminolojisi ile gündelik dilin terminolojisi birbirine karışmakta, bunun sonucunda konuyla ilgilenen taraflar zaman zaman birbirini anlamaz duruma gelebilmektedir. Sözgelimi gündelik siyaset ve gündelik dil, yabancı bir ülkeden Türkiye'ye gelen herkesi kolaylıkla aynı şemsiye altında birleştirmekte ve hepsine birden mülteci diyebilmektedir. Ne var ki, Türkiye'nin 1951 Mülteci Sözleşmesi'nde yer alan coğrafi kaydı da uygulaması nedeniyle, şu anda Türkiye'de bulunan ve mültecilik tartışmalarını tetikleyen Suriyeliler, mülteci statüsünde değildirler. Zira Türkiye, Avrupa'dan gelen belli şartları taşıyan kişileri mülteci olarak kabul etmektedir. Bu husus, mültecilere yönelik uluslararası yükümlülükler tartışma konusu yapıldığında büyük önem taşımaktadır. Bunun yanında, devletlerin iltica talebinde bulunanların taleplerini değerlendirinceye kadar olan sürede, henüz mülteci sıfatı da verilmiş değildir. Türkiye Yabancılar ve Uluslararası Koruma Kanunu ile konumuzla ilgili olarak iç hukukunda önemli bir düzenleme yapmıştır. Kanundan sonra bu kanuna dayanarak çeşitli yönetmeliklerle düzenlemeler yapmıştır. Bunlardan biri de Suriyelileri de yakından ilgilendiren Geçici

Koruma Yönetmeliği'dir.

Her ne kadar Suriyeliler mülteci olarak görülmese de, bu, onların mültecilikle ilişkili hiçbir hakka sahip olmadığı anlamına gelmez. Nitekim, 1951 Mülteci Sözleşmesi uyarınca bir devlet bir kişiye mülteci statüsü vermek zorunda olmasa bile, onların temel haklarını korumak durumundadır. Zulme uğrama korkusuyla bir ülkeye ulaşmış olanlar, bu korkularında haklı iseler, ülkelerine geri gönderilemez. İltica hukukunda zaman içerisinde gelişen uygulamalar çerçevesinde, Türk hukuku, mültecilik sıfatını veremeyecek bile olsa, bu kişilere kitlesel sığınma durumlarında verilen "geçici koruma" sağlamaktadır. Bu sağlanan koruma kapsamında her şeyden önce, bu kişilerin Türkiye'de bulundukları süre içerisinde asgari yaşam koşullarına ulaşabilmeleri önem taşır. Bu konuda hazırlanan Geçici Koruma Yönetmeliği gerekli düzenlemeleri yapmaktadır. Bunun yanında bu kişilerin kendi ülkelerine veya başka bir ülkeye gönderilmesine ilişkin de kurallar oluşturulmuş bulunmaktadır. Zira geçici koruma kapsamında kişilerin karşılaşabileceği en önemli sorun, güvencesiz bir ülkeye gönderilmektir.

Çalışmada, mülteci hukukuna dair bu ayırımların ve temel hakların ana hatlarıyla aktarılması amaçlandı. Umarız, araştırmacıların terminolojik karışıklık yaşamadan bu alandaki çalışmalarını devam ettirmesine katkıda bulunabiliriz.

## Kaynakça

Çiçekli, B. (2009), Uluslararası Hukukta Mülteciler ve Sığınmacılar, Ankara: Seçkin.
Çiçekli, B. (2016), Yabancılar ve Mülteci Hukuku, Ankara: Seçkin.
Ekşi, N. (2016), Yabancılar ve Uluslararası Koruma Hukuku, İstanbul: Beta.
Geçici Koruma Yönetmeliği, R.G.T. 22.10.2014 S. 29153.
Goodwin-Gill, G. S. ve McAdam, J. (2007), The Refugee in International Law, Oxford: OUP.
Hathaway, J. C. (2005), The Rights of Refugees under International Law, Cambridge: CUP.
İskân Kanunu, Kanun No: 5543, Kabul Tarihi: 19.9.2006, R.G. T. 26.9.2006, S. 26301.
Kabul ve Barınma Merkezleri ile Geri Göndermeme Merkezlerinin Kurulması, Yönetimi, İşletilmesi, İşlettirilmesi ve Denetimi Hakkında Yönetmelik, R.G.T. 22.04.2014 S. 28980.
Mültecilerin Hukuki Statüsüne İlişkin Protokol, 1967, Protocol Relating to the Status of Refugees, http://treaties.un.org/doc/Publication/UNTS/Volume%20606/volume-606-I-8791-English.pdf (Erişim Tarihi: 16 Mart 2012). Kullanılan Türkçe kaynak: BMMYK Türkiye Temsilciliği, Sığınma ve Mülteci Konularındaki Uluslararası Belgeler ve Hukuki Metinler, (Ankara: 2010), ss. 87-91.
Mültecilerin Statüsüne İlişkin Sözleşme,1951, Convention Relating to the Status of Refugees, http://treaties.un.org/doc/Publication/UNTS/Volume%20189/volume-189-I-2545-English.pdf (Erişim Tarihi: 16 Mart 2012).Kullanılan Türkçe kaynak: BMMYK Türkiye Temsilciliği, Sığınma ve Mülteci Konularındaki Uluslararası Belgeler ve Hukuki Metinler, (Ankara: 2010), ss. 67-87.
Odman, T. (1995), Mülteci Hukuku, Ankara: AÜSBF Yayını.
Uluslararası İşgücü Kanuna, Kanun No: 6735 Kabul Tarihi: 28.07.2016, R.G.T. 13.08.2016 S. 29800.
Saraçlı, M. (2011), Uluslararası Hukukta Yerinden Edilmiş Kişiler, Ankara: Adalet Yayınevi.
Türkiye'ye İltica Eden veya Başka Bir Ülkeye İltica Etmek Üzere Türkiyeden İkamet İzni Talep

Eden Münferit Yabancılar ile Topluca Sığınma Amacıyla Sınırlarımıza Gelen Yabancılara ve Olabilecek Nüfus Hareketlerine Uygulanacak Usul ve Esaslar Hakkında Yönetmelik, R.G. T. 30.11.1994 S. 22127.

Uzun E. (2013), "1969 Viyana Andlaşmalar Hukuku Sözleşmesi'ne Göre 1951 Mülteci Hukuku Sözleşmesi'nin Değerlendirilmesi", Anadolu Üniversitesi Hukuk Fakültesi 20. Yıl Konferansları, Eskişehir: Anadolu Üniversitesi Yayınları, ss. 130-135.

Uzun, E. (2016), "Uluslararası Hukukta Geri Göndermeme İlkesi", Millletlerarası Özel Hukukta Güncel Konular Sempozyumu, Ankara: Yetkin, ss. 81-100.

Yabancılar ve Uluslararası Koruma Kanunu, Kanun No: 6458 Kabul Tarihi: 4.4.2013, R.G. T. 11.4.2013 S. 28615.

Yabancılar ve Uluslararası Koruma Kanununun Uygulanmasına İlişkin Yönetmelik, R.G.T. 17.03.2016 S. 29656.

UZUN

# SURİYELİLER VE "DİĞERLERİ": TÜRKİYE'YE SIĞINANLARIN KARŞILAŞTIRMALI HUKUKİ VE SOSYAL KONUMLARI

## Cansu Akbaş Demirel

### Sınıflandırma Bakımından Türkiye'de Suriyeliler ve "Diğerleri"

BMMYK (Birleşmiş Milletler Mülteciler Yüksek Komiserliği) zorunlu göçe ilişkin Küresel Eğilimler Raporuna (UNHCR, 2016) göre, 2016 yılında dünya genelinde 65,6 milyon kişi zorla yerinden edilmiştir. Dünyada 5,3 milyonu Filistinli mülteciler olmak üzere, toplam 22,5 milyon mülteci bulunmaktadır. En büyük mülteci gruplarını Suriyeliler, Afganlar, Güney Sudanlılar ve sırayla: Somali, Sudan, Demokratik Kongo Cumhuriyeti, Orta Afrika Cumhuriyeti, Myanmar, Eritre ve Burundi'den göç edenler oluşturmaktadır.

Sayılar özellikle son 40 yıllık dönemde artmıştır. 1979'da Afganistan'a SSCB'nin müdahalesi ile yaklaşık 6 milyon kişi Afganistan'dan ayrılmış (UNHCR, 2000: 119); Afgan mültecilerin sayısı 2001'de ABD'nin Afganistan'ı işgali sırasında yine artmıştır. Mart 2002'de, Afgan Geçici Yönetimi ve BMMYK'nin, Afgan mülteciler için başlattığı kitlesel dönüş programı kapsamında ilk beş ayda 1.3 milyondan fazla Afgan ülkesine geri dönmüştür (Castles ve Miller, 2003: 248). Bununla birlikte günümüzde halen 2.5 milyon Afgan mülteci bulunmaktadır ve Afganistan, 2000 yılından Suriye savaşına dek dünyadaki en büyük mülteci kaynağı ülke olmuştur. Soğuk Savaş'ın sona ermesi de eski komünist ülkelerden göçün hızlanmasına neden olmuş; Sahraaltı Afrika ve Asya'nın güneyinde yaşanan çatışmalar ve gelir dağılımındaki dengesizlikler göç edenlerin sayısının artmasında rol oynamıştır (Viotti ve Kauppi, 2014: 482).

Yakın dönemli göçlerin küresel nitelikli olması, yerel ve uluslararası politikadaki önemi, çok büyük ölçüde ekonomik ve sosyal sonuçları nedeniyle eski dönemlerde yaşanan göçlerden ayrıldığı ifade edilmektedir (Castles ve

AKBAŞ DEMİREL

Miller, 2003: 5). Diğer yandan, her ne kadar küresel düzeyde etkileri olsa da zorunlu olarak göç edenlerin ilk sığınma yerleri olan komşu ülkelerde kaldıkları bilinmektedir (Castles ve Miller, 2003: 44). Filistinli mültecilerin Ortadoğu ülkelerindeki, Afganların Pakistan ve İran'daki, Suriye'den ayrılanların Türkiye'deki uzun süreli ve sayıca büyük gruplar halindeki varlığı bu duruma ilişkin en önemli örneklerdir. Ayrıca rejim baskısı nedeniyle ülkesini terk etmek zorunda kalan çok sayıda İran vatandaşı da Avrupa Birliği (AB) ülkelerinin yanı sıra Türkiye ve Irak'a sığınmıştır.

Genel itibarıyla Türkiye'ye bakıldığında, Anadolu'nun günümüze dek çok farklı uygarlıklara ev sahipliği yaptığı; farklı boyutlarda göçlerin yaşandığı bir coğrafya olduğu bilinmektedir. Türkiye Cumhuriyeti'nin kuruluşunun ardından göçler Cumhuriyet hükümetlerinin göç politikaları kapsamında ele alınmıştır. Söz konusu göç hareketlerinin başlıcalarını 1923 Türk-Yunan zorunlu nüfus mübadelesi; 1952 ve 1989 yılında Bulgaristan'dan gelen Türk ve Pomak göçü (Zürcher, 2001: 439); 1988 ve 1991'de Irak'tan gelen Kürt göçü; 1992-1995 yılları arasında Müslüman Boşnak göçü; 1999'da Kosova'dan gerçekleşen göç ve 2011'den itibaren Suriye'den göçler oluşturmaktadır. Anılan göçlerle gelenlerin dışında Romanlar, Tatarlar, Çerkezler, Azeriler, AB üyesi ülkelerin vatandaşları, Afganlar, Suriye'den gelenler ve Afrikalılar da hâlihazırda Türkiye'de yaşayan göçmen gruplardan bazılarıdır (Erdoğan ve Kaya, 2015; Çiçekli ve Demir, 2013).

Yukarıda sayılan göçmen gruplar Türkiye'ye göç nedenleri, emek piyasasındaki konumları ve yerleştikleri yerlerde meydana getirdikleri demografik değişimler bağlamında çeşitli akademik çalışmalara konu olmuştur.

Bu çalışmanın konusunu ise Nisan 2011'den bu yana Suriye'deki savaş ortamı nedeniyle Türkiye'ye göç etmek zorunda kalan "Suriyeliler" ve kısaca "diğerleri" olarak ifade edilen Türkiye'de hâlihazırda sığınma arayan Afganlar, Iraklılar, İranlılar ile Somali ve benzeri ülkelerden gelenler oluşturmaktadır. Sığınma bir diğer adıyla iltica dışındaki nedenlerle Türkiye'ye gelenler çalışmanın kapsamı dışında bırakılacaktır.

Yakın tarihli ulusal veya uluslararası kaynaklı çalışmalarda ve raporlarda sıklıkla sınıflandırmanın Suriyeliler ve Suriyeli olmayanlar/diğerleri (*Syrians and non-Syrians/others*) ayrımı üzerinden yapıldığı görülmektedir. Bu ayrım öncelikli olarak kim oldukları (Afgan, Iraklı, İranlı gibi) değil, kim olmadıkları (Suriyeli olmamak) üzerinden tanımlanan tüm gruplar bakımından sorunludur. Bu soruna ilişkin detaylara ilerleyen bölümlerde yer verilecek olmakla birlikte, özetle bu ayrımın, sığınmacıların farklı kimliklere sahip olmaktan ötürü yaşadıkları mağduriyet ve hak arayışlarını görünmez hale getirdiği; kimi zaman bu iki grup arasında hiyerarşiler oluşturduğu söylenebilir.

## SURİYELİLER VE "DİĞERLERİ"

"Suriyeliler" sınıflandırmasının ayrıca, Suriye'den gelenlerin homojen bir grup olduğu algısını oluşturması ihtimali bakımından dikkatle kullanılması gerekmektedir. Suriye'den Nisan 2011 itibarıyla Türkiye'ye göç etmeye başlayan grubun içinde Türkmenler, Abdallar, Kürtler, Nusayriler, Eziler, Aleviler ve Sünniler gibi farklı gruplar bulunmaktadır (Deniz vd., 2016; Erdoğan, 2015). Bu çalışmada ayrıca önceki yıllarda Suriye'ye göç etmiş, Suriye'de mülteci olarak bulunan ancak Suriye'deki savaş nedeniyle yeniden, bu kez Türkiye'ye göç etmek zorunda kalan Iraklılar ve Filistinliler de Suriyelilerle birlikte geçici koruma kapsamında olduklarından (UAÖ, 2014: 13) Suriyeliler sınıflandırması altında ele alınacaklardır. Dolayısıyla "Suriyeliler" ifadesi homojen bir kimliği değil, Suriye'den gelen ve geçici koruma kapsamındaki herkesi ifade etmektedir.

Diğer yandan bu çalışma bakımından "Suriyeliler ve diğerleri" sınıflandırması, yalnızca sınıflandırmaya ilişkin eleştiriyi ortaya koymak için seçilmemiştir. Bu noktada sınıflandırma Türkiye'deki zorunlu göçmenlerin sayıları ve tabi oldukları hukuki düzenlemeler bakımından anlamlıdır. Ağustos 2017 itibarıyla 6 milyondan fazla insan Suriye'den ayrılmış; bu kişilerin 5.1 milyondan fazlası Türkiye, Lübnan, Ürdün, Irak ve Mısır başta olmak üzere bölge ülkelerine göç etmek zorunda kalmıştır (Syria Regional Refugee Response, 6 Ağustos 2017). İkinci Dünya Savaşı'ndan bu yana yaşanan sayıca en büyük göçün özneleri olmaları bakımından Suriye'den gerçekleşen göç dünya kamuoyunun gündeminde önemli bir yer tutmaktadır. Suriye ile uzun bir kara sınırına (911 km) sahip olması ve Suriye'den kaçarak batıya göç etmek isteyenlerin ilk geçiş noktası olması nedeniyle Türkiye'ye gelen kişi sayısının 3 milyonun üzerinde olduğu bilinmektedir (AFAD, 2017a). Bu sayı farklı ülkelerden gelerek Türkiye'de sığınma arayan 315 bin civarındaki (UNHCR, Haziran 2017) kişi sayısının çok üzerindedir. Tüm bunların etkisiyle Suriyelilerin ayrı bir başlık olarak öne çıktığı ve bu grup dışında kalan başta Afganistan, Irak, İran ve Afrika ülkelerinden gelen göçmen ve mültecilerin aynı oranda dikkat çekmediği görülmektedir (Üstübici, 2017: 107).

Türkiye'de tabi oldukları hukuki düzenlemelere bakıldığında ise, Suriye'den gelenlerin geçici koruma kapsamında değerlendirildikleri, diğer ülkelerden gelerek sığınma arayanların ise geçici koruma dışındaki statüler için başvurularda bulunabildikleri görülmektedir. Diğer ülkelerden gelenler bakımından hukuki düzenleme görece ortaklaşmıştır. Çalışmada bu ayrımdan hareketle iki grup arasındaki farklılıklar ortaya konacak; bu farklılıkların Türkiye'de sağlık, eğitim, barınma gibi hak ve hizmetlere erişimi ne şekilde etkilediği tartışılacaktır.

### Türkiye'de İltica Hakkı ve Farklılaşan Hukuki Statüler

Türkiye'de sığınma arayanlara, bir diğer ifadeyle Türkiye'ye iltica edenlere ilişkin farklılaşmayı açıklayabilmek için öncelikle Türkiye'de sığınma meselesini kısaca tarihsel olarak ve göç politikaları bakımından ele almak yerinde olacaktır.

*Türkiye'de Sığınma Meselesi.* Türkiye'de "göçmen" tanımı 2510 sayılı 1934 tarihli İskân Kanunu çerçevesinde yapılmıştır. Uluslararası literatürde kesin bir göçmen tanımı olmamakla birlikte genel biçimiyle "göçmen", zorunlu olmayan nedenlerle bulunduğu yerden ayrılarak başka bir yere göç eden kişi olarak tanımlanabilir. Yukarıda yer verilen İskân Kanunu'nda ise; "Türkiye'de yerleşmek maksadıyla dışarıdan münferiden gelmek isteyen Türk soyundan meskun veya göçebe fertler ... ile müçtemian [topluca] gelmek isteyen Türk soyundan meskun veya göçebe fertler ve aşiretler ve Türk kültürüne bağlı meskun kimseler..." muhacir (göçmen) olarak ifade edilmiştir. Bu haliyle kişilerin göçmen olarak kabulünde Türk soyluluk veya Türk kültürüne bağlılık esasları aranmıştır. Bulgaristan'dan gelen göçmenler (Ciğerci, 2012; Çatır, 2012), Pomaklar ve Boşnaklar başta olmak üzere bu esaslar doğrultusunda da göçmen olarak tanımlanan gruplar kademeli olarak vatandaşlığa alınmıştır (Özgür, 2012). Kanun 2006'da değişikliğe uğramış ve göçmen tanımı "Türk soyundan ve Türk kültürüne bağlı olup, yerleşmek amacıyla tek başına veya toplu halde Türkiye'ye gelip bu Kanun gereğince kabul olunanlar" biçiminde değiştirilmiştir. Bu noktada Kanun değişikliğinin göçmen tanımı bakımından dilin sadeleşmesi ve detayında yetkili kurumlar çerçevesinde gerçekleştiğini; ancak Kanunun dayandığı mantık bakımından bir değişiklik olmadığını söylemek gerekmektedir (Özgür Baklacıoğlu, 2015).

Türkiye'de sığınma meselesi, 6458 sayılı Yabancılar ve Uluslararası Koruma Kanunu (YUKK) çerçevesinde düzenlenmektedir. YUKK, 2013'te yasalaşmış; yasada öngörülen teşkilatların kuruluşu bakımından aynı yıl, diğer hükümleri bakımından 2014'te yürürlüğe girmiştir. YUKK'un yürürlüğe girişine dek Türkiye'deki sığınma meselesini düzenleyen doğrudan bir sığınma yasası olmamıştır. Diğer yandan Türkiye'nin de taraf olduğu 1951 Mültecilerin Hukuki Statüsüne İlişkin Cenevre Sözleşmesi ve 1967 Ek Protokolü çerçevesinde, ulusal mevzuatta kısaca 1994 Yönetmeliği olarak ifade edilen "Türkiye'ye İltica Eden veya Başka Bir Ülkeye İltica Etmek Üzere Türkiye'den İkamet İzni Talep Eden Münferit Yabancılar ile Topluca Sığınma Amacıyla Sınırlarımıza Gelen Yabancılara ve Olabilecek Nüfus Hareketlerine Uygulanacak Usul ve Esaslar Hakkında Yönetmelik" başta olmak üzere bazı ikincil nitelikli düzenlemeler yapılmıştır.

2000'lere gelindiğinde AB üyelik hedefi doğrultusunda mevzuatın uyumlaştırılması ihtiyacı ortaya çıkmış, bu dönemde Türkiye'de göç ve özel olarak sığınma meselesinin bir yasa çerçevesinde düzenlenmemiş olması insan haklarına ilişkin önemli bir başlık olarak, Avrupa Konseyinin insan haklarına ilişkin raporu (COE, 2009), Avrupa Komisyonu ilerleme raporları (2010, 2011, 2012) ve başka insan hakları raporlarında (UAÖ, 2011) Türkiye'nin karşısına çıkmıştır. Avrupa İnsan Hakları Mahkemesinin (AİHM) sığınma konusunda Türkiye aleyhindeki kararlarının (Ulusoy ve Kılınç, 2014) da meseleye olan ilginin artmasına neden olduğu ifade edilebilir. Yine de bu konuya olan ilgi, 2010'un son aylarında Ortadoğu'da yaşanan çatışmalar sonucu gerçekleşen göçlerle en üst noktaya ulaşmıştır. Nisan 2011'den itibaren Suriye'den Türkiye'ye sığınma amaçlı yeni bir göç dalgası başlamıştır. Çalışmaları devam etmekte olan YUKK'un tamamlanması, tam da Suriye'den göçün Türkiye bakımından kısa sürede sonuçlanmayacağının tartışıldığı bir döneme denk düşmektedir. Bu noktada YUKK'u daha detaylı biçimde ele almak yararlı olacaktır.

*Yabancılar ve Uluslararası Koruma Kanunu (YUKK).* YUKK öncesi Türkiye'deki sığınma uygulamaları, yukarıda da ifade edildiği gibi 1951 Sözleşmesi ve 1967 Protokolü'nden hareketle 1994 Yönetmeliği çerçevesinde gerçekleştirilmiştir. Buna göre *mülteci* ve *sığınmacı* tanımları yapılmıştır. Mülteci, 1951 Sözleşmesi'nde ifade edildiği biçimiyle "1 Ocak 1951'den önce meydana gelen olaylar sonucunda ve ırkı, dini, tabiiyeti, belli bir toplumsal gruba mensubiyeti veya siyasi düşünceleri yüzünden, zulme uğrayacağından haklı sebeplerle korktuğu için vatandaşı olduğu ülkenin dışında bulunan ve bu ülkenin korumasından yararlanamayan, ya da söz konusu korku nedeniyle, yararlanmak istemeyen; yahut tabiiyeti yoksa ve bu tür olaylar sonucu önceden yaşadığı ikamet ülkesinin dışında bulunan, oraya dönemeyen veya söz konusu korku nedeniyle dönmek istemeyen" kişidir. 1967 Protokolü ile tanımda geçen "Avrupa'da meydana gelen olaylar" biçiminde ifade edilen *coğrafi sınırlama* ve "1 Ocak 1951'den önce meydana gelen olaylar" biçiminde ifade edilen *zaman sınırlaması* kaldırılmış; ancak isteyen ülkelere sınırlamaları koruma imkanı tanınmıştır.

Türkiye, Sözleşme'ye coğrafi sınırlamayı koruyarak taraf olmayı tercih etmiş ve bugüne dek bu konudaki kararlılığını sürdürmüştür. Bu nedenle Avrupa Konseyi sınırlarından gelen ve 1951 Sözleşmesi'ne göre gerekli şartları taşıyan kişilere "mülteci" statüsü vermek ve aynı şartları taşıyan ancak Avrupa Konseyi sınırlarından gelmeyen kişileri "mülteci" olarak adlandırmamak yönünde bir tutum benimsemiştir.

Hükümetlerin sığınma hareketlerine yaklaşımlarının öncelikle ekonomi ve dış politika çerçevesinde şekillendiği ifade edilebilir. Bunun sonucu olarak hükümetler, mülteci kabulünü değerlendirirken kabul halinde yapacakları harcamaları ve mültecilerin geldikleri ülkelere ilişkin dış politikalarını göz önünde bulundurmaktadır (Viotti ve Kauppi, 2014: 485). Türkiye'nin statüleri tanımlarken öncelikli olarak dikkate aldığı, en genel ifadesiyle "Avrupa'dan gelmek" şartı bu nedenle anlamlıdır.

2000'lerde Türkiye'nin göç yönetimi ve sığınma politikasına ilişkin düzenlemelerde AB etkisi görülmektedir. Avrupa'ya 1980'lerden itibaren

Türkiye, Irak, Afganistan, İran, Somali ve Kongo Demokratik Cumhuriyeti başta olmak üzere pek çok ülkeden insan göç etmiştir. Buna karşın AB, dış sınırların güçlendirilmesi; sıkı vize politikalarının uygulanması; göç rotaları üzerindeki ülkelerle geri kabul anlaşmalarının imzalanması ve AB sınırları dışında güvenli üçüncü ülkelerin belirlenmesi yönünde politikalar benimsemiştir. "Geri kabul anlaşmaları" AB üyesi ülkelerle, AB'ye ulaşmak isteyen düzensiz göçmenlere "kaynaklık eden" ya da "köprü" olan AB üyesi olmayan ülkeler arasında, ikili ya da tüm AB üye ülkeleri taraf olacak şekilde imzalanmaktadır. Buna istinaden, köprü ülkeler kendi topraklarından geçerek AB'ye ulaşan üçüncü ülke vatandaşı düzensiz göçmenleri "geri kabul etme" yükümlülüğünü üstlenmektedir. "Güvenli üçüncü ülkelerin" belirlenmesi; (AB'ye üyelikleri öncesinde) Polonya, Macaristan, Çek Cumhuriyeti ve günümüzde Türkiye gibi AB sınırları dışında kalan ülkelerin güvenli ülke olarak ilan edilerek istenmeyen göçmenlerin, AB ülkelerine ulaşmış olsalar dahi, bu ülkelere geri gönderilmesi fikrine dayanmaktadır. AB bu düzenlemeler aracılığıyla ekonomik nedenlerle göç edenleri sınırları dışında bırakmayı; uluslararası koruma ihtiyacı olduğunu düşündüğü çok az sayıda zorunlu göçmeni ise kendi belirlediği prosedürler doğrultusunda sınırlarına almayı hedeflemektedir. Bu yaklaşıma göre, hukuki statülerin de göç halindeki bu gruplar bakımından "hak edilmesi" gerekmektedir. Düzensiz göçmenlerin ekonomik nedenlerle geldikleri varsayımıyla hukuki statüyü hak etme imkanları bulunmazken, uluslararası koruma arayan kişiler mağduriyetlerinin büyüklüğü doğrultusunda hukuki statüyü almaya hak kazanmaktadırlar. Üstübici (2017) Türkiye'deki YUKK yapım süreci ile Suriyeliler ve diğerleri bakımından hukuki statülerin tanımlanmasını Türkiye'nin AB'ye üyelik çabası doğrultusunda ele almaktadır. Zira göç yönetimi politikalarının geliştirilmesi, Türkiye'nin karşısına AB yolunda bir şart olarak çıkmaktadır.

Bu ortak yaklaşımın yakın tarihli örneği Ekim 2015'te imzalanan ve 20 Mart 2016'dan itibaren, Türkiye üzerinden Yunanistan'a ulaşan tüm düzensiz göçmenlerin Türkiye'ye geri gönderilmesini içeren AB-Türkiye Geri Kabul Anlaşması'dır. Bu kapsamda Yunanistan'da sığınma başvurusu yapmamış olanlar, başvuru yapmış ancak sığınma iddiası haklı bulunmamış olanlar ve başvuruları kabul edilemez olanlar Türkiye'ye geri gönderilecek, toplam sayısı 72 bini aşmamak koşuluyla Yunanistan'dan Türkiye'ye gönderilen her bir Suriyeli için, Türkiye'den bir Suriyeli AB'ye yerleştirilecektir. Karşılığında Türkiye'ye 6 milyar avroluk bir fon ulaştırılacak, Türkiye vatandaşlarına AB ülkelerine vize serbestisi tanınacak ve Türkiye'nin AB üyeliği için müzakere süreci hızlandırılacaktır (UAÖ, 2016).

Hukuki statülerin farklılaşması statü sahiplerinin haklara erişimini de etkilemektedir. Bu nedenle çalışmada öncelikle hukuki statüler, ardından barınma, sağlık, çalışma ve eğitim; geçici koruma kapsamındaki "Suriyeliler" ve uluslararası koruma başvurusu sahibi "diğerleri" bakımından

SURİYELİLER VE "DİĞERLERİ"

karşılaştırmalı olarak ele alınacaktır.

*Farklılaşan Hukuki Statüler.* 2014'te yürürlüğe giren YUKK, iltica alanında Türkiye'de verilecek statüleri yeniden düzenlemiştir. Kanun kapsamında uluslararası koruma düzenlenmiş; *mülteci, şartlı mülteci ve ikincil koruma* statüleri tanımlanmıştır. Bu bağlamda 2016 yılında 66.167 kişi uluslararası koruma başvurusu yapmıştır (GİGM, 2017: 72).

YUKK'a göre *mülteci* 1951 Sözleşmesi'ndekine uygun biçimde, "Avrupa ülkelerinde meydana gelen olaylar nedeniyle; ırkı, dini, tabiiyeti, belli bir toplumsal gruba mensubiyeti veya siyasi düşüncelerinden dolayı zulme uğrayacağından haklı sebeplerle korktuğu için vatandaşı olduğu ülkenin dışında bulunan ve bu ülkenin korumasından yararlanamayan ya da söz konusu korku nedeniyle yararlanmak istemeyen yabancı veya bu tür olaylar sonucu önceden yaşadığı ikamet ülkesinin dışında bulunan, oraya dönemeyen veya söz konusu korku nedeniyle dönmek istemeyen vatansız kişi" (YUKK md. 61) olarak ifade edilmiştir. Bu kişilerin sığınma başvurularının T.C. İçişleri Bakanlığına bağlı Göç İdaresi Genel Müdürlüğü (GİGM) tarafından değerlendirilmesi öngörülmüştür.

Türkiye'ye sığınma amaçlı göçlerin büyük kısmı Avrupa dışındaki ülkelerden olmaktadır; Soğuk Savaş döneminde Doğu Avrupa ülkelerinden küçük ölçekli göçler yaşansa da günümüzde Avrupa'dan sığınma amacıyla Türkiye'ye gelenlerin sayısına ilişkin sağlıklı veri bulunmamaktadır.

Bir diğer statü olan *şartlı mülteci* ise Kanun'un 62. maddesinde şu şekilde tanımlanmaktadır: "Avrupa ülkeleri dışında meydana gelen olaylar sebebiyle; ırkı, dini, tabiiyeti, belli bir toplumsal gruba mensubiyeti veya siyasi düşüncelerinden dolayı zulme uğrayacağından haklı sebeplerle korktuğu için vatandaşı olduğu ülkenin dışında bulunan ve bu ülkenin korumasından yararlanamayan ya da söz konusu korku nedeniyle yararlanmak istemeyen yabancı veya bu tür olaylar sonucu önceden yaşadığı ikamet ülkesinin dışında bulunan, oraya dönemeyen veya söz konusu korku nedeniyle dönmek istemeyen vatansız kişi". Mülteci ve şartlı mülteci statüleri arasındaki fark Türkiye'nin 1951 Sözleşmesi'nde koruduğu coğrafi sınırlamadan kaynaklanan, mültecilerin Avrupa ülkelerinden gelmesi şartından ileri gelmektedir. Bunun dışındaki nedenler birbiriyle tamamen örtüşmektedir. Bu noktada Avrupa dışından gelen kişilerin mültecilik iddiaları haklı bulunsa dahi ancak üçüncü bir ülkeye yerleştirilene dek Türkiye'de şartlı mülteci olarak kalabileceklerini belirtmek gerekmektedir.

Türkiye'ye Avrupa dışından sığınma amacıyla gelenlerin başvuruları bakımından *ikili prosedür (paralel prosedür)* işletilmektedir. İkili prosedür, başvurunun hem Birleşmiş Milletler Mülteciler Yüksek Komiserliği (BMMYK) hem de Göç İdaresi Genel Müdürlüğü (GİGM) tarafından incelenmesi ve iki kurum tarafından ayrı ayrı karara bağlanması anlamına gelmektedir. Süreç ikili biçimde izlese de GİGM'nin verdiği karar ağırlık kazanmaktadır ve karar(lar)ın olumlu olması halinde başvuru sahiplerinin başvuru dosyaları mülteci kabul etmek isteyen ülkelere sunulmaktadır. Sığınma başvurusu kabul edilen kişi bu süreçte "şartlı mülteci" statüsüyle geçici olarak üçüncü ülkeye gidinceye dek Türkiye'de beklemektedir. Bu geçicilik hali mülteci kabul eden ülkelerin kabul için açtıkları yerleştirme kotalarının düşüklüğü, incelemelerin uzunluğu gibi nedenlerle, tanımın aksine uzun yıllar sürebilmektedir (Biner, 2016: 90-97).

Türkiye'de sığınma arayanların büyük çoğunluğu Avrupa dışındaki ülkelerden gelmektedir. Bu ülkelerin başında Afganistan, Irak, İran, Somali ve diğer Afrika ülkeleri yer almaktadır. BMMYK'nin Haziran 2017'de açıkladığı verilere göre, Türkiye'deki mülteci ve sığınmacıların toplam sayısı 315.643'tür. BMMYK'nin bu verilerinde 1951 Sözleşmesi'ne uygun biçimde "mülteci" tanımı kullanılmakta; Sözleşme'de geçen nedenleri bulunan kişiler, geldikleri yere bakılmaksızın mülteci olarak ifade edilmektedirler. "Sığınmacı" ise, mültecilik statüsü almak üzere başvuruda bulunmuş ve başvurusu inceleme aşamasında olan herkesi ifade etmektedir. Daha detaylı incelendiğinde Türkiye'de 33.473 Iraklı, 7.293 İranlı, 4.081 Afgan, 2.199 Somalili ve diğer ülkelerden gelen 2.584 kişinin iltica başvurularının haklı nedenlere dayandığının kabul edilmiş olduğu ve toplamda 49.630 kişinin üçüncü ülkelere yerleştirilmek üzere Türkiye'de beklediği görülmektedir. BMMYK tarafından "mülteci" olarak adlandırılan bu grup yukarıda açıklandığı şekliyle YUKK gereğince "şartlı mülteci" olarak ifade edilmektedir. Başvurusu hala değerlendirme aşamasında olanlar arasında ise sıralamanın başında 132.682 kişiyle Afganlar gelmekte, 100.342 kişi ile Iraklılar ikinci sırayı almaktadır. Devamla 24.985 İranlı, 1.643 Somalili ve diğer ülkelerden gelen 6.361 kişi de başvurularının incelenmesi için beklemektedir.

Şartlı mültecilik statüsü Türkiye'nin 1951 Sözleşmesi'ne coğrafi sınırlama ile taraf olmasına dayanmaktadır. Coğrafi sınırlama genel olarak eleştirilen ve kaldırılması tavsiye edilen bir durum olmakla birlikte; kendi imkanlarıyla ABD, Kanada, Avustralya gibi ülkelere ulaşamayacak mülteciler bakımından bir fırsat olarak da değerlendirilebilmektedir (Yıldız ve Sert, 2017: 104).

İkincil koruma statüsünün verilmesine ilişkin düzenleme ise Kanun'un 63. maddesinde kendine yer bulmuştur. Buna göre ikincil koruma statüsü "mülteci veya şartlı mülteci olarak nitelendirilemeyen, ancak menşe ülkesine veya ikamet ülkesine geri gönderildiği takdirde; ölüm cezasına mahkum olacak veya ölüm cezası infaz edilecek; işkenceye, insanlık dışı ya da onur kırıcı ceza veya muameleye maruz kalacak; uluslararası veya ülke genelindeki silahlı çatışma durumlarında, ayrım gözetmeyen şiddet hareketleri nedeniyle şahsına yönelik ciddi tehditle karşılaşacak olması nedeniyle menşe ülkesinin veya ikamet ülkesinin korumasından yararlanamayan veya söz konusu tehdit nedeniyle yararlanmak istemeyen yabancı ya da vatansız kişiye" verilecektir. Kanun'da yukarıdaki biçimde ifade edilmiş olsa da, uygulamada ikincil koruma statüsü sahibi kişilerin sayısı ve uyruklarına ilişkin yeterli veri olmadığını söylemek gerekmektedir.

*Geçici Koruma ve "Suriyeliler".* Yukarıda açıklanan üç statüye ek olarak Kanun'un 91. maddesinde *geçici koruma* düzenlenmiştir. İlgili maddeye göre geçici koruma, "Ülkesinden ayrılmaya zorlanmış, ayrıldığı ülkeye geri dönemeyen, acil ve geçici koruma bulmak amacıyla kitlesel olarak sınırlarımıza gelen veya sınırlarımızı geçen yabancılara" sağlanabilecektir.

Geçici koruma öncelikle, Eski Yugoslavya savaşı nedeniyle göç etmek zorunda kalan kişilere mülteci statüsü yerine verilmiştir. Acil ve kitlesel nitelikli göçlerde bireylerin iltica başvurularının tek tek alınmasının mümkün olmadığı koşullarda, statüsüzlüğü ve bu nedenle ortaya çıkabilecek hak kayıplarını önlemek amacıyla uygulanmıştır. Öte yandan, adından da anlaşılacağı üzere geçicilik bu statüdeki temel vurgudur ve bu haliyle Castles ve Miller'in ifadesiyle; istenmeyen göçmenleri AB'ye ulaştırmama politikasının bir örneği olarak karşımıza çıkmaktadır (Castles ve Miller, 2003: 149-150).

YUKK'a ek olarak geçici korumaya ilişkin 22 Ekim 2014'te Geçici Koruma Yönetmeliği (GKY) yürürlüğe girmiştir. Yönetmelik'te kendisine geçici koruma verilen yabancı "geçici korunan" olarak ifade edilmektedir (md.3-1/g). Geçici korunanların Türkiye'ye kabulü, Türkiye'de kalışları, hak ve yükümlülükleri, Türkiye'den çıkışlarında yapılacak işlemler, kitlesel hareketlere karşı alınacak tedbirler ve ulusal ve uluslararası kuruluşlar arasındaki işbirliğiyle ilgili hususlar Yönetmelik'te düzenlenmiştir (md.1). Ayrıca yabancıların kaydının alınması (md.21) ve geçici korunanlara, geçici koruma kimlik belgesi ve yabancı kimlik numarası verilmesi Yönetmelik'te yer alan diğer maddelerdendir (md.22). Bu doğrultuda üzerinde 99 ile başlayan yabancı kimlik numarasının yer aldığı "Geçici Koruma Kimlik Belgesi" düzenlenmektedir (MHM, 2017a). Öte yandan bu belge geçici korunanlara Türkiye'de kalış hakkı sağlamaktadır; ancak ikamet izni veya benzeri bir belge değildir ve sahibine Türk vatandaşlığına başvuru hakkı sağlamamaktadır (md.25).

T.C. Başbakanlık Afet ve Acil Durum Yönetimi Başkanlığı (AFAD) verilerine göre Türkiye'ye Suriye'den gelen kişi sayısı Temmuz 2017 itibarıyla 3 milyonun üzerindedir (AFAD, 2017a). Bu sayı resmi makamlara kayıt yaptırmış olanların sayısı iken, gerçek sayının 4 milyonun üzerinde olduğu ifade edilmektedir (T24, 11.07.2016). Hukuki statüleri bakımından değerlendirildiğinde geçici koruma rejimi Türkiye'de günümüzde yalnızca 28 Nisan 2011 tarihinden itibaren Suriye'de meydana gelen olaylar nedeniyle Suriye'den Türkiye'ye bireysel veya kitlesel olarak gelen Suriye Arap

AKBAŞ DEMİREL

Cumhuriyeti vatandaşları ile vatansızlar ve mülteciler bakımından geçerli olmaktadır (GKY geçici md.1).

Geçici koruma acil, kitlesel ve uluslararası koruma başvurularının bireysel olarak alınmasının, sayıların çokluğu ve durumun aciliyeti bakımından mümkün olmadığı koşullarda, geçici süreyle uygulanması gereken bir koruma biçimi olarak karşımıza çıkmaktadır. Türkiye'de Suriyelilere yönelik uygulamada ise, geçici koruma kapsamındakilerin uluslararası korumaya başvurmalarının mümkün olmaması (GKY md.16) ve aynı zamanda geçici koruma altında geçen sürenin vatandaşlık başvuruları için kabul edilmeyecek olması (GKY md.25) geçici korumanın daha uzun bir süre geçerli olmaya devam edeceğini göstermektedir.

Bu durum Suriye'den gelenlerin sığınma hakkına erişimi bakımından sorunludur. Zira uluslararası koruma başvurusu alınmayan kişilerin üçüncü ülkeye yerleşmeleri de mümkün görünmemektedir. Bu duruma istisnayı "hassas durumda olduğu tespit edilen" az sayıda Suriyeli oluşturmaktadır. BMMYK bu kişilerin uluslararası koruma başvurularını almakta ve statü belirleme işlemlerini yapmaktadır (UAÖ, 2016). Hassas durumda olduğu tespit edilenler ise; "tedavi ihtiyacı olanlar, engelliler, şiddet ve/veya işkence mağdurları, risk altındaki kadınlar/çocuklar, 65 yaş üstü refakatsiz yaşlılar ve fiziki/hukuki ya da psikososyal yönden korunmaya muhtaç bireylerdir. Bu kategorilerdeki Suriyeliler özel ihtiyaç sahibi olarak değerlendirilip yerleştirme programı adayı olmaktadırlar. Diğer geçici korunanların aksine, bu kişilerin üçüncü ülkelere yeniden yerleştirilmesi mümkündür. 2016 yılında ABD, Norveç, Avustralya, İngiltere ve Kanada'ya toplam 4.120 Suriyeli yerleştirilmiştir. Yukarıda söz edilen Türkiye-Avrupa Birliği Geri Kabul Anlaşması gereğince de toplam 2.718 kişi Almanya, Hollanda ve Fransa başta olmak üzere çeşitli AB ülkelerine yerleştirilmiştir (GİGM, 2017: 83-84).

Suriyeliler için bir başka statü de vatandaşlıktır. Özellikle 2015 seçim döneminde önemli gündem maddelerinden biri Suriyelilerin vatandaşlık alıp alamayacağı tartışması olmuştur. Toplam Suriyeli sayısına oranla çok az sayıda Suriyelinin vatandaşlığa geçtiği görülmektedir. Vatandaşlığın verilmesi konusunda dönem dönem iktidar partisinin olumlu açıklamaları olsa da, bunun kalifiye, mühendis, doktor gibi beyaz yakalı Suriyeliler bakımından geçerli olacağına ilişkin işaretler bulunmaktadır (Diken, 9 Temmuz 2016). Bir habere göre, 2010-2017 yılları arasında 94.204 kişi Türkiye Cumhuriyeti vatandaşlığına geçmiş, bunların 12.242'sini Suriyeliler oluşturmuştur (Milliyet, 9 Mart 2017). Öte yandan Türk vatandaşı olan Suriyelilerin sayılarına ilişkin pek çok tartışmalı bilgi ve haber sunulmakta; bu konuda şeffaf biçimde bilgiye ulaşmakta güçlük çekilmektedir.

*Belirsizlik ve Afganlar.* Afganistan'daki çatışma ve savaş ortamı nedeniyle Afganlar uzun yıllardır sığınma amacıyla başta Pakistan ve İran olmak üzere

SURİYELİLER VE "DİĞERLERİ"

diğer ülkelere göç etmektedirler. Bu göç sürecinin sonraki duraklarından birini de Türkiye oluşturmaktadır. Coğrafi sınırlama nedeniyle Türkiye'de mülteci olarak adlandırılmaları mümkün olmayan Afganlar da diğer Avrupa ülkelerinden gelmeyen kişiler gibi uluslararası koruma mülakatlarının sonunda üçüncü ülkeye yerleşmeyi beklemektedirler.

Uluslararası koruma kapsamında değerlendirilen diğer kişiler gibi eğitim ve sağlık hizmetlerine erişimlerinin önünde bir engel olmamakla birlikte iltica hakkına erişimde bu noktada önemli bir engel bulunmaktadır. NATO'ya bağlı koalisyon güçlerinin 12 yıl sonra Afganistan'dan çekilmesinin ardından 2013'te, BMMYK Türkiye Temsilciliği, Afgan mültecilerin mülteci statüsü belirleme mülakatlarını "askıya alma" kararı vermiştir; ayrıca bu dönemde Afganistan'dan Türkiye'ye sığınma amacıyla gelenlere de istisnalar dışında mülâkat tarihi vermemektedir (İGAMDER, y.t.y.:1). Bu durum hâlihazırda uzun yıllardır Türkiye'de bekleyen Afganlar için belirsizliğin kalıcı hale gelmesine neden olmuştur. Bu belirsizliğe en çarpıcı tepki, Afganların BMMYK Türkiye Temsilciliği'nin önünde Nisan 2014'te başlayıp yaklaşık iki ay boyunca sürdükleri eylem sırasında, ağızlarını iğne iplikle dikmeleri olmuştur (Mülteci-Der, 20 Haziran 2014). Diğer yandan bu eylemleri çok fazla dikkat çekmediği gibi, sığınma prosedürlerine ilişkin de önemli bir gelişme yaşanmamıştır.

## Barınmaya İlişkin Düzenleme ve Uygulamalar

Geçici koruma kapsamındaki Suriyeliler bakımından barınma, kamplarda ve kamp dışında barınma olarak ikiye ayrılabilir. Kamplarda barınma Geçici Koruma Yönetmeliği'nin 23. ve 38. maddesinde düzenlenmiştir. 23. maddede geçici korunanların AFAD'ın kapasite bilgisini de değerlendirerek sevk merkezinden GİGM tarafından uygun görülecek geçici barınma merkezine en kısa sürede yönlendirileceği belirtilmiştir. 38. maddede ise barınma merkezlerinde verilecek hizmetler açıklanmış; bu geçici barınma merkezlerinde bulunanlara beslenme, barınma, sağlık, sosyal yardım, eğitim ve benzeri hizmetlerin imkanlar ölçüsünde sunulacağı belirtilmiştir.

Geçici korunanların kaldığı Hatay, Gaziantep, Şanlıurfa, Kilis, Mardin, Kahramanmaraş, Osmaniye, Adıyaman, Adana ve Malatya'da bulunan konteyner kent ve çadır kentlerden oluşan toplam 25 barınma merkezi, *kamp* olarak adlandırılmaktadır. AFAD yönetimindeki bu kamplarda barınma imkanı bulan Suriyeli sayısı 234.967'dir; ancak kampların kapasitesi Türkiye'de bulunan Suriyeli sayısıyla kıyaslandığında oldukça düşüktür. Suriye'den gelerek kamplarda yer bulamayan veya kamplarda yaşamak istemeyenler için barınma konusunda başka bir destek mekanizması bulunmamaktadır. Kamplarda kalmayan geçici korunanların kayıt yaptırdıkları ilk şehirde kalma zorunlulukları bulunmakta ve bu kişilerin barınma ihtiyaçlarını kendi imkanlarıyla karşılamaları gerekmektedir. Yüksek konut kiraları, yabancılara veya özellikle Suriyelilere evlerin kiralanmak istenmemesi bu aşamada karşılaşılan güçlüklerdir. Barınma maliyetini düşürmek için birkaç ailenin bir araya gelerek ev kiralaması sıklıkla karşılaşılan bir çözüm yoludur. Diğer yandan kiralanan bu evlerin çoğu küçük, bakımsız ve sağlık bakımından elverişsiz koşullara sahiptir. Sivil toplum kuruluşlarınca sağlanan çadırlarda; ayrıca tarla, park ve bahçelerde ya da tamamlanmamış inşaatlarda da barınma ihtiyacının karşılanmaya çalışıldığı görülmektedir (Deniz vd., 2016: 98).

Geçici korunanlar dışındaki Afgan, Iraklı, İranlı ve Afrika ülkelerinden gelen gruplar YUKK md. 71 gereği İçişleri Bakanlığı'nca belirlenen 62 "uydu kentten" kendisine tebliğ edilen birinde ikamet etmek zorunda; bununla birlikte barınma ihtiyaçlarını kendileri gidermek durumundadır (YUKK, md.95). Uluslararası koruma başvurusu sahipleri, ikamet şehirlerini izinsiz terk ettikleri takdirde uluslararası koruma başvurularını geri çekmiş sayılırlar (YUKK, md.77). Yozgat'taki 50-100 kişi kapasiteli Kabul ve Barınma Merkezi (GİGM, 2017), uluslararası korumaya başvuranlar ve uluslararası koruma statüsü sahipleri bakımından istisnai nitelikte ve kapasite bakımından ihtiyacı karşılamaktan uzak görünmektedir. Park, bahçe, köprü altı ve inşaatlarda yatmak; sağlık için elverişsiz, küçük ve bakımsız yerlere yüksek ücret ödemek ve maliyeti düşürmek için kalabalık gruplar halinde yaşamak bu grup bakımından da sıklıkla karşılaşılan bir durumdur (TTB, 2014). GİGM Türkiye Göç Raporu'nda Konya'da 76 kişilik bir kabul ve barınma merkezinin "anne ve babalarından ayrı bulunan başvuru sahibi, korumasız 18 yaşını doldurmuş kadınların barındırılması" amacıyla hazırlanmakta olduğu ifade edilmiş; ancak bununla ilgili detaylı bilgi verilmemiştir (2016: 65).

## Sağlık Hakkı ve Hizmetleri

Sağlık hizmetlerinden yararlanma konusunda kampta kalan Suriyeliler ve kamp dışındakiler arasında dramatik bir farklılık bulunmamaktadır. Kamp içindekiler kamplarda bulunan sağlık hizmetlerinden yararlanmaktadırlar. Bu çerçevede tedavi ve ameliyat imkanları bulunmaktadır. Türkiye Göç Raporu'nda (2017), 31 Aralık 2016'ya dek kamplarda yaklaşık 184.390 Suriyeli bebeğin dünyaya geldiği, poliklinik hizmeti sayısının 20 milyonu aştığı ifade edilmiştir (GİGM, 2017: 82). Kamp dışındaki Suriyeliler de geçici koruma sistemine kayıtlı olmak kaydı ile sağlık hizmetlerinden faydalanabilmektedirler. Verilen sağlık hizmetlerinin bedeli AFAD tarafından karşılanmaktadır.

Geçici Koruma Yönetmeliği'nin 27. maddesi geçici korunanlara verilecek sağlık hizmetlerini düzenlemektedir. İlgili maddeye göre, "birinci basamak koruyucu, tanı ve tedavi edici sağlık hizmetleri kapsamında; ayakta tanı ve tedavi hizmetleri, bağışıklama hizmetleri, bulaşıcı hastalık ve salgın ile mücadele hizmetleri, tüberkülozla mücadele hizmetleri, çevre sağlığı hizmetleri, kadın ve üreme sağlığı hizmetleri, çocuk ve ergen sağlığı hizmetleri verilmektedir." (GİGM, 2017: 82). Bu maddeye göre temel ve acil sağlık hizmetleri ile bu kapsamdaki tedavi ve ilaçlardan hasta katılım payı alınmayacak (md.1/b); geçici korunanlar acil ve zorunlu haller dışında, özel sağlık kuruluşlarına doğrudan başvuramayacaklardır (md.1/d).

Geçici korunanlar, geçici koruma başvurularının ilk gününden itibaren sağlık hizmetlerinden yararlanabilmektedir, bunun için sağlık hizmetlerini ikamet ettikleri ilde almaları gerekmektedir. Rahatsızlığın ikamet ilindeki imkanlarla giderilemeyeceği koşullarda geçici korunan tedavi görebileceği başka bir ile ve sağlık kuruluşuna sevk edilebilir. Ayrıca reçete ile verilen ilaçlar anlaşmalı eczanelerden temin edilebilecektir (MHM, 2017a). Öte yandan her ilde anlaşmalı eczane sayısı şehirde yaşayan geçici korunanların ihtiyaçlarını karşılamakta yetersiz kalabilmektedir. Bu nedenle uygulamada, talepler ilaç vermeyi kabul eden eczanelerde bir tür yığılmaya neden olabilmekte; başta geçici korunanlara ilaç veren eczaneler sonrasında vermekten vazgeçebilmektedir.

Suriye'den gelen geçici korunanların dışında istisnai bir düzenleme Iraklılara ilişkindir. Haziran 2014'te IŞİD'in Musul'a saldırmaya başlaması nedeniyle bu dönemde Irak'tan Türkiye'ye yoğun göç yaşanmıştır (Cumhuriyet, 30 Haziran 2014). Bunun ardından 12 Şubat 2015 tarihinde İçişleri Bakanlığı tarafından "Irak Uyruklu Yabancılarla İlgili Yapılacak İş ve İşlemler" başlıklı yeni bir genelge yayınlandığı, Iraklılara sağlık hizmetlerinin bu genelgeye uygun olarak verileceği haberlerde yer almıştır (Agos, 12 Mart 2015). 20 Şubat 2015'te ise 7274 sayılı Bakanlar Kurulu kararında 1 Mayıs 2014'ten itibaren Irak'tan Türkiye'ye gelen, geliş ve ülkede bulunma şekillerine bakılmaksızın, "kalış durumları İçişleri Bakanlığınca belirlenen Irak uyruklu yabancılara, geçici koruma statüsü tanınmaksızın, Sağlık Bakanlığı ve bağlı kuruluşları tarafından geçici koruma statüsü altındakilere sağlanan sağlık hizmetlerinin sunulması" öngörülmüştür.

Uluslararası koruma statüsü sahipleri ve uluslararası koruma başvuru sahipleri için haklar bakımından en gelişmiş alanın sağlık alanı olduğu ifade edilebilir (Şenol-Sert ve Yıldız, 2015: 37). YUKK md. 89'a göre, bu kişilerden, herhangi bir sağlık güvencesi olmayan ve ödeme gücü bulunmayanlar, 31 Mayıs 2006 tarihli ve 5510 sayılı Sosyal Sigortalar ve Genel Sağlık Sigortası Kanunu hükümlerine tabidir. Kanun'da, "Genel sağlık sigortasından faydalanacak kişilerin primlerinin ödenmesi için Genel Müdürlük bütçesine ödenek konulması; primleri Genel Müdürlük tarafından ödenenlerden ödeme güçlerine göre primin tamamı veya belli bir oranının talep edilmesi" öngörülmüştür. Geçici korunanlar gibi bu grup da kendilerine verilen ve üzerinde 99 ile başlayan yabancı kimlik numarası bulunan "Uluslararası Koruma Başvuru Sahibi Kimlik Belgesi" olarak geçen kimlik kartları ile sağlık ocağı, sağlık merkezi, ana çocuk sağlığı aile planlaması merkezi, aile planlaması merkezi, verem savaş dispanserleri gibi birinci basamak sağlık kuruluşlarından; devlet hastanelerinden; eğitim ve araştırma hastaneleri ile üniversite hastanelerinde verilen hizmetlerden yararlanabilmektedirler. Ayrıca reçete ile verilen ilaçları da anlaşmalı eczanelerden temin edebilirler. Farklı olarak geçici korunanlar üniversitelere bağlı sağlık uygulama ve araştırma merkezleri ile özel hastanelerden; uluslararası koruma başvurusu sahipleri özel hastanelerden faydalanamamaktadır. İkamet ilinde tedavi imkânı yoksa hasta imkan olan en yakın ve uygun ile sevk edilebilir (MHM, 2016c).

Tüm bu gruplar bakımından ortak sorun; protez, tekerlekli sandalye gibi daha büyük maliyeti olan sağlık malzemelerinin karşılanmasında yaşanan güçlüktür. Bu aşamada ihtiyaçlar sınırlı ölçüde sivil toplum kuruluşları aracılığıyla karşılanmaktadır. Öte yandan bu desteklere her ilde ve aynı ölçüde ulaşmak mümkün olmamaktadır.

## Çalışma Hakkı

Türkiye'de geçici koruma kapsamındakiler bakımından çalışma konusu, Geçici Koruma Yönetmeliği ve 15 Ocak 2016 tarihli Geçici Koruma Sağlanan Yabancıların Çalışma İzinlerine Dair Yönetmelik'te düzenlenmiştir.

Geçici Koruma Yönetmeliği'nin 29. maddesinde geçici korunanların çalışmalarına ilişkin usul ve esasların Bakanlar Kurulu'nca belirleneceği; geçici koruma kimlik belgesi sahiplerinin çalışma izni için Çalışma ve Sosyal Güvenlik Bakanlığı'na başvurabileceği; geçici korunanlara verilen çalışma izinlerinin sürelerinin, geçici korumanın süresinden fazla olamayacağı ve geçici korumanın sona ermesi halinde bu kapsamda verilen çalışma izninin de sona ereceği ifade edilmektedir. Öte yandan bu kapsamda verilen çalışma izinlerinin ikamet izni kapsamında değerlendirilemeyeceği ve yabancıların yapamayacağı mesleklerin geçici korunanlar bakımından da icra edilemeyeceği ifade edilmiştir.

Geçici Koruma Sağlanan Yabancıların Çalışma İzinlerine Dair Yönetmelik'te detaylı düzenlemeye yer verilerek geçici korunanların çalışma izni alma zorunluluğu (md.4); çalışma iznine başvurmak için Türkiye'de 6 ay süreyle bulunmak gerekliliği ve çalışma iznini geçici koruma başvurularını yaptıkları ilk şehirde istihdam edilmek üzere sunabilecekleri (md.5) ifade edilmiştir. Ayrıca Yönetmelik'te işyerleri için istihdam kotası öngörülmüştür. Buna göre geçici korunanların çalışacakları işyerindeki Türk vatandaşı sayısının yüzde 10'unu geçmemesi gerekmektedir. Toplam çalışan sayısının 10'dan az olması halinde en fazla bir geçici koruma sağlanan yabancının çalışmasına izin verilebilecektir (md.8). Öte yandan, mevsimlik tarım ve hayvancılık işlerinde çalışacaklar çalışma izni muafiyeti kapsamında kabul edilmiştir.

# SURİYELİLER VE "DİĞERLERİ"

Yabancıların yapamayacakları meslekler bakımından geçici korunanlar ile uluslararası koruma başvurucuları veya sahipleri arasında herhangi bir fark bulunmamaktadır. Bu meslek ve görevler, farklı meslek kanunları çerçevesinde tüketici biçimde sayılmış ve Çalışma ve Sosyal Güvenlik Bakanlığı tarafından belirtilmiştir. Bunlar, diş hekimliği, dişçilik, hasta bakıcılık; eczacılık; veterinerlik; özel hastanelerde sorumlu müdürlük; avukatlık; noterlik; özel veya kamu kuruluşlarında güvenlik görevliliği; kara suları dahilinde balık, istiridye, midye, sünger, inci, mercan ihracı, dalgıçlık, arayıcılık, kılavuzluk, kaptanlık, çarkçılık, katiplik, tayfalık gibi meslek ve görevler; gümrük müşavirliği ve turist rehberliğidir.

Geçici koruma dışında kalanlar bakımından çalışmaya ilişkin düzenleme YUKK ve 26 Nisan 2016 tarihli Uluslararası Koruma Başvuru Sahibi ve Uluslararası Koruma Statüsü Sahibi Kişilerin Çalışmasına Dair Yönetmelik çerçevesinde yapılmıştır. Ayrıca istihdam kotası bakımından 4817 sayılı Yabancıların Çalışma İzinleri Hakkında Kanun ve 29 Ağustos 2003 Yabancıların Çalışma İzinleri Hakkında Kanunun Uygulama Yönetmeliği'ne (MHM, 2016b) tabidirler.

Mülteciler ve ikincil koruma statüsü sahipleri için çalışma konusu YUKK'un 89/4. maddesinde otomatik çalışma hakkı biçiminde düzenlenmekte ancak yukarıda ifade edilen yabancıların yapamayacağı meslek ve görevler saklı tutulmaktadır. Başvuru sahibi veya şartlı mültecilerin ise çalışma izni almaları gerekmektedir. İzne başvuru uluslararası koruma başvuru tarihlerinden 6 ay sonra yapılabilecektir.

Ocak 2016'da Suriyeliler için çalışma izni şeklinde getirilen düzenleme, 26 Nisan 2016 Yönetmeliği ile Türkiye'deki diğer gruplar için başka bir biçimde uygulanmaya başlanmıştır. Buna göre, mülteci veya ikincil koruma statüsü sahipleri, ayrıca çalışma iznine başvurmalarına gerek olmaksızın statüyü almalarından itibaren bağımlı ve bağımsız çalışabilirler (md.4).

Uluslararası koruma başvuru sahipleri ve şartlı mülteciler bakımından ise koşullar değişmektedir. Yönetmelik'te Çalışma ve Sosyal Güvenlik Bakanlığı'ndan çalışma izni almaları gerekliliği dile getirilmiş (md.5); başvuru için uluslararası koruma başvuru tarihinden 6 ay geçmesi zorunluluğu YUKK'ta olduğu gibi Yönetmelik'te de ifade edilmiştir (md.6/3). Mevsimlik tarım ve hayvancılık işlerinde çalışacaklar çalışma izni muafiyeti kapsamındadır (md. 9/1).

Uluslararası koruma statüsü sahipleri veya başvuru sahiplerinin çalışacağı yerlerde, Yabancıların Çalışma İzinleri Hakkında Kanun'a göre en az 5 Türkiye vatandaşının çalışıyor olması; işyerinin ödenmiş sermayesi veya brüt satışlarının veya son yıl ihracat tutarının belli bir eşiği aşması koşulları bulunmakta; işverenin ödeyeceği ücretin çalışma izni talep edilen işin vasfı ile bağdaşması (ödenecek ücretin farklı iş kolları için belirlenen katsayılarla çarpılacak asgari ücretten az olmaması) gerekmektedir.

Çalışma başlığı altında; mülteci ve ikincil koruma statüsü sahiplerinin, geçici korunanlar ve uluslararası koruma başvurusu sahipleri ile şartlı mültecilere oranla daha avantajlı durumda olduğu ifade edilebilir. Diğer yandan daha önce de belirtildiği gibi Türkiye'de mülteci ve ikincil koruma statüsüne sahip kişi sayısı bilinmemektedir. Devamla, geçici korunanlar, uluslararası koruma başvurusu sahipleri ve şartlı mültecilerin çalışma bakımından benzer koşulları paylaştıkları görülmektedir. İstihdam kotası bakımından gruplar arasında farklılıklar bulunsa da geçici korunan Suriyelilerin Türkiye'deki sayılarının çokluğu düşünüldüğünde bu kota, geçici korunanların işgücü arzının diğer yabancı gruplar ve vatandaşların aleyhine işlememesi adına bir araç olarak değerlendirilebilir. Erdoğan (2015: 323), Suriyelilerin kayıt dışı çalışmalarının kendileri bakımından emek sömürüsüne neden olurken, işgücünde arz-talep dengesini yerli halk aleyhine değiştirmesinin halkta tedirginlik oluşturduğunu ifade etmektedir; benzer durum, kayıtlı işgücü bakımından da oluşabilir. Düzenlemelerin, yapıldıkları dönemde kamuoyunda çokça yankı bulması bu durumun bir sonucudur.

Bir diğer dikkat çekici nokta, çalışma konusunda detaylı düzenlemenin öncelikli olarak geçici korunanlar bakımından; ardından uluslararası koruma kapsamındaki diğer gruplar bakımından yapılmış olmasıdır. Geçici korunanlara ilişkin düzenlemeye öncelik verilmesinde, bu grupta bulunan Suriyelilerin Türkiye'deki sayısının fazlalığının yanında özellikle 2015 yılında Türkiye'den AB ülkelerine düzensiz geçişlerin artmasının da bir etkisi olduğu düşünülebilir. Zira, dönemin AB Bakanı Volkan Bozkır da, AB ile geri kabul anlaşması ve vize muafiyeti müzakerelerinin devam ettiği süreçte, TBMM'de AB Uyum Komisyonu'na yaptığı açıklamada Suriyelilerin iş piyasasına erişimlerini sağlayacak kararın Bakanlar Kurulunda alınacağını ifade etmiştir (BBC Türkçe, 25 Aralık 2015). Bu dönemde geçici koruma kapsamındaki Suriyeliler bakımından bir çalışma izni olmaması nedeniyle kendilerine Türkiye'de gelecek göremeyen bu kişilerin yoğun olarak AB ülkelerine geçiş yaptıkları bazı insan hakları raporlarında ifade edilmiştir (HRW, 2015).

Geçici Koruma Sağlanan Yabancıların Çalışma İzinlerine Dair Yönetmelik çerçevesinde Bakanlar Kurulu kararıyla çalışması uygun görülen kişi sayısının TBMM'de sorulması üzerine Çalışma ve Güvenlik Bakanı Mehmet Müezzinoğlu, Yönetmeliğin yürürlüğe girdiği 15 Ocak 2016 tarihinden 27 Aralık 2016'ya dek 5.016 Suriye uyruklu yabancıya çalışma izni verildiği cevabını vermiştir. Çalışma izni bulunanlar büyük çoğunlukla eğitim, ağaç ve kâğıt, çimento, toprak ve cam, enerji, gıda, inşaat, metal, plastik, tekstil ve deri sanayi sektörlerinde faaliyet göstermektedir (T24, 6 Mart 2017). Yaklaşık 1 milyon Suriyeli ise, kayıt dışı olarak çalışmaktadır (T24, 6 Mart 2017). Kayıt dışı olarak işportacılık, atık toplama; atölyeler ve sanayi

SURİYELİLER VE "DİĞERLERİ"

sitelerinde çalışma yaygın olarak görülmektedir. Suriyelilerin işverenden görece bağımsız olarak yapabildikleri katı atık toplama işi neredeyse maliyetsiz olması, sermaye gerektirmemesi ve kolayca öğrenilebilmesi nedeniyle tercih edilebilmektedir (Oran, 2017: 160).

Statülerinden bağımsız olarak göçmenler kayıt dışı çalıştıkları ölçüde işgücü maliyetini düşürmeleri nedeniyle, işverenler tarafından tercih edilmektedirler. Kayıt dışı çalışanlar, güvencesizlik nedeniyle kayıtlı çalışanlara oranla daha düşük ücretle (Deniz vd., 2016: 120; UAÖ, 2016a), yerel halkın çalışmak istemediği işlerde ve işverenlerin sömürüsüne açık biçimde çalışmakta (Sert, 2014: 521); çoğunlukla işverenler veya başkaları tarafından çeşitli gerekçelerle resmi makamlara ihbar edilip buna bağlı olarak sınır dışı edilme endişesiyle güvencesiz çalışmaya razı olmaktadırlar. Bu durum Suriyelilerin vatandaşların ellerinden işlerini aldığı biçiminde kamuoyunda karşılık bulabilmektedir. Öte yandan 2014 yılında ücretleri düşürdükleri gerekçesiyle Suriyelilere karşı yürüyüş yapan İzmir'deki ayakkabı işçilerinin (Hürriyet, 14.08.2014), 2017 yılında sorunun kendisinin Suriyeliler olmadığını söyleyerek, düşük ücretle güvencesiz çalışmaya karşı bu kez Suriyelilerle birlikte yürüyüş yapmaları (Gazeteduvar, 26.09.2017) bu konudaki olumsuz görüşün de değişebileceği yönünde olumlu bir işaret olarak görülebilir.

Diğer yandan etnik bakımdan olduğu gibi ekonomik şartları bakımından da Suriyeliler çeşitlilik göstermektedir. Deniz vd. (2016) çalışmalarında esnaflık yapan Suriyelilere de yer vermiş, yasal engelleri aşmak için bir Türk vatandaşı ile ortak olarak işyeri açan Suriyelilerin olduğunu belirtmiştir (2016: 143). Özellikle Gaziantep ve İstanbul'da benzer durumda olan başka işletme sahiplerinin olduğu da bilinmektedir.

Kayıt dışı çalışanların arasında, ebeveynlerini kaybetmiş ve/veya babanın ölümü nedeniyle ailede çalışma yükümlülüğünü taşımak zorunda kalan çocuklar da bulunmaktadır (Deniz vd., 2016: 125). Yetişkinlere oranla düşük ücretle çalışmaları nedeniyle, çocukların kayıt dışı işler bulmaları daha kolay olmaktadır. Tekstil fabrikalarında, kuru meyve fabrikalarında, ayakkabı imalat atölyelerinde, araba tamirhanelerinde, tarla ve bahçelerde çalışan; sokaklarda kağıt mendil ve su satarak veya dilenerek ailelerinin geçimini sağlayan çok sayıda çocuk bulunduğu bilinmektedir (T24, 24 Eylül 2015). Özellikle Suriyeli çocuklar arasında kayıt dışı çalışma yaygındır ve bu nedenle çocukların pek çoğu okula devam edememektedir (HRW, 2015).

**Eğitim Hakkına Erişim**

Türkiye'de eğitim hakkına erişimi de geçici korunan Suriyeliler ve uluslararası koruma başvurusu ve statüsü sahipleri bakımından ayrı ayrı ele almak gerekmektedir. Geçici koruma kapsamındakilerin eğitimi, Geçici Koruma Yönetmeliği'nin 28. maddesinde düzenlenmiş; geçici barınma merkezlerinin içinde ve dışındaki tüm eğitim faaliyetlerinin Milli Eğitim Bakanlığı'nın (MEB) kontrol ve sorumluluğunda olması öngörülmüştür. Okul öncesi eğitimi, ilköğretim ve ortaöğretim MEB'in ilgili mevzuatına uygun olarak yürütülmektedir. Ayrıca talep doğrultusunda dil, meslek edindirme, beceri ve hobi kursları düzenlenmektedir. Geçici korunanların ön lisans, lisans, yüksek lisans ve doktora eğitimleriyle ilgili usul ve esaslar Yükseköğretim Kurulu Başkanlığı (YÖK) tarafından belirlenecektir. Eğitim alanlara eğitimin içeriği ve süresini gösteren belge verilecek; daha önce farklı müfredatta eğitim alındığını gösteren belge bulunması halinde bunların MEB ve YÖK tarafından denklikleri yapılacaktır.

Geçici korunan Suriyeliler, Türkiye'de vatandaşların gittiği devlet okullarına; Arapça müfredatı uygulayan geçici eğitim merkezlerine veya kamplardaki geçici eğitim merkezlerine devam edebilmektedirler. "Geçici eğitim merkezleri, eğitim alanında çalışan hükümet dışı örgütler ya da doğrudan Suriyeliler tarafından; devlet, ulusal veya uluslararası kuruluşlar tarafından kurulmuş okullardır" (MHM, 2017b). Kamplarda 31, kampların dışında ise 401 geçici eğitim merkezi bulunmaktadır (GİGM, 2017). Öte yandan geçici eğitim merkezlerinin kapasiteleri nüfusa oranla yetersizdir. Hükümet dışı bazı kuruluşlarda veya camilerde bulunan kayıt dışı geçici eğitim merkezlerinde de İngilizce, Arapça, Türkçe, bilgisayar, müzik ve benzeri konularda dersler yürütülmekte; ancak bu derslere devam eden öğrencilere eğitimlerini devam ettirmelerine imkan verecek diploma veya sertifika benzeri belgeler verilememektedir (HRW, 2015; Deniz vd., 2016: 155-156). 2017'nin ikinci yarısında ise Suriyeli çocukların doğrudan Milli Eğitim Bakanlığına bağlı devlet okullarına geçişlerinin yapılmaya başlandığı görülmektedir. Bununla birlikte özellikle ortaöğrenim düzeyindeki çocukların Türkçe dil beceri düzeyleri ve müfredattan kaynaklanan farklılıklar gibi uygulamada ortaya çıkabilecek olası sorun ve çözümlere ilişkin yeterli bilgi bulunmamaktadır.

GİGM tarafından hazırlanan Türkiye Göç Raporu 2016'da, devlet okullarında eğitim gören Suriyeli sayısı 166.482, geçici eğitim merkezlerinde eğitim görenlerin sayısı ise 293.039 kişi olarak belirtilmiştir. Toplam sayı 459.521'dir. Raporda, Yurtdışı Türkler ve Akraba Topluluklar Başkanlığı (YTB) tarafından sağlanan burslardan ön lisans, lisans, yüksek lisans düzeyinde 1.275 Suriyeli öğrencinin yararlandığı; ayrıca yükseköğrenime devam edecekler için yaklaşık 2.000 kişiye TÖMER'de ileri düzey Türkçe kursları verildiği belirtilmektedir (GİGM, 2017: 81-82).

"Başvuru sahibi veya uluslararası koruma statüsü sahibi kişiler ilköğretim ve ortaöğretim kurumlarındaki eğitim hizmetlerinden statülerini gösterir belgelerini ibraz ederek yararlanabileceklerdir. Bunlardan Türkiye'de ön lisans, lisans, yüksek lisans ya da doktora öğrenimi hakkı elde edenler, statülerini gösteren belgeleriyle ayrıca öğrenci ikamet izni almadan öğrenim görebileceklerdir" (GİGM, Uluslararası Koruma İle İlgili Sorular, y.t.y.); ancak hayati tehlike nedeniyle ülkesinden ayrılmış olan kişiler, çoğunlukla bu belgeleri yanlarına alacak fırsatı bulamamakta veya bu belgeleri gittikleri ülkede sunma gerekliliğini bilmemeleri nedeniyle eğitim düzeylerini belgeleyememektedirler. Hem önceki öğrenim durumuna ilişkin belgesi olmayanların hem de öğrenimini Türkiye'deki "geçici eğitim merkezlerinde" tamamlamış olanların denklik belgesi almak için yılda birkaç defa yapılan Yabancı Öğrenciler Lise Yeterlilik ve Denklik Sınavı'na (YÖLDS) girmeleri gerekmektedir. Ülkelerin müfredatlarının Türkiye'den kimi zaman çok farklı olması ve öğrencilerin Türkçelerinin yetersizliği, bilgilerini aktaramamalarına neden olabilmekte, bu nedenle seviye tespit sınavlarında yaşlarına göre çok daha düşük sınıflardan başlamak zorunda kalabilmektedirler. Türkiye'de yükseköğretime devam etmek isteyen yabancıların ise başvuracakları üniversitenin açtığı Yabancı Öğrenci Sınavı'na (YÖS) girmesi gerekmektedir (MHM, 2017b).

Suriyeli çocukların okullaşma oranı bakımından kamplarda kalanlar ve kalmayanlar arasında oransal olarak büyük fark bulunmaktadır. 2015'in ilk aylarında okula erişim kamplarda %60-80 oranlarında iken, kamp dışında %15 civarındadır (Erdoğan, 2015: 323). Mart 2017'deki bir habere göre ise, en az 450 bin çocuğun hiçbir eğitim almadığı belirtilmiştir; bu durum orta ve uzun vadede hem Suriye'den gelenler hem de Türkiye için en ciddi sorunlardan biri haline gelecektir (T24, 6 Mart 2017).

Uluslararası koruma başvurusu sahipleri ve uluslararası koruma sahipleri bakımından durum geçici korunanlardan oldukça farklıdır. Toplam sayıları bilinmemekle birlikte devlet okullarına devam eden Iraklı, İranlı, Afgan, Somalili ve Sudanlı öğrenci sayısı düşüktür. Bunun birçok farklı nedeni bulunmaktadır. Çocuklar Türkçe bilmemeleri, akran zorbalığı, ailelerin içinde bulunduğu zorlu ekonomik koşullar ve çocuklarının okula erişimiyle ilgili yeterli bilgi sahibi olmaması (HRW, 2015); okullara kayıt yaptırmanın okul müdürlerinin takdirine bağlı olması gibi nedenlerle eğitime erişememektedir (Şenol Sert ve Yıldız, 2015: 37). Ekonomik zorluklar bu nedenlerin içinde en yaygınıdır. Çocuklar, evin geçiminde oynadıkları önemli rol nedeniyle okuldan uzak kalabilmektedirler (Deniz vd., 2016: 152-153).

Bunun dışında Halk Eğitim Merkezleri'nce verilen Türkçe okuma-yazma kursları ve mesleki eğitimlere uluslararası koruma başvurusu ve uluslararası koruma sahipleri de katılabilmekte; ancak eğitim dili yalnızca Türkçe olduğundan katılım için Türkçe bilmek gerekmektedir. Bu gruptakiler bakımından okullaşma oranının çok düşük olduğu gözlemlenmektedir.

## Suriyeliler ve "Diğerleri": Sığınmanın Hiyerarşisi

2011'den itibaren Suriye'den göç edenlerin sayılarının fazla olması; coğrafi bakımdan Suriye'nin Avrupa'ya görece yakınlığı nedeniyle göç hareketinin Türkiye üzerinden AB'ye yönelmesi Suriyelileri Türkiye ve Avrupa ülkelerinin öncelikli gündem maddesi haline getirmiştir. Göçten etkilenen ülkeler bu planlanmayan göçü kontrol etme ihtiyacı hissetmişler; genel ifadeyle durdurma, sonrasında istedikleri kadar ve kontrollü biçimde ülkelerine kabul etmek üzere bazı politikalar geliştirmişlerdir. Günümüzdeki bu yoğun göçün kaynağının Suriye olması sebebiyle, hükümetlerin politikaları da öncelikle - hatta bazen sadece- Suriye'den gelenlerin hukuki ve sosyal durumlarını düzenlemek üzere şekillendirilmiştir.

Türkiye'ye gerek hükümet gerek sivil toplum düzeyinde yapılan mali desteklerin, Türkiye'deki şartların iyileştirilmesi çabalarına katkı sunarken, Suriye'den gelenlerin AB'ye ulaşmasını önlemek amacını taşıdığını söylemek de yanlış olmayacaktır. Sağlanan mali destekler (yardımlar, hibeler, fonlar), Suriye'den gelenler üzerine daha çok çalışma yapılması konusunda teşvik edici olmuştur. Hem bu destekler hem de konunun popülerliğinin etkisiyle, mültecilik ve göç çalışmalarına olan ilginin bu dönemde önemli ölçüde arttığı görülmektedir. Aynı şekilde akademide ve sivil toplumda Suriyeliler üzerine çalışmalar, diğer göçmen ve mülteci gruplar üzerine yapılan çalışmalardan oldukça fazladır.

Suriyeliler ve "diğerleri" sınıflandırması gerek akademi, gerekse sivil toplum tarafından yapılan göç çalışmalarında ve devletler nezdinde; ulusal ve uluslararası düzeyde gittikçe daha yaygın olarak kullanılmaktadır. "Suriyeliler" genellemesi altında Suriye'den gelenlerin odak noktası haline gelmesi; uzun yıllardır göç yollarında bulunan Afganlar, Iraklılar, İranlılar, Afrikalılar ve Filistinliler gibi "diğerleri" bakımından mülteciler arası bir hiyerarşi ve hiyerarşinin alt sıralarında kalanlar bakımından ülkelerinde yaşadıklarının üzerine ikinci bir mağduriyet oluşturmaktadır. Bu durum temelde benzer nedenlerle ülkelerinden ayrılan "sığınmacıların hayatlarını zorlaştırırken ayrımcılığı da tetik[lemektedir]" (Şimşek, 2015b: 22).

Aynı ilgi medyada da görülmekte; Suriyelilere ilişkin vatandaşlık, çalışma izni, sağlık hizmetlerine erişimleri gibi başlıklar çoğunlukla güvenlik boyutuyla haber ve tartışma programlarında ele alınmaktadır. Mülteci meselesinin ilk defa 2015 seçimlerinde TBMM'deki dört büyük siyasi partinin (AKP, CHP, MHP, HDP) programlarında yer almasında da tüm bu sayılanların etkisi bulunmaktadır.

YUKK'ta tanımlanan statüler bağlamında Türkiye'de en çok bulunan gruplar, geçici koruma kapsamındaki Suriye'den gelen "geçici korunanlar" ve uluslararası koruma başvurusu sahipleridir. Statüler çerçevesinde tanınan hakların farklılaşması nedeniyle bu grupların haklara erişim düzeyleri de farklılaşmaktadır. Sağlık hakkı bakımından tüm uluslararası koruma ihtiyacı olan gruplara benzer hakların verildiğini söylemek mümkündür. Tüm statülerdeki kişiler sağlık hakkına başvurabilmekte; ancak başvurabildikleri sağlık kuruluşları farklılaşabilmektedir. Diğer yandan tekerlekli sandalye, protez gibi yüksek maliyetli sağlık malzemelerinin temini bakımından yaşanan zorluk tüm gruplar için ortaktır.

Eğitim hakkı bakımından temelde tüm gruplar hakka benzer düzeyde sahipken; uygulamada en avantajlı grubun geçici korunanlar olduğunu söylemek mümkündür. Bu avantaj Arapça eğitim veren geçici eğitim merkezlerinin bulunmasından ve desteklenen projeler nedeniyle farklı kurumlarda Arapça eğitimler verilebilmesinden ileri gelmektedir. Aynı durum Farsça veya diğer diller bakımından geçerli olmamaktadır. Diğer yandan Suriyeli çocukların mevcut devlet okullarına aktarılmaya başlanması ile bu avantaj geçerliliğini yitirebilir. Zira ortaöğretim seviyesindeki çocuklar bakımından Türkçe dil becerilerinin yeterli olmayışı, müfredattaki farklılıklar nedeniyle çocukların sınıf ortalamasından geri kalma ihtimalleri; Suriyeli çocukların okula devam etme isteğini azaltabilir. Bu durumda koşullar diğer ülkelerden gelen ve Türkçe dil becerisi yeterli olmayan tüm çocuklar bakımından olumsuz bir biçimde eşitlenecektir.

Çalışma hakkı konusunda mülteci ve ikincil koruma statüsü sahipleri; geçici korunanlara oranla daha avantajlı konumda iken; geçici korunanların ise uluslararası koruma başvurusu sahipleri ile şartlı mültecilere oranla daha avantajlı durumda olduğu ifade edilebilir. Çalışma koşulları bakımından ise, geçici korunanlar, uluslararası koruma başvurusu sahipleri ve şartlı mültecilerin benzer koşullarda çalıştıkları görülmektedir. Daha önce de ifade edildiği gibi en genel haliyle tüm göçmenlere iş vermek konusunda işverenlerin en büyük motivasyon kaynağı; bu kişilerin sigortasız olarak ve sigortalı işçilere oranla daha düşük ücretle çalışmaya, göçmen olmayanlara oranla daha kolay ikna olmalarıdır.

Barınma bakımından ise, kamplarda kalan Suriyelilerin -kamplardaki diğer koşulları bir kenara bırakarak- diğer gruplara oranla daha iyi durumda olduğu ifade edilebilir. Öte yandan sığınmaya erişimleri bakımından durum daha karışık görünmektedir. Suriye'den gelenlerin bireysel sığınma başvurularının, hassas gruplar dışında değerlendirmeye alınmaması; geçici nitelikli olması gereken, geçici koruma statüsünün kalıcı bir belirsizliğe dönüşmesine neden olmaktadır. Hukuki statülerin belirsizliği Afganlar bakımından başka bir yönüyle geçerlidir. İltica başvurusunda bulunabilmek için BMMYK'den ancak birkaç yıl sonraya randevu alabilmektedirler. Bu belirsizlik içerisinde Suriyeliler devletten, özellikle sivil toplum ve yerel halktan yetersiz de olsa sosyal destek bulabilirken (Deniz vd., 2016: 73); kendilerinin kurumlar ve toplum nezdinde neredeyse görünmez durumda olmalarının Afganları daha fazla rahatsız ettiğini söylemek mümkündür.

Nihai olarak farklılaşmanın ve beraberinde eşitsizliğin burada ele alınan

AKBAŞ DEMİREL

hak ve hizmetler bakımından en fazla eğitim ve kamplarda kalan Suriyeliler göz önünde bulundurulduğunda barınma bakımından ortaya çıktığı söylenebilir. Çalışmada detaylı olarak ele alınmamış olmakla birlikte eşitsizliği kuvvetlendiren etmenlerden bir diğeri de Suriyelilere doğrudan odaklanılması nedeniyle diğer neredeyse tüm sığınma arayan grupların farkındalık alanında ve insani yardım faaliyetlerinde gözden kaçırılmasıdır. Çalışmalarda Türkiye'de Suriyelilerden başka sığınma arayan grupların da olduğuna dikkat çekilerek bu grupların sorunlarına da yer verilmesi; akademik çalışmalar ve sivil toplum alanında doğrudan bu grupların da yararlanıcılar olarak tanımlandığı faaliyetlerin yürütülmesi gerekmektedir.

Sığınma sisteminin içindeki bu hiyerarşik yaklaşımın sonuçları kendini sığınma arayan gruplar arasında şiddet eylemleri veya gerginlikler biçiminde göstermemekte; ancak mültecilerin kendi koşullarını anlatma imkanı buldukları durumlarda bir serzeniş biçiminde açığa çıkmaktadır. Orta ve uzun vadede ise eğitime erişememiş, üçüncü ülkeye yerleştirilmemiş ve Türkiye'de kendini sıkışıp kalmış hisseden bu gruplar arasında gerginliklerin yaşanabileceği ihtimalini de öngörmek gerekmektedir. Tüm sığınma ihtiyacı olanlar için, insan hakları ve insan güvenliği temelli politikaların belirlenmesi bu mülteciler hiyerarşisinin oluşmasını engellemek yönünde bir adım sayılabilir. Böylece sığınma hakkı bakımından daha tutarlı bir yaklaşım sergilenmiş olacaktır. Aksi halde ne Suriyeliler varken seslerini duyuramadıklarını söyleyerek BMMYK binası önünde ağızlarını diken Afganlara; ne de üçüncü ülkeye yerleştirilmek üzere senelerdir Türkiye'de zor koşullarda beklemek zorunda olan ve Afganlar için hayatın daha kolay olduğunu öne sürerek "Sizce dünyada bir yerde insan hakları var mı gerçekten?" diye soran İranlı şartlı mülteciye anlamlı bir cevap vermek mümkün olabilecektir.

## Kaynakça

2510 Sayılı İskan Kanunu (14 Haziran 1934), 2733 Sayılı Resmi Gazete.
4817 Sayılı Yabancıların Çalışma İzinleri Hakkında Kanun, (27 Şubat 2003), 25040 Sayılı Resmi Gazete.
5543 Sayılı İskân Kanunu, (19 Eylül 2006), 26301 Sayılı Resmi Gazete.
6458 Sayılı Yabancılar ve Uluslararası Koruma Kanunu, (4 Nisan 2013), 28615 Sayılı Resmi Gazete.
7274 Sayılı Bakanlar Kurulu Kararı, (20 Şubat 2015), 29273 Sayılı Resmi Gazete.
Dağlıoğlu, E. C. (2015), "Iraklı mültecilerin statüsü halen belirsiz," *Agos*, 12 Mart 2015, *http://www.agos.com.tr/tr/yazi/10850/irakli-multecilerin-statusu-halen-belirsiz* (erişim: 21.07.2017).
Amnesty International (2016), The State of The World's Human Rights 2015/16, London.
Avrupa Komisyonu, (2010), "Türkiye 2010 İlerleme Raporu", *http://www.ab.gov.tr/files/AB_Iliskileri/AdaylikSureci/IlerlemeRaporlari/turkiye_ilerleme_rap_2010.pdf* (erişim: 08.07.2017).

# SURİYELİLER VE "DİĞERLERİ"

_____ (2011), "Türkiye 2011 İlerleme Raporu", _http://www.ab.gov.tr/files/AB_Iliskileri/ AdaylikSureci/IlerlemeRaporlari/2011_ilerleme_raporu_tr.pdf_, (erişim: 08.07.2017).

_____ (2012), "Türkiye 2012 İlerleme Raporu", _http://www.ab.gov.tr/files/AB_Iliskileri/Adaylik Sureci/IlerlemeRaporlari/2012_ilerleme_raporu_tr.pdf_ (erişim: 08.07.2017).

BBC Türkçe, (2015), "Türkiye'deki yüz binlerce Suriyeliye çalışma izni yolda", 25 Aralık 2015, _http://www.bbc.com/turkce/haberler/2015/12/151224_suriyeliler_calisma_izni_ (erişim: 19.06.2016).

Biner, Ö. (2016), _Türkiye'de Mültecilik: İltica, Geçicilik ve Yasallık "Van Uydu Şehir Örneği"_, İstanbul: İstanbul Bilgi Üniversitesi Yayınları.

Castles, S. ve M. J. Miller (2003), _Göçler Çağı_, İstanbul: İstanbul Bilgi Üniversitesi Yayınları (Çev. B. U. Bal ve İ. Akbulut).

Ciğerci, N. (2012), "Bursa-Kırcaali Hattı: 1989'da Gelen Bulgaristan Göçmenleri Örneği". _Küreselleşme Çağında Göç_ içinde, der. S. G. Ihlamur-Öner ve N. A. Ş. Öner, İstanbul: İletişim Yayınları.

Council of Europe (COE), (2009), "Report by Thomas Hammarberg Commissioner for Human Rights of the Council of Europe," 1 Ekim 2009, https://rm.coe.int/16806db840 (erişim: 07.07.2017).

Cumhuriyet, (2014), "Suriyelilerden sonra şimdi de Iraklılar Türkiye'ye geliyor", 30 Haziran 2014, _http://www.cumhuriyet.com.tr/haber/turkiye/88467/Suriyelilerden_sonra_simdi _de_ Iraklilar _Turkiye_ye_geliyor.html_ (erişim: 22.07.2017).

Çatır, G. (2012), "Zorunlu Göç Tecrübesinin Devlet Politikalarındaki Yansıması: Bulgaristan'dan Türkiye'ye Kitlesel Göçün Analizi". _Küreselleşme Çağında Göç_ içinde, der. S. G. Ihlamur-Öner ve N. A. Ş. Öner, İstanbul: İletişim Yayınları.

Çiçekli, B. ve O. Ö. Demir (2013), _Türkiye Koridorunda Yasadışı Göçmenler_, Ankara: Karınca Yayınları.

Deniz, A. Ç, Ekinci, Y. ve Hülür, A. B (2016), _"Bizim Müstakbel Hep Harap Oldu": Suriyeli Sığınmacıların Gündelik Hayatı_, İstanbul: İstanbul Bilgi Üniversitesi Yayınları.

Diken, (2016), "Önce beyaz yakalılar: Vatandaş yapılacak 300 bin Suriyeli bir yıl oy kullanmayacak", 9 Temmuz 2016, _http://www.diken.com.tr/vatandaslik-verilecek-300-bin-suriyeli-ilk-bir-yilda-oy-kullanamayacak/_ (erişim: 22.07.2017).

Erdoğan, M. M. (2015), "Türkiye'ye Kitlesel Göçlerde Son ve Dev Dalga: Suriyeliler". _Türkiye'nin Göç Tarihi: 14. Yüzyıldan 21. Yüzyıla Türkiye'ye Göçler_ içinde, der. M.M.Erdoğan ve A. Kaya, İstanbul: İstanbul Bilgi Üniversitesi Yayınları.

Erdoğan, M.M ve A. Kaya (der.) (2015), _Türkiye'nin Göç Tarihi: 14. Yüzyıldan 21. Yüzyıla Türkiye'ye Göçler_, İstanbul: İstanbul Bilgi Üniversitesi Yayınları.

Gazeteduvar.com, (2017), "İzmir'de, Türkiyeli ve Suriyeli işçiler ortak eylem yaptı", 26 Eylül 2017, _https://www.gazeteduvar.com.tr/ekonomi/2017/09/21/izmirde-turkiyeli-ve-suriyeli-isciler-ortak-eylem-yapti/_, (erişim: 13.10.2017).

Geçici Koruma Sağlanan Yabancıların Çalışma İzinlerine Dair Yönetmelik (15 Ocak 2016), 8375 Sayılı Resmi Gazete.

Geçici Koruma Yönetmeliği (22 Ekim 2014), 29153 Sayılı Resmi Gazete.

Human Rights Watch (2015), "Geleceğimi Hayal Etmeye Çalıştığımda Hiçbir Şey Göremiyorum"- Türkiye'deki Suriyeli Mülteci Çocukların Eğitime Erişiminin Önündeki Engeller – Kayıp Nesil Olmalarını Önlemek, İstanbul.

Hürriyet (2014), "Ayakkabıcılar sitesinde Suriyeli işçi isyanı", 14 Ağustos 2014, _http://www.hurriyet.com.tr/ayakkabicilar-sitesinde-suriyeli-isci-isyani-27005301,_ (erişim: 13.10.2017).

İltica ve Göç Araştırmaları Merkezi (İGAMDER), (y.t.y), "Türkiye'deki Afgan Sığınmacılar: Yaşam Koşulları ve Avrupa'ya Kaçış Nedenleri", _http://www.igamder.org/wp-content/uploads/2016/08/T%C3%BCrkiyede-Afgan-S%C4%B1%C4%9F%C4%B1nmac %C4%B1lar_Proje-Rapor-%C3%96zeti.pdf_, (erişim: 25.07.2017).

Karabağlı, H. (2016), "Suriye Dostluk Derneği: Türkiye'de 1 milyonu kayıt dışı 4 milyon

89

Suriyeli var," *T24.com*, 11 Temmuz 2016, *http://t24.com.tr/haber/suriye-dostluk-dernegi-turkiyede-1-milyonu-kayit-disi-4-milyon-suriyeli-var,349342* (erişim: 21.07.2017).

Mültecilerle Dayanışma Derneği (Mülteci-Der) (2014), Belgesel: "Türkiye'de Mülteci Olmak", *https://www.youtube.com/watch?v=35KenEZi0YE* (erişim: 02.08.2017).

Mülteci Hakları Merkezi (MHM) (2016a), "Türkiye'de Uluslararası Koruma Arayan Kişiler için Eğitim Hakkı", *https://www.mhd.org.tr/assets/ip_edu_tr.pdf* (erişim: 07.07.2017).

_____ (2016b), "Türkiye'de Uluslararası Koruma Arayan Kişiler için İşgücü Piyasasına Erişim", *https://www.mhd.org.tr/assets/ip_work_tr.pdf* (erişim: 07.07.2017).

_____ (2016c), "Türkiye'de Uluslararası Koruma Arayan Kişiler İçin Sağlık Hizmetleri", *https://www.mhd.org.tr/assets/ip_health_tr.pdf* (erişim: 07.07.2017).

_____ (2017a), "Suriye'den Gelen Sığınmacılar İçin Türkiye'de Geçici Koruma", *https://www.mhd.org.tr/assets/tp_booklet_tr.pdf* (erişim: 02.08.2017).

_____ (2017b), "Suriye'den Gelen Sığınmacılar ve Eğitim Hakkı", *https://www.mhd.org.tr/assets/tp_edu_tr.pdf* (erişim: 02.08.2017).

Oran, S. (2017), *Sınıf ve Kültürel Kimlikler Üzerinden Katı Atık Toplayıcılarının Gündelik Çalışma Pratikleri: Ankara İlinde Nitel Bir Araştırma*, Yayımlanmamış Doktora Tezi, Ankara Üniversitesi, Sosyal Bilimler Enstitüsü, Çalışma Ekonomisi ve Endüstri İlişkileri Anabilim Dalı.

Özgür, N. (2012), "Modern Türkiye'nin Zorunlu Göçmenleri: Muhacirler, İskânlılar, Mübadiller, İslamlar, Soydaşlar, 'G' Grubu, Mülteciler, 'Tekne Mültecileri'". *Küreselleşme Çağında Göç* içinde, der. S. G. Ihlamur-Öner ve N. A. Ş. Öner, İstanbul: İletişim Yayınları.

Özgür-Baklacıoğlu, N. (2015), "Yugoslavya'dan Türkiye'ye Göçlerde Sayılar, Koşullar, Tartışmalar". *Türkiye'nin Göç Tarihi: 14. Yüzyıldan 21. Yüzyıla Türkiye'ye Göçler* içinde, der. M.M.Erdoğan ve A. Kaya, İstanbul: İstanbul Bilgi Üniversitesi Yayınları.

Sert, D. (2014), "Küresel Hareketlilik ve Göç". *Küresel Siyasete Giriş: Uluslararası İlişkilerde Kavramlar, Teoriler, Süreçler* içinde, der. Evren Balta, İstanbul: İletişim Yayınları.

Şenol-Sert, D. ve U. Yıldız (2015) "Kısıtlanan Özgürlükler: Türkiye'de Sığınmacı Olmak", *Birikim* (Sayı 320): 33-37.

Şimşek, D., (2015a), "İnsan Odaklı Mülteci Politikaları Mümkün", *Alternatif*, 6 Kasım 2015, https://tr.boell.org/tr/2015/11/06/insan-odakli-multeci-politikalari-mumkun (erişim: 19.06.2016).

_____ (2015b) "Türkiye'de Sığınmacı Olmak: Belirsizlikler İçinde Yaşamak", *Birikim* (Sayı 320): 16-23.

Tafolar, M. (2017), "12 bin Suriyeli Türk vatandaşı oldu", *Milliyet*, 9 Mart 2017, *http://www.milliyet.com.tr/12-bin-suriyeli-turk-vatandasi-oldu-gundem-2410069/* (erişim: 07.08.2017).

T24.com (2015), "İstanbul'da köle düzeni belgelendi: Suriyeli çocuklar ayda 300 liraya, günde 12 saat çalıştırılıyor", 24 Eylül 2015, *http://t24.com.tr/haber/istanbulda-kole-duzeni-belgelendi-suriyeli-cocuklar-ayda-300-liraya-gunde-12-saat-calistiriliyor,310708* (erişim: 19.06.2016).

_____ (2017), "Türkiye'de ne kadar Suriyeli var; ne kadarı kayıtlı olarak çalışıyor, kaçı iş arıyor?", 6 Mart 2017, *http://t24.com.tr/haber/turkiyede-ne-kadar-suriyeli-var-ne-kadari-kayitli-olarak-calisiyor-kaci-is-ariyor,392171* (erişim: 02.08.2017).

T.C. Başbakanlık Afet ve Acil Durum Yönetimi Başkanlığı (AFAD) (2014), "Suriyeli Misafirlerimiz Kardeş Topraklarında 2014", *https://www.afad.gov.tr/upload/Node/3493/xfiles/suriyeli-misafirlerimiz.pdf* (erişim: 08.07.2017).

_____ (2017a), "Suriyeli Sığınmacılara Yapılan Yardımlar", https://www.afad.gov.tr/upload/Node/2373/files/Suriyeli_Siginmacilara_Yapilan_Yardimlar+7.pdf (erişim: 02.08.2017).

_____ (2017b), "31 Temmuz 2017 İtibariyle Barınma Merkezlerindeki Suriyeli Sayısı" *https://www.afad.gov.tr/upload/Node/2374/files/Barinma_Merkezlerindeki_Son_Durum+5.pdf* (erişim: 02.08.2017).

T.C. Çalışma ve Sosyal Güvenlik Bakanlığı, "Geçici Koruma Sağlanan Yabancıların Çalışma

# SURİYELİLER VE "DİĞERLERİ"

İzinlerine Dair Uygulama Rehberi", *http://www.calismaizni.gov.tr/media/1035/ gkkuygulama.pdf* (erişim: 02.08.2017).

\_\_\_\_ (y.t.y.), "Kanunlarla Türk Vatandaşlarına Hasredilen ve Yabancıların Çalışmalarının Yasak Olduğu Meslek ve Görevler", 29 Kasım 2016, *http://www.calismaizni. gov.tr/yabancilar/yabancilara-yasak-meslekler/* (erişim: 02.08.2017).

T.C. İçişleri Bakanlığı Göç İdaresi Genel Müdürlüğü (GİGM) (Nisan 2017), *Türkiye Göç Raporu 2016*, Yayın No: 40, Ankara: T.C. İçişleri Bakanlığı Göç İdaresi Genel Müdürlüğü Yayınları.

\_\_\_\_ (y.t.y.), "Uluslararası Koruma İle İlgili Sorular", *http://www.goc.gov.tr/files/files/ UK%20ALANINDA%20SORU%20VE%20CEVAPLAR.pdf* (erişim: 21.07.2017).

Türk Tabipler Birliği (TTB) (2014), *Suriyeli Sığınmacılar ve Sağlık Hizmetleri Raporu*, Ankara: Türk Tabipler Birliği Yayınları.

Türkiye'ye İltica Eden veya Başka Bir Ülkeye İltica Etmek Üzere Türkiye'den İkamet İzni Talep Eden Münferit Yabancılar ile Topluca Sığınma Amacıyla Sınırlarımıza Gelen Yabancılara ve Olabilecek Nüfus Hareketlerine Uygulanacak Usul ve Esaslar Hakkında Yönetmelik, (14 Eylül 1994), 22127 Sayılı Resmi Gazete.

Uluslararası Af Örgütü (2011), *Dünyada İnsan Haklarının Durumu*, İstanbul.

\_\_\_\_ (2014), *Hayatta Kalma Mücadelesi: Türkiye'deki Suriye'den Gelen Mülteciler*, İstanbul.

\_\_\_\_ (2016), *Güvenli Olmayan Sığınak*, İstanbul.

Uluslararası Koruma Başvuru Sahibi ve Uluslararası Koruma Statüsü Sahibi Kişilerin Çalışmasına Dair Yönetmelik, (26 Nisan 2016), 29695 Sayılı Resmi Gazete.

Ulusoy, O. ve U. Kılınç (2014), "Yabancıların Sınırdışı İşlemlerinde AİHM İçtüzük Kural 39 ve Anayasa Mahkemesi Bireysel Başvuru Yolları." *Sınır ve Sınırdışı: Türkiye'de Yabancılar Göç ve Devlete Disiplinlerarası Bakışlar* içinde, der. D. Danış ve İ. Soysüren, Ankara: NotaBene.

UNHCR, (2000), "The State of The World's Refugees 2000: Fifty Years of Humanitarian Action", *http://www.unhcr.org/3ebf9baf0.html* (erişim: 21.07.2017).

\_\_\_\_ (2016), "Global Trends, Forced Displacement 2016," *http://www.unhcr.org/dach/wp-content/uploads/sites/27/2017/06/2016_Global_Trends_WEB-embargoed.pdf* (erişim: 21.07.2017).

\_\_\_\_ (2017a), "2017 UNHCR Aylık İstatistikleri," *http://www.unhcr.org/turkey/uploads/ root/tr(70).pdf* (erişim: 06.08.2017).

\_\_\_\_ (2017b), "Syria Regional Refugee Response," 6 Ağustos 2017, *http://data.unhcr.org/ syrianrefugees/regional.php* (erişim: 06.08.2017).

Üstübici, A. (2017), "Türkiye'de Göç Politikalarının Dönüşümü: Yasadışılığın Uluslararası Üretiminden Makbul Yabancıya?", *Toplum ve Bilim* (Sayı 140): 106-121.

Viotti, P.R ve M. V. Kauppi (2014), *Uluslararası İlişkiler ve Dünya Siyaseti*, İstanbul: Nobel Yayıncılık (Çev. A. Ö. Erozan).

Yabancıların Çalışma İzinleri Hakkında Kanunun Uygulama Yönetmeliği, (erişim: 29 Ağustos 2003), 25214 Sayılı Resmi Gazete.

Yıldız, D. ve D. Sert (2017), "Göçün Jeopolitiği ve Türkiye'nin Coğrafi Kısıtlaması Üzerine Farklı Bir Yorum", *Toplum ve Bilim* (Sayı 140): 93-105.

Zürcher, E. J. (2001), *Modernleşen Türkiye'nin Tarihi*, İstanbul: İletişim Yayınları (Çev. Y. S. Gönen).

# SURİYELİLERİN DEMOGRAFİK YAPISI

## M. Murat Yüceşahin & İbrahim Sirkeci[*]

### Giriş

Suriye krizi, 2011'den bu yana, 5.136.939'u bölge ülkelerinde, 952.446'sı Avrupa'da olmak üzere en az 6 milyon 89 bin kişinin ülkeyi terk etmesine yol açarken en az bunun kadar kişiyi de ülke içinde yerinden etti. Türkiye; coğrafi konumu, iki ülke arasındaki tarihsel nüfus ilişkileri ve Suriye ile olan uzun kara sınırı nedeniyle Suriyelilerin büyük çoğunluğunun yeniden yerleşmesi için tercih edilen bir ülke oldu. Özellikle 2012'den sonra Türkiye'ye gelen Suriyelilerin sayısında keskin bir artış meydana geldi (Yazgan vd., 2015; Sirkeci, 2017a; Yucesahin ve Sirkeci, 2017). Lübnan, Ürdün, Mısır ve Irak'a da çok sayıda Suriyeli sığınmacı yerleşti. İç çatışmaların başlarında Suriyelilerin büyük kısmı yakındaki Orta Doğu ülkelerine kaçarken, ilerleyen zamanlarda pek çoğu Avrupa ülkelerine gitmeyi istedi. Bu, onların az gelişmiş ülkelerden gelişmiş ülkelere doğru gerçekleşen hakim göç doğrultusuna uyum sağlamaya çalıştıklarını gösterdi. Nihayetinde Almanya ve Birleşik Krallık gibi dikkate değer sayıda Suriyeliyi kabul eden ülkeler de belirmeye başladı.

Suriyelilerin yoğunlukla sığındıkları ülkelerde onların yerli nüfuslarla entegrasyon sürecine ilişkin medya, siyaset ve akademik alanlarda tartışmalar başladı. Özellikle ve doğal olarak Türkiye akademisinde Suriyelilerin sosyo-ekonomik ve kültürel uyum süreçlerine dair güçlü bir ilginin varlığı gözlerden kaçmamaktadır. Ancak Türkiye'de 2012'den bu yana yapılan çalışmaların büyük bir kısmı Suriyeli nüfusu temsil yeteneğine sahip olmayan, görüşmelere dayalı niteliksel ve bir dereceye kadar niceliksel araştırmalardır. Bu araştırmalar yaygınlıkla Suriyelilerin Türkiye'ye sığınmalarını, yeniden yerleşim sürecindeki genel geçer boyutlarını (eğitim, sağlık, barınma ve sosyo-kültürel uyum gibi) dikkate alan çalışmalardır.

Göçmenlerin gittikleri ülkenin toplumlarına kıyasla sosyo-ekonomik ve

---

[*] Bu tercüme çalışmanın orjinali 2017 yılında *Border Crossing* dergisinde yayınlanmıştır. Bakınız: Yucesahin, M. M. & Sirkeci, I. (2017). Demographic gaps between Syrian and the European populations: What do they suggest?. *Border Crossing*, 7(2), 207-230.

kültürel farklılıkları kadar demografik eğilimleri ve farklılıkları da önemlidir. Aslında Türkiye'deki ulusal medyanın ve siyasetçilerin -çoğunlukla doğru açıklamalar olmasa da- kimi zaman Suriyelilerin demografik yapısına dair söylemlerde bulunduklarını gözlemleyebiliyoruz. Ancak -bilgimiz dahilinde- gerek Türkiye'deki gerekse uluslararası akademik çalışmalarda Suriyeliler ile yerli nüfus arasındaki demografik eğilim farklılıklarını ve bunların geleceğe ilişkin öngörülerini değerlendiren bir çalışmaya rastlamıyoruz.

Suriye nüfusuna dair artan genel ilgi, yöntem olarak sağlam ve güvenilir analizlerden yoksun ve genellikle temsili olmayan alan verilerine dayalı çok sayıda raporun yayımlanmasına yol açarken, güvenilir verilere dayalı sağlıklı analizler yapılması gereksinimini artırdı. Bu çalışmadaki amacımız Suriye nüfusunun kapsamlı bir demografik analizini sunarak ortaya çıkan boşluğun doldurulmasına katkıda bulunmaktır. Çalışmamızda, ilkin 1950'den 2015'e dek olan dönemde Suriye nüfusunun demografik eğilimlerine ve değişimlerine ve ardından 2015'den 2100'e kadar olan dönemde Suriyelilerin en çok gittikleri ülkelerin toplumlarının demografik farklılıklarına ve geleceğe dair öngörülere odaklanıyoruz. Orta ve uzun vadeli analizlerimiz Dünya Nüfus Öngörüleri (*World Population Prospects*) (UN, 2016) veri setindeki Türkiye, Suriye, Almanya ve Birleşik Krallık (BK)'a ait demografik verilerle gerçekleştirilmiştir. Çalışmanın teorik arka planı, Demografik Dönüşüm Kuramı'na dayanmaktadır çünkü ilerleyen yıllarda, özellikle orta ve uzun vadede, demografik dönüşümün Suriyeli göçmenleri kabul eden ülkelere önemli etkileri olacağını düşünüyoruz.

## Kuramsal Çerçeve

Demografik Dönüşüm Kuramına göre nüfusun dönüşümü gelişmekte olan ya da az gelişmiş ülkelerde henüz tamamlanmamış bir süreçtir (Newbold, 2010). Bu ülkelerde hala hızlı nüfus artışı söz konusudur. Gelişmekte olan ülkelerde, başarıları kısmi de olsa kalkınma çabaları sayesinde, ölüm hızı dikkat çekici bir biçimde düşerken; 20. Yüzyıl ortalarından itibaren doğurganlık hızı nüfus yenilenme düzeyinin (kadın başına 2,1 çocuk) üzerinde, kabaca kadın başına ortalama 3 çocuk dolayında, kaldı. Bu hızın Afrika'nın güneyindeki (Sahra Altı) ülkelerde daha yüksek olduğu görüldü. Gelişmiş ülkelerde ise ölümlülük ve doğurganlıktaki dönüşüm 19. Yüzyılda ve 20. Yüzyılın başlarında gerçekleşti. Endüstri Devrimi ile gelen sağlık alanındaki önemli gelişmeler ve buluşlar sonucunda bebek ölüm hızı düştü ve yaşam beklentisi belirgin olarak arttı (Bongaarts ve Watkins, 1996; Weeks, 2002; Weinstein ve Pillai, 2001; Rowland, 2012; Yaukey vd., 2007). Günümüzde bu ülkelerin tamamında doğurganlığın çok uzun süredir düşük olduğu ve yaş dönüşümünün sonuna gelindiği görülmekte. Bununla beraber gelişmiş ülkelerde nüfusun yaşlanması önemli bir sorun olarak ortaya çıkmış durumda. Gelişmiş ülkelerde genellikle nüfus artış hızı ile doğurganlık hızının düşük ve uluslararası göçün genel olarak kontrollü olduğunu görüyoruz. Bazı

SURİYELİLERİN DEMOGRAFİK YAPISI

Avrupa ülkelerinde, özellikle Doğu Avrupa'da nüfus gittikçe azalmaktadır. Amerika Birleşik Devletleri (ABD) Nüfus Referans Bürosunun (*Population Reference Bureau*) projeksiyonlarına göre örneğin Baltık ülkelerinden Letonya'nın günümüzde kabaca 2,3 milyon olan nüfusunun, düşük doğurganlık hızı nedeniyle 2050'de 1,9 milyona düşmesi, Almanya'nın ise yaklaşık 82 milyon olan nüfusunun aynı dönemde 71,4 milyona gerilemesi beklenmektedir (Newbold, 2010: 23). Türkiye'nin nüfusunun 2050'ye dek artmaya devam edeceği ancak bu yüzyılın ikinci yarısında düşük doğurganlık hızı nedeniyle azalmaya başlayacağı tahmin edilmektedir (UN, 2016).

20. Yüzyılın ikinci yarısından itibaren demografik dönüşümün küresel düzeyde etkili olduğuna (Reher, 2004; Caldwell, 2001; Caldwell ve Caldwell, 2001) tanık olsak da, bugün, sürecin ilerleme temposundaki çeşitliliğe bakarak pek çok ülke arasında hala önemli demografik farklılıklar olduğunu söyleyebiliyoruz. Özellikle göç alan ve göç veren ülkeler arasındaki karşılaştırmalarla çeşitli ülkelerin toplumları arasındaki demografik dönüşümle ilgili farklılıkları daha iyi anlıyoruz. Her ülke ya da bölge toplumları demografik dönüşümü tarihsel, sosyal, kültürel ve ekonomik değişim süreçlerinin etkisiyle kendine özgü koşullarda yaşamaktadır (Lesthaeghe, 1983; Coale ve Watkins, 1986; Watkins, 1987; Caldwell ve Caldwell, 2001). Bu itibarla hiçbir hız veya oran yüksek ya da düşük olarak nitelenemez; daha gelişmiş ya da az gelişmiş diye tarif edebileceğimiz standart niteliklerin varlığını nüfusları karşılaştırmadan anlayamayız (Rowland, 2012: 120).

Demografik Dönüşüm gibi kavramlar ve kuramlar, araştırmalar için karşılaştırma platformu sunar. Bu karşılaştırmalar sonuçlar çıkarmak ve açıklamalarımızı geliştirmek için gereklidir. Ulusal, bölgesel veya yerel düzeyde nüfusları karşılaştırmak demografik yapıdaki farklılıkların, zamana ve mekâna göre nasıl ve ne kadar değiştiğini anlamamız için önemlidir. Bu sayede nüfusların yapısal niteliklerini ve demografik eğilimlerdeki değişimlerini yeterince anlamak ve açıklamak mümkün olmaktadır.

Toplumsal yapının göz ardı edilemeyecek kadar önemli olan bir boyutunu da yaş ve cinsiyet kompozisyonu oluşturmaktadır. Bir açıklayıcı olarak yaş ve cinsiyet kompozisyonu, toplumsal değişimin anahtar göstergelerinden biridir. Her yaş grubundaki kadın ve erkek sayısı toplumların yaş yapısı bakımından nasıl örgütlendiğini ve demografik dönüşümün nasıl işlemekte olduğunu anlamamıza yardımcı olur (Rowland, 2012). Yaş ve cinsiyet kompozisyonu üç nüfus sürecinin etkileşimiyle biçimlenir: Doğumlar, ölümler ve göç. Doğurganlıktaki değişimler nüfusun yaş yapısına önemli etki yapmaktadır. Genel olarak yüksek düzeyli doğurganlık, genç bir nüfus yapısının oluşmasına, düşük düzeyli doğurganlık ise nüfusun yaşlanmasına yol açar. Ölümlülük, yaş dağılımına kısa vadede en küçük etkiyi yapar ancak ölümlülüğün bazı az gelişmiş ülkelerde olduğu gibi aniden düşmesi nüfusun

YÜCEŞAHİN & SİRKECİ

gençleşmesine ve aniden büyümesine yol açabilir. Ölümlülük geçişi, aynı zamanda yaşam beklentisinin artışı ve cinsler arası farka dayalı olarak ileri yaş gruplarında kadın nüfus oranının artmasına da neden olabilir. Göç, belirli yaş gruplarında (özellikle çalışma çağı kuşağı) yoğunlaştığından ve bazen cinsiyet açısından da seçici olabildiğinden (geleneksel olarak erkek nüfusun göçe daha yoğun katılımı) nüfus değişimine büyük ölçüde etki edebilmektedir (Rowland, 2012; Newbold, 2010). Nüfus bilimciler çeşitli senaryolara göre gerçekleştirilen nüfus projeksiyonları üzerinden geleceğe dair yaş ve cinsiyet yapısına etki eden nüfus süreçlerini incelerler. Öte yandan geçmişe baktığımızda farklı doğum kuşaklarının zaman içinde toplumsal olaylardan nasıl etkilendiğini ve bu olayları nasıl etkilediğini görebiliriz. Nüfus projeksiyonlarını kullanarak olası değişim yönlerini ortaya çıkarabiliriz. Örneğin; demografik dönüşümün son safhalarında, genç nüfus yapısının yaşlanan nüfus yapısına dönüştüğünü pek çok gelişmiş ülkenin uzun süreli demografik değişim sürecine bakarak görebiliriz. Önemli olan bu dönüşümün ne kadar hızlı ya da yavaş gerçekleşeceğidir. Çünkü yaş yapısındaki değişimler yaş dönüşümünün bir parçası olarak iktisadi yaşamı, siyasi egemenliği ve toplumsal istikrarı etkileyebilir.

Dikkat çekici biçimde net göç (içe göç ya da dışa göç) yaşayan ülkeler bir süre sonra yaş ve cinsiyet yapılarının değiştiğini görecektir. Almanya, BK, ABD, Kanada, Fransa gibi gelişmiş ülkelerin nüfus büyüme hızlarında içe göç (pozitif net göç) güçlü bir etmen olduğu için bu ülkelerin demografik analizi göç ve diğer nüfus süreçlerini anlamak için kritik düzeyde önemlidir.

Göçmenler arasında her yaştan bireylere rastlamak mümkündür ancak dünya genelinde genç yetişkinler arasında göçmenlerin diğer yaş gruplarına göre daha fazla yer tuttuğu dikkat çekmektedir. Örneğin ABD'de, içe göç dışa göçten daha fazladır ve dışa göç edenlerin içe göç edenlere oranla genel olarak daha yaşlı olduğunu görebiliriz ve bu, yaş yapısına küçük de olsa bir etki yapacaktır (Bouvier, vd., 1997; Weeks, 2002).

Kısa vadede, göç veren yerde göçmenlerin gidişiyle (negatif net göç) genç nüfus oranı azalırken göç alan yerde genç nüfus oranı, göçmenlerin gelişiyle yükselir. Uzun vadede ise göçün etkisi dolaylı olarak doğurganlık yapısında kendini belli eder çünkü göçmenler genel olarak doğurganlık çağındadırlar (15-49 yaş arası grup). Böylelikle göçmenlerin demografik özellikleri göç alan ülkeler açısından son derece önemlidir. Bundan dolayı göçle eş zamanlı olarak pek çok ülke doğurganlıktan ya da nüfus kontrolünden yana politikalarını zaman zaman değiştirmiştir. Örneğin, pek çok gelişmiş ülke kontrollü veya seçici göç politikalarıyla birlikte doğurganlığı / nüfusu artırıcı politikalar gütmüştür (Yüceşahin, vd., 2016). Bu sayede, kısa ve uzun vadede çalışma çağı kuşağı nüfusta oluşan açığı kapatmayı amaçlamışlardır.

SURİYELİLERİN DEMOGRAFİK YAPISI

## Veri ve Yöntem

Göç etmiş Suriyelilerin demografik özelliklerini gittikleri ülkeler özelinde gösterebileceğimiz nüfus verileri maalesef henüz mevcut değildir. Bu yüzden çalışmamızı Birleşmiş Milletlerin ülkeler düzeyindeki verilerine dayandırıyoruz (UN, 2016). Suriye nüfusunun demografik dönüşümünü göstermek için farklı yıllara özgü toplam nüfus, kaba doğum hızı (KDH), kaba ölüm hızı (KÖH), toplam doğurganlık hızı (TDH) ve doğuşta yaşam beklentisi göstergelerini kullanıyoruz. 1950, 1980, 2010 ve 2015 yıllarında yaş ve cinsiyet dağılımına bakarak cinsiyet ve yaş yapısındaki değişimi gösteriyoruz. 1950'den itibaren otuz yıllık iki dönemi incelerken bugünkü dışa göç akımlarını da dikkate alabilmek için 2010-15 arasındaki beş yıllık dönemi de inceliyoruz.

Bu çalışmanın ikinci kısmında ise Suriye ve Avrupa nüfusları arasında oluşabilecek gelecekteki demografik farklara odaklandık. Kriz boyunca ve sonrasında Suriyelilerin dışa göç eğilimlerini dikkate alarak üç ülke seçtik: Türkiye, Almanya ve Birleşik Krallık. Bu üç ülke önemli sayıda Suriyeli göçmen veya mülteci nüfus barındırmaktadır. Aynı zamanda yakın ve uzun vadede Suriyeli göçmen nüfusları misafir eden ülkelerin demografisine uygunluk ölçütlerini dikkate aldık. Bu amaçla, Birleşmiş Milletlerin (UN, 2016) 1950 ila 2100 arasında Suriye nüfusuna ilaveten seçilmiş üç ülke için sunduğu çeşitli demografik göstergeleri kullandık. Böylece çalışmanın ikinci bölümünde 2015-2100 dönemi için toplam doğurganlık hızı, ortanca yaş, çocuk nüfus bağımlılık oranı, yaşlı nüfus bağımlılık oranı ve toplam nüfus bağımlılık oranına özgü gelecekle ilgili eğilimlere ilişkin öngörüleri değerlendirdik. Ayrıca her dört ülkenin 2015, 2025, 2050 ve 2100 yıllarına özgü nüfus piramitlerini hazırlayarak nüfusların yaş ve cinsiyet dağılımlarındaki olası değişmeleri karşılaştırmalı olarak inceledik.

## Suriye Nüfusunun Demografik Dönüşümünün Arkaplanı

Orta Doğu nüfuslarında yüksek doğurganlık ve yüksek ölüm hızlarından düşük hızlara doğru bir dönüşüm özellikle 20. Yüzyılın ikinci yarısında açıkça gözlemlenmektedir. Diğer gelişmekte olan ülkelere benzer biçimde Orta Doğu ülkelerinin nüfusları 20. yüzyılın ikinci yarısında demografik dönüşümün üç temel evresini deneyimlediler (Winckler, 2003). Bunlardan ilki, 20. Yüzyıl başlarından 1960'lara dek uzanan, yüksek doğurganlık ve ölüm hızlarına bağlı olarak düşük nüfus artış hızıyla özelleşen dönemdir. İkincisi, 1960'lardan 1990'lara dek uzanan erken dönüşüm evresidir. Bu dönemde ölüm hızlarındaki belirgin azalmalara karşılık doğurganlık yüksek düzeylerde seyretmiş ve bu nedenle nüfus artış hızları pozitif yönde zirve yapmıştır (Allman, 1980; Omran ve Roudi, 1993; Rashad, 2000). Ancak bu ikinci evrenin yarısından itibaren doğurganlıktaki hızlı düşüşler ölüm hızındaki azalmalara eşlik etmeye başlamıştır. Üçüncüsü ise 1990'ların sonundan bugüne dek uzanan, doğurganlık ve ölüm hızlarındaki nispeten hafifleyen düşüşlerin gözlemlendiği ve nüfus artış hızının da yavaşladığı orta-dönüşüm evresidir (Tablo 1). Toplam doğurganlık hızı 1960'lardaki düşüş başlayana dek hızla yükselmiştir. Yaşam beklentisi ise çok hızlı artmıştır.

Bugün, Orta Doğu'nun pek çok ülkesinde doğurganlık kadın başına ortalama 3 çocuk ve daha fazladır. Fakat genel olarak doğurganlık, Körfez ülkeleri, Türkiye ve Tunus'ta nüfusun kendini yenileme düzeyi (kadın başına ortalama 2,1 çocuk) civarındadır. Böylece Orta Doğu'da ve Ön Asya'nın Arap ülkelerinde demografik dönüşüm, nüfus momentumunun içinde bulunduğumuz yüzyılda yavaşlayarak süreceği yönünde, bölgeye özgü bir yapı sergilemektedir. Suriye'nin nüfusu 1950'de 3,4 milyon iken 2010'da 21,5 milyona çıkmıştır. Birleşmiş Milletlere göre (UN, 2016) Suriyeli nüfusun artmaya devam edeceği ve 2050'de 35 milyona ulaşacağı tahmin edilmektedir. Gelişmiş ülkelerle kıyaslandığında Suriye'nin nüfus artış hızı oldukça yüksektir (Douglas, 2010: 50). Ancak 1965-70 ve 1990-95 dönemlerindeki hafif artışlar dışında, kaba doğum hızlarının 1950-55'de binde 50,8'den 2010-15'te binde 24,1'e düştüğünü görüyoruz. Yakın geçmişte gerçekleşen çok yüksek doğurganlık hızları düşük ölüm hızları ile birlikte nüfusun gençleşmesine yol açmıştır. Ayrıca bölge genelinde, 2005-10 döneminde, kaba ölüm hızları binde 3,5'e kadar inen ciddi bir düşüş göstermiştir (Tablo 1; Şekil 1). Aslında bu hız, gelişmiş ülkelerdeki güncel ölüm hızlarından bile daha düşüktür. 2010-15 döneminde ise bölge genelinde savaş ve çatışmaların neden olduğu ölümlerin artışına istinaden olsa gerek, kaba ölüm hızlarında hafif bir yükselme dikkat çekmektedir (Şekil 1).

Suriye nüfusunda 1980-1985'den 2010-2015'e kadar uzanan dönemde yıllık ortalama nüfus büyüklüğü değişim hızı çoğunlukla negatif değerlere sahip olmuştur (Şekil 2). Bir başka ifadeyle Suriye'nin nüfusunun büyümesi savaşlardan dolayı yavaşlamış ve bu eğilim istikrarsızlaşmıştır. Şekil 1 ve 2'de gösterildiği üzere 2005-10 ve 2010-15 arasında kaba ölüm hızı artmış ve 1980-85'den itibaren azalmakta olan yıllık ortalama nüfus değişim hızı yüzdesi son dönemde çok daha belirgin olarak negatif değerlere sahip olmuştur. Bu sonucun temelde Suriye'deki iç savaş ve Orta Doğu'da 2011'den bu yana devam eden çatışmalarla ilişkili olduğunu düşünebiliriz. Ancak 1950'li yıllardan itibaren azalma eğilimi gösteren kaba doğum hızlarının azalmasına karşın 1950'den bu yana kesintisiz olarak süren nüfus artışı da yakın zamanlı çatışmalar nedeniyle durma noktasına gelmiştir. Çatışmalar sonucunda oluşan olumsuz ortam koşulları özellikle Suriye'deki çok geniş nüfus kesimlerinin komşu ülkeler ile daha uzak ülkelere kaçarak oralarda mülteci durumuna düşmelerine yol açmıştır. Özellikle 2005-10 döneminden itibaren hızla azalma gösteren yıllık ortalama nüfus büyüklüğü değişim hızı bu süreçle ilgilidir (Şekil 2).

**Şekil 1.** Suriye nüfusunda 1950-55 ve 2010-15 arası dönemde Kaba Doğum Hızı, Kaba Ölüm Hızı ve Nüfus Büyüklüğü eğilimleri

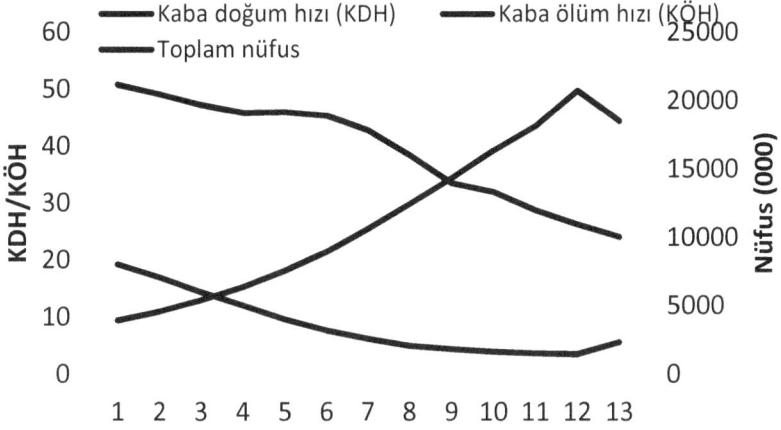

*Kaynak:* UN (2016).

**Şekil 2.** Suriye nüfusunda 1950-55 ve 2010-15 arası dönemde Yıllık Ortalama Nüfus Değişim Hızı

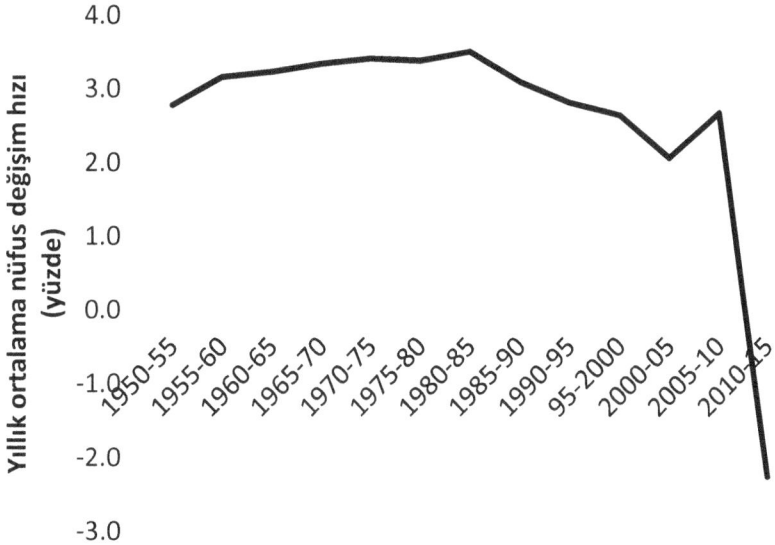

*Kaynak:* UN (2016).

**Tablo 1.** 1950-55 ve 2010-15 yılları arası Ortadoğu ülkeleri için bazı seçilmiş nüfus göstergeleri

| | 1950-55 | | 1980-85 | | 1990-95 | | 2005-10 | | 2010-15 | |
|---|---|---|---|---|---|---|---|---|---|---|
| | KDH | KÖH | KDH | KÖH | KDH | KÖH | KDH | KÖH | KDH | KÖH |
| Bahreyn | 45.0 | 21.1 | 33.0 | 4.1 | 26.7 | 3.2 | 17.0 | 2.4 | 15.4 | 2.3 |
| Bir.A.E. | 49.1 | 21.9 | 30.2 | 3.5 | 22.8 | 2.5 | 12.6 | 1.5 | 11.2 | 1.5 |
| Cezayir | 50.2 | 23.1 | 40.8 | 9.2 | 28.8 | 6.1 | 23.1 | 5.1 | 25.1 | 5.1 |
| Fas | 51.3 | 20.2 | 36.7 | 10.0 | 27.5 | 6.9 | 20.8 | 6.1 | 21.3 | 5.7 |
| Filistin | 45.9 | 20.0 | 44.9 | 6.8 | 45.7 | 4.8 | 34.0 | 3.7 | 33.1 | 3.6 |
| Irak | 53.3 | 27.7 | 39.0 | 9.9 | 37.1 | 6.4 | 35.5 | 5.8 | 35.1 | 5.3 |
| İran | 50.7 | 26.8 | 44.6 | 13.6 | 28.1 | 6.0 | 18.1 | 5.1 | 18.2 | 4.7 |
| Katar | 47.5 | 13.4 | 33.3 | 2.8 | 21.4 | 2.1 | 13.0 | 1.7 | 12.1 | 1.5 |
| Kuveyt | 43.7 | 13.6 | 36.3 | 3.6 | 19.9 | 2.6 | 23.2 | 2.7 | 20.6 | 2.5 |
| Libya | 51.0 | 30.6 | 37.0 | 6.5 | 25.4 | 4.8 | 22.9 | 4.8 | 21.7 | 5.3 |
| Lübnan | 40.2 | 12.9 | 28.8 | 7.2 | 23.3 | 6.6 | 12.7 | 4.7 | 15.0 | 4.6 |
| Mısır | 50.6 | 25.4 | 39.0 | 11.4 | 29.8 | 7.9 | 25.2 | 6.4 | 28.5 | 6.2 |
| Suriye | 50.8 | 19.2 | 42.8 | 6.2 | 33.5 | 4.4 | 26.3 | 3.5 | 24.1 | 5.6 |
| S. Arab. | 47.8 | 23.2 | 42.5 | 7.2 | 33.1 | 4.5 | 22.6 | 3.5 | 20.8 | 3.4 |
| Tunus | 45.5 | 26.6 | 33.1 | 7.8 | 22.9 | 5.8 | 17.0 | 6.0 | 18.4 | 6.6 |
| Türkiye | 49.3 | 24.1 | 32.8 | 10.3 | 24.5 | 7.8 | 18.7 | 5.9 | 17.3 | 5.8 |
| Umman | 49.1 | 28.3 | 48.2 | 8.6 | 33.4 | 4.8 | 21.4 | 3.0 | 20.8 | 2.7 |
| Ürdün | 47.4 | 20.4 | 39.7 | 6.5 | 34.0 | 4.8 | 28.7 | 3.9 | 27.9 | 3.9 |
| Yemen | 48.4 | 30.3 | 54.7 | 15.1 | 49.8 | 11.1 | 35.8 | 7.8 | 33.2 | 7.1 |
| | | | | | | | | | | |
| | DA | TDH | DA | TDH | DA | TDH | DA | TDH | DA | TDH |
| Bahreyn | 23.9 | 7.0 | 28.9 | 4.6 | 23.5 | 3.4 | 14.6 | 2.2 | 13.0 | 2.1 |
| Bir.A.E. | 27.1 | 7.0 | 26.7 | 5.2 | 20.4 | 3.9 | 11.1 | 2.0 | 9.7 | 1.8 |
| Cezayir | 27.1 | 7.3 | 31.6 | 6.3 | 22.8 | 4.1 | 18.0 | 2.7 | 19.9 | 2.9 |
| Fas | 31.1 | 6.6 | 26.7 | 5.4 | 20.6 | 3.7 | 14.7 | 2.5 | 15.5 | 2.6 |
| Filistin | 26.0 | 7.4 | 38.0 | 7.1 | 40.9 | 6.6 | 30.3 | 4.6 | 29.5 | 4.3 |
| Irak | 25.7 | 7.3 | 29.1 | 6.4 | 30.7 | 5.7 | 29.8 | 4.6 | 29.8 | 4.6 |
| İran | 23.9 | 6.9 | 30.9 | 6.5 | 22.1 | 4.0 | 13.0 | 1.8 | 13.5 | 1.8 |
| Katar | 34.1 | 7.0 | 30.4 | 5.5 | 19.2 | 3.7 | 11.3 | 2.2 | 10.6 | 2.1 |
| Kuveyt | 30.1 | 7.2 | 32.7 | 5.0 | 17.2 | 2.4 | 20.6 | 2.6 | 18.1 | 2.2 |
| Libya | 20.4 | 7.1 | 30.5 | 6.7 | 20.5 | 4.2 | 18.1 | 2.7 | 16.4 | 2.5 |
| Lübnan | 27.3 | 5.7 | 21.6 | 3.8 | 16.8 | 2.8 | 8.0 | 1.6 | 10.3 | 1.7 |
| Mısır | 25.2 | 6.6 | 27.6 | 5.5 | 21.8 | 4.1 | 18.8 | 3.0 | 22.3 | 3.4 |
| Suriye | 31.5 | 7.2 | 36.7 | 6.8 | 29.1 | 4.8 | 22.8 | 3.2 | 18.5 | 3.0 |
| S. Arab. | 24.6 | 7.2 | 35.3 | 7.0 | 28.6 | 5.6 | 19.2 | 3.2 | 17.4 | 2.9 |
| Tunus | 18.9 | 6.7 | 25.4 | 4.8 | 17.1 | 3.0 | 11.0 | 2.0 | 11.8 | 2.2 |
| Türkiye | 25.2 | 6.7 | 22.5 | 4.1 | 16.7 | 2.9 | 12.8 | 2.2 | 11.5 | 2.1 |
| Umman | 20.8 | 7.3 | 39.6 | 8.3 | 28.6 | 6.3 | 18.4 | 2.9 | 18.1 | 2.9 |
| Ürdün | 27.0 | 7.4 | 33.2 | 7.1 | 29.2 | 5.1 | 24.8 | 3.6 | 24.0 | 3.5 |
| Yemen | 18.1 | 7.4 | 39.6 | 8.8 | 38.7 | 8.2 | 28.0 | 5.1 | 26.1 | 4.4 |

*Açıklama: KDH: Kaba Doğum Hızı (binde olarak); KÖH: Kaba Ölüm Hızı (binde olarak); DA: Doğal Artış (binde olarak); TDH: Toplam Doğurganlık Hızı (kadın başına çocuk sayısı).*

*Kaynak: UN (2016).*

Pek çok gelişmekte olan ülkenin 1960'larda deneyimlediği doğurganlık geçişleri Suriye nüfusunda 1980'lerde gerçekleşmeye başlamıştır. Dolayısıyla Suriye, daha hızlı doğurganlık geçişi yaşamasına karşın tarihsel olarak daha yüksek doğum hızlarına sahip kalmıştır. Suriye'de toplam doğurganlık hızı 1980-85'te 6,8 çocuk iken 2010-15'te kadın başına 3 çocuğun biraz altına inmiştir (Tablo 1). Taleb vd. (2015), Dünya Bankasını kaynak gösterdikleri çalışmada farklı hızlara atıfta bulunmaktadır. Örneğin, bu eserde 2000'de 3,6 olan TDH'nın 2010'da 2,9'a indiğine değinilmektedir. 1990-95 döneminde kadın başına çocuk sayısının ilk kez 5'in altına indiği görülmüştür. Bu anlamda doğurganlık geçişinde Suriye nüfusunun üç değişim evresi olduğunu söyleyebiliriz: 1950'lerden 1980'lerin başına dek çok yüksek doğurganlık hızı görülen 'geçiş öncesi evre'; 1980'lerden 2000'lerin ortasına dek uzanan doğurganlığın hızla azaldığı 'erken geçiş evresi' ve 2000'lerin ortasından 2010-15 dönemine kadar uzanan 'orta geçiş evresi'dir (Şekil 3). Bu son evrede toplam doğurganlık hızlarındaki hızlı düşüşün nispeten yavaşladığını görüyoruz. Pek çok gelişmekte olan ülkede toplam doğurganlık hızları yenilenme düzeyinin altında olmasına karşın, Suriye nüfusunda TDH'nın ancak 2035-40 döneminde 2,1 çocuğa düşmesi beklenmektedir (UN, 2016).

Demografik Dönüşüm Kuramı, ölüm ve doğum hızlarındaki değişime bağlı olarak yaşam beklentisinin arttığına işaret eder. Suriye nüfusunda yaşam beklentisi 1950'den 2010'a dek 25,7 yıl artmıştır. 1950'de 48,7 yıl olan doğuşta yaşam beklentisi 2010'da 74,4 yıla yükseldi ve bunun 2050'de 77,5 yıla çıkması beklenmektedir (UN, 2016). Öte yandan ülkede son zamanlarda yaşanan iç savaş ve çatışmalar nedeniyle nüfustaki doğuşta yaşam beklentisi düzeyinin 2010-2015 döneminde 69,5 yıla gerilediğini gözlemlenmektedir (Şekil 3).

Suriye'de 1980 ila 2010 arasında çocuk nüfus bağımlılık oranı %100,8'den %58,5'e, yaşlı nüfus bağımlılık oranı ise %6,1'den %5,8'e düşmüştür. Ancak 2015'de, büyük bir olasılıkla çatışmaların da etkisiyle (Taleb vd., 2015) çocuk bağımlılık oranı yeniden yüzde 63,1'e, yaşlı nüfus bağımlılık oranı ise yüzde 6,9'a yükselmiştir (UN, 2016). Öte yandan, 65 yaş ve üzerindeki nüfusun genel nüfus içindeki payı 1950'de yüzde 4,5 iken 1980'de yüzde 3'e gerilemiştir. Ancak 1980-2010 arasında bu payın yüzde 3,5'e ve 2015'de 4,1'e yükseldiğini görüyoruz (UN, 2016).

Nüfus piramitlerinin tipi demografik dönüşümdeki aşamaları işaret eder. Örneğin ölüm hızının düşmesi nüfusu gençleştirir, çünkü daha fazla çocuk hayatta kalır. Dolayısıyla erken dönüşüm evresinde çocuk nüfus oranları artar, taban genişler ve genç nüfus piramidi oluşur. Dönüşümün daha sonraki evrelerinde nüfus yaşlandıkça doğurganlık azalır, çocuk nüfus oranı düşer ve piramidin tabanı daralır. Takip eden kuşaklar büyüklük olarak birbirine yaklaşır ve 'olgun' yaş yapılarının ortaya çıkışına tanık olunur. Ebeveyn ve çocuk nüfus yaş grupları dengelenir. Daha ileri evrede ise, dönüşüm sonrası toplumlarda, 'yaşlı' nüfus yapıları evrilir ve ileri yaş gruplarında yoğunlaşan ölümlülük ile karakterize olan piramitler ortaya çıkar.

**Şekil 3.** Suriye nüfusunda 1950-55 ve 2010-15 arası dönemde Toplam Doğurganlık Hızı ve Yaşam Beklentisi eğilimleri

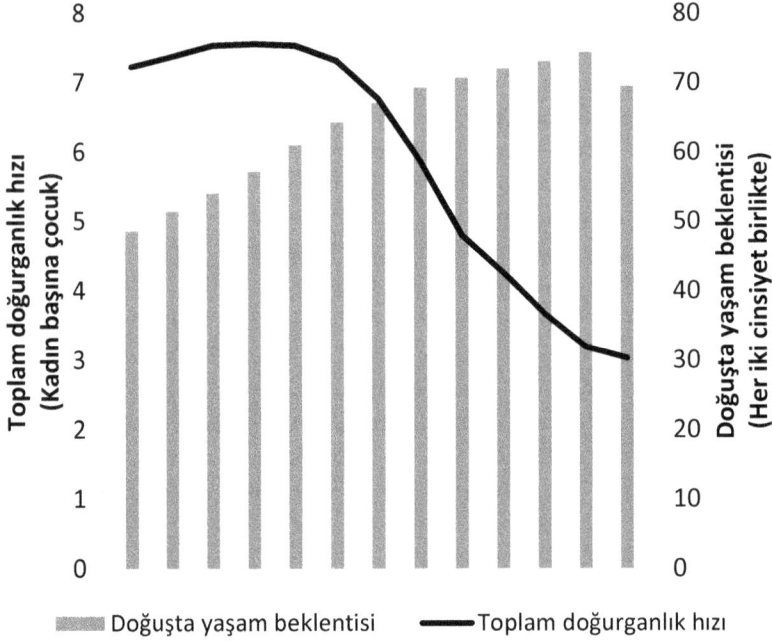

■■■ Doğuşta yaşam beklentisi  ▬▬Toplam doğurganlık hızı

*Kaynak: UN (2016).*

Özet olarak demografik dönüşüm sırasında doğurganlık hızının düşmesi kendini en çok ileri yaş gruplarının oranlarında gösterir. Bunun nedeni çocuk sayısındaki azalmadır. Buna tezat bir biçimde ölüm hızlarının düşmesinin ileri yaş gruplarına etkisi çok sınırlı iken nüfusun büyüklüğüne olan etkisi belirgindir. Hayatta kalma olasılığı artan bebekler ve çocuklar sayıyı artırır (Rowland, 2012: 99-101). Öte yandan çatışmalar, savaşlar ve göçlerin etkisi de (Courbage, 1999; Fargues, 2011) ölümler, gelen ve giden nüfuslar itibariyle nüfus yapısına etki eder. Bu nedenle dolaylı da olsa demografik yapı ile ekonomik ve siyasi krizler arasında açık ilişkiler söz konusudur (Courbage, 1994).

**Şekil 4.** 1950, 1980, 2010 ve 2015 yılları itibariyle Suriye nüfusunun yaş gruplarına ve cinsiyete göre dağılımı (erkekler solda, kadınlar sağda)

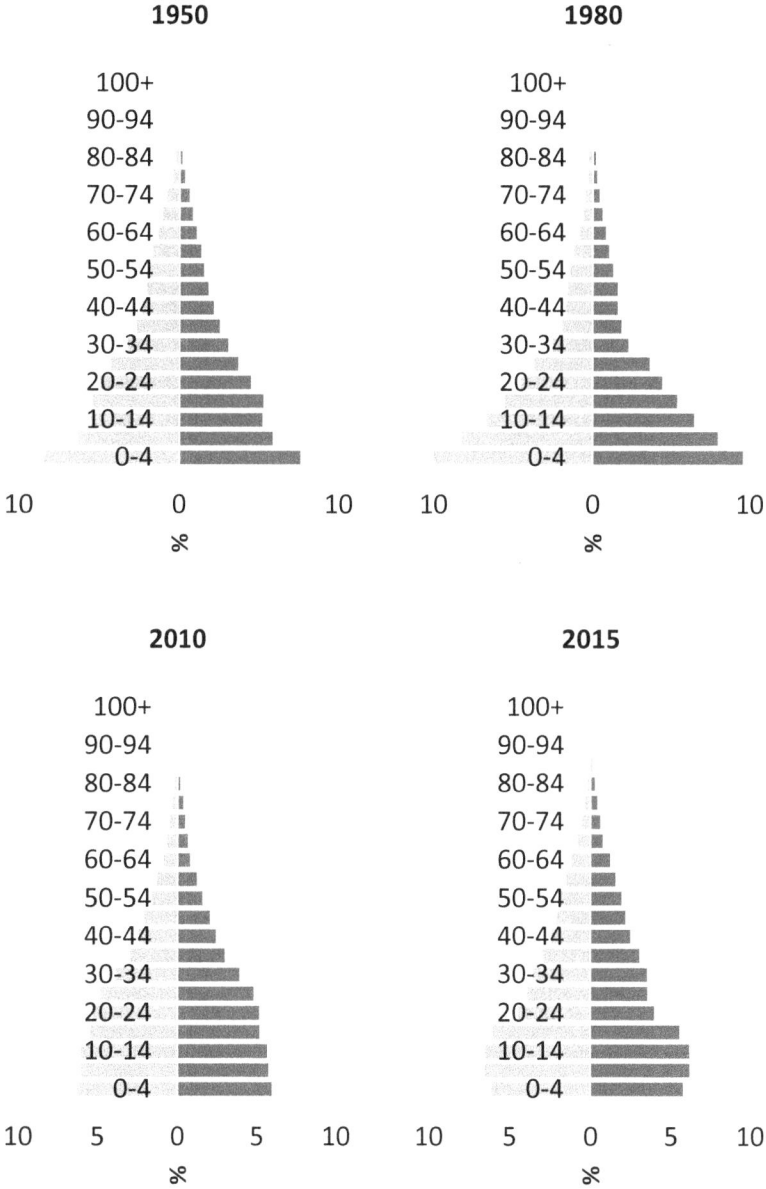

*Kaynak: UN (2016); hesaplamalar yazarlara aittir.*

Pek çok gelişmekte olan ülkenin nüfusu özellikle 2000'lerden itibaren yaşlanırken Suriye uzun dönemde genç bir nüfus yapısına sahip kalmıştır. 1950 ve 1980 yıllarına ait Suriye nüfus piramitleri geniş tabanları itibariyle çok genç bir nüfusa işaret etmektedir (Şekil 4). Hızla düşen ölüm hızı ve yüksek doğurganlık hızı, 1950'den 1980'e dek Suriye nüfusunun gençleşmesine yol açmıştır (Şekil 3 ve 4). Ancak 1980'lerden itibaren toplam doğurganlık hızındaki düşüş nedeniyle (Şekil 3) Suriye'nin nüfus piramidi 1980 ve 2010 arasında dikkat çekici bir biçimde değişmiştir. 2010 nüfus piramidi hala genç bir nüfus yapısını gösterse de taban daralma eğilimine girmiştir (Şekil 4). 2010'da kabaca dikdörtgen şekline yönelen Suriye nüfus piramidinin 2010 ve 2015 arasında asimetrik bir şekle dönüşmesi ise bir diğer önemli değişimdir. 2015'te tüm yaş gruplarında kadın sayısının erkek sayısından yüksek olduğunu görebiliyoruz. Bunun ilk nedeninin demografik dönüşüm olduğunu söyleyebiliriz ancak 2011'den bu yana devam eden çatışmaların da buna etkisi söz konusudur. Hatta çatışmaların, dışa göçler nedeniyle, 2010-15 arasındaki dönüşüme olan etkisinin doğurganlık ve ölümlülük etkisinden daha fazla olduğunu düşünebiliriz (Şekil 4).

## Demografik Açık ve Gelecekteki Nüfusa Etkileri

Bu bölümde, Suriyeli mülteci akınlarının göç edilen ülkelerdeki nüfuslarla olan farklılığını tespit edebilmek için -kısaca- Suriyeli nüfus ile Türkiye, Almanya ve Birleşik Krallık nüfusları arasındaki demografik farklılıklara bakıyoruz. Türkiye ve Suriye'de toplam doğurganlık hızları 1950'lerde çok yüksek iken 2020 dolayında Türkiye'nin Birleşik Krallıkla ve 2050'lerden sonra da Almanya ile aynı düzeylere geleceğini tahmin ediyoruz (Şekil 5). Suriye nüfusunda ise Türkiye'ye benzer biçimde hızla azalan bir doğurganlık hızı dikkat çekse de nüfus momentumunun 2050'lere dek Türkiye'nin oldukça üzerinde bir seviyede devam edeceği görülmektedir. 21. Yüzyılın ikinci yarısında ise dört ülkenin nüfusunun da doğurganlığın yenilenme düzeyinin biraz altında bir noktada buluşacağı tahmin edilmektedir.

Ülke nüfuslarının farklı demografik eğilimleri dört ülke nüfusunun ortanca (medyan) yaş projeksiyonlarında da görülmektedir (Şekil 6). Uzun vadede, 2100 ve sonrasında, örüntülerin aynı olacağını göz önüne alsak dahi yakın gelecekte en kalabalık yaş grubunun dört ülke arasında farklılık göstereceğini ve bunun nüfuslarının genel yapısal farklılığını yansıtabileceğini söyleyebiliriz. Medyan yaş, nüfusun orta noktasını gösterir. Bu yaşın altında kalan ve üstünde kalan nüfusun yüzde 50 oranında eşit dağıldığını gösteren bu ölçü, bize nüfusun genç veya yaşlı olduğuna dair ipucu verir ancak medyan yaş nüfusun yoğunlaştığı yaş düzeyini göstermez (Hobbs, 2004: 158). Almanya'da medyan yaş 45 dolayında iken Birleşik Krallık'da 40, Türkiye'de 30'un ve Suriye'de 20'nin biraz üzerindedir (Şekil 6). Bir başka ifadeyle Suriyeli nüfus demografik dönüşümde yaş itibariyle henüz 'orta' yaş grubuna adım atmışken Türkiye, Almanya ve Birleşik Krallık 30 yaş üstü nüfus (yaşlanan nüfus) kategorisine dahildir. Demografik dönüşümün ileri safhalarındaki nüfuslarına istinaden Almanya ile Birleşik Krallık'da medyan yaşta radikal değişiklikler beklemezken, Türkiye ve Suriye nüfuslarının önümüzdeki yıllarda hızlı bir biçimde yaşlanacağını tahmin edebiliriz. Ancak yüzyıl sonuna dek Suriyeliler ve diğer ülke nüfusları arasındaki farklılıkların süreceğini söyleyebiliriz.

**Şekil 5.** 1950'den 2100'e seçilmiş ülkelerde Toplam Doğurganlık Hızı değişimi

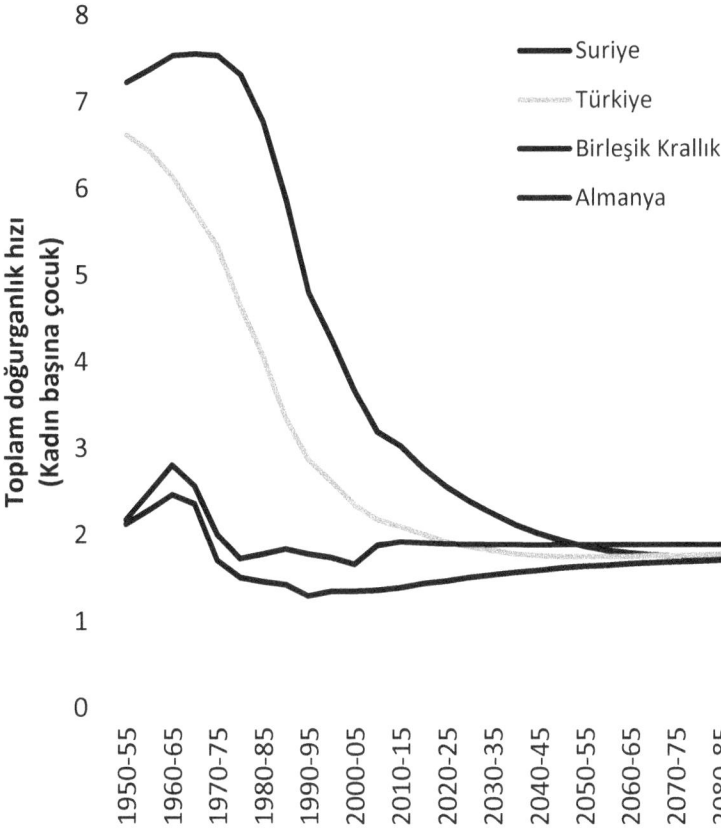

*Kaynak: UN (2016).*

Dört ülke arasındaki yaş profili farklarının net olarak izlenebileceği göstergelerden biri de çocuk ve yaşlı nüfus bağımlılık oranlarıdır. Şekil 7 ve 8'de dört ülke nüfusunda çocuk ve yaşlı nüfus için bağımlılık oranları sunulmaktadır. Yaşlı nüfus bağımlılık oranı nüfusun genç ya da yaşlı olmasının yanında çalışacak yaştaki nüfusa ilişkin bilgiyi de içerdiğinden ve ekonomik bağımlılık durumunu yansıttığından yaş yapısının sosyo-ekonomik etkileri bakımından önemli bir göstergedir. Şekil 7'ye bakarak Türkiye'nin kabaca 2040 civarında Birleşik Krallık ve 2065 civarında Almanya ile çocuk nüfus bağımlılık oranlarını eşitleyeceği, Suriye'nin ise bu düzeylere ancak yüzyılın sonuna doğru gelebileceği söylenebilir. 15 yaşın altındaki Suriyeli nüfus oranının Türkiye ile hemen hemen aynı zamanda azalmaya başladığını fakat 1980'lere doğru yükseldiğini ve daha sonra ise sürekli düşüş eğiliminde olduğu görülmektedir. Bu dalgalanmada da Orta Doğu'daki çatışmaların katkısı olduğunu düşünebiliriz. Suriye nüfusunun 15-64 yaş grubunun toplam nüfus içindeki payı ise 1980-2010 arasında %48,3'ten yüzde 60,5'e çıkmıştır. Bütün bu eğilimler, önümüzdeki dönemde Suriyeli nüfuslar itibariyle çocuk bakımı, okullaşma ile genç yetişkinler için istihdam gereksinimlerinin ve Suriyeliler ile göç edilen yerdeki nüfusların yapıları dikkate alındığında önemli farklılıkların oluşabileceğini ve/veya süreceğini göstermektedir.

**Şekil 6.** 1950-2100 yılları arasında seçilmiş ülkelerde Ortanca Yaş eğilimleri

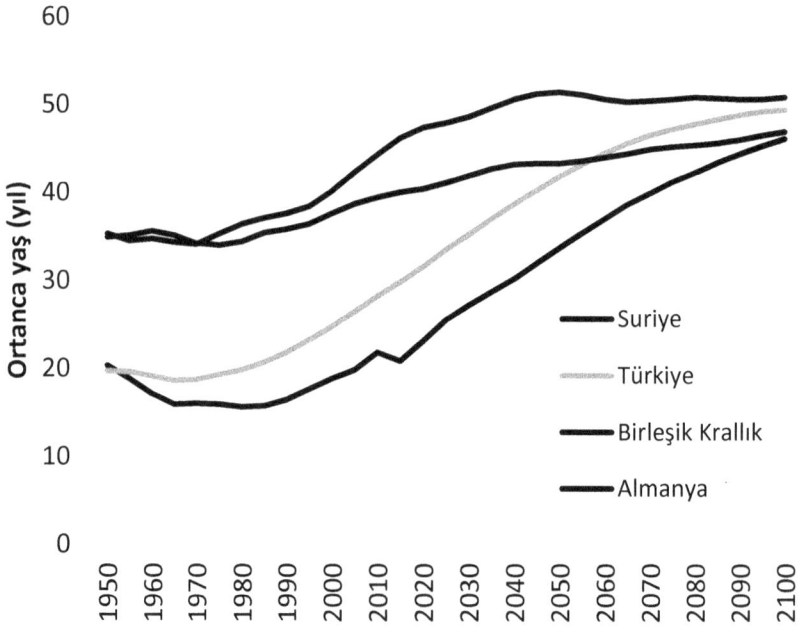

*Kaynak: UN (2016).*

Şekil 8 yaşlı nüfusun çalışma çağı kuşağı nüfusa oranlarını göstermektedir. Demografik fırsat penceresi olarak anılan ve çalışma çağı kuşağı nüfusun fazlalığıyla özdeşleştirilen bu verimli güncel dönem, hem Türkiyeli hem de

Suriyeli nüfus için geçerlidir. Fakat bu dönemin her iki ülke nüfusu için de 2040'lar sonrasında sona ereceği ve 15-64 yaş grubu nüfusun gittikçe azalmaya başlayacağı söylenebilir. Her iki ülke nüfusunda da 1980 sonrası dönemde 65 yaş üstü nüfusun sürekli arttığını (yaşlanma eğilimi) görülmektedir. Ancak Almanya ve Birleşik Krallık nüfuslarındaki yaşlanma eğiliminin demografik dönüşümün bir karşılığı olarak çok daha önceleri başladığı ve bu iki ülkenin demografik fırsat pencerelerinin çoktan kapanmış olduğu dikkat öekmektedir. Suriyeli nüfusta 1980'de %2,9 olan yaşlı nüfus bağımlılık oranı, 2010'da %3,7'ye çıkmıştır ve 2050 civarında %12,9'a ulaşacaktır. Bu karşılaştırma itibariyle; Suriye ve popüler göç alan ülkelerin nüfusları arasında yaşlı nüfus bağımlılığı bakımından önemli bir fark olduğunu ve bu farkın azalmakla birlikte yüzyılın sonuna dek devam edeceği söylenebilir.

**Şekil 7.** Seçilmiş ülkelerde 1950-2100 arasında çocuk bağımlılık oranları

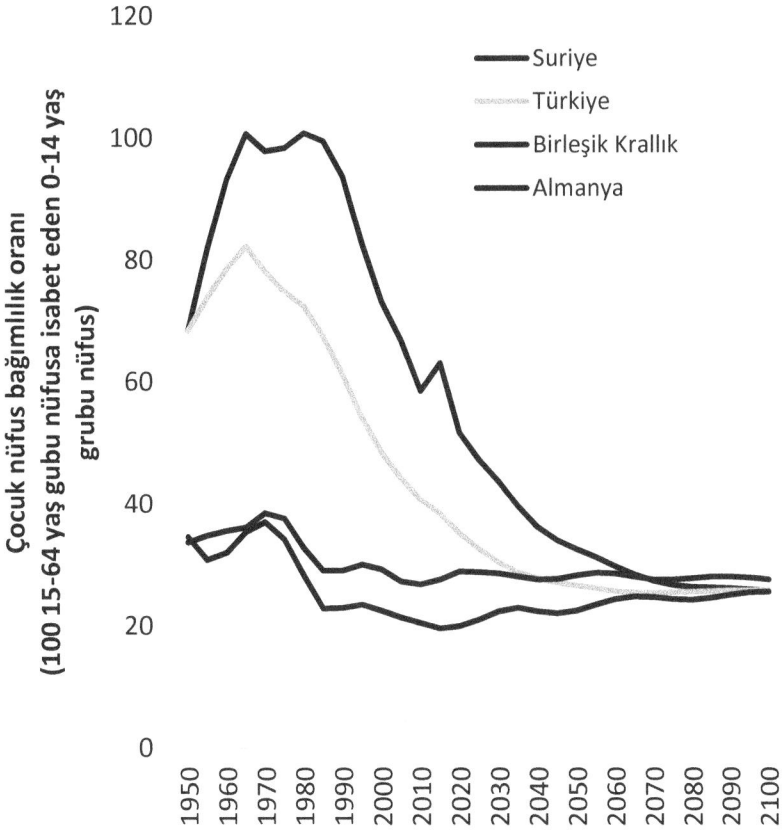

*Kaynak: UN (2016).*

**Şekil 8.**   Seçilmiş ülkelerde 1950-2100 arasında yaş bağımlılık oranları

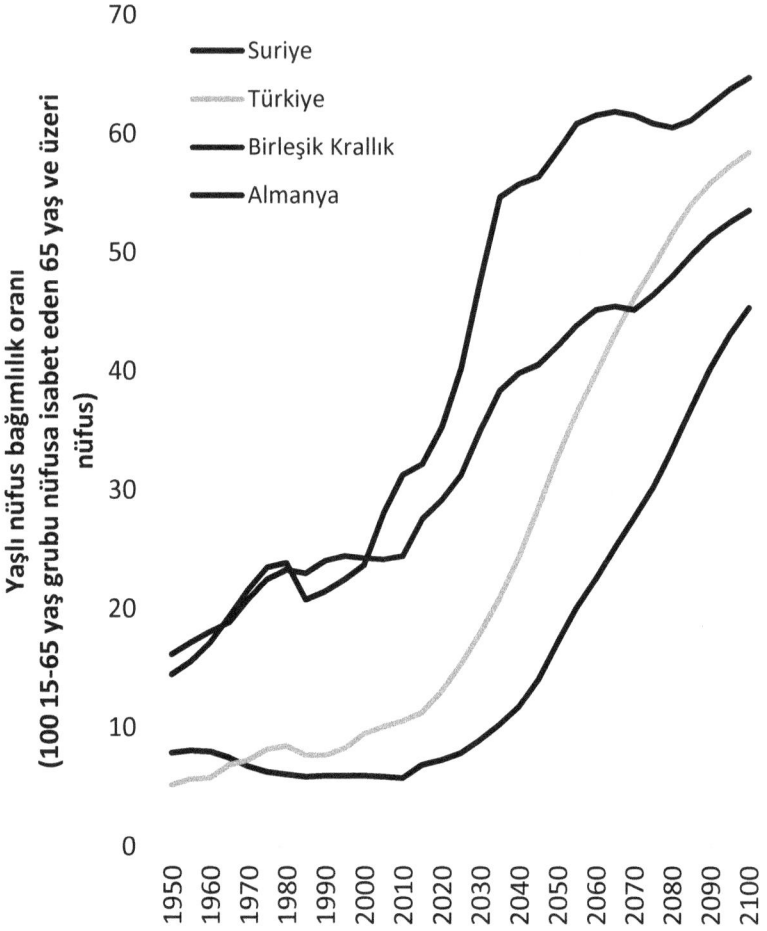

*Kaynak: UN (2016).*

Seçilmiş dört ülkenin 2015, 2025, 2050 ve 2100 yıllarına ilişkin olarak hazırladığımız nüfus piramitleri de (Şekil 9a,b,c,d), yukarıdaki açıklamalarımızı destekleyici yöndedir. 2015 yılı itibariyle Birleşik Krallık ve Almanya'nın yaşlı nüfusları ve çalışma çağı kuşağında (15-64) belirgin bir daralmanın varlığı dikkat çekicidir. Ancak Türkiye'nin yaş ve cinsiyet yapısının hızla Birleşik Krallık ve Almanya'ya benzeme eğiliminde olduğu gözlerden kaçmamaktadır. Nitekim Türkiye'de 0-4 ila 35-39 yaş arasındaki tüm yaş gruplarının toplam nüfus içindeki payları hemen hemen aynıdır. Fakat Suriye nüfusu, çocukluk ve ergenlik çağındaki yaş grubunun şişkinliğiyle diğer üç ülkeden oldukça farklı durumdadır.

**Şekil 9a.** 2015, 2025, 2050 ve 2100 yılları için Suriye'de nüfusun yaş gruplarına ve cinsiyete göre dağılımı (erkekler solda, kadınlar sağda)

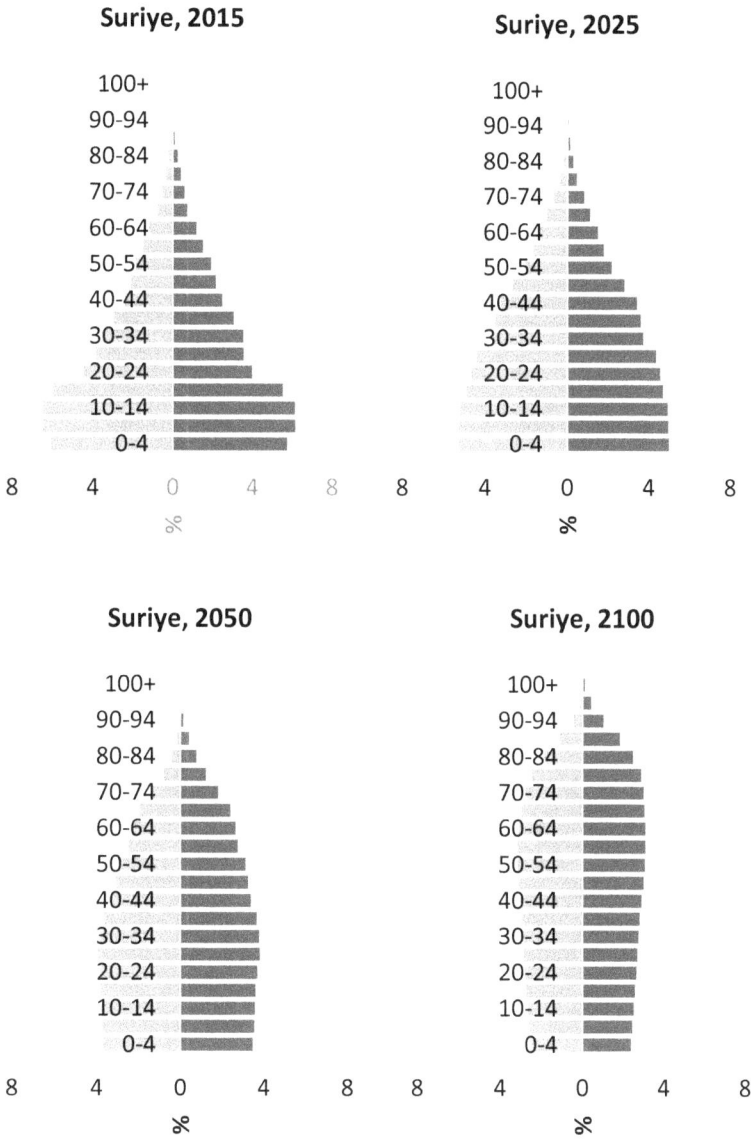

Suriye, 2015

Suriye, 2025

Suriye, 2050

Suriye, 2100

*Kaynak: (UN, 2016)*

**Şekil 9b.** 2015, 2025, 2050 ve 2100 yılları için Türkiye'de nüfusun yaş gruplarına ve cinsiyete göre dağılımı (erkekler solda, kadınlar sağda)

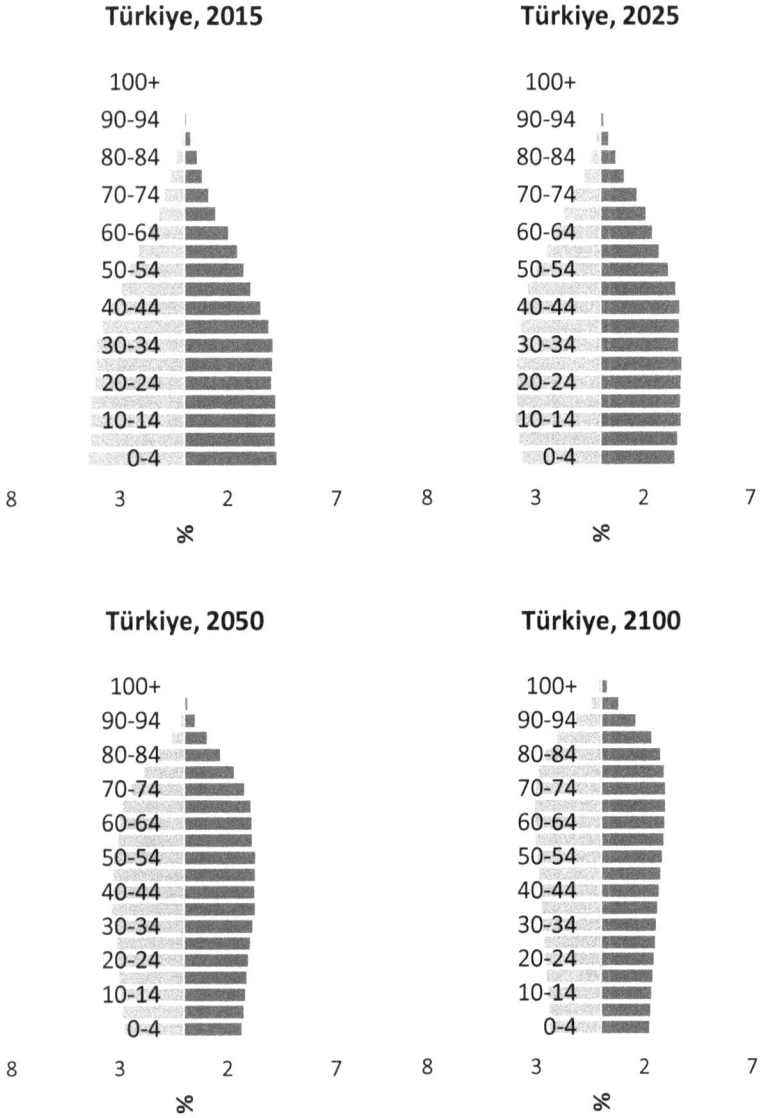

Türkiye, 2015

Türkiye, 2025

Türkiye, 2050

Türkiye, 2100

*Kaynak: (UN, 2016)*

**Şekil 9c.** 2015, 2025, 2050 ve 2100 yılları için Almanya'da nüfusun yaş gruplarına ve cinsiyete göre dağılımı (erkekler solda, kadınlar sağda)

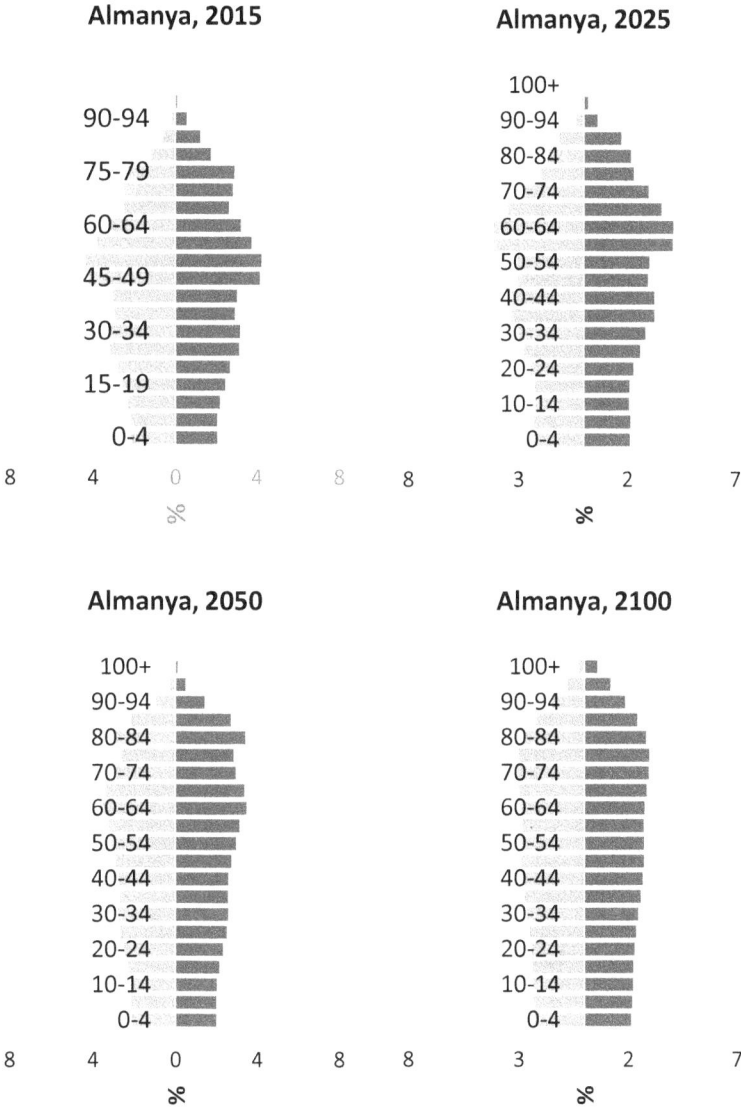

Almanya, 2015

Almanya, 2025

Almanya, 2050

Almanya, 2100

*Kaynak: (UN, 2016)*

111

**Şekil 9d.** 2015, 2025, 2050 ve 2100 yılları için Birleşik Krallık'da nüfusun yaş gruplarına ve cinsiyete göre dağılımı (erkekler solda, kadınlar sağda)

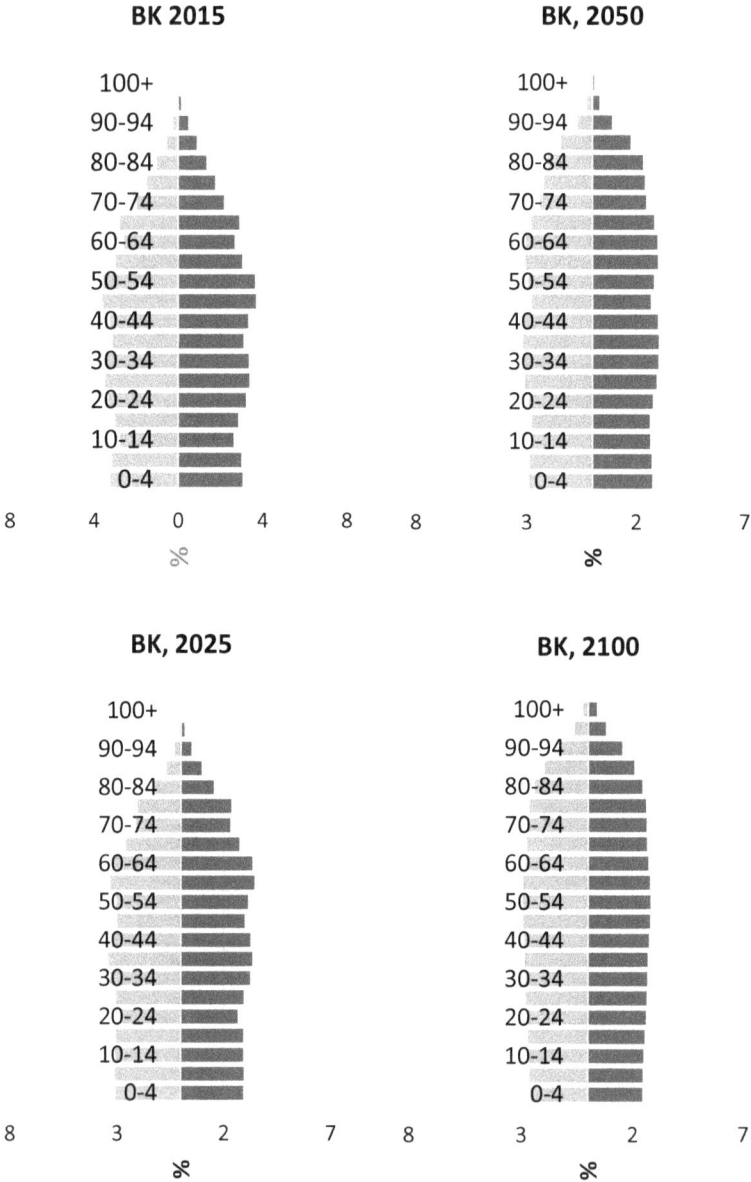

BK 2015

BK, 2050

BK, 2025

BK, 2100

*Kaynak: (UN, 2016)*

2025 yılına gelindiğinde en çarpıcı değişim Suriyeli nüfusta gerçekleşecektir. Diğer üç ülke arasında Türkiye nüfusu daha hızlı yaşlanırken Birleşik Krallık ve Almanya'nın piramitlerinde tabanın daha da daralacağı izlenmektedir. Bu süreç 2050 yılı için de geçerlidir. 2050'de her dört ülkenin piramitlerinde tabandaki daralma daha da belirginleşirken, 40 yaş ve üzeri gruplardaki payların gittikçe artacağı söylenebilir. Ancak bu artış, Suriye nüfusunda diğerlerine göre daha yavaş gerçekleşecektir. Yüzyıl sonunda ise dört ülkenin piramitleri arasındaki farklılıklar asgariye inecek, düşük doğum hızlarıyla belirginleşen yaşlı nüfusun çoklğuna dayalı olarak ölüm hızının nispeten yüksek olduğu benzer bir yapı ortaya çıkacaktır (Şekil 9).

## Sonuç

Bu bölümde Suriyeli nüfusun detaylı demografik bir analizini yaparak ve yakın geleceğe ilişkin projeksiyonları sunarak alandaki temel bilgi eksikliğinin giderilmesine katkı sağlamayı ümit ediyoruz. Çalışmamızda özellikle Türkiye nüfusunun ve Suriyeli nüfusun birbirine benzer eğilimler göstermekle birlikte farklı örüntülere sahip olduğunu tespit ettik. Bu durumun her iki nüfusun toplumsal uyumu bakımından önemli olduğunu düşünmekteyiz. Üstelik Demografik Dönüşüm Kuramı çerçevesinde yaptığımız bu karşılaştırmayla sadece Türkiye ile değil Almanya ve Birleşik Krallık nüfusları ile Suriyeli nüfusun günümüzdeki farklılıklarının zamanla nasıl bir yöne evrileceğini çeşitli demografik öngörülerle açıklamaya çalıştık.

Demografik Dönüşüm Kuramına göre dünya genelinde doğurganlığın hemen her yerde düşmekte olduğu görülmektedir (Reher, 2004). Kuram ışığında nüfusun önümüzdeki yıllarda dünya genelinde hızlı bir biçimde yaşlanacağı da öngörülmektedir. 2050 yılına gelindiğinde dünyadaki 65 yaş üstü nüfusun 15 yaş altı nüfusu geçmesi beklenmektedir. Bu, ekonomik üretkenlik bakımından özellikle gelişmiş ve gelişmekte olan ülkelerin ilerleyen yıllarda işgücü nüfusu bulma ve nüfuslarını artırma konusunda ciddi sıkıntılarla karşılaşacağı anlamına gelmektedir. Bu bakımdan, demografik özellikleri yönünden dinamik göçmen nüfuslar, gelecek yıllarda, gelişmiş ve gelişmekte olan ülkelerde meydana gelebilecek işgücü açığını kapatma potansiyeline sahiptir.

Bu bakımdan, Suriyeli göçmen nüfusun kısa vadede Suriye'deki nüfus ile çok benzer demografik davranışlar sergilemesini orta ve uzun vadede ise göç edilen ülkedeki eğilimlere doğru yaklaşmasını bekliyoruz. Suriyeli sığınmacı nüfuslara ilişkin güvenilir, detaylı ve kesin verilerin yokluğu durumunda - bu çalışmamızda olduğu gibi - Suriye nüfusuna ilişkin mevcut sağlıklı verilerin değerlendirilmesinin uygun olduğunu düşünüyoruz. Türkiye, Almanya, Birleşik Krallık gibi Suriyeli göçmenleri barındıran ülkelerde bu yeni nüfusun demografik eğilimlerinin anlaşılmasında ve ona göre kamu hizmetlerinin ve uyum programlarının geliştirilmesinde yaptığımız analizlerin ve yorumlarımızın faydalı olacağına inanıyoruz.

Bu çalışmada sunduğumuz ülkelere ilişkin demografik dönüşüm sürecindeki değişik aşamalar, çeşitli göstergeler itibariyle, Suriye ve Türkiye arasında 20 ila 50 yıl arası eğilimlerde belirgin farklılıkların olduğunu göstermektedir. Türkiye gibi nüfusu hızla yaşlanmakta olan ülkelerin Suriyeli genç nüfustan fayda sağlaması mümkündür. Bugün yaklaşık yarısı çocuk olan ve ülke nüfusunun yaklaşık %4'ünü oluşturan Suriyeli azınlık nüfusunun orta ve uzun vadeli planlamada göz ardı edilmemesi gereklidir. Ancak göçün her koşulda seçici bir süreç olduğunu (Weeks, 2002: 255-257) ve demografik olarak yaş ve cinsiyet kompozisyonu bakımından dengesiz bir dağılıma yol açabileceğini vurgulamalıyız.

Ayrıca işgücü piyasasındaki açığı kapatacağı düşünülen bu genç nüfusun çeşitli maliyetler getirdiği de unutmamalıdır. Okullarda, hastanelerde ve diğer kamu hizmetlerinde bu nüfusa yönelik düzenlemeler ve yatırımlar yapılması gerekeceği açıktır. Türkiye'deki Suriyeli çocuk nüfusun büyüklüğü dikkate alındığında binlerce yeni derslik ve öğretmen gereksinimini söz konusudur. Benzer şekilde hastaneler ve bakım sektörü açısından bakıldığında; hem gelen göçmen çocuklardan hem de sayıları bugün (2017) muhtemelen 100.000'i bulan ve Türkiye'de doğan göçmen çocuklarından dolayı artan bir talep ortaya çıkacaktır.

Ayrıca bu mülteci nüfusların kalıcı olduğunun, yerleşik bir diaspora oluşturacağının ve göç kültürleri modelinin (Cohen ve Sirkeci, 2011; Sirkeci ve Cohen, 2016) öngördüğü gibi, orta ve uzun vadede Suriye'den diaspora nüfusunun bulunduğu ülkelere doğru göç akımlarının güçlü bir biçimde devam edeceğinin altını çizmemiz gereklidir.

Yukarıdaki analizlere dayanarak Suriyeli nüfusun ciddi anlamda genç bir yaş yapısı profiline sahip olduğunu, bu bağlamda bulundukları ülkelerdeki nüfusun yaşlanması sorunu karşısında geçici ve kısmi bir çözüm yaratabileceğini söyleyebiliriz. Çünkü ekonomik üretkenlik bakımından, özellikle çalışma çağı kuşağını yoğun barındıran göçmenlerin gittikleri ülkelerdeki yaşlanan veya yaşlanmış nüfus yapıları karşısında, ,igücüne dahil edilerek olumlu yönde değerlendirilebilmesi mümkündür. Ancak uzun vadede demografik benzeşme eğilimi nedeniyle bu avantaj ortadan kalkacaktır. Türkiye'deki Suriyeli mülteci nüfusun yaş yapısına bakıldığında da genç profil göze çarpmaktadır (Sirkeci, 2017a; Sirkeci, 2017b; Yucesahin ve Sirkeci, 2017). Bu bulgumuz Suriyeli mülteci nüfus ile Suriye nüfusu arasındaki dikkat çekici benzerliğe dair varsayımımızı da desteklemektedir.

Son olarak, uyum meselesinin önemini vurgulamak gerekidir. Çalışmamızda nüfus yapısını ayrıntılarıyla ele aldığımız, kültürel ve dilsel farklılıklara sahip olan Suriyeliler, Türkiye ve diğer göç alan ülkelere yerleşmektedir. Bu yeniden yerleşim sürecinin çeşitli sorunları beraberinde getirdiğini (Özservet ve Sirkeci, 2016) ve gelecekte sosyo-ekonomik, kültürel ve politik çatışmalara yol açabileceğini hem Suriyelilerin bugüne kadarki deneyimlerinden hem de başka örneklerden anlamak mümkündür. Bu bağlamda yerli ve göçmen nüfuslar arasındaki karşılıklı uyumu destekleyen politika ve programların geliştirilmesi, bu tür çatışmaları ve olası sorunları azaltmanın önemli bir ön koşulu olarak gözükmektedir.

## Kaynakça

Allman, J. (1980), "The Demographic Transition in the Middle East and North Africa", *International Journal of Middle East Studies*, 12: 277-301.

Bongaarts, J. ve Watkins, S.C. (1996), "Social Interactions and Contemporary Fertility Transitions", *Population and Development Review*, 22: 639-682.

Bouvier, L., Poston, D. L. ve Zhai, N. B. (1997), "Population Growth Impacts of Zero Net International Migration", *International Migration Review*, 31: 294-311.

Caldwell, J.C. (2001), "The Globalization of Fertility Behaviour", *Population and Development Review*, 27: 93-115.

Caldwell, J.C. ve Caldwell, P. (2001), "Regional Paths to Fertility Tansition", *Journal of Population Research*, 18: 91-117.

Coale, A.J. ve Watkins, S.C. (1986), *The Decline of Fertility in Europe*, Princeton: Princeton University.

Cohen, J. H. ve Sirkeci, İ. (2011), *Cultures of Migration: The Global Nature of Contemporary Mobility*, Austin: University of Texas Press.

Courbage, Y. (1999), "Economic and Political Issues of Fertility Transition in the Arab World-Answers and Open Questions", *Population & Environment*, 20 (4), 353-379.

Courbage, Y. (1994), "Fertility Transition in Syria: From Implicit Population Policy to Explicit Economic Crisis", *International Family Planning Perspectives*, 20 (4): 142-146.

Douglas, A. P. (2010), *Syria (Modern World Nations)*, New York: Chelsea House Publishers.

Fargues, P. (2011), "International Migration and the Demographic Transition: A Two-way Interaction", *International Migration Review*, 45 (3): 588-614.

Hobbs, F. B. (2004), "Age and Sex Composition", *The Methods and Materials of Demography*, Siegel, J.S. ve Swanson, D.A. (ed.). Londra: Elsevier Academic Press, pp. 125-173.

Lesthaeghe, R. (1983), "A Century of Demographic and Cultural Change in Western Europe: An Explanation of Underlying Dimensions", *Population and Development Review*, 9: 411-435.

Newbold, K. B. (2010), *Population Geography: Tools and Issues*, Lanham: Rowman & Littlefield Publishers, Inc.

Omran, A. R. ve Roudi, F. (1993), "The Middle East Population Puzzle", *Population Bulletin*, *48* (1): 1-40.

Özservet, Y. Ç. ve Sirkeci, İ. (2016), "Editörden: Çocuklar ve Göç", *Göç Dergisi*, 3 (1): 1-4.

Rashad, H. (2000), "Demographic Transition in Arab Countries: A New Perspective", *Journal of Population Research*, 17(1): 83-101.

Reher, D. S. (2004), "The Demographic Transition Revisited as a Global Process", *Population, space and place*, 10 (1): 19-41.

Rowland, D. T. (2012), *Demographic Methods and Concepts,* New York: Oxford University.

Sirkeci, İ. (2017a), "Turkey's Refugees, Syrians and Refugees from Turkey: a Country of Insecurity", *Migration Letters*, 14 (1): 127-144.

Sirkeci, İ. (2017b), "Bir güvensizlik ülkesi olarak Türkiye'nin mültecileri, Suriyeliler ve Türk mülteciler", *Göç Dergisi*, 4 (1): 21-40.

Sirkeci, İ. ve Cohen, J. H. (2016), "Cultures of Migration and Conflict in Contemporary Human Mobility in Turkey", *European Review*, 24 (3): 381-396.

Yucesahin, M. M., ve Sirkeci, I. (2017), Demographic gaps between Syrian and the European populations: What do they suggest? *Border Crossing*, 7(2): 207-230.

Taleb, Z. B., Bahelah, R., Fouad, F. M., Coutts, A., Wilcox, M. ve Maziak, W. (2015), "Syria: Health in a Country Undergoing Tragic Transition", *International Journal of Public Health*, 60 (1): 63-72.

UN (United Nations) (2016), *World Population Prospects, the 2015 Revision Data Base*, United Nations, Department of Economic and Social Affairs, Population Division, USA. Erişim adresi ve tarihi: https://esa.un.org/unpd/wpp/, 18.09.2016.

Watkins, S.C. (1987), The Fertility Transition: Europe and the Third World Compared, *Sociological Forum*, 2: 645-673.

Weeks, J. R. (2002), *Population: An Introduction to Concepts and Issues*, Belmont: Wadsworth Thomson Learning.

Weinstein, J. ve Pillai, V.K. (2001), *Demography: The Science of Population*, Boston: Allyn and Bacon.

Winckler, O. (2003), "Fertility transition in the Middle East: The case of the Israeli Arabs", *Israel Affairs*, 9: 39-67.

Yaukey, D., Anderton, D.L. ve Lundquist, J.H. (2007), *Demography: The Study of Human Population,* Illinois: Waveland.

Yazgan, P., Eroğlu Utku, D. ve Sirkeci, İ. (2015), "Syrian Crisis and Migration", *Migration Letters*, 12 (3): 181-192.

Yüceşahin, M. M., Adalı, T. ve Türkyılmaz, S. (2016), "Population Policies in Turkey and Demographic Changes on a Social Map", *Border Crossing*, 6 (2): 240-266.

# SIĞINMACI STATÜSÜNÜN DÖNÜŞÜMÜ VE ENTEGRASYON

## Bilhan Kartal

*Çağrı "Entegrasyon Yerine Demokrasi"*
*Bir göç toplumunda yaşıyoruz. Bu, bu toplumda birlikte yaşamdan ve ilişkilerden söz etmek istiyorsak, o zaman entegrasyondan söz edilmemesi gerektiği anlamına gelir. Entegrasyon, bu ülkede çalışan, çocuk sahibi olan, yaşlanan ve ölen insanlara eşit haklar verilmeden önce bir davranış yasasının empoze edilmesini ifade etmektedir. Ama demokrasi bir golf klübü değildir (…) Entegrasyondan söz etmek bir demokrasi düşmanlığıdır (…)' (Aufruf › Demokratie statt Integration‹, www.demokratie-statt integration.kritnet.org, 1.10.2010; aktaran Pries, 2015: 18).*

## Göç ve Entegrasyon: Türkiye'de Geç Kavramsallaşan Olgular

Yirminci yüz yılın başlarından itibaren uluslararası göç hareketleri ve entegrasyon üzerine geliştirilen kuramlar ile üretilen politikalar güçlü bir etkileşim içindedir. Göç ve entegrasyon tartışmaları politik ve akademik alanda daha çok yoğun göçmen nüfus yapısına sahip olan ve bugün mülteci ve sığınmacı hareketliliğinde hedef ülke konumundaki geleneksel göç ülkelerinde ve özellikle AB ülkelerinde yoğunlaşmıştır. Türkiye gibi gelişmekte olan ülkelerin günümüzde karşı karşıya kaldığı büyük ölçekli göç hareketleri Batı merkezli tartışmaların dışında kalmıştır. Konumu göç veren kaynak ülkeden geçiş ülkesine ve en son dönemde göç alan ülke durumuna evrilen Türkiye özelinde kuramsal ve ampirik eksenli entegrasyon çalışmalarının henüz yeni başladığı söylenebilir. Bu çerçevede özellikle 2010'lu yılların başından bu yana etkili olan sığınma hareketlerinin özgün gelişme özelliğine bağlı olarak, sığınma hareketi ve dönüşmekte olan sığınmacı statüsü ile entegrasyon arasındaki ilişki akademik alanda irdelenecek başat meselelerden biri olmaya adaydır. Makalede, Türkiye'nin ilk entegrasyon tartışma evresi olarak nitelendirebileceğimiz bu süreç, sürekli yeniden üretilerek asimilasyon, entegrasyon ve çokkültürcülük anlayışlarına evrilen Batı kökenli kuramsal çabalara referansla değerlendirilmeye çalışılacaktır. Sadece asimilasyon, çokkültürcülük ve entegrasyona ilişkin kuramsal çabalara odaklanan makalede *kimlik* ile *kültürleşme* kavramları ve kuramları başka bir çalışma kapsamında ele alınması gerektiği düşüncesiyle kapsam dışında tutulmuştur.

Zorunlu göç kapsamındaki mülteci ve sığınma hareketleri son 30 yılda disiplinlerarası çalışma alanlarında yer almasına karşın, alan yazında *entegrasyon*, *asimilasyon* (özümseme) ve *çokkültürcülük* gibi temel kavramlara yüklenen farklı anlamlar ve açık olmayan kavramsallaştırmalar sorunlu bir alana işaret etmektedir (Çağlar ve Onay, 2015: 35; Aumüller, 2009: 23). Benzer biçimde düzensiz (kayıt dışı) göçmenler için Göç İdaresi Genel Müdürlüğünün görev tanımında *yabancı*, Göç Yönetimi ve Uyum Çalıştayı Raporunda ise *göçmen* kavramı kullanılmaktadır (GİGM, 2013). Kavram karmaşası meselesi en belirgin haliyle medya başta olmak üzere politik ve akademik alanda mutlak yanlış kullanılan mülteci ve sığınmacı kavramları üzerinden dikkat çekmektedir. Hâlbuki hukuki boyuta göre, Türkiye'nin 1951 yılında taraf olduğu Cenevre Sözleşmesinde koyduğu şerhten dolayı Avrupa dışındaki ülkelerden kaçarak Türkiye'den koruma talep edenler için *mülteci* değil *sığınmacı* kavramının kullanılması bir gerekliliktir (GİGM, 2013). Bu çalışmada söz konusu kavram karmaşasından kaçınılması ve Batı dillerindeki *integration* kavramının tektipleştirilmesi açısından Türkçedeki karşılıkları yerine *entegrasyon* sözcüğünün; yine iki farklı biçimde yazılan ancak aynı anlamı taşıyan *çokkültürlülük* ile *çokkültürcülük* kavramları arasından *çokkültürcülük* sözcüğünün kullanımı tercih edilmiştir. Türk Dil Kurumu'na göre *entegrasyon* kavramının karşılıkları 'bütünleşme, uyum, toplumsal çevreye veya bir duruma uyma' olarak verilmektedir. TDK'nun *entegrasyonu* karşılayan sözcük olarak kabul ettiği *bütünleşme* uluslararası kullanımda *integration* - Fransızca/İngilizce/Almanca- ve *Eingliederung* -Almanca-; *uyum* ise *adaptation* -Fransızca/İngilizce- ve *Anpassung* -Almanca-; sözcüklerine karşılık gelmektedir. Adaptasyon, asimilasyon ve entegrasyon kavramlarının Batı ülkelerinde halen görüldüğü gibi, Türkiye'de de anlam açısından örtüştüğü ve hatta sıklıkla birbirleriyle karıştırıldığı belirtilmelidir.

## Muğlak Bir Kavram: Entegrasyon

1951 Cenevre Sözleşmesinin 34. maddesinde açık ve kesin bir tanım yapılmaksızın, mülteci barındıran devletlerin entegrasyon ile vatandaşlık meselelerini kolaylaştırmasına önem atfedilmektedir. Bu madde şöyle demektedir: *"Taraf Devletler, mültecileri özümlemeyi ve vatandaşlığa almayı her türlü imkan ölçüsünde kolaylaştıracaklardır. Vatandaşlığa alma işlemlerini çabuklaştırmaya ve bu işlemlerin masraf ve resimlerini her türlü imkan ölçüsünde azaltmaya özel çaba göstereceklerdir"* (Göç İdaresi Genel Müdürlüğü, Mültecilerin Hukuki Statüsüne İlişkin Sözleşme). Benzer biçimde entegrasyonu Avrupa'daki mülteciler için en uygun çözüm olarak niteleyen Birleşmiş Milletler Mülteciler Yüksek Komiserliğine göre (UNHCR, 2013) uluslararası mülteci hukukunda buna ilişkin resmi bir tanımlama bulunmamakla birlikte tanımlama açısından fikir birliği de söz konusu değildir. İkinci Dünya Savaşı sonunda savaşlar nedeniyle yerlerinden edilmiş Avrupalılara yardım etmek amacıyla kurulmuş olan Birleşmiş Milletler Mülteci Örgütü bilimsel çalışmalara referansla entegrasyonu hem mültecileri hem de kabul eden ülkelerin vatandaşlarını ve kurumlarını içeren çift yönlü bir süreç olarak vurgulayarak farklı kültürel, etnik geçmişlere sahip bireylerin bir arada yaşayabileceği bir anlayışa dayalı açık bir toplum tasavvuru dile getirmektedir. Kavramın muğlaklığı entegrasyon süreçlerini kendi politikalarına göre biçimlendiren bilhassa AB ülkeleri özelinde aşikardır.

Entegrasyon kavramı farklı bağlamlarda, özgün alanlara yönelik ve iş piyasası, eğitim süreçleri gibi toplumsal alanların her biri için kullanılabilmektedir. Bade'ye göre (2009) entegrasyon toplumsal yaşamın ekonomi ve iş piyasası, eğitim ve öğrenim süreçleri, sağlık ve hukuk sistemi, sosyal sistem vb. temel alanlarına olabildiğince eşit katılımı ifade eder. Bu kapsamda yaşamını bağımsız idame ettirmenin ve sosyal kabulün temelini oluşturan *iş piyasasına dahil olma* durumu ise merkezde yer alır. Yeni toplumla kurulan ilk ilişkiler öncelikle temel gereksinimlerin karşılanması yönündedir ve böylelikle içine girilen toplumda bir üye olma süreci başlar. Heckmann (2015: 284) bu süreci, yani göçmenlerin göç edilen toplumlar ile ilişkiler kurma çabasını, *entegrasyon* olarak tanımlar. Ona göre kuşaklar boyu devam eden, uzun soluklu bir süreç olan entegrasyon, göçmen sayısının yüksek olduğu modern ve açık toplumların güncel meselelerinden biridir. Çoğulcu ve etkin bir entegrasyon anlayışını beş ilke üzerinden tanımlayan Pries'e göre (2015: 33) ise entegrasyon öncü kuramların varsaydığı gibi tek yönlü ve basamaklı bir süreç değil aksine sonucu açık bir süreçtir:

> (…) *Çoğunluk toplumunun göçmen/azınlık topluluklarına diktesi değildir, farklılıklara karşı entegrasyon tokmağı sallanamaz; entegrasyon daha çok toplumdaki bütün grupların katılımı için bir uzlaşı alanıdır ve vatandaşları-vatandaş olmayanları, göçmenleri-göçmen olmayanları, varsılları-yoksulları, kadınları-erkekleri, toplumdaki bütün karşıtlıkları kapsar. Entegrasyon bir 'ya … ya da …' yaptırımı değildir aksine bağlılık, aidiyet, anavatan hissi ve değerler temsili alanlarında kendi gereksinimlerinden önce başkalarının gereksinimlerine yer verme becerisine ve yaşam perspektiflerine ilişkin bir 'hem … hem de ….' davetidir (...)*

Entegrasyonun göç hareketlerinin biçimine ve koşullarına çok yönlü biçimde bağlı olması nedeniyle sonuçları da farklı olur. Bu nedenle göç hareketlerinde geçerli olan süreçlerin *bir kısmı* sığınma hareketinde benzer özellikler taşırken farklılıklar da söz konusu olabilir. Bunun yanı sıra entegrasyon tek boyutlu bir durum değildir aksine Pries'in vurguladığı gibi ekonomik, kültürel, politik ve sosyal katılımın sürekliliğine işaret eden çok boyutlu bir süreçtir.

## Kuramsal Çabalar

*Asimilasyoncu Yaklaşımlar.* Entegrasyona ilişkin kuramsal çabalar ilk kez göç araştırmalarının akademik alanda yapıldığı ve göç sosyolojisinin sosyoloji disiplininin bir alt alanı olarak oluşturulduğu ABD'de gerçekleşmiştir. Güvenç'in (1999: 122) *bir kültürel sistemin başka bir kültürel sistemi egemenliği altına alarak zamanla kendine benzetmesi; kültürel bir özümseme* olarak tanımladığı asimilasyon, öncü kuramların temel anlayışını oluşturmuştur. Göçmen topluluklarının öz kültürlerinden tamamen vazgeçerek İngiliz kültürünü içselleştirmeleri ve Amerikan potasında eriyerek Amerikanlaşması görüşüne dayalı bu kuramlar -İngilizliğe Uygunluk; Erime Potası (*Melting Pot*)- klasik göç alan ülkelerin göç yönetiminde uzun süre referans kaynağı olarak kabul görmüştür. Amerika'ya gelen yabancıların İngiliz dili, politik sistemi ve toplumsal değerlerine ilişkin bilgi sahibi olması gerekliliğini ileri süren Anglo-Amerikanlığa Uygunluk Kuramı, göçmenlerin öz kültürünü terk ederek içine girdikleri yeni toplumun kültürünü içselleştirmelerini öngörür. Eritme Potası Kuramı ise göçmenlerin öz kültürel yapılarının tamamen yok sayılarak Amerikanlaşmasını ifade eder. Bu çerçevede önyargıların ve çatışmaların ortaya çıkmaması ve yurttaşlık boyutunda bir asimilasyonun gerçekleşmesi beklenmiştir (Aslan, 2015: 8). Ne var ki bu toplumlarda kuramsal olarak işaret edilen bir *uygunluk* ya da *erime* hali gerçekleşmemiştir. Günümüzde göçmen kökenli etnik toplulukların aidiyetlerini hala sürdürüyor olması ve etnik kimliklerin oluşması kuşkusuz bu kuramlara dayalı göç politikalarının başarısızlığının önemli göstergeleridir.

Kolonileştirilen coğrafyalardaki azınlık konumuna düşürülen yerlilerin değil, beyaz ırka dahil olan göçmenlerin egemen toplumla birleşmesini varsayan Irk İlişkileri Döngüsü, Asimilasyon Süreci ve Asimilasyonun Yüzleri Kuramları öncü kuramları izleyen asimilasyoncu yaklaşımlardır. Asimilasyon kavramının günümüzün entegrasyon kavramı ile aynı anlamı taşıdığı dönemde geliştirilen ve bugüne değin entegrasyon çalışmalarının temellendirildiği Irk İlişkileri Döngüsü Kuramı -Şikago Okulu, Park ve Burgess- tek yönlü doğrusal bir süreci öngörerek birinci kuşak göçmenleri izleyen kuşakların temas, rekabet, çatışma, uyma ve asimilasyon aşamalarından oluşan bir sürecin sonunda göç edilen topluma asimile olacağını ileri sürer. Bu durumda etnik farklılıklar ortadan kalkarak topluluklar benzeşecek, birleşecektir (Park, 1921: 756-763; Fincke, 2009: 31). Ancak Faist (2004: 84-85) Şikago Okulunun göçmenlerin ve çocuklarının çoğunluk grubuyla özel ve kamusal hayatın bütün alanlarında kaynaşmasının üçüncü kuşaktan itibaren gerçekleşeceğini öne süren asimilasyon kuramını eleştirirken pratikte yansımasının görülmediğinin altını çizmektedir. Bireysel entegrasyon sürecinde ırk farklılıklarına büyük anlam atfeden bu kuramlar,

Avrupalı göçmenlerin Latin Amerika, Asya ve Afrika ülkelerinden gelenlere göre daha kolay ve daha çabuk uyum sağladıklarını ve entegrasyonun Amerikan politik ve ekonomik sisteminde sosyoekonomik dikey geçiş, kültürleşme ve bikültürel (iki kültürlü) evlilikler sonucunda gerçekleşeceğini öne sürmüştür. Söz konusu kuramlar entegrasyonun, sorumluluğun temelde sadece göçmenlere yüklendiği tek taraflı bir süreç olarak görülmesi, entegrasyonun kültürel eşitlik ekseninde güvenli bir sosyoekonomik statü üzerinden tanımlanması ve kültürel eşitlik ile sosyoekonomik benzerliğin bir tutulması nedeniyle eleştirilere maruz kalmıştır (Fincke, 2009: 30-32).

1960'lı yılların ortalarında ilk kez entegrasyonun doğrusal seyreden bir süreç olarak görülmediği bir kuram geliştirilmiştir. Gordon'ın Asimilasyon Süreci Kuramı kültürel entegrasyon, yapısal entegrasyon, evlilik kanalıyla entegrasyon, özdeşleşme, görüşlerin kabulü, ana akımın davranış biçimlerinin kabulü ve yurttaşlık entegrasyonu olmak üzere birbirini *izlemeyen* yedi farklı safhayı içerir. Bu yaklaşıma göre, kültürleşme ve yapısal entegrasyon belirleyici kademeler olmakla birlikte sürecin sonucu kesin ve eksiksiz bir uyum değildir. Bu kademelerin gerçekleşmesinin, göçmen çocuklarının eğitim kurumlarında sosyalleşmeleri ve kamusal hayata katılmalarına bağlı olarak özdeşleşme asimilasyonuna yol açması beklenir. Gordon pratikte diğer safhalardan önce ilkin göç alan ülkenin dilini öğrenmeyi de kapsayan kültürel entegrasyonun gerçekleştiğini öne sürerken kilit taşı olarak gördüğü, göç alan ülkede güvenli bir iş sahibi olma durumunu ifade eden yapısal entegrasyona büyük anlam yüklemiştir. Ona göre bir kez bu safhaya ulaşıldığında diğer entegrasyon safhaları çok hızlı tamamlanacaktır (Fincke, 2009: 30). Bu asimilasyoncu bakış açısına göre sürecin sonunda yapısal entegrasyon, iş piyasasına katılım ve çoğunluk toplumu üyeleri, göçmenler ve yeni kuşaklar - en fazla üçüncü kuşak- arasındaki gelire bağlı ilişkiler açısından belirli bir sosyoekonomik eşitliğin oluşması beklenir. Oysa pratikte asimilasyon modellerinin varsayımlarının, Almanya özelinde özellikle Türk ve İtalyan göçmen topluluklarında tamamen geçersiz olduğu bilinen bir gerçektir (Faist, 2004: 86-88).

ABD kökenli kuramsal çabalara eklemlenen son asimilasyon kuramı, 1960'lı yıllarda doğru yine göçe dayalı bir demografik yapıya sahip olan Avustralya'da geliştirilmiştir. Taft'ın asimilasyonun yeniden sosyalleşme olarak değerlendirildiği ve ilk kez psikolojik etkenlerin dikkate alındığı Asimilasyonun Yüzleri Kuramında kültürel öğrenme, kişisel temaslar, çoğunluk toplumuna yakınlaşma, egemen rollerin üstlenilmesi, toplumsal kabul, yeni topluma üyeliğin/aidiyet kimliğinin kazanımı ve çoğunluk toplumunun normlarıyla uyumlu hale gelme gibi bir dizi faktör içeren aşamalardan sonra asimilasyonun gerçekleşeceği varsayılmıştır (Taft, 1963). Bu analizde, göçmenlerin kendilerini içinde bulundukları topluma ait hissetmeleri, kültürel ve yapısal alanlara dahil olmaları, kaynak ülkeyi ve kendi etnik gruplarını duygusal olarak terk etmeleri önem taşır (Çağlar ve Onay,

2015: 45).

Asimilasyon yaklaşımı 1950'lerden sonra yerini çokkültürcülük anlayışına bırakmaya başlamıştır. Siyasal ve toplumsal alanda köklü dönüşümün gerçekleştiği 1960'lı yıllarda ABD'de ortaya çıkan (Siyahi Amerikalılara yönelik) Sivil Haklar Hareketinde ve Batı Avrupa ülkelerinde gerçekleşen radikal siyasi hareketlerde görüldüğü gibi, geleneksel toplumsal hareketlerin yeni toplumsal hareketlere evrilmesi çokkültürcülük anlayışının güçlenmesi açısından büyük önem taşımıştır. Bu dönemde demografik yapısı göçmenliğe dayalı Anglo-Amerikan bölgesinde uzun süre uygulanan tam asimilasyon hedefli politikaların iflası *kültürel çoğulculuk* ve *çokkültürcülük* anlayışını beraberinde getirmiştir.

*Kültürel Çoğulculuk ve Çokkültürcülük Anlayışı.* Çokkültürcülük kuramlarına temel oluşturan kültürel çoğulculuk yaklaşımı bir toplumda farklı grupların diğerleriyle çatışmadan uyum içinde yaşayabileceği görüşüne dayanmaktadır. Bu bağlamda 1970'li yılların başında Greeley asimilasyon yerine entegrasyonu merkeze yerleştirerek klasik asimilasyon yaklaşımlarından sıyrılmış ve yeni bir kavram üzerinden daha kapsamlı bir bakış açısı sunan Kültürel Entegrasyon Modelini geliştirmiştir. Entegrasyonun asimilasyon yerine ana kavram olarak yerleştirilme çabası yeni bir anlayışa evrilme sürecine işaret eder. Buna göre entegrasyon süreci kültürel şok, göçmenlerin yaşadıkları toplumda organize olmaları ve kimlik bilincinin gelişmesi, etnik gururun oluşması, yetenek sahibi göçmenlerin ve elitlerin etnik topluluk dışına çıkarak egemen topluma katılma eğilimi, orta sınıfa dahil olmuş olan göçmen topluluk üyelerinin üst sınıfa geçme eğilimi ve güç sahibi olmaları, üst sınıfa atlamış olan ve pek çoğu da profesyonelleşen göçmen topluluk üyelerinin etnik dokularından tamamen uzaklaşarak ve çoğunluk toplumuna tamamen entegre olarak modernleşme isteği, yeni kuşağın/kuşakların modernleşme ve bireyselleşmeye paralel olarak etnik kimlik ve öz kültür yapısına ilgi duyma eğilimi olmak üzere birkaç kuşak içinde ve altı aşamada gerçekleşir (Berger, 1971). Bu model kuşkusuz kimlik olgusu ile etnik farklılıkların dikkate alındığı çokkültürcülük anlayışına güçlü bir zemin hazırlamıştır.

Etnik kimlik göçmenlik sürecinde bir mutlak değerdir; baskın olanla veya diğer etnik yapılarla iletişim kurulduğunda da varlığını sürdürür. Bu nedenle aynı toplumda yaşayan farklı kültürel varlıkların bir ifadesi olan çokkültürcülük, klasik göç alan ülkelerin göç politikalarında uzun süre egemen olan asimilasyon bakışına bir karşı duruş olarak değerlendirilmelidir. Çokkültürcülük ekseninde aşağılanan, değersiz görülen ırklar ile kültürleri - Afrika kökenli Amerikalılar- dahil etmeyen *muhafazakar çokkültürcülük*; kapitalist bir toplumda bütün ırkları entelektüel açıdan eşit gören *liberal çokkültürcülük* ve kültürleri tarihsel ve güç çatışmalarından soyutlayarak ele alan *solcu liberal çokkültürcülük* anlayışlarını eleştiren McLaren (1994: 45-74; akt. Yalçın, 2002: 51) post-yapısalcı bir *eleştirel ve direngen çokkültürcülük* yaklaşımı geliştirmiştir. Buna göre kültür, çatışma ve uyum kavramları bir arada yer alamaz. Siyaset ve yargı sisteminde ırk, sınıf ve cinsiyet üzerinden yaşanan çatışmaların, sosyal ve ekonomik düzlemlerde yaşanan ayrımcılığın bir sonucu olan çokkültürcülük olgusu göz önünde bulundurulmalıdır.

Çokkültürcülük, azınlıkların/göçmenlerin statüsünün güçlendirilerek devlet kanalıyla kültürel, sosyal ve kısmen politik hakların tanınması anlamı taşır. Bu anlayışta çok etnili bir ulus kavramı ön planda tutulurken politik alanda kültürleşmenin altı çizilerek kültürel entegrasyon stratejileri çoğunluk toplumu açısından meşru görülür. Taylor (1993) ile Habermas'ın (1993) yaklaşımları, göçmenliğe dayalı belirli tarihi geleneklerin var olduğu İngiltere ve Hollanda gibi devletlerin etnik çoğulculuk uygulamasının uygunluğuna işaret etmişti. Bu çerçevede İngiltere'de çok etnili ulus yapısına dahil edilen göçmenler, kültürünü ve kimliğini muhafaza eden etnik azınlıklar olarak tanımlanır; çoğunluk toplumu ile etnik azınlıklar arasındaki ilişkinin saygıya dayalı ve barışçıl olması beklenir. Pratikte çoğunluk toplumu ile göçmen toplulukları arasındaki bölünmenin ve ayrılmış ikamet mekanlarının sosyal bir sorun olarak değil aksine geleneksel İngiliz çokkültürcülüğünün bir gerekliliği olarak normal bir durum gibi görülmesine eleştirel yaklaşarak son dönemdeki gelişmeleri ülkenin çokkültürcülük politikalarıyla ilişkilendiren Heckmann'a göre (2015: 268-269) son yıllarda İngiltere'nin çokkültürcülük politikasının başarılı olduğu söylenemez. 2000'li yılların ilk yarısında yaşanan ve mevcut politikayı krize sokan olaylar sonucunda yeni politik anlayış geliştirilmiş; vatandaşlık bilincinin güçlendirilmesine yönelik kurslar, törenler düzenlenmiştir. Ayrıca etnik gruplar arasındaki ilişkiyi iyileştirme kapsamında yerlilerle göçmenlerin aynı ikamet mekanlarında oturmasına dönük projeler ile farklı etnik yapıların yaşadığı semtlerdeki okullar arasında kardeş okul projeleri hayata geçirilmiştir. Benzer biçimde Hollanda'daki etnik toplulukların eğitim kurumları, gazeteler, hastaneler vb. sosyal oluşumlar gibi güçlü kurumsal yapılara sahip olmasını sağlayan prensibin de farklı kültürel, dini, ideolojik ve politik mevcudiyeti toplumsal açıdan keskin bir ayrıma götürme potansiyeli taşıdığı öne sürülebilir. Bu uygulama, etnik azınlıkların ana dillerinin desteklenmesini içeren çokkültürlü bir politika olarak görülmektedir. Göçmen toplulukların kendi okullarını açması gibi kapsamlı politik ve kültürel haklar çokkültürlü Hollanda politikasının her zaman temel unsurlarını oluşturmuştur lakin bu politikanın özellikle göçmenler arasında işsizliğin artması, toplumda sosyal ayrımın keskinleşmesi ve göçmen çocuklarının eğitim başarılarının giderek düşmesi vb. olumsuz sonuçları gözlenmiştir. Söz konusu olumsuz gelişmelerle eşzamanlı olarak 1990'lı yılların başından itibaren halkın çokkültürcülük politikasına desteğinin giderek azalması üzerine, anadilde yürütülen derslerin yerini Hollanda dili ve kültürü derslerinin alması ve 1996'da yeni göç edenlere entegrasyon kurslarına katılma zorunluluğunun getirilmesi gibi uygulamaların yer aldığı entegrasyon politikasına geçilmiştir. 2002'de ise anti-islam tezine dayalı Pim Fortuyn'ün ırkçı siyaseti ile çoğunluk toplumunun buna paralel eğilimi yükselişe geçmiş ve bunu 2010'da yine islam karşıtı sağ popülist Geert Wilders'in giderek popülerlik kazanması izlemiştir. Heckmann (2015: 270-272) entegrasyon sürecinde çokkültürlü uygulamaların olumsuz etkilerini İngiltere ve Hollanda özelinde değerlendirirken etnik kimlikler ile etnik sınırların korunması ve güçlendirilmesi sonucunda sosyal entegrasyonu engelleyen sosyal ve mekan ayrımının oluştuğuna ayrıca kaynak ülkenin müdahalesinin söz konusu olduğu dernekler, vakıflar gibi göçmen sivil toplum oluşumlarının da entegrasyon sürecini olumsuz etkilediğine işaret etmektedir.

1960'lı yıllardan itibaren toplumları enine kesen yeni toplumsal hareketlerin ABD, Kuzey ve Batı Avrupa ülkeleri başta olmak üzere geniş coğrafyalarda hızla yayılarak köklü sosyal ve ideolojik dönüşümlere yol açmasıyla birlikte akademik alanda ve politik söylemlerde çokkültürcülüğe büyük anlam atfedilmiştir. Ancak pratikte beklentilerin aksine etnik topluluklar arasındaki farklılıklara vurgu yapılmasına bağlı olarak sosyal uyum açısından olumsuz etkileri gözlenmiştir; yine de çokkültürcülük, tartışmalarda en çok referans alınan yaklaşımlardan biri olma özelliğine sahiptir.

*Entegrasyon Yaklaşımları.* 1920'lerden 1960'lı yıllara kadar göçmenlerin kültürel değerleri ile sosyal pratiklerinden vazgeçmesine dayalı olan ve asimilasyonu doğrusal bir süreç olarak gören yaklaşım, ABD gibi klasik göç ülkelerinin yanı sıra yoğun göçmen nüfusa sahip Batı Avrupa ülkelerinde de yaygın kabul görmüştür. Ancak ırk, etnisite, sınıf ve cinsiyet olgularının eleştirel bir bakış açısıyla irdelenmeye başlandığı 1960'lı yıllardan itibaren açı sosyal eşitlik ve kültürel tanınmaya doğru evrilmiş; eleştirilen mevcut asimilasyon kuramlarını izleyen yeni entegrasyon kuramları geliştirilmiştir. Klasik göç alan ülkelerdeki entegrasyon tartışmalarını liberal çokkültürcülük ile çoğunluk toplumuna uyum politikası arasında gidip gelen görüşler olarak değerlendiren Pries'e göre (2015: 10-11) Anglo-Sakson bölgesindeki asimilasyon kavramı çeşitli anlamlarda kullanılırken Alman göç tartışmalarında göçmenlerin egemen toplumun kültürel ve sosyal sistemine sosyokültürel, dil ve kimlik temelli uyumu ile neyin ifade edildiği açıktır. Bunun sonucunda sağlanacak entegrasyon (ya da asimilasyon), toplumsal birlikteliğin oluşumu ve göçmenlerin mevcut egemen yapıya ve kültüre konumlandırılması, tabi kılınması anlamına gelmektedir.

Paradigma değişimine karşın asimilasyoncu bakışın günümüzde hala politik ve akademik alanda ve halk arasında ağırlıklı olarak geçerliliğini koruduğu ileri sürülebilir. Bu noktada 20. Yüzyılın ikinci yarısındaki pek çok göç araştırmacısı gibi, entegrasyonu sağlayacak tek yolun asimilasyon olduğu tezini savunan Esser'in göçmenlerin ve etnik azınlıkların sosyal entegrasyonuna yönelik kuramsal çabaları buna tipik bir örnek oluşturmaktadır. Avrupa ülkeleri arasında en yoğun göçmen nüfus yapısına sahip ülke konumundaki Almanya'da entegrasyon tartışmaları özellikle göçmenlerin yerleşik olmaya doğru evrildiği 1970'lerin sonundan itibaren yoğunlaşmaya başlamıştır. Bu çerçevede en çok referans alınan kuramlar arasında yer alan Esser'in klasik Amerikan anlayışına dayalı Entegrasyon Kuramına göre, göçmenlerin sosyal entegrasyonu dil edinimini, eğitim sisteminde ve iş piyasasında yer almayı, siyasal ve yasal katılımı ve kendini yaşadığı ülkeye ait hissetme yoluyla ülkenin toplumsal sistemine dahil olmayı ifade eder. Entegrasyon parçaların sistemli bir bütün içindeki birliğidir; bunun karşıtı ise ilişkisiz olarak yan yana bulunma durumudur ve bu da genellikle etnik gruplar arasında eşitsizliğe yol açar. Özgün niteliklere sahip olan sistem uyumu ve sosyal uyum eş zamanlı ve paralel işlemeyebilir. Sosyal uyum toplumda farklı etnik gruplar içinde yer alan aktörlerin sisteme uyumudur; bu boyut göçmen topluluklarının bir toplumun bütünlüğüne, bir diğer ifadeyle; piyasa, devlet ve hukuk sistemini kapsayan bir sosyal sisteme uyumuna işaret eder (Esser, 2001: 3).

Sistem entegrasyonu ve sosyal entegrasyon ayrımına dayalı bu kuramda kimlik, kültürleşme, etkileşim ve sosyal-ekonomik-politik konum sosyal entegrasyonun temel boyutları olarak görülür. Bu dört farklı boyut birbiriyle nedensel bir ilişki içinde olduğundan sürecin başarısı da dizgiye bağlıdır. Örneğin göçmenlerin eğitim sisteminde ve iş piyasasında yer alabilmeleri için belirli düzeyde dil yeterliliğine sahip olmaları gereklidir. Güvenli bir sosyoekonomik statüye sahip olmak ise göç alan ülkenin üyeleri ile bilgi değiş tokuşunu ve etkileşimi gerektirir. Etkileşim gerçekleştiğinde ise göç alan ülkeyle duygusal bağ oluşur. Bu yaklaşımda en çok öne çıkan, kültürel ve yapısal entegrasyon boyutudur. Yapısal faktörlerin daha çok vurgulandığı söylenebilir, zira toplumsal yaşamın diğer alanlarına dahil olabilmek için temel koşul, iş piyasasında güvenli bir istihdamdır. Bütün boyutlarda uyumu sağlamak, gerekli olan konum ile buna bağlı kazanılan becerilere bağlıdır. Entegrasyon sadece asimilasyon ile mümkündür ve kuşaklar ilerledikçe toplumsal entegrasyonun boyutları giderek asimilasyona daha çok yaklaşır. Göçmenlerin sadece ya köken topluma ya da etnik topluluklarına veya göç ettikleri topluma dahil olabileceklerini var sayan Esser'e göre (1999) entegrasyonu biçimlendiren dört olasılık söz konusudur. Birinci olasılık çoklu entegrasyondur; entegrasyon bireyin hem göç ettiği yapıda hem de kaynak ülkeye ilişkin etnik kültürel bağlantılarda gerçekleşir. İkinci olasılık ise bölünmedir; göçmen etnik yapıya dahil olurken göç ettiği yapının dışında kalır. Üçüncü olasılık göç edilen yapıya ve etnik yapı bağlarına dahil olmayı ifade ederken dördüncü olasılık bireyin hem göç edilen yapının hem de etnik yapı bağlarının dışında kalarak marjinalleşmesi durumudur. Bu bağlamda Esser göçmenlik koşullarının sağlayamayacağı gerekçesiyle eleştirel yaklaştığı çoklu entegrasyonun ancak elit gruplar içinde ikinci kuşakta gerçekleşebileceğini ileri sürmüştür.

Pries (2015: 12) çoklu entegrasyona ilişkin bu olumsuz bakışın en belirgin haliyle 2010'da Almanya Başbakanı Angela Merkel'in tarihe geçen *çokkültürcülük başarısızlığa uğramıştır* ifadesinde yansımasını bulduğuna dikkat çeker. Zira bu bakış açısı ülkede entegrasyonun işleyişiyle çok yakından ilgilidir; toplumun genelinde ve akademik tartışmalarda hala tektipleştirici asimilasyon anlayışı hakimdir. Bu tektipleştirici asimilasyonun kademeli modelinin uzun süre önce, 1960'lı yılların başında, Taft (1963) tarafından sunulan ve yoğun referans alınan makalesinde ABD ve Avustralya gibi pek çok klasik göç ülkesindeki hakim yaklaşım olarak sunulmuş olması düşündürücüdür.

## Mülteci - Sığınmacı Hareketlerini Açıklamaya Yönelik Kuramsal Çabalar

Sığınma hareketleri içinde yer alanlar güncel akademik çalışmalarda mülteci, transit göçmen ve kaçak veya kayıt dışı göçmen -işçi- gibi düzensiz göçmenler arasında değerlendirilmektedir ancak uzun süre göç kavramının dışında tutularak apayrı bir kategori içinde görülmüştür. Bir takım farklı özellikler taşımasına karşın bu hareketliliğin kesinlikle bir göç biçimi olduğunu ve ayrı bir kategori olarak ele alınamayacağını öne süren Treibel'a göre (2003: 157-158) sığınma göçü; uluslararası politika, insan hakları gruplarının ve yardım organizasyonlarının eylemleri ve bilimsel analizlerin arasında bir alan kaplar.

Sığınma göçünün hangi nedenlerin bir doğurgusu olarak ortaya çıktığı ve hangi biçimlerde üretildiği meselesinin, 1900'lü yılların başlarındaki Fairchild ve Petersen'ın sığınma göçüne ilişkin uzun süre kabul görmeyen, göçü isteğe bağlı olmaya indirgeyen tipoloji çabalarının ardından ancak 1980'li yıllarda yapılan yeni değerlendirmelere dayandığı görülmektedir. Bu kapsamda Richmond, öncü çabaların varsayımlarını çürüten Sığınma Göçü Kuramı (1988) ile göç hareketlerinin isteğe bağlı olup olmadığı konusunun tartışılmasının politik açıdan gereksizliği; kısıtlamalar ve zorunlulukların bütün insanlar için geçerli olduğu, sığınmacıların da göçmenler gibi sınırlı imkanlar ile sınırlı karar verme özgürlüğüne sahip oldukları ve göç etmekten başka bir seçeneklerinin olmadığı görüşüne dayalı yeni bir tipoloji ortaya koymuştur. Buna göre sığınmacılar; akılcı seçim yapanlar ve ileriye yönelik karar verenler veya özgürlüklerinin ciddi zarar görmesi nedeniyle tepkisel göç kararı alanlar olmak üzere iki uç arasında yer alan bir döngüde değerlendirilir. Politik, ekonomik, bölgesel, sosyal ve biyopsikolojik etkenler arasında kişilerin göç eğilimini belirleyen karmaşık bir etkileşim söz konusudur. Göç hareketlerini Hoffmann-Nowotny'nin (1994) görüşlerine paralel olarak dünya toplumu üzerinden açıklamaya çalışan Richmond'ın dünya politikasının çevre koşullarına ve dünya toplumunun çifte standardına ilişkin eleştirisi dikkat çekicidir; bir taraftan ülke sınırları şeffaflaştırılırken ya da sınırları kaldırma eğilimi söz konusuyken diğer taraftan ülke sınırlarını kapatma çabaları güçlenerek yaygınlaşmakta ve askeri sanayi karmaşasının hareket alanı dünya çapında bir silah pazarı yönünde genişlemektedir (Treibel, 2003: 166).

Güncel kitlesel mülteci ve sığınma akımları, ABD-Meksika ve Fransa-Batı Afrika örneklerinde görüldüğü gibi, insan hareketliliğini sadece ülkeler arasındaki kolonyal arka plan ile bu döneme temellenen bağlantılar, ticari ve mali ilişkiler, politik nüfuz ve kültürel bağlar ile askeri işgale dayalı bir ilişki yapısı üzerinden açıklamaya çalışan Göç Sistemleri Kuramının varsayımları ile ilişkilendirilemez. Ancak Wallerstein'ın Dünya Sistemleri Analizinde öne sürdüğü gibi, merkez ve çevre ülkeler arasındaki sömürgecilik ile kolonyal bağlara dayalı bağımlılık benzeri bir durumdan bahsedilebilir. Mülteci ve sığınma hareketlerini bu bağlamda küresel bir sistem meselesi olarak değerlendiren Bade de (2017: 97-98) *The Empire strikes back* ve *We are here because you were there* söylemleri ile mülteci ve sığınmacıların geldikleri ülkelerle göç alan ülkeler arasındaki geçmişe dayalı ilişkilere dikkat çekmektedir. Avrupa ile dünyanın diğer gelişmiş bölgeleri doğrudan ya da dolaylı olarak sığınmacı krizine yol açan pek çok etken arasında yer alır. Afrika örneğinde görüldüğü gibi, sığınmacı krizlerinin kaynağında bölgenin kolonyal geçmişi ve bu sürecin doğurgularına temellendirilebilecek bir *kleptokrasi (yolsuzluğun/ yolsuzların hakim olduğu iktidar)* eylemi yatar. Kleptokrasi eylemi, bir zamanlar sömürge bölgelerinde yer alan ülkelerin kaynaklarının, yerel elit yönetim olarak tanınan ancak pratikte "hırsızlar rejimi" anlamını taşıyan, daha açık bir ifade ile doğal zenginliklerin o ülkede iktidarı ele geçiren bir aile veya siyasal ya da dini bir grup tarafından dış çıkar unsurları ile birlikte sistemli olarak talan edilmesi, soyulması anlamını taşır. Pratikte bölgenin kaynakları yerel elit yönetim işbirliği ile dış çıkar unsurları tarafından sömürülürken yerel halk yurtsuzlaştırılarak göçe zorlanır. Bu örneklere Libya'da ve Irak'ta gerçekleştiği gibi, krizi tetikleyen, şiddetlenmesine yol açan silahlı müdahaleler ile facialara yol açanların hemen hemen tamamının etkilenen bölgeler dışında yaşaması da dahil edilebilir. Günümüzde dinamikleri ve profili giderek çeşitlenen sığınma hareketleri aynı zamanda yapısal bir dünya krizidir ve bu nedenle küresel sistem meselesi sığınma hareketlerine yol açan kaynaklarla mücadeleyi gerektirmektedir. Treibel da (2003: 168) bu bağlamda Richmond ve Hoffmann-Nowotny'ye referansla sığınma hareketlerinin kendiliğinden ortaya çıkmadığına; farklı tarihi ve politik arka plana sahip olmakla birlikte sömürgeciliğin, savaşların, sosyal karışıklıkların ve köklü değişimlerin sonucu olarak üretildiğine işaret etmektedir.

Uluslararası insan hareketliliğine ilişkin mevcut göç kuramlarının içinde bulunduğumuz dönemde, özellikle 2010'lu yıllardan itibaren yoğunlaşarak süren mülteci-sığınma hareketlerini açıklamada yetersiz kaldığı söylenebilir. Bu bağlamda Sirkeci'nin uluslararası göçü, göçün bir insani güvenlik arayışı olduğu görüşüne temellendirdiği ve çatışma kavramı ekseninde açıklamaya yönelik bir model geliştirme çabası büyük anlam taşımaktadır. Çatışma Modeli, ağ kuramı, ekonomik kuramlar ve kültürel kuramların varsayımlarının çatışma eksenli yeni bir kurgusu olarak, farklı çatışmaların göç yapılarını etkileyebileceğini varsayar. Çeşitli çatışma durumlarından bir kaçını içermesi nedeniyle mülteci ve sığınma hareketlerinin aynı zamanda transnasyonal (ulusötesi) göçü açıklamaya ilişkin çatışma eksenli bir teorik modeli kurabilmek için en uygun örneklerden biri olduğuna dikkat çeken bu modele göre, çatışma ve göçün dinamik doğası yapıları, aktörleri ve süreçleri etkilerken yeni göç yolları, göç mekanizmaları ve göç tipleri ortaya çıkmaktadır (Sirkeci, 2012: 355).

Uluslararası göçün maddi veya maddi olmayan nedenlere dayalı temel motivasyonunun bir güvenlik arayışı olarak görüldüğü Çatışma Modelinde çatışma insani güvensizlik algısına neden olduğu için önem taşır ancak bu algı her zaman göçe yol açmayabilir. İnsani güvensizlik algısını belirleyen unsurlar ekonomik, siyasi ve kültürel boyutlar içeren çevresel etkilerdir. Bu çerçevede şiddetli ve silahlı çatışmalar kişileri hareketliliğe yönlendiren açık kaynaklardan biri olmakla birlikte kimlik ve cinsel tercih güvenliği, sosyal güvenlik, sağlık riskleri, çevresel felaketler, istihdam sıkıntısı, sosyo-ekonomik yoksulluk ve ücret farkları gibi faktörler de şiddet içermeyen çatışma kaynakları arasında sayılır. Ağırlıklı olarak çatışmalara dayalı olan güvensizlik unsurları maddi ve maddi olmayan unsurlar olarak kategorileştirilebilir. Maddi unsurlar arasında; silahlı çatışma, yoksulluk, işsizlik, yetersiz altyapı sıralanabilir. Maddi olmayan unsurlar ise; ayrımcılık, baskı, insan hakları ihlalleri, cezalandırılma korkusu, anadil sınırlamaları gibi örneklerle anılabilir. Söz konusu unsurları içeren insani güvensizlik ortamında bulunanlar, karma stratejiler de mümkün olmakla birlikte genelde statükoyu devam ettirerek yaşamlarını aynı yerleşkede sürdürmeye ya da çıkış kararı alarak yeni bir yerleşkeye doğru hareket etmeye dayalı iki farklı strateji geliştirirler. Statükoyu devam ettirmeyi tercih edenler bulundukları yerde yaşamaya devam ederek egemen olanla -hakim olan görüş, taraf, etnisite, hükümet- uzlaşırken çıkış kararı alanlar isyancılara katılır ya da çatışma bölgesini terk ederek göç eder (Sirkeci, 2012: 358). Zorunlu insan hareketliliğinde esas kaçış nedeninin *çatışma* olduğunu gösteren veriler Sirkeci'nin varsayımını desteklemektedir. Dünya genelinde her gün çatışma ve zulümden kaçanların sayısı 42.500 civarındadır (UNHCR, 2016).

Suriye özelinde gerçekleştiği gibi, şiddetli çatışmalar kuşkusuz kişileri/toplulukları yaşadıkları yerleşkeleri terk etmeye; ülke sınırları içinde daha güvenli algılanan bölgelere ya da sınır aşırı yerlere kaçmaya zorlayan temel etkendir. Ancak *şiddetli çatışma* kaçış nedeni olarak kabul edildiğinde, kişilerin sadece fiziksel şiddetten değil, örneğin göreli yoksulluğu tolere edecek sosyal, koruyucu ilişkilerin yoksunluğu ile ekonomik kriz, politik ve kültürel çatışma gibi Sirkeci'nin altını çizdiği muhtelif nedenlerden dolayı da kaçtıkları göz önünde bulundurulmalıdır. Bazılarının şiddet ve yaşam riskine rağmen çatışma alanlarında kalmaya neden devam ettiği sorusu ile kişilerin gerçekte sadece fiziksel şiddete maruz kaldığı için değil aksine şiddetten korktuğu, yaşadığı yerleşkede sosyal yapılar zarar gördüğü için veya çatışmanın ekonomik durgunluk gibi diğer olumsuz sonuçları nedeniyle de kaçtığı meselesi, çatışma-sığınma ilişkisine dayalı değerlendirmelerde henüz dikkate alınmayan ve cevapsız bırakılan başat konular arasındadır.

## Bir Küresel Gerçeklik: Göçmenliğe Doğru Evrilen Mülteci - Sığınmacı Hareketleri

Birinci ve İkinci Dünya Savaşlarından bu yana farklı dönemlerde ve farklı coğrafyalarda yoğun/kitlesel mülteci-sığınmacı hareketleri gerçekleşmiştir. İkinci Dünya Savaşından sonra Doğu-Batı çatışmasına bağlı olarak yerinden edilenlerin, yurtsuzlaştırılanların sığınma arayışı Birleşmiş Milletlerin ana konusunu oluşturmuştur. Sığınmacılar o dönemin ideolojisine göre ağırlıklı olarak Doğu Blokundan gelen, Batılı ülkelerin BM üzerinden yardım etmek istediği ve onları kendi politikaları için araçsallaştırdığı kişilerdi. 1990'lı yılların başında ise farklı dinamikler sonucunda doğduğu, yaşadığı yerleşkeyi ulus devlet sınırları içinde veya ulusötesi bir şekilde terk etmek zorunda bırakılanların sayısı 49 milyonu bulmuştur. 1990'ların ortalarına gelindiğinde bu kez eski Yugoslavya'da yaşanan iç savaş Avrupa'da İkinci Dünya Savaşından sonra görülen en yoğun sığınma akımına yol açmıştır (Treibel, 2003: 158-159). Asya'da Afganistan ve Güney Asya'da Sri Lanka; Latin Amerika'da Kolombiya; Avrupa'da Eski Yugoslavya; Doğu Afrika'da Etiyopya, Somali ve Sudan-Güney Sudan; Batı Afrika'da Kongo, Fildişi Sahilleri, Mali ve Nijerya; Orta Doğu'da Lübnan, İran, Irak, Suriye ve Yemen son onyılların önemli oranda sığınmacı göçü veren kaynak ülkelerini oluşturmakta. Türkiye'ye yönelik sığınma ve düzensiz göç hareketlerinin gelişme sürecine bakıldığında, coğrafik açıdan üçüncü ülkelere ulaşımı sağlayan göç güzergâhında bulunması nedeniyle ülkenin bir geçiş ülkesi olarak hedeflendiği görülür. Yakın coğrafyada ve Türkiye'nin geçiş ülkesi olarak değerlendirildiği ülkelerdeki siyasi istikrarsızlıklar, ülke işgalleri, rejim/sistem değişiklikleri, ekonomik yapılanma vb. gelişmeler 1980'lerin sonundan itibaren insan hareketliliğine yol açan etkenlerdir. Çeşitli Asya ve Afrika ülkelerinden, Ortadoğu'da özellikle Irak ve Suriye'den, Bulgaristan, Bosna Hersek, Kosova ve Makedonya'dan Türkiye'ye yönelik sığınma ve düzensiz göç hareketleri söz konusudur. İçduygu'ya göre (2015: 281) ülke 2001 yılından itibaren düzensiz göç açısından kurumsallaşma dönemine girmiştir. Günümüzde Türkiye Dünya genelinde en yoğun sığınmacı barındıran ülkelerin başında gelmektedir.

İçinde bulunduğumuz dönemde Dünya'da mülteci ve sığınmacı hareketleri içinde yer alanların sayısı önlenemez bir artış göstererek 65 milyonun üzerine çıkmıştır; sadece 2015 yılının ilk yarısında 5 milyon, 2016 yılının ilk yarısında ise 3.2 milyon kişi zorla yerinden edilmiştir (UNHCR, 2017) ve bu bağlamda BM Mülteciler Yüksek Komiserliği hala küresel sığınma politikasından ayrı düşünülemeyen bir oluşum olma özelliğini taşımaya devam etmektedir. İç savaş, ülke işgali, insan hakları ihlali, ekonomik yoksulluk, sağlık hizmetlerinin yetersizliği ve iklim değişikliğinin yanı sıra

KARTAL

yanlış politikalardan kaynaklanan çevre sorunları başta olmak üzere pek çok olumsuz gelişmenin yaşam tehdidi oluşturması sonucunda dünya genelinde sayıları giderek artan yüzlerce milyon kişi refah ülkelerinde ve gelişmekte olan ülkelerde daha olumlu yaşam koşullarına erişmek üzere yaşadığı yerleşkeyi terk etmek zorunda kalmaktadır. Bunun karşısında, devlet ya da benzeri oluşumların siyasi baskısı ile zulmünü kabul etme ölçütü olarak değerlendiren refah ülkeleri prensipte kaynak ülkelerde durum düzelinceye kadar geçici koruma sağlamayı hedefleyen ve bu nedenle temelde göç yasası olma özelliği taşımayan mülteci ve sığınma yasalarına sahiptir.

Yoğun göçmen nüfus barındıran Batı Avrupa ülkelerinde farklı göç yönetimi biçimlerinin uygulanması nedeniyle bu ülkelerdeki göç, mülteci ve sığınma yasaları ile politikaları da farklılık göstermektedir. Bu bağlamda Avrupa Birliğinin henüz iltica ve göç politikası çerçevesinde ortak ve etkili bir sınır güvenliği oluşturma aşamasında olduğu ifade edilebilir. Üye ülkelerin kendi sınırları içindeki sığınma başvurularını karara bağlaması nihai bir sonuç olarak kabul görmemektedir zira bir AB ülkesinin aldığı kararın bütün üye ülkeler tarafından onaylanması gerekmektedir (DE Magazin Deutschland, 2016: 12-17). Bu durumun, AB ülkelerini hedefleyen ve ülke sınırlarına giren mülteci ve sığınmacılar üzerinden zaman zaman Birlik içinde krize yol açtığı, sığınma arayanların uzun süre olumsuz koşulların söz konusu olduğu kamplarda tutulduğu veya bazı sığınmacıların (AB üyesi olmayan) üçüncü ülkelere yerleştirilmesi meselesi bilinen bir gerçektir.

Uluslararası sığınmacı koruma prosedüründe mülteci ve sığınmacıları - isteğe bağlı olarak- kaynak ülkeye geri gönderme, güvenli bir üçüncü ülkeye yerleştirme ve korunma talebinde bulunduğu ülkeye entegrasyonunun sağlanması olmak üzere üç çözüm yolu söz konusudur (IOM, 2010). Cenevre Sözleşmesi'nin önemli bir vurgusu olan mülteci ve sığınmacıların güvenliklerinin tehlike altında olduğu ülkelerine geri gönderilmemesi ilkesi ve kaynak ülkelerde uzun süre istikrarın sağlanamaması meselesi sığınmacılığın karmaşık doğasının sadece bir boyutudur. Bu ilkeye göre, mülteci ve sığınmacılar kaynak ülkeye ancak güven ve istikrar sağlandığında geri gönderilebilirler. Ne var ki pratikte kaynak ülkelerde istikrarın sağlanması ve yaşam koşullarının normalleşmesi durumu belirsizlik taşımakta; kaynak ülkelerde süregelen şiddetli çatışmalar ve sonuçları uzun süreli bekleme durumunu gerektirebilmektedir. Mülteci ve sığınmacıların sınır dışı edilmeleri ya da ülkelerine geri gönderilmeleri durumunun ise yaşam riski oluşturması ve yeni bir zorunlu göç sürecine yol açması muhtemeldir. Günümüzde de görüldüğü üzere, bu çözüm yolu kısa süre içinde gerçekleşmeyecek bir koşul gerektirmektedir. İşte bu çözümsüzlük fiiliyatta mülteci ve sığınmacıları koruma talep ettikleri ülkelerde yıllarca beklemek zorunda bırakabilmektedir. 2016 yılı verilerine göre, kaynak ülkelerde henüz istikrar sağlanamadığı için mülteci ve sığınmacıların yüzde 45'i ortalama 20 yıldır büyük çoğunluğu kriz bölgelerinde yer alan ülkelerde bekletilmekle birlikte ortalama bekleyiş süresi

26 yılı bulmuştur (UNHCR, 2016). Kaynak ülkelerde istikrarsızlığın devam etmesinin yanı sıra BM Mülteciler Yüksek Komiserliği tarafından üçüncü ülkeye yerleştirilme sürecinin muğlaklığının ve olağan dışı uzun sürmesinin mülteci ve sığınmacıların yaşam merkezinin bekletildikleri toplum yönüne kaymasına ve sonuçta statülerinin fiilen *göçmen* statüsüne evrilmesine yol açması olasıdır. Bu durumda politik ve akademik tartışmalarda entegrasyon meselesinin gündeme gelmesi kaçınılmazdır.

Bir küresel gerçeklik hali alan mülteci ve sığınmacı hareketleri, sosyal yapıların bir öğesi olarak özgün bir gerilim ortamında gelişmektedir. Richmond, Hoffmann-Nowotny ve Treibel'ın zorunlu insan hareketliliğin kendiliğinden ortaya çıkmadığı aksine üretildiğine dair görüşleri ekonomik açıdan ele alındığında kamuoyunda, politik ve akademik alanda çok değinilmeyen bir boyutun daha söz konusu olduğu görülmektedir. Hamburger'e göre (2016) gelişmiş ülkeler demografik ve ekonomik yapıları nedeniyle düzenli göçmen alımına ihtiyaç duyar. Bu çerçevede sığınmacıların barındıkları gelişmiş ülkelerde iş piyasalarına dahil olarak ülke kalkınmasına katkıda bulunmaları gibi olumlu etkileri beklenmektedir. Almanya örneğinde olduğu gibi, gelişmiş ülkelerin göç politikaları, göç hareketlerini iş piyasalarının hızlı değişen gereksinimlerini karşılamak üzere örgütleyebilmektedir. 1955 yılında Almanya'da kayıtlı bir milyon işsiz varken yabancı işgücü ithal edilmiştir. Benzer biçimde 21. Yüzyılın ilk on yılında da ekonomi belirli bir nitelik düzeyine sahip, hızlı ve sorunsuz istihdam edilebilir yabancı işgücüne ihtiyaç duymuştur. Ancak gelen işgücünün niteliğinin göz ardı edilmesi işgücünün daha hızlı yıpranmasının dışında sosyal sorunlara da yol açmıştır. Bu noktada bir taraftan toplumda güçlenen yabancı düşmanı ırkçı eğilim diğer taraftan işgücünün ulusötesi esnekliğine duyulan gereksinim keskin bir karşıtlık oluşturmuştur. Alman ekonomisi yılda 400.000 nitelikli yabancı işgücüne ihtiyaç duymaktadır. Göç ilişkileri açısından böylesi bir göç fazlasına ancak yılda bir milyon göç alımı gerçekleştiğinde erişilebilir; örneğin 2015'te Almanya'ya gelen bir milyon sığınmacının ülkede kalması ve vasıflandırılması durumunda ülkenin sadece iki yıllık işgücü ihtiyacı karşılanabilir. Bu nedenle Almanya'daki göçü kısıtlayıcı politikalar ile sınırların gerçekten kapatılması her türlü ekonomik mantıkla çelişmektedir.

Hamburger'in dikkat çektiği bu faydacı ekonomik beklentiye karşın içinde bulunduğumuz dönemde Batı Avrupa ülkeleri mülteci-sığınmacı kabulünde giderek daha seçici ve kısıtlayıcı davranmakta, bu ülkelerde göç politikaları giderek muhafazakârlaşmakta ve göçmenlerin hakları giderek sınırlandırılmaktadır. Bu olumsuz gelişmeler karşısında oluşan inisiyatifler içinde tepkiler de giderek görünür nitelik kazanmaktadır. Özellikle son yıllarda mülteci-sığınma hareketlerinde hedef ülkelerden biri haline gelen Almanya'da 2010 yılında siyasetçi Thilo Sarrazin'in popülist ve etnik ayrıştırıcı kategoriler barındıran tezi üzerine yapılan tartışmalarının arka planında, entegrasyon yaklaşımına ilişkin yeni postkolonyal ve yapısalcı eleştiri geleneği içinde, *entegrasyon yerine demokrasi* sloganı altında oluşan bir inisiyatif yer almıştır. Aralarında 70 profesörün bulunduğu, büyük çoğunluğu siyaset ve bilim alanlarında göç ve entegrasyon sorunlarıyla ilgilenen 3.800 den fazla kişinin imzaladığı çağrı metninde mevcut entegrasyon anlayışına karşı duruş sergilenirken demokrasinin olduğu yerde entegrasyondan söz edilemeyeceği görüşüne vurgu yapılmıştır (Pries, 2015: 18).

Bukow'un da (2015) altını çizdiği gibi, günümüzde toplumsal dönüşüm giderek belirginleşmektedir. Bu bağlamda insan hareketliliğinin ve bu hareketliliğin taşıdığı farklılıkların yabancı, öteki ve tehdit olarak görülmemesi; kültüre, milliyete ve ırka dayalı argümanların reddi toplumsal gerçeklik açısından önem taşımaktadır. İçinde bulunduğumuz dönemde mevcut entegrasyon tartışmalarının dışına çıkılarak *içselleme* -Inklusion- konu edilmelidir. Asimilasyon, kültürel çoğulculuk, çokkültürcülük ve diasporanın yer aldığı entegrasyona ilişkin bütün yaklaşımları çok ihtilaflı gören Faist'a göre de (2004: 79-81) topluma yeni gelenler ile yerleşik olanların kaynaştırılmasının kötü bir ünü var. Asimilasyon ile bağlantılı entegrasyon yaklaşımları bugün toplumsal ve politik bir uzlaşı açısından artık geçerli değil. Asimilasyon ve kültürel çoğulculuk geçen 80-100 yıl boyunca, ABD gibi klasik göç alan ülkelerde tartışılmış olan yaklaşımlardı. Ancak bugünkü koşullarda bir taraftan göç koşulları değişirken diğer taraftan iletişim ve ulaşım olanakları kaynak ülkeyle bağlantıların canlı tutulmasını ve geliştirilmesini sağlıyor. İşte bu durum entegrasyon araştırmalarında yeni bakış açılarını gerekli kılıyor.

## Türkiye Bu Küresel Sorunsalın Neresinde?

Mülteci ve sığınmacı, nitelikli olsun olmasın, Türkiye artık yeni göç akımlarının bir varış noktası olarak belirmektedir. Ülkeye yönelen nüfus hareketleri 1980'lerin sonundan itibaren etnik köken, uyruk ve göç nedeni açısından zamanla çeşitlenerek artış göstermiştir. Günümüzde göçmen profili giderek zenginleşmekte ve farklı göç kategorileri oluşmaktadır (İçduygu ve Karcı Korfalı, 2014: 98-100; 104). Türkiye'nin göç tarihinde ilk kez karşı karşıya kaldığı bir sığınma biçiminin aktörleri olarak sayıları 3 milyonu aşan Suriyeliler, 2011 yılından itibaren ülkedeki en kalabalık göçmen topluluğunu oluşturmuş ve göç tartışmalarının merkezine konumlanmıştır. Dinamik (bu nüfusun %70'i 30 yaşından genç insanlardan oluşmaktadır) ve cinsiyet açısından dengeli bir nüfus yapısına sahip olan topluluğun sadece yaklaşık %8'i geçici barınma merkezlerine yerleştirilmiştir, büyük çoğunluk İstanbul, Suriye'ye sınır iller, İzmir ve Bursa'da ikamet etmektedir (GİGM, 2016: 76-77).

Zorunlu insan hareketliliği özellikle 2000'li yılların başından itibaren disiplinlerarası akademik çalışmaların ilgi alanına girmiş ve bu anlamda kurumsallaşma süreci başlamıştır. Devletin göç yönetimi açısından İçişleri

Bakanlığı'na bağlı olarak 2013 yılında kurulan Göç İdaresi Genel Müdürlüğü (GİGM) önemli bir gelişme olarak görülmüştür. 2014 yılında yürürlüğe giren Yabancılar ve Uluslararası Koruma Kanunu (YUKK) ise ülkede uluslararası koruma kapsamında yer alanların toplumsal uyumunu içeren ilk yasal düzenlemedir ve bununla birlikte uyum meselesi politik alanda tartışılmaya başlanmıştır. GİGM ile Müdürlüğe bağlı Uyum ve İletişim Dairesi Başkanlığı'nın görev tanımı kapsamında yabancıların toplumla olan karşılıklı uyumu yer almaktadır. Bu bağlamda akademisyenlerin katılımı ile gerçekleştirilen Göç Yönetimi ve Uyum Çalıştayında sosyo-psikolojik bütünleşme, eğitim sorunları ile yerel yönetimlerin uyum süreçlerinde rolü vb. konular yer almıştır (GİGM, 2013). YUKK ve GİGM tarafından öngörülen *uyum* asimilasyon ve entegrasyon kavramları ile karşılanmamakla birlikte: *Göçmenle toplumun gönüllülük temelinde birbirlerini anlamalarıyla ortaya çıkan harmonizasyon* olarak tanımlanmakta ve *çok taraflı aktif bir etkileşim, iki yönlü aktif bir etkileşim ve göçmen odaklı bir yaklaşım* ifadeleri vurgulanarak karşılıklı uyumu kolaylaştıracak kurslar ile göçmenlerin kendi kültürel kimliklerinden vazgeçmek zorunda kalmadan ev sahibi topluma uyum sağlamaları öngörülmektedir. Söz konusu kursların; Türkiye'nin siyasi yapısı, dili, hukuki sistemi, kültürü ve tarihi ile vatandaşların hak ve yükümlülüklerini kapsayan konularda düzenlenmesi planlanmaktadır. Kursların başlıca amaçları; ülkedeki yabancıların kamusal ve özel mal ve hizmetlerden yararlanmasını sağlamak, eğitime ve ekonomik faaliyetlere erişimlerini kolaylaştırmak, sosyal ve kültürel iletişim ile temel sağlık hizmetlerinden faydalanmalarına olanak vermek olarak sıralanabilir.

*Sığınmacılığın Yerleşikliğe Evrilmesi ve Entegrasyon.* Her ne kadar son beş yılda gerçekleşen yoğun sığınma akımı ekonomik nedenli göç hareketinden önemli farklılıklar içerse de bekleme süresinin giderek uzamasına ve geri dönüşün belirsizliğine bağlı olarak sığınmacılığın yerleşikliğe evrilmesi ve buna bağlı güçlü toplumsal etkilerin ortaya çıkması kaçınılmazdır. Konuya ilişkin araştırma verileri, Suriyeli topluluğun büyük çoğunluğunun ülkelerinde istikrar sağlandığında geri dönmeyeceği, Türkiye'de yerleşik duruma geçeceği öngörüsünü teyit eder niteliktedir (Oytun ve Gündoğar, 2015: 34-35; Güçtürk, 2014; Erdoğan, 2014: 6-30). Bu çerçevede geçtiğimiz yıl Türkiye'den çıkış yapan ve yerleştirilen Suriyeli oranı da topluluğun ülkede barınmaktan başka bir seçeneğinin olmadığının güçlü bir göstergesi olarak kabul edilebilir: 2016 yılında 2.834.441 Suriyelinin sadece binde bir buçuğu büyük çoğunluğu Kanada'ya olmak üzere, İngiltere, Norveç ve Avustralya'ya çıkış yapmıştır. Birebir Formülü kapsamında Almanya başta olmak üzere Avrupa ülkelerine yerleştirilenlerin oranı ise binde birin altındadır (GİGM, 2016: 83-84). Kirişci'nin (2014: 8-12; 27; 51) Suriyelilere ilişkin hazırladığı Çalıştay Raporu da, geri dönüş beklentisinin gerçekçi olmadığına ve bölgedeki istikrarsızlık nedeniyle uzun bir süre daha ülkede kalacaklarına dikkat çekmektedir. Buna göre, Suriyelilerin istikrar sağlanması durumunda ülkelerine geri dönmeleri muhtemel görünmediğinden Türkiye'deki mevcut politikalar ekonomik, sosyal ve siyasi sorunlara yol açabilir. Bu durumu ancak geniş kapsamlı toplumsal katılım ile entegrasyonu amaçlayan; gelen nüfusu ekonomik büyüme ve gelişme kaynağı olarak değerlendiren; iş piyasasına ve eğitim sistemine katılım meselelerine öncelik tanıyan güçlü bir göç yönetimi anlayışı uzun dönem odaklı politikalarla avantaja çevirebilir. Bugünün göç yönetiminin başarısızlığı ise ileride muhtemel ekonomik, sosyal ve siyasi sorunlara kaynaklık edebilir.

Üç milyon üzerinde Suriyeli ile yüzbinlerce düzensiz göçmenin durumunun kalıcılığa evrilme olasılığının yüksekliği ve ülkeye yönelik insan hareketliliğinin devam etmesi, Türkiye'nin bir varış noktası, bir göç ülkesi haline gelmekte olduğuna işaret ediyor. Bu kapsamda Yabancılar ve Uluslararası Koruma Kanunu Türkiye'nin kendini yasal düzlemde göç alan bir ülke olarak konumlandırdığı ilk düzenlemedir. Göç ve entegrasyon ilişkisine bağlı olarak ülkede yeni politikaların oluşturulmasını gerekli kılan bu gelişmeler doğrultusunda yerel entegrasyon topluluk açısından tek çözüm yolu olarak görülmektedir (Aygün ve Kaya, 2016: 101-102; 135-136). Güncel bir alan araştırması, Türkiye'ye gelen göçmenlerin kültürel ve yaşam biçimi anlamında yoğun bir entegrasyon sorunu çekmediklerini; Türk soylu, düzensiz ve Türk soylu olmayan düzenli göçmenlerin çoğunluğunun ülkede kalıcı olarak yaşamak, vatandaşlık almak istediğini ve bu durumun kendilerini Türkiye'ye yakın hissetmelerine temellendirilebileceğini bulgulamıştır (İçduygu ve Karcı Korfalı, 2014). Ancak meseleye Suriyeliler açısından bakıldığında; yaklaşık yüzde 85'inin kamplar dışında, ağırlıklı olarak şehir merkezlerinde yaşadığı topluluğun sosyal uyumu sıkıntılı bir alan oluşturmaktadır. Araştırmalar özellikle sınır kentler dışındaki yerleşkelerde farklı dil, kültür ve yaşam tarzının kabul ve uyum sürecine olumsuz etki eden unsurlar olduğunu belirlemekle birlikte yine de topluluğun dinamik nüfus özelliğinin sosyal uyum sürecine olumlu etki yapacağını öngörmektedir (Oytun ve Gündoğar, 2015: 10; 16). Otuz yaşın altında bulunanlar Suriyeli topluluğun üçte ikisini oluşturmaktadır. Bu nedenle indirgemeci bir yaklaşımla entegrasyon süreçlerinin kısa sürede gerçekleşebileceği düşünülebilir. Ancak entegrasyon meselesi, eğitim süreçlerine ve iş piyasasına dahil olma durumu ile çok yakın ilişkilidir. Pratikte topluluğun büyük çoğunluğunun ekonomik faaliyetlerde bulunamadığı ve eğitim göremediği dikkate alındığında, bu öngörünün gerçekçi olmadığı aşikârdır.

Uluslararası göç tartışmalarında sığınmacıların kültürel sermayesinin büyüklüğünün bütün entegrasyon sürecine ve ikinci kuşağın eğitim başarısına önemli düzeyde etki etmesi beklenir (Heckmann, 2015: 47). Türkiye'de ikamet eden Suriyelilere ilişkin disiplinlerarası çalışmalar son yıllarda artış göstermektedir ancak sığınmacıların kültürel sermayesine dair bilgi eksikliği söz konusudur; bugüne değin bu meselenin ele alınmadığı ve alan araştırmalarının ağırlıklı olarak toplumsal kabul, uyum, medya temsilleri vb.

konulara odaklandığı söylenebilir (Aslan, 2015; Çağlar ve Onay, 2015; Oytun ve Gündoğar, 2015; Tunç, 2015; İçduygu ve Karcı Korfalı, 2014; vd.). Son yıllardaki insan hareketliliği ülke genelinde emlakçıların, ev ve dükkân sahiplerinin, işverenlerin, seyahat acentelerinin, sivil toplum kuruluşlarının, insan kaçakçılarının vd. yer aldığı, giderek genişleyen bir ekonomik alanın oluşmasına yol açmıştır. Ancak benzer biçimde sığınma göçünün yarattığı bu endüstri de henüz çalışmalara konu edilmemiştir. Yine toplumsal cinsiyet bağlamında, özellikle Suriyeli kadın sığınmacıların sosyal konum ve sorunları da çok sınırlı araştırmanın dikkatini çekmiştir.

Göç alan toplum ile göç edenlerin belirli konulara/alanlara ilişkin algısı, davranışı, beklentisi ve kaygıları ise çok sayıda araştırmanın ilgi alanına girmektedir. Suriyelilerin ve toplumun davranış, beklenti, algı ve kaygılarının evrensel nitelik taşıdığını bulgulayan bir çalışmaya göre, toplumsal kabul ile sosyal uyum sürecinin eş zamanlı ve birbirini destekleyici politikalar ile yürütülmesi önem taşımaktadır. Bu açıdan dil öğrenme, eğitim ve istihdam meseleleri başta gelmektedir (Tunç, 2015: 59-60). Gaziantep örneğinde olduğu gibi, birçok ilde yerel yönetimler, sivil toplum kuruluşları, uluslararası organizasyonlar vb. oluşumlar tarafından Suriyelilere yönelik Türkçe dil eğitimi kursları ile genel mesleki ve teknik amaçlı kurslar düzenlenmektedir (UNDP, 2016). Bu eğitim programlarının devletin belirlediği entegrasyon planı dahilinde kurumsal nitelik ve süreklilik kazanmasının, entegrasyon sürecine kuşkusuz olumlu etkileri olacaktır. Yapısal entegrasyon kapsamında eğitim, kişilerin statüsünü belirlemesinin yanı sıra toplumsal kaynaklara erişim ve toplumsal eşitliğin sağlanması açısından da önemli bir ölçüt olarak değerlendirilmektedir (Heckmann, 2015: 131-132). Bu bağlamda dil edinimi ekseninde Suriyeli çocukların temel eğitim süreçlerindeki temsil düzeyi, entegrasyon süreçleri açısından büyük önem taşımaktadır. Eğitim ikinci ve ileri kuşakların bütün toplumsal alanlara katılımı, hakların kazanımı ve fırsatlara erişim açısından bir ön koşul olarak ifade edilebilir. Kirişci 2014 yılında Suriyeli topluluğun yarıdan fazlasını çocukların oluşturduğuna, kamp dışında yaşayan çocukların büyük çoğunluğunun (%74) okula gidemediğine bu durumun suça karışma ve toplumsal barış ve istikrar açısından bir tehdit olarak değerlendirilebileceğine dikkat çekmişti (2014: 31). 2017 yılında katılım oranı açısından bakıldığında, göreli bir iyileşme olduğu söylenebilir; yine de temel eğitim yaşındaki 833 bin Suriyeli çocuğun henüz sadece 483 bini eğitim sisteminde yer almaktadır (MEB, 2017). İkinci kuşağın tamamının eğitim sistemine hala dahil olamaması, toplumsal entegrasyonun bütün temel boyutları ve ileride ortaya çıkması muhtemel çok boyutlu sorunların kaynağı olması açısından sorunlu bir alan oluşturmaktadır.

Entegrasyon sürecinin temel boyutlarından biri olan yapısal uyum kapsamında mülteci ve sığınmacıların iş piyasasına dahil edilmeleri toplumsal yaşamın bütün alanlarında yer alabilmeleri açısından ve sosyal kabulün temeli olarak önem taşımaktadır. Ancak Heckmann'ın da dikkat çektiği gibi (2015:

KARTAL

98) istihdam meselesi sadece mülteci ve sığınmacıların yükümlülüğü olarak değil aynı zamanda toplumsal politik bir görev olarak da görülmelidir. Mülteci ve sığınmacıların bekleme sürecinde iş piyasasına dahil olmaları yasal açıdan ve pratikte son derece kısıtlı ve ağır koşullarda gerçekleşebilmektedir. Dil sorunu, meslek eğitimi eksikliği, talep edilen niteliklere sahip olunmaması ve ülkede yaşayan diğer göçmen topluluklar ile rekabet dünya genelinde engeller arasında sayılmaktadır (Brenke, 2015). Yukarıda, mülteci ve sığınmacı varlığının gelişmiş ülkelerin ekonomisi açısından avantaj olarak değerlendirildiği konusuna değinilmişti. Türkiye özelinde bakıldığında ise sığınmacıların kayıt dışılık durumunun ucuz ve esnek işgücü sorununa yol açtığına ve ülkenin ekonomik politikalarına olumsuz etkilerine işaret eden çalışmalar söz konusudur. Suriyeliler hukuki zeminde iki farklı grup olarak değerlendirilmektedir. 2016 yılının başında yapılan yeni düzenlemeye kadar, büyük çoğunluğu oluşturan, ülkeye kimliksiz giriş yapmış ve geçici koruma kimlik belgesi almış olanlar ülkelerine dönünceye kadar Türkiye'de yasal olarak ikamet edebiliyor iken çalışma iznine sahip değildi. Çok küçük bir grubu temsil etmekle birlikte, resmi evraklarıyla ülke sınırına giren Suriyelilere ise çalışma izni verilmekteydi. Çalışma iznine sahip olmama durumu ile Çalışma ve Sosyal Güvenlik Bakanlığından (ÇSGB) alınması çok güç olan çalışma izni bu iki grubun kayıt dışı istihdamına yol açmaktaydı (Görendağ, 2015: 19-20). Yeni düzenleme öncesi yapılan çalışmalar kayıt dışılığa bağlı olarak ülkedeki en düşük ücretli ve esnek işgücünü oluşturan Suriyelilerin işverenler tarafından tercih edilmesinin bir taraftan Suriyelilerin sömürüsüne diğer taraftan yerli halkın iş piyasasında mağduriyetine yol açtığını ve ülkenin ekonomik politikalarına olumsuz etkilerinin olduğunu göstermiştir (Akgül ve Kaptı, 2015: 56; Erdoğan, 2014: 27). 2016 düzenlemesi ile birlikte Suriyeli topluluğa belirli koşullarda çalışma izni verilmektedir (ÇSGB, 2016) ancak pratikte öngörülen koşulların sağlanabilir olup olmadığına ilişkin araştırma verileri henüz mevcut değildir.

Göç süreçlerinde etkileşim içinde bulunan mülteci ve sığınmacılar ve çoğunluk toplumunun eylemleri ile devletin entegrasyon politikalarının birbirine paralel işlemesi ideal görülür. Ayrıca üretilen politikalarla yasal düzenlemelerin de birbirini destekleyici nitelik taşıması gereklidir. Kuramsal yaklaşımlarda da öne sürüldüğü gibi, iş piyasasına, sağlık ve hukuk sistemine dahil olmanın ve eğitim süreçlerinde yer almanın yanı sıra içine girilen toplumun üyesi olmak ve ülke aidiyetinin gelişmesi de entegrasyon sürecinin tamamlanması açısından kritiktir. Bu noktada Türkiye'de uyum düzenlemesine ilişkin hukuki sürecinin, yasal ikamet, barınma, çalışma, eğitim vb. sosyal haklar ile vatandaşlık hakkının sağlanması gibi gerekliliklerine gönderme yapan Aygün ve Kaya (2016: 127; 133-136) vatandaşlık kazanımı açısından ülkedeki yasal düzenlemenin engelleyici özelliğine dikkat çekmektedirler.

## Sonuç Yerine

1900'lü yılların başından itibaren klasik göç alan ülkeler ile yoğun göçmen nüfusa sahip Batı Avrupa ülkelerinde geliştirilen ve göç politikalarının temellendirildiği asimilasyoncu yaklaşımlar, günümüzde Türkiye gibi kitlesel insan hareketliliğine maruz kalan ve *fiilen* göç ülkesine dönüşmekte olan ülkelerdeki gelişmeleri açıklamaktan uzaktır. Üstelik uyumu doğrusal bir sürece yerleştiren ve sorumluluğu sadece göçmen topluluklarına yükleyen klasik asimilasyon yaklaşımlarının iflasının ardından geliştirilmiş kültürel çoğulculuk, çokkültürcülük ve entegrasyon anlayışları da beklenen toplumsal sonuçlara zemin oluşturamamıştır. Bugün *göç ve entegrasyon* meselesi söz konusu ülkelerde hala yoğun biçimde tartışılagelmektedir.

Yerel düzlemde bakıldığında; 2011 yılından bu yana Dünya genelinde zorunlu insan hareketliliğinden en çok etkilenen ülkelerin başında gelen Türkiye'de disiplinlerarası göç araştırmaları ve tartışmaları yoğunluk kazanmıştır. Bu çerçevede göç ile sosyal, ekonomik, kültürel ve yasal olmak üzere farklı temel boyutların yer aldığı bir süreçler bütünü olarak değerlendirilen entegrasyon arasındaki ilişki politik ve akademik alanda önümüzdeki (on)yıllarda irdelenecek başat meselelerden biri olmaya adaydır. Son dönem gelişmeleriyle birlikte göç ve entegrasyon tartışmalarına kuramsal ve görgül katkıların yapılacağı önemli bir saha ortaya çıkmıştır.

Farklı niteliklere sahip göç ülkelerinde değişik anlamların yüklendiği entegrasyon kavramı, Türkiye'de sığınmacı statüsünün dönüşmesine koşut olarak hiç kuşkusuz göç tartışmalarının merkezine konumlanacaktır. Bir göç ülkesi olma özelliği taşımaya başlayan Türkiye'de entegrasyon kavramına nasıl bir anlam yüklenecek ve mevcut anlayışlar üzerinden nasıl bir entegrasyon politikası izlenecektir? Bu bağlamda disiplinlerarası göç çalışmalarının kuramsal ve görgül katkısı kuşkusuz büyük olacaktır.

## Kaynakça

Aslan, A. (2015), Zorunlu Ev Sahipliği Sürecinden Komşuluk İlişkisine: Yerel Halkın Suriyeli Sığınmacılara Karşı Yaşantı, Algı, Tutum ve Beklentilerinin Tespiti: Adana Örneği, Çukurova Üniversitesi Bilimsel Araştırma Projeleri Koordinasyon Birimi, http://aves.cu.edu.tr/YayinGoster.aspx?ID=1440&NO=40 (erişim:14/03/2017).

Akgül, A. ve Kaptı, A. (2015), "Suriye Krizinin Türkiye İç Politikalarına Etkisi: PEST Analizi", 6. Kamu Politikaları Çalıştayı, 14-16 Eylül 2015, Sakarya.

Aygün M. ve Kaya C. (2016), "Yabancılar ve Uluslararası Koruma Hukukunda Kalıcı Bir Çözüm Olarak Yerel Entegrasyon", İnönü Üniversitesi Hukuk Fakültesi Dergisi, 7(1): 87-142.

Aumüller, J. (2009), Assimilation. Kontroversen um ein migrationspolitisches Konzept, Bielefeld: Transcript Verlag.

Bade, K.J. (2017), Migration-Flucht-Integration, Kritische Politikbegleitung von der 'Gastarbeiterfrage' bis zur, Flüchtlingskrise, Erinnerungen und Beiträge, Karlsruhe, Osnabrück : Von Loeper Literaturverlag.

Bade, K.J. (2009), "Wirtschaft und Arbeitsmarkt als Integrationsmotor. Statement auf dem Integrationskongress der FDP Bundestagsfraktion, Wege zu einer erfolgreichen Integration", Berlin, 29.6.2009, http://kjbade.de/bilder/Berlin_Wirtschaft_und_

Arbeitsmarkt_FDP (erişim: 06/03/2016).

Berger, P.L. (1971), "Inventing the Ethnics", https://www.commentarymagazine.com/articles/ why-cant-they-be-like-us-americas-white-ethnic-groups-by-andrew-greeley/ (erişim: 12/10/2016).

Brenke, K. (2015), "Asylwanderungen – wohl kein wirtschaftlicher Gewinn für Deutschland" http://politeknik.de/p6128/ (erişim: 15/09/2016).

Bukow, W.D. (2015), "Mit den neuen Flüchtlingen werden die Globalisierungsfolgen für jeden spürbar – Anlass für eine nachhaltige Mobilitäts- und Diversitätspolitik", http://politeknik.de/p6131/ (Erişim: 02/06/2016).

Çağlar, A. ve Onay, A. (2015), "Entegrasyon/Uyum: Kavramsal ve Yapısal Bir Analiz", içinde: B. Dilara Şeker ve İ. Sirkeci ve M.M. Yüceşahin (der.), *Göç ve Uyum*, Londra: Transnational Press, 2.Baskı, 33-63.

ÇSGB-Çalışma ve Sosyal Güvenlik Bakanlığı (2016), Geçici Koruma Sağlanan Yabancıların Çalışma İzinlerine Dair Uygulama Rehberi, http://www.calismaizni.gov.tr/media/ 1035/gkkuygulama.pdf (erişim: 01/06/2017).

DE Magazin Deutschland (2016), "Herausförderung Flüchtlingskrise", Forum für Politik, Kultur und Wirtschaft, (1): 12-17.

Erdoğan, M. (2014), Türkiye'deki Suriyeliler: Toplumsal Kabul ve Uyum Araştırması, Hacettepe Üniversitesi Göç ve Siyaset Araştırmaları Merkezi, Ankara: Hugo Yayınları.

Esser, H. (2001), Integration und ethnische Schichtung. Arbeitspapiere - Mannheimer Zentrum für Europäische Sozialforschung, 40, www.mzes.uni-mannheim.de (erişim: 21/02/2016).

Esser, H. (1999), "Inklusion, Integration und ethnische Schichtung", Journal of Conflict and Violence Research, 1(1): 5–34, http://www.uni-bielefeld.de/ikg/jkg/1-1999/esser.pdf (erişim: 14/08/2016).

Faist, T. (2004), "Staatsbürgerschaft und Integration in Deutschland: Assimilation, kultureller Pluralismus und Transstaatlichkeit", içinde: Yves Bizeul (ed.), Integration von Migranten. Französische und Deutsche Konzepte im Vergleich, Wiesbaden: Deutscher Universitäts-Verlag, 77-105.

Fincke, G. (2009), Abgehängt, Chancenlos, Unwillig? Eine Empirische Reorientierung von Integrationstheorien zu Migrantinnen der Zweiten Generation in Deutschland. Wiesbaden: VS Verlag für Sozialwissenschaften.

Görendağ, V. (2013), "Uluslararası Af Örgütü Türkiye Şubesi Yetkilisinin Konuşması", Mülteciler ve Mülteciler Hukuku Paneli, 27 Mart 2013, Eskişehir: Anadolu Üniversitesi Hukuk Fakültesi.

Güvenç, B. (1999), İnsan ve Kültür, İstanbul: Remzi Kitapevi.

Heckmann, F. (2015), Integration von Migranten. Einwanderung und neue Nationenbildung, Wiesbaden: Springer Verlag.

GİGM - Göç İdaresi Genel Müdürlüğü (2016), Türkiye Göç Raporu, http://www.goc.gov.tr/files/files/2016_goc_raporu_.pdf (erişim: 21/02/2017).

GİGM - Göç İdaresi Genel Müdürlüğü (2013), Göç Yönetimi ve Uyum Çalıştayı, http://www.goc.gov.tr/files/_dokuman36.pdf (erişim: 28/04/2017).

GİGM - Göç İdaresi Genel Müdürlüğü (2013), Mültecilerin Hukuki Statüsüne İlişkin Sözleşme, http://www.goc.gov.tr/files/files/multec%C4%B1ler%C4%B1 nhukuk% C4%B1statusune%C4%B1l%C4%B1sk%C4%B1nsozlesme.pdf (erişim: 25/04/2017).

Güçtürk, Y. (2014), "İnsanlığın Kaybı. Suriye'deki İçsavaşın İnsan Hakları Boyutu". Rapor, https://www.setav.org/insanligin-kaybi-suriyedeki-ic-savasin-insan-haklari-boyutu/ (erişim: 13/03/2017).

Hamburger, F. (2016), "Zwischen Willkommenskultur und Schießbefehl", http://politeknik.de/p6632/ (erişim: 11/12/2016).

İçduygu, A. (2015), "Türkiye'ye Yönelen Düzensiz Göç Dalgaları", içinde: M. Murat Erdoğan ve A. Kaya (der.), Transit Göç. Türkiye'nin Göç Tarihi 14. Yüzyıldan 21. Yüzyıla Türkiye'ye Göçler, İstanbul: Bilgi Üniversitesi Yayınları: 279-294.

İçduygu A. ve Karcı Korfalı, D. (2014), "Türkiye'de Göçmenlerin Vatandaş Olma Eğilimleri: Deneyimler ve Algılar", içinde: Ayhan Kaya (der.) Farklılıkların Birlikteliği: Türkiye ve Avrupa'da Birarada Yaşama Tartışmaları, İstanbul: Hiperlink Yayınları, 95-121.

IOM-International Organization for Migration (2010), "World Migration Report, The Future of Migration: Building Capacities for Change", https://www.iom.int/files/live/sites/iom/files/Newsrelease/docs/WM2010_FINAL_23_11_2010.pdf (erişim: 12/06/2016).

Kirişci, K. (2014), Misafirliğin Ötesine Geçerken Türkiye'nin 'Suriyeli Mülteciler' Sınavı, Ankara-New York: Uluslararası Stratejik Araştırmalar Kurumu & Brookings Enstitüsü.

McLaren, P. (1994), "White Terror and Oppositional Agency: Towards a Critical Multiculturalism" içinde: David Theo Goldberg (Ed.), Multiculturalism: A Critical Reader, Oxford: Basil Blackwell, 45-74.

MEB-Milli Eğitim Bakanlığı (2017), "Öğretmenler Suriyeli Çocuklara Türkçe Öğretecek", http://www.meb.gov.tr/ogretmenler-suriyeli-cocuklara-turkce-ogretecek/haber/12324/tr (erişim: 19/04/2017).

Oytun, O. ve Gündoğar S.S. (2015), "Suriyeli Sığınmacıların Türkiye'ye Etkileri", Rapor No: 195, Ankara: ORSAM-TESEV.

Park, R. E. (1921), Introduction to the Science of Sociology, Chicago: University of Chicago Press, formatted 2009, http://english4success.ru/Upload/books/1276.pdf (erişim: 06/09/2016).

Pries, L. (2015), "Teilhabe in der Migrationsgesellschaft: Zwischen Assimilation

Abschaffung des Integrationsbegriffs", Institut für Migrationsforschung und Interkulturelle Studien IMIS-Beiträge, (47): 7-37.

Sirkeci, İ. (2012), "Transnasyonal Mobilite ve Çatışma", Migration Letters, 9 (4): 353-363.

Taft, R. (1963), "The Assimilation Orientation of Immigrants and Australians", Human Relations, 1, August: 279-293.

Treibel, A. (2003), Migration in modernen Gesellschaften. Soziale Folgen von Einwanderung, Gastarbeit und Flucht, Weinheim und München: Juventa Verlag.

TDK-Türk Dil Kurumu, http://tdk.gov.tr/index.php?option=com_karsilik&arama =kelime &guid=TDK.GTS.593efc253324a2.16493461 (erişim: 08/01/2017).

Tunç, A.Ş. (2015) "Mülteci Davranışı ve Toplumsal Etkileri: Türkiye'deki Suriyelilere İlişkin Bir Değerlendirme", Tesam Akademi Dergisi, 2(2): 29-63.

UNDP (2016), "Birleşmiş Milletler Kalkınma Programı – Türkiye", http://www.tr.undp.org/content/turkey/tr/home/presscenter/news-from-new-horizons/2016/03/turkish-language-and-vocational-training-courses-for-syrians-sta.html (erişim: 21/02/2017).

UNHCR (2017), "UNHCR'nin hazırladığı rapor, daha yoksul ülkelerin zorla yerlerinden edilmiş kişilerin çoğuna ev sahipliği yaptığını gösteriyor", 24 Mart 2017, http://www.unhcr.org/turkey/home.php?content=733 (erişim: 05/04/2017).

UNHCR (2016), "Figures at a Glance", http://www.unhcr.org/figures-at-a-glance.html (erişim: 17/12/2017).

UNHCR (2013), "A NEW BEGINNING Refugee Integration in Europe", http://www.unhcr.org/protection/operations/52403d389/new-beginning-refugee-integration-europe.html (erişim: 14/11/2016).

Yalçın, C. (2002), "Çokkültürcülük Bağlamında Türkiye'den Batı Avrupa Ülkelerine Göç", Cumhuriyet Üniversitesi Sosyal Bilimler Dergisi, 26(1): 45-60.

YUKK - Yabancılar ve Uluslararası Koruma Kanunu, http://www.goc.gov.tr/, (erişim Tarihi: 20/04/2017).

# KARTAL

# YABANCILIK VE MARJİNALLİK BAĞLAMINDA SURİYELİ SIĞINMACILAR: ANTEP-KİLİS ÖRNEĞİ

## Yusuf Ekinci, A. Banu Hülür ve A. Çağlar Deniz[1]

### Toplumun Yeni Fertleri: Suriyeli Sığınmacılar

Suriye'de yaşanan iç savaşın Suriye dışında dolaylı olarak en çok etkilediği bölgeler yakın çevre ülkeler oldu. Suriye'yi çevreleyen Lübnan, Ürdün, Türkiye ve Irak gibi ülkeler çok ciddi bir sığınmacı nüfusuyla karşı karşıya kaldılar. Bu ülkeler arasından en fazla sayıda sığınmacıya ev sahipliği yapan ülke açık ara farkla Türkiye'dir. Türkiye'ye bakıldığında Suriyeli sığınmacıların iki biçimde ikamet ettikleri görülür. İlki, özellikle Suriye sınırındaki Hatay, Kilis, Mardin, Antep, Urfa, Maraş gibi şehirlerde kurulan kamplardaki yerleşimlerdir. Kamplar şehirlerden uzağa kurulmakta ve burada yaşayan sığınmacılar, kent merkezlerindeki yerleşiklerle iletişim kuramadan, tecrit edilmiş şekilde yaşamaktadırlar. İkincisi ve daha önemlisi ise, şehir merkezlerine yerleşimlerdir. 2017 yılı itibariyle sayıları 3 milyon 400 bini aşan sığınmacıların ezici bir çoğunluğu (%93) kamplar dışında, yani şehir merkezlerinde yaşamaktadır. Söz konusu veriler Göç İdaresi Genel Müdürlüğü tarafından yılda iki defa güncellenerek yayımlanmaktadır (bkz. Online Kaynaklar: "Geçici Koruma"). Bu anlamda sığınmacılar ile ilgili yapılacak araştırmaların bu gerçeği dikkate alarak daha çok şehir merkezlerinde yaşayan sığınmacılara odaklanması ve onların yerleşik toplumla ilişkileri üzerine derinlemesine incelemelerde bulunması elzemdir.

İçişleri Bakanlığı Göç İdaresi Genel Müdürlüğünün (GİGM) rakamlarına göre 2017 yılı Haziran ayı itibariyle Antep'te 350 bin (nüfusa oranı %18), Kilis'te ise 131 bin (nüfusa oranı %100) Suriyeli sığınmacı yaşamaktadır. Gayr-i resmi rakamlara göre ise bu sayının daha fazla olduğu tahmin edilmektedir. Bir şehrin nüfusunun kısa sürede bu oranda artması, doğaldır

---

[1] Bu yazı, *Tarih Okulu Dergisi*'nin (Journal of History School) 30. Sayısında yayımlanmış makalenin gözden geçirilmiş ve genişletilmiş halidir. Ayrıca bu makalede kullandığımız bazı veriler, 2015-2016 yıllarının çeşitli aylarında gerçekleştirdiğimiz bir saha araştırmasına dayanmaktadır: Deniz, Ekinci ve Hülür (2016).

ki; sosyal, ekonomik ve kültürel alanlarda çeşitli ilişkileri ve gerilimleri beraberinde getirir. Sadece Antep ve Kilis kentlerinde değil, bu durum neredeyse tüm göçlerden sonra görülür: Göç edilen şehirlerin kültürel ve sosyo-ekonomik dokusunda çeşitli dönüşümler meydana gelir. Zira göç edenler, göç ettikleri yerlere yaşam biçimleri, alışkanlıkları, kültürleri ve gelenekleri ile birlikte gelmektedirler. Bu yaşam biçimi, bazı zamanlar yerleşik toplumun kültüründen farklı olabilmekte ve yerleşik toplum, *yenigelen*lerin kendi kültürlerine uyum sağlamalarını bekleyebilmektedir. Çoğunlukla bu "uyum" süreci uzun bir zamana yayılır ve bu durum; yerleşik toplumun memnuniyetsizliğiyle, *yenigelen*lerin dışlanmasıyla ve bazen de şiddet ve hatta linç eylemleriyle sonuçlanır. Hatay, Antep, Kilis, Urfa, Maraş, Ankara, İstanbul gibi sığınmacı nüfusu yoğun olan birçok şehirde bu tür olaylar gerçekleşti. Arama motorlarına örneğin "Suriyeliler linç" ifadesi yazıldığında konu ile ilgili birçok haberle karşılaşmak mümkündür.

Çoğu zaman belirli bir bölgede yerleşik olanlar (*established*), sonradan gelenleri (*newcomers*) kategorik olarak dışlama eğilimindedir. Fakat bu dışlama, tek taraflı bir ilişkinin var olduğu anlamına gelmemeli. Yerleşiklik ve yabancılık ilişkisi, dikotomik bir ayrımla değil, birbirlerini etkileyen, dönüştüren karşılıklı bir ilişki biçimi temelinde anlaşılmalıdır (Ünsaldı, 2016). Suriyeli göçmenler ile yerleşik toplum da, karşılıklı etkileşim ve temaslarla birbirlerini dönüştürmektedir. Bu ilişki biçiminde de yerleşik olanlar, sonradan gelen Suriyelileri "yabancı" olarak kodlamakta ve onları bu kimlikleri üzerinden dışlamaktadır. Bu karşılıklı ilişki biçimi diyalektik bir biçimde, hem yerleşiklerin hem de sığınmacıların ilk halinden farklılaştıkları, dönüştükleri bir şekilde devam etmektedir.

Antep ve Kilis şehirlerinde yaşayan yerleşikler ile bu şehirlere sonradan gelen Suriyeli sığınmacılar arasındaki ilişkiyi literatürdeki yerleşiklik, yabancılık ve marjinallik kavramları bağlamında değerlendirmek bu çalışmanın amacını oluşturmaktadır. Buradan hareketle bu çalışmada bizler, Antep ve Kilis'te yaşayan Suriyeli sığınmacıların bu şehirlerin yerleşikleri ile olan ilişkilerini Georg Simmel'in ve Alfred Schütz'ün "yabancı" konusunu işleyen makaleleri başta olmak üzere, Norbert Elias ve John Scotson'ın "yerleşikler ve haricîler" teorisi ve Robert E. Park ve Everett V. Stonequist'in "marjinal insan" kavramları ışığında ele almayı amaçlamaktayız. Dolayısıyla klasik literatürdeki bu kuramsal tartışmaları ve Antep ile Kilis'te yaptığımız saha araştırmasından elde ettiğimiz verileri, Suriyeli sığınmacılar ve yerleşikler arasındaki ilişkileri anlamak için yeniden değerlendirme çabasındayız. Çalışmamız dört bölümden oluşmaktadır. İlk bölüm, ev sahibi ve yabancı ilişkilerine genel bir giriş mahiyeti taşımakta ve literatürdeki tartışmaları genel olarak özetlemektedir. İkinci bölüm, Simmel'in 1908 yılında yazdığı makaleyle başlayan, Schütz ve Donald Levine gibi sosyal bilimcilerin yazdıklarıyla derinleşen "yabancı" toplumsal tipi etrafında gelişen teorik tartışmalara odaklanmaktadır. Üçüncü bölüm, Simmel'in "yabancı"sından da etkilenen

Park (2016) ve Everett Stonequist'in (2016) "marjinal insan" kavramına odaklanmaktadır. Dördüncü bölümde, Elias ve Scotson'ın yerleşikler ve haricîler teorisi ele alınmaktadır. Sonuç bölümünde ise tüm bu kuramsal yaklaşımlar, görgül bulguların da yardımıyla, Suriyeli sığınmacılar ile yerleşikler arasındaki ilişkiler bağlamında değerlendirilmektedir.

## Yabancılık İlişkisel Bir Olgudur

"Yabancı" terimi sosyal bilimlerde, özellikle sosyolojide sosyal ilişkileri anlamak için Simmel'den bu yana kullanılan ve ev sahibi / yabancı ilişkilerini (*host-stranger relations*) anlamak için sıkça atıf yapılan bir kavramdır. Özellikle göç ve göçmenlik bağlamında ele alınan "yabancı" kavramı, göçmenler ile göçle yerleşilen toplumdaki yerleşikler arasındaki ilişkiyi anlamak için işlevsel bir kavram olarak kullanılmaktadır.

Yabancılık olgusu temelde, "ben" ve "öteki" arasındaki ilişki ile ilgilidir. Felsefe literatüründeki "ben", çoğunlukla sosyoloji literatüründe "ev sahibi toplum" ve "yerleşik" toplum gibi topluluk terimleriyle yer değiştirir (Gudykunst, 1983). Dolayısıyla toplumsal düzeyde "ben" çoğunlukla ev sahibi toplum ya da çoğunluk veya egemen grup olarak tanımlanırken, "öteki" kavramı yabancı bireye ya da yabancılar topluluğuna atıfla kullanılır. O halde ev sahibi / yabancı ilişkisi, bir ev sahibi toplum (veya onun içindeki baskın grup) ile ev sahibi toplumun (veya egemen grubun) "ötekiler" olarak tanımladığı ve algıladığı bireyler, gruplar veya topluluklar arasındaki *ilişkileri* ifade eder (Alexander, 2003b: 15). Dolayısıyla yabancı kavramı tek başına ve sabit bir kategori olarak anlaşılmamalıdır.

Simmel (2016 [1908]) de yabancılığı, kendimiz ile diğer(ler)i arasında bir tür *ilişki* biçimi olarak ele almaktadır. Nitekim yabancı olgusu, neyin ve kimin "öteki" olduğunu tanımlayan bir benlik olmaksızın bir anlam taşımıyor. Öteki'yi tanımlayarak, aslında biz kendimizi tanımlıyoruz (Alexander, 2003a:413; 2003b: 18). Bu sebeple yabancı kavramı; tek başına kullanıldığında eksik olan, onu var kılan diğer kategoriyle (ev sahibi) ilişkilendirmek zorunda olduğumuz bir kavramdır. Yabancı, bir "ev"in, bir "yerleşikliğin" ve "biz"in zıddına işaret etmektedir ve ancak onunla tanımlanabilmektedir. Ev sahibi olmazsa yabancı da olmaz. Dolayısıyla yabancıyı tanımlayan ve inşa eden ev sahibidir. Aynı şekilde ev sahibini de dönüştüren, ona biçim veren yabancıdır. Bu sebeple "yabancılar daima bir ev sahibi topluluğa referansla incelenmelidir" (Gudykunst, 1983: 403 ve 410). Sığınmacıların "yabancı"lığı da ev sahiplerinin onlara yaklaşımları tarafından belirlenmektedir. Bu sebeple sığınmacılar ile ilgili ve onların dışlanmasına dair yapılacak bir araştırma, onların ev sahibi grup ile olan ilişkilerini göz önünde bulundurmak zorundadır. Zira yabancılık da ev sahipliği de ilişkiseldir; ilişki halinde bulunduğu kategoriyi hem dönüştürür hem de onun tarafından dönüştürülür.

Simmel "yabancı"yı, uzamdaki herhangi bir verili noktaya sabitlenmeyi ifade eden yerleşiklik ile onun kavramsal zıttı olan gezginlik (göçebelik) arasında bir sentez olarak sunmaktadır. Yani yabancı, ne tam olarak bir gezgin, ne de tam olarak bir yerleşiktir; gezgin ile yerleşik arasında bir yerde konumlanmaktadır. Simmel, gezgin'i "bugün gelen yarın giden" diye konargöçer olarak, yabancıyı ise "bugün gelen yarın da *kalan*" olarak tanımlamaktadır (Simmel, 2016: 27). Schütz ise "yabancı" terimini, "yaklaşmaya çalıştığı grubun onu *kalıcı* olarak kabul etmesi ya da en azından ona tahammül etmesi için çabalayan, zamanımızın ve uygarlığımızın yetişkin bir bireyi" olarak tanımlamaktadır. Ona göre "yabancı" olgusuna en uygun olan kategori, göçmendir (Schütz, 2016: 35). Dolayısıyla "bugün gelen ve yarın da kalan" niteliği bağlamında göçmenin kalıcılık ve kabul için gösterdiği çaba, onun öteki ve yabancı olarak kabulünün derecesini de belirlemektedir.

"Öteki" kavramına, sosyolojik literatürde çeşitli isimler verilmiştir: *Yabancı*, *Yenigelen*, *Haricî* (Outsider), *Marjinal İnsan* gibi. Bu terimler, araştırmanın farklı odaklarını ve kavram etrafında bir miktar kafa karışıklığı yansıtmaktadır (Gudykunst 1983). Bu karışıklık, kısmen Simmel'in "yabancı" kavramının sosyolojik tartışmalara ve araştırmalara konu olan çok sayıda anlamından kaynaklanmaktadır (Alexander, 2003b: 20). William Gudykunst (1983), "yabancı" kavramının literatürde Simmel'le başlayan ve Schütz ve Levine gibi Simmel'den etkilenen önemli isimlerin tartışmalarıyla devam eden serüvenini takip ederek, bu kavramı "ev sahibi / yabancı" ilişkileri bağlamında yeniden ele almaktadır. Bunu yaparken mezkûr isimlerin tartışmalarını genişletmek, revize etmek ve değerlendirmek amacıyla, ev sahibi / yabancı ilişkisine dair bir tipoloji sunmaktadır.

Gudykunst, ev sahibi / yabancı ilişkisini irdelemek için yabancı olgusu ile ilişkili olduğu düşündüğü 9 tipi alt başlıklar halinde ele almaktadır. Yabancı / ev sahibi ilişkisi bağlamında ele aldığı bu 9 kuramsal "yabancı" veya "öteki" türü tanımlamasını; Levine, Simmel, Schütz ve Margaret Wood'un yabancı-ev sahibi ilişkisine dair görüşlerini daha gelişmiş bir biçimde ele alarak oluşturmaktadır. Söz konusu 9 tipi yakından inceleyelim:

İlk üç tip ya da egemen toplumundan farklı, yani "yabancı" insan/grup türü tanımlaması (*guest* -misafir-, *newly arrived* -yenigelen- ve *newcomer* -yeni yerleşen-) ev sahibi topluluk tarafından kabul edilmekte ve dostça karşılanmaktadır. Misafir; davet edilmiş, gelmesi arzu edilen kişi/gruptur (*guest*). *Newly arrived* (*yenigelen*) tipi; "ayağının tozuyla" yeni gelmiş ve gelecekteki konumu henüz belli olmayan kişi/grupları tarif eder. *Newcomer* (yeni yerleşen) ise, davetsiz gelmiş olsa bile, barışçıl bir şekilde yakın zamanda yerleşmiş kişi/grupları tanımlar. Bu insanlar egemen grupla henüz kapsamlı ilişkiler kur(a)mamıştır. Dördüncü tip olan gezgin (veya göçebe), bir yerde geçici olarak bulunan veya kalan kişi/gruptur (*sojourner*): Bugün vardır, yarın yoktur. Ev sahibi topluluk tarafından dışlanmaz, fakat dostça bir kabul ile de karşılanmaz; bu tipe gösterilen tepki kayıtsızlık ve ilgisizliktir. Beşinci tip olan "yabancı" (*stranger*), yukarıda açıklandığı şekliyle Simmel'den olduğu gibi alınmıştır. Söz konusu tipolojinin kuramsal açıdan en temel tipi olan "yabancı", ev sahibi egemen toplumun içinde kendi farklılığını korumakla beraber kalıcı olduğu belli olan kişi/gruptur. Bu nedenle ötekiliği egemen grubun benliğinin tanımlanması için gereklidir. Altıncı tip, yani göçmen (*migrant*) kişi ya da grup, kalıcıdır ve yabancının aksine, ev sahibi topluluğa üye olmak arzusundadır; fakat ev sahibinin tepkisi gezgine olduğu gibi "kararsızlık" ve "ilgisizlik"tir. Burada da net bir dışlamanın olmadığı görülmektedir. Ev sahibinin, yedinci tip olan "davetsiz misafir"e (*intruder*) tepkisi ise diğerlerinden farklı olarak "olumsuz ve düşmanca"dır. Ev sahibi toplum onu bir anda kapıyı çalmadan açıp içeri giren, beklenmedik ve rahatsız edici biri veya bir grup olarak görür. Sekizinci tip olan aradaki azınlık (*middle-man minority*), ev sahibi topluluk tarafından mütemadiyen farklı olarak tanımlanır, olumsuz ve düşmanca karşılanır ama toplum içinde üstlendiği işlevler nedeniyle kendisine kerhen de olsa ihtiyaç duyulur. Avrupa tarihinde Yahudiler bunun tipik örneğidir. Zira egemen toplumda alt sınıf ve üst sınıf arasındaki bir tampon olan bu tip, bir "günah keçisi" olarak görülür. Dokuzuncu ve son tip olan *marjinal insan* ise, tıpkı davetsiz misafir ve aradaki azınlık gibi ev sahibi gruba üye olmaya çabalamamakta ve düşmanca bir tepki ile karşılanmaktadır. Davetsiz misafir egemen toplumda daha önce mevcut değilken, bir anda ortaya çıkar. Bunun tersine, aradaki azınlık ve marjinal insan her daim egemen toplumun alışık olduğu kişi veya gruplardır.

Söz konusu 9 tip ya da farklı kuramsal yabancılık veya ötekilik türleri tanımlamaları üç ayrı eksen etrafında gruplandırılabilirler. Zamansallık ilk eksen olarak karşımıza çıkmaktadır. Gudykunst'un tiplerini zamansallık niteliklerini göz önünde bulundurarak üç alt gruba ayırabiliriz: geçiciler, kalıcılar ve henüz çok yeni oldukları için zamansallığı belirsizler. Gezgin, misafir ve zıttı olan davetsiz misafir geçici gruplardır. Egemen toplum içinde uzun süreli olarak var olmazlar veya barınamazlar. Buna karşın; aradaki azınlık, göçmen, marjinal insan ve yabancı tipleri egemen toplumun içinde kök salarlar. Kalıcıdırlar. Adlarından da belli olduğu gibi, *yenigelen*ler ve yeni yerleşenlerin zamansallıkları belirsizdir. Egemen toplum nezdinde onlar hakkında karar vermek için henüz vakit erkendir. Gudykunst'in yabancılık tiplerini alt gruplara ayıran ikinci eksen egemen toplumun öteki tiplerine karşı tutumu ile ilgilidir. Egemen toplum farklı türlerdeki ötekilere karşı ya kabul edici bir şekilde davranır ya da onları dışlar veya tavrı kararsızdır; onlara karşı ilgisizdir. Misafir, *yenigelen* ve yeni yerleşen tipleri egemen toplum tarafından kabul görürler. Tersine, aradaki azınlık, marjinal insan ve davetsiz misafir egemen toplum tarafından farklı şiddet derecelerine göre dışlanırlar. Egemen toplum gezgin, göçmen ve yabancı tipleri karşısında nasıl davranacağını bilemez; kararsızdır veya onlara karşı ilgisizdir. Yabancılık tipolojisinin tiplerini ayrıştıran üçüncü eksen ise öteki veya azınlık kişi/grubun egemen topluma karşı tutumunu betimler. Farklı "öteki" türleri veya grupların egemen toplumla kurdukları ilişkiler nitelikleri bakımından dört alt gruba ayrılırlar. Bazı ötekiler egemen grup tarafından kabul edilme arzusuna sahip olabilirler ve egemen gruba benzeme çabasında olabilirler. Bazıları, farklılıklarını muhafaza ederek egemen toplumla barışçıl ve müspet ilişkiler kurmak çabasındadırlar. Diğerleri, egemen topluma ait olma veya benzeme ve bu bütünlük ile ilişkiler kurma konusunda kararsızdır. En son olarak, bazı tipler egemen toplum ile ilişkilerden kaçınma veya olumsuz (düşmanca) ilişkiler kurma tutumuna sahiptirler. Göçmen tipi egemen topluma ait olma çabasındadır. Aradaki azınlık, misafir ve yabancı tipleri farklılıklarını koruyarak egemen toplum ile çeşitli ilişkiler kurarlar. Gezgin, marjinal insan ve yeni yerleşenler egemen toplum ile ilişki kurma veya kurmama konusunda kararsızdır. *Yenigelen*ler ve davetsiz misafirler egemen toplumla (şimdilik) ilişki kurmak istemezler veya kurdukları ilişkiler olumsuz niteliktedir.

Yukarıda sunulan yabancılık türleri tipolojisinin yanında, egemen toplum ile bu topluma göç eden yabancı kişi ve grupların bir birlerine karşı takındıkları tavırları belirleyen çeşitli etkenlerin olduğunu tespit etmeliyiz. Gudykunst (1983: 405-6), yabancıların yeni bir gruba katılma eğilimlerini etkileyen bu tür faktörlerden de bahsetmektedir. Ona göre Levine bu faktörlerden ikisine dikkat çekmiştir: Göçen kişinin / grubun kendi evinden ayrılma nedenleri (yabancılaşma, ekonomik sıkıntı, politik baskı vs.) ve ev sahibi gruba katılma koşulları (prestij, katılım için gerekli olan özel yetenekler vs.). Gudykunst, Levine'nin dikkat çektiği bu iki etkene ek olarak dört etken daha önerir: a) Yukarıdaki tipolojide açıklandığı gibi, yabancının ev sahibine karşı tutumları, b) yabancıların genel kültürlerarası tutumları, c) yabancı ile ev sahibi topluluk arasındaki göçten önceki temaslar, ve d) göçen kişinin veya grubun kendi gibi diğer yabancılarla temas kurma eğilimi ("kozmopolitizm" eğilimi). Bununla beraber Gudykunst (1983: 406)'a göre Levine ev sahibi toplumun yabancıya gösterebileceği tepkiyi belirleyen dört etkenden bahseder. Bunlar sırayla şunlardır: a) Yabancı-ev sahibi benzerliği (etnisite, dil, ırk vs.), b) yabancılarla ilişki kurma eylemini kolaylaştıran kategorilerin ve ritüellerin varlığı, c) ev sahibi toplum tarafından grup üyeliği için kullanılan kriterler (örn. akrabalık, din, vatandaşlık), d) ev sahibi toplumun koşulları (büyüklük, yaş, izolasyon derecesi, ekonomik durum).

Sonuç olarak "öteki" ve "yabancı" kavramlarının ve bunların ev sahibi toplum ile olan ilişkilerinin literatürde birçok kavramla karşılanmaya çalışıldığı görülmektedir. Michael Alexander, ev sahibi / yabancı ilişkisinde yabancının farklı tanım ve türlerinin bu çeşitliliğini, ev sahibi topluluğun yabancıları tanımlama şekillerine bağlamaktadır (Alexander, 2003b: 31). Ayrıca bu tanımlama ve etiketlemeler, Gudykunst'un da vurguladığı gibi ev sahibi toplum ile yabancı toplumun önceki temasları ve tarihsel ilişkileriyle de belirlenebilmektedir (Gudykunst, 1983:406). Örneğin ev sahibi toplum olarak bazı Antepli ve Kilislilerin, geçmişten gelen "Araplar arkamızdan vurdu" ve "hain millet" gibi söylemleri sebebiyle Suriyelileri dışlamaları, bunun tipik bir örneğidir. Gerçekten de saha araştırmamız boyunca birçok Antepli ve Kilislinin Suriyeli sığınmacıları "yabancı" olarak görmesinin gerekçesini, onların "hain" ve "geçmişte bizi arkamızdan vurmuş millet" oldukları kabulüne dayandırdığını gördük. Bu bakış, genç ve savaşabilir yaştaki Suriyelilerin Türkiye'ye "kaçmasını" da onların "hainliğine" bağlamaktadır. Çünkü "vatanlarında bir savaş varken kalıp vatanlarını savunmak yerine, bir 'kadın' gibi kaçmışlardır" (Deniz, Ekinci ve Hülür, 2016: 57). Ev sahibi / yabancı ilişkisinin olumluluk ve olumsuzluk derecesi, yabancının ve ev sahibi toplumun kültürüne, etnik kimliğine ve geçmişteki temaslarına bağlı olarak değişmektedir. Bu bağlamda farklı kültürel niteliklerden, yerleşik toplumun milli tarih kurgusundan, yerleşmenin sonucu olarak doğan sosyo-ekonomik kaynak yetersizliğinden ve sair sebeplerden kaynaklanmak üzere, Suriyeli sığınmacılar için de bir yabancılık olgusunun peyderpey inşa edildiği söylenebilir. Her ne kadar Türkiye'deki resmi söylem Suriyelileri misafir olarak sunsa bile, 2011'den beri süregelen bu durum sonucunda, Antep ve Kilis'teki Suriyelilerin ötekilik tanımının geçicilikten kalıcılığa; *yenigelen* ve yeni yerleşenden yabancılığa doğru evrildiğini ileri sürebiliriz.

## Yabancı Kimdir?

Gündelik hayatın belki de ilk büyük toplumbilimcisi sayabileceğimiz Simmel'in aynı adlı makalesiyle sosyolojik araştırma sahasına giren "yabancı" (*stranger*) kavramı, yukarıda da ele aldığımız gibi pek çok kez tanımlanmaya çalışılmış ve kavramın farklı türevleri arasındaki ayrımlar incelenmiştir. Yerli ile yabancı kavramları, toplumdan topluma ve zaman içinde göreli olarak değerlendirilmiştir. Simmel ilk kez 1908 yılında yayımladığı makalesinde (Simmel, 2016: 27), yabancıyı bugün gelen ve yarın kalan, daha fazla ilerleyemediği halde gelme ve gitme özgürlüğünden de tam olarak kurtulamamış potansiyel bir gezgin olarak ele almaktadır. Edward Tiryakian (1973: 57) ise, yabancı sayesinde kendi sınırlarımızla temas kurduğumuzu, aşinanın altında yatanın neler olduğunu ortaya çıkardığı için yabancının göz alıcı bir figür olduğunu söyler. Yabancı terimini ele alırken, mefhum-u muhalifi olarak yerli kavramından hareket etmek, yabancı kavramını daha iyi anlamak için bir gerekliliktir. Mesela Julie Meyer'a göre yerli, verili bir yere kök salmış kişidir. Yabancı ise göçmendir, yerleşmiş olsa bile o evveliyatı ile hep göçmen kalır. Toplumdaki kurulu değerleri kabul etmesi yabancıyı bir yerliye çevirmez. Ötekilerle pek çok deneyimi paylaşsa bile hayatının bilinmeyen parçası, yani geçmişi, onu kök salmışlardan / yerlilerden farklılaştırır.

Bir adam bazen kendi ailesi içinde, kendi yurdunda bile yabancı olabilir. Yabancı, toplum tarafından kabul edilmediği veya toplumu kabul etmediği için bir yabancı olabilir. Yabancı kavramı haricî (*outsider*) kavramı ile karıştırılmamalıdır. Yabancı bir haricîdir, fakat her haricî bir yabancı değildir. Haricîler ile dahilîler birbirinden insanların müştereken sahip olduğu her biri bir diğerinden ayrı geliştirilmiş belirli hususiyetler bağlamında farklılık gösterirler. Şehir, dahilîler ve haricîler tarafından, kimliği olmayan ve fakat anonimlikten kurtulmak için kimlik edinmesi gereken, birbirini tanımayan bir yabancılar kümesi olarak idrak edilir. Evlerin arasındaki ve içindeki duvarlar sadece komşuların evlerini ayırmaz, aynı zamanda yerleşikler ile komşu olmayan insanlar arasındaki zihinsel iletişimi de ayırır (Meyer, 1951: 476-477). Yerli kavramından hareket eden Meyer, yabancı kavramıyla haricî terimi arasındaki sınıra da haklı olarak dikkat çekmektedir.

Antep ve Kilis bölgesinde yaşayan yerlilerin, Suriyeli sığınmacılara ilişkin algısı Meyer'in altını çizdiği sosyal çerçeveye uymaktadır. Kuyumculuk ve iptidai bankacılık diyebileceğimiz Sarraflık işini yapan 21 yaşındaki Halepli Sünni bir Türkmen olan Abdülkerim şunları söylüyor: *"Abi biz Türkmeniz ama zaten burada yabancıyız. Onu nasıl diyeyim, kabul etmiyorlar bizi burada yani. Birkaç ay önce burada bazı olaylar oldu. Bizim arkadaşlar vardı sokakta yürürken Arapça konuşuyorduk. 20 kişi bana saldırdı o olaylardan dolayı. Ben diyorum ki, Allah'a şükür Suriyeliyim… Orada daha mutluyduk. Eşimiz dostumuz orda"* (Deniz, Ekinci ve Hülür, 2016: 169). Alevi ve Abdal kimliklerinden ötürü hem Türkiyeliler hem de Suriyeliler arasında çoklu ayrımcılığa uğrayan Halepli Abdallardan 60 yaşındaki Mahmud ise şunları söylüyor: *"Bizi Aleviyik diye Esedçi göriyler. Millet evinden Hacı Bektaş Veli'nin, İmam Ali'nin fotoğraflarını çıkarıp yaktı. Korkudan kimse fotoğraf taşıyamiy. Biz Arap değil, Türkmenik"* (Deniz, Ekinci ve Hülür, 2016: 174). Halepli Abdallar, Türkiye'deki akrabalarının taktiklerine benzer bir şekilde daha çabuk kabul göreceklerini umduklarından kendilerini dış dünyaya Abdal değil de Türkmen olarak tanıtmaya çalışmaktadırlar. Ancak yerli halkın kültürel sermayesine en yakın kültürel sermayeye sahip Halep Türkmenleri ve Halep Abdalları dahi, yabancı olarak görüldüklerini söylemektedirler. Çünkü Suriyelilere dair bir tepki patlak verdiğinde, kendileri de hem resmi birimlerce hem de halkın gözünde Türkmen ve Abdal kimliklerinden önce Suriyeli olarak muamele görmektedirler.

Simmel'in Yabancı makalesinin ilk kez yayımlanmasının ardından yüz yılı aşkın bir zaman geçmiş olmasına rağmen, "yabancı" kavramı akademik yazında devam eden tartışmalarla canlılığını korumaktadır. Bu kavramı anlamak için farklı yollar öneren sosyal bilimciler arasında bir gelenekleşmeden bahsetmek bile mümkündür. Dale McLemore'a göre Simmel'in "Yabancı" makalesinin etrafında gelişen iki farklı gelenek oluşmuştur. İlk gelenek, toplumsal içermenin ve toplumsal dışlamanın, grup içinde ve grup dışında olmanın belirli bir derecesini kapsayan bir grup içindeki özel bir sosyal pozisyonu dert edinir. Sosyoloji içinde Simmel'in makalesiyle yeni bir ivme kazandırılan diğer gelenek -*yenigelen* çalışmaları- ise, "yabancı" çalışmalarına bağlı hale gelmiş ve geniş ölçüde bu çalışmalardan farksızlaşmıştır. "Yabancının sosyolojisi" terimi, Simmel'in merkezi ilgisinin yanı sıra Park'ın (1928) çalışmalarıyla da çoğunlukla marjinaleliğin sosyal psikolojisine referansla kullanılmaya başlandı. Gerçekte, yabancının sosyolojisi, "yabancı"nın sosyolojisi tarafından gizlenmiştir. "Yabancı" fenomeni marjinallik geleneği içerisinde hatırı sayılır bir ilgi gördüğünden beri, daha üretken bir yabancı sosyolojisinin gelişimi *yenigelen* konusuna ve eşzamanlı olarak Simmel'in (1908) ardıl öğrencileri Mary Margaret Wood (1934) ve Schütz (1944) tarafından iyi işlenen makalesinin tanınmasına istisnai bir odaklanmayı gerektirmiştir. Marjinalite çalışmalarında bulunmak yahut sosyal organizasyon üzerine *yenigelen*lerin etkisini araştırmak isteyip istemese de, Simmel'in orijinal çalışması günümüz öğrencisi için yetersiz bir rehberdir (McLemore, 1970:92-93).

McLemore, Simmel'i hedef tahtasına koyduğu yazısında, ardıllarının yorumlarının değil de Simmel'in çalışmasının yetersiz hale geldiğini ifade etmektedir. Oysa, Simmel etrafında oluşturulan kafa karışıklıklarının bir sebebinin de, onu İngilizce konuşan dünyaya tanıtanların yorumları olduğuna dair Levine'in vurgusunu gözden kaçırmamak gerekmektedir: Ona göre Simmel'in yabancı kavramı literatürde dört farklı alanda karıştırılmaktadır: İlki Simmel'in yabancı kavramı sıklıkla çok farklı bir sosyal tip olan "marjinal insan" kavramıyla eşdeğer sayılmaktadır. İkincisi Simmel'in yabancı kavramı sık sık oldukça farklı bir tip olan yeni gelmiş haricî ile tanımlanmaktadır. Üçüncüsü, Simmel'in kişi olarak "yabancı"nın rolüne dair analizi, gelişigüzel bir şekilde etnik cemaatlere de atfedilmektedir. Dördüncüsü, Simmel'in eşzamanlı yakınlık ve uzaklık metaforunu kullandığı çeşitli yolların önemi belirsiz kalmıştır. Bu karışıklıklardan ilki Simmel'in çalışmasının Amerikan sosyolojisinde bilinir hale gelmesi için 1920'lerde herkesten fazla gayret gösteren Robert E. Park tarafından yaratılmıştır. Park, Simmel'in "yabancı" kavramını hatırı sayılır derecede farklı olan "marjinal insan" kavramıyla sunmaya çalışmıştır. M. M.Wood (1934) *The Stranger: A Study in Social Relationship* adlı çalışmasında yabancı kavramını Simmel'den serbestçe almış olsa da, Simmel'dekinden açıkça farklı bir tanım getirmiştir. Wood'un konusu "geçici olarak kalan kimse" (sojourner) değil, "daha yeni gelmiş haricî"dir. Wood'un ilgilendiği şey farklı grup tipleri tarafından kendi ortamlarına haricînin gelişiyle adapte ettikleri iç düzenlemeleriydi (Levine, 1977:16-19). Yabancı üzerine olan sosyoloji literatüründeki bu farklı tanımların hemen hepsi, muhakkak Suriyeli sığınmacılara bir yönüyle denk düşmektedir. Bu yorumlar rehberliğinde ülkemizdeki konumlarına eğilirsek; Suriyeli sığınmacılar birer *yenigelen*dir; kendi kültürleri ve yeni yerleştikleri kültür arasındaki melez konumlarıyla marjinaldirler, geçici olarak kalmaya (*sojourner*) gelmişlerse de giderek topluma birer (kalıcı) *haricî* olarak eklemlenmeye çalışmaktadırlar.

Tüm toplumlar yabancılar yaratır, der Zygmunt Bauman (2000: 29) ve devam eder; ancak her toplum kendi yabancı türünü yaratır ve kendine has yollarla yaratır. Eğer yabancılar, dünyanın bilişsel, ahlaki ya da estetik haritasına uymayan insanlarsa o zaman her toplum bu tür yabancıları yaratır. Tipik modern yabancılar, devletin düzenleyici gayretkeşliğinin atıklarıydı.

Modern yabancıların yakışmadığı şey düzen vizyonuydu. Düzen inşası, yabancılara ve yabancı olana karşı yürütülen bir aşındırma savaşıydı. Bu savaşta iki strateji kullanılır; yabancıları yutmak (asimilasyon) ve yabancıları kusmak (dışlama). Düzene uyumluluğu besleyenler dışında tüm gelenekler ve bağlılıkları yasaklamak ve düzenin ayırt edilemez bir dokusuna haline dönüştürmek ya da düzenli dünyanın sınırları dışına sürmek ve bunların içeridekilerle olan tüm iletişimini kesmek (Bauman, 2000: 29-31). Bauman, aynı yerde ilk stratejiyi liberal, ikincisini ise milliyetçi/ırkçı modern projelerin tercih ettiğini söylemektedir. Bauman (2000: 48) yine de şunu söylemektedir: Bugün hem sağ hem de sol, yabancılarla yaşamanın tercih edilen biçiminin ayrı yaşamak olduğunda uzlaşıyor.

Sığınmacılara yönelik yerel politikaların dışlayıcı bir örneğini Türkiye'de Suriyeli sığınmacıların yoğun yaşadığı yerleşim birimlerinde belediyelerin Arapça tabelalara gösterdiği arkaik tepkide görmek mümkündür. Bu tepkiler, "görüntü kirliliğine sebep olduğu" ya da "Türkçe'ye zarar verdiği" gerekçesiyle Arapça tabelaları kaldırmak şeklindedir. 11.08.2014 tarihindeki cinayet olayının ardından (geniş bilgi için bkz. Deniz, Ekinci ve Hülür, 2016: 114-118) AK Parti'nin yönettiği Antep Büyükşehir Belediyesi'nin 2014 yılında bu yöndeki girişimlerinin yanı sıra; 2017 yılının ilk yarısında CHP'nin yönettiği İzmir ve Hatay Büyükşehir Belediyeleri (milliyet.com.tr, 23.05.2017; aa.com.tr, 21.05.2017), MHP'nin yönettiği Adana Büyükşehir Belediyesi (diken.com.tr, 26.04.2017) de kent sınırları içindeki Arapça tabelalara karşı girişim başlatmışlardır. Bu girişimlerin ilçe belediyeleri özelinde de devam ettiği görülmektedir. İşin ilginç tarafı, bu girişimlerin temeli olarak bazen 1 Kasım 1928 tarih ve 1353 sayılı Harf İnkılabı kanununun gösterilmesi ve yerli halkının çoğunluğunun dahi Arap olduğu bazı bölgelerde Arapça tabelaların görüntü kirliliği oluşturduğunun bizatihi seçilmiş yerel yöneticiler tarafından söylenmesidir.

Bauman, yabancının modern ve postmodern toplumdaki rol ve işlevleri konusunda da incelikli ayrımlara gitmiştir: Ona (Bauman, 2000: 32) göre, modern toplumda ve modern devlette yabancıların ve yabancılığın kültürel ve/veya fiziksel imhası *yaratıcı bir yıkımdı;* yıkmak fakat aynı zamanda da inşa etmek; bozmak fakat aynı zamanda da tesviye etmek. Bu, süregiden düzen-inşası, ulus-inşası ve devlet-inşası çabalarının ayrılmaz bir parçasıydı. Ancak diğer yandan ise, gündeme ne zaman bir düzen inşa etme işi gelse, yeni tarzda düzenlenecek toprağın sakinlerinden bazıları temizlenmesi gereken yabancılar haline dönüşüyordu. Oysa postmodern toplumda (2000: 44) yabancılar, sıra dışı yemekler veren ve heyecan verici deneyimler yaşatan restoranlar çalıştırır, arkadaşlar arası muhabbet konusu olacak ilginç ve gizemli nesneler satar, öteki insanların sunmaya tenezzül etmedikleri hizmetler sunar ve rutin ve alışılmışın dışında tatlar veren lokmalar satarlar. Yabancılar, sundukları hizmetler için ve (bir de) bir zaman sonra artık zevk vermemeye başladığı zaman hizmetlerine son verme hakkınız karşılığında kendilerine paralar verdiğiniz insanlardır. Yabancılar hiçbir zaman tüketicinin özgürlüğüyle pazarlık yapamaz. Yabancıların rolü, hiç kuşkusuz, (tüketiciler için) haz üretmektir.

Bauman bu incelikli ayrımı yaptıktan sonra şu hükmü vermektedir (2000: 46): Toplumsal olarak üretilen modern ve postmodern yabancı kipleri arasındaki temel fark, daha önce sayılan gerekçelerden dolayı şudur: Modern yabancılar, yok edilmek için bir tarafa ayrılıyor ve inşa edilmekte olan düzenin sınırları için sınır işaretleri görevi görüyorlar. Başka bir deyişle modern toplumlar yabancıların sosyal görünürlüklerini ya asimilasyon ya da dışlama yoluyla ortadan kaldırmayı hedefliyor. Postmodern yabancılar ise, istensinler ya da istenmesinler, ortak rıza ya da teslimiyet sonucunda varlıklarını sürdürüyorlar. Voltaire'in Tanrı hakkında söyledikleri ışığında söylemek gerekirse; bunlar var olmasalardı zaten yaratılmaları gerekecekti. Evet, Bauman'a göre bunlar gerçekten de zevkle ve gayretle icat ediliyorlar ve çıkıntıları ve garabetleri düzeltilerek bir şekle sokuluyorlar. Bunlar, tam da yabancı olarak faydalıdır; bunların yabancılıkları korunmalı ve üzerine titrenmelidir. Bunlar, plansız ve işaretsiz yoldaki, olmazsa olmaz işaret direkleridir. Hiç durmadan kendini arayan kimliğin ardıl ve paralel cisimleşmeleri kadar çok sayıda ve bir o kadar da kaypak (protean) olmalıdır. Bauman'ın dediklerinden şöyle bir sonuca varmak mümkündür: Modern dönemde kimliğin sınır taşı olarak işlev gören yabancılar, postmodern toplumda kimliğin altını çizen birer çeşniye dönüştürülmüştür. O yüzden modern toplumun birer tehdit olarak yok etmeye çalıştığı yabancı, postmodern toplumda birer tadımlık eğlence olarak korunmaktadırlar.

Tiryakian (1973: 57), modern toplumda bir sosyal kategori olarak yabancının imha edilmesinden ilhamını alan evrenselcilik, hoşgörü, kardeşlik, eşitlik vb. ideolojilerin gittikçe yer ettiğini ifade etmektedir. Şöyle devam eder; aynı zamanda modern toplum yeni yabancı ilişkileri yaratmak için kullanılan yapısal şartları telafi etmektedir: Artan hareketlilik, ekonomik ve siyasi emperyalizme milliyetçi tepkiler, teknolojik gelişmelerden –hem kapitalist hem de sosyalist rejimlerde- doğan sosyo-ekonomik farklılaşmalar, etnik ve ırk gruplarının iç göçü ve saire. Tiryakian (1973: 58) bu noktadan hareketle yabancı kavramıyla ilgili kendi sonucuna ulaşır: Yabancılar hep içimizdedir, dahası bugünün yabancısı yarının aşinası, bugünün aşinası yarının yabancısı olabilir. Görüldüğü üzere Tiryakian, yabancı-aşina ilişkilerini yapısal ve özcü bir düzleme değil de, geçişliliğin ve devredilebilirliğin mümkün olacağı bir çerçeveye oturtmaktadır.

Tiryakian'ın bu çözümlemesini Antep-Kilis özelindeki gözlemlerimizle birleştirirsek şöyle bir sonuca ulaşabiliriz: Bu bölgenin otantik halkı olan Türkmenler, göç yoluyla kentlerine gelen Kürtleri uzun yıllar boyunca "yabancı" kabul etmişti. Kürtler hem işe erişim imkânları, hem de coğrafi olarak şehrin ana gövdesinden farklılaşmıştı. Suriyeli sığınmacıların kente gelmesiyle beraber Kürtler, yabancılıklarını sığınmacılara "devrettiler" ve dünün yabancıları olarak bugünün aşinası haline geldiler. Çünkü kendilerinden "daha yeni" (*newness*) bir yabancı vardı kentte: Aralarındaki tüm etnik, mezhepsel, ekonomik ve kültürel farklılıklarına rağmen toptancı ve yeri geldiğinde kötücül bir sıfatla nitelendirilen "Suriyeliler". Antepli bir Kürt olan 35 yaşındaki Azat gibi daha önceden kent içerisinde yabancı görülen gruplardan gelen kişilerin Suriyeli sığınmacılara dair dışlayıcı söylemlerini böyle bir noktadan okumak gerekmektedir:

> *"Bizim savaştan önce de tanıdıklarımız vardı. Biz gitmiştik Suriye'ye. Ben kendim gitmedim ama babam, abim misafir olmuşlardı… Kürtlere Araplardan daha çok güveniyorum yani. Araplar daha temiz değil. Kürtleri biraz daha Araplardan nezih görüyorum. Kürt olduğum için mi bunları söylüyorum? O size ait. Nasıl düşünürseniz. Ben Kürtleri daha temiz gördüm. Ama Araplar bana hiç güven vermiyor. Mesela ben Suriyeli birisini alıp da evime koyamam. Kürt olursa da tanırsam belki. Onun dışında almam. Mesela dışarıda gördüm; adam aç. O gece onu eve götüreyim de misafir edeyim diyemem. Tanımadığım bir Suriyeliye bunu yapamam; dışarıda kalmış olsa bile. Güvenemem. Bugün biz Türkler atıyorum; Çeçenistan'a, Türkmenistan'a, Azerbeycan'a bu şekilde gitsek biz güven vereceğimizi hissediyorum. Ama onlar güven vermiyor, Arap milletinin bize sıkıntısından dolayı. Arap milleti geçmişten bu yana güven vermiyor… Peygamberimiz Arap'tır. Araplara da belki bu yönden biraz saygı duyuyoruz. Yoksa onu da yapmayız"* (Deniz, Ekinci ve Hülür, 2016: 177-178).

Azat, kentin yeni yabancıları olan Suriyelileri kendi içlerinde derecelendirirken, kendi etnik grubundan olanları bir üst sıraya yerleştiriyor ama bir yerli olarak konuşurken ise bir Kürt olarak değil de bir Türk olarak girişiyor söze. Böylece artık kendisinin de bu kentin yerlisi olduğunu, yeri geldiğinde etnik kökenini maskeleyerek de olsa vurguluyor. "Devredilebilir ötekilik" ya da "nöbetleşe yabancılık" olarak ifade edilebilecek bu olgu, her toplumda ötekiliğin/yabancılığın var olabileceğini ve bunun devredilebilir bir tarafının olduğunu göstermektedir.

İşin ilginç yanı, Alevi ve Kürt yerleşiminden önce kentin çeperindeki köylerden gelip kente yerleşenlerin, Antep ve Kilis'in yerlileri tarafından yabancı olarak görülmesidir. Benzeri bir durumun Halep kenti için de geçerli olduğu bilinmektedir (Deniz, Ekinci ve Hülür, 2016: 147). Haleb Qadim, Merkez el-Medine ve Rif Haleb farklı sosyal katmanlara ev sahipliği yapan farklı coğrafi birimlerdir. Kentin yerlileri (*oldness*), kente sonradan yerleşen (*newness*) köy kökenliler ve kimi zamanlar kentte çalışıp/yaşayıp bazı vakitlerde de Halep'in kırsalında yaşayanlar birbirinden ayrı örgütlenmiş bu coğrafi birimlerde yaşamaktadırlar. Dolayısıyla Elias ve Scotson'ın Yerleşikler ve Haricîler Teorisinde (1994) görebileceğimiz mekânsal ve kültürel ayrışmaya burada da rastlamaktayız.

Yabancı, kendisine sunulan kültürel örüntünün ona sığınak ve koruma sağladığını kabul etmeyi reddettiği an nankör addedilir. Fakat "yerleşik" insanlar, bir geçiş dönemi yaşayan yabancının bu örüntüyü hiç de koruyucu bir sığınak olarak görmediğini, aksine içinde tüm yön duygusunu kaybettiği bir çeşit labirent olarak gördüğünü anlayamazlar (Schütz, 2016a: 51). Dolayısıyla yerliye göre yabancı "asalaktır"; yabancı, ev sahibi toplum tarafından kendisine sağlanan "sığınma" ve "koruma" imkânını görmezden geldiği için nankör olarak görülür. Antep/Kilis bölgesindeki yerleşikler de bu bölgedeki sığınmacılara yönelik yer yer "nankörlük" suçlamasında bulunabilmektedir. Yerleşiklere göre sığınmacıların "misafirliği" ilk aşamada, belirli bir süre kabul edilebilirken, uzun süreli bir misafirlik kabul edilemezdir. Bu sebeple Antep/Kilis bölgesinde misafirliğin "haddini" belirten yakınmaları, "misafirlik dediğin üç gün olur" (Ekinci, 2015) gibi ifadeleri sıkça işitmek mümkün.

## Göç ve Dışlanma Ürünü Olarak Marjinal İnsan

Marjinal insan kavramını ilk kez ortaya atan düşünür Robert E. Park olmuştur. Park, bu kavramı Simmel'in "yabancı"sından hareketle kullanmış, fakat ona farklı bir anlam yüklemiştir. Ona göre en önemli karakteri "kültürel bir melez" olan marjinal insan tipi, hiçbir zaman tamamen iç içe geçmemiş ve kaynaşmamış iki kültür ve iki toplumun sınırlarında duran bir insandır (Park, 2016: 80-81). Park, marjinal insan tipini en iyi yansıtan örneğin göçmen olduğunu da vurgulamaktadır. Göçmen otobiyografilerinden hareketle marjinal insan tipinin sosyo-psikolojik durumunu tanımlamaya girişen Park'a göre göçmenler eski ve yeni benliklerinin çatıştığı "bölünmüş bir benliğe" sahiptirler. Göçmen, terk ettiği toplumunun "sıcak korumasıyla", "kendisini pek evinde hissedemediği" yerleştiği toplumun "soğuk yüzü" arasında huzursuz bir şekilde bocalar. Her ikisine de tam olarak ait olamadığı bu iki dünya arasında yaşamaya mahkûm olur. Nihayetinde "eski alışkanlıkların köşeye atıldığı, yenilerinin ise henüz oluşmadığı geçiş dönemindeki" tüm göçmenlerin tipik karakteridir marjinal insan tipi (Park, 2016:8 1-82). Göçü yalnızca gelenek ve alışkanlıklarda yaptığı değişiklikler açısından değil aynı zamanda yol açtığı değişken kişilik tipinde, öznel yönleriyle beraber incelenmesi gereken bir alan olarak ele alan Park (2016: 75), Yahudi örneği üzerinden bir çözümleme yapar. Buna göre Ortaçağ gettosunun duvarlarının yıkılmasıyla Yahudilerin birlikte yaşadıkları halkın kültürel hayatına katılmalarına izin verilmiştir. Bu hayata dâhil olan bir insan, her ne kadar iki ayrı kültür ve geleneği bir arada samimiyetle yaşasa da kendi geçmişinden ve geleneklerinden kopmaya çok da istekli olmayıp yeni toplum için de ırksal önyargılar nedeniyle tam olarak kabul görmemiş bir kültür melezi olarak var olur (Park, 2016: 80-81). 2011'de Suriye'de başlayan savaşın ardından Türkiye'ye yapılan göçlerin sonucunda da Park'ın ifade ettiği kültür melezini gözlemlemek mümkündür. Türkiye'ye doğal olarak alışkanlıkları ve gelenekleriyle gelen Suriyeli sığınmacıların, yerleştikleri şehirlerin kültürüne uyum sağlayamaması ve ırksal ve kültürel önyargılar nedeniyle tam olarak kabul görmemesi onları marjinal bir konuma sürüklemiştir.

Marjinal insanı, bir kader mahkûmu olarak tanımlayan Park'a göre o, kaderin iki toplumda, iki kültürde hem de sadece farklı değil, karşıt kültürlerde yaşamaya mahkûm ettiği kişidir (Golovensky, 1952: 335). İki kültür arasında bir kader mahkûmu olarak yaşamaya mahkûm olan tipi en iyi temsil eden tipin ise göçmen olduğu bilinmektedir. Göç, sosyal dışlanma ve marjinal insan olguları arasında zannedildiğinden daha yakın bir ilişki bulunmaktadır. 2011'de Suriye'de başlayan savaşın ardından Türkiye'ye yapılan göçler de marjinal insan ve marjinal kültür tartışmaları açısından önemli ve verimli bir karşılaştırma sağlamaktadır. Türkiye'ye göç eden Suriyeliler için aile, akrabalık ve hemşehrilik gibi ilişki ağları göçün sıkıntılarını ortadan kaldırmada belirleyici olmuş, bu ağların sağladığı dayanışma sayesinde ilk aşamadaki sorunlar büyük ölçüde çözülmüştür (Deniz, Ekinci ve Hülür, 2016: 27). Ancak yerleştikleri yerlerde sığınmacı kimlikleriyle yaşadıkları zorluklar ve yeni hayata tutunmak için gösterdikleri çabalar, sığınmacıların çetin bir yaşam mücadelesi içinde olduğunu göstermektedir. Sığınmacıların sahip olduğu kültürün toplumda baskın olan kültürle yaşadığı gerilim, uyum ve uyumsuzluk sorunları ise sosyal dışlanmayı ve marjinallik olgusunu yeniden tartışmayı gerektirmektedir. Onlar, yalnızca "farklı" bir kültür içinde var olmaya çalışmayıp baskın olan kültürün "karşıt" nitelikleriyle de mücadele vermektedir.

Park 1928 yılında *İnsan Göçü ve Marjinal İnsan* adlı makalesinde marjinal insanı göç ve büyük kültürel devrimler sonucunda kültürlerin parçalanma ve karıştırılmasının bir sonucu olarak ele almıştır. Onun tezini Everett Hughes (1949: 58) şöyle özetler: Kültür göçü, sosyal organizasyon ilişkisi ve antropologların uzman öğrencilere dönüştüğü daha küçük geleneksel toplumların dağılması konularını içeren kısım, ilk bölümü oluşturur. Göçün öznel yönleri ve insanlar üzerindeki etkileri ise ikinci kısımda ele alınır. Bahsettiği ilk etki, kurtuluştur. Bu, seyahat ederek ya da göç ederek kişinin geleneksel beklentilerden özgürleşmesidir. Bazen, insan, özgürleşerek yeni şeyler için istekli olur, araştırır ve keşfeder. Diğer durumlarda, geride bıraktıkları için acı duyar, sıla özlemi yaşayabilir. Özlenen sıcak ve kutsal olan dünyanın artık var olmamasıyla bu sıla özlemi daha da artar. Türkiye'ye gelen genç Suriyelilerden biri olan 22 yaşındaki Halepli Emced, Antep'te bir giyim mağazasında satış elemanı olarak çalışmaktadır. Emced'in deneyimleri, Park'ın tanımladığı "diğer durumlar"a dramatik bir örnektir.

> *"Halep'in % 75'i yıkılmış. Ben oraya gidip ne yapayım artık. Annem, babam ve kardeşim Halep'te ama nişanlımı da getirdim buraya. İki ay sonra evleneceğim. Kardeşim de evlenecek ve ben yengemi hâlâ görmedim. Burada kalmayı düşünüyorum artık, dükkânım yıkılmış, arabam gitmiş. Gidip ne yapayım orda ben? Ailem orda çok sıkıntı çekiyor. Elektrik yok, su yok.*

# YABANCILIK VE MARJİNALLİK BAĞLAMI

*Bak ben ne Esed'in tarafındayım, ne Muhaliflerin ne de IŞİD'in tarafındayım. Eskiden, Esed zamanında kadınlar tek başına gece saat üçte, beşte çıkıp tek başına gezebilirdi Halep'te. Halep'i görmüşsün sen de bilirsin, kale civarında nargile içebilirlerdi. Şimdi erkek oğlu erkek, akşam yediden sonra dışarya çıkamıyor. Adamı kaybederler çünkü. (….) Suriye'de fitne oldu, savaş çıktı. Gençliğimin çalındığını düşünüyorum, bizim müstakbel hep harap oldu, gitti" (Deniz, Ekinci ve Hülür, 2016: 104).*

Suriye'deyken maddi durumlarının iyi olduğundan buradaysa zorlu koşullarda hayata tutunduklarından bahseden Emced, buna rağmen Suriye'ye dönmeyeceğini ifade etmektedir. Emced eski hayatını özlerken, müstakbel hayatı için de heyecanlara atılmaya istekli durmaktadır.

Park'ın ardından marjinal insan kavramı üzerine çalışmalar yapan bir diğer düşünür Everett V. Stonequist'tir. Ona göre geçmişte tüm insanlar homojen ve tek kültürün hâkim olduğu toplumlarda yaşarlardı. Yani her bir birey doğumundan ölümüne kadar tek bir kabile geleneğinin ya da ulusal geleneğin sınırları içinde, tek dinle, tek dille, tek bir ahlaki kodla ve tek bir egemen yönetime sadık kalarak var olurdu. Ancak günümüzde artık bireyler daha karmaşık ve uyumsuz bir kültürel ortamın parçasıdır. Bunun en temel nedeni ise göçtür. Bireyler ve kültürler, göç nedeniyle başka yerlere naklolurken sorunlar, çatışmalar ve birtakım krizlerle karşı karşıya kalırlar (Stonequist, 2016: 83-84). Stonequist de tıpkı Park gibi marjinal insan tipini, iki kültürün eşiğinde yaşayan göçmen bağlamında tartışmaktadır. Fakat ona göre bu iki kültürden biri baskın ve güçlü, diğeri tâbi ve zayıftır. Bu sebeple kişiliğin marjinal tipini vücuda getiren toplumsal durum bir kültürel grubun üyelerinin, daha fazla itibara ve güce sahip gruba uyum sağlamaya çalıştığı iki kültürlü (ya da çokkültürlü) durumdur. Daha güçlü ya da baskın olan grubun diğerlerine uyum sağlaması beklenmez. Uyum sağlaması, ayak uydurması ve asimile olması ya da uzakta durması beklenen tâbi gruptur (Stonequist, 2016: 84-85). Stonequist'e göre farklılığın ırksal (biyolojik) olduğu toplumsal durum ve farklılığın yalnızca kültürel olduğu toplumsal durum, toplumsal durumun iki genel türünü oluşturur (Stonequist, 2016: 85).

İlk marjinal durum olan ırksal (biyolojik) melezlik, çalışmamızın kapsamında değildir. Burada yabancı ve marjinal insan bağlamında Suriyeli sığınmacıların yerleşiklerle ilişkisinin anlaşılması hedeflendiğinden Stonequist'in sınıflandırmasındaki ikinci tür, yani farklılığın kültürel olduğu toplumsal durum üzerinde yoğunlaşılmıştır. Sonuç olarak karşı karşıya gelen iki kültür arasında bir tâbiyet ilişkisi vardır ve bu iki kültürden tâbi olan kültüre mensup bireyler, egemen kültüre uyum sağlama çabası içerisindedir. Göç sürecinde marjinal tipi meydana getiren alan işte bu melez alandır. Ruth Johnston'a göre farklı ülkelerdeki göçmenler, Avustralya'daki Aborjinler ve ABD'deki zenciler gibi yerli azınlıklar bu iki hiyerarşik kültürün etkisinde varlıklarını sürdürdüklerinden marjinal kategorisindedirler (Johnston, 1976: 145). Antep ve Kilis bölgesinde yaptığımız araştırma (Deniz, Ekinci ve Hülür, 2016), Türkiye özelinde Stonequist'in tezinin yeniden ele alınabileceğine dair sahadan veriler ortaya koymaktadır. Yakın coğrafyalarda ve aynı dine üye olmalarına rağmen Türkiye ve Suriye gibi farklı ulus-devlet süreçlerinden geçen iki ülke halkının zorunlu birlikteliği baskın ve güçlü olan grubun (yerleşiklerin) üstünlüğü lehine bir manzara sunmaktadır. Yerleşikler, Suriyeli sığınmacıların kendi kültürlerine daha fazla uyum göstermelerini, "misafirliklerini bilmelerini" ve hatta daha hızlı asimile olmasını beklemektedirler. Sığınmacılar ise tâbiyetin tüm somut hallerini yaşamaktadırlar; dışlanmakta, asimilasyon politikalarına maruz kalmakta ve marjinalliğin eşiğinde yaşamlarını sürdürmektedirler.

Kendi kültürünü geride bırakmış, geldiği yerde de yeni durumunu kabullenememiş bir göçmenin düşmanca tavırlarla karşılaştığında marjinal bir insana dönüşmesi kuvvetle muhtemeldir (Stonequist, 2016: 90-92). Yani yukarıda bahsi geçen dominant kültür üyelerinin karşısında yer alan ikinci derecedeki/pasif kültür üyelerinin pek çok neden dolayısıyla marjinalleştiği görülmektedir. Ancak her koşulda egemen bir toplulukta "öteki" olmak ve sınırda yaşamak marjinalliği oluşturan en temel nedenlerin başında gelmektedir.

Marjinal insanın ortaya çıkması bir grup çatışmasının kişisel bir probleme dönüşmesidir. Bu problemi en belirgin yaşayanlar iki kültürün buluşma noktasında yer alan ikinci kuşak göçmenlerdir (Green, 1947: 167). İkinci kuşağın karşılaştığı zorluklar, ırka dayalı tezatlar kültürel farkların üzerine eklendiğinde daha da derinden hissedilir. Çocuklar yeni kültürü ebeveynlerine kıyasla daha çabuk benimsedikçe ve iki kültür arasındaki farklılıklarla karşılaştıkça Stonequist'in (2016: 90-91) belirttiği gibi kendilerini Amerika'daki ikinci kuşak bir Uzak Doğulu'nun tanımlamasıyla "kayıp nesil" olarak görürler. Batı Avrupa'ya göç eden Türkiyeli işçilerin çocukları da benzer bir süreci yaşamaktadırlar.

Öte yandan Suriyeli sığınmacıların marjinalleşmesi ise daha ilk kuşakta tüm yönleriyle kendini göstermektedir. Türkiye'ye göç eden Suriyeli sığınmacı çocukların çoğu, yerleşik çocuklara göre hayata dezavantajlı olarak başlamaktadır. Sığınmacı Suriyeliler temel ihtiyaçları karşılamak için genellikle çocuklarını da çalıştırmak zorunda kalmaktadır. Bu çocuklar daha çok mendil satma, ayakkabı boyama gibi basit sokak işleriyle aile bütçesine katkı sağlamaya çalışmaktadır. Dolayısıyla sığınmacı çocuklar hem yaşlarına uygun şartlarda yaşayamamakta, görmeleri gereken eğitim ve öğretim sürecinden mahrum kalmakta (Deniz, Ekinci ve Hülür, 2016: 34) hem de sosyal olarak dışlanmaktadır. Bunun yanında çocukların dil bilmemesi de sosyal dışlanmaya neden olan faktörlerin başında gelmektedir. Yabancısı oldukları kültüre uyum sağlayamadıkça marjinalleşmekte, sosyal dışlanma ve ortaya çıkan grup çatışması da marjinal kişiliği sürekli olarak üretmekte ve pekiştirmektedir. Özellikle ikinci kuşak göçmenlerde bu marjinallik olgusunun daha derinden hissedileceğini öngörmek hiç de zor değildir.

İlk kuşak "yetişkin göçmen"lerin marjinalliğini konu alan Milton Goldberg (1941: 52) için yetişkin göçmen; yeni bir topluma gelen ve ona uyum sağlamaya zorlanan fakat bulunduğu sosyal durumu tanımlamak ve içselleştirmek için de çok yaşlı olan bireylerdir. Marjinal alanı Stonequist'in marjinal insan teorisi bağlamında açıklamaya çalışan ve marjinal insan teorisinin kültürel boyutuna odaklanan Goldberg, marjinal kültür kavramını geliştirir. Ona göre marjinal kültür, marjinal gruplar arasındaki alternatif bir tepki kalıbıdır. O, marjinal kültür üyelerinin, marjinal insanın karakteristik duygu ve davranışlarını; güvensizlik, duygu karmaşası, aşırı öz-farkındalık ve kronik sinir gerginliği gibi durumları göstermeyeceğini ifade eder. Marjinal kültürün bir grubun önemli bir kısmı içerisinde gelişebileceğini iddia eden Goldberg popülasyonun kalanının durumuna açıklık getirmez. Yalnızca geri kalan kısmın marjinal insanlar olduğu çıkarımında bulunur (Antonovsky, 1956: 58). Marjinal kültüre maruz kalanlar ile marjinal arasındaki bu incelikli ayrımın temel referans noktası yaşa bağlı uyum sağlama süreçlerine dair aksaklıklardır.

Marjinal insan kavramındaki temel varsayım; kültürel çatışmanın kişilik çatışmasına neden olduğudur. Yani var olan grup çatışmasını kişi, kişisel bir sorun olarak hissedinceye kadar marjinal değildir. İki kültür çatıştığı sürece bu çatışma kişisel bir soruna neden olur (Green, 1947: 170). Burada Stonequist'in marjinal insanın oluşumundaki yaşam döngüsü ayrımından bahsetmek yerinde olur. Ona göre (2016: 94-95) marjinal bireyin karakter özellikleri üç aşamada oluşur. İlk aşama bireyin iki kültürü de öğrendiği hazırlık aşamasıdır. Bu aşama kısmi bir asimilasyonu içerir ve bireyin iki kültürü birden benimsediğini fark etmediği, kişilik sorununun bilincinde olmadığı aşamadır. İkinci aşama kriz özelliği taşır ve birey kültürel çatışmanın farkına varır ve pasif kalmayıp yeni şartlarla mücadele etmek için çaba harcar. Marjinal insan tipi, yaşadığı kriz deneyimi ve buna verdiği tepkilerle şekillenir. Kafa karışıklığı, şok, hayal kırıklığı, yabancılaşma ve bölünmüş bir kişilik ortaya çıkabilir. Üçüncü aşamaysa bireyin kalıcı tepkilerini içerir ve birey birçok farklı yönelim gösterebilir; baskın gruba yönelebilir, zaman içinde bu grubun bir üyesi olabilir. Bu durumda çatışma sona erer. Aksi ve daha çok karşılaşılan durumda ise genel olarak olumsuzlukları içeren farklı yönelimler gözlemlenir. Birey tâbi grubun kaderini paylaşma, dikkate alınmama, geri çekilme, yer değiştirme ve izolasyon gibi tepkilerle sorunu çözme yoluna gidebilir.

İki farklı halkın kültürel yaşamını ve geleneklerini yakından yaşayan ve paylaşan bir insan, bu iki kültür ve iki toplumun sınırında olup tamamen birbirine karışmayan ve kaynaşmayan bir insandır. Yani bir kültür tarafından şekillendirilen bir kişinin göç, evlilik, eğitim veya başka bir etkiyle farklı bir içeriğe sahip bir kültürle kalıcı temasa geçirildiğinde veya doğuştan bir kişi iki veya daha fazla dil, tarihsel gelenek, politik sadakat, ahlaki kurallar veya dinlere alıştırıldığında kendini her iki kültürün de sınırında bulması muhtemeldir; ancak o, aslında ikisine de üye değildir (Goldberg, 1941: 52). Bu durumla ilgili birçok örnek verilebilir. Deniz, Ekinci ve Hülür'ün (2016) çalışmasından bir bölüm olan "Halep'ten Kilis'e Bir Evlilik Hikâyesi", Türkiye'ye evlilik yoluyla gelen bir Suriyeli kadının iki kültürün ve toplumun arasında ve aslında marjininde kalışını ele alır. Bu konum marjinal insanın konumudur ve David Golovensky (1952: 334) bu durumu şöyle tarif eder: Marjinal insan, içinde bulunduğu iki kültürün de alacakaranlık bölgesinde yaşar. Eskiye nostaljik bir sevgi duyarken yeniye de artan bir bağlılık duyar ve bu arada kalış onu iki yaşam biçiminin de kenarında, dış kenarında konumlandırır. Marjinallik ilişkisi, din, dil, gelenek, ahlak veya bunların herhangi birinin veya tümünün birleşimi olabilir. İki kültürlü olmak kişilik ikiliğini, bölünmüş benliği üretir.

Sonuç olarak marjinal insan tipine en iyi örneğin, iki kültür arasında kalan göçmen olduğunu tekrar edebiliriz. Bu göçmen, içinde yetiştiği kültür ile yeni yerleştiği kültür arasında bocalar ve bu ikisi arasında melez bir konumda varlığını sürdürür. Bu sebeple marjinal insan olarak göçmen, post-kolonyalist çalışmalarda vurgulanan "melezlik" olgusunda olduğu gibi "iki arada bir deredir"; eşikte, arafta ve sınır boyunda yaşamak durumundadır. Somut bir ifadeyle, aynı anda hem bir Suriyeli kalma, hem de bir Türkiyeli olma çabasındadır göçmen. Fakat ne tam Suriyeli kalabilir, ne de tam bir Türkiyeli olabilir. Bu ikisi arasında bocalar, kriz yaşar ve dengeye ulaşmak için çabalar.

## Yerleşikler ve Haricîler Teorisi: Sosyal Dışlanmanın Evrensel Süreçleri

Ev sahibi ve yabancı ilişkisi ile ilgili literatürde en iyi bilinen örneklerden biri olan *The Established and The Outsiders* (Yerleşikler ve Haricîler) adlı çalışma, Elias ve Scotson (1994)'ın 1960'ların başında İngiltere'de Winston Parva adlı kasabada gerçekleştirdikleri bir saha araştırmasına dayanmaktadır. Elias ve Scotson, Simmel'in "Yabancı" kavramını bir "sosyal ilişki" olarak genişlettiler ve "harici" (*outsider*) olarak adlandırdıkları kategori ile ""yerleşikler"in (*established*) egemen kültürü arasındaki statünün eşitsizliğini vurguladılar (Elias ve Scotson 1994). Onlara göre, yerleşikler, yabancılar tarafından bir eşitlik talebi var olduğunda ve mevcut statü ihlal edilmeye çalışıldığında tehdit hissetmektedirler (Alexander, 2003b: 22). Dolayısıyla bu teori en başta, yerleşiklerle sonradan gelenler arasındaki eşitsizliğe vurgu yapmaktır.

Winston Parva, 19. yüzyılın son çeyreğinde kurulan ve orta sınıf ile işçi sınıfının ayrıştığı, Liecester şehrinin güneyinde sanayi bölgesine yakın bir kasabadır. Bu kasabaya İkinci Dünya Savaşı'nın İngiltere'ye de sıçradığı dönemde, savaşın olduğu bölgelerden aniden çok fazla göçmen gelir ve kasabanın kuzeyinde daha önce kasabalıların kullanmadığı ve "sıçan bölgesi" olarak adlandırdığı bölgeye yerleşir. Kasabalılar, sığınmacılara yardımcı olmaya başlar; kıyafet, gıda ve çeşitli yardımlarda bulunup onlara sahip çıkarlar. Bu yeni göçmenler, gelenekleri, yaşam biçimleri ve kültürleri açısından kasabanın yerleşiklerinden kısmen farklıdır. İlerleyen zamanlarda kasabanın yerleşikleri sığınmacılardan gelenek, norm ve kültürlerine uyum sağlamalarını beklerler. Beklediklerini bulamadıklarında kasabalılar bu durumdan rahatsız olmaya başlar ve gün geçtikçe yerleşikler ile göçmenler arasında gerilimler, hoşnutsuzluklar, kavgalar ayyuka çıkar (Elias & Scotson, 1994: 13-18). Bu gerilimin en önemli sebebinin ise, neredeyse tüm göçlerin ardından yaşanan dışlanma olgusunu besleyen "biz" ve "onlar" algısı olduğu görülmektedir. Robert van Krieken'e göre Elias ve Scotson'un çalışmasında yerleşiklerin sonradan gelenleri dışlamasında ve onlara karşı negatif imaj oluşturmasında önemli bir unsur, yerleşiklerin ortak tarih algısı ve kolektif "biz" imajıdır. Zira yerleşikler arasındaki akrabalık bağları da bu "biz" imajını beslemekte ve dışarıdan gelenleri "yabancı" olarak görmeyi kolaylaştırmaktadır (van Krieken, 2005: 144). Benzer şekilde Antep ve Kilis'te de yerleşiklerin ve Suriyeli sığınmacıların da "biz" ve "onlar" kategorilendirmeleri ile çeşitli gerilimler yaşadıklarını söylemek mümkündür.

Winston Parva kasabası üç bölgeye ayrılmıştır ve üç bölgede de farklı özelliklere sahip insanlar yaşamaktadır. Birinci bölge, kasabada en iyi bölge olarak bilinir ve burada genelde ikinci bölgedekilerden sonra yerleşmiş orta sınıftan insanlar yaşar. İkinci bölge bu bölgenin ilk yerleşimcileri olan işçi sınıfının; üçüncü bölge ise en son göçle gelenlerin yerleştiği yeni işçi sınıfı bölgesidir (Elias & Scotson, 1994:24). Birinci bölge, buranın ilk sakinlerinden olan orta sınıflardan ve ikinci bölgede yaşarken sınıf atlayıp birinci bölgeye yerleşenlerden oluşmaktadır. Bu üç gruptan özellikle 3. Grup, her ne kadar kasabada ikamet eden diğer gruplarla aynı kültür, dil ve etnik kökeni paylaşıyor olsa da, sosyal dışlanmayı derinden yaşayan gruptur. Bu kesim, özellikle kendisiyle aynı sosyo-ekonomik sınıftan olan yerleşikler tarafından dışlanmaktadır. Birinci ve ikinci grup, biri işçi sınıfı diğeri orta sınıftan olmasına rağmen, herhangi bir gerilim olmadan bir arada yaşamaktadır. İkinci grup ve üçüncü grup aynı sosyal sınıftan, ikisi de işçi sınıfından olmasına rağmen aralarında ciddi bir gerilim yaşanmaktadır. Bu gerilim katmanlı bir yapıdadır. Hem göçmenlerin "yabancı" olarak görülmesi ve "biz"in hakim olduğu kamusal alanda bir "başkası" olarak yerleşmek istemeleri; hem de yerleşik işçilerin "yanlış bilinç"le onları "sınıfsal" bir rakip olarak görmeleri, *yenigelen*lere yönelik dışlamanın katmanlı bir yapıda olmasını sağlayan etkenlerdir.

Yerleşikler-haricîler teorisinde, yerleşiklerin algısında kendileri; saygın, medeni, temiz ve kibar olarak nitelenmekte; haricîler ise kaba, kirli ve barbar olarak damgalanmaktadır. Bu durum ise Elias'ın *Uygarlık Süreci* adlı eserinde ele aldığı "medenîlik" tartışmasını hatırlatmaktadır. Elias'ın yerleşik-haricî ilişkiler teorisi ile uygarlaştırma süreci teorisi arasındaki önemli bağ, yerleşiklerin neredeyse kaçınılmaz olarak kendilerini daha "medenî" ve haricîleri daha "ilkel" veya "barbar" olarak niteledikleri gözlemidir (van Krieken, 2015: 145). Yine benzer bir ayrımın Antep-Kilis bölgesinde yerleşikler tarafından sığınmacılara yönelik söylemlerle geliştirildiği görülmektedir. Yerleşiklere göre sığınmacılar "kirli", "medeniyetten nasibini almamış" ve "adab-ı muaşerete uymayanlar" olarak damgalanır; dolayısıyla damgalayan olarak yerleşikler kendilerini bu sıfatların tam zıddı ile nitelemiş olmaktadırlar.

Yerleşikler tarafından sonradan gelenlere yönelik dışlayıcı tutum, Elias ve Scotson (1994: 89-105)'ın "dışlayıcı dedikodu" (*blame gossip*) olarak kavramlaştırdıkları söylemsel dışlamayla da beslenmektedir. Elias ve Scotson, Winston Parva kasabasının yerleşik halkının kasabaya sonradan yerleşen sığınmacılara dair negatif kanaatlerini ifade eden "dışlayıcı dedikodu" kavramını, yerleşikler için toplumsal kimliğin inşasında ve korunmasında işlevsel bir araç olarak değerlendirmekle beraber, sığınmacıların "yabancılığını" besleyen bir katalizör olarak da ele almaktadırlar. Elias ve Scotson'un bulgularına göre dedikodu, ayrımcı toplumsal düzenin inşasında ve sürdürülmesinde önemli bir işleve sahiptir. Bu anlamda dedikodu, klişeye dayalı olarak "onlar"ı (*outsiders*) sürekli kınayan, dışlayan ve kötülüğü "onlar"a atfeden; bu sayede "biz"i (*established*) sürekli olumlayan ve aklayan bir işlev sağlamaktadır.

Görüldüğü üzere yerleşik ve haricî grup arasındaki farklılıklar ne kadar belirsiz olursa olsun, yani aynı etnik, dilsel, dinsel kodları paylaşıyor olsalar bile dışlanma gerçekleşmektedir: Dışarıdan gelen nüfus, yerleşikler tarafından "barbar", "istilacı" ya da "bozguncu" olarak görülme potansiyeline sahiptir (Bauman, 2013: 60; Elias ve Scotson, 1994). Elias ve Scotson'ın aktardığına göre yerleşiklerin ifadeleri de bunu kanıtlamaktadır: "Onlar tıpkı peynir ve tebeşir gibi bizden farklılar", "Onlar çocuklarını kontrol edemiyorlar", "sürekli kavga ediyorlar", "ahlakları bozuk", "yabancı ve suça yatkındırlar" (Elias ve Scotson, 1994: 78 ve 88). Dışlamanın burada öne çıkan boyutları, her ne kadar yerleşikler ve haricîler "peynir" ve "tebeşir" gibi aynı renkte olsalar ve aynı dili konuşsalar da, söylemsel düzeyde "onlar" ve "biz" algısı üzerinden şekillenmekte; göçmenler suça yatkın oldukları söylenerek kriminalleştirilmekte ve toplumsal vasatın altında bir imajla damgalanmaktadırlar. Öte yandan bunlardan daha önemlisi, haricîlerin tekil ve bireysel eylemleri yerleşikler tarafından tüm haricîlere genelleştirilmekte ve tek bir haricînin işlediği bir kabahat tüm haricîlerin kabahati gibi sunulmaktadır. Suriyeliler de her ne kadar etnik, dini ve mezhebî anlamda farklı kimliklerden grupları içerse de, yerleşiklerin algısında Suriyeli sığınmacıların tamamı "haricî" ve "yabancı" etiketi ile yaftalanmaktadır. Böylece bir Suriyeli Türkmen bile, Suriyeli olmasından ötürü dışlanabilmektedir.

## Türkiye'de Suriyeli Sığınmacı Olmak

Bir ülkeye, şehre, etniğe ve kültüre yabancı olan biri için vurgulanan bireysel bir şey değildir, pek çok diğer yabancıyla birlikte paylaştığı bir nitelik olarak kökeninin yabancı oluşudur. Bu nedenle, yabancılar birey olarak algılanmaz pek, belirli bir tipte yabancılar olarak algılanırlar (Simmel, 2016: 33). Simmel'in bu tespitinin Antep ve Kilis bölgesindeki yerleşiklerle sığınmacılar arasındaki ilişkilerde doğrulandığını ifade edebiliriz. Yerleşikler, Suriyeli sığınmacıları tek tek birey olarak değil; sığınmacıların tamamını "yabancı sığınmacı" olarak damgalama eğilimindedirler. Suriyeli sığınmacılar her ne kadar etnik, mezhepsel ve dinsel farklılıklara sahip olsalar da, onlar tek tek ve birey olarak değil, Suriyelilik kimliği üzerinden algılanmakta ve çoğu zaman kolektif bir kimlikle damgalanmaktadırlar. Suriyeli bir Türkmen'in şu ifadeleri, yerleşikler ile aynı etnik ve dinsel kimliği paylaşmanın bile bireysel bir ayrıcalık olamayacağını, sığınmacıların belirli bir tipte yabancı olarak algılandığını göstermektedir: "Suriye'de bizi Osmanlı piçi diye aşağılarlardı. Burada da bize *Suriyeli piçi* diyorlar…" (Çelik vd., 2014). Dolayısıyla yerleşiklerin sığınmacılara dair algısı, sığınmacılar yerleşiklerle aynı etnik, dinsel ve kültürel kodları paylaşıyor olsa bile, onları birey olarak değil, belirli bir tipte yabancı, yani *Suriyeli* olarak görmek biçiminde tezahür etmektedir. Yabancının bu şekilde tek tek birey olarak değil, bir kategori olarak algılanması, örneğin bir yabancının işlediği suçu tüm yabancılara genelleme gibi bir sonuç da doğurmaktadır. Suriyelilere yönelik birçok şehirde gerçekleşen linç olaylarının temelinde de bu gerçeğin yattığı görülmektedir. Bir Suriyelinin işlediği cinayetin ya da karıştığı bir adli vakanın öfkelendirdiği kalabalıklar, semtlerinde bulunan tüm Suriyelileri bu suçun sorumlusu olarak görmekte ve yerleşiklerin gazabı çoğu zaman o bölgedeki tüm sığınmacılara yönelmektedir.

Simmel'in gündeme getirdiği yabancı kavramı üzerine pek çok sosyolojik tanımlamalar ve ayrımlar yapılmıştır. *Yenigelen, marjinal, sojourner, haricî* vs. bu tanımlamalardan bazılarıdır. Ülkemizdeki güncel konumlarından yola çıkarak Suriyeli sığınmacıları farklı yönleriyle bu terimler altında ele almak mümkündür. Antep-Kilis bölgesinin Sünni Türkmen ve Alevi Abdal halklarıyla aynı kökenden gelen Halepli Türkmen ve Halepli Abdallar dahi, kendilerinin bu bölgede Türkmen veya Abdal kimlikleri ile değil Suriyeli kimlikleri ile tanımlandıklarını ve bir türlü kabul görmedikleri için "yabancı" olarak kaldıklarını ifade etmektedirler. Yerlilere en yakın kültürel sermayeye sahip bu gruplar dahi, yerliler tarafından etnik veya mezhepsel aidiyetlerinden ziyade ulus kimlikleri olan Suriyelilik üzerinden tanımlanmaktadırlar.

Bauman günümüzde hem sağ hem de sol siyasetin yabancılarla olan ilişkisinin onları dışlamak olduğunu söylemektedir. 2014'te başlayan ve 2017 yılında yoğunlaşarak devam eden, Türkiye'nin farklı bölgelerinde sağ ve sol siyasi partilerce yönetilen büyükşehir belediyelerinin Suriyeli sığınmacıların

EKİNCİ, HÜLÜR, DENİZ

kamusal alanda görünürlüklerine karşı girişimleri Bauman'ı haklı çıkarmaktadır. Bazı il ve ilçe belediyeleri, Arapça tabela yasağının gerekçesi olarak 1 Kasım 1928 tarih ve 1353 sayılı Harf İnkılabı kanununun göstermiş ve bu tabelaların görüntü kirliliği oluşturduğu söylemini benimsemiştir. Bunun asıl sebebinin ise yerli halkın yabancılara karşı biriken öfkesini bu şekilde maskelemek olduğunu düşünmekteyiz. Burada tehlikeli olan durum, yerel idarecilerin kendilerine oy veren yerli halkın hassasiyetlerini gözetmek adına Suriyeli sığınmacıları dışlamaktan çekinmemeleridir.

Çalışmamızda incelediğimiz Antep-Kilis bölgesinde Tiryakian'ın tezine benzer bir şekilde devredilmiş bir yabancılıkla karşılaştık. Bölgenin otantik halkı olan Sünni Türkmenler, daha önceleri başka şehirlerden göç eden Alevileri veya Kürtleri yabancı olarak görürken; Suriyeli sığınmacıların gelmesiyle birlikte kentte yerleşik olan Alevi ve Kürt haricîler neredeyse kentin yerlisi konumuna yükselmiştir. Alevi ve Kürt yerleşiminden önce kentin çeperindeki köylerden gelip kente yerleşenler, Antep ve Kilis'in yerlileri tarafından yabancı olarak görülmüştü. Araştırma sahamızda karşılaştığımız bazı yerli Kürtler de, yerleşik toplumun üyesi olduklarının bir ifadesi olarak "biz" diyerek söze başlamıştır. Dolayısıyla kentin önceki bazı yabancılarının, yabancılıklarını kente sonradan gelenlere devrettiğini söyleyebiliriz.

Saha araştırması sürecinde, bazı katılımcıların Suriyeli sığınmacılara yönelik yakınmalarının temelinde "ev" metaforunun önemli bir yeri olduğunu da gördük. Kendi ev aşinalığının kaybolduğu hissini yaşayan bazı yerleşikler, artık "kendilerini evlerinde hissedemedikleri" yönünde yakınmaları sıkça dillendirmektedirler. Bu şikayetlerin önemli bir kısmının arka planında, genel olarak "kentsel kurumların yetersizliği" ve "kentteki kaynakların kıtlığı" (Erder, 2002: 51) yatıyor olsa da, spesifik olarak "işgal edilmiş ev" metaforunun bulunduğu söylenebilir. Oturdukları semtlerdeki parkları Suriyelilerin mesken tutmasından şehirdeki güven/güvenlik sorununa, kamusal alanda (konuşma dili ve dükkân tabelalarındaki) Arapça dilinin yaygınlığından gündelik hayatın neredeyse her anında Suriyelilerle karşılaşmaya kadar yerleşiklerin tüm yakınmaları, "kendilerini evlerinde hissedemediklerinin" dolaylı ifadesi olmaktadır. Antepli Kürt katılımcı Azat, "ev" metaforunu şöyle kullanmaktadır: *"Mesela sen evinde 5 kişilik ailenle yaşıyorsun. Evine 5 Suriyeli alır mısın? Almazsın. Nasıl güveneceksin, namusun o ev senin!"* (Deniz, Ekinci ve Hülür, 2016: 43). Bu görüşmeciye "ev" ile neyi kastettiğini sorduğumuzda, "şehrini", "ülkesini", "vatanını" kastettiğini söylemektedir. Bir diğer görüşmeci olan emekli akademisyen 65 yaşındaki Kilisli Seyit, ev metaforunu yine "ulusal" bir bağlama yerleştirmekte ve sığınmacıların gelmesini "evden kaçma" olarak tarif etmektedir:

*"Yangın çıksın evden ilk kim kaçar? Kedi kaçar, hayvan kaçar. İnsan bilinçli varlık olarak yurdunu terk etmez. Bir tarafta olur savaşır. Ben bunları*

## YABANCILIK VE MARJİNALLİK BAĞLAMI

*kaçtıkları için, hayvanlardan daha aşağı görüyorum. Bir tarafta olman lazım savaşta" (Deniz, Ekinci ve Hülür, 2016: 57).*

"Evinde hissetmek" der Schütz (2016b: 56), "aşinalığın ve yakınlığın tam bir ifadesidir." Dolayısıyla tersinden, "kendini evinde hissetmeme"yi, "aşinalığın" ve "yakınlığın" kaybıyla ya da kaybolacağı endişesiyle ilişkilendirebiliriz. "Aşinalığın" ve "yakınlığın" kaybı yönündeki endişe, işte tam da bu noktada, bu kayba sebep olanlara yönelik bir öfkeye, en hafif tabirle onları bir "yabancı" olarak damgalamaya dönüşmektedir. Yerleşikler, bu kaybın müsebbibinin "yabancılar", yani sığınmacılar olduğuna inanmaktadır. "Evin işgal edildiği" hissini doğuran bu arka plan, sosyal dışlanmayı besleyen en önemli gerekçe olmaktadır. "Kendini evinde hissetmeme" durumu ve bu işgal edilmişlik hissi; "yabancıyı", "ötekiyi" ve "marjinali" de kolaylıkla yeniden üretebilmekte ve dışlama potansiyelini diri tutabilmektedir.

Antep ve Kilis'te yaşayan yerleşiklere (*oldness*) göre de kente sonradan gelenler (*newness*) (Elias and Scotson, 1994), kendilerine ait olan yerli kültürel dokuyu tehdit etmekte, nispeten homojen olan kent kültürünü melez bir kimliksizliğe mahkûm etmektedir. Dikkat edilirse buradaki melezlik endişesi, homojen ve istikrarlı kent kültürünün "yabancı" tarafından işgal edilmesi tehlikesinden beslenmektedir. Zira "yabancı"nın Park (2016) ve Stonequist (2016) tarafından "kültürel bir melez" olarak tanımlandığı bilinmektedir. İki kültür arasında bocalayan melez bir figürdür yabancı. Dolayısıyla yerleşikler, "yabancı"nın bu niteliğinin kendi kültürleri için bir tehdit olduğunu düşünmekte ve bu durum "yabancı"yı bir "istilacı" olarak görme eğilimini kuvvetlendirmektedir.

Örneğin Antepli katılımcılardan öğretmen emeklisi olan 60 yaşındaki Cemil'in Suriyeliler hakkındaki kanaati, bu açıdan önemli bir temsildir: *"Bunlar içimize bir virüs gibi girdiler. Bizim toplumsal dokumuzu kanser ettiler".* Yerleşiklerin eski kent kültürünün "homojen" ve "istikrarlı" olduğu yönündeki kabullerini ve yabancıları "tehlikeli melezler" olarak kodlamalarını, Schütz'ün "her zamanki gibi düşünme" (2016a) olarak tarif ettiği konforlu durumla ve bu konforun bozulması bağlamında düşünmek zihin açıcı olabilir. Schütz bu kriz durumunu "yabancılar" için kullanmaktadır; fakat bize göre bu krizi sadece yabancıların yaşadığını iddia etmek en başta topluma "ilişkisel" bakışa aykırıdır. Zira dikotomik ayrımlara karşı ilişkisel bakış dikkate alınırsa, karşılıklı olarak birbirlerini etkilemenin her iki kategori için de önceki alışkanlıkları dönüştüren bir tarafı olduğu görülebilir. Bu durumda yerleşik toplum yabancıların gelmesiyle birlikte farklı bir gerçeklikle karşılaşmakta ve yerleşiklerin de "her zamanki gibi düşünme" alışkanlığı ciddi bir sarsıntıya uğramaktadır.

Asıl "aşinalık kaybı"nı, "yabancılar" olarak sığınmacılar yaşarlar. Zira Schütz (2016a)'ün de ifade ettiği gibi yabancılar, ezbere bildikleri ve yaşadıkları bir kültürün tüm alışkanlıklarının, yerleştikleri kültürde artık geçersiz olduğu gerçeğiyle karşı karşıya kalmaktadırlar. Dolayısıyla yeni bir topluma yerleşen yabancılar, kendi toplumlarındayken sahip oldukları "her zamanki gibi düşünme" konforlarını ve alışkanlıklarını kaybederek kültürel bir kriz durumunu yaşamaya başlarlar. Artık kendilerini "evlerinde" hissedemezler ve aşinalığın ve yakınlığın kaybını ev sahibi topluma oranla daha derinden hissederler:

> *Yeni çevresindeki şeylerin evde tahayyül ettiğinden oldukça farklı olduğuna dair keşfi, çoğunlukla, yabancının alışılagelmiş "her zamanki gibi düşünmesine" duyduğu güvene ilk darbedir. Sadece, yaklaşılmaya çalışılan grubun kültürel örüntüsüne ilişkin olarak yabancının sahip olduğu imge değil, aynı zamanda hane grubu içinde şimdiye kadar süregelen tüm sorgulanmamış yorumlama şemaları ve bunların akışı da geçersiz hale gelir (Schütz, 2016a: 44).*

İçinde doğup büyüdüğü kültürü ezbere, alışkanlıklarıyla, otomatik yaşayan yerliye karşın yabancının durumu bir krizi ifade etmektedir: Şaşırır, yeniden inşa eder, krizde olduğunun bilincine varır. "Yeni toplumun kültürüne yaklaşmaya çalışan yabancı, dış grubun terimlerini kendi hane grubunun kültürel örüntüsünün terimlerine 'çevirmek' zorundadır; elbette yorumlayıcı eşdeğerlerinin var olması koşuluyla" (Schütz, 2016a: 45). Krizi fırsata çevirme arayışı olarak ifade edebileceğimiz bu durum, yabancının karşılaştığı yeni kültürde başa çıkması gereken sorunların boyutlarına ve "yorumlayıcı eşdeğerlerin" niteliğine göre başarı ya da başarısızlıkla sonuçlanabilir. Sonuç olarak sorgulanmamış hazır reçeteleri kullanan yerliye karşın, yabancı, belirsizlik, tereddüt ve güvensizlik krizleri yaşar ve nihayetinde bunu fırsata çevirmek için sürekli bir "uyum" ve "denge" arayışı içerisinde olur.

Schütz, yabancının dahil olduğu grupla ilişkisinde yaşadığı "uyarlama ve gerçeği yeniden tanımlama" sürecinin başarılı olmaması ihtimalini tartışmıyor. Fakat bizce, eğer göçmenlik bağlamında düşünürsek, göçmenin dâhil olmaya çalıştığı gruba uyum ve adaptasyonunun önemli bir mesele olarak görülmesi gerekmektedir. Eğer bu uyarlama ve "yeniden tanımlama" süreci başarısız olursa, göçmen "yabancı" olarak kalacak ve bulunduğu toplumun hep bir marjinali olarak yaşamak durumunda kalacaktır.

Göç ve marjinallik arasında güçlü bir ilişki vardır. Nedenlerine bakılmaksızın göçün olduğu yerde marjinal kişi ve kültürün varlığı tartışmasızdır. Göç, farklı insanların ve kültürlerin etkileşimine ve çatışmalara neden olur. Bu kültürel çatışmalar alışılmış rutinleri kesintiye uğratır ve Park'ın ifadesiyle "gelenek kalıpları"nı parçalar (Goldberg, 2012: 200). Parçalanan gelenek kalıplarının sonucunda iç içe geçmeyen ve kaynaşmayan iki kültür ve iki toplumun sınırlarında duran, en temel niteliği kültürel bir melez olan marjinal insan ortaya çıkar (Park, 2016: 80-81). Park'a göre göçmenler marjinal insan tipini temsil eden en iyi örneklerdendir. Çünkü eski ve yeni olarak bölünmüş benliklere sahiptirler ve bu ikisi arasındaki çatışmanın ev sahipliğini yapmak zorundadırlar. Türkiye'ye yerleşen Suriyeli sığınmacılar da, sahip oldukları kültürlerinin ve alışılmış rutinlerinin kesintiye uğraması sonucu "gelenek kalıplarının" parçalanması durumunu tecrübe ederler. Nihayetinde iki kültür arasında ve melez bir sınır hattında yaşadıklarından, marjinal insan olma halini derinden tecrübe etmektedirler.

Elias ve Scotson'ın teorisinden hatırlayacak olursak, yerleşik toplumlar haricî toplumlara yönelik "dışlayıcı dedikodu" denilen işlevsel bir dışlayıcı tutum sergilerler. Bu kavrama göre yerleşik toplum, haricî toplum hakkında söylemsel bir dışlayıcı dil üretir. Dedikodudan beslenen bu dışlayıcı söylemlerin bir benzeri, Antep ve Kilis'te Suriyeli sığınmacılara yönelik kullanılmaktadır. Suriyeli sığınmacılara yönelik dedikodu ve şehir efsaneleriyle beslenen bu tür söylemlerin de, yerleşikler için "biz" imajını güçlendirdiğini ve göçmenlere yönelik sosyal dışlanmayı katmerleştirdiğini söylemek mümkündür. Örnek vererek bu olguyu daha da netleştirebiliriz. Antep ve Kilis bölgesinde yerleşikler arasında sığınmacılara yönelik gerçekle ilgisi olmayan ve yerleşiklerce kullanılan birçok söylem dolaşımdadır. Bunlardan biri Suriyeli kadınların yerleşik grubun erkeklerini "baştan çıkardıkları"dır. Bu söylem özellikle yerleşik grubun kadınları arasında bir korku unsuru olarak dolaşımdadır ve Suriyeli kadınlara yönelik dışlamada önemli bir işlev görmektedir. Bir başka örnek, 2014 yılının Ağustos ayında Suriyeli bir kiracının Antepli bir ev sahibini öldürmesini takip eden günlerde yerleşikler arasında Suriyelilerin birçok mahallede cinayet işledikleri, bir cinayet örneğinde bir kadını kesip güneş enerjisinin içine attıkları haberleriyle ilgiliydi. Yine aynı günlerde Suriyelilerin şehrin şebeke suyuna zehir karıştırdığı haberi hızla yayılmış ve o günlerde hastaneler, belki de evhamlar sebebiyle hınca hınç dolmuştu. Zira sonrasında bu bilginin doğru olmadığını bizzat yetkililer bildirmişti. Birçok örnek sıralamak mümkün. Fakat gözlemlerimize göre başlıca örnekleri şöyle sıralayabiliriz: Suriyeliler hastalık yayıyor; Suriyeli erkekler "kızlarımızla" dolaşıyor; Suriyeliler o kadar yüz buldular ki otobüslere ücretsiz binmekte diretiyor; Suriyeli erkekler vatanlarında bir savaş varken buraya kaçıyor vb.

Pierre Bourdieu ve Jeffrey Alexander, insanların yeni durum ve ortamlara uyum sağlamak için eski durum ve ortam kalıplarını yeniden değerlendirdikleri hususunda ittifak halindedirler. Bourdieu'da içsel bir mana taşıyan sınır kavramı, Alexander'ın dışsallığıyla öne çıkan tip kavramıyla beraber düşünüldüğünde, insanların yeni süreçlere nasıl uyum sağladıkları biraz daha anlaşılır hale gelir. Buna göre insanlar, hem kendilerine hem de dış dünyaya sınırlar çizerek bir anlamda tipler üreterek eski durum ve ortamlarını uyum sağlayacakları süreçlere tercüme ederler (Deniz, 2014: 170). Yabancı, yerlinin dünyasında var kalabilmek için yeni sosyal çevresini eskiden var olduğu sosyal çevreye tercüme etmeye çalışmaktadır.

# Kaynakça

Alexander, M. (2003a), "Local policies toward migrants as an expression of Host-Stranger relations: A proposed typology". *Journal of Ethnic and Migration Studies*, 29(3): 411-430.

Alexander, M (2003b), Host-Stranger Relations in Rome, Tel Aviv, Paris and Amsterdam: A comparison of local policies toward labour migrants. Doctoral thesis, AME, University of Amsterdam.

Antonovsky, A. (1956), "Toward a Refinement of the 'Marginal Man' Concept", *Social Forces*, 35(1): 57-62.

Bauman, Z. (2013), *Sosyolojik Düşünmek*, 9. baskı, (çev.) Abdullah Yılmaz, İstanbul: Ayrıntı Yayınları.

Bauman, Z. (2000), *Postmodernizm ve Hoşnutsuzlukları*, 1. baskı, çev. İsmail Türkmen, İstanbul: Ayrıntı Yayınları.

Çelik, A., Alkış, M., Sayan, S. ve Ekinci, Y. (2014), *Antep'te Suriyelilere Yönelik Saldırılar ve Toplumsal Nefretin Sebeplerinin Analizine Dair Rapor*, MAZLUMDER, http://Antep.mazlumder.org/fotograf/yayinresimleri/dokuman/Suriyel iler-1.pdf , (Erişim tarihi: 24 Haziran 2017)

Deniz, A. Ç; Ekinci Y. ve Hülür A. B. (2016), *Bizim Müstakbel Hep Harap Oldu: Suriyeli Sığınmacıların Gündelik Hayatı Antep-Kilis Çevresi*, İstanbul: İstanbul Bilgi Üniversitesi Yayınları.

Deniz, A. Ç. (2014), Öğrenci İşi - Üniversite Öğrencilerinin Gündelik Hayatı: İstanbul Örneği, İletişim Yayınları, İstanbul.

Elias, N. ve Scotson, J. (1994[1965]), The Established and the Outsiders: A Sociological Inquiry into Community Problems, Londra: Sage Publications.

Ekinci, Y. (2015), "'Misafirlik Dediğin Üç Gün Olur': Suriyeli Sığınmacılar ve Sosyal Dışlanma", *Birikim*, 311: 48-54.

Erder, S. (2002), *Kentsel Gerilim* (2.baskı), Ankara: Uğur Mumcu Araştırma Vakfı (um:ag) Yayınları.

Goldberg, C. A. (2012), "Robert Park's Marginal Man: The Career of a Concept", *American Sociology Laboratorium*, 4(2):199–217.

Goldberg, M. M. (1941), "A Qualification of the Marginal Man Theory", *American Sociological Review*, 6(1): 52-58.

Golovensky, D., I. (1952), "The Marginal Man Concept: An Analysis and Critique", *Social Forces*, 30(3): 333-339.

Green, A. W. (1947), "A Re-Examination of the Marginal Man Concept", *Social Forces*, 26(2): 167-171.

Gudykunst, W. B. (1983), "Toward a Typology of Stranger-Host Relationship", *International Journal of Intercultural Relations*, (7): 401-413.

Hughes, E. C. (1949), "Social Change and Status Protest: An Essay on the Marginal Man", *Phylon*, 10(1): 58-65.

Johnston, R. (1976), "The Concept of the 'Marginal Man': A Refinement of the Term", *Journal of Sociology*, 12(2): 145-147.

Levine, D. N. (1977), "Simmel at a Distance: On the History and Systematics of the Sociology of the Stranger", *Sociological Focus*, 10(1): 15-29.

Meyer, J. (1951) "The Stranger and City", *American Journal of Sociology*, 56(5):476-483.

McLemore, S. D. (Bahar, 1970), "Simmel's 'Stranger': A Critique of the Concept", *The Pacific Sociological Review*, 13(2): 86-94.

Park, R. E. (2016), "İnsan Göçü ve Marjinal İnsan", (İç.) *Yabancı: Bir İlişki Biçimi Olarak Ötekilik*, (Der.) L. Ünsaldı, (çev.) K. Eren, Ankara: Heretik Yayınları, 69-82.

Schütz, A. (2016a), "Yabancı: Bir Sosyal Psikoloji Makalesi", (İç.) *Yabancı: Bir İlişki Biçimi Olarak Ötekilik*, (Der.) L. Ünsaldı, (çev.) Kübra Eren, Ankara: Heretik Yayınları, 35-52.

Schütz, A. (2016b), "Eve Dönen", (İç.) *Yabancı: Bir İlişki Biçimi Olarak Ötekilik*, (Der.) L. Ünsaldı, (çev.) K. Eren, Ankara: Heretik Yayınları, 53-68.

# YABANCILIK VE MARJİNALLİK BAĞLAMI

Simmel, G. (2016[1908]), "Yabancı", (İç.) *Yabancı: Bir İlişki Biçimi Olarak Ötekilik*, (Der.) L. Ünsaldı, (çev.) K. Eren, Ankara: Heretik Yayınları, 27-34.

Stonequist, E. V. (2016), "Marjinal İnsan Meselesi", (İç.) *Yabancı: Bir İlişki Biçimi Olarak Ötekilik*, (Der.) L. Ünsaldı, (çev.) E. Arıcan, Ankara: Heretik Yayınları, 83-96.

Tiryakian, E. A., (1973), "Sociological Perspectives on the Stranger", *Sounding: An Interdisciplinary Journal*, 56(1): 45-58.

van Krieken, R. (1998), *Norbert Elias*. Routledge: London.

Ünsaldı, L. (2016), "Takdim", (İç.) *Yabancı: Bir İlişki Biçimi Olarak Ötekilik*, (Der.) L. Ünsaldı, Ankara: Heretik Yayınları, 7-16.

**Online Kaynaklar:**

"Çarşıda Arapça tabela denetimi", (23.05.2017), http://www.milliyet.com.tr/carsida-arapca-tabela-denetimi-gundem-2455420/

"Geçici Koruma". (2017). *Göç İdaresi Genel Müdürlüğü*, http://www.goc.gov.tr/icerik6/gecici-koruma_363_378_4713_icerik (Erişim: 24.06.2017).

"Hatay'da Arapça tabelalar kaldırılıyor", 21.05.2017, http://aa.com.tr/tr/turkiye/hatayda-arapca-tabelalar-kaldiriliyor/823140

"MHP'li belediyenin 'tabela operasyonu': Arapça tabelalar 'Türkçeyi korumak' adına kaldırıldı", 26.04.2017, http://www.diken.com.tr/mhpli-belediyenin-tabela-operasyonu-arapca-tabelalar-turkceyi-korumak-adina-kaldirildi/

# SURİYELİ SIĞINMACILARIN EMEK PİYASASINA KATILIMLARI

## Ulaş Sunata

### Mülteci Ekonomisi ve Türkiye'de Suriyeliler: Genel Bir Durum Değerlendirmesi

Sığınmacı, mülteci, muhacir, yabancı veya göçmen gibi isimlendirilebilen göçmenler ile ilgili alıcı-ülkedeki hukuki yürütmeler hem uluslararası hem de ulusal düzeydeki düzenlemelere (sözleşmeler, antlaşmalar, protokoller ve yönetmelikler) bağlıdır. Birleşmiş Milletler Cenevre Sözleşmesi olarak da adı geçen, *Mültecilerin Hukuki Durumu Hakkında Sözleşme* Cenevre'de 28 Temmuz 1951 tarihinde imzalanmış ve mülteciler için çıkarılıp yürürlüğe girmiş ilk sözleşmedir. Sözleşmede mülteciler için coğrafi ve tarihi iki tür sınırlama mevcuttur. Türkiye Cenevre Sözleşmesini imzalamıştır (05 Eylül 1961, Resmi Gazete sayı: 10898). Sözleşme, taraf devletlerine mülteciler ile kendi vatandaşlarını eş seviyede tutma zorunluluğu getirmiştir. 1967 yılında New York'ta *Mültecilerin Hukuki Statüsüne Dair Protokol* kabul edilerek 1951 Cenevre Sözleşmesi'nin tarih sınırlaması taraf ülkeler için kaldırılmıştır. Cenevre Sözleşmesi'ne taraf olan Türkiye, 1967 Protokolü'nü Bakanlar Kurulu kararıyla 01 Temmuz 1968 tarihinde onaylamış ama coğrafi sınırlama ilkesini sürdürmeyi seçmiştir (05 Ağustos 1968, Resmi Gazete sayı: 12968). Sonuçta halen geçerli olduğu üzere, Türkiye tarihi sınırlamayı kaldırmasına rağmen coğrafi kısıtlamayı sürdürmekte ve Avrupa dışından mülteci kabul etmemektedir. Sadece Avrupa'da meydana gelen olaylar sebebiyle dini, ırkı, milliyeti, siyasal düşüncesi yüzünden tehlike altında olan, kendini tehlike altında hisseden ya da kendi ülkesi dışında bulunup, kendi ülkesine dönmeye korkan bireyler için Türkiye'de mültecilik hakkı oluşturulmuştur. Bunlar dışındakilerin uluslararası koruma kapsamına alınması ise ancak 14 Eylül 1994 tarihinde kabul edilen *Yönetmelik* ile gerçekleşmiştir. Böylece Türkiye'ye iltica eden veya başka bir ülkeye iltica etmek üzere Türkiye'den ikamet izni talep eden münferit yabancılar ile topluca sığınma amacıyla sınırlarımıza gelen yabancılara ve olabilecek nüfus hareketlerine uygulanacak usul ve esaslar belirlenmiştir (Resmi Gazete sayı: 22127, 30 Kasım 1994).

SUNATA

Türkiye komşusu Suriye'de 2011 yılında başlayan kriz sonrası, kitlesel akınlar karşısında alınacak tedbir ve önlemler değerlendirilerek İçişleri Bakanlığı tarafından 30 Mart 2012 tarihinde bir *Yönerge* yürürlüğe konmuştur. Suriyeliler için çıkarılan bu ilk hukuki düzenlemede, Türkiye'ye toplu sığınma amacıyla gelen Suriye Arap Cumhuriyeti vatandaşlarının ve Suriye Arap Cumhuriyeti'nde ikamet eden vatansız kişilerin kabulüne ve barındırılmasına ilişkin "geçici koruma" altında oldukları kabul edilmiştir. 4 Nisan 2013, 6458 sayılı *Yabancılar ve Uluslararası Koruma Kanunu* (YUKK) ile yabancıların Türkiye'ye girişleri ve çıkışları ile Türkiye'den koruma talep eden yabancılara sağlanacak korumanın kapsamı ve uygulaması ile İçişleri Bakanlığı altında Göç İdaresi Genel Müdürlüğünün kurulması öngörülmüş; görev, yetki ve sorumlulukları düzenlenmiştir. Bu kanun ile iltica talebinde bulunanlar için bazı garantiler getirildi: (i) Baronun ücretsiz hukuki desteği sağlanması, (ii) hükümet dışı organizasyonlardan danışmanlık servisi verilebilmesi, (iii) tercümanlık hizmeti sunulabilmesi, (iv) konaklama imkanı sağlanması, (v) BM Yüksek Mülteciler Komisyonunun sınır bölgelerine ulaşabilirliğine izin verilmesi, (vi) özel ihtiyacı olan insanların durumlarının öncelikli olarak ele alınabilmesi, (vii) başvurucu ve vekilinin kişisel dosyalarına ulaşma imkanına sahip olması (Soykan, 2017). Bu kanun Suriyeli sığınmacıların statüsünü geri göndermeme ilkesi benimsenerek şartlı mültecilik olarak belirlemiştir. Kanun ile beraber *Uluslararası Koruma* başlığı ile mülteci, şartlı mülteci ve ikincil koruma statüleri oluşturulmuştur. Ayrıca 2014 tarihli *Geçici Koruma Yönetmeliği* (Resmi Gazete sayı: 29153, 22 Ekim 2014) ile Suriyelilere barınma, sağlık, eğitim, iş piyasasına erişim gibi haklar ve sosyal yardım hizmetleri belirlenmiştir.

Mevcut hukuki durum sebebiyle Türkiye'de *yasal olarak mülteci* (*de jure refugee / statutory refugee*) olmak sadece Avrupa'dan gelenler için mümkündür. Realitede sığınma talebiyle Türkiye'ye gelenlerin hemen hemen hepsinin Orta Doğu, Orta Asya veya Afrika'dan gelmesi ve bu gelenlerin son yıllarda giderek artmasıyla Türkiye'de *fiilen mülteci* (*de facto refugee / prima facie refugee*) sayısı ciddi oranda yükselmiştir. Suriye krizi sonrası Suriye'den kabul edilen üç milyonu aşkın fiili mültecinin yasal durumları ise geçen altı yıla rağmen halen "geçici koruma" statüsüdür.

2011 yılında başlayan Suriye iç savaşıyla Türkiye'de önemli ölçüde artan sığınmacı sayısı ülkenin toplam nüfusunun yüzde 4'üne erişmiştir. Bu önemli ve hızlı nüfus hareketi ile birlikte Türkiye'nin göç ile ilişkili *ekonomi evreni* de genişlemiştir. İlgili sığınmacı ekonomi evreni; yerel, ulusal ve ulusötesi ağlarıyla savaş ekonomisinden mülteci kampı ekonomisine, acil insani yardım paketlerinden sosyal yardımlara, sınır ticareti ve kaçakçılıktan göçmen kaçakçılığına ve insan ticaretine kadar geniş bir yelpazede değerlendirilebilir. Betts ve diğerleri (2014) mültecilerle alakalı tüm kaynak dağıtım sistemini açıklamak için "mülteci ekonomisi" kavramını öneriyorlar. Araştırmalarında mülteci ekonomisi hakkında beş popüler yanılgıyı tespit ediyorlar: (i)

Mülteciler ekonomiden izole edilmiş durumdalar; (ii) mülteciler ekonomik yük oluşturuyorlar; (iii) mülteciler ekonomik olarak türdeşler; (iv) mülteciler teknoloji konusunda bilgisizler; (v) mülteciler insani yardıma bağımlılar. Bach ve Carroll-Seguin'in (1986:402-3) de belirttiği gibi genelde sığınmacı nüfusuna sanki homojen bir kitle gibi yaklaşılıyor. Halbuki mülteci nüfus etnik farklılıkları, arkaplan deneyimleri (sosyo-ekonomik köken, eğitim seviyesi) ve daha da önemlisi kendi kişisel, aile ve ekonomik yaşamlarını kontrol eden sosyal örgütlenme biçimleri, destek çeşitleri, hane ve akrabalık ilişkileri, ortaya çıkan etnik ağ ve bu ağın farklı gelişimleri ile son derece çoktürlü veya heterojen bir gruptur. Emek piyasasına uyum sağlama açısından, kamu yardımlarını kullanma bakımından ya da eğitim ve yardım ihtiyaçlarını gidermede genelde tek tip bir mülteci kurgulanıyor ve tüm yeni gelenlerin benzer bir adaptasyon süreci yaşadıkları yanılgısı sık sık öne çıkıyor.

Mülteci ekonomisinin örüntülerini okumak üç türlü olabilir: Sığınmacıların daha önceki ekonomik koşulları ile göç sonrasını karşılaştırmak; mülteciler ile yerli halkı karşılaştırmak veya göç edilen yerleşime olan ekonomik etkiyi ölçmeye çalışmak. Mültecilerin ekonomik durumunu ve yer değiştiren nüfusu inceleyen araştırma sayısı oldukça kısıtlıdır. Göç şokunu yaşayan bireydeki değişimden ziyade göç şokunu yaşayan alıcı toplumun değişimi daha çok açıklanmaya çalışılmıştır. Nitekim mülteci ekonomisiyle ilgili az sayıdaki çalışmaların çoğu, bu kişilerin sığınmacı kabul eden ülkelerin ekonomilerine etkisi üzerine odaklanmıştır. Son birkaç yıldır Suriyeli mülteci akınının genel özellikleri ve Türkiye ekonomisine etkileri bakımından çalışmalar yapılmış olsa da; veri eksikliği hala emek piyasasına ve çalışma koşullarına etki ölçümünde önemli engeldir. Bu çalışma özel olarak mültecilerin emek piyasasına katılım başlığıyla sınırlandırılmıştır.

Göç İdaresi Genel Müdürlüğünün 30 Mart 2017 tarihinde güncellenmiş verilerine göre Türkiye'de geçici koruma altında kayıtlı olan Suriyelilerin sayısı 2.969.669 olarak belirtilmiştir.15 Temmuz 2016 darbe girişimi sonrası başlayan olağanüstü hal dönemleri sebebiyle birkaç aydır güvenlik soruşturması nedeniyle önkayıt süreci yaşandığından kayıtlı sayısı fazla değişmemektedir. Yukarıdaki toplama ek olarak, henüz önkayıtta olan en az 300 bin civarı Suriyeli olduğu belirtilmektedir (Erdoğan, 2017). Demografik yapı olarak bakıldığında, bu sayının yüzde 53.5'i erkek iken, yüzde 46.5'i kadındır. Türkiye'deki Suriyeli mültecilerin neredeyse yarısı 18 yaş altı çocuk nüfustur. Ekonomik bağımlılar olarak değerlendirebileceğimiz 65 yaş üstü grup sadece yüzde ikilik bir kesimi oluşturmaktadır. 15-64 yaş aralığında olanların toplamdaki oranı ise yüzde 60'ın üstündedir. Çocuk işçiliğinin de yüksek oranda olduğu düşünülürse, Suriyeli sığınmacılar ile Türkiye ekonomisine en az iki milyonluk önemli bir potansiyel ve fiili emek arzı girişi (hatta şoku) olduğu söylenebilir.

Mülteci alımı bakımından ulus-devletler arasında sayısal olarak ciddi farklılaşmalardan ve sorumluluk paylaşımındaki eşitsizlikten bahsediyoruz. Bunun gibi aynı ülke içine kentler bazında gözlemlenen, sığınmacı alımındaki farklılıkları ve sorumluluklardaki dengesizliklerin de altını çizmemiz gerekir. Türkiye'deki Suriyeli mülteci alan şehir evreni tarih boyunca ülkemizde en çok mülteci çeken şehirlerle karşılaştırılabilir.

Göç İdaresi Genel Müdürlüğünün Ocak 2016 tarihli verilerine göre Suriyeli sığınmacıların illere göre dağılımı şu şekilde betimlenebilir: Türkiye'deki Suriyelilerin yaklaşık yarısı (%40 ilâ %50'si) sınır illeri olan Gaziantep, Hatay ve Şanlıurfa ile İstanbul'da yoğunlaşmakta. Suriyeli sığınmacı nüfusun %30-40'lık ikinci bir bölümü ise yine sınırda veya sınıra yakın diğer güney kentleri (Adana, Kahramanmaraş, Kilis, Mersin) ile İzmir ve Bursa'da bulunmakta. Söz konusu popülasyonun geri kalan kısmı ise, Türkiye'nin Güneydoğu bölgesindeki diğer illere (Adıyaman, Diyarbakır, Malatya gibi) ve Ankara, Kayseri, Kocaeli, Konya gibi büyük sanayi kentlerine yerleşmiş gözükmekte. Bu verilerden anlaşılacağı gibi, Türkiye'deki Suriyeli mülteci dağılımı, biri coğrafi diğeri iktisadi, iki eksene göre gerçekleşmiş durumda. Coğrafi açıdan Suriyeli sığınmacılar, ekonomik durumu ne olursa olsun, ülkelerinin sınırında bulunan illerimize ve iktisadi açıdan, sınır bölgesine uzak olsa bile, gelişmişlik gösteren kentlerimize (başta İstanbul, Bursa ve İzmir olmak üzere; Ankara, Kayseri, Kocaeli, Konya) yerleşmiş durumdalar.

Genelde verilen sayı ve oranlar toplam mülteci nüfusun illere göre dağılım oranları olarak sunulur. Bu veriler bizi coğrafi dağılım hakkında yüzeysel olarak bilgilendirir. Fakat sığınmacıların coğrafi örüntüsünün göç alan toplum üzerinde ortaya çıkarttığı sosyal ve ekonomik şoku daha iyi okuyabilmek için Türkiye'ye iltica eden nüfusu yerleşmiş olduğu şehirlerin nüfuslarındaki paya göre de irdelenmeliyiz. Başka bir deyişle; daha nitelikli bir çözümleme için, ilgili her vilayet bazında toplam il nüfusu içinde Suriyeli mülteci nüfus oranı dikkate alınmalı.

Göç İdaresi Genel Müdürlüğünün Ocak 2016 tarihli verileri üzerinden yukarıda belirtilen türden bir hesaplama gerçekleştirilirse, Suriyeli sığınmacıların en yoğun biçimde mevcut olduğu 9 ilimiz göze çarpacaktır. Adana, Gaziantep, Hatay, Kahramanmaraş, Kilis, Mardin, Mersin, Osmaniye ve Şanlıurfa'da Suriyeli mülteciler toplam il nüfusunun %5'inden fazlasını oluşturmaktadır. Özellikle Kilis'te vilayet nüfusu Suriyelilerin gelmesiyle neredeyse ikiye katlamıştır. Gaziantep'te bu oran %17'dir. Birinci yerleşim kuşağı olarak adlandırabileceğimiz yoğun Suriyeli sığınmacı göçü alan bu illerimizin en belirgin ortak özellikleri Suriye sınırında veya sınıra yakın bulunmalarıdır. Bu illerimizin sosyal, ekonomik, idari ve kültürel hayatında artık Suriyelilerin belirgin bir yeri; ortak yaşama göz ardı edilemeyecek etkileri ve tabii katkıları olduğu kabul edilebilir. İkinci yerleşim kuşağında, Şırnak hariç sınır üzerinde bulunmasalar bile, ülkenin güney ve güneydoğusunda bulunan 8 adet il gelmektedir. Bu illerde Suriyeli sığınmacı nüfusun toplam nüfusa oranı %0,8 ilâ %5 arası değişmektedir: Adıyaman, Batman, Diyarbakır, Malatya, Elazığ, Siirt ve Şırnak. İlk kuşak kentlerine göre daha az da olsa, ikinci yerleşim kuşağını oluşturan bu illerde de Suriyeli nüfusun varlığı ve görünürlüğü hissedilir ölçüde olduğunu düşünebiliriz. Birinci ve ikinci kuşakta bulunan illerin *statik yerleşim merkezleri* olduklarını, yani burada kent merkezlerinde veya mülteci kamplarında bulunan Suriyelilerin ülkelerinden çok uzaklaşmama tercihinde bulunduklarını ya da bu durumu kabullenmek zorunda olduklarını ileri sürebiliriz.

Toplam nüfuslarına oranla yine %0,8 ilâ %5 arası yani yoğun olmasa da azımsanamayacak sayıda Suriyeli mülteci barındıran iki ayrı il grubu daha bulunmaktadır. Ancak bu illerin ortak özellikleri Suriye sınırından oldukça uzak olmaları ve çoğunun sanayileşmiş büyük kentler barındırmalarıdır. Bu iki ayrı il grubuna *dinamik yerleşim merkezleri* adını verebiliriz zira bu illere yerleşme çabasını gösteren Suriyelilerin genellikle ülkelerine geri dönmekten çok Türkiye'de yeni bir hayat kurma veya Türkiye dışına bir Batı ülkesine iltica etme arzusunda olduklarını düşünebiliriz. Dinamik yerleşme merkezleri adını verdiğimiz ilk il grubunu güneydoğu-kuzeybatı yönünde bir güzergâh oluşturan 9 vilayetten ibarettir: Kayseri, Niğde, Nevşehir, Ankara, Bursa, Yalova, Kocaeli, İstanbul, Edirne. Görüleceği üzere bu iller grubu, çoğu Türkiye ortalaması açısından gelişmişlik düzeyi yüksek ve Balkanlara (Avrupa'ya) doğru bir yol çizen illerden oluşmaktadır. Dinamik yerleşme merkezleri diye adlandırdığımız ikinci il grubu ise, güneydoğu-güneybatı yönünde başka bir güzergâh oluşturmaktadır: Konya, Isparta, Burdur, Muğla, İzmir. Konya ve İzmir dışında ekonomik kalkınma açısından dikkate değer illeri kapsamasa da, bu 5 vilayetlik grupta çarpıcı olan, Ege denizindeki Yunan adalarına doğru uzanan bir göç yolu oluşturmalarıdır.

Çalışmanın devamında ilk olarak, mevcut literatür sistematik ve eleştirel bir biçimde incelenerek, Türkiye'deki güncel mülteci emeğinin işgücü piyasasındaki yeri konusuna ilişkin göstergeler ve riskler saptanacaktır. Mültecilerin emek pazarına entegrasyonunu değerlendirmek için, öncelikle onların yasal statüsü, ardından istihdam edilebilirlilikleri, etraftaki sosyal algılar ve son olarak arkaplandaki siyasi irade açıklanmaya çalışılacaktır. Bu çalışma; Türkiye'de Suriyelilerin emek piyasasına katılım süreçleri; sığınmacı kampı / kent yaşamı ikiliği, toplumsal cinsiyet faktörü, sınıf ve etnik kimlik etkileri, bölgesel ve sektörel ayrımlar açılarından dünyadaki farklı deneyimlerle karşılaştırarak çözümlemeyi amaçlar. Ek olarak; Türkiye'de yasal çalışma koşulları ve işgücü piyasasındaki mevcut durum değerlendirilerek kayıt dışı istihdam ve yerel işgücüne etkisi bağlamında ikame paradoksuna dair sorulara cevap aranacaktır.

# Mülteci Ekonomisi: Uluslararası Bilimsel Deneyimin Bize Öğrettikleri

1975'den itibaren on yıl içinde Güneydoğu Asya'dan farklı dalgalarla ABD'ye 750 bin mülteci yerleştirilmişti. Mültecilerin emek piyasasına katılımlarını; (i) yaş, (ii) eğitim, (iii) İngilizce bilgisi, (iv) cinsiyet, (v) hane halkı kompozisyonu ve (vi) destek (sponsor) tipi üzerinden inceleyen Bach ve Carroll-Seguin'in (1986) bulgularında belirgin olarak karşılarına son iki değişken çıktı. Hane halkı kompozisyonun önemi ev içi iş dağılımının nasıl yapıldığıyla ilişkilidir. Hane halkı büyüklüğü çocuk veya bakıma muhtaç yaşlı sayısı artışı ile ilişkili olduğunda aile sorumluluğunun fazlalığı emek pazarına girmeyi veya iş aramayı azaltmaktadır ve bu sorumluluk genelde kadına düşebilmektedir. Fakat kadınların ev içindeki başka akrabalarının desteği onların evin dışında çalışmasını desteklemektedir.

İkinci önemli nokta ise mülteci yerleştirme deneyiminde ABD'de bir kamu politikası olarak uygulanan kurumsal birleştirme ve uyum mekanizması için geliştirilen desteğin rolüdür. Güneydoğu Asyalı ani büyük mülteci akını öncesinde özellikle (i) (Anglo-)Amerikan aileleri ile (ii) kilise yapıları üzerinden yürüyen ilgili kamu desteğine, bu akın sonrasında (iii) daha önceden yerleştirilen mülteciler (aynı etnik gruptan aile veya arkadaş) ve (iv) özel acenteler aracılığında olan iki destek tipi daha eklendi. Özellikle birinci destek tipinin iş piyasasına entegrasyonda çok olumlu etkisi olduğu bilinmektedir. Fakat etnik veya acente destek tipleri özellikle kadın mülteciler üzerinde olumlu bir etkiye sahip olduğu bulunmuştur. Etnik ağın özellikle yerel sosyal ağlar içinde yerel ekonomide çıkan fırsatlar ile sınırlı olsa da kendi üyelerini desteklediği açıktır. Buna ek olarak bölgesel farkların ve yerel uygulamaların da önemli olduğuna dikkat çeken Bach ve Carroll-Seguin (1986), mülteci yoğunluğunun ve yerel yönetim yardımlarının emek piyasasına katılımı etkilediğinin altını çizmişlerdir

Zorunlu göç hareketiyle genellikle kişilerin sosyal tabakalaşmadaki yerleri aşağıya doğru hareketle değişir. Bu *statü kaybı* özellikle daha yüksek kültürel sermayesi olanları daha çarpıcı biçimde etkiler. Ciddi bir statü paradoksu yaşayanlar genellikle görece daha yüksek eğitimlilerdir. Kanada'ya mülteci olarak gelmeden önce profesyonel veya yönetici pozisyonlarında çalışanların Kanada emek piyasasında yüksek statü mesleklere erişimini değerlendiren Krahn ve arkadaşları (2000), işsizlik, yarı-zamanlı işler ve geçici işleri tecrübe etmelerinin yerlilere nazaran çok daha yüksek olduğunu buldular. Ayrıca üçüncü ülke olarak ABD'ye yerleştirilen mültecilerin, ülkedeki diğer azınlıklar gibi, emek piyasasına katılımları yerel halka nazaran yüzde 10-15 daha azdır ve işsizlik seviyeleri çok daha yüksektir (Bach ve Carroll-Seguin, 1986). İsveç örneğinde mavi yakalıları inceleyen Lundborg (2013) ise, mültecilerde yüksek işsizlik oranlarının ancak zamanla azaldığını ve kültürel uzaklık ile yaşın işsizlik günlerini arttırdığını saptamıştır. Ek olarak, kadınların genel olarak emek piyasasına katılımı yerel halkta da düşüktür, ama kadın mültecilerin emek piyasasına katılımlarının görece daha da düşük seviyelerde olduğu belirtilmektedir.

Komşu ülke mülteciliğinde yani ilk gelinen ülkede kalan mülteciler için - yerel uyum koşullarının işlediği durumlarda dahi - çalışma izni konusu daha çetrefillidir ve dünyanın pek çok yerinde tam olarak çözülememiştir. Kenya'da Class M çalışma izni herhangi bir ekonomik faaliyet tipi için mültecilerin yeterli kalifiyede olanların çalışması serbesttir. Uganda örneğinde kamplarda kalan mülteciler için çalışma hakkı ve kamp ile şehir bölgeleri arasında hareket serbestisi sağlanmıştır. Kent mültecileri için üretim yapabilecekleri tarıma elverişli topraklara erişim sağlanmıştır (Easton-Calabria, 2016). Uganda, Kenya gibi 1951 Konvansiyonu, 1967 Protokolü ve 1969 Afrika Birliği Konvansiyonu imzalamış, ayrıca her iki ülkede uluslararası mülteci hukukunu uygulamak üzere 2006 yılında birer Mülteci Kanunu yapmışlardır. Ek olarak Uganda hükümeti 2010 yılında Mülteci Düzenlemeleri de yürürlüğe koymuştur. Böylelikle bu ülkelerde mültecilerin yerel ekonomiye etkisi arttırılmıştır. Fakat 2011 yılında Kampala kent yönetimi sığınmacıların çalışma izinleri konusuna sınır getirmiştir. Lübnan ve Ürdün'de Suriyeli mültecilerin kampta olmaları veya olmamalarının devletlerin emek piyasası amaçlarına hizmet ettiğini belirten Turner (2015) eleştirel politik ekonomi analizinde, mülteci ağırlamakta farklı tarihsel deneyimlerin ve kamplı ya da kampsız politikaları için güvenlik ve bütçe motivasyonların altını çizerek güvenlik söyleminin merkeziliğine parmak basar. Bu bağlamda sığınmacı kampının sadece insaniyetin mekanı veya silahlı savaşçılığın verimli toprağı olarak okunmadığını, kamp bizzat devletlerin emek piyasasının gereksinimleri için fazla addettikleri mültecileri (sosyo-ekonomik sınıflara göre) mekansal olarak ayırma aracıdır (Turner, 2015).

İltica edilen ülkede gelir elde etme (i) eğitim seviyesi, (ii) kalifiyelik, (iii) mevcut sermaye ve (iv) daha önceki ekonomik ve sosyal ağlara bağlıdır. Enformel sektörde çalışanlarda başta olmak üzere iş bulmada köken ülke ağının önemli bir etkisi vardır. Nairobi'de yapılan bir çalışmaya göre (UNHCR & Danish Refugee Council, 2012:18); çok yoksullar, gündelik / haftalık / aylık geçici işler (*casual labor*); yoksullar, geçici veya küçük ticaret işleri; düşük orta sınıflar, düzenli ücretli işler, serbest meslek etkinlikleri ve küçük dükkan işletmesi; yüksek orta sınıf, düzenli ücretli işler, serbest meslek etkinlikleri ve küçük veya orta ölçekli dükkan işletmesi; zenginler ise, toptancılık ve diğer düzenli iş faaliyetlerini yürütmektedirler. Dünya örneklerinde mültecilerin geçici işlerde daha düşük ücret almaları ve ülke vatandaşlarına göre daha fazla kira ödedikleri bilinmektedir. İş kurmak isteyen veya iş sahibi mültecilerin ise teminat olarak sabit varlık göstermekte zorlanmalarından kredi kullanmalarının kolay olmadığı bilinmektedir.

## Mülteci Ekonomisinin Hukuksal Altyapısı: Suriyeli Mültecilerin Çalışma İzinleri

Türkiye'de şimdiye değin yapılan yasal düzenlemeleri incelediğimizde; Cumhuriyetin ilk yıllarında Türk vatandaşlarını korumak için yabancıların çalışma özgürlüklerinin daraltıldığını (Bkz. 1932 tarihli *Türk Vatandaşlarına Tahsis Edilen Sanat ve Hizmetler Hakkında Kanun*) görüyoruz. Türkiye'nin emek göçü verdiği yıllarda ise yabancıların Türkiye'de çalışma özgürlüğüne dair bir yönelim fark ediliyor (Bkz. *1961 Anayasası, 1982 Anayasası*). Ardından 5901 sayılı *Türk Vatandaşlık Kanunu*'nda (Resmi Gazete sayı: 27256, 12 Haziran 2009) yapılan özel düzenlemeler ile doğumla Türk vatandaşlığını kazanmış olup da genellikle gittikleri ülkelerin yasaları gereği çifte vatandaş ol(a)mayan ve çıkma izni almak suretiyle Türk vatandaşlığını kaybeden kişilere özel haklar tanınmıştır. İlk çıktığında Pembe Kart olarak adlandırılan daha sonra adına Mavi Kart denilen uygulama 2005-2015 yılları arasında yapılan yasal düzenlemelerle ilgili kişilere ek olarak onların üçüncü dereceye kadar olan alt soyları kapsama dahil edilmiş ve ilgililere neredeyse çifte vatandaşlığa eşdeğer imtiyazlı bir yabancılık statüsü kazandırılmıştır.

Yabancıların çalışma özgürlüğü prensibinin 2003 tarihli *Yabancıların Çalışma İzinleri Hakkında Kanun'un Uygulama Yönetmeliği* (Resmi Gazete sayı: 25214, 29 Ağustos 2003) ile değiştiğini ve yabancıların Türkiye'deki çalışmalarının izne bağlandığını görüyoruz. Bu Yönetmelik yabancılara verilebilecek çalışma izinleri ile ilgili esasları belirlemek adına çıkartılmıştır. Bu kanun işveren yanında çalışan ya da yabancı çalıştıran kişileri kapsar. Bazı durumlar haricinde yabancı Türkiye'de çalışmaya başlamadan önce izin alması gerekir.

Çok daha kapsamlı bir düzenleme ihtiyacı üzerine Çalışma ve Sosyal Güvenlik Bakanlığı (ÇSGB) tarafından 6735 sayılı *Uluslararası İşgücü Kanunu* (Resmi Gazete sayı: 29800, 13 Ağustos 2016) yapılmıştır. Bu Kanun Türkiye'deki yabancılar için çalışma izni türlerini dört çeşit olarak tanımlar: (i) Süreli çalışma izni (başvuru: azami 1 yıl, 1.uzatma: azami 2 yıl, 2.uzatma: azami 3 yıl); (ii) Süresiz çalışma izni (uzun dönem ikamet izni / asgari 8 yıl çalışma izni olanlar başvurabilir); (iii) Bağımsız çalışma izni (profesyonel meslek mensubu olmak, süreli); (iv) *Turkuaz Kart* (ilk 3 yıl çalışma süresinin ardından süresiz çalışma izni). Dikkat çekici yeni uygulama olan *Turkuaz Kart*; Uluslararası İşgücü Kanunu'nun 11. maddesine göre, "eğitim düzeyi, mesleki deneyimi, bilim ve teknolojiye katkısı, Türkiye'deki faaliyetinin veya yatırımının ülke ekonomisine ve istihdama etkisi" (1. fıkra) değerlendirilerek "akademik alanda uluslararası kabul görmüş çalışmaları bulunanlar ile bilim, sanayi ve teknolojide ülkemiz bakımından stratejik kabul edilen bir alanda öne çıkmış olanlar ya da ihracat, istihdam veya yatırım kapasitesi olarak ulusal ekonomiye önemli katkı sağlayan ya da sağlaması öngörülenler nitelikli yabancı" (5. fıkra) kimselere verilir. Fakat geçici koruma sağlanan yabancılara

SURİYELİ SIĞINMACILARIN EMEK PİYASASINA KATILIMLARI

bu madde hükümleri uygulanmayacağı (6. fıkra) belirtilmiştir. Açıkça ifade edilirse, *Turkuaz Kart* uygulaması geçici koruma statüsü altında bulunan Suriyelilere uygulanması mümkün değildir.

Türkiye'de halen kanunlarla Türk vatandaşlarına hasredilen ve yabancıların çalışmalarının yasak olduğu meslek ve görevler şunlardır: (i) Diş tabipliği, dişçilik, hastabakıcılık; (ii) Eczacılık; (iii) Veterinerlik; (iv) Özel hastanelerde sorumlu müdürlük; (v) Avukatlık; (vi) Noterlik; (vii) Özel veya kamu kuruluşlarında güvenlik görevlisi; (viii) Kara suları dahilinde balık, istiridye, midye, sünger, inci, mercan ihracı, dalgıçlık, arayıcılık, kılavuzluk, kaptanlık, çarkçılık, katiplik, tayfalık vb.; (ix) Gümrük müşavirliği; (x) Turist rehberliği. Yabancıların çalışması konusunda başta sağlık sektörü olmak üzere hukuk, güvenlik ve denizcilik ile ilgili mesleklerde hassasiyet olduğu görülmektedir.

2012 yılında yabancı sağlık çalışanlarının istihdamı konusunda Sağlık Bakanlığı tarafından yeni bir düzenleme yapıldığını görüyoruz. *Yabancı Sağlık Meslek Mensuplarının Türkiye'de Özel Sağlık Kuruluşlarında Çalışma Usul ve Esaslarına Dair Yönetmelik* (Resmi Gazete sayı: 28212, 22 Şubat 2012) ile ilgili yabancılardan (i) çalışacağı özel hastane veya tıp merkezinden maaş bilgisinin de olduğu belge, (ii) hekimlik diplomasının denklik belgesi (YÖK) ile Uzmanlık belgelerinin denkliği (Sağlık Bakanlığı, Sağlık Hizmetleri Genel Müdürlüğü); (iii) B veya üzeri seviyede Türkçe (TÖMER) bilgisi; (iv) geldikleri ülkenin yetkili makamlarından kanunen mesleğini yapmaya engel halinin bulunmadığını gösteren belge getirmesi gerekir. İl Sağlık Müdürlüğü tarafından müdürlük onayı alınır ve yabancı hekimin özel sağlık kuruluşunda çalışabileceğine dair belge (ön izin belgesi) düzenlenir. Valilik tarafından düzenlenen ön izin belgesi ile birlikte çalışma izni almak üzere Çalışma ve Sosyal Güvenlik Bakanlığına, ÇSGB'nca düzenlenecek çalışma izni belgesi ile de ikamet izni almak üzere Emniyet Makamlarına başvurulur. İl Sağlık Müdürlüğü tarafından ÇSGB'nca verilen çalışma izin yazısı ve Emniyet makamlarınca verilen ikamet izninin tasdikli birer örnekleri Sağlık Hizmetleri Genel Müdürlüğü Özel Sağlık Tesisleri Faaliyet Daire Başkanlığına gönderilir. Yabancı sağlık meslek mensubunun bilgileri Bakanlık bilgi sistemi ile Sağlık Kuruluşları Yönetim Sistemine (SKYS) kaydedilir. SKYS kaydı yapılan Yabancı sağlık meslek mensubunun Personel çalışma belgesi ilgili İl Sağlık Müdürlüğü tarafından düzenlenir. Yabancı hekim personel çalışma belgesinin düzenlendiği tarihten itibaren ilgili özel sağlık kuruluşunda çalışmaya başlayabilir.

Türkiye'de yabancıların çalışması bağlamında geçmişte üç prensibin dikkate alındığı görülmektedir: (i) İş piyasasında Türkiye Cumhuriyeti vatandaşlarını korumak; (ii) birinci prensibin önüne geçmeyecek şekilde ve bazı hassas sektörler uygulama dışı tutularak, yabancıların Türkiye'de çalışma özgürlüğünü savunmak; (iii) yurt dışında yaşayan Türk soyundan olanlara imtiyaz sağlamak. Son yıllarda bu prensiplere yeni iki tane yeni prensibin eklendiğini gözlemliyoruz: (iv) Yabancı kalifiye işgücünü çekmek (örneğin, *Turkuaz Kart* düzenlemesiyle) ve (v) hassas sektörlerin veya mesleklerin prosedürü tanımlanarak ikinci prensibi gerektiğinde esnetmek (örneğin, sağlık mensuplarına ilişkin özel yönetmelik).

Geçici koruma altındaki Suriyeli mültecilerin iş piyasasına girmesiyle bu alanda özel bir düzenleme getirmek zorunluluğu doğmuştur. Bu konuda Suriyeli sığınmacılara özel, konjonktüre bağlı ve reaktif olarak hızlı yasal düzenlemeler yapıldığı görülmektedir. Geçici koruma altında olmalarıyla diğer uluslararası koruma statülerinden ayrılan Suriyelilerin çalışma izinlerine ilişkin özel yasal düzenlemeler silsilesi aşağıda ele alınmıştır.

Türkiye'de sığınmacıların veya geçici koruma statüsünde bulunanların iş piyasasına erişimine ilişkin ilk düzenleme ise yukarıda bahsettiğim 2013 yılında çıkarılan *Yabancılar ve Uluslararası Koruma Kanunu* içinde yapılmış; bu kanun ile yalnızca uluslararası korumadan yararlanan sığınmacıların çalışma iznine ilişkin hakları düzenlenmiştir.

Yine yukarıda bahsedilen 2014 sonu çıkan *Geçici Koruma Yönetmeliği*'nin 29. maddesinde iş piyasasına erişim hizmetleri başlığında ilk kez aktarılmıştır. Buna göre; (1.fıkra) geçici koruma altındakilerin çalışmalarına ilişkin usul ve esasların İçişleri Bakanlığı'nın görüşü alınarak Çalışma ve Sosyal Güvenlik Bakanlığı'nın (ÇSGB) teklifi üzerine Bakanlar Kurulunca belirlenir, (2.fıkra) geçici koruma kimlik belgesine sahip olanlar belirlenen sektörlerde, iş kollarında ve coğrafi alanlarda (il, ilçe veya köylerde) çalışma izni almak için ÇSGB'na başvurabilir, (3.fıkra) yabancıların çalışamayacağı iş ve meslekler haricinde (4.fıkra) en fazla geçici koruma süresi kadar çalışma izni alabilirler. Çalışma izinleri (5.fıkra) ikamet izni yerine geçmez.

Ancak tüm bu yasal düzenlemelere rağmen, Suriyelilerin daha sistemli bir şekilde resmi çalışma izni ile çalışabilmeleri için 2016 başında çıkan ilgili Yönetmeliği - *Geçici Koruma Sağlanan Yabancıların Çalışma İzinlerine Dair Yönetmelik* (Resmi Gazete sayı: 8375, 15 Ocak 2016) beklemeleri gerekti. Bu yönetmelik sadece geçici koruma altındaki yabancıların çalışma izinlerini düzenler. Bu kapsamda izin alacak yabancılar, eğer kendilerine bu hak tanınmışsa bağımsız olarak, tanınmamışsa çalışacakları kurum üzerinden ÇSGB'na izin başvurusu yapar (5. madde). Eğer meslekleri eğitim veya sağlık alanlarındaysa, bu başvurudan önce Milli Eğitim Bakanlığı veya Sağlık Bakanlığı'ndan ön izin gerekir. Mevsimlik tarım veya hayvancılık alanlarında çalışacak işçiler için Valiliklere başvurularak izin muafiyeti alınabilir (5. madde, 4. ve 5. fıkralar; 9. madde, 2. fıkra). Geçici koruma statüsündekiler sadece ikamet etmesine izin verilen şehirlerde çalışabilirler (7. madde). İşe alınırken Türk çalışanların en fazla onda biri olarak kotaya tâbi tutulurlar (8. madde, İstihdam kotası). Maaşları en az asgari ücret seviyesinde olur (10. madde) ve çalışan olmanın getirdiği bütün hak ve yükümlülüklerden yararlanırlar. Ancak İçişleri Bakanlığı kamu yararını gözeterek çalışma izni verilmesini ÇSGB aracılığıyla durdurulabilir. Bu durumda hakkı devam edenler izin sonlarına kadar çalışabilir. Dernek ve vakıflar da bünyelerinde geçici koruma sağlanan yabancıları çalıştırmak için başvurabilir, ancak gerekli durumlarda İçişleri Bakanlığı onayı aranır (11. madde). Yabancılar, Bakanlığa bağlı Türkiye İş Kurumu meslek edindirme kurslarına da kotaya tâbi olarak katılabilirler, fakat Bakanlık bu kotayı diğer çalışma kotasından farklı uygulayabilir (12. madde).

İhtiyaç ve gereklilikler düşünülerek yukarıda bahsettiğimiz yabancı sağlık mensupları için olan Yönetmelik'ten yaklaşık bir buçuk yıl sonra 2013 yılında Suriyeli sağlık mensuplarına ve doktorlara özel çalışma izni konusu gündeme gelmiştir. Öncelikle AFAD kamplarında çalışmak üzere *Yabancı Sağlık Meslek Mensuplarının Türkiye'deki Özel Sağlık Kuruluşlarında Çalışma Usul ve Esaslarına Dair Yönetmelikte Değişiklik Yapılmasına Dair Yönetmelik* ile (Resmi Gazete sayı: 28709, 16 Temmuz 2013) Suriyeli sağlık meslek mensuplarına özel muafiyet getirilmiştir. Ayrıca Suriyeli sağlıkçılardan, diploma ve / veya uzmanlık belgelerinde denklik ile Türkçe dil sınavında belli seviyede başarılı olması şartı aranmayacak. Bu yönetmelik zamanı gereği her ne kadar özellikle Suriyelilere yönelik gibi görünse de, tüm yabancılar içindir. Nitekim artık tüm yabancı sağlık meslek mensuplarından daha önceden çalışma şartlarında aranan dil seviyesi belgesi yerine belgeleme gereği olmadan "Türkçe bilmek" şartı yeterli görülmüştür. Ardından haberlere yansıyan beyanatlar yeni düzenlemenin habercisi olmuştu:

> *"Türkiye'deki Suriyeli doktorlar ve Suriyeli sağlık çalışanlarına, Suriyeli misafirlere bakmak üzere, onların sağlık hizmetleriyle ilgilenmek üzere bir anlamda özel bir çalışma izni vereceğiz. Bunun hazırlıkları içerisindeyiz. Onları eğitiyoruz, sınavlara tabi tutuyoruz. Önümüzdeki 3 ay içinde bu kişiler hazır olacak. Bu yıl içinde de bahsettiğim bu göçmen sağlığı merkezlerini hazırlayacağız ve Suriyelilere biraz daha derli toplu sağlık hizmeti vereceğiz" (Sağlık Bakanı Recep Akdağ, Anadolu Haber Ajansı, 26 Ocak 2017).*

Böylece Sağlık Bakanlığı tarafından hazırlanan *Yabancı Sağlık Meslek Mensuplarının Türkiye'de Özel Sağlık Kuruluşlarında Çalışma Usul ve Esaslarına Dair Yönetmelikte Değişiklik Yapılmasına Dair Yönetmelik* (Resmi Gazete sayı: 30025, 01 Nisan 2017) yürürlüğe girdi. Suriyeli sağlıkçılar, mesleğini icraya yetkili olduğuna dair belgeyi ibraz etmek kaydıyla AFAD tarafından kurulan barınma merkezleri ile Sağlık Bakanlığınca koordine edilen ve AFAD'ın uygun gördüğü göçmen sağlığı merkezlerinde çalışabilecekler. Yönetmelik'in 5. maddesinin birinci fıkrasındaki "Diploma veya uzmanlık belgelerinin denkliği onaylanmış ve Bakanlıkça tescilleri yapılmış bulunmak" ile "Mesleğini icra etmesine kanunen engel hali bulunmamak" şartlarından muaf tutulacak.

## Çalışma İzni ile ilgili Mevcut Durum ve Engeller

Türkiye'de yabancıların çalışma konusuna dair yasal mevzuatı değerlendirdik, ilgili prensipleri ve eğilimleri açıklamaya çalıştık. Bölgede değişen şartlara karşılık hukuki durumun son yıllarda düzenli hale getirilmesine dair konjonktürel ve tepkisel çabaları fark ettik. Şimdi çalışma izinleri bağlamında mevcut sosyal ve iktisadi durumu anlayalım. Çalışma ve Sosyal Güvenlik Eğitim ve Araştırma Merkezi'nin (ÇASGEM) verilerini ele alarak, 2011 senesinin Türkiye'de yabancıların çalışma izni almaları bakımından bir mihenk taşı olduğu söylenebilir.

2011'den önce ülkemizde yabancılara verilen çalışma izinlerinin sayısı yavaş bir tempoda artmaktayken o yıldan itibaren verilen izin sayısında bir patlama yaşandığı söylenebilir. Verilen toplam çalışma izni sayısı örneğin 2004 yılında yaklaşık 8.000 adet iken, 2011 yılında bu sayı 18.000'e ulaşmıştır. 2015 yılına gelindiğinde ise, verilen toplam izin sayısı 64.500'ü aşmıştır. 2011-2015 arasındaki 4 yıllık zaman diliminde verilen çalışma izni sayısı daha önceki 7 yıllık dönemde (2004-2011) verilen çalışma izni sayısından neredeyse 5 kat daha fazladır. Türkiye'de izinli olarak istihdam edilen yabancı kadın ile erkek sayısının birbirleriyle karşılaştırılması da bize önemli bilgiler sunmaktadır. 2011'den beri gözlemlenen yabancı çalışanlarda kadınların sayısındaki bariz artış, iki grubun dengesini değiştirmiş ve erkek egemen devam eden yabancıların Türkiye'de izinli çalışma durumunu kadın egemen hale getirmiştir. Örneğin; 2011 yılında erkek ve kadın yabancılara 9.000'er, yani cinsiyetler arası eşit düzeyde, çalışma izni verilmişken; 2015 yılına gelindiğinde kadınlara yaklaşık 31.000; erkeklere ise yaklaşık 20.000 çalışma izni verildiğini tespit ediyoruz. 2011 yılından beri ülkemizde yabancılara verilen çalışma izinlerinin sayısında hızlı bir artış görülmekte; ancak Türkiye'de izinli olarak istihdam edilen yabancı kadın sayısı aynı statüde çalışan erkek sayısından çok daha hızlı artan bir seyir izlemektedir.

2015 yılı Çalışma Hayatı İstatistikleri verilerine göre; Türkiye'de toplam 64.547 yabancıya çalışma izni verilmiştir, bunların hemen hepsi (% 99,8) süreli çalışma iznidir (ÇSGB, 2016). Menşe ülkelere ilişkin analizi toplumsal cinsiyet bağlamında analiz etmenin faydalı olduğunu ve bu şekilde ülkeleri tasniflemenin açıklayıcı olduğunu fark ettim. Buna göre; üç kategori belirgindir: (i) kadın egemen yabancı işçilerin geldiği ülkeler, (ii) erkek egemen yabancı işçilerin geldiği ülkeler ve (iii) cinsler arası dengeli dağılıma sahip ülkeler. Türkiye'den en çok çalışma izni alan ülke sıralamasında açık ara önde olan Gürcistan'dan gelen 8.524 kayıtlı yabancı işçinin 7.829'u kadındır (% 92). Benzer şekilde, kadın egemen göçmen işçi profili, ikinci en çok çalışma izni alan ülke konumundaki Ukrayna'nın durumunda da görülebilir.Ülkemizde izinli olarak istihdam edilen 6.023 Ukraynalının % 83'ü kadındır. Sayısal önem sırasına göre; Kırgızistan, Türkmenistan, Rusya, Özbekistan, Endonezya, Moldova, Kazakistan, Filipinler, Küba, Belarus ve Ermenistan da aynı kategoridedir. Ülkemizde kadın egemen çalışan profiline sahip ülkeler grubunda, eski Sovyetler Birliği ülkeleri ve köklü bir kadın emekçi dış göçü geleneğine sahip Güney Asya ülkeleri dikkat çekmektedir. Bu ülkelerden gelen çalışanların daha çok bakım veya ev içi hizmet ve turizm ile ilgili sektörlerde istihdam edildiklerini biliyoruz.

Kayıtlı çalışan göçmen işçiler içerisinde erkek egemen kategorisini oluşturan menşe ülkeler sayısal önemlerine göre şöyle sıralanabilirler: Suriye (4.019 çalışma izinli işçiden % 93'ü erkek), Çin (2.882 çalışma izinli işçiden % 89'u erkek), İran ve Azerbaycan, Tayland, Güney Kore, Hindistan, Irak, Fransa ve Afganistan. Bu kategoride bulunan ülkelerin tabiyetine sahip yabancı işçilerin daha çok inşaat işleri, tarım sektörü, maden ve imalat endüstrilerinde çalıştıkları bilinmektedir. Türkiye'de halen yaklaşık 2 milyon çalışabilecek yaşta Suriyeli sığınmacı olduğunun hatırlatılması ve 2015 yılında bunlardan sadece 4.019 tanesinin kayıtlı (çalışma izinli) istihdam edildiğinin tespiti, kayıt dışı çalışanların sayısının ne kadar yüksek olabileceğini tahmin etmemize yardım etmektedir. Toplumsal cinsiyet bağlamında dengeli kayıtlı göçmen profili sunan ülkeler kategorisinde ise; Almanya, ABD ve İngiltere gibi Batılı ülkeler bulunmaktadır. Bu ülkelerden gelen kayıtlı yabancı çalışanların genellikle yüksek vasıf gerektiren yönetici ve profesyonel meslek gruplarında istihdam edildikleri düşünülebilir.

Sırasıyla İstanbul (22.860), Antalya (14.263), Ankara (9.251), İzmir (3.118), Muğla (2.027), Bursa (1.911), Adana (1.320) ve Gaziantep (1.113) en fazla çalışma izni veren illerdir. Turizme dayalı ekonomiye sahip Antalya ve Muğla dışındaki diğer illerin ülkemizin en sanayileşmiş illerinden oldukları dikkat çekmektedir. Toplumsal cinsiyet bakımından karşılaştırdığımızda; İstanbul, İzmir ve Bursa'da yabancı çalışma izinlerinin dağılımında toplumsal cinsiyet anlamında dengeli bir dağılım görülmektedir. Ankara, Antalya ve Muğla'da kadınların sayısı çok daha yüksektir. Buna rağmen Adana ve Gaziantep'de erkek egemen bir yapı göze çarpmaktadır.

Çalışma izni için başvuranların çoğunlukla yüksek eğitimli; üst düzey yönetici, profesyonel eleman veya kalifiye göçmenler oldukları bilinmektedir. Çalışma izni alan yabancıların % 80'inin (hem erkek hem de kadınlar için) lise veya üstü eğitim seviyesinde oldukları görülmektedir. Yabancılara verilen süreli çalışma izinlerinin ekonomik faaliyetlere göre dağılımına baktığımızda, önem sırasına göre; turizm (ve gösteri sanatları), ev içi işler, ticaret, inşaat, eğitim, sağlık sektörlerinin öne çıktığını görebiliriz.

## Fiili Mültecilerin Kayıtlı Çalışma Profilleri

Geçici koruma altındaki Suriyeli sığınmacıların sayısının 2011 itibariyle neredeyse sıfırdan başlayıp hızla arttığını ve kayıtlı sayılarının üç milyonu geçtiğini çalışmanın başında detaylandırmıştım. Göç İdaresi Genel Müdürlüğünün altı ayda bir yayımlanan verilerine göre ülkemizde geçici sığınmacı statüsünde bulunan Suriyelilerin sayısı Haziran 2012 ilâ Aralık 2016 arasındaki 4,5 yıllık sürede 10.000 kat artmıştır! 2017'de ülkemizde 3 milyonu aşan sayıda Suriyeli sığınmacı olduğu bilinmektedir. Türkiye'ye sığınan ve uluslararası koruma statüsüne sahip diğer yabancıları menşe ülkesine göre incelediğimizde en belirgin ülkelerin sayısal önem sırasına göre Irak, Afganistan, İran ve Somali olduğunu görüyoruz. Suriyelilerin sayısını oldukça uzaktan izleseler bile, bu nüfus gruplarında da Haziran 2012 ve Aralık 2016 arasında önemli artışlar gözlemlenmiştir.

Söz konusu zaman diliminde Iraklı sığınmacıların sayısı, 11.646 kişiden 130.076 kişiye ulaşmıştır. Afganistanlı sığınmacıların sayısı, 5.373 kişiden 118.116 kişiye erişmiştir. İranlı sığınmacıların sayısı, 6.156 kişiden 31.592 kişiye çıkmıştır. Somalili sığınmacıların sayısı 2.051 kişiden 3.463 kişiye varmıştır. 2017 yılına gelindiğinde, ülkemizde (sayısal büyüklük sırasına göre); Suriye, Irak, Afganistan, İran, Somali ve diğer ülkelerden gelen 3.300.000'i aşan sayıda sığınmacı barınmaktadır. Kısacası, Göç İdaresi Genel Müdürlüğünün verilerine göre 2011 yılında sayıları 25.000 civarında olan Türkiye'deki toplam sığınmacı sayısı 6 yıl içerisinde 110 kattan fazla artmıştır.

Komşu bir ülkeden geldiği için ve akut bir mülteci hareketi olduğundan, Türkiye'deki Suriyeliler arasında çocuk ve kadın oranı, ülkemizde uluslararası koruma statüsüne sahip olan belli başlı gruplara nazaran yüksektir ama yine de toplam nüfusta kadın oranı % 50'nin altındadır. Uluslararası koruma altında olan önemli sığınmacı gruplarının toplam nüfuslarındaki kadın oranları şu şekilde sıralanabilir: Suriye, % 46,5; Irak, % 44; İran, % 39; Afganistan, %33. Mülteci profillerini daha ayrıntılı okuyabilmek adına ilgili ülkelerden gelen yukarıdaki ilgili menşe ülkeleri kayıtlı çalışan göçmen verileriyle incelediğimizde hepsinin erkek egemen kategoride olduklarını görüyoruz. Uluslararası koruma bağlamındaki, ülkemizde artık "klasik" olmuş bu dört menşe ülkeden gelen göçmen (sığınmacı) profili çoğunlukla; erkek, genç ve çalışma yaşındaki insanlardan oluşmaktadır.

Bir önceki bölümdeki sınıflandırmamıza göre erkek egemen menşe ülkelerden gelen göçmen profilinde kayıtlı çalışma eğiliminin daha düşük olduğunu değerlendirmiştik. Her ne kadar büyük akınla giriş yapan Suriyelilerin akut mülteci hareketinin bir özelliği olarak kadın-erkek oranı görece dengeli olmuş olsa da, Suriye'den gelen genel göçmen profili de izinli çalışma eğilimi düşük olan gruba dahildir. 2016 Ocak ayında geçici koruma altındakilere çalışma izni olanağı yasallaştığında (ilgili kişiler artık ikametleri olan ilçedeki işverenlerin girişimi ile yasal çalışma başvurusu yapabilirler); Türkiye'de 7.351 Suriye uyruklu çalışma izni sahibiydi. Çalışma ve Sosyal Güvenlik Bakanlığından alınan bilgiye göre, bir yıl içinde, 2017 başında, çalışma izni sahibi Suriyeli sayısı ancak 10 bin civarına yükseldi. Çalışma izin başvurularının tüm yeni düzenlemelere rağmen oldukça düşük olduğu açıktır.

Yönetmelik sonrası çalışma başvuruların son derece düşük oluşunun olası diğer sebepleri arasında mültecinin değil de işverenin başvuruyu yapmasının gerekmesi, başvuru dokümanının hazırlanmasının karmaşıklığı ve emek-yoğun oluşu (hukuki destek gerektirmesi), bu işlemlerin işverene mali külfetinin yüksek oluşu belirtilmektedir. Çalışma iznine başvuranların en az altı aydır kayıtlı olmaları yani "kimlikleri" – ikamet izinleri – olması gereklidir. Kimlik almak için, başvuranlar ev sahiplerinden almaları gereken kira kontratlarını göstermek zorundadır. Bu şekilde edinilen kimlik ilgilinin en az altı aydır aynı yerde ikamet ettiğini gösterir.

Suriyelilerin kayıtlı olduğu şehirden başka şehre seyahat etmesine engel koyan durumlar bütünü bu nüfus grubunun maruz kaldığı *hareket kısıtlamaları*nı oluşturmaktadır. Suriyeliler sadece kayıtlı oldukları şehirde sağlık, eğitim ve iş imkanlarından yararlanmak durumundadırlar. Yönetmeliğe göre, çalışma izninin alındığı kentlerde çalışma zorunluluğu vardır. Hareket kısıtlılığı getiren bu koşulun uygulanmasının pek de mümkün olmadığı tahmin edilmektedir. Bu durumda ikameti başka bir ilçeye taşıyarak yeni kaydolduğu şehirde çalışılabileceği belirtilmektedir. Fakat sahadan aldığımız bilgiye göre ikamet şehrini değiştirmenin kolay bir işlem olmadığı yönündeydi. Her ne kadar şehirden şehire fark etse ve keyfi olsa da, hareket kısıtlamalarının son zamanlarda giderek arttığı yönünde iddialar vardır (International Crisis Group, 2016). Güvenlik ve Avrupa'ya düzensiz geçişleri önleme maksatları ile otobüs firmaları ve tren istasyonları izin belgesi görmedikçe şehirlerarası bilet satışı yapmamaktadır. Fakat bu tip hareket kısıtlamaları genellikle insan kaçakçılığı gibi daha az istenen durumlara sebep vermektedir. Son bir rapora göre sınır illerinden Türkiye'deki istenen bir yere 250 ₺ ücrete götüren şebekeler olduğu belirtilmektedir.

Çalışma izni bağlamında bir başka uygulamada zorluk yaratan kısım *kota problemi*dir. İşverenlerin çalışan için başvurabildikleri izinlerde en belirgin özellik işyeri içindeki yerli çalışanlar içinde % 10'luk kota uygulamasıdır. İşverenin dört haftalık bir sure içinde başvurmasıyla kota artırımı söz konusudur.

Kalifiye olanlar için ise birçok mesleğin kapsam dışında bırakılması, Suriye'den belge almanın zorluğuna rağmen YÖK denklik belgesi gereksinimi, çalışma izni hakkında bilgiye ulaşma sıkıntısı ve dil bariyeri sayılabilir. Kalifiye işgücü için diploma, sertifika belgeleme sorunu ve sınırlı iş fırsatı bulunmaktadır. Yukarıda bahsettiğimiz gibi *Turkuaz Kart* kapsamına da alınmamışlardır.

Kayıt dışı çalışma olasılığının yüksek olacağını tahmin edebileceğimiz ilgili mülteci grup - geçici koruma altındaki Suriyeliler için çalışma izni düzenlemesinin geç - akut sığınmacı hareketinin başlamasından yaklaşık beş yıl sonra - yürürlüğe girmesi mevcut durumda kayıt dışı çalışmanın zeminini hazırlamıştır.

SUNATA

## Suriyeli Mülteciler Örneğiyle Sığınmacıların İktisadi Durumu ve Ekonomiye Etkileri

Son yapılan çalışmalarda, özellikle sınır bölgelerinde Suriyelilerin yoğun yerleşiminin ortaya çıkardığı ekonomik etkiler önemli bir başlık haline gelmiştir. Bu bağlamda genel ekonomiye iki farklı etki tipinden söz edilmektedir (Üstün, 2016: 5). Tüketici Fiyat Endeksinin (TÜFE) mülteci yoğunluğuna sahip bölgelerde Türkiye ortalamasının üzerinde seyretmesi; tüketici enflasyonunun daha yüksek oluşu *enflasyonist etki*nin varlığında görüş birliği yaratmaktadır. Enflasyon farkı, büyük ölçüde kira artışları, kısmen de gıda fiyatı artışlarından kaynaklanmaktadır. Türkiye'deki 9 şehir - Gaziantep, Hatay, Şanlıurfa, Kilis, Adana, Mersin, Kahramanmaraş, Osmaniye ve Mardin - üzerine yapılan sentetik bir modellemeyle fiyatların önemli ölçüde arttığını, enflasyonun belirgin bir biçimde arttığı gösterildi (ORSAM, 2015). Suriyeli mültecilerin kent ekonomilerine etkisini ihracat ve ithalat miktarlarındaki değişim ve ihracat-ithalat arasındaki farka bakarak açıklayan ORSAM (2015), Gaziantep, Kahramanmaraş ve Mardin'in süreçten olumlu etkilenirken (ihracat hacmi ithalat hacminden fazla); Hatay, Şanlıurfa ve Kilis'in olumsuz etkilendiğini belirtmektedir (ithalat hacmi ihracat hacminden fazla). Özellikle Hatay ve Kilis için sınır ticaretinin azalması hatta bitmesinin olumsuz etkiyi yarattığı iddia edilebilir. Osmaniye ve Mersin illerinde ise kayda değer bir değişim gözlemlenmedi.

Bu bağlamda göçmenlerin emek piyasasını nasıl etkilediği önemli bir sorudur ve bu soruya dair ampirik çalışmaların sayısı artmaktadır (Akgündüz ve ark., 2015; Balkan ve Tümen, 2016; Cengiz ve Tekgüç, 2017; Tümen, 2016). Suriyeli mültecilerin çalışma ve gelir durumlarına dair geçerli bir verinin olmayışı *istihdam ve ücret etkileri* bakımından çelişkili çalışma bulgularına sebep vermektedir.

*Olumsuz Kuramsal Görüşler.* Del Carpio ve Wagner (2015) Dünya Bankası raporlarında Suriyelilerin Türkiye'deki dağılımı ve mültecilerle ilgili doğrudan bilginin olmadığı Türk İşgücü İstatistikleri verileri üzerinden yaptıkları çalışmada; mevcut ekonomi kuramını destekleyecek şekilde, Türkiye örneğinde bu denli bir emek arz şokunun maaşları düşürdüğünü ve yerlilerin enformel sektörden dışlandığı sonucuna ulaştılar. Formel sektöre etki kuramsal olarak belirsiz olmasına rağmen; yazarlar sığınmacıların Türkiye emek pazarına etkisini iki önemli bulgu ışığında değerlendirirler: (i) İlgili işgücü arzından sömürme ilişkisine girişmediklerinden kadın ve yüksek kalifiye yerli çalışanlar fayda sağlamamaktadır. (ii) Enformel sektörde düşen kazanç imkanları yerli düşük eğitimlilerin ve kadınların işgücü piyasasına dahil olmalarını engeller. Kadınlar ve düşük eğitimli yerli çalışanların istihdam-dışına itilme durumu çalışmanın ana bulgularındandır. Öte yandan; mülteci akınıyla Türk işçilerinin mesleksel olarak enformelden formel işlere yükseldikleri ve düzensiz işyerlerinde çalışmaktan düzenli işyerlerine

184

kaydıkları görülmüştür (Del Carpio ve Wagner, 2015).

Balkan ve Tumen'in (2016) yürüttüğü yarı-deneysel araştırmanın sonuçlarını tartışan *Immigration and Prices: Quasi-Experimental Evidence from Syrian Refugees in Turkey* başlıklı raporda, Suriye'deki karışıklık sonrası yaşanan göç dalgasından etkilenen ve etkilenmeyen bölgelerin, akın öncesi ve sonrasındaki tüketici fiyatları karşılaştırmasıyla mültecilerin ekonomiye etkileri incelenmiştir. Durumun getirdiği koşulların oluşturduğu karşılaştırılabilir farklardan bir deney ortamı olarak yararlanılarak, 3 farklı kuramın kent ve iltica ilişkisi üzerine varsayımları tartışılmıştır. Bu araştırmada TÜİK'in sağladığı tüketici fiyatları incelemelerinden faydalanmış, kurumun kullandığı istatistiksel bölge birimlendirmelerinden, sığınmacıların yoğunlukla yaşadığı alanlara paralel olarak seçilen alanlar üzerinde çalışma ilerlemiştir. Mülteci göçünün şehirde talebi, dolayısıyla fiyatı arttıracağı teorisiyle beraber, göç eden grubun fiyat farklarına karşı daha hassas olacağı ve haliyle düşük fiyatlar getireceği teorisi konuşulmuş, göçle gelen ucuz işgücünün fiyatlara düşüş olarak yansıyacağı teorisinin üzerinde durulmuştur. Bunlar arasında kaçak işçiliğin etkisine yoğunlaşan çalışmacılar, inceledikleri 12 sektör içerisinde, kaçak işçiliğin en çok yoğunlaştığı gıda, yeme-içme ve otelcilik alanlarıyla beraber eğitim sektöründe de fiyatlarda düşüş saptamışlardır. İlk iki sektördeki değişim Suriyeli sığınmacıların emek gücünün etkisiyle açıklanmış ve araştırmanın temel kuramı doğrulanmışken, eğitimdeki düşüşün mülteci akını sonrası yürütülen politikalar nedeniyle olduğu belirtilmiştir.

İstanbul'daki özellikle küçük ölçek ve enformel tekstil atölyeleri üzerinden tekstil endüstrisini inceleyen Erol ve arkadaşları (2017); işyeri pratikleri, gerilimler, ücret farkları ve hayatta kalma stratejileri bakımından Suriyeli ve yerli nüfusu araştırmışlar. Ayrıca Suriyelilerin önceki ve şimdiki çalışma deneyimleri karşılaştırılarak, tekstil sektöründe göçmen emeğinin artan varlığının etkisi üzerine işçilerin algıları karşılaştırılmıştır. Birleşik Metal-İş desteğiyle yürütülen *Suriyeli Göçmen Emeği* başlığını taşıyan proje kapsamında yürütülen bu çalışmanın verisi İstanbul'da başta Zeytinburnu, Bağcılar, Beylikdüzü, Güngören, Sultangazi, Kağıthane olmak üzere toplam 13 ilçede tekstil işletmelerinde Türk ve Suriyeli toplam 604 işçi ile yapılan görüşmelerden elde edilmiştir. Çalışma sonuçlarına göre, ilgili sektörde çalışan Türk olsun Suriyeli olsun %33'ü asgari ücretin altında çalışıyor. Buna rağmen, Türk ve Suriyeli işçiler arasında büyük bir maaş uçurumu var. Suriyelilerin Türk işçilerden yaklaşık %25 daha ucuza çalıştıkları bulgular arasında. Türk erkek işçilerin yaklaşık yarısı, Türk kadın işçilerin ise üçte biri sigortalı çalıştırılırken, Suriyelilerin cinsiyetten bağımsız neredeyse tamamı sigortasız. Bu durum zaten kayıt dışılığın görece yüksek olduğu tekstil sektöründe sığınmacılarla birlikte kayıt dışılığın arttığı görülmektedir. Türk erkek işçilerin dörtte üçü, Türk kadın işçilerinse üçte ikisi Suriyelilerin gelmesiyle sektörde ve Türkiye'de genel olarak ücretlerin düştüğü ve ülke ekonomisine olumsuz etkide bulunduğunu da düşünüyor. Çalışma Türk işçilerin Suriyelilere yardımcı olsalar da bir gün gidecekleri umudu taşıdıklarını da gösteriyor.

Kalkınma Atölyesi'nin (2016) "yoksulluk durağı" olarak adlandırdığı geçici tarım işçiliği; önceleri ağırlıklı Kürt olmak üzere yerli işçileri - Şanlıurfa, Mardin, Siirt, Diyarbakır ve Adıyaman'dan çıkan mevsimlik tarım işçileri - kullansa da, tüm dünyada olduğu gibi Türkiye'de de artık yaygın biçimde yabancı göçmen işgücü istihdamı üzerinden yürümektedir. Yine de "nöbetleşe yoksulluk"da görevi devralan farklı ülkelerden gelen yabancı göçmen işçiler ile farklı etnik kökene sahip yerli işçiler arasında rekabetin devam ettiği saptanmıştır. Kalkınma Atölyesi'nin 2015 Temmuz-Kasım ayları arasında Türkiye'de 13 farklı ilde yürüttüğü çalışmada; hayvancılıkta, kayısı, narenciye, fındık, çay, pamuk, sebze ve antep fıstığı gibi ürünlerin hasadında çalışan yabancı göçmen işçilerin mevcut durumu ortaya konmuştur. Bu çalışmada mevsimlik tarımsal üretimde üç temel göçmen grubunun varlığına işaret edilmiştir: Gürcüler, Azeriler ve Suriyeliler. Doğu Karadeniz'de çay ve fındıkta Gürcüler; Ardahan ve Kars'da hayvan yemi için ot biçmede Azeriler; Adana, Gaziantep, Malatya, Mersin ve Şanlıurfa'da kayısı, narenciye, pamuk, sebze, antep fıstığı, toplama işleri ve seracılıkta Suriyeliler artık baskın olarak yer aldığı tespit edilmiştir.

Toplumun en yoksul kesimini oluşturan mevsimlik geçici tarım işçilerinin arasında toplumsal kabulleri en düşük olanların Suriyeli işçiler olduğu görülüyor. Çalışmada Ardahan ve Kars hariç (Azeri göçmenler) Türkiye'nin her yerinde ve bütün tarımsal ürünlerin yetiştirilmesinde kadınların belirgin bir şekilde çoğunlukta olduğu görülmektedir. Tüm bu hiyerarşide en altta olanların yine Suriyeli kadınlar olduğu açıktır. Mevsimlik tarım işçiliğinin hasat zamanı ve barınma koşulları tarafından sınırlanması sebebiyle ve aile işi olarak tanımlanması dolayısıyla, kadınlarla birlikte çocuk işçilerin de bu sektörde var oldukları bilinmektedir.

Ekonomik analizlerde bölgesel farkları - şehir ve ilçe bazında - açığa çıkaran ve sektörleri kendi içinde değerlendiren derinlemesine çalışmalara ihtiyaç olduğu açıktır. Türkiye'deki bölgesel farklılıkları analiz etmeyi deneyen çalışmalar mevcuttur ve ekonomik etkileri okumasının bu şekilde yapılması önemlidir (Balkan ve Tumen, 2016; Loayza ve ark, 2017). Yerli halk ile münakaşalarda yerel yönetimin durumu çözüşünü değerlendirerek şehirlerin Suriyelilere yaklaşımı belirleyen Lordoğlu ve Aslan (2016: 806-7), örneğin Gaziantep'te faydacı bir metropol refleksi varken, Şanlıurfa'da ensar geleneğine uygun yardımcı bir tarzın olduğunu belirtirler.

*Olumlu Kuramsal Görüşler*. Genel kanı Suriyelilerin yerlileri işlerinden ettiği yönünde olmasına rağmen, ampirik çalışmalarda aksine bulgular vardır. Kamuoyu ve görgül çalışmalar arasındaki uyuşmazlığın bir açıklaması ilgili dünya literatürden yararlanarak verilebilir (Lewis, 2011; Peri, 2012; Peri ve Sparber, 2009). Olumlu iktisadi açıklamalara göre söz konusu olan Suriyeli sığınmacılar ve Türkiyelilerin, iş piyasasında birbirlerinin ikamesi değil; birbirleriyle tamamlayıcı olması olabilir. Nitekim çalışılmak istenmeyen işlerde ve ilgi görmeyen alanlarda vasıfsız işçi olarak mültecilerin çalışmasının ülke ekonomisine katkı sağladığını savunmakta ve bunun yanında sığınmacıların homojen bir grup oluşturmadığı vurgulanıp üniversite mezunu olanların potansiyellerinin değerlendirilmesiyle ekonomiye katma değerlerinin de daha fazla olacağı ileri sürmektedir (ORSAM, 2015).

Yerel işçilerin aldığı ücretlerin dramatik olarak düştüğünü belirtilen pek çok nitel çalışma mevcuttur (ORSAM, 2015; Lordoğlu ve Aslan, 2016; Kalkınma Atölyesi, 2016; Dedeoğlu, 2017). Dört sınır şehirinde - Şanlıurfa, Kilis, Hatay ve Gaziantep - yerel halkın iş kaybı, ücret düzeyi azalması ve iş kaybı riski gibi konuları mültecilerle değerlendirmelerini analiz etmeyi deneyen ORSAM raporuna (Rapor no: 196, Ocak 2015) göre; yerel halk belirgin bir şekilde ilgili kayıplarını mültecilere bağlamaktadır. Fakat kamuoyu algılarının aksine dünya örneklerinden biliyoruz ki; mülteciler hem kendileri hem de bulundukları ülkedeki tüm insanlar için yeni iş imkanları sunarlar.

*Kayıt dışı İstihdam Bir Sosyal Kaide Mi?* Göçün sebebi ne olursa olsun göç edenlerin, göç ettikleri yerde en temel ihtiyaçlarından biri çalışmaktır (Sunata, 2013). Nitekim yasal çerçeve uzun süre ekonomik faaliyetlere mültecilerin dahil olmasını bir yanıyla serbesti kazandırırken bir yanıyla sınırlandırmasına rağmen, Suriyeli göçmen nüfusun önemli bir kısmının mevcut işgücü piyasasına dahil oldu.

Geçici koruma altındaki Suriyelilerin tümünün çalışma durumları konusunda sağlıklı nicel verilere ulaşmak mümkün olmasada, son dönemde bu anlamda temsili örneklem ile araştırmalar yapılmaya başlanmıştır. Bu kapsamda veri içeren İnsani Gelişme Vakfı (İNGEV) ve Ipsos Sosyal Araştırmalar Enstitüsü işbirliğinde hazırlanan "Mülteci Hayatlar Monitörü", Türkiye'de kamp dışında yaşayan Suriyeli mültecilerin yaşam koşullarını, Türkiye'de yaşamaya ilişkin genel tutumları ve gelecek planlarını, tüketici davranışlarını periyodik olarak izlemeyi amaçlamaktadır. 2017 yılında mülteci nüfusunun %79'unu barındıran 10 ilde - İstanbul, Şanlıurfa, Hatay, Gaziantep, Adana, Mersin, Kilis, Mardin, Bursa, İzmir- toplam 1.282 Suriyeli sığınmacı ile yüzyüze görüşmeden elde edilen bilgiler ışığında oluşan "Suriyeli Mülteci Hayatlar Monitörü"nün ilkini değerlendirdim (Sunata, 2017). Bu temsili çalışma Suriyeli sığınmacılar arasında kayıtlılık anlamında %11'lik düzensizlik, istihdam anlamında ise düzensizliğin %98 civarında olduğunu göstermektedir. Sanılanın aksine Suriyeli mültecilerin çoğunluğu bir kurum tarafından verilen ayni veya nakdi destek ile geçinmemektedir. Bu yardımlar hanelerin sadece %6'sında düzenli gelir kaynağıdır. Türkiye'deki Suriyeli mültecilerin temel gelir kaynağı çalışarak elde ettikleri ücretlerdir (%85). Suriyeli sığınmacılar iş piyasasına dahil olmaya çalışarak hane geçimlerini sağlamaya çalışmaktadırlar. Dinamik yerleşme merkezlerinde Suriyelilerin

SUNATA

%90'ı, özel olarak İstanbul'dakilerin %93'ü çalışarak geçinmektedir. Büyük çoğunluğu kayıt dışı olmak üzere Türkiye'deki Suriyeli sığınmacıların Mülteci Hayatlar Monitörü'ne göre toplam %31'i şu an iş piyasasına dahildir.

Nitel araştırmalarda çoğunlukla kalifiye-olmayan işlerde, kayıt dışı ve görece düşük ücretli olarak çalıştıkları veya kendi küçük işletmelerini açtıkları öğrenilmektedir (Sunata, Araç ve Yıldız, 2017). Suriyeliler işçi olarak yoğunlukla *tarım, imalat, inşaat ve hizmet* sektörlerinde çalışmaktadır. Mevsimlik tarım işçisi olarak çalışmanın Suriyeliler arasında epey yaygın olduğu araştırma bulgularındandır (Aile ve Sosyal Politikalar Bakanlığı, 2016; Kalkınma Atölyesi, 2016). İmalat sektöründe en çok tekstil (konfeksiyon) endüstrisinde çalıştıkları düşünülüyor (Erol ve ark., 2017). Kadınların özellikle tarımda ve tekstilde yer aldıkları görülmektedir. Gaziantep ve Şanlıurfa'da inşaat sektöründe patlama olduğuna dair duyumlar alınıyor. Suriyelilerin sektörel olarak turizmden uzak tutulmaya çalışıldığı da bilinmektedir.

Türkiye'deki Suriyelilerin sosyo-ekonomik ve etnik olarak heterojen bir yapısı vardır. İşçiler dışında Suriyeliler içinde büyük girişimci ile oldukça çok küçük işletmeci olduğu görülmektedir (Erdoğan, 2015: 17; Lordoğlu ve Aslan, 2016: 802; Erdoğan, 2017: 83). INGEV ve Ipsos tarafından yapılan araştırmaya göre, Suriyeli sığınmacıların kendi hesabına çalışanların oranı %5 iken, işveren Suriyeli oranı %1 seviyesinde oldukça düşüktür (Sunata, 2017).

Ekonomi Bakanlığı'ndan alınan bilgiye göre; Haziran 2015'te Türkiye'deki Suriye sermayeli firma sayısı 2.827 iken, bu sayı Aralık 2016 sonunda 5.647'ye yükselmiştir. Türkiye'de toplam yabancı sermayeli firma sayısının (52.754) yüzde onundan fazlası Suriye uyrukludur. Kayıt dışılığı veya yasal prosedürü aşmak için Türk ortakla çalışan firma sayısının da oldukça yüksek olduğu saha çalışmalarında karşımıza çıkan bir gerçektir. Küçük esnaflığın dünyadaki diğer kitlesel göçmen gruplarında olduğu gibi yaygın olduğu söylenebilir. Çaycı, kahveci, lokantacı, tatlıcı, kuyumcu, bakkal, berber, kadın kuaförü, manav, seyyar satıcı gibi küçük işletmelerin ağırlıkta olduğu göze çarpmaktadır. Özellikle küçük işletmelerin doğrudan Suriyeli etnik pazarına hizmet sunması etnik ticari ağın kuvvetli olduğunu göstermektedir.

Aile ve Sosyal Politikalar Bakanlığı (2016) altında yürüttüğümüz bir araştırmaya göre; kamplarda ve kamp dışında Suriyeli sığınmacıların çoğunlukla kayıt dışı olarak çalıştığı ifade edilmektedir. Kasım 2015'te yayınlanan TİSK raporu Türkiye'de kayıt dışı olarak çalışan 400 bin civarında Suriyeli olduğunu belirtmektedir. Rapora göre, istihdam piyasası bu durumdan olumsuz etkilenmektedir (Erdoğan ve Ünver, 2015). Uluslararası Çalışma Örgütü (ILO) ise Türkiye'de kayıt dışı çalışan Suriyelilerin sayısının 763 bin civarında olduğunu tahmin etmektedir (Kocabay, 2017). Netice itibariyle kayıt dışılık sebebiyle emek istismarı ve haksız rekabet ortaya çıkmakta, vergilendirme ve yerli işgücü piyasası olumsuz etkilenmektedir.

2011 yılında Türkiye'de özel sektörde maaşlı işçilerin % 40'ı kayıt dışı çalışıyordu, 2014'de bu oranın 34'e düştüğü görülmektedir. Kayıt dışılık (enformalite) ile düzensizlik arasında yüksek korelasyon vardır. İnşaat sektöründe kayıt dışılık oranı % 50, mülteci şoku öncesi tarımda kadınlar için % 96, erkekler için % 67. Türk işçiler için mesleki terfi ve kayıtlı istihdam artışı olmuştur. Bu artış lise mezunu olmayan erkekler üzerinedir. Kadınların istihdam örüntüleri Suriyeli sığınmacıların varlığından olumsuz etkilenmiştir. Dünya Bankası raporuna göre de Suriyeli sığınmacıların çalışması özellikle kayıt dışı, düşük vasıflı ve kadın çalışanları işlerinden etmektedir ve bu da mülteci nüfusunun yoğun olduğu bölgelerde gerginliklere sebep olmaktadır (Del Carpio ve Wagner, 2015). Suriyeli mültecilerin bağımsız küçük esnaf olarak kayıt dışı çalıştığını, vergilendirme konusundaki hoşgörünün gerginliğe sebep olduğunu ve bu durumun küçük esnaf ve sanatkarları olumsuz etkilediğini ortaya koymaktadır.

Kalifiye-olmayan işgücü piyasasındaki büyüme bu piyasada işgücünün ucuzlaması sebep olmuştur. Kayıt dışı ve ucuz işgücü büyümesi asgari ücretin altında ve sigortasız çalıştırılan yerli işgücünü etkilemiştir. Mültecilerin artmasıyla ücretlerde oluşan düşme ve iş imkânlarının azalmasına bağlı olarak sığınmacılar suçlu olarak görülmesi ciddi bir sosyal sorun oluşturmaktadır (Koç, Görücü ve Akbıyık, 2015). Kayıt dışı emek piyasasına dahil olan mülteci emeği ucuz işgücü olarak kullanılırken, mevcut piyasadaki işgücü tarafından tehdit olarak görülür. Bu konuda diğer bir görüş Türk vatandaşlarının yapmak istemedikleri işlerde Suriyelilerin çalıştığı yönündedir, bu olgunun sosyal gerginliği frenlendiği belirtilmektedir (ORSAM-TESEV, 2015; Erdoğan, 2017: 83).

Suriyelilerin karşılaştıkları temel ekonomik problemleri incelemeyi deneyen Koç, Görücü ve Akbıyık (2015); yasal düzenlemelerin insani yardım üzerinden ilerlemesi ve işverenlerin Suriyelilerin asgari ücretin altında ve sigortasız çalıştırmaları Suriyeli mültecileri iş kaybetmede en riskli grup oluşlarına değinmiştir. Mülteciler için güvencesiz çalışmanın en büyük riski iş kazalarıdır (Sunata, Araç ve Yıldız, 2017).

*Sığınmacı Kampı / Kent Yaşamı İkiliği.* Dünya örneklerinden biliyoruz ki; kamplarda kalan mülteciler tarımsal üretim, ücretli emek, küçük işletmeler, dışarıdan gelen para havaleleri, borç / yatırım ve daha çok insani yardımlarla yaşamlarını sürdürmektedirler. Genellikle kamplarda küçük işletmelerden oluşan yerel üretilmiş veya ithal malların ticareti için düzenlenmiş bir veya daha fazla alış-veriş merkezleri bulunur (Werker, 2007). Mültecilerin hareket ve çalışma kısıtları olduğu kamplarda ulaşım ve malumat maliyetleri kamp ekonomisini doğrudan etkilemektedir. Kentlerden fiziksel olarak uzak kamplarda pazar hacmi düşmektedir. Her ne kadar kamp mültecilerinin temel ekonomik faaliyeti tarım olmasına rağmen; dünya örneklerinde kamplar genellikle verimsiz topraklara kurulmuştur.

AFAD tarafından idare edilen ve genelde sınıra çok yakın bölgelere kurulmuş olan Türkiye'deki kamplardaki düzen, sosyal alanlar, eğitim-sağlık imkanları, güvenlik, hijyen gibi şartlar diğer ülkelerdeki örneklerden çok daha iyi durumdadır. Kampta kalanların önemli bir kısmı yakın merkezde inşaat işçisi veya mevsimlik tarım işçisi olarak çalıştıkları bilinmektedir Buna rağmen kamp yaşamının sürdürülebilirliği düşüktür, bu yüzden Suriyeli mülteciler artan hızda kamp dışında yaşamayı tercih ettiler ve şu anda bu nüfusun büyük bir çoğunluğu kampların dışında yaşamaktadır. Kamp dışında kalanlar kiraladıkları evlerde kalabalık halde genellikle zor şartlar altında barındıkları biliniyor.

Dünyada kentlerde (kamplar dışında) yaşayan sığınmacı oranı % 60 iken (UNHCR, 2016: 53), Türkiye'de bu oran hızla % 90'ın üzerine çıkmıştır. Bu olgu, neden ve gelecekteki sonuçları, başlı başına özgün bir araştırmayı gerektirmektedir. Neredeyse şehirde yaşayan mültecilerin hepsi geçimlerini sağlamak için çalışmak zorundadırlar. Çalışma izinli veya kayıt dışı olarak çalışmak zorunda kalan kent mültecileri risk-alan kişiler veya gruplar olarak tanımlanır. Kent mültecileri genellikle enformel sektörde işçi olarak, küçük bir işletmeyi yürütmek ve yakınlarından aldıkları para havaleleri veya sivil toplum destekleri ile yaşamlarımını idame ettirirler (Wagacha ve Guiney, 2008). Sığınmacıların çoğu işe erişim için kayıt dışı ekonomiye dahil olmaktadır. Yarı-nitelikli veya vasıfsız mülteciler gündelik işler ve ucuz mal ticareti yapmak durumunda kalmaktadırlar. Ayakkabı boyacılığı, reyon görevlisi, tamirci, garson, araba yıkamacılığı, seyyar satıcılık gibi işlerle sıklıkla karşılaşılır (Pavanello, Elhawary & Pantuliano, 2010). Kentte hayatta kalmaya çalışan kent yoksulu Suriyeli sığınmacılar; enformel sektörde düzensiz gelir ile mücadele geçinmeye çalışmaktadırlar.

Gelir ve eğitim seviyesi yükseldikçe, kamplarda kalma olasılığı daha da düşmektedir. Kent mültecilerinin kampta kalanlara nazaran daha eğitimli, vasıflı, varlıklı ve bu nedenle risk almaya daha açık oldukları söylenebilir. Üstün'e (2016: 3) göre; Barınma Merkezlerinde kalmayan Suriyelilerin büyük bir kısmının sınıra komşu olan Adana, Gaziantep, Hatay, Şanlıurfa, Kilis, Mersin, gibi illerde yaşadıkları; eğitimli ve maddi durumu iyi olan Suriyelilerin ise; İstanbul, İzmir gibi büyük şehirleri tercih ettikleri görülmektedir. Refah düzeyi yükseldikçe, sığınmacılar daha düzenli ve güvenli gelir kaynaklarını tercih etmekteler. Türkiye'de yüksek gelir grubu mültecilerin ticaret ilişkilerine bağlı olarak şehir seçtikleri tahmin edilmektedir. Gaziantep, Hatay, Kilis, Mersin veya Bursa ve İstanbul kentinde özellikle Suriyelilerin daha önceden kurulmuş iş ilişkileri olduğu tahmin edilmektedir.

*Göz Yumma Politikası ve Mültecinin İstihdam Çıkmazı.* Birçok saha çalışmasında Suriyelilerin kayıt dışı çalışma ve çalıştırılmalarına toleranslı davranılması ve para cezası kesilmemesi ile Suriyeli bağımsız işletmelerde işlemlerin kolaylaştırılması ve vergilendirmede hoşgörü gibi konulardan bahsedilmektedir (Lordoğlu ve Aslan, 2016; Erdoğan 2017). Belediyelerin zabıtalar aracılığıyla yerel halktan Suriyelilerin kayıtsız çalışmaları ve kurdukları küçük işletmeler gibi konularda şikayet aldıkları, fakat doğrudan şikayet gelmedikçe denetim yapılmadığı bu gibi ekonomik faaliyetlere engel olunmadığı görülmektedir (Erdoğan, 2017: 83). Çalışma iznine dair çıkan Yönetmelik öncesi Suriyelilerin çalışmalarına ilişkin fiili kayıt dışılığa *göz yumma* durumu oluştuğu, izinsiz çalışmanın yaygın olduğu ve denetimlerin sıkı olarak uygulanmadığı araştırmalarla ortaya konmuştur. Suriyeli mültecilerin Türkiye'ye gelişlerin başlamasından neredeyse beş yıl sonra çıkan ilgili Yönetmelik çıkma arifesinde ve çıktığı dönemde çalışma izni durumuna ilişkin iki farklı görüş vardı. İyimser görüş; mültecilerin kayıt dışı çalışmalarına ve özel sektörde emeklerinin sömürülmesine engel olacağına ve yardım olmadan da hayatlarını sürdürmelerini sağlayacağı şeklindeydi (Üstün, 2016: 5). Kötümserler ise; Yönetmelik ile denetim ve yaptırımların artması işverenlerin kayıtlı işçi çalıştırma zorunluluğundan tercihlerini Suriyelilerden yana kullanmayabilecekleri üzerinde duruyorlardı. Başvuru sayıları incelediğimizde iki görüşün de doğru çıkmadığını görüyoruz, gecikmeli gelen çalışma izni beş yılda oluşan kayıt dışılık durumunu yenememiştir. Özellikle vasıfsız işçilerde kayıt dışılık devam etmektedir. Çalışma izni daha eğitimli ve kalifiye olanlara görece fayda sağlamış gibi görünmektedir.

İşçi sınıfı içinde en kırılgan ve sömürüye açık kesim yabancı işçilerdir, bu yüzden tarihi bir marksçı tanımlamaya atfen "yedek işgücü ordusu" olarak betimlenirler (De Genova, 2005; Portes, 1977). Belirsiz yasal statüler ve buna bağlı çalışma iznine dair karmaşıklıklar mültecilerin güvencesiz çalışmalarına sebep verir. Yabancı düşmanlığı ve çalışma hakkı sıkıntılarıyla mülteciler de diğer yabancı işçiler gibi, işçi sınıfı içinde ucuz işgücü olarak görülen sömürüye açık, en korunmasız kesimin mensuplarıdır. Türkiye'deki mültecileri *kırılgan ve güvencesiz işçiler* olarak tanımlayabiliriz. İlk beş yılda çalışma izninin yokluğu, kötü çalışma koşulları, düşük ücretli hatta ücretsiz çalıştırılma durumları arttırmış; artan yabancı düşmanlığı ve çocuk işçiliği ile birlikte mültecilerin emek piyasasındaki yeri dramatik hale gelmiştir.

Çalışma izni konusunun uzun süre askıda kalması / beklemesi, yeni verilen çalışma izni alma hakkının uygulamasındaki karmaşık idari prosedürler ve hareket kısıtlamaları gibi sebeplerden dolayı Suriyeli mültecilerin çoğu enformel sektörde çalışmakta ve bazıları da uluslararası insani yardımlardan, devletin veya yerel sivil toplum kuruluşlarından destek almaktadır. İstihdam bağlamında sürdürülebilir hayat sağlayacak uzun vadeli çözümlere ihtiyaç duyulduğu aşikardır. Aksi takdirde, gruplar-arası sosyal dışlama ve toplumsal gerginliklerin / tansiyonların artma olasılığı yüksek görünmektedir.

Düzensiz göçün önlenmesi düzenli göçü teşvik edecek araçların ve önlemlerin belirlenmesiyle mümkündür. Yabancı işgücü istihdamı konusunda acil politika üretilmesi ihtiyacı üzerinden yeni bir hukuki altyapı oluşturulması gereksinimi açıktır. Türk işgücü piyasasındaki dengeler gözetilerek ücret

SUNATA

eşitsizliği ve ucuz işgücü gibi konularda Suriyeli mülteci emeğinin istismarı önüne geçilmeli ve işçilerin haklarını arayabilecekleri hukuksal düzenlemeler getirilmelidir. Çocuğun yüksek yararı düşünülerek çocuk işçiliğini ve çalışma adaleti düşünülerek sosyal gerginlikleri önleyici kapsamlı tedbirlere ihtiyaç vardır.

*Suriyeli Etnik Pazar ve Ticari Ağ Oluşumu.* Kalifiye olmayan işçiler için zorunlu göçten düzensiz göçe geçişe hiç bir çözüm getirilmezken, kalifiye Suriyeli işçiler için son yıllarda getirilen yeni yönetmeliklerle düzensizlik düzenli hale getirilmeye çalışılmaktadır. Bu bakımdan özellkle kendi soydaşlarının ihtiyaçlarını gidermek üzere eğitim ve sağlık sektörlerinin kaçınılmaz ve istisnai şekillerde düzenlendiği görülmektedir. Ayrıca sayıca az olan Suriyeli kalifiye işgücünden olduğu gibi, Suriyeli girişimci ve küçük esnafa da piyasa şartlarında bir kırmızı çizgi koyulmuş gibidir. Bu kırmızı çizgi Suriyelilerden Suriyelilere hizmet sınırıdır. Suriyeli firmaların hedefinde Türklerin öncelikli müşteri kitlesi olmaması bize zorunlu bir etnik ticari pazarın oluşmakta olduğunu göstermektedir. Suriyeliler Türk firmaların rahatını kaçırmayan ve kendi etnik gruplarına hizmet veren çözümlere gitmektedirler. Örneğin, Suriyeli küçük esnafın Türk müşteri çekmek gibi bir gaye üstünden işletmelerini yürütmediklerini görmekteyiz. Türk küçük esnaf Suriyeli komşu esnafı kendi Türk müşterisini çekmemesi konusunda baskıladığını ve kayıt dışılığa şikayet mekanizmasının bu noktada devreye girdiği görülüyor.

Küçük işletmeler gibi, kalifiye Suriyeli nüfusunda sıklıkla ve koşullar gereği etnik ağı destekleyici şekilde işgücü piyasasına dahil olması mümkün olabilmektedir. Eğitimli Suriyelilerin yoğun olarak öğretmen, anketör, sosyal hizmetli, çevirmen, olarak geçici (günlük, haftalık veya proje bazlı) veya daimi (kadrolu, maaşlı) çalıştığı saha bulgularındandır. Daha önceki mesleklerinden bağımsız olarak eğitimli çoğu Suriyeli'nin Suriyeli çocukların eğitimine bağlı olarak sektöre dahil olduğu görülmektedir. Maaşları UNICEF tarafından ödenen Suriyeli öğretmenler Suriyeli çocuklara eğitim vermektedir (kampta 170 $, şehirde 230 $). Yukarıda bahsettiğim özel yönetmelik ile Suriyeli sağlık çalışanlarına mülteci kamplarında ve şehirlerdeki göçmen sağlığı merkezlerinde çalışma olanağı sunulmuştur. Ayrıca merkezi Şanlıurfa'da olan Suriyeliler için iş ve işçi bulma kurumu gibi çalışan kar amacı gütmeyen *Rızk* isimli bir yapı vardır. Suriyelilerin grup-içi istihdam ve istihdam için gereken eğitim ihtiyaçlarına dair çalışan *Rızk*'ın İŞKUR'a benzer amaçları olduğu görülmektedir.

Türkiye'de ayrıca tüketim anlamında da sürekli büyümesi beklenecek yeni bir etnik pazar ve ticari ağ oluşmaktadır. Suriyelilerin tüketim örüntülerini ortaya koyan "Suriyeli Mülteci Hayatlar Monitörü" Suriyelilerin ekonomik koşulları nedeniyle ucuzu aradıkları ama Arap etnik pazarı tercih ettiklerini göstermektedir (Sunata, 2017). Suriyelilerin alışveriş yaptıkları yeri tercih etme sebeplerinin başında "en ucuzu almak" gelmektedir (%79). Yine de tüketim davranışlarını belirleyen ikincil etmen alışkanlıklardır. Suriyeli sığınmacıların yaklaşık beşte üçü: "Ne olursa olsun Suriye'de kullandığım markayı bulursam her zaman onu tercih ederim" demektedir. Ayrıca "Ambalajların üzerinde Arapça açıklama olması benim için önemlidir" diyen %70'lik önemli bir kesim vardır.

## Sonuç

Yeni yüzyılda Türkiye'de belirtileri farkedilen mülteci ekonomisi Suriyeli sığınmacılarla çarpıcı biçimde büyümüştür. İltica bağlamında Türkiye önceleri transit bir ülkeyken, 2014 sonu itibariyle Dünya'da en çok mülteci barındıran ülke olmuştur. Türkiye'de ilgili yasal düzenlemeler hem nicel hem de nitel olarak artmış olsa da, halen mültecilerin neredeyse hepsi fiilen mültecidir. Bir kısmı uluslararası koruma iken, Suriyeli sığınmacılar ile geçici koruma altında olanlar ülke nüfusunun yaklaşık %4'ü olmuştur. Ülkeye giren ciddi orandaki fiili emek arzı sektörel farklar olsa da, kayıt dışılığı (düzensizliği) önemli düzeyde arttırmış ve bu durumun en mağduru yine sığınmacılar olmaktadır. Dünyadaki ve Türkiye'deki güncel araştırmalar değerlendirilerek bu makalede çalışma izni sorunsal ülke bağlamındaki hukuki çerçevesiyle değerlendirdikten sonra, sığınmacıların kırılgan ve güvencesiz durumlarının göz yumma politikasıyla çözülemeyeceği nettir, iş hayatında sosyal adaleti gözeten eşit işe, eşit ücret, iş güvencesi ve iş bulma fırsat eşitliği gibi hak-temelli hukuki adımlar gereklidir.

Kentler bazında mülteci alımı üzerine küçük bir analiz yaparak coğrafi ve iktisadi iki eksen belirlenmiştir. Suriyeli sığınmacıların şehir dağılımı bu iki eksende okunarak, şehirler gruplandırıldı. Temelde iki ayrı şehir tipi tespit edildi: statik ve dinamik yerleşim merkezleri. Mülteci ekonomisi her ne kadar öncelikle statik merkezleri etkilemiş olsa da, sığınmacıların zamanla dinamik yerleşim merkezlerine hem üretim hem de tüketim anlamında tesiri yüksek görünmektedir. Ekonomik etkisi kaçınılmaz olan Suriyeli sığınmacıların sürdürülebilir bir yaşam adına daha düzenli ve güvenli gelir kaynaklarına erişim için statik yerleşim merkezleri kadar dinamik yerleşim merkezlerine de kaydıkları tahmin edilmektedir. Türkiye'de büyüyen bir Suriyeli etnik pazar oluşmaktadır ve ticari ağ büyümektedir. Bu bağlamda sığınmacıların sadece kendi topluluklarına hizmetine dair yazılı olmayan zorunlu sosyal mutabakat yerellerin dayattığı halen geçerli kırmızı çizgi olarak okunabilir. Bu kırmızı çizgi ancak kayıtlılığın teşviki ve yeni gelenlerin kalıcılığının hem toplumsal hem de yasal zeminde kabulü ile mümkün olacaktır.

## Kaynakça

Aile ve Sosyal Politikalar Bakanlığı (2016), *Yerel Halkın Suriyeli Sığınmacılara Dair Algıları Araştırması*, Basılmamış Rapor, V-VI (2015-2016).

# SUNATA

Akgündüz, Y., Van Den Berg, M. ve Hassink, W. H. (2015), "The Impact of Refugee Crises on Host Labor Markets: the Case of the Syrian Refugee Crisis in Turkey", *IZA Working Paper*, No: 8841.

Bach, R. L. ve Carroll-Seguin, R. (1986), "Labor Force Participation, Household Composition and Sponsorship among Southeast Asian Refugees", *International Migration Review*, 20(2): 381-404.

Balkan, B. ve Tümen, S. (2016), "Immigration and Prices: Quasi-Experimental Evidence from Syrian Refugees in Turkey", *IZA Discussion Paper*, No 9642. Erişim: http://ftp.iza.org/dp9642.pdf

Betts, A., Bloom, L., Kaplan, J ve Omata, N. (2014), "Refugee Economies: Rethinking Popular Assumptions". *University of Oxford Refugee Studies Centre*, 210-212.

Cengiz, D. ve Tekgüç, H (2017), "Impact of Syrian Migrants on Local Economies.", Unpublished essay.

Çalışma ve Sosyal Güvenlik Bakanlığı (ÇSGB) (2016), *Çalışma Hayatı İstatistikleri 2015*, Çalışma Genel Müdürlüğü, Mayıs 2016, Ankara: Çalışma ve Sosyal Güvenlik Bakanlığı.

De Genova, N. (2005), Working the Boundaries: Race, Space, and "Illegality" in Mexican Chicago. Durham: Duke University Press.

Dedeoglu, S. (2017), "Fertile Lands Bitter Lives: Syrian Agricultural Workers in Turkey", yayımlanmamış bildiri, 7th Turkey Labor Market Network Meeting (26-27 January 2017, Bahçeşehir University), Ankara: BETAM.

Del Carpio, X. V ve Wagner, M. C. (2015), "The Impact of Syrian Refugees on the Turkish Labor Market". World Bank Policy Research Working Paper, Report Number: WPS7402.

Easton-Calabria, E. (2016), "Refugees Asked to Fish for Themselves': The Role of Livelihoods Trainings for Kampala's Urban Refugees", *New Issues in Refugee Research Working Paper*, (277), Cenevre: UNHCR.

Erdoğan, M. (2017), "Kopuş"tan "Uyum"a Kent Mültecileri, Suriyeli Mülteciler ve Belediyelerin Süreç Yönetimi: İstanbul Örneği, Marmara Belediyeler Birliği Kültür Yayınları, Ocak 2017.

Erdoğan, M., ve Ünver, C. (2015), *Türk İş dünyasının Türkiye'deki Suriyeliler Konusundaki Görüş, Beklenti ve Önerileri* , Türkiye İşverenler Sendikası Konfederasyonu (TİSK) Raporu, (Yayın No: 353), Ankara: Matsa Basımevi.

*Erol, E., Akyol, A.E., Gümüşcan, İ., Kahveci, M., Mısırlı K.Y., Mutlu, P., Pınar, E., ve C. Salman* (2017), "The Impact of the Integration of Syrian Refugees on the Labour Market in Turkey: A survey on the Istanbul Textile Manufacturing Sector", yayımlanmamış bildiri, 7th Turkey Labor Market Network Meeting (26-27 January 2017, Bahçeşehir University), Ankara: BETAM.

International Crisis Group (2016), "Turkey's Refugee Crisis: The Politics of Permanence", *Europe Report*, No.241.

Kalkınma Atölyesi (2016), Türkiye'de Mevsimlik Tarımsal Üretimde Yabancı Göçmen İşçiler Mevcut Durum Raporu: Yoksulluk Nöbetinden Yoksulların Rekabetine, Kalkınma Atölyesi, Mayıs 2016.

Kocabay, N. (2017), "An Overview Of the ILO Strategy in Responding to the Syrian Influx in Turkey" ILO / UCW, yayımlanmamış bildiri, 7th Turkey Labor Market Network Meeting (26-27 January 2017, Bahçeşehir University), Ankara: BETAM.

Koç, M., Görücü, İ., ve Akbıyık, N. (2015), "Suriyeli Sığınmacılar ve İstihdam Problemleri", *Birey ve Toplum Sosyal Bilimler Dergisi*, 5(1): 63-94.

Krahn, H., Derwing, T., Mulder, M., ve Wilkinson, L. (2000), "Educated and Underemployed: Refugee Integration into the Canadian Labour Market", *Journal of International Migration and Integration*, 1(1): 59-84.

Lewis, E. (2011). "Immigration, Skill Mix, and Capital Skill Complementarity", *Quarterly Journal of Economics*, 126(2): 1029–69.

Loayza, N. V, Ulyssea, G., ve T. Utsumi. (2017), "Informality and Labor Effects of Massive Migration: Theory and Evidence from Turkey and the Syrian Refugees", yayımlanmamış bildiri, 7th Turkey Labor Market Network Meeting (26-27 January 2017, Bahçeşehir University), Ankara: BETAM.

Lordoğlu, K., ve Aslan, M. (2016), "En Fazla Suriyeli Göçmen Alan Beş Kentin Emek Piyasalarında Değişimi: 2011-2014", *Çalışma ve Toplum Dergisi*, 2: 789-808.

Lundborg, P. (2013), "Refugees' Employment Integration in Sweden: Cultural Distance and Labor Market Performance", *Review of International Economics*, 21(2): 219-232.

ORSAM (2015), *Suriyeli Mültecilerin Türkiye'ye Ekonomik Etkileri: Sentetik Bir Modelleme*, Rapor No: 196, Ankara: Ortadoğu Stratejik Araştırmalar Merkezi (ORSAM).

ORSAM-TESEV. (2015), *Suriyeli Sığınmacıların Türkiye'ye Etkileri*, Rapor No: 195, Ankara: Ortadogu Stratejik Arastirmalar Merkezi (ORSAM).

Pavanello, S., Elhawary, S. ve Pantuliano, S. (2010), *Hidden and exposed: Urban Refugees in Nairobi, Kenya*. Londra: Overseas Development Institute.

Peri, G. (2012), "The Effect of Immigration on Productivity: Evidence from U.S. States", *Review of Economics and Statistics*, 94(1): 348–58.

Peri, G., ve Sparber, C. (2009), "Task Specialization, Immigration, and Wages", *American Economic Journal: Applied Economics*, 1(3): 135–69.

Portes, A. (1977), "Labor functions of illegal aliens", *Society*, 14(6): 31-37.

Soykan, C. (2017), "Access to International Protection: Border Issues in Turkey." M. O'Sullivan ve D. Stevens (der.), *States, the Law and Access to Refugee Protection*, Londra: Bloomsbury, 69-91.

Sunata, U. (2013), "Sosyoloji için Emek Göçünü Yeniden Tanımlamak", M. Tuna (der.), *Uluslararası Katılımlı 7. Ulusal Sosyoloji Kongresi Bildiriler Kitabı*, Muğla: Muğla Sıtkı Koçman Üniversitesi, 187-196.

Sunata, U., Araç, E. ve E. Yıldız. (2017), "Refugee, Settlement and Labor Market Integration Dynamics: A Case of Syrians in Istanbul in Comparison with Non-Syrian Migrants." yayımlanmamış bildiri, *The Migration Conference 2017* (23-26 August 2017) Atina: Harokopio University, Greece, www.migrationcenter.org.

Sunata, U. (2017), "Suriyeli Mülteci Hayatlar Monitörü: Araştırma Değerlendirmesi", *Suriyeli Mülteci Hayatlar Monitörü*, İstanbul: İnsani Gelişme Vakfı ve Ipsos, 1-14.

Turner, L. (2015), Explaining the (non-)"Encampment of Syrian Refugees: Security, Class and the Labour Market in Lebanon and Jordan" *Mediterranean Politics*, 20(3): 386-404.

Tümen, S. (2016). "The Economic Impact of Syrian Refugees on Host Countries: Quasi-Experimental Evidence from Turkey", *American Economic Review: Papers & Proceedings*, 2016, 106(5): 456–460.

UNHCR ve Danish Refugee Council (2012), *Promoting Livelihoods to Build the Self-Reliance of Urban Refugees in Nairobi* Kenya: UNHCR (Erişim: http://www.unhcr.org/554343cb9.pdf).

UNHCR (2016), Global Trends and Forced Displacement in 2015 Cenevre: UNHCR.

Üstün, N. (2016), *Suriyelilerin Türk İşgücü Piyasasına Entegrasyonu Sorunlar-Öneriler*, Araştırma Raporu, Konya: Ticaret Odası, Şubat 2016.

Wagacha, J. B., ve Guiney, J. (2008), The Plight of Urban Refugees in Nairobi, Kenya, Refugee Rights: Ethics, Advocacy, and Africa, 91-102.

# SUNATA

# SURİYELİ KADIN SIĞINMACILARIN PERSPEKTİFİNDEN ZORUNLU GÖÇ

## Muazzez Harunoğulları

### Dünya ve Türkiye'de (Zorunlu) Göç ve Kadınlar

Göç insanlık tarihi boyunca toplumların yaşadığı değişmez olgulardan biridir (Bal vd., 2012: 192). Uluslararası insan hareketleri, ulus ötesi nüfus akımları zaman ve mekânda süreklilik arz eder. Göç sürecinin karmaşık ve çok yönlü bir doğası vardır (Massey vd., 2014: 12). Göçler karar verme, göç edenlerin nitelik durumuna ve coğrafi duruma göre; işgücü göçü, beyin göçü gibi çeşitli sınıflandırmalara tabi olmaktadır. Zorunlu göçler daha çok savaş, iç çatışma, zulüm, etnik çatışmalar, dini ve siyasi özgürlüklerin kısıtlanması gibi nedenlerle yaşanmaktadır (Genç ve Kara, 2016: 32). 21. yüzyılda dünyanın pek çok bölgesinde ve ülkesinde yaşanan iç karışıklık ve savaşlar nedeniyle özellikle son 30 yılda büyük çapta zorunlu göç hareketleri yaşanmaktadır. Uzak Doğu, Orta Asya, Sahra Altı Afrika ve pek çok Orta Doğu ülkesinden Avrupa'ya ve diğer gelişmiş ülkelere çok sayıda göç hareketleri meydana gelmektedir. Suriye'de 15 Mart 2011'de başlayan iç savaş sonucu yaşanan göçlerle milyonlarca insan yerinden edilmiştir. 6 Temmuz 2017 itibariyle dünyada kayıtlı bulunan Suriyeli mülteci sayısı 5.136.969 kişidir. Bu nüfusun %51.5'i erkek, %48.5'i ise kadındır. Ülkemiz dışında Suriyeli sığınmacılara ev sahipliği yapan Irak'ta 242.558, Ürdün'de 661.114, Mısır'da 122.228, Lübnan'da 1.001.051, Kuzey Afrika'daki diğer ülkelerde ise 30.104 Suriyeli sığınmacı bulunmaktadır. Nisan 2011 ile Mayıs 2017 arasında Avrupa Birliği ülkelerine iltica eden Suriyeli sığınmacı sayısı 952.446'dır (3RP, 2017).

Tarih boyunca mazlum milletlerin koruyucusu olan Türkiye, kendi ülkelerindeki totaliter rejimlerden ya da savaş ortamlarından kaçarak kendisine sığınan tüm halkların, "kitlesel" göçlerin hedefi durumundadır. 2011 yılında Suriye'de meydana gelen gelişmelere bağlı olarak Türkiye tarihinin en büyük toplu göçüne sahne olmuştur. Türkiye için önemli bir sorun olan Orta Doğu'dan gelen sığınmacı hareketi; 1988'deki Halepçe (Kuzey Irak) katliamı ile başlamıştır. 1990'da Körfez savaşından sonra Türkiye'ye büyük miktarda Iraklı sığınmacı akını yaşanmıştır. Bu süreçte 1988

HARUNOĞULLARI

yılında yaklaşık 50 bin, 1990-1991 yıllarında yaşanan krizden sonra 500 bin ilâ 600 bin Iraklı Türkiye'ye giriş yapmıştır. Daha sonra 1992'de Yugoslavya'daki iç savaşta özellikle Bosna'dan kaçanlar ile 1999'da Kosova'da yaşanan olaylardan dolayı 17 binden fazla Kosovalı Türkiye'ye sığınmıştır (Baydar, 2012; Çiçek Korkmaz, 2014: 38-39).

Türkiye günümüzde yaklaşık 3,6 milyon mülteciye ev sahipliği yapan dünyanın en büyük sığınmacı nüfusuna sahip ülkesi konumundadır (Ahaber, 2017; Harunoğulları ve Polat, 2017: 208). Suriye'de 2011 yılında başlayan iç savaş sonucu günümüze kadar 3 milyondan fazla Suriyeli mülteci Türkiye'ye sığınma talebinde bulunmuştur. 03 Ağustos 2017 tarihi itibariyle Türkiye'de bulunan Suriyeli sayısı 3.117.069 kişiyi bulmuştur. Ülkemizde kurulmuş kamplarda yaşayan Suriyeli sığınmacı sayısı 237.071 (%7.6) iken kamp dışında yaşayanların sayısı 2.879.998'e (%92.4) ulaşmıştır (www.goc.gov.tr). Türkiye'deki Suriyeli sığınmacıların %53.2'sini erkekler, %46.8'ini kadınlar oluşturmaktadır (3RP, 2017). Türkiye, 237 binden fazla mülteciyi 26 kampa yerleştirerek, onların sağlık, eğitim, beslenme, sosyal ve diğer ihtiyaçlarını gidermektedir. Kamp dışında yaşayan Suriyeli sığınmacıların %92'sinden fazlası kentsel ve kırsal alanlarda yaşamaktadır. Bu nüfusun büyük bir kısmı çok zor koşullar altında ancak hükümetin, yerel idarelerin ve ev sahibi toplulukların yardımları sayesinde hayatlarını güvenli bir biçimde sürdürmektedir (Harunoğulları ve Polat, 2017: 208).

Ravenstein 1884 yılındaki çalışmasında kadınların erkeklerden daha çok göçmen olduklarını belirtmesine rağmen, kadınlar göç sürecinde, aile içi konumlarına bağlı olarak ve daha çok bağımlı kişiler biçiminde değerlendirilmiştir. Hayatın tüm alanlarında olduğu gibi göç olgusu içinde de kadınlar görünmez kılınmıştır. Kadının yaşamın diğer alanlarında olduğu gibi göç deneyiminde de görünür kılınması, kadınların özgül durumlarını kavrama ve kadınların göz önünde bulundurulmasını sağlama bakımından önem taşımaktadır (Buz, 2007: 38). Göç alanında yapılan ilk feminist çalışmalar 1970'lere dayanmaktadır. Bu çalışmalar "kadınların katkı verici olduğu" bir yaklaşımla ele alınmıştır (Prodolliet, 1999'dan Akt.: Pessar ve Mahler, 2003: 13; Buz, 2007: 41). Savaşlar, iç çatışma ve kargaşalar, doğal afetler, insan hakları ihlalleri gibi çeşitli nedenler sonucu kadınlar göç etmek zorunda kalmaktadırlar. Toplumsal cinsiyet rolleri gereği göç sürecine katılan kadınlar kadın olmanın mağduriyetini ve göçün olumsuz etkilerini bir arada yaşamaktadırlar.

## Çalışmanın Amacı ve Metodolojisi

Göç çalışmaları geleneksel olarak beşeri coğrafya, siyaset bilimi, sosyoloji ve çalışma ekonomisi gibi bilimsel yaklaşımlar dâhilinde ele alınmaktadır. Ancak son yıllarda ulus aşırı boyutlarda gelişen yerinden edilen kadınların göç olgusu, bu konunun toplumsal cinsiyet araştırmaları bağlamında da ele alınmasını gerekli kılmaktadır. Bu çerçevede çalışmamızın amacı; Kilis'te yaşayan Suriyeli sığınmacı kadınların göç anlatıları doğrultusunda hayat tecrübelerini, yaşadıkları kentsel mekânları, bu mekânlardaki deneyimlerini ve çeşitli algılarını ele almaktır.

Çalışmanın özellikle ele aldığı konu Suriyeli kadın sığınmacıların yakın geçmişlerindeki göç deneyimleri ile bugünkü gündelik hayatlarıdır. Diğer bir ifadeyle araştırmamızda, kadın sığınmacıların kendi ülkelerinde yaşadığı problemler, savaştan kaçış nedenleri ve şimdiki yerleşimlerinde yaşadıkları değerlendirilmiştir.

Saha çalışmasında savaşı birebir yaşayan, savaş mağduru 15 Suriyeli kadınla 2016 yılının Ekim ve Kasım aylarında önceden belirlenen gün ve saatlerde mülakatlar gerçekleştirilmiştir. Mülakatlar yarı yapılandırılmış yüz yüze derinlemesine görüşme yöntemi uygulanarak yapılmıştır. Alan çalışması boyunca, yarı yapılandırılmış görüşme formuna dayalı derinlemesine mülakat tekniği yanında doğal olarak katılımlı gözlem yöntemine de başvurulmuştur. Görüldüğü gibi araştırmamızda nitel gözlem metotları uygulanmıştır. Rassal olarak çeşitli mahallelerden seçilen Suriyeli kadınların evleri ziyaret edilmiş ve katılımcılarla bire bir görüşme gerçekleştirilmiştir. Görüşülen katılımcılarla Arapça bilen bir erkek tercüman yardımıyla iletişim kurulmuştur. Özellikle; savaştan önce ve savaş esnasında Suriye'deki yaşantıları, daha sonra göçe karar verme ve göçü gerçekleştirme eylemleri ve nihayetinde Türkiye'ye yerleşimlerinden beri yaşadıkları, ayrı ayrı ele alınmıştır. Katılımcıların bulunmasında Kilis şehrinde Suriyelilerin yoğun olduğu mahalleler tercih edilmiştir. Çalışmaya konu sığınmacı kadınların yaşları 19 ile 60 arasında değişmektedir. Görüşülen kadınlara savaş öncesinde, savaş sırasında ve savaş sonrasında yaşadıklarıyla ilgili sorularla beraber kişisel bilgiler edinmeye yönelik sorular sorulmuştur. Sığınmacı kadınların cevap verirken kendilerini rahat hissetmeleri için, görüşmelerin sohbet havasında gerçekleştirilmesine dikkat edilmiştir. Bilindiği gibi, yüz yüze derinlemesine görüşme metodu insanların deneyimlerini ortaya koymakta kullanılan etkili bir sosyal bilim yöntemdir (Yıldırım ve Şimşek, 2008). Sığınmacı kadınların anlatılarına çalışmada yer verilirken, sadece isimlerinin baş harflerine ve yaşlarına değinilerek, onların güvenliğinin ve özel hayatın gizliliğinin göz önünde bulundurulmasına özen gösterilmiştir. Görüşmenin ve görüşmeler esnasında gerçekleştirilen katılımlı gözlemlerin yanı sıra, 2015-2017 yılları arasında Kilis kentinde yapılan genel gözlemler de çalışmaya dahil edilmiştir.

## Toplumsal Cinsiyet Bağlamında Göç

Toplumsal cinsiyet kavramı; kadın ve erkeğin içinde yaşadıkları toplum tarafından cinsiyetlerine uygun görülen varoluş ve davranış biçimlerini sahiplenmeye yöneltildiklerini ifade ettiği gibi, toplumlarda cinsiyete dayalı kimliklerinin ve tercihlerinin belirlenmesinde etkin olan politik ve kültürel temelli bir sosyal ayrım etkeni veya cinsiyete bağlı bir farklılaşma süreci olarak karşımıza çıkmaktadır. Toplumlarda sıklıkla erkek aktif, kadın ise edilgen biçimde konumlandırılmaktadır. Toplumsal cinsiyet eşitsizliği geleneksel olarak erkeklere evi geçindirmek, hane dışı toplumsal ilişkileri yürütmek gibi güçlü bir rol dayatırken kadınlara hane içi düzenlemesi ve (çocuklara dair) korumacılık gibi birçok evcil görev yüklemiştir. Bu örüntü kadın ve erkeğin toplumsal alandaki statüsünü ve toplum içindeki görünürlüğünü büyük oranda etkilemektedir (İşleyen, 2015: 479). Toplumsal cinsiyet ilişkileri iktidar ve güç argümanlarıyla kurulmuş eşitsiz bir yapıya sahiptir. Bu sebeple eril öncelikler toplumsal yaşamın merkezinde yer alırken kadınların tercihleri tali kalmakta; kadınlar toplumsal hayatta güçsüzleşmektedir.

Kadınlar yaşadıkları coğrafi mekânlarda sıklıkla erkeklerden daha dezavantajlı koşullarda bulunmakta ve mekânsal olarak daha kısıtlı bir ortamda yaşamaktadırlar. Genel itibariyle evlerinin, mahallelerinin ve çalışma mekânlarının dışında pek fazla hareketliliğe sahip bulunmayan kadınların gündelik hayatlarında mobilite davranışları, onların doğal ve beşeri çevredeki rolleri ve sosyal algıları üzerinde etkili olmaktadır (Tuncer, 2012: 81). Sık sık yaşadıkları mekânların ya da içinde bulundukları toplumsal alanların imkânlarından habersiz olan kadınlar, sınırlı bir yaşam alanında kendi yeterliliklerinin ve yeteneklerinin farkına varamadan, dışa kapalı bir hayat sürmek zorunda kalmaktadırlar. Toplumsal alanda kısıtlı bir yaşam sürmek zorunda kalan kadınlar ataerkil sistem içinde erkekler ve erkeklik ideolojisi tarafından ezilmekte veya şartlandırılmakta, yalnızca kendi cinsinden olanların bulunduğu bir ortamda dahi kendilerini rahat hissetmeyip deneyimlerini paylaşmaktan kaçınmaktadırlar (Kepekçi, 2012: 69). Özellikle savaş sonucu yaşanan göç sürecinde kadınların fiziksel ve psikolojik olarak yaşadıklarını anlatmaları pek de kolay olmamaktadır.

Toplumsal cinsiyet eşitsizliği göç bağlamında daha da keskin ve belirgin bir hal almaktadır. Göç sürecinde, olağan şartlarda var olan kadınlara özgü sorunlara yenileri eklenmektedir. Göç olgusunun kadınların mağduriyet ve zarar görebilirlik risklerini hissedilir bir oranda arttırdığı söylenebilir. Göç sürecinde kadınlar şiddet, taciz, istismar gibi çeşitli sorunlarla karşılaşabilmektedirler (Genç ve Kara, 2016: 37). Göçle birlikte işgücü piyasasında kadınların sömürüsü artış göstermektedir. Aynı zamanda kadınlar insan ticaretinin de mağduru olmaktadırlar (Şeker ve Uçan, 2016: 206). Zorunlu göçlerin temel nedenlerinden savaş genellikle erkekliğin kazanıldığı bir yol olarak algılanmaktadır. Savaş "toplumsal cinsiyetler arasındaki sınırları belirlemekte ve erkeksi olanı erkeksi olmayandan ayırt etmektedir" (Kepekçi, 2012: 66-67).

Araştırmamız kapsamında yapılan görüşmeler sonucu elde edilen bulgulara göre Suriyeli sığınmacı kadınların göç nedenleri; ülkelerindeki totaliter rejimin baskısı, fişleme ve tutuklamaların artması, işkence ve şiddet olaylarının sıklaşması, Suriye'deki savaş ortamından kaçma isteği, rejim askerlerinin ve terör örgütlerinin artan saldırıları, hava saldırılarının oluşturduğu tehdit, ülkedeki kaos ortamında kadınların daha fazla oranda saldırılara ve cinsel istismara uğraması, barış ve güven ortamında huzur içinde yaşama isteği olarak tespit edilmiştir. İzleyen bölümlerde araştırmada elde edilen bulgular sunulmakta ve tartışılmaktadır.

## Göç Öncesi Sosyal Hayat

İklim, topografya gibi coğrafi şartlar, inanç, gelenek ve görenekler, iktisadi gelişmişlik düzeyi toplumların yaşamlarını biçimlendiren başlıca faktörlerdir. Gelenekler insanoğlunun yaşam tarzını büyük oranda etkiler. Sığınmacı kadınların anlatımına göre Suriye'de gelenekçi ataerkil bir toplumsal yapı söz konusudur. Suriye'de kadınların çalışma hayatı içinde olması pek yaygınlık göstermemekle birlikte kadınlar daha çok kamuda öğretmen, doktor, memur gibi meslek gruplarında istihdam edilmektedir. Kadınlar kendilerine biçilmiş roller dâhilinde ancak belirli işlerde çalışabilmektedirler. Serbest çalışma alanında kadınlar daha çok kadın giyim mağazalarında toplumun tepkisini çekmeden iş hayatında yer etmektedirler. Bunlar dışında farklı iş kollarında kadın çalışana pek rastlanmamaktadır. Ailenin geçimine katkıda bulunmak isteyen ya da zorunda olan kadınlar kendi bahçe ve tarlalarında çalışabilmektedirler.

Suriyeli kadınların giyim tarzları yaşadıkları coğrafi mekâna göre birbirlerinden farklılık göstermektedir. Daha çok kırsal yerleşmelerde kadınlar dış giyim olan çarşaf giymeyi tercih ederken, kentsel ortamda modern giyim tarzı sıklıkla tercih edilmektedir. Kırsal yerlerde yaşayan Suriyeli Sünni kadınların büyük kısmı sadece gözleri açıkta kalacak şekilde siyah çarşaf giymekte ve peçe takmaktadırlar. Görüşme yapılan kadınlardan bazıları giyim tarzları sebebiyle Türkiye'de insanların farklı bakışlarına maruz kaldıklarını; bundan rahatsızlık duyduklarını belirtmişlerdir. Ayrıca batılı ülkelerin bu giyim tarzına sahip olan kadınları suçlaması ve dışlaması onları derinden yaralamaktadır.

Dış giyim olarak çarşaf giymeyi tercih eden H. (Yaş 35) *"Amerika'da bu şekilde giyinenlere terörist gözüyle bakılıyor, terör eylemi kabul ediliyor"* şeklinde giyimi üzerinden ortaya çıkan haksız ve suçlayıcı söylemlerden rahatsızlığını dile getirmiştir.

Suriye'de zorunlu eğitim vardır. Kız çocukları da eğitim-öğretim süreci içinde üniversite eğitimi almaktadırlar. Lise eğitimi esnasında öğrenciler seçtikleri alanlara göre okumakta ve lise diploma puanlarına göre üniversitelere yerleştirilmektedirler. Ancak lise bitirme sınavı oldukça zordur. Ayrıca Suriye'de üniversite eğitimi bazı bölümler için de fazlasıyla zorlayıcıdır. Üniversitelerde Sosyal bilimler alanlarında derslere devam zorunluluğu olmazken Fen, Mühendislik ve Tıp alanlarında uygulamalı derslere devam etme zorunluluğu vardır. Üniversite eğitimini sürdürenler istedikleri takdirde okullarda öğretmenlik yapabilmektedirler. Bu olanak özellikle genç kadınlara ekonomik bağımsızlık kazandırmaktadır Eğitim gören belli bir ekonomik seviyeye sahip kadınların sosyal hayatı oldukça rahat ve hareketli geçmektedir.

Suriye'de kırsal kesim ve düşük sosyo-ekonomik seviyeli toplumsal kesimlerde erken yaşta evlilikler ve çok eşliliği içeren geleneksel hayat tarzı normal görülmektedir. Eğitimini yarıda bırakan kızlarda erken yaşta evlilik daha sık görülürken, eğitim gören kızlarda da erken yaşta evliliklere rastlanılmaktadır. Çok çocuk sahibi olmak da sıklıkla gözlenen bir durumdur. Suriyeli aileler genelde çok çocuklu ve kalabalıktırlar. Ayrıca Suriyeli kadınlarda ikiz doğum da yaygındır. Gözlem yapılan mahallelerde pek çok sığınmacı kadının ikiz çocukları olduğu tespit edilmiştir.

Savaştan önce Suriye'nin ekonomik kalkınma seviyesi yüksek değildir. Halkın büyük bir kısmı yoksullukla boğuşmaktadır. Devlet kontrolünde olan ekonomi ülkede iktidarı elinde bulunduran azınlık grubun denetimindedir. Suriye'nin yönetiminde Nusayri aileler söz sahibidir. Ancak rejime ve hükümete karşı herhangi bir söylem veya eylemde bulunmayan kişilerin yaşam alanlarına hükümet tarafından pek müdahale edilmemektedir. Tek partili rejimle yönetilen ülkede yerel ve ulusal seviyelerde seçimler yapılmakta ancak aynı parti göreve devam etmektedir. Seçim yapılmasının amacı demokratik bir ortamda halkın oy kullandığı ve ülkede demokrasinin işlediği imajını dünyaya vermektir. Eğitim-öğretim sürecine dahil olan her birey eğer memur olmak veya kamuda bir görev almak istiyorsa mutlaka parti ile ilgili işleri yapmak ve partiye üye olmak zorundadır. Aynı zamanda her aileden bir kişi mutlaka rejim askeri olmalıdır. Halk hareketlerinin başlaması ve giderek yaygınlaşması özellikle Sünni yerleşimlerde saldırıların yaşanmasına ve halkın güvensiz bir ortamda yaşam mücadelesi vermesine neden olmuştur.

## Sığınmacı Kadınların Gözüyle Göç Süreci

Beşşar Esad'ın gizli polis gücü bütün yerleşim merkezlerinde rejimden memnun olmayanları fişlemiş, yönetime karşı tehdit görülenler tespit edilerek tutuklanmıştır. Özellikle kırsal yerlerde iktidarın jandarma gücü Sünni yerleşik halka saldırı başlatmıştır. Suriye'deki ilk ayaklanma 21 Mart 2011 yılında Şam'ın güneyindeki Deraa kırsalında küçük yaştaki çocukların sokaklarda protesto yürüyüşleriyle başlamıştır. Güvenlik güçlerince yakalanan çocukların tutuklanıp işkence görmesi ve pek çoğunun işkence altında ölmesi üzerine halk kalkışması hızla büyümüş ve diğer yerleşmelerde de yayılmıştır. Farklı yerleşim yerlerindeki kız çocuklarının taciz edilmesi, kaçırılarak tecavüze uğramaları halkta büyük korku ve endişe uyandırmıştır. Suriye'de savaşın çıktığı ilk zamanlarda gizli polis ve askerlerin halkı sindirmeye ve gözdağı vermeye başlamaları, fişlemeler yapmaları, rejim askerlerinin yerleşim yerlerine saldırmaları sonucu halk silahlı güçler karşısında çaresiz kalmıştır.

# SURİYELİ KADIN SIĞINMACILAR VE ZORUNLU GÖÇ

Bu olayların büyümesi sonucu pek çok aile kendilerini güvenceye almak için Türkiye'ye göç kararı almışlardır.

> *"Suriye'de kendimize ait güzel geniş bir evimiz geniş bir balkonumuz ve arabamız vardı. Eşim askerdi. Yaşamımız oldukça rahattı. Üniversite eğitimime devam ediyor bir yandan da öğretmenlik yapıyordum. Savaşın ilk günlerinde yoğun saldırlar sonucu amcam, dayım ve kuzenlerim, akrabalarımdan 11 kişi hayatını kaybetti. Annem, babam ve kardeşlerim Lübnan'a iltica ettiler. Yaşamlarını orada sürdürüyorlar. Aileme büyük kardeşim bakmaktadır. Kocamın ailesi Suriye'de yaşamaktadır. Ailemle telefonla haberleşiyorum. Savaşın başladığı ilk aylarda eşim ordudan ayrıldı. Çocuklarımızla birlikte Türkiye'ye göç ettik. Önce Antakya'ya geldik. Hatay'da Suriye'den kaçan asker ve polislerin aileleriyle barındığı kampa yerleştirildik. Başlangıçta kamptaki kişi sayısı 2000 iken, daha sonra bu sayı kısa zamanda 8000'e çıktı. Eşim ve 4 çocuğum kampta yaşamaya devam etmektedirler. Askerlerin aileleriyle kaldıkları bir kamp olduğundan dışarıdan gelebilecek tehditleri bertaraf etmek için Türkiye tarafından sıkı güvenlik önlemleri alınmıştır. Kampta market, okul gibi sosyal ihtiyaç alanları mevcut. Kamptakiler alışverişlerini buradaki marketten yapıyorlar. Devlet tarafından onlara kişi başı 85 liralık kartlar verilmekte. Ödenek son iki ayda kişi başı 100 liraya çıkmıştır. Kampta çocuklar eğitimlerini alıyor. Suriyeli ve Türk öğretmenler ders veriyor. Lise dâhil tüm eğitim kademeleri kampta mevcut. Sınıflar küçük ve kalabalık. Okul malzemeleri, eğitim, sağlık hizmetleri Türk devleti tarafından ücretsiz karşılanıyor. Çocuklarımın ve kendi geleceğim için Kilis'e üniversite okumaya geldim. Yatay geçiş yaptım ve üçüncü sınıftan eğitimime devam ediyorum." (H. Yaş 30)*

Tek başına Kilis'te eğitimini sürdüren 20 yaşında başka bir sığınmacı öğrenci ile aynı evi paylaşan H., maddi desteği yardımsever Kilis halkından görmektedir. Lübnan'daki abisi az da olsa harçlık göndermektedir. Maddi sıkıntılar içinde yaşamını sürdürmeye çalışan H. bir garaj odasında sağlıksız bir ortamda yaşamaktadır. Kaba inşaat olan garajda yere serilen karton parçalarının üstü yardımseverler tarafından verilen battaniyelerle örtülmüştür. H., güneş görmeyen, rutubetli küçük pencereli meskende hayatını idame etmeye çalışmaktadır. Kilis'e sığınan Suriyeliler içinde Esad'ın ajanlarının olduğu düşüncesi sığınmacı kadınları korkutmaktadır. Bu kişilerin kendilerine ve ailelerine zarar verebileceklerini düşünmektedirler. Okuldan sonraki zamanlarda H. bütün vaktini evde geçirmekte hem yerel halk hem de Suriyelilerle görüşmemeyi tercih etmektedir. Kendisine yardım eli uzatanlar olsa bile, yerel halkı tanımadığı ve kendini güvene almak için çevreye karşı oldukça temkinli ve tedbirli davranmaktadır.

> *"Savaş bittiği takdirde ailemle birlikte Suriye'ye gitmek istiyoruz. Ailem için Türkiye'de bir gelecek düşünmüyorum. Annem, babam ve kardeşlerim*

# HARUNOĞULLARI

*Lübnan'da. Orada yaşam şartları oldukça zor, hayat sıkıntılı. Lübnan'daki ailem oldukça hoşnutsuz, ama mecburen orada yaşamaktalar. Suriyelilerin göç ettiği ülkeler içinde en iyi şartlar Türkiye tarafından sağlanmaktadır. Türkiye'ye Türklere çok teşekkür ederim, ancak vatan gibisi olmaz bu yüzden savaş bittiği takdirde ülkeme dönmek istiyorum. Türkiye'ye gelen mülteci sayısı milyonları aşmıştır. Dolayısıyla şartlar kısıtlı, iş bulmak zor, maddi imkansızlık fazla, konut şartları oldukça sağlıksız. "Kilis'te üniversite ortamından, hocalarımdan ve arkadaşlarımdan oldukça memnunum. Türk arkadaşlarımdan Türkçe öğreniyorum. "(H. Yaş 30)*

Suriye'de iken kendilerine ait iş yerleri tarlaları, evleri, arabaları olan sığınmacılar savaşın yol açtığı bütün olumsuzlukları yaşamışlardır. Ailelerinden pek çok kişi rejimin askerleri ve Rus uçaklarının saldırılarında hayatını kaybetmiştir. Rusların uçak bombardımanı sonucu evleri yıkılmış, aileden ölümler yaşanmış. Rejim askerleri tarafından fişlenen kişiler hapishanelerde öldürülerek kent kanalizasyonlarına atılmış, halk sindirilmeye çalışılmıştır. Ölüm ve işkenceyle yüz yüze gelen milyonlarca kişi Türkiye başta olmak üzere pek çok ülkeye göç etmiştir.

Kendi kimlikleri, kültürleri, alışkanlıklarından ve yaşadıkları coğrafi mekândan uzaklaşarak yeni bir coğrafyada ve kültürde öteki ve sığınmacı kimliğiyle yeni bir hayata kadın olarak uyum sağlamaya ve savaşın yaşattığı travmadan kurtulmaya çalışmak psikolojik ve sosyal açıdan travmatik bir süreç doğurmaktadır. Görüşme yapılan kadınlarda psikolojik sıkıntılar, stres, korku, karamsarlık ve umutsuzluk gibi kendini gösteren depresif durumlar gözlemlenmiştir. Esad askerlerinin ve DAEŞ gibi yeni türeyen pek çok terör örgütünün zulmünden; Rus uçaklarının bombardımanlarından sağ kurtulanlar göç sürecine dahil olmuşlardır.

Göç esnasında aileler kiraladıkları araçlarla veya kendi otomobilleriyle gece yola çıkarak rejim askerlerine ve terör örgütlerine yakalanmamak için saatlerce dikkatli bir şekilde Türkiye'ye gelmeye çalışmışlardır. Göç eden yetişkinlerin yolda güvenli bir şekilde geçişlerinin sağlanması için küçük çocuklar öncü görevini üstlenmiştir. Küçük çocukların askerleri veya çeşitli terör örgütü mensuplarını gördüklerinde saklanmaları, hızlı hareket etmeleri ve geriden gelenlere haber vermeleri daha kolay olmaktadır. Yola çıkan taşıtların önünden yaya giden öncü çocuklar yollar güvenlikliyse araçlara bilgi vermişler ve bu öncü küçük çocukların arkasından saatlerce süren bir yolculuktan sonra Türkiye sınırına ulaşmışlardır. Bazı görüşmeciler göç esnasında uçaktan atılan bombaların hedefi olmamak için çok çaba sarf ettiklerini hatta bir aile uçak saldırıları altında, atılan kurşunlardan ve bombalardan kaçarak sınırı geçtiklerini söylemiştir. Bu esnada aileden kimsenin ölmemesini büyük bir şükürle ifade etmişlerdir.

Halep-Heritan'dan ailesiyle gelen 60 yaşındaki 7 çocuk annesi E., 5 yıldır ailesiyle birlikte Kilis'te hayatını sürdürmektedir. 1 kızı dışında çocuklarının hepsi evli olan E., Kilis'te oğlu, gelini, torunları ve eşiyle birlikte 10 kişi aynı evde yaşamaktadır. 80 yaşında kanser hastası olan eşiyle ilk karısı öldükten sonra evlenmiştir. Savaş ruh dünyasında derin izler bırakmıştır.

*"En küçük çocuğum muhaliflere katıldı. Erkek kardeşim savaşta öldü. 8 aylık torunum uçak saldırıları sonucu atılan kimyasal bombalarla zehirlenerek hayatını kaybetti. Eşim kanser hastası olduğu için tedavi maksadıyla Türkiye'ye göç etmeye karar verdik. Ben ve eşim Ramazan ayında oruçlu iken göç ettik. Sınırda yaşanan yoğunluk sebebiyle araçlar uzun bir kuyruk oluşturmuştu, sınırda 2 gün bekledikten sonra Türkiye'ye geçiş yapabildik. Önce Adıyaman'a daha sonra Urfa'ya geldik, Urfa'da çadır kentte 2 ay kaldıktan sonra Kilis'e gelip yerleştik. Suriye'deki evimiz hava saldırıları sonucu yıkılıp tarlalarımızı kaybedince oğlum, eşi ve çocuklarıyla Türkiye'ye geldiler. Geçimimizi yanında kaldığımız sebze, meyve satıcılığı yapan oğlum sağlamaktadır. Ev sahiplerimizden çok memnunuz. Yerel komşularımızla selamlaşıyoruz görüştüğümüz komşularımız var. Eşim 10 yıldır kanser hastası, Kilis Devlet Hastanesinde Suriyeliler için yapılan hastane biriminde ücretsiz olarak tedavisi yapılıyor. Allah Türkiye'yi korusun, Kilis'i korusun, Türkiye'ye bir şey olmasın. Rus uçakları ve Esad askerleri kaldığımız yerleşim yerine uçaklarla saldırdılar, evimiz yıkıldı, çok insan hayatını kaybetti. Rüyalarımda her gece uçak saldırılarını ve bombalamaları görüyorum. Savaş bittikten sonra Suriye'ye dönmek istiyorum." (E. Yaş 60)*

Savaştan önce kendi ülkelerinde pek çok sorunla karşı karşıya kalan ve toplumda geri planda olan kadınlar için hayat oldukça zor olduğu gibi savaş sebebiyle göç ettikleri yerlerde de hayatın yükümlülüğünü ve zorluklarını omuzlarına alan kadınlar için yaşam hiç de kolay olmamaktadır. Yabancı bir ülkede yabancı bir halk içinde kendileri için yeni bir yaşam oluşturmaya çalışan Suriyeli kadın ve çocukların okuma yazmanın yanı sıra Türkçe bilmiyor olmaları yaşadıkları şehirde ekonomik ve sosyal olarak büyük zorluklarla baş etmek zorunda kalmalarına yol açmıştır.

*"2011 yılında savaşın ilk başladığı dönemde Türkiye'ye göç ettik. 4'ü kız 2'si erkek 6 çocuğum var. İkiz çocuklarım Kilis'te dünyaya geldi. Akrabalarımdan yaşları 16-20 arasında olan 4 kişi rejim askerlerine karşı savaşırken şehit oldular. Türkiye'ye geldikten sonra evimizin yağmalandığı haberini aldık. Daha sonra ise hava saldırıları sonucu evimizin bombalanarak yıkıldığını öğrendik. Savaştan önce 4 dönem elma bahçemiz vardı buradan elde ettiğimiz kazançla yaşıyorduk. Türkiye'ye göç ettikten sonra önce Hatay'da kaldık daha sonra Kilis Öncüpınar kampına yerleştirildik. Eşim 50 yaşında çalışamıyor, ailede çalışan yok. Üniversitede okuyan bir oğlum var. Oğullarım yaz döneminde iş bulurlarsa çalışıyorlar.*

*Kişi başına 100 'liralık kartlar var. Her ay kartlara para yükleniyor. Kampta tedavi, elektrik, su, barınma ücretsiz. Kampta Suriyeliler küçük marketler açtılar. Sosyal tesislerde kadınlar için terzilik ve Türkçe kursları verilmektedir. Kampta anaokulu, ilkokul, ortaokul, lise var. Öğretmenler Suriyeli, okul müdürü Türk, yardımcısı Suriyeli, kamp güvenlidir. Kampta yaklaşık 25 bin kişi barınmaktadır. Türkiye bize çok iyi bakıyor, halkın geneli bize sahip çıkmaktadır." (B. Yaş 40)*

Türkçe konuşabilen Suriyeli sığınmacı kadınlar yaşadıkları çevreye daha kolay uyum sağlayabilmekte ve daha kolay iş bulabilmektedirler. Hatta ailelerindeki erkeklerden daha sık çalışmakta oldukları görülmektedir.

*"18 yaşında evlendim, 2'si kız 2'si erkek 4 çocuğum var. Kocam şeker hastası, kayınpederim kalp hastası, Türkiye'ye dört yıl önce geldik. Türkçe anlayıp konuşabiliyorum. Evlere temizliğe giderek para kazanıyorum. Kocam Suriye'de perdecilik yapıyordu burada uygun iş bulamadığı için çalışamıyor. 3 katlı bir evimiz vardı uçak saldırıları sonucu atılan bombalarla yıkıldı. Türkiye çok güzel memleket: Emniyet var. Lübnan ve Ürdün de yaşam çok sıkıntılı, Türkiye çok iyi, vatanım gibi. Eşim de Türkçe anlayıp konuşabiliyor. Türkçeyi komşularımızdan öğrendik, onlarla iyi anlaşıyoruz." (M. Yaş 30)*

## Sığınmacı Kadın Gözünden Kadına Şiddet

Kadınların yaşamlarının her evresinde karşılaştıkları şiddet olgusu, yaşamlarını ve sağlıklarını etkilediği gibi onların sosyal ve ruhsal açıdan da daha derin ve yıkıcı zararlara uğramasına sebep olmaktadır (Salaçin vd., 2009: 96). Geçmişte olduğu gibi günümüzde de kadına yönelik şiddet devam etmektedir. Kadına yönelik yapılan her türlü bedensel, psikolojik ve cinsel şiddet günümüz dünyasının en önemli problemlerden biridir. Toplum yaşamın her alanında yaşanan ve giderek artış gösteren şiddet toplumsal bir sağlık problemidir. Bu problem değişik coğrafyalarda, farklı kültürlerde, farklı gelişmişlik ve öğretim seviyesine sahip tüm dünya ülkelerinde oldukça yaygın görülen bir olaydır (Aksakal ve Atasayar, 2011: 2). Toplumsal bir sözleşmenin ürünü olan evlilik kurumunda kadının şiddet görmesi doğal karşılanabilecek bir durum değildir. Eğitim seviyesi ne olursa olsun erkek egemen toplumda kadınların şiddete maruz kalması söz konusu olabilmektedir. Duygusal ya da psikolojik şiddet de fiziksel şiddet kadar kadını derinden etkilemektedir. Alkol bağımlılığı, erkeğin işsizliği ve uyuşturucu kullanımı şiddeti arttırıcı etkenlerdir (Aile ve Sosyal Politikalar Bakanlığı Kadının Statüsü Genel Müdürlüğü, 2012: 25).

*"18 yaşında evlendim. Eşim işsizdi aynı zamanda uyuşturucu kullanıyordu. Eğitim görmedim. Eşim çalışmadığı için bana zorla dilencilik yaptırıyordu, sürekli dayak atıyordu. Suriye'de hayat benim için çok zordu. Eşim 2014*

*yılında Özgür Suriye Ordusuna katıldı. Kocamdan bir daha haber alamadım, onunla bağlantım koptu. Rusya'nın Halep ve çevresine yaptığı hava saldırıları sonucu evimiz yıkıldı. Büyük oğlumu yıkıntılar arasından kurtardık." (R. Yaş 33)*

Suriyeli kadınların kendi toplumlarında ikinci planda olduğu ataerkil bir aile yapısı içinde eşleriyle ve aileleriyle geçinmeye çalıştıkları ve eşlerinden şiddet görseler dahi herhangi bir şekilde buna karşı bir duruş sergileyemedikleri ifade edilmiştir.

*"19 yaşında evlendim. Eşim geçimsizdi, şiddet uyguluyordu ancak çocuklarım olduğundan eşime katlandım, Suriye'de kendi tarlalarımızda çalışıyordum. Aile bütçesine katkıda bulunuyordum." (E. Yaş 60)*

Dünyanın neresinde olursa olsun yaşanan savaşlarla birlikte cinsel ve cinsiyete dayalı şiddet, çocuk hakları ihlalleri, yasal statüye sahip olma zorluğu, hizmetlere sınırlı erişim, korumasız kalma riskleri ortaya çıkmaktadır (3RP, 2015: 14). Savaş sürecinde de toplumsal cinsiyet farklılıkları belirgin bir biçimde görülmekte, bu süreçte en riskli grubu kadın ve çocuklar oluşturmaktadır. Toplumda kadınlara yönelik sosyal ve kültürel önyargılardan kaynaklanan ayrımcılık, baskı, zulüm, cinsel istismar, fiziksel ve psikolojik şiddet, aile içi şiddet gibi kadın olmalarından kaynaklanan baskılardan kaçmak amacıyla diğer ülkelere göç etmek zorunda kalmaktadır (Şen ve Vural, 2014: 30). Savaşta kadınların göçü sürecinde kadınlar istismar, sömürü ve şiddete olağan zamanlardan daha fazla açık hale gelmektedirler. Verilen hizmetlere erişimleri oldukça sınırlı olmakta birlikte psikolojik olarak derinden etkilenmektedirler. Göç sonucu kadınların ekonomik durumunun değişimiyle birlikte çeşitli sorunlar ortaya çıkmakta bununla birlikte gelinen coğrafyada kimliğin yeniden inşası söz konusu olmaktadır (Buz, 2006; Şen ve Vural, 2014: 30).

*"DAEŞ ve rejim askerleri tarafından kız çocukları ve kadınlar kaçırılıp tecavüze uğruyordu. Bu korkunç durumla karşılaşmamak için 4 çocuğumla birlikte Türkiye'ye göç ettik. Esad'ın askerleri yaşadığım şehri bombaladı. Çocuklarımla yaşadığım bu kaos, gerilim ve ölüm korkusu bizi çok yıprattı. Psikolojimiz bozuldu. Bütün bu olanlardan sonra keşke ayaklanma hiç olmasaydı, eskisi gibi yaşamayı sürdürseydik diye düşünüyorum." (R. Yaş 33)*

*"Suriye'de orta halli bir yaşantımız vardı. Eski eşim memurdu, bana sürekli şiddet uyguluyordu. Evlendiğim günden itibaren koca dayağıyla baş etmek zorunda kaldım. 4 çocuğa sahiptim buna rağmen eşim bir türlü değişmedi eşimden boşandım. Eşimden ayrıldıktan sonra ev işleri ve terzilikle geçimimi sağlıyordum." (J. Yaş 48)*

HARUNOĞULLARI

Görüşme yapılan kadınların tümü ülkelerindeki şiddet ve savaştan, başlarına gelebilecek cinsel istismardan korktuklarından kaçmışlardır. Göç sürecinde kaçış esnasında büyük bir korku yaşamış travmatik deneyimlerin etkisinde kalmışlardır. Kadınların savaş ortamında cinsel tacize, tecavüze uğrama korkusu, zulüm, baskı ve ölüm korkusu içinde olmaları onların güvenli ülkelere kaçmak zorunda kalmalarına sebep olmaktadır. Sığınmacı kadınlar eşleri ve çocuklarıyla veya eşleri olmadan ailelerinin diğer bireyleriyle hayatta kalabilmek için mücadele etmek mecburiyetindedirler. Savaşın yaşandığı ülkelerde su ve gıda yetersizliği, sağlık imkânlarının son derece kısıtlı olması, ölümler, fiziksel ve psikolojik şiddet, cinsel taciz, tecavüz tehdidi kadınların karşılaştıkları başlıca sorunlardır. Savaşın kadınlar üzerinde yarattığı baskı sonucu zorunlu göç yaşanmaktadır. Kadınların hareketliliğinin erkeklere göre daha kısıtlı olması sığınma isteğinde bulunabilecekleri yerlere ulaşımı zorlaştırmaktadır. Bu nedenle sığınmacı kadınlar kendi yaşadıkları yerlere coğrafi yakınlığı olan Kilis şehrine gelmeyi tercih etmişlerdir.

EMHRN'nun (*Euro-Mediterranean Human Rights Network- Avrupa-Akdeniz İnsan Hakları Ağı*) hazırladığı bir raporda Suriye'nin 7 şehrinde tecavüz vakalarının olduğu belgelenmiştir. Muhalif gruplara gözdağı vermek onları baskı altına almak maksadıyla askeri operasyonlar veya gözaltı esnasında gerçekleştirdikleri tecavüz vakalarını bir tür psikolojik savaş tekniği olarak kullandıkları öne sürülmüştür. İstismar ve tecavüz mağdurları yaşadıkları bu durumların bireysel ve toplumsal etkilerini üzerlerinde taşımaktadırlar. Cinsel şiddete uğrayan pek çok kadın yaşadığı yeri terk etmeye zorlanmıştır. Ayrıca bu raporda kadınların, esir değiş-tokuşu veya ailelerinin teslim olması için bir baskı aracı olarak kullanıldıkları belirtilmiştir (Mazlumder, 2014: 16).

> *'Lazkiye'de kadınları ve kız çocuklarını terör örgütleri ve askerlerin kaçırarak tecavüz ettiklerini duyduk. Bu olaylar artınca kendimizi güvenceye almak için eşim ve dört çocuğumla birlikte Türkiye'ye göç etmeye karar verdik.'' (S. Yaş 27)*

Suriye İnsan Hakları Merkezinin (*Syrian Network for Human Rights*) Kasım 2013'te yaptığı açıklamaya göre iktidar güçlerinin kentlerde yaptığı operasyonlarda 10 bin 853 kadın hayatını kaybetmiş, 7 500 kadın ise "cinsel şiddete" uğramıştır. Bu merkez ayrıca 461 kadının keskin nişancılar tarafından vurulduğunu, ölenler arasında ise 3 bin 614 kız çocuğunun olduğunu 29 kadının ise rejim askerlerinin yaptığı işkenceler sonucu hayatlarını kaybettiğini öne sürmüştür. Olaylar esnasında Humus ve İdlib'in çeşitli kasabalarında rejim askerlerin yaptığı operasyonlar esnasında 400 kız çocuğunun cinsel istismara, 850 kadının tecavüze uğradığı ifade edilmiştir. Yaşanan savaş sebebiyle ülke içinde 2,1 milyon kadının göç etmek zorunda bırakıldığı, 1,1 milyon kadının ise ülke dışına kaçtığı belirtilmiştir. Suriye İnsan Hakları

Merkezinin açıklamalarına göre Suriye'de kadın ölümlerinin en fazla başkent Şam'ın banliyöleri ile Halep, Humus, İdlib ve Deraa kentlerinde olduğu belirtilmiştir. Savaş ortamından kaçan ve sığınmacı olmanın getirdiği yeni travmalarla yüzleşmek zorunda kalan kadınlar, savaş sırasında yaşadıkları travmanın sosyal ve psikolojik izlerini uzun süre taşımaktadırlar (Mazlumder, 2014: 17).

Suriyeli sığınmacı yalnız kadınlar göçün en hassas kesimlerinden birini oluşturmaktadır. Cinsel taciz mağduru sığınmacı kadınların bu durumu anlatmaları hiç de kolay olmamaktadır. 19 yaşında bir kadın sığınmacı üç yıl önce ülkesinde rejim askerleri tarafından tecavüze uğradığını ifade etmiştir. Kilis'e geldiğinden beri psikolojik tedavi gören sığınmacı kadın yaşadıklarının etkisinden hala kurtulamadığını bütün çabalarına rağmen psikolojisinin düzelmediğini belirtmiştir.

## Sığınmacı Kadınların Mekân Algısı ve Mekânsal Uyumu

Mekân kavramı; anlam, simge, duygulardan oluşan psikolojik, toplumsal ve kültürel bir boyuta sahiptir. Mekân, hem fiziksel olan hem de bunun ötesinde anlam ve duygular gibi bireysel boyutla birlikte yapısal ilişkilerin yansıdığı ve oluşturulduğu toplumsal boyutla iç içe geçmişliği ifade etmektedir (Uysal, 2016; Harunoğulları ve Polat, 2017: 210). Mekânsal münasebet söz konusu toplumsal nesnelerin belirli ayırt edici özellikler ya da güçler taşımaları sebebiyle etkide bulunur. Mekânsal ilişkiler toplumsal nesnelerin özel karakterine bağlı olarak önem kazanmaktadır (Urry, 1995). Yaşanılan mekânlar kadınların ruh dünyalarını ve psikolojilerini büyük oranda etkilemektedir. Bireyler hayatlarını sürdürdükleri mekânlara bağlanarak onlara olan aidiyet duygusu geliştirirler. İnsanlar yaşadıkları mekânlarla ilişki kurarak onları anlamlandırmakta, içerisinde yer aldıkları bu hayatı çevre vasıtasıyla kimliklerini meydana getirmekte ve mekânla var olmaktadır. (Görengeli ve Karakuş, 2014). Göçün sosyal yönleri ile ilgili giderek önemi artan konu, konak topluma göçmenlerin entegrasyonudur (Bijak, 2011: 4) Yerleşilen ülkelerde sığınmacı kadınlar çevre şartlarından etkilenmekte, yeni bir kimlik oluşturma sürecine girmektedir. Göç veya iltica edilen ülkelerde, kadınların içine girdikleri farklı kültüre sahip topluma uyum sağlama ve içinde yaşanılan mekânları sahiplenme uzun bir süreç gerektirdiği gibi aynı zamanda önemli bir kaygı unsurudur.

Göç koşullarının zorlayıcı baskısı sonucu daha güvenli görülen ülkelere göç edenlerin geldikleri yeni coğrafi mekâna kolayca uyum sağlamaları beklenemez. Varılan yerlerde gündelik yaşam değişiklikleri sonucu pek çok zorlukla yüzleşen sığınmacı kadınlar, uyum sağlama safhasında büyük bir mücadele içine girmektedirler. Coğrafi mekânlar kişilerin kimliğini yeniden inşa etme yönünde önemli ve dinamik bir rol üstlenmektedirler. Yaşanılan coğrafyanın kültürel örüntüleri gelinen coğrafyada yeniden şekillenmektedir.

İlk bağlamda mekân ev olmakla birlikte merkezden çevreye doğru kadının yaşadığı sokak, mahalle, kentin caddeleri, çarşısı, pazarı, çalıştığı işyeri veya kentin diğer yerleridir. Suriyeli sığınmacılar Kilis kentinde yeni bir mekân oluşturma süreci başlatmışlardır. Yerleştikleri mahallelerin çoğunda kendi milletleriyle bir arada yaşadıkları gibi kendi işyerlerini kurmuşlardır.

Toplumsal farklılaşma yapılarına dayalı olarak eşitsiz gelişen kentsel mekânlarda sosyal açıdan tabakalaşma olgusu ortaya çıkmaktadır. Bu kümelenme süreci; ekonomik, kültürel, siyasal, sosyal ilişkilerin ve etkileşimlerin ürünüdür. Şehirlerde yaşayan bireylerin kültürel kimlikleri tabakalaşmada ve mekânsal farklılaşmada etkin bir rol oynamaktadır. Tabakalaşma veya eşitsiz gelişme kentsel alanların statülerini belirlemektedir. Şehirlere gelen sığınmacılar geldikleri kentlerde yabancılık duygusunu kısa zamanda atlatmak ve mekâna daha kolay uyum sağlamak için genelde aynı mahallelerde aynı veya komşu binaları tercih etmektedirler. Göçmenler yaşadıkları mekânlarda sosyo-ekonomik bakımdan yerel komşularıyla kısmen veya belirli ölçülerde münasebetlerini sürdürmekte ve korumaktadırlar (Ünal, 2012). Ancak sosyo-kültürel uyum süreci tamamen kademeli olmaktadır ve ev sahibi toplumla sığınmacılar sıklıkla farklı alanlarda (Fazel vd., 2012) bütünleşmektedirler. Sığınmacı kadınlar da doğal olarak aile, arkadaş, iş ilişkileri dahilinde kendini gösteren sosyal ağlar içinde mekânları algılarlar. Yaşadıkları mekânlara kendi pencerelerinden bakan sığınmacı kadınların algıları ve hissettikleri erkeklerinkinden farklılık göstermektedir.

*"Çevredekilere güvenemiyorum. Eşim Suriye'deyken askerdi rejim ordusundaydı. Savaş çıktıktan sonra çocuklarımızla birlikte Türkiye'ye göç ettik. Rejim yanlısı pek çok insan da göç etmiş durumda, onların bizleri bulup bizlere zarar vermesinden korkuyorum bu yüzden zorunlu olmadıkça dışarı çıkmıyorum." (H. Yaş 30)*

## Suriyeli Kadın Sığınmacıların Türkiye'deki Sorunları

*Konut Sorunu.* Erkek mekânları tüm toplumlarda daha geniş, daha açık, daha göz önünde ve etkin faaliyetlerin ortamı biçimindedir. Kadınların mekânı ise geleneksel olarak; daha küçük, daha özel, daha kapalı ve daha "güvenli" olarak tanımlanan sosyal alanlardır. Oysa güncel toplumlarda kadınlar aynı anda hem genel veya kamusal (dışarı) hem de özel veya mahrem (içeri) sosyal mekânlarda etkin bir şekilde var olma mücadelesi vermektedirler. Ancak kadınların mekânla ilgili faaliyetleri genelde örtülü kalmaktadır. Bundaki en büyük etmen kadının sosyal varlığının öncelikli olarak kapalı mekânlarla ilişkilendirilmesidir, yani alışılagelmiş bir şekilde "kadının yerinin" ev olmasıdır (Özgüç, 1998: 61). Göç ortamında bu durum değişmemektedir.

Coğrafi görünümün bir parçası olan "ev" insanların yaşam şartlarını, aile bireylerinin birbirleriyle ilişkilerini, hane sakinlerinin dış dünyayla nasıl bağlantı kurmaları gerektiği hakkındaki fikirleri sembolize etmektedir (Özgüç, 1998: 63). Göçmenler kendilerine özgü değer-norm sistemlerini, alışkanlıkları ve tutumlarını beraberlerinde konak topluma getirirler. Yerleşilen toplumda kendilerine ait değer, sosyal kurallar ve tutumlar en belirgin olarak konutlarında geçerli olur. Göçmenler kısıtlı ekonomik olanakları doğrultusunda, büyük çoğunlukla kentlerin varoşlarına, ucuz mesken alanlarına yerleşmektedirler (Bal vd., 2012: 197).

Kadın mekânı olarak analiz edilen ev, zorunlu göç sonucu yerinden kopma, yeniden yerleşme, uyum sağlama ve bütünleşme süreçlerinin odağında yer alan bir mekândır. Zorunlu olarak yerinden edilme söz konusuysa, ev yaşanan bir travmayla "yurt"a gönderme yaptığı gibi, kollektif kimliklerin yeniden üretildiği ve bu travmanın rehabilite edildiği (ya da edilmeye çalışıldığı) yeni bir gündelik alana dönüşmektedir. Evin kaybedilmesi; barınma ihtiyacının karşılandığı yerin yok olması ve ekonomik bir yıkım olmakla birlikte, yaşam alanına olan duygusal bağın, sayısız anının, gündelik yaşamın birçok çehresinin tahribi anlamına da gelmektedir. Bu sebeple göç sürecinde ev, yeniden konumlanmanın inşa edildiği kimlik, mensubiyet ve sahiplik kiplerinin düzenlendiği geçirgen bir alan olmaktadır (Pala, 2013: 15).

Sığınmacı kadınlar için doğal ve toplumsal yeni bir çevrede ortaya çıkan en önemli sorun barınmadır. Kamp dışında, önce şehrin belirli mahallelerine ve sonuçta tüm kente dağılan şekilde yerel halkla iç içe yaşayan sığınmacıların sosyal ve ekonomik durumlarına göre iskân imkânları da farklılık gösterir. Ekonomik durumları biraz daha iyi olanlar uygun meskenlerde barınırken, ekonomik seviyesi düşük, herhangi bir işi bulunmayan ve başkalarının yardımlarına muhtaç olanlar ise kentin varoşlarında sağlıksız konutlarda ikamet etmektedir. Kilis gibi, büyük göç kafilelerinin akın ettiği yerlerde, gelenler ekonomik yetersizlikten dolayı şehrin en fakir bölgelerine yerleşmektedir. Yaşam koşulları oldukça iyi konutlarda yaşayan Suriyeli sığınmacılar olmakla birlikte son derece kötü, uygun konut şartlarının özelliklerini taşımayan; lavabosu, banyosu, mutfağı olmayan, rutubetli, yeterince güneş görmeyen konutlarda yaşayan sığınmacılar da bulunmaktadır. Maddi durumu kötü olan, düzenli bir işi olmayan ve çoğu zaman yerli halkın yardımlarıyla hayatlarını sürdürmeye çalışan yoksul birçok Suriyeli sığınmacı, hijyen ve sağlık koşulları oldukça kötü yerlerde yaşamak durumunda kalmıştır.

Görüşme yapılan Suriyeli sığınmacılardan maddi durumu kötü olanların bir kısmı küçük ve dar olan tek gözlü garaj olarak yapılmış yerlerde banyo – tuvaleti naylon veya çadır denilen plastik örtülerle birbirinden ayırarak kapılarını da battaniye veya yine çadır denilen plastik malzemeyle kapatarak kendilerine yaşam alanı oluşturmuşlardır. Bazı evlerin kırılan camları da aynı şekilde naylonla kapatılmıştır. Bu garajların tavanı oldukça yüksek olduğundan ısınma son derece zor olmaktadır. Kışın ısınma amaçlı kullanılan sobalar yeterli olmamakta ve karbonmonoksit zehirlenmesi tehlikesi içermektedir. Bazı aileler daha geniş olan garajlarda çadırlarla birbirinden ayrı bölmeler yapmışlardır. Çoğu meskende; yere serilen eski kilim veya battaniyeden üzerine atılan sünger yataktan ve birkaç kap kacaktan başka bir şey bulunmamaktadır. Bazılarında mutfak için herhangi bir alan söz konusu değildir.

Konutların yetersizliğinden, ev kiraları yüksek olduğundan ve sığınmacılar başka bir yer bulamadıklarından; sağlık ve hijyen koşulları kötü olan barınakları kiralamak zorunda kalmışlardır. Eskiden kullanılan ancak yerli halk tarafından daha sonra boşaltılmış pek çok tek ve küçük odalı eski yapılar, evlerin bodrumları, depolar sığınmacılar tarafından ikametgâh olarak kullanılmaktadır. Ev kiraları 100-150 liradan başlamakta 450-500 liraya kadar çıkmaktadır. Genellikle sığınmacıların ihtiyaç duyduğu ev eşyaları daha çok yardımsever yerel halk tarafından karşılanmaya çalışılmıştır. Kötü koşullara sahip evlerde kadınların çocuk bakımı ve ev işleri de güçleşmektedir. Bunların dışında kampların barınma kapasitesinin dolu olması nedeniyle, birçok sığınmacı aile isteseler de kamplarda yaşama imkânı bulamamışlardır.

2017 itibarıyla, Kilis şehrinde yerel halktan fazla sığınmacı bulunmaktadır. Kilis il nüfusu 130.825 iken, ilde bulunan toplam Suriyeli sığınmacı sayısı 127.363'tür. Kilis şehir nüfusu 106.582, şehirdeki sığınmacı nüfusu ise 96.787'dir (www.goc.gov.tr). İl toplam nüfusunun yaklaşık % 98'ini, kent nüfusunun %91'ini Suriyeli sığınmacılar oluşturmaktadır. Sığınmacı sayısında meydana gelen hızlı artışla birlikte konut sıkıntısı ortaya çıkmıştır. Daha önce metruk olan binalar yerleşmeye açılmış ve sığınmacılara kiraya verilmiştir. Güneş görmeyen, rutubetli ve 6-8 kişinin birlikte kaldığı bu yerler sağlık açısından risk taşımaktadır. Gelir seviyesi düşük olan ve ekonomik sıkıntı içinde yaşayanlar bu şekilde mekânsal dışlanma olgusuyla karşı karşıya kalmaktadır.

*Dil Sorunu.* Dil problemi kadınların yerli halkla iletişim kurmasını zorlaştırmaktadır; yaşadıkları mahallelerde vatandaşlarla diyaloğa rahat bir şekilde girememektedirler. Dil sorunu ve yabancı olmanın verdiği psikoloji nedeniyle uyum sağlamakta zorluk çeken kadınların bir kısmı evin geçimini sağlamak için çalışmak zorunda kalmaktadır. Ancak Türkçe bilmeyen ve yaşadıkları mahallelerde yerli halka iletişime geçemeyen, bazen yerli komşuları tarafından dışlanan sığınmacı kadınların çoğu toplumsal cinsiyet rolleri ve sığınmacı kimliğinin psiko-sosyal etkileri nedeniyle vakitlerinin büyük bir kısmını dışarı çıkmaya çekinerek, güneş görmeyen, havasız ve sağlıksız konutlarında geçirmektedirler.

Sığınmacı kadınlar genelde komşularıyla ilişki kuramamakta, komşuluk ilişkileri selamlaşmaktan öteye gidememektedir. Bazıları ise ancak bir-iki yerli komşusuyla iletişime geçebilmekte bu durum sosyal çevrede yoksunluk oluşturmaktadır. Türkçe konuşabilen kadınların komşularıyla ilişkilerini geliştirmeleri doğal olarak daha kolay olabilmektedir. Dil bilmeyen, çevreleriyle iletişim kurmakta zorlanan Suriyeli sığınmacı kadınların güvensizlik duyguları artmakta bu sebeple de evlerinden dışarı çıkmamayı tercih etmektedirler. Çocukları da Türkçe bilmeyen sığınmacı kadınların bir kısmı çocuklarını evin dışına çok fazla çıkartmamakta, kendi sokaklarından başka yerlere gitmelerine izin vermemektedir. Yabancı ve sığınmacı olmaları onların kendilerini sokaklarda tedirgin hissetmelerine neden olmaktadır. Ayrıca sokakta çıkabilecek sorunlardan korkmaktadırlar. Bu korkular ve tedirginlikler sığınmacıların sosyalleşmesini zorlaştırmaktadır. Savaşta eşini kaybetmiş kadın sığınmacılar, yerel halkla ilişki kurma konusunda oldukça dikkatli davranmaktadırlar.

> *"Evin mutfak ihtiyaçlarını oğlum gideriyor, alış veriş yapılması gerekiyorsa alışverişe oğlumu gönderiyorum. Ben de kızım da Türkçe konuşamıyoruz. Kızım 17 yaşında bekar, çevreye güvenmediğim için onun dışarı çıkmasına izin vermiyorum. Dışarıda bir olumsuzlukla karşılaşırsa kendini savunamayabilir." (A., Yaş 65)*

Kadınların yaşadıkları mekâna aidiyet duygusu onların yaşadıkları yerlerde kendilerini güvende, huzurlu ve mutlu görmeleriyle ilgilidir. Görüşme yapılan 15 sığınmacı kadının çok azı yerli halkla uyum sorunu yaşadıklarını açıkça ifade etmişlerdir. Diğerleri, yerli halkla genelde iyi anlaştıklarını; herhangi bir problem yaşamadıklarını belirtmişlerdir. Yerli halka uyum sorunlarının yaşanmasının temelinde dil bilmeme yatmaktadır. Türkçe konuşabilen veya anlayabilen kadınların mekâna uyumu daha sağlıklı gerçekleşmektedir.

*Ekonomik ve Sosyal Sorunlar.* Savaştan önce kendi ülkelerinde pek çok sorunla karşı karşıya kalan ve toplumda geri planda olan kadınlar için hayat oldukça zor olduğu gibi, savaş sebebiyle göç ettikleri yerlerde de hayatın yükümlülüğünü ve zorluklarını omuzlarına alan kadınlar için yaşam hiç de kolay olmamaktadır. Mali durum; beslenme alışkanlıkları ve sağlık problemleri açısından belirleyici olmaktadır. Sığınmacıların beslenme durumu onların ekonomik imkanlarıyla doğrudan ilişkilidir. Ekonomik olarak yetersiz olmaları, yeterli beslenememeleri, önleyici sağlık hizmetlerinden yararlanamamakta olmaları sebebiyle sık hastalanmalarına yol açmaktadır. Kötü beslenme kız çocuklarının gelecekteki yaşamlarını büyük oranda olumsuz etkileyebilmektedir (Özgüç, 1998: 5).

Tarihsel olarak Suriyeli kadınlar aile içinde ve kırsal kesimde emek gücüne dahil olma eğiliminde olmuşlardır. Ailelerine ve kendilerine ek gelir sağlamak amacıyla çalışmışlardır. Coğrafi olarak kendi ülkelerinden uzak mesafede bulunan ve ailelerinin alışkın olduğu iktisadi olanaklarından yoksun Suriyeli sığınmacı kadınlar eskisinden daha düşük gelirle hayatlarını sürdürmeye çalışmaktadırlar. Başlıca sosyal kimlikleri kız, eş, anne, kız kardeş, abla, kayınvalide olan kadınlar, düşük ücrete aile dışında çalışmaya razı olmuşlardır

(Massey vd. 2014: 23). Kadın göçmenler yeni geldikleri ülkede erkekler kadar enformel kesimde, kayıt dışı olarak çalışmak zorunda olduklarından; iş güvencesinden yoksun, düşük ücrete çalışmak zorunda kalmaktadırlar. Louis Wirth'e göre (1938; akt. Topal, 2004), heterojen grupların beraber yaşadıkları, kent gibi, ortak mekânlarda uyum sorunları, geniş aileden çekirdek aileye geçiş, kadının aile dışı iş gücüne katılması, göçün sosyal, kültürel etkileri ve sonuçları bağlamında ele alınmaktadır. Bireysel ve ailesel olarak alınan göç kararlarında ve göç sürecinde aile bireylerinin rolleri ve işlevleri kesinlikle değişime uğramaktadır. Göç sonrası meydana gelen yeni yaşam tarzında kadınlar geleneğin tersine daha aktif olabilmekteler; yani ailede bireysel roller yer değiştirmekte ve karar mekanizmalarında bir değişim meydana gelmektedir (Genç ve Kara, 2016: 33).

> *"Yaşları 2 ila 14 arasında değişen 6 çocuğum var. Eşim her zaman iş bulamıyor. İnşaat işlerinde veya zeytin bahçesinde iş bulursa çalışıyor. Ben ve 14 yaşındaki oğlum da zeytin bahçesinde zeytin toplama işinde çalışıyoruz. Suriye'deyken ev işleriyle ve kendi bahçemizle ilgilenirdim. Ama burada çalışmaya mecburum. Günlük kazancımız çoğu zaman bize yeterli gelmiyor. Çocuklarımın temel besin maddelerini bile zor sağlayabiliyorum. Çocuklarım çok sık hastalanıyorlar." (M., Yaş 38).*

Başka bir deyişle, göç sonucu yeni bir topluma gelen bireyler içinde kadınların da dışarıda çalışması zorunlu hale gelmektedir. Kendi memleketinde ev işleriyle uğraşan, çocuklarıyla ilgilenen kadınlar, zorunlu göç sonucu destinasyonda ekonomik olumsuzlukları en aza indirgeyebilmek için çeşitli işlerde çalışmak zorundadır. Suriyeli kadınlar Kilis'te akraba ve tanıdıkları vasıtasıyla ev hizmetlerinde, terzi ve pastanelerde, tarlada zeytin toplama işinde, çocuk bakımında çalışmaktadırlar. Kadınların bir diğer çalışma alanı da tekstil sektörüdür. Özellikle yaşı küçük kız çocukları tekstil fabrikalarında, konfeksiyon atölyelerinde düşük ücrete istihdam edilmektedir. Sığınmacı kadın ve çocukların yapabilecekleri işlerde çalışmaları normal piyasanın çok altında bir ücrete tabidir. Günlük işlerde 15-20 lira kadar düşük ücrete çalışmak zorunda kalan kadın ve çocuklar için geçim çok zordur. Zorunlu göç sonucu yaşanan sosyal hareketlilikle birlikte yoksul/yoksun olma hali üretilmekte ya da var olan bu durum daha da derinleşmektedir.

> *"Suriye'de iken maddi durumumuz iyiydi. Tarlamız vardı, çiftçilik yapıyor, kendimize yetebiliyorduk. Savaşta evimiz yıkıldı, tarlalarımızı, tüm gelirimizi kaybettik. Oğlumu savaşta kaybettim, gelinim Suriye'de kaldı. 6 yaşında erkek torunum ve 12 yaşında kız torunum ile birlikte kalıyoruz. Eşim ve ben yaşlıyız, çalışamıyoruz. Maddi olarak yardıma muhtaç hale geldik. 12 yaşındaki kız torunum çöplerden plastik toplayarak para kazanmaya çalışıyor. Sabah erken çıkıp akşam geç saatlerde ancak eve gelebiliyor. Onun için endişeleniyorum. Ancak başka çaremiz yok." (K., Yaş 65)*

*Psikolojik Sorunlar.* Gördüğümüz gibi göçle birlikte kadınların toplumsal cinsiyet rolleri ve sosyal sorumluklarında önlenemez ve önemli değişimler meydana gelmektedir. Kadınlar, eş ve anne olarak kendilerinden beklenen sorumluluğu en iyi şekilde yerine getirmenin çabasına girmekle birlikte çoğu sosyal imkânları kaybetmenin verdiği zorluklarla yaşam koşulları ağırlaşmaktadır.

Kadınların farklı bir kültür içinde yeterli eğitime ve dil yeterliliğine sahip olmaması onlar üzerindeki psiko-sosyal baskıları arttırarak, kadının yerleştiği yeni toplumdaki dezavantajlı konumunu pekiştirmektedir. Kadınlar göç (Şeker ve Uçan, 2016: 210) sürecinde ve sonrasında toplumdaki istihdam, sosyal güvenlik, eğitim ve sağlık gibi çeşitli hizmetlere erişmede kısıtlılıklar yaşamaktadır. Göç sürecinde kadınların yaşadığı travmatik etkilerin ortaya çıkmasıyla yeni gelinen toplumdaki çevresel etmenler, (aile, büyükler, arkadaşlar gibi) doğal psiko-sosyal destek mekanizmalarının zayıflaması onların ruh ve beden sağlığını olumsuz etkilemektedir. Ağır psikolojik, toplumsal ve kültürel baskı altına giren kadınlar kendilerini ifade edemeyebilmektedirler. Kadınların konak toplumda mutlu, kendisi ve çevresi ile barışık olması, kendini geliştirmesi, kendi öz kültürünü çocuklarına aktarmasına katkıda bulunabilecek ve ailesini olumlu bir biçimde etkileyebilecektir (Şeker ve Uçan, 2016: 211).

*"Anne ve babamla birlikte evde iken evimiz bombalandı. Anne ve babamı yıkıntılar arasından sağ çıkarttık. Korku dolu bir yolculuktan sonra sınırı geçerek Kilis'e geldik. Savaşla birlikte tüm mal varlığımızı kaybettik. Maddi olarak yardıma muhtacız. Savaşın etkilerini hala hissediyoruz. Suriye'ye dönmek istemiyorum. Uçak sesleri hala korkutuyor. Saldırılarda evimizin yıkıldığını unutamıyorum, hala çok korkuyorum. Gerekmedikçe evden dışarı çıkmıyorum. Türkçeyi çok az anlıyorum. Bir- iki komşumla görüşüyorum. Burada kendimi güvende ve huzurlu hissediyorum." (S. Yaş 25)*

Sosyal dışlanma öncelikle; ekonomik nedenler (işsizlik, gelir ve malvarlığı kaybı veya yetersizliği gibi), bireysel nedenler (eğitimsizlik, yaş ve cinsiyet gibi), sosyal ve kurumsal nedenler (toplumsal destek yoksunluğu gibi), siyasi haklardan faydalanamamak ve politik karar alma mekanizmalarına katılmamak gibi politik nedenler sonucu meydana gelmektedir. Bu gibi nedenlerin bir veya birkaçı nedeniyle dışlanmaya maruz kalan birey, hem toplumsal hem de bireysel olarak bir takım olumsuzluklarla karşılaşmakta bununla birlikte eşitsizliğe maruz kalmaktadır (Gerşil, 2015: 164-165). Sadece yoksul olan insanlar değil, aynı zamanda göçmenler veya sığınmacılar da sosyal dışlanmaya maruz kalabilmektedir. Sığınmacı kadınlar göç öncesi istenmeyen olaylara maruz kalmış, savaş uçaklarının saldırıları, akrabalarının ölümleri, evlerinin yıkılması, çoğunun yıkılan binaların altında kalması / altından çıkarılması gibi pek çok olumsuz durum kadınlarda derin izler bırakmış ve travmalara yol açmıştır. Sığınmacı kadınlarla yapılan derinlemesine görüşmelerden elde edilen bulgulara göre kadınlar korku, endişe, umutsuzluk arasında gel-git yaşamaktadırlar. Savaş ortamında şiddete maruz kalan ve ölüm korkusu yaşayan kadınların ruh dünyalarında büyük bir sarsıntı söz konusudur. Geçirdikleri travmalar yüzünden stres dereceleri ve kaygı düzeyleri artmakta; uyku bozukluğu yaşamaktadırlar.

> *"Halep'te pazarda alış-veriş yaparken uçakların attığı bombalar hemen yakınımıza düştü, çok sayıda kişi öldü ve yaralandı, evler yıkıldı, çok korktum. Türkiye'ye göç ederken de uçak saldırıları oldu, bombalar çok yakınımıza düştü. Aradan üç yıl geçtiği halde hala uçak seslerinden korkuyorum, geceleri rüyalarımda sürekli bomba atan uçakları, yıkılan evleri, ölen ve kanlar içinde kalan insanları görüyorum." (E., Yaş 37)*

## Sonuç ve Tartışma

Kilis şehrindeki sığınmacılar genelde bireysel olarak, aileleriyle veya akrabalarıyla küçük gruplar halinde veya kitlesel olarak göç sürecine katılmışlardır. Kilis'in Suriyeli sığınmacı çekmesindeki en temel nedenler; sınır ili olması, göç yaşanan bölgelere yakınlığı, ayrıca savaş öncesi dönemde Suriye ile sınır ticaretinde önemli bir merkez olmasından dolayı, iki kesim açısından da bir uyumun ve tanınırlığın olmasıdır. Kilis şehrinde Suriye ile akrabalık bağları olan kişilerin de bulunması Kilis'in en fazla sığınmacı barındırmasında diğer bir sebep olarak görülmektedir. Kilis'e gelen Suriyelilerin bir kısmı Türkçe bildiği gibi Kilis halkından da Arapça konuşanlar bulunmaktadır. Kilis ile Suriye sınırındaki yerleşim bölgeleri birbirlerine yakın olduğundan gerektiğinde gidiş gelişler kolay olmaktadır.

Ülkelerini, evlerini, topraklarını, sevdiklerini, akrabalarını, komşularını savaş ve zulüm yüzünden terk etmek zorunda kalan sığınmacı kadınlar, hiç bilmedikleri bir ülkede yaşam mücadelesine girmiştir. Görüşme yapılan tüm Suriyeli sığınmacı kadınlar ülkelerindeki savaş bittikten sonra ülkelerine gitmek istediklerini belirtmişlerdir. Sığınmacı kadınlar Türkiye'nin güvenli bir ülke olduğunu, kendilerine çok yardım ettiğini, destek olduğunu ancak kendi ülkelerinde hayatlarını sürdürmek istediklerini; bir an önce savaşın bitmesini dilediklerini belirtmişlerdir. Bu konuda özellikle Avrupa ülkelerinin savaşın sonlanması hususunda girişimlerde bulunmasını istemektedirler. Sığınmacı kadınları endişelendiren bir durum kendi ülkelerinin istihbaratının ya da rejim yandaşı grup veya kişilerin kendilerini Kilis'te bulabilme endişesidir. Cinsiyet kimlikleri yaşadıkları yerlerde kendilerini güvende hissetmemelerine neden olmaktadır. Türkiye'de sürekli işlerinin ve evlerinin olmaması ekonomik sıkıntı içinde olmaları, dil ve iletişim problemi, gelecek kaygısı, yalnızlık, yabancılık, yoksulluk, yoksunluk gibi sıkıntılar sebebiyle savaş sonrası ülkelerine gitmek istemektedirler.

Üç milyondan fazla Suriyeli sığınmacıya ev sahipliği yapan Türkiye, sığınmacılara güvenli bir yer sunmaktadır. Ancak ekonomik durumu kötü olan sığınmacı kadınlar için yaşam koşulları zor olmakta ve ekonomik sömürüye maruz kalmaktadırlar. Sığınmacılara sağlık ve eğitim hizmetleri ücretsiz olarak verilmektedir. Ancak bu durum sığınmacılar nezdinde sosyal refah ortamının inşası için yeterli gelmemektedir. Kadınların kendi kendilerine yetebilmeleri için, yerel yönetimler ve çeşitli yardım kuruluşları tarafından kadınların mesleki becerilerini arttırmak ve istihdamını kolaylaştırmak amacıyla çeşitli kurslar düzenlenmektedir. Fakat yerel yönetimlerin sağladığı imkânlardan haberdar olmayanlar da bulunmaktadır. Bu durumda olan sığınmacı kadınların tespit edilip iş bulmaları için yerel imkânlardan haberdar edilmeleri gerekmektedir.

Yerel yönetimler ve STK'lar tarafından savaş, çatışma, göç sürecinde dezavantajlı olan sığınmacı kadınların sorunlarını önlemeye ve ortaya çıkan sorunları hafifletmeye yönelik politikalar hayata geçirilmelidir. Kadınların savaş esnasında yaşadıkları travmatik durumların etkisini azaltacak psikolojik destek merkezleri kendilerine başvurmaktan imtina edenlere ulaşacak yollar geliştirmelidir. Özellikle eşini savaşta kaybetmiş çocuklarıyla bir başına ve korunmaya muhtaç olan sığınmacı kadınların tespit edilerek, sivil toplum kuruluşları ve yerel yönetim tarafından gerekli destekler sağlanmalıdır.

Sığınmacı kadınlar içindeki en dezavantajlı konumda olanlar hanede tek yetişkin durumundaki, çocuklarıyla birlikte yaşayan yalnız kadınlardır. Bu durumda olan kadınlar tespit edilerek meslek edinme kurslarında meslek eğitimi verilmelidir. Kursları başarıyla tamamlayanlar uygun işlerde istihdam edilmelidir. Yalnız kadınlar çevrelerindeki avantajlı durumlardan ya da yardım olanaklarından çoğu zaman haberdar olamamaktadırlar. Bu kadınların tespit edilerek sosyal hayatlarını kolaylaştıracak çeşitli destek programları düzenlenmelidir. Özellikle ihtiyaçlarını kendilerinin gidermesini sağlayacak istihdam alanları oluşturulmalıdır.

## Kaynakça

Ahaber, "Bakan Soylu, Türkiye'deki mülteci sayısını açıkladı", www.ahaber.com.tr/gundem/2017/.../bakan-soylu-turkiyedeki-multeci-sayisini-acikladı, E.T. 15.02.2017

Aile ve Sosyal Politikalar Bakanlığı Kadının Statüsü Genel Müdürlüğü (2012), *Kadına Yönelik Aile İçi Şiddetin Nedenleri, Sonuçları, Alınacak Önlemler*, Ankara.

Aksakal, H. ve Atasayar, M. (2011), "Aile İçi Kadına Yönelik Şiddetin Biyo-Psiko-Sosyal Sonuçları Üzerine Bir Çalışma," *Akademik Bakış Dergisi*, 2: 1-12, http://www.akademikbakis.org E.T. 10.05.2016

Bal, H., Aygül, H. H., Oğuz, Z. N. ve Uysal, M. T. (2012), "Göçle Gelenlerin Toplumsal Sorunları (Isparta Örneği)", *SDÜ Fen Edebiyat Fakültesi Sosyal Bilimler Dergisi*, 27: 191-210.

Baydar, S.O. (2012), "Dünyada ve Türkiye'de Mülteciler, Sığınmacılar, Yasadışı Göçmenler ve Ülke Ekonomisine Etkileri-2", *Gayri Resmi Dünya Atlası*, http://seyitorhanbaydar.wordpress.com/2012/06/08/dunyada-ve-turkiyedemulteciler-siginmacilar-yasadisi-gocmenler-ve-ulke-ekonomisine-etkileri-2 E.T.05.01.2014

Bijak, J. (2011), *Forecasting International Migration in Europe: A Bayesian View*, Series On

Demographic Methods and Population Analysis, Southampton: The Springer.

Buz, S. (2007), "Göçte Kadınlar: Feminist Yaklaşım Çerçevesinde Bir Çalışma", *Toplum ve Sosyal Hizmet*, 18(2): 37-50.

Buz, S. (2006), *Kadın ve Göç İlişkisi: Sığınan ve Sığınmacı Kadınlar Örneği*, yayınlanmamış doktora tezi, Hacettepe Üniversitesi Sosyal Bilimler Enstitüsü, Sosyal Hizmet Anabilim Dalı.

Buz, S. (2008), "Türkiye'deki Sığınmacıların Sosyal Profili", *Polis Bilimleri Dergisi*, 10(4): 3.

Çiçek Korkmaz, A. (2014), "Sığınmacıların sağlık ve hemşirelik hizmetlerine yarattığı sağlık sorunları", *Sağlık ve Hemşirelik Yönetimi Dergisi*, 1(1): 37–42.

Farrell H. Aherne C. (2003), "Women and Poverty", *National Women's Council of Ireland, NWCIFactsheet*, No. 2: 1, www.nwci.ie/documents/wompoverty.doc, E.T.04.09.2009

Fazel, M. Reed, R. V Panter-Brick ve C. Stein. A. (2012), "Mental Health of Displaced and Refugee Children Resettled in High-Income Countries: Risk and Protective Factors", *Review*, 379: 266–282, www.thelancet.com

Genç, Y. Kara, H. Z.(2016), "İç Göç Sürecinde Birey Rollerinin Toplumsal Cinsiyet Açısından Değerlendirilmesi", *PESA Uluslararası Sosyal Araştırmalar Dergisi*, 2(3): 31-40, www.sosyalarastirmalar.org

Gerşil, G. (2015), "Küresel Boyutta Yoksulluk ve Kadın Yoksulluğu", *Yönetim ve Ekonomi*, 22(1): 159-181.

Görengeli, M. ve Karakuş, P. (2014), "Göç Araştırmalarında Mekân Boyutu: Kültürel ve Mekânsal Bütünleşme", *Türk Psikoloji Yazıları*, 17(34): 101-115.

Harunoğulları, M. ve Polat, Y. (2017), Urban Space Experience And Perceptions Of Syrian Refugee Children, *3RD International Scientific Conference Geobalcanica 2017*, Proceedings, Skopje, ss. 207-213.

İşleyen, F. Ş. (2015), "Şiddet Haberlerindeki 'Mağdur Kadın' Miti Üzerine Göstergebilimsel Bir İnceleme: Habertürk Gazetesi, Ş.E. Cinayeti Örneği", *Global Media Journal TR Edition*, 6 (11), 478-496.

Kepekçi, E. (2012), "(Hegemonik) Erkeklik Eleştirisi ve Feminizm Birlikteliği Mümkün mü?", *Kadın Araştırmaları Dergisi*, 2(11): 59-86.

Korkmaz, A. (2016), "Suriyeli Sığınmacılardan Kaynaklanan Sorunlar ve Çözüm Önerileri", *Akademik Hassasiyetler*. 83-116.

Massey, D. S., Arango, J., Hugo, G., Kouaouci, A., Pellegrino, A. ve Taylor, J. E. (2014), "Uluslararası Göç Kuramlarının Bir Değerlendirmesi", *Göç Dergisi*, 1(1): 11-46.

Mazlumder (2014), Kamp Dışında Yaşayan Suriyeli Kadın Sığınmacılar Raporu, *Mazlumder Kadın Çalışmaları Grubu*, Mayıs 2014.

Özgüç, N. (1998), *Kadınların Coğrafyası*, İstanbul: Çantay Kitapevi.

Pala, A. (2013), *Zorunlu Göç ve Kadın Deneyimi: Diyarbakır Örneği*, Hacettepe Üniversitesi Sosyal Bilimler Enstitüsü Antropoloji Anabilim Dalı, yayımlanmamış Yüksek Lisans Tezi.

Pessar, R. P. ve S. J. Mahler. (2003), "Transnational Migration: Bringing Gender in", *The International Migration Review*, 37(1): 812–846

Salaçin, S., Toprak Ergören, A. ve Demiroğlu Uyanıker, Z. (2009), *Kadına Yönelik Şiddet, Klinik Gelişim*, Adli Tıp özel sayısı, 22: 95-100.

Süer, B. (2012), "Suriye'de Değişim Çabaları: Bir Bağlam ve Süreç Analizi", *Akademik Orta Doğu*, 6 (2): 1-20.

Syria Regional Refugee Response (3RP) (2017), *Inter-agency Information Sharing Portal*, http://data.unhcr.org/syrianrefugees/regional.php, E.T. 29 Temmuz 2017.

Syria Regional Refugee Response (3RP) - Regional Overview, (2017), www.data.unhcr.org, E.T. 29 Temmuz 2017.

Şeker, D. ve Uçan, G. (2016), "Göç Sürecinde Kadın", *Celal Bayar Üniversitesi Sosyal Bilimler Dergisi*, 14(1): 199-214.

Şen, A. ve Bekarca. Vural, C. (2014), "Suriye İç Savaşında Göç ve Kadın", *Yaratıcı Drama Dergisi*, 9(17): 29-40.

T.C. İçişleri Bakanlığı Göç İdaresi Genel Müdürlüğü, www.goc.gov.tr, E.T.11 Ağustos 2017.

Topal, A. K. (2004), "Kavramsal Olarak Kent Nedir ve Türkiye'de Kent Neresidir', *Dokuz*

*Eylül Üniversitesi Sosyal Bilimler Enstitüsü Dergisi*, 6(1): 279-294

Tuncer, S. (2012), "Beşeri Coğrafyaya Feminist İtirazlar", *Fe Dergi*, 4(1): 79-90.

Urry, J. (1995), *Mekânları Tüketmek*, çeviren: Rahmi G. Öğdül, İstanbul: Ayrıntı Yayınları.

Uysal, A. (2016), "Emotional Geographies of Turkish Children in Transnational Spaces in London", *Göç Dergisi*, 3 (1): 99-119.

Ünal, S. (2012), "Sosyal-Mekânsal-Siyasal Kümelenme Biçimi Olarak İzmir Kentinde Balkan (Rumeli) Kimliği", *Çağdaş Yerel Yönetimler*, 21(3): 49-77.

Yıldırım A. Şimşek H. (2008), *Sosyal Bilimlerde Nitel Araştırma Yöntemleri*, 6. Basım. Ankara: Seçkin Yayıncılık.

# HARUNOĞULLARI

# SURİYELİ ÇOCUKLARIN EĞİTİM HAKKI VE EĞİTİME ERİŞİMİ

## Suna Gülfer Ihlamur-Öner

### Eğitim Sorunsalı Bağlamında Türkiye'deki Suriyeli Çocuklar

Suriye'de altı yıldır uluslararası kamuoyunun tanıklığında devam eden savaşın Suriye halkı üzerinde yıkıcı ve çok boyutlu etkileri söz konusudur. Bu yıkımdan en fazla etkilenenler çocuklardır. 5.800.000 çocuk Suriye içerisinde ve 2.800.000 çocuk erişilmesi zor alanlarda, savaş koşullarında doğup büyümekteyken; 2.300.000 Suriyeli çocuk mülteci olarak ülke dışında zor koşullarla yaşamlarını sürdürmektedir (BBC, 13 Mart 2017). Suriyeli çocukların bu mücadeleden galip çıkması ve "kayıp kuşak" olmasını engellemenin yolu eğitimden geçmektedir.

Eğitim Suriye savaşında en fazla yara alan alanlardan biridir. Suriye'de çatışmaların başladığı 2011 yılı öncesinde ilkokula gidenlerin oranı %99, ortaokula gidenlerin oranı ise %82 iken, kız ve erkek çocukların okullaşma oranı da eşitlenmiş durumdaydı. Suriye'deki iç savaş ve mülteci krizi bu önemli kazanımın yitirilmesine yol açtı (İnsan Hakları İzleme Örgütü, Kasım 2015: 2). Ülke içince ve dışında yerinden edilme ise eğitim konusunda ciddi sorunların ortaya çıkmasına yol açtı.

3 milyonu aşkın Suriyeli mülteciyle[1] dünyada en büyük mülteci nüfusuna sahip olan Türkiye aynı zamanda en fazla sayıda çocuk mülteciye ev sahipliği yapan ülke konumundadır.

---

[1] Türkiye'ye sığınan Suriye vatandaşlarının hukuki statüsüne ilişkin devlet yetkililerince, medyada ve akademik çalışmalarda farklı ifadeler kullanılmaktadır; göçmen, mülteci, sığınmacı, geçici koruma altındakiler, misafir…Türkiye uluslararası mülteci rejimini inşa eden 1951 Mültecilerin Hukuki Statüsüne İlişkin Sözleşme'ye coğrafi çekince ile taraf olduğu için sadece Avrupa Konseyine üye ülkelerden gelen kişilere mülteci statüsü vermektedir. Buna göre, Sözleşme'nin 1. maddesinde mülteciye ilişkin hukuki tanıma uysa bile Avrupa dışından gelenler sığınmacı, 6458 sayılı Yabancılar ve Uluslararası Koruma Kanunu'nun yürürlüğe girmesinden itibaren ise, şartlı mülteci olarak tanımlanmaktadır. Türkiye'deki Suriyeliler geçici koruma rejimi altındadır, ancak hem coğrafi çekince hem de kitlesel göç durumlarında bireysel statü belirleme işlemlerinin yapılamaması nedeniyle mülteci statüsüne sahip değildir. Bu çalışmada ise mülteci kavramı Sözleşme'deki hukuki tanımı da kapsayan, fakat daha geniş anlamda, çatışma ve yaygın şiddet ortamından kaçan ve ülkesi dışında (uluslararası) koruma arayan tüm Suriyelileri kapsayacak şekilde kullanılmaktadır.

Burada çocuktan kasıt Türkiye'nin de taraf olduğu Birleşmiş Milletler Çocuk Haklarına Dair Sözleşme'nin 1. maddesinde belirtildiği üzere 0-18 yaş arası bireylerdir (Çocuk Haklarına Dair Sözleşme, 20 Kasım 1989). Göç İdaresi Genel Müdürlüğünün (GİGM) Haziran 2017 ayının verilerine göre, 2012 yılında 14.237 olan Türkiye'deki kayıtlı Suriyeli mülteci sayısı 7 Aralık 2017 itibariyle 3.381.005'e ulaşmıştır. Türkiye'de kayıtlı Suriye vatandaşlarından 228.527'si Afet ve Acil Durum Yönetimi Başkanlığının (AFAD) denetiminde 10 ilde kurulmuş olan 23 geçici barınma merkezinde, 3.152.481'i ise kamp dışında farklı şehirlere dağılmış olarak yaşamaktadır. Türkiye'de kayıtlı toplam 3.381.005 Suriye vatandaşından 1.597.649'u, yani %47.2'si, 0-18 yaş arasındadır (GİGM, 7 Aralık 2017).[2]

Mevcut veriler Türkiye'de Suriyeli çocukların temel ihtiyaç ve haklarını öncelikli kılmaktadır. Eğitim hakkı Suriyeli çocukların en temel haklarından birisi, belki de, en önemlisidir. Türkiye'de 600.000'i aşkın Suriyeli öğrenci devlet okulu ve Millî Eğitim Bakanlığı denetimindeki Geçici Eğitim Merkezlerine kayıtlıdır. Ancak Türkiye'nin koruması altında olmasına karşın eğitime erişemeyen, çalışmak zorunda kalan, erken yaşta evlendirilen, savaşa katılmak üzere Suriye'ye geri dönme ya da radikalleşme gibi risklerle karşı karşıya olan çok sayıda çocuk bulunmaktadır. Bu durum çocukların geleceklerinin bugün olduğundan daha fazla belirsizlikle dolu olmasına neden olurken, eğitime erişim ise onları daha donanımlı ve güçlü bireyler haline getirme imkanını barındırmaktadır (İnsan Hakları İzleme Örgütü, Kasım 2015: 49).

Suriyeli mülteciler Türkiye'de altı yılı aşkın süredir yaşamaktadır ve ihtiyaçları acil insani yardım sağlanması boyutunu aşmıştır. Bu nedenle Türkiye'nin kapsamlı ve uzun-erimli bir uyum stratejisi benimsemesi ve bunu ivedilikle uygulamaya koyması gerekmektedir. Bu stratejinin temel ayaklarından birisi Suriyelilerin Türkiye'deki statüsünü netleştirmeye yönelik olmalıdır. Ev sahibi devletçe mültecilere belirli bir statü tanınması birçok uyum stratejisi ya da modelinde, uyum sürecinin başında değil, "başarılı entegrasyon"un ödülü olarak sürecin sonunda gerçekleşmektedir (Strang ve Ager, 2010: 596). Oysa uyum etkileşimsel bir olgudur. Mültecilerin ev sahibi ülkeye gelişiyle ve ev sahibi toplumla ilk karşılaşmasıyla başlamaktadır. Başlangıçta belirli bir statüye sahip olmak ve buna bağlı olarak yaşanan olumlu deneyimler uzun-erimli uyum stratejilerinin "başarı"sını artırmaktadır (Castles vd., 2002: 125; Mestheneos ve Ioannidi, 2002: 310).

Suriye'den Türkiye'ye mülteci hareketi başladığında hem krizin kısa süreli olacağı beklentisi hem de Türkiye'nin iltica rejimi izin vermemesi nedeniyle Suriye'den gelenler "misafir" olarak tanımlanmış 6458 sayılı Yabancılar ve Uluslararası Koruma Kanunu kapsamında Ekim 2014 tarihinde hazırlanan

---

[2] Türkiye'de 0-4 yaş arasında 499.307, 5-9 yaş arasında 463.045, 10-14 yaş arasında 346.648 ve 15-18 yaş arasında 288.649 Suriyeli çocuk bulunmaktadır (GİGM, 7 Aralık 2017).

yönetmelik ile "geçici korunma" altına alınmıştır. Türkiye'nin coğrafi çekince nedeniyle Türkiye'ye sığınan Suriye vatandaşlarına "mülteci statüsü" yerine "geçici koruma statüsü" vermesi daha sınırlı hak ve destek mekanizmaları anlamına gelmekte, bu da hak temelli bir yaklaşımın geliştirilmesi önünde bir engel teşkil etmektedir. Suriyeli mülteciler açısından belirli bir statü hakları hakkında daha fazla bilgi sahibi olmak, geleceği planlayabilmek, dolayısıyla çocuklarının eğitime erişimi de dâhil birçok farklı konuda daha kararlı adımlar atabilmeleri anlamına gelmektedir. Ev sahibi toplumun süreç ve mekanizmalarına etkin ve eşit düzeyde katılımı sağlayacak bir uyum stratejisi belirli bir statünün sağladığı sağlam zemin üzerinde yükselebilir. Suriyeli bireylerin ev sahibi toplumla etkileşerek oluşturduğu/oluşturacağı toplumsal alan, süreç ve mekanizmalara daha etkin ve eşit düzeyde katılımını sağlayacak en temel unsur ise eğitimdir.

Bu çalışmada Suriyeli çocukların örgün eğitim kurumlarına erişimi konusu ele alınacaktır. Temel eğitime erişimin Suriyeli çocuklar açısından neden temel bir insan hakkı ve ihtiyaç olduğu ana hatlarıyla tartışıldıktan sonra Türkiye'de eğitim alanında temel aktör olan Millî Eğitim Bakanlığı'nın 2011'den günümüze karşı karşıya olduğu tablo, konuya yaklaşımı, genelgelerle ilan ettiği karar ve bu bağlamdaki uygulamaları ele alınacaktır. Bakanlığın dışında eğitim sürecine katılan ve etki eden diğer aktörlere de kısaca değinilecektir. Suriyeli öğrencilerin eğitime erişimine etki eden veya engel yaratan etmenlerin ayrıntılı olarak tartışılacağı bölümden sonra çözüm önerileriyle çalışma sonlandırılacaktır. Her ne kadar bu çalışmanın kapsamı dışında kalsa da Türkiye'deki 18 yaş üstü Suriyeli öğrencilerin yükseköğretim kurumlarına erişimlerine ilişkin düzenleme ve uygulamalara kısaca değinilecektir.

## Suriyeli Çocukların Eğitim Hakkı

Ager ve Stang Britanya'da yürüttükleri alan çalışmaları ve entegrasyon üzerine yazın temelinde mültecilerin temel ihtiyaç ve önceliklerini esas alarak bir çerçeve geliştirmiş ve onların toplumsal hayata katılımına ve uyum sürecine etki eden dört temel alan belirlemiştir. Bunlar; barınma, çalışma, eğitim ve sağlıktır (Ager ve Stang, 2008: 169-170). Çocuklarının eğitime erişimi iltica eden ebeveynin en temel öncelikleri arasındadır. Eğitim mülteciler ve sığınmacılar açısından "geleceğin anahtarı"dır, istikrar ve umut kaynağıdır. Mültecilerin sığındıkları ülkede nitelikli eğitime erişimi hem ev sahibi toplum hem de bir gün geri dönmeyi umdukları ülkelerinin bugünü ve geleceğine katkı sunmalarında büyük önem taşımaktadır (Dryden-Peterson, 2011: 8). Eğitim mülteciler açısından başlı başına bir "kalıcı çözüm" teşkil ederken bugün ve gelecekteki kalıcı çözümleri oluşturacak mekanizmaları da harekete geçirebilmektedir (Dryden-Peterson, 2011: 84-85). Çocukların okula devam etmesi mülteciler için bir yere yerleşme ve istikrar sağlamaya bir adımken, okullar mülteciler açısından güvenli alanlar, öğrenme olanaklarına erişim ve hem diğer mültecilerle hem de ev sahibi toplumla etkileşim imkânı sunmaktadır (Matthews, 2008'den aktaran Balkar, Şahin ve Babahan, 2016: 1295). Bazı durumlarda eğitim her şeydir: Hava, su gibi hayatidir. Kenya'daki Dadaab mülteci kampındaki veli-öğretmen derneğinin mensubu bir mülteci eğitimin önemini "eğer gıda ve eğitim arasında bir tercih yapmamız gerekirse, biz eğitimi seçeriz" şeklinde ifade etmiştir, zira ülkelerini yerle bir edenin cehalet olduğunu düşünmektedir (Dryden-Peterson, 2011: 85). Mülteci çocuk ve gençlerle yapılan görüşmeler de onların eğitimi bir "lüks" değil, bir "temel ihtiyaç" olarak gördüklerini göstermektedir (UNHCR, 2016: 4). Erken çocukluk dönemi ve ilkokul çağındaki eğitime erişim çocukların tüm yaşamları boyunca öğrenme süreçlerine etki etmektedir ve mülteci çocuklar açısından temel eğitimin önemi çok daha büyüktür (Dryden-Peterson, 2011: 10).

Eğitim ve öğretim temel bir insan hakkıdır ve insanın diğer temel hak ve özgürlüklerinden bağımsız düşünülmesi mümkün değildir. Eğitim bireyin toplumla etkileşimini düzenler ve topluma etkin bir şekilde katılımını sağlar (Balcı, 1996: 1). İnsan Hakları Evrensel Beyannamesi'nin 26. maddesine göre herkesin eğitim hakkı vardır (Balcı, 1996: 12; Odman, 2008: 134). Türkiye'nin taraf olduğu Uluslararası Ekonomik, Sosyal ve Kültürel Haklar Sözleşmesi, Çocuk Haklarına Dair Sözleşme, Uluslararası Medeni ve Siyasi Haklar Sözleşmesi, Kadınlara Yönelik Her Türlü Ayrımcılığın Önlenmesine Dair Sözleşme ve Avrupa İnsan Hakları Sözleşmesi; her çocuğun ayrımcılığa uğramaksızın eğitim alma hakkını koruma altına almaktadır (İnsan Hakları İzleme Örgütü, Kasım 2015: 51). Türkiye'nin 2000 yılında taraf olduğu Birleşmiş Milletler Ekonomik, Sosyal ve Kültürel Haklara İlişkin Uluslararası Sözleşme'nin 13. maddesine göre taraf devletler herkesin eğitim görme hakkına sahip olduğunu kabul ederler. Bu amaçla ilköğretimi zorunlu ve parasız hale getirmekle yükümlüdürler (Birleşmiş Milletler, Ekonomik, Sosyal ve Kültürel Haklara İlişkin Uluslararası Sözleşme, 16 Aralık 1966).

Türkiye'nin coğrafi çekince ile taraf olduğu 1951 Cenevre Sözleşmesi'nin 22. maddesine göre sözleşmeye taraf olan devletler temel eğitime erişim konusunda mültecilere vatandaşlarına uyguladıkları muamelenin aynısını uygulamakla yükümlüdür. Temel eğitimin dışındaki eğitim aşamalarında devletler mültecilere eğitim ve burs imkanlarından yararlanmaları, diploma ve derecelerinin tanınması gibi hususlarda imkanlar ölçüsünde olanaklar tanıyacaklardır (Birleşmiş Milletler, Mültecilerin Hukuki Statüsüne İlişkin Sözleşme, 28 Temmuz 1951). Türkiye coğrafi çekince nedeniyle Avrupa dışından gelen sığınmacılara mülteci statüsü tanımadığı ve kitlesel zorunlu göç karşısında bireysel statü belirleme işlemlerini yürütmediği için Türkiye'deki Suriyeliler mülteci statüsüne sahip değildir ve bu da mültecilerin sahip olduğu haklardan yararlanmalarını etkilemektedir. Ancak geçici koruma rejimi çerçevesinde Suriyeli mültecilerin temel eğitime erişimi düzenlenmiştir.

Türkiye'nin Suriyeli çocuklara ilişkin yükümlülüklerini belirlemede taraf

SURİYELİ ÇOCUKLARIN EĞİTİM HAKKI

olduğu uluslararası sözleşmelerin yanı sıra iç hukuk düzenlemeleri önem taşımaktadır. Türkiye'nin eğitim konusundaki taraf olduğu bu uluslararası sözleşmeler iç hukukunun da bir parçası haline gelmiştir. Mayıs 2004'de değişikliğe uğrayan anayasanın 90. maddesine göre "[u]sulüne göre yürürlüğe konulmuş Milletlerarası andlaşmalar kanun hükmündedir. Bunlar hakkında Anayasaya aykırılık iddiası ile Anayasa Mahkemesine başvurulamaz" ve "[u]sulüne göre yürürlüğe konulmuş temel hak ve özgürlüklere ilişkin milletlerarası andlaşmalarla kanunların aynı konuda farklı hükümler içermesi nedeniyle çıkabilecek uyuşmazlıklarda milletlerarası andlaşma hükümleri esas alınır." Bunun yanı sıra 1982 Anayasası'nın 42. maddesine göre "[k]imse, eğitim ve öğrenim hakkından yoksun bırakılamaz." (Gözler, 2010). Yine bu maddeye göre ilköğretim zorunludur ve devlet okullarında eğitim ücretsizdir. Millî Eğitim Temel Kanunu'nun 7. maddesi de Türk vatandaşları açısından eğitim hakkı güvencesi sağlarken, aynı kanunun 4. maddesi din, dil, ırk ve cinsiyet ayrımı gözetilmeksizin ve hiçbir zümre ya da sınıfa imtiyaz tanımaksızın eğitime erişim hakkını güvence altına almaktadır (Kaya, 2009: 11). Her ne kadar Suriyeliler Türkiye vatandaşı olmasalar ve Türkiye'de mülteci statüsüne sahip bulunmasalar da ülke sınırları içerisinde bulunmaları hasebiyle Türkiye'nin kendi toprakları üzerinde bulunan Suriyeli çocuklara eğitim verme sorumluluğu bulunmaktadır (Seydi, 2014: 270).

Türkiye'de temel eğitim zorunlu ve ücretsizdir. "İlköğretim ve Eğitim Kanunu ile Bazı Kanunlarda Değişiklik Yapılmasına Dair Kanun" ile 2012 yılından itibaren Türkiye'de zorunlu eğitim üç kademeli hale getirilmiş ve 12 yıla çıkarılmıştır. Kanuna göre 66 ayını dolduran çocuklar ilkokul birinci sınıfa başlayacaktır (Sabah, 16 Eylül 2012). Eğitimin zorunlu ve ücretsiz olması tüm Türk vatandaşlarının eğitime eşit düzeyde ve sorunsuz bir şekilde katıldıkları anlamına gelmemektedir. Suriyeli mültecilerin Türkiye'ye gelişi öncesinde de Türk eğitim sisteminde bazı dezavantajlı gruplar mevcuttu, halen de mevcuttur. Örneğin: 90'lı yıllarda yaşanan çatışmalardan dolayı ülkenin güneydoğusunda yerinden edilmiş Kürt ailelerin ve "kentsel dönüşüm" nedeniyle yerinden edilen Roman ailelerin karşı karşıya kaldığı yoksulluk çocukları okuldan kopararak çalışmaya zorlamıştır. Ağırlıklı olarak Kürt nüfusun yaşadığı bölgelerde mevsimlik tarım işlerinde çalışan ailelerin çocukları evden ve okuldan uzakta geçirdikleri zamanı telafi edememekte, eğitimlerine devam edememektedir. Türkiye'de çocukların, özellikle kız çocuklarının, eğitime erişimini artırmayı hedefleyen kampanyalar düzenlense bile doğrudan bu dezavantajlı grupları hedef alan kampanyalar düzenlenmemiştir (Kaya, 2009: 4).

Türkiye kendi vatandaşlarının eğitime erişimi önündeki engelleri kaldırmak ve bu haktan eşit derecede yararlanmalarını sağlamak üzere düzenlemeler yaparken kendi topraklarında doğan ve/veya büyüyen Suriyeli çocuklarla ilgili olarak da düzenlemeler yapmak durumundadır, zira Türkiye

Çocuk Haklarına Dair Sözleşme'nin 22. maddesine göre, topraklarındaki mülteci olan ya da mülteci statüsü kazanmaya çalışan tek başına, ailesi ya da bir başkası ile Türkiye'de bulunan çocukların sözleşmede yer alan haklardan faydalanması için gerekli önlemleri almakla yükümlüdür (UNICEF, Çocuk Haklarına Dair Sözleşme, 20 Kasım 1989). Bu yükümlülüklerinin bilincinde olan hükümet yetkilileri Suriyeli çocukların eğitimini daha iyi bir gelecek için önemli bir fırsat ve gelecekte Suriye'nin yeniden inşasına önemli bir katkı olarak gördüklerini ifade etmekte ve bu nedenle çocukların eğitime erişimini artırmak için adımlar atmaktadır (Theirworld ve A World at School, 2015: 6). Bu adımların neler olduğu bir sonraki bölümde ayrıntılı olarak ele alınacaktır.

Millî Eğitim Bakanlığı açısından Suriyeli öğrencilerin ilköğretime katılımı öncelikliyken, çok daha düşük düzeyde olan orta öğretime katılımı artırmak için ayrıca bir strateji geliştirilmesi gerekmektedir (Theirworld ve A World at School, 2015: 2). Bunun yanı sıra okul öncesi eğitime katılım konusunda planlama ve yatırım yapılması gerekmektedir. Türkiye'de 3,5-5 yaş arası Türk çocuklarının yaklaşık %33'ü okul öncesi eğitim almaktadır. 65. Hükümet Programı'nda okul öncesi eğitimin yaygınlaştırılacağı ifade edilmektedir (65. Hükümet Programı, 24 Mayıs 2016: 34). Dolayısıyla sadece Suriyeli çocuklar için değil, aynı yaş grubundaki Türk çocukları için de okul öncesi eğitim konusunda yatırım yapılması ve gerekli önlemlerin alınması gerekmektedir. Okul öncesi eğitim Suriyeli çocukların Türkçe öğrenmesi ve sosyal uyum süreçlerini kolaylaştıracaktır (Theirworld ve A World at School, 2015: 2). Suriyeli çocukların eğitimi sadece onların psiko-sosyal gelişimi açısından önem taşımamaktadır. Çocukların eğitim hakkından yararlanması onların diğer haklarını bilmesi ve savunabilmesi ve kendilerini erken evlilik ya da çocuk işçiliği gibi istismar ve sömürüden koruyabilmesi açısından da büyük önem taşımaktadır (Yalçın, 2016: 94).

## Suriyeli Çocukların Eğitime Erişimine İlişkin Veriler

Türkiye'de temel okul çağındaki Suriyeli çocukların eğitime erişimi Türkiye açısından sürekli yenilenen ve büyüyen hedefler ve yeni önlemler anlamına gelmektedir. Millî Eğitim Bakanlığının düzenleme ve gayretleriyle eğitime erişen Suriyeli çocuk sayısı önemli ölçüde artış gösterse de Türkiye'de hızla artan Suriyeli çocuk sayısı, büyüyen ihtiyaçlar ve sorunlar planlama ve uygulama düzeyinde önemli güçlükler yaratmaktadır.

Bu konuya yakından bakmak gerekirse Millî Eğitim Bakanlığı verilerine göre 2011-2012 eğitim döneminde yılında kamp içi ve dışında 34.000 Suriyeli çocuk ülkemizde eğitim almaktaydı (Emin, Şubat 2016: 15-16)[3]. Altı yıl içinde

---

[3] Türkiye'de kayıtlı Suriyeli mülteci sayısı çok daha düşükken (söz konusu yıl için Göç İdaresi Genel Müdürlüğü verilerine göre 14.000 kişi) bu veri hatalı gibi görünebilir. Türkiye Suriyeli mültecileri kayıt

SURİYELİ ÇOCUKLARIN EĞİTİM HAKKI

okullaşma oranını artırmak konusunda önemli bir mesafe kaydedilmiştir. Suriyeli öğrencilerin sayısına ilişkin en güncel resmî veri devlet okulları ve Geçici Eğitim Merkezleri eğitim alan Suriyeli çocuk sayısının toplam 604.802 olduğunu göstermektedir. Devlet okullarında kayıtlı öğrenci sayısı 355.101 iken, Geçici Eğitim Merkezlerine kayıtlı öğrenci sayısı 249.701'dür. Açık öğretim liselerinde ise 8.597 öğrenci eğitim almaktadır (Millî Eğitim Bakanlığı, 2017).[4] Bu veriler Suriyeli çocukların okullaşma oranının %62'ye ulaştığını göstermektedir. Birkaç yıl içerisinde bu artış çok önemli olmakla birlikte, mevcut veriler 2014 tarihli Millî Eğitim Bakanlığı genelgesi ile devlet okullarına gitme hakkına kavuşan birçok Suriyeli çocuğun bu hakkı kullanmadığı ya da kullanamadığını da göstermektedir. Eğitim çağındaki 976.200 öğrencinin 371.398'i (%38'i) eğitime erişememektedir. Bunun yanı sıra AFAD verilerine göre Suriyelilerin Türkiye'ye gelmeye başladığı 2011 yılından beri Türkiye'de 224.750 bin Suriyeli bebek doğmuştur (AFAD, 19 Haziran 2017) ve Türkiye'de doğan bebeklerin bir kısmı şimdiden ilkokul çağına gelmiştir, bir kısmı ise okul öncesi eğitim çağındadır (eğitim çağındaki Suriyeli çocuklar hakkında ek bilgi için bkz. Heyse, 2016). Dolayısıyla hem kayıt altına alınan hem de Türkiye'de doğup büyüyen çocuk sayısındaki artış, kazanımların yitirilmeden sürdürülebilmesi adına, eğitim konusundaki çabaların yoğunlaştırılmasını zorunlu kılmaktadır.

Kamp içinde veya dışında yaşıyor olmak eğitime erişime etki eden temel etmenlerden biridir. Ekim 2015 tarihinde Türkiye'de bulunan 5-17 yaş arasındaki 708.000 Suriyeli okul çağındaki çocuktan %13'ü kamplarda yaşamaktaydı. Bunların okullaşma oranı %90 idi. Aynı eğitim yılında kamp dışında yaşayan 5-17 yaş arası Suriyeli çocukların okullaşma oranı ise sadece %25-26 civarındaydı (İnsan Hakları İzleme Örgütü, Kasım 2015:16). Başka bir deyişle, 2015 yılında kamp dışında yaşayan okul çağındaki Suriyeli çocukların dörtte üçünün eğitime erişimi bulunmamaktaydı (Theirworld ve A World at School, 2015: 10). Bugün de kamp dışında eğitime erişim oranı artmış olmakla birlikte eğitime erişemeyen Suriyeli çocukların büyük çoğunluğu kamp dışında yaşamaktadır (Watt, 15 Mart 2017).

---

altına almaya geç başlamıştır. Ayrıca bugün bile kayıt altına alınmamış mülteciler mevcuttur. 2012 yılına ait AFAD ve Birleşmiş Milletler Mülteciler Yüksek Komiserliği (BMMYK) verileri mülteci sayısının çok daha yüksek olduğunu göstermekle birlikte kesin sayının tam olarak tespit edilemediğini bildirmektedir (AFAD, 2013). 2011-2012 yıllarında kayıtlı olan mültecilerin büyük çoğunluğu kamplarda kalmaktadır. Kamp dışı mültecilerin büyük çoğunluğu kayıt altında olmasalar bile o tarihte çocukları Suriyelilerin kurduğu geçici eğitim merkezlerine gitmekteydi. Kısacası, 2012 yılında Türkiye'de 14.000'den fazla Suriyeli mülteci bulunmaktaydı ancak çoğu kayıt altına alınamamışlardı ve o dönemde 34.000 Suriyeli çocuk eğitime erişebilmekteydi.
    [4] Eğitime erişen Suriyeli öğrencilere ilişkin Millî Eğitim Bakanlığı'nın güncel verilerini benimle paylaşan SETA Eğitim Araştırmacısı İpek Coşkun'a çok teşekkür ederim.

## Millî Eğitim Bakanlığı Genelge ve Uygulamaları Bağlamında Suriyeli Çocukların Eğitimi

Türkiye'de Suriyeli çocukların eğitimini düzenleyen temel aktör Millî Eğitim Bakanlığıdır. Ancak Suriyeli mültecilerin Türkiye'ye gelmeye başladığı 2011'den 2013'e dek geçen sürede Türkiye açısından mültecilerin acil ihtiyaçlarının karşılanması önceliklidir. Suriyelilerin Türkiye'de kalışının kısa süreli olacağı beklentisi Türkiye'nin bu dönemde mültecilere yönelik yaklaşımının temel belirleyicisi olmuştur. Bunu eğitim alanındaki yaklaşım ve uygulamalarda da görmek mümkündür. Suriyeli mültecilerin Türkiye'ye gelmeye başlamalarının birinci yılının sonunda dönemin Millî Eğitim Bakanı Ömer Dinçer Suriyeli çocukların eğitimine ilişkin bir soruya cevaben kamplarda kurulacak merkezlerde derslerin Bakanlık müfredatına göre Arapça verileceğini ifade etmiştir. Bakan Dinçer amaçlananın çocukların eğitimlerine devam etmesine olanak tanırken, ailelerin Türkiye'de kalmasını pekiştirecek bir tavırdan da uzak durmak olduğunu açıklamıştır (Dünya Bülteni, 31 Temmuz 2012). 2013'e uzanan süreçte Suriyeli çocukların Suriye'deki eğitim müfredatıyla eğitimi devam ettirmek isteyen Suriyeliler, kendi imkanlarıyla Geçici Eğitim Merkezleri açmaya başlamışlardır. Böylece Geçici Eğitim Merkezleri, Suriyeli okul kurucu ve yöneticileri ve çocuklarını bu merkezlere gönderen aileler eğitim alanında önemli aktörler haline gelmişlerdir.

Suriye'de ortaya çıkan iç savaş ortamı nedeniyle mültecilerin sayısı, özellikle kamp dışı alanlarda, artarken Türkiye'de kalışlarının uzamasıyla Suriyeli çocukların eğitiminin 2013'den itibaren gündeme geldiğini ve Millî Eğitim Bakanlığının denetleyici rolünün arttığını görmek mümkündür. Millî Eğitim Bakanlığının 26 Nisan 2013 tarihli "Ülkemizde Kamp Dışında Misafir Edilen Suriye Vatandaşlarına Yönelik Tedbirler" genelgesi Suriyeli çocukların eğitimiyle ilgili ilk genelgesidir (Seydi, 2014: 276). Bu genelge ile Suriyeli öğrencilerin ülkelerine döndüklerinde ya da başka bir ülkeye gittiklerinde sene kaybı olmadan eğitime devam edebilmelerini sağlamak hedeflenmektedir. Bu eğitimin planlanması ve denetiminden Bakanlık sorumludur. Bu amaçla Suriyeli çocukların eğitimine yönelik olarak oluşturulmuş mekanların valiliklerce güvenlik ve donanım açısından inceletilip ihtiyaçların belirlenmesi için illerde okul öncesi çağda ve birinci sınıf ile onikinci sınıf arasındaki öğrencilerin ve bu mekanlardaki Türk ve Suriyeli görevlilerin sayılarının Bakanlığa iletilmesi istenmektedir. Daha önceden öğretmenlik deneyimi olan Suriye vatandaşları ücret almaksızın "gönüllülük esasına dayalı" olarak çalışmayı kabul etmeleri durumunda kamplarda kurulacak merkezlerde eğitim hizmeti verebileceklerdir. Müfredat, Millî Eğitim Bakanlığı denetiminde Suriye Ulusal Koalisyonu Yüksek Eğitim Komisyonu tarafından belirlenecektir. Türk asıllı Suriye vatandaşları isterlerse Türkiye Cumhuriyeti müfredatında eğitim alabilecekler, kamplarda Türkçe öğrenmek isteyenler için

Türkçe ve meslek edindirme kursları açılacaktır. Kamp dışında yaşayan Suriyelilerden geçici oturma izni olanların okullara kaydı yapılarak eğitime katılımları sağlanacaktır. Geçici oturma izni olmayanlar Millî Eğitim Bakanlığının standartlarına uygun eğitim veren yerel yönetimler ya da ulusal ve uluslararası kuruluşlarca kurulan Geçici Eğitim Merkezlerinde eğitim alabileceklerdir. Lise mezunu olan ya da olacak olan Suriye vatandaşları Suriye Ulusal Koalisyonu Yüksek Eğitim Komisyonu tarafından yapılacak bakalorya sınavını geçmeleri ve Türkiye'de üniversite eğitimi almak istemeleri durumunda Türkiye'deki yasal düzenlemeler çerçevesinde üniversite eğitimi alabileceklerdir (Millî Eğitim Bakanlığı Genelgesi, 26 Eylül 2013).

Yine Nisan 2013 tarihinde dönemin Millî Eğitim Bakanı Nabi Avcı bir soru önergesine cevabında Suriyeli öğrencilere kamplarda Suriye uyruklu öğretmenler tarafından Suriye eğitim programıyla eğitim verildiğini iletmiştir. Bu açıklama daha önceki Millî Eğitim Bakanı Ömer Dinçer'in sözünü ettiği Suriyeli öğrencilere Bakanlık müfredatına göre Türkçe eğitim verileceği yönündeki uygulamada değişikliğe gidildiğini göstermektedir (Seydi, 2014: 279). 2013 sonundan itibaren ise başlangıçta üzerinde durulmayan kamp dışı eğitimin öne çıkmaya başladığı ve bu konuda çalışmalara ağırlık verildiği gözlemlenmektedir (Seydi, 2014: 280).

Türkiye'de göç ve zorunlu göç alanında çok önemli ve kapsamlı bir kanun olan 6458 sayılı Yabancılar ve Uluslararası Koruma Kanunu Nisan 2014 ayında yürürlüğe girmiştir. Bu kanun Suriyeli mülteciler açısından yapılacak birçok önemli değişikliğin temel referans noktasını oluşturmuş ve çerçevesini çizmiştir. Bu kanun eğitim konusunda atılacak adımları da şekillendirmiştir. Eğitim konusunun Suriyeli mültecilerin sayısının önemli ölçüde arttığı ve Suriye'de yerel ve uluslararası aktörlerin dahliyle gittikçe karmaşıklaşan iç savaşın sona erdirilmesi ve siyasi çözüm konusunda umutların azaldığı bir dönemde, 2014 yılında, öneminin hatırlanması tesadüf değildir. Eğitim konusuna daha fazla önem atfedildiğinin göstergesi olan yeni bir genelge bu dönemde yayınlanmıştır.

Millî Eğitim Bakanlığı Temel Eğitim Genel Müdürlüğü'nün 23 Eylül 2014 tarihli 2014/21 sayılı "Yabancılara Yönelik Eğitim-Öğretim Hizmetleri" konulu genelge Suriyeli öğrencilere yönelik eğitim-öğretim faaliyetinin koordine edilmesi ve ilgili kurumlar ile esgüdümün sağlanması amacıyla bazı düzenlemeler yapmaktadır. Buna göre Türkiye'de Millî Eğitim Bakanlığına bağlı devlet okulları kayıtlı ve geçici korumadan faydalanan ilk ve ortaokul çağındaki bütün Suriyeli çocuklara açıktır. Bu genelgeyle Bakanlık İl Millî Eğitim Müdürlüklerinin bünyesinde, bir il Millî Eğitim müdür yardımcısı veya şube müdürü başkanlığında bir komisyonun kurularak Suriyeli öğrencilere yönelik eğitim faaliyetlerini yürütmesine karar vermiştir. Bu komisyonlar diploma, denklik belgeleri, ve bu belgeler yoksa, yazılı ve sözlü sınavlarla sınıf seviyelerini belirleme, nakil ve yerleştirme işlemlerini yürütecektir. Genelgede ikamet izni alamayan ve/veya yabancı kimlik numarası edinemeyen Suriyeli öğrencilerin okullara kaydı için "yabancı tanıtma belgesi"ne sahip olmanın yeterli olacağı bildirilmektedir.

Genelgeye göre il komisyonları "millî eğitim müdürlüklerine bağlı olarak faaliyet yürütmek üzere valilik oluru" ile oluşturulan Geçici Eğitim Merkezlerindeki eğitim faaliyetlerini de koordine edecek, yenilerinin oluşturulmasına valilik onayıyla izin verecektir. Geçici Eğitim Merkezleri kamplarda ve kamp dışında Suriye müfredatına göre ilk ve ortaöğretim düzeyinde Arapça eğitim veren eğitim kurumlarıdır. Bu merkezler Türkiye'de birçok dernek ve vakfın katkılarıyla Türkiyeli ve Suriyeli girişimcilerce kurulmakta ve eğitim vermektedir (Emin, 2016: 16; İnsan Hakları İzleme Örgütü, Kasım 2015: 14). 2014/21 sayılı genelge ile Geçici Eğitim Merkezleri için bir akreditasyon sistemi oluşturulmuş ve bu genelgenin yayınlanmasını müteakiben kamp dışındaki Geçici Eğitim Merkezleri kayıt altına alınmaya başlanmıştır. Bu merkezlere atanan Millî Eğitim Bakanlığı koordinatörleri Bakanlık ve Geçici Eğitim Merkezleri arasında bağlantı ve koordinasyonu sağlamakta, müfredatın uygulanıp uygulanmadığını denetlemektedir. Geçici Eğitim Merkezlerinde öğretilen müfredat Suriye'de okullarda öğretilen müfredatla büyük ölçüde aynı olmakla birlikte Beşşar Esad, ailesi ve Baasçılığa ilişkin Suriye rejimini destekleyici yöndeki ifadeler çıkarılmıştır. Bu müfredatı Türkiye'deki Suriye Geçici Hükümeti Eğitim Bakanlığı Millî Eğitim Bakanlığı ile işbirliği içinde hazırlamakta ve Geçici Eğitim Merkezlerine göndermektedir (İnsan Hakları İzleme Örgütü, Kasım 2015: 13-14; Heyse, 2016: 22). Ancak bazı Geçici Eğitim Merkezlerinde okutulan müfredatta farklılıklar olabilmektedir. Bunun birkaç nedeni bulunmaktadır. Suriye muhalefeti içerisinde farklı gruplar mevcuttur ve her biri kendisinin meşru Suriye muhalefeti olduğunu iddia etmektedir. Bu gruplar kendi kurdukları eğitim merkezlerinde verdikleri eğitime kendi görüşlerini yansıtmaktadır (Heyse, 2016: 25). Bazı merkezlerde dini eğitim tercih edilmektedir. Geçici Eğitim Merkezlerine dağıtılan okul kitaplarında hatalar ve eksik bilgiler de öğretmenlerin müfredat dışına çıkarak eksiklikleri telafi etmeye çalışmasına neden olabilmektedir (Heyse, 2016: 22-23). Bu durum Millî Eğitim Bakanlığı denetiminin önemini gösterirken, Geçici Eğitim Merkezlerine giden öğrencilerin standart bir eğitim alamadığını ortaya koymaktadır.

Genelgeye göre Geçici Eğitim Merkezlerinde eğitim alan öğrenciler sene kaybı olmaksızın Millî Eğitim Bakanlığına bağlı her tür ve derecedeki eğitim kurumuna geçebilecektir. İl komisyonu Geçici Eğitim Merkezlerinde gönüllülük esasına göre çalışacak Suriye vatandaşlarını değerlendirecek ve uygun bulunanlar ilgili bu merkezlerden sorumlu eğitim koordinatörünün denetiminde çalışacaktır (Millî Eğitim Bakanlığı Genelgesi 2014/21, 23 Eylül 2014). Gönüllü Suriyeli öğretmenlerin seçimini esasen Millî Eğitim Bakanlığı il komisyonları Türkiye Diyanet Vakfı (TDV) ile birlikte yapmaktadır (Emin,

2016, 17). Genelgede bu öğretmenlere maddi, manevi ve mesleki destek verilmekte olduğu da ifade edilmiştir (Millî Eğitim Bakanlığı Genelgesi 2014/21, 23 Eylül 2014). Geçici Eğitim Merkezleri koordinatörleri gönüllü öğretmenlere verilen ödeneklerin de takibini yapmaktadır (Heyse, 2016: 29).

Kasım 2014'de Millî Eğitim Bakanlığı ve UNICEF'in ortak girişimleriyle gönüllülük esasına dayalı olarak çalışan Suriyeli öğretmenlere maddi destek sağlanması amacıyla bir sistem geliştirilmiştir. Buna göre kamplardaki Geçici Eğitim Merkezlerinde çalışan Suriyeli öğretmenlere ayda 150 dolar, kamp dışındaki merkezlerde çalışanlara ise 220 dolar karşılığı Türk lirası aylık ödenek verilmektedir. UNICEF'in PTT'ye aktardığı fonlar Millî Eğitim Bakanlığı tarafından belirlenen öğretmenlere ön ödemeli kartlarla ulaştırılmaktadır (Theirworld ve A World at School, 2015: 7; Emin, 2016: 19). Yine Kasım 2014'de eğitime erişimi olmayan Suriyeli çocukların eğitime kazandırılması ve Suriyeli öğrenciler hakkında bilgi eksikliği sorununu çözmek adına Millî Eğitim Bakanlığı ve UNICEF'in işbirliği ile Yabancı Öğrenci Bilgi İşletim Sistemi (YÖBİS) oluşturulmuştur. YÖBİS, e-okul sistemine benzer bir şekilde, Millî Eğitim Bakanlığının Suriyeli öğrencilerin okula ve Geçici Eğitim Merkezlerine kayıt ve devam durumlarını ve notlarını takip etmesini sağlamaktadır. Bu sayede Bakanlık yabancı öğrencilerin demografik, eğitim ve sağlık bilgilerini de denetleyebilecektir. Sistemin Türkçe, Arapça ve İngilizce versiyonları bulunmaktadır. Bu sistem sayesinde okulu bırakma oranlarını da gözlemlemek mümkündür (Hürriyet, 17 Kasım 2014; Heyse, 2016: 24).

Bu genelgenin ilanından kısa bir süre sonra 22 Ekim 2014 tarihinde Yabancılar ve Uluslararası Koruma Kanunu'nun 91. maddesi çerçevesinde Geçici Koruma Yönetmeliği hazırlanmıştır. Bu yönetmelik Bakanlar Kurulu kararıyla Türkiye'deki Suriyelileri geçici koruma altına almış ve onların bazı temel hak ve hizmetlerden yararlanmasını düzenleyen önemli kararlar almıştır. Yönetmeliğin eğitimle ilgili de önemli düzenlemeleri bulunmaktadır. Yönetmeliğin 22. maddesine göre kayıt işlemleri tamamlanan Suriye vatandaşları bulundukları illerin valiliklerinden geçici koruma kimlik belgesi alabilirler. Suriyeli çocukların okullara veya Geçici Eğitim Merkezlerine kaydolmak için ikamet izni, geçici koruma kimlik belgesi veya yabancı tanıtma belgesine sahip olmaları gerekmektedir. Aksi takdirde kayıtsız Suriyelilerin eğitim hizmetlerine erişimi mümkün olmamaktadır Yönetmeliğin 28. maddesine göre geçici koruma altında ve geçici barınma merkezleri içinde ve dışında yaşayan Suriyelilerin eğitiminden Millî Eğitim Bakanlığı sorumludur. Millî Eğitim Bakanlığının kontrolünde yürütülen eğitim faaliyetleri okul öncesi eğitim ile ilk ve ortaöğretimi kapsamaktadır. Ayrıca her yaş grubuna yönelik dil ve meslek edindirme kurslarının talebe bağlı olarak düzenlenebileceği belirtilmektedir. Suriyeli öğrencilerin ön lisans, lisans, lisansüstü eğitimleriyle ilgili esasların ise Yükseköğretim Kurulu (YÖK) tarafından belirlenmekte olduğu belirtilmektedir. Suriye vatandaşlarının

Türkiye'de bulundukları sürece aldıkları eğitimin içeriği ve süresini gösteren belge işlemleri ve denklik işlemleri Millî Eğitim Bakanlığı ve YÖK tarafından yapılacaktır (Geçici Koruma Yönetmeliği, 22 Ekim 2014).

2015 yılına gelindiğinde ilk kez bir stratejik planında Millî Eğitim Bakanlığının mültecilerin eğitimi konusunu ele aldığı ve bu yönde bir planlama geliştirdiği görülmektedir. Bu gelişme Suriyeli mültecilere yönelik daha kapsamlı ve uzun-erimli politikalar oluşturulması açısından önem taşımaktadır. Bakanlığın 2015-2019 Stratejik Planı'nda Stratejik Amaç, Hedef ve Stratejiler Bölümünde stratejiler arasında "mülteciler, geçici koruma altındaki yabancılar veya vatansız olarak yurdumuzda bulunanların" ülkemizde kaldıkları sürece eğitime katılımına yönelik çalışmaların uluslararası kuruluşlarla işbirliği ile yürütüleceği ifade edilmektedir (Millî Eğitim Bakanlığı 2015-2019 Stratejik Planı, 2015: 37). Geçici Eğitim Merkezlerinde onikinci sınıfta okuyan öğrenciler için Geçici Eğitim Merkezleri Lise Yeterlilik ve Denklik Sınavı da ilk olarak 2015 yılında Millî Eğitim Bakanlığı denetiminde yapılmıştır (İnsan Hakları İzleme Örgütü, Kasım 2015: 14) ve yapılmaya devam etmektedir.

Suriyeli çocukların eğitiminin önemi ve eğitim çağındaki Suriyeli çocuk sayısındaki artış Millî Eğitim Bakanlığını yeni adımlar atmaya yöneltmiştir. Suriyeli nüfusun Türkiye'de kalıcılaşması Bakanlığı Suriyeli öğrencileri Türk eğitim sistemine entegre etme çalışmalarını hızlandırmaya itmiş, bu amaçla Bakanlığa bağlı Hayat Boyu Öğrenme Genel Müdürlüğünce "Göç ve Acil Durum Eğitim Daire Başkanlığı" oluşturulmuştur (Hayat Boyu Öğrenme Genel Müdürlüğü, 16 Mayıs 2016).

Bakanlık 2016-2017 eğitim öğretim yılında Suriyeli öğrencilerin Mesleki ve Teknik Anadolu liseleri, Mesleki ve Teknik Eğitim merkezleri ile Çok Programlı Anadolu liseleri, Açıköğretim Lisesi, Mesleki Açıköğretim Lisesi ile çıraklık eğitimi için Mesleki Eğitim merkezlerine kayıt yaptırabilmesi için gerekli düzenlemeleri yapmıştır. Bu kapsamda yaklaşık 100.000 Suriyeli çocuğa mesleki eğitim verilmesi planlanmaktadır (Hürriyet, 12 Ağustos 2016). 2016-2017 eğitim-öğretim yılında "Türkiye'de yaşayan tüm çocukların nitelikli eğitime erişimi için gerekli tedbirlerin alınması"nı planlayan Bakanlık Geçici Eğitim Merkezlerinin dönüştürülmesi için adımlar atmaya karar vermiştir.

Millî Eğitim Bakanlığı Müsteşar Yardımcısı Ercan Demirci Eylül 2016'da Suriyeli öğrencilerin Türkiye'de geçici bir süre eğitim alacağı beklentisiyle "geçici" olarak kurulan merkezlerin üç yıl içerisinde misyonunu tamamlayacağını, bu "geçici" merkezlerin Geçiş Eğitim Merkezine evrilmesiyle Geçici Eğitim Merkezlerindeki öğrencilerin Türk eğitim sistemine dahil edileceğini ifade etmiştir (Millî Eğitim Bakanlığı, 6 Eylül 2016). Bu merkezlerin ara sınıfları hariç birinci, beşinci ve dokuzuncu sınıflara öğrenci alımı da durdurulacaktır. Millî Eğitim Bakanlığı Hayat Boyu Öğrenme

Genel Müdürlüğü 17 Mart 2017 tarihinde 23 ilin valiliklerine gönderdiği yazıda ise Bakanlığa bağlı okul binalarını kullanan Geçici Eğitim Merkezleri haricinde sivil toplum kuruluşlarının desteğiyle kurulan merkezlerin 2016-2017 eğitim-öğretim yılı sonuna kadar kapatılmasını istemiştir (Millî Eğitim Bakanlığı Hayat Boyu Öğrenme Genel Müdürlüğü, 17 Mart 2017). Buna göre fiziki imkanları uygun olan merkezler ilkokullara dönüştürülürken, bu imkanlara sahip olmayan Geçici Eğitim Merkezlerinde en yakın ilkokul ile ilişkilendirilmiş sınıflar oluşturulacaktır. Ana sınıfları ve ilkokul birinci sınıflarda Millî Eğitim Bakanlığı müfredatıyla eğitim verilecektir. Talebe göre ve valiliklerin uygun görmesi koşuluyla Geçici Eğitim Merkezlerinin ortaokula dönüştürülmesi ya da en yakın ortaokul ile ilişkilendirilmesi, böylece Millî Eğitim Bakanlığı müfredatına geçilmesi, mümkün olacaktır. Bu merkezlerde ara sınıflarda okuyan Suriyeli öğrencilerin devlet okullarına geçişi teşvik edilecek ve bu amaçla yoğunlaştırılmış Türkçe dil öğretimine devam etmeleri sağlanacaktır. Bu çalışmalar kapsamında Geçici Eğitim Merkezleri kademe kademe devlet okullarına dönüştürülerek kapatılacaktır (Millî Eğitim Bakanlığı, 22 Haziran 2016).

26 Mart 2017'de 432 olan Geçici Eğitim Merkezi sayısı 15 Eylül 2017 itibariyle 370'e düşmüştür. Bu merkezlerde çalışan öğretmen sayısı ise 13.080'dir (Taştan ve Çelik, 2017: 33). Bakanlık Geçici Eğitim Merkezlerinde görev yapan öğretmenleri de devlet okullarında görevlendirmeye başlamıştır. Kilis Millî Eğitim Müdürlüğü Geçici Eğitim Merkezlerinde görev yapan ve Türkçe bilen Suriyeli öğretmenlerin Kilis kenti genelindeki 41 devlet okulunda okul idarecileri, veliler ve Türkçe'yi az bilen Suriyeli öğrenciler arasında iletişimi sağlamak amacıyla görevlendirilmesi uygulamasını başlatmıştır (Butakın, 30 Kasım 2017). Suriyeli öğretmenlerin Türk eğitim sistemine entegrasyonunu kolaylaştıracak bir adım da vatandaşlıkla ilgilidir. Türkiye Cumhuriyeti vatandaşlığına geçmek için başvuruda bulunan 120.000 Suriyeli mülteciden 16.000'i Türk vatandaşlığına kabul edilirken Geçici Eğitim Merkezlerinde eğitim veren Suriyeli öğretmenler ilk aşamada vatandaşlık verilenler arasında bulunmaktadır (Butakın, 30 Kasım 2017).

Eğitime ulaşabilen çocuklar arasında nadir de olsa hem bir Geçici Eğitim Merkezinde hem de bir devlet okulunda eğitim gören çocuklar mevcuttur. Bu çocuklar günün yarısında Geçici Eğitim Merkezinde diğer yarısında ise devlet okulunda eğitim almaktadırlar (Yalçın, 27 Temmuz 2017). Geçici Eğitim Merkezlerinin kapanmasıyla bu durum ortadan kalkacaktır. Çocukların devlet okullarına kayıt sürecinde de Bakanlık yönlendirici rol oynamaktadır. Millî Eğitim Bakanlığı Eylül 2017'de İstanbul'daki 39 ilçe Millî Eğitim Müdürlüğüne bir yazı göndererek Suriyeli mültecilerin yoğun yaşadığı yerlerde Suriyeli öğrencilerin İmam Hatip Ortaokulları ve Anadolu İmam Hatip Liselerine yönlendirilmesini istemiştir (Sputnik Türkiye, 12 Aralık 2017).

Türkiye'de devlet okulları ve Geçici Eğitim Merkezlerinin yanı sıra Suriyeli mültecilere yönelik özel okullar da mevcuttur. Ancak bu okullar yabancı uyruklu öğrencilere yönelik eğitim veren ve 5580 sayılı kanun ve Özel Öğretim Kurumları yönetmeliğine göre düzenlenen "uluslararası okul" statüsünde değildir. Bu okullar Geçici Eğitim Merkezi statüsü ile açılmaktadır. İstanbul'da bulunan bu tür altmış okuldan otuz kadarı Fatih, Eyüp bölgesindedir (Karaboğa, 8 Temmuz 2015). Bu okulların öğrencilerden talep ettiği öğrenim ücretlerini karşılamak birçok aile açısından güçtür. Bu nedenle bu okullara giden öğrenci sayısı düşüktür. Bu merkezler arasında devlet okulları bünyesine geçmek istemeyenler uluslararası okul olma çabasına girmişleridir (Yalçın, 27 Temmuz 2017).

Yukarıda belirtilen üç ayrı okul kategorisinden (devlet okulları, Geçici Eğitim Merkezleri, özel Suriye okulları) hiçbirisine gitmeyen/gidemeyen çok sayıda Suriyeli çocuk bulunmaktadır. Kayıtlı olmayan Suriyelilerin eğitime erişim de dâhil birçok hizmet ve haktan yararlanması mümkün olamamaktadır (Heyse, 2016: 25). Ancak kayıtlı olmasına rağmen okula gitmeyen çocukların sayısı da bir hayli yüksektir. Suriyeli çocukların eğitime erişimi önündeki engeller bir sonraki bölümde ayrıntılı bir şekilde ele alınacaktır. Bu noktada kamp içinde ya da dışında yaşamanın Suriyeli öğrencilerin eğitime erişimini etkileyen en önemli etmenlerden biri olduğunu hatırlatmak yerinde olacaktır. Kamplarda kayıt işlemleri, okul çağına gelen çocukların tespiti ve eğitime erişimi çok kolay ve hızlı bir şekilde yapılabilmektedir. Buna karşın kamplarda kalan aileler arasında çocuklarını okula göndermeyen aileler mevcuttur. Örneğin Şanlıurfa Akçakale kampında 8.000'e yakın çocuk eğitim alırken, 3.000 çocuk çalıştıkları ya da uzun süredir okuldan uzak kaldıkları gerekçesiyle okula gitmemektedir. Kamplarda lise eğitimine katılım oranı ilk ve orta öğretime kıyasla daha düşüktür, bunun nedeni lise çağındaki çocukların genellikle çalışmasıdır. Bu sorunu aşmak için kamp yönetimleri okula gitmeyi zorunlu hale getirebilmektedir. Harran konteyner kentinin ve Elbeyli kampının yönetimi bu yönde bir uygulamaya gitmiştir (Emin, 2016: 18; Heyse, 2016: 41).

Kamp dışında okula gitmeme oranları çok daha yüksektir. Okula gitmeyen çocuklardan bir kısmı hiçbir eğitim kurumuyla temas etmezken, bir bölümünün eğitiminde dini kurum, oluşum ve aktörler önemli bir rol oynamaktadır. TDV Suriyeli mültecilerin Türkiye'ye geldiği ilk dönemden itibaren kamp dışında yaşayan Suriyeli çocukların eğitimini desteklemek için "Farkındayım, Yanıbaşındayım" projesini başlatmıştır. Nizip'te iki Kuran kursundaki eğitim çalışmaları Gaziantep, Şanlıurfa, Nizip ve Kilis'te devlet okul binalarında Suriyeli çocuklar için örgün eğitim sürecinin başlatılmasını sağlamıştır. TDV, her ildeki bir müftü yardımcısını Suriyeli çocukların eğitiminden sorumlu kılmış, kendi bünyelerindeki Kuran kurslarının yetersiz kaldığı durumlarda İl Milli Eğitim Müdürlüklerinden devlet okullarının eğitim için tahsisini istemiştir. Devlet okullarının tahsisi daha sonar açılacak olan Geçici Eğitim Merkezlerinin temelini oluşturmuştur (Taştan ve Çelik, 2017: 17).

İstanbul'da ise "Suriye Eğitim Derneği" adlı kuruluş İstanbul İl Müftülüğüyle birlikte "Fırsat Eğitimi" adı altında Suriyeli öğrencileri devlet okullarına hazırlamaktadır. Program kapsamında 10 ilçedeki 14 camide 121 Suriyeli öğretmen ile 1.833 öğrenciye camilerde eğitim verilmektedir. Türk üniversite öğrencileri de gönüllü olarak Türkçe öğretirken, 8 ila 14 yaş arasındaki öğrencilere matematik, fizik, kimya dersleri hem Arapça hem de Türkçe dillerinde öğretilmektedir. Bu derslerin yanı sıra dini eğitim de verilmektedir. Böylece öğrenciler devlet okulunda eğitime hazırlanmaktadır. İstanbul İl Müftülüğünün ifade ettiği üzere burada amaç çalışmak ya da dilenmek zorunda kalan çocukların eğitimlerine devam edebilmelerini sağlamaktır (Radyo Dost, 6 Ocak 2016). Devlet okulları ya da Geçici Eğitim Merkezlerinde okuyan çocuklardan bir bölümü de hafta sonu hafız olmak amacıyla Kur'an kurslarına devam etmektedir (Yalçın, 27 Temmuz 2017).

Devlet okulları, Geçici Eğitim Merkezlerinde ve özel okullarda yapılan eğitim faaliyetleri Millî Eğitim Bakanlığının denetiminde olmakla birlikte Bakanlığın bu konuda TDV'nin yanı sıra iki önemli ortağı ve destekçisi bulunmaktadır; UNICEF ve Birleşmiş Milletler Mülteciler Yüksek Komiserliği (BMMYK). Özellikle UNICEF ve BMMYK'nin teknik ve finansal desteği büyük önem taşımaktadır (İnsan Hakları İzleme Örgütü, Kasım 2015: 11). UNICEF, Türkiye Hükümeti ve diğer ortaklarıyla işbirliği içinde Suriyeli çocukların "kayıp kuşak" haline gelmesini önlemeyi amaçlamaktadır (UNICEF, Ocak 2017). UNICEF'in 2017 itibariyle Türkiye'nin 21 ilinde inşa ettiği ya da donattığı 498 Geçici Eğitim Merkezinde 325.000 öğrenci eğitim görmektedir. Eğitim merkezi inşasının yanı sıra UNICEF öğrencilere kırtasiye ve eğitim seti dağıtmış, kütüphaneler kurmuş, 29.875 öğretmene aylık bağlamış, 28 ilde çocuk dostu mekânlarda çocuklara psiko-sosyal destek sağlamış, alanda çalışanlara "çocuk koruma" eğitimi vermiştir. Önümüzdeki dönemde 20.000 3-5 yaş arası çocuğun okul öncesi eğitime ve 400.000 çocuğun örgün eğitime erişimi UNICEF'in temel öncelikleridir (UNICEF, Ocak 2017). UNICEF bu zamana kadar 31 prefabrik okul binasının inşasına destek vermiştir, bu binalardan 27'si AFAD'la birlikte inşa edilmiştir (Theirworld ve A World at School, 2015: 8). Millî Eğitim Bakanlığı, UNICEF ve diğer ortaklarının desteğiyle, 150 devlet okulunu öğleden sonraları Suriyeli öğrencilere eğitim vermek için kullanmaktadır (Theirworld ve A World at School, 2015: 8). Bakanlık Suriyelilerin yoğun olarak yaşadığı yerlerde 2019 yılına kadar 105 okul inşaatının yapılmasının planlandığını duyurmuştur (CNN Türk, 31 Mayıs 2017).

BMMYK, Yurtdışı Türkler ve Akraba Topluluklar Başkanlığı ile Suriyeli üniversite öğrencilerine verilen DAFI Türkiye burslarını finanse etmektedir. Uluslararası Göç Örgütü sınır illerinde Suriyeli çocukların okullara ulaşımı, toplum merkezlerinde psiko-sosyal destek ve dil kurslarıyla eğitim faaliyetlerine katkı sunmaktadır (BM Türkiye Dergisi, 2017).

Sivil toplum kuruluşları açısından eğitim önemli bir odak noktası haline gelmektedir ancak henüz uzun-erimli programları planlama aşamasında olduklarını söylemek mümkün değildir. Dini sivil toplum kuruluşlarının gerekli fonlara erişiminin daha kolay olduğunu ve bu nedenle eğitim alanında daha etkin olduklarını söylemek mümkündür. Bu kuruluşların hemen hepsi çocukların psiko-sosyal ihtiyaçlarına yönelik hizmet sunmaya çalışmaktadır. Ancak sivil toplum kuruluşlarının birbirleriyle yeterince işbirliği yaptığı söylenemez. Belediyeler ve seküler sivil toplum kuruluşları arasında da yeterince işbirliği mevcut değildir (Heyse, 2016: 59).

## Suriyeli Öğrenciler ve Yükseköğretim

YÖK Suriye'de krizin ilk ortaya çıktığı dönemden itibaren Türkiye'ye sığınan Suriyeli üniversite öğrencilerinin eğitimlerine devam edebilmeleri için çeşitli adımlar atmıştır. YÖK 2012 yılında yayımlanan bir genelge ile Suriye sınırındaki illerde bulunan yedi üniversitenin (Çukurova, Gaziantep, Harran, Kilis 7 Aralık, Mustafa Kemal, Mersin, Osmaniye Korkut Ata üniversiteleri), Suriyeli mültecileri sadece 2012-2013 yılına mahsus olmak üzere "özel öğrenci" statüsünde kayıt etmelerine olanak tanımıştır. Özel öğrenci statüsü herhangi bir yükseköğretim programına kayıtlı olan bir öğrencinin çeşitli sorunlar nedeniyle başka bir üniversitenin çeşitli fakülte ve yüksekokullarında ders alabilmesini sağlamaktadır. Genelge Suriye'de bir üniversiteye kayıtlı öğrencilerin hiçbir belge göstermeksizin, yalnızca "beyanla" kayıt olmasını düzenlemektedir (Kahvecioğlu, 22 Eylül 2012). Öğrencilerin çatışma koşullarından kaçarak Türkiye'ye gelmiş olmaları ya da mevcut yönetime muhalif olmaları nedeniyle Suriye'den resmî belgeleri edinmelerindeki güçlük dikkate alınarak bu yönde bir karar alınmıştır (Seydi, 2014: 286).

2012 yılında Suriyeli mültecilerin kısa süre sonra Suriye'ye döneceği beklentisi ile kısa süreli ve geçici bir çözüm geliştiren YÖK 2013 yılında Suriye'den devam eden mülteci hareketini de dikkate alarak bir yıllık sınırlandırmayı kaldırma yönünde bir karar almıştır. Bu karara göre 2013-2014 eğitim-öğretim döneminden önce Suriye ve Mısır'da ön lisans, lisans ve lisansüstü (tıpta ve diş hekimliğinde uzmanlık programları hariç) eğitime başlayan Türk vatandaşı, Suriye ve Mısır vatandaşı ve bu ülkelerdeki yabancı uyruklu öğrencilerin Türkiye'deki yükseköğretim programlarına yatay geçiş yapmaları mümkün olacaktır. Ancak öğrencilerin yatay geçiş için gerekli tüm belgelere sahip olması gerekmektedir (YÖK, 9 Ekim 2013). Bu kararı takiben Başbakanlık Yurtdışı Türkler ve Akraba Topluluklar Başkanlığı lise diplomasına sahip ve Türkiye'de lisans eğitimi almak isteyen 460 Suriyeli

SURİYELİ ÇOCUKLARIN EĞİTİM HAKKI

öğrenciye üniversitelerdeeğitim imkânı, devlet yurtlarında barınma ve aylık burs ödenmesini kapsayacak şekilde burs vereceğini ilan etmiştir (Seydi, 2014: 284-285).

YÖK 4 Eylül 2013 tarihli genelgesi ile Türkiye'de yükseköğretim kurumlarında birinci öğretim ve açık öğretim programlarında eğitim gören Suriyeli öğrencilerin öğrenim ücreti ödememesi, bu öğrencilerin ücretlerinin Yurtdışı Türkler ve Akraba Topluluklar Başkanlığı bütçesinden karşılanması yönünde karar almıştır (57802651/1008 sayılı YÖK Genelgesi, 4 Eylül 2013). YÖK'ün Suriyeli öğrencilere ilişkin genelge ve kararlarına rağmen, her üniversitede aynı prosedürün takip edilmediği ve öğrencilerin farklı uygulamalarla karşılaşabildiği görülmektedir (Seydi, 2014: 289).

22 Ekim 2014 tarihli Geçici Koruma Yönetmeliği ile geçici koruma kapsamındaki Suriyelilerin ön lisans, lisans, lisansüstü eğitimi alabilecekleri ve buna ilişkin esasların YÖK tarafından belirleneceği ifade edilmektedir. YÖK, Suriyeli öğrencilerin yükseköğretim kurumlarına kayıt olabilmesi konusunda yeni çözümler geliştirme yönünde çalışmalar yürütmektedir. YÖK Üyesi Prof. Dr. Mehmet Şişman meslek yüksekokullarında âtıl kalan kontenjanların Suriyeli öğrenciler için kullanılması yoluna gidilmesinin düşünüldüğünü açıklamıştır (Hürriyet, 14 Şubat 2017). En güncel verilere göre 2017-2018 eğitim-öğretim yılında Türkiye'deki üniversitelerde, 17.000'i devlet üniversitelerinde olmak üzere, 19.000 Suriyeli öğrenci kayıtlıdır. Suriyeli öğrenciler Türkiye'deki üniversitelerde eğitim gören 100.000 uluslararası öğrencinin %20'sini oluşturmaktadır. 1.242 öğrenciye BMMYK koordinatörlüğünde maddi destek sağlanmaktadır (Altuğ, 18 Ekim 2017). Yurtdışı Türkler ve Akraba Topluluklar Başkanlığı tarafından yaklaşık 2.300 Suriyeli öğrenciye burs verilmekte ve öğrencilerden harç alınmamaktadır (SETA, 9 Mart 2016).

## Suriyeli Çocukların Eğitime Erişimine Etki Eden Etmenler

Türkiye'nin mültecilere kapıyı açması ve geri göndermeme ilkesine uygun hareket etmesi çok önemlidir. Ancak mültecilerin o kapıdan geçtikten sonra nelerle karşılaştığı konusu da aynı derecede önem taşımaktadır (Yalçın, 2016: 90). Mültecilerin ifadesiyle karşı karşıya kaldıkları en temel sorunlar yoksulluk, sömürü ve ayrımcılıktır (Kaya ve Aysu, 2016: 23). İkinci derecede önemli sorunlarının başında yeterince Türkçe bilmemekten kaynaklanan sorunlar bulunmaktadır (Kaya ve Aysu, 2016: 24). İnsan Hakları İzleme Örgütünün eğitime erişim önünde tespit ettiği en temel engeller dil engeli, ekonomik zorluklar ve toplumsal uyuşma ile ilgili sorunlar şeklinde özetlemek mümkündür. Bu sorunların eğitim alanına yansımaları çok boyutludur. Bu sorunlar haricinde okul yönetimlerinin kayıt için ek belge talebi, ailelerin Türkiye'de okul kayıt sistemi hakkında yeterince bilgi sahibi olmaması gibi nedenler de eğitime erişimi engellemektedir (Kasım 2015: 3). Altyapı eksikliği, öğretmenlerin nitelikleri, müfredata ilişkin sorunlar da diğer nedenler olarak sayılabilir. Ailelerin, özellikle gelecekte Suriye'ye dönmeyi planlayanların, çocuklarının burada aldığı eğitimin Suriye'de kabul görüp görmeyeceğine ilişkin endişeleri de çocukların okullaşma oranlarını etkilemektedir (Balkar, Şahin ve Babahan, 2016: 1302).

Eğitime erişimin önündeki sorunların tespitini güçleştiren etmenlerden biri bu konudaki veri eksikliğidir. Türkiye'deki Suriyelilerin beceri ve vasıflarına ilişkin sınırlı ve yetersiz bilgi ciddi bir sorun teşkil etmektedir (Emin, 2016: 21) ve öğrencilere ilişkin veri eksikliği de bu sorunun bir parçasıdır. Veri eksikliği ev sahibi ülke yetkilileri ve toplumunun mültecileri, onların ihtiyaç, talep, sorun ve arzularını tam anlamıyla kavramasını ve sorunlar için çözüm geliştirmesini engellemektedir. Suriyeli öğrencilerin okula devamının önündeki engellerin kaldırılması bu nedenlerin iyi anlaşılmasına bağlıdır. Dolayısıyla bu konuda daha fazla veriye ve araştırmaya ihtiyaç bulunmakta, YÖBİS sistemiyle Millî Eğitim Bakanlığının elde ettiği verilerin ise kamuoyu ve araştırmacılarla paylaşılması gerekmektedir. Burada tüm etmen, engel ve sorunları ayrıntılı bir şekilde ele almak mümkün olmasa da en temel sorunlara ve çözüm önerilerine kısaca değinmek yerinde olacaktır.

*Dil Sorunu ve Türkçe Eğitimi.* 1982 Anayasası Türkiye'deki eğitim ve öğretim kurumlarında Türk vatandaşlarına Türkçe dışındaki dillerin ana dili olarak öğretilmesini ve eğitimde kullanılmasını yasaklamaktadır. Okullarda öğretilecek yabancı diller ve yabancı dille eğitim yapan okulların hangi esaslara tabi olacağı ise kanunla belirlenir (Gözler, 2010). Türkiye'de iki dilde eğitim siyasi boyutları nedeniyle sorunlu bir alandır. Suriyelilere anadillerinde eğitim hakkı verilmesi Türkiye'de Kürt vatandaşların ana dilinde eğitim hakkı talepleri dikkate alındığında Millî Eğitim Bakanlığının ihtiyatla yaklaştığı bir konu haline gelmektedir (Heyse, 2016: 15). Türkiye'deki azınlıkların dilleri ise devlet okullarında yabancı dil olarak bile öğretilmemektedir (Kaya, 2009: 6). Dolayısıyla Suriyelilerin Geçici Eğitim Merkezlerinde Arapça eğitim alması bu yasal ve siyasi çerçeve içerisinde gerçekleşmiştir. Ancak geçici bir çözüm olarak düşünülen bu merkezlerin kapatılmasıyla Suriyeli çocuklar için ana dilinde, yani Arapça, eğitim özel Suriye okullarıyla sınırlı kalacak bir uygulama olacaktır.

Suriyeli çocukların okullaşma ve okulda başarı oranını artırmak için Türkçe öğretimi hayati önemdedir. Küçük yaşta Türkiye'ye gelen çocuklar Türkçeyi daha çabuk öğrenip ilkokuldan itibaren Türk eğitim sistemine girebildiklerinden çok daha başarılı olmaktadırlar. Ancak Suriye'de okula başlamış ve ara vermek zorunda kalmış, dolayısıyla ara sınıflardan okula başlamak durumunda olan çocuklar Türkçeyi kolay öğrenemedikleri gibi yaşıtlarına kıyasla okula ara verdikleri için daha başarısız olmaktalar. Bu başarısızlık onları okuldan soğutmakta ve uzaklaştırmaktadır. Eğitim dilinin Türkçe olması devlet okullarına kayıt oranının düşük olmasının başlıca nedenleri arasındadır (Theirworld ve A World at School, 2015: 8). Anne Çocuk Eğitim Vakfından (AÇEV) Burcu Gündüz ise Suriyeli öğrencileri devlet okullarına kaydetmekle sorunun çözülmediğini, Türkçe öğrenmeden okula gitmenin bu öğrencilere bir fayda sağlamayacağını ifade etmektedir (Heyse, 2016:14). Bu nedenle Türkçeyi iyi bilmeyen öğrencilere özel okuryazarlık dersleri, uzun süre okula ara vermiş öğrencilere telafi dersleri verilmesi büyük önem taşımaktadır (İnsan Hakları İzleme Örgütü, Kasım 2015: 19 ve 21). Devlet okullarında okula birkaç yıl ara vermiş ya da iyi derecede Türkçe bilmeyen çocukların yaşıtlarından birkaç alt sınıfa kaydedilmesi onların başarı ve eğitime devam durumlarını olumlu etkileyebilirken, okul yönetimleri çocuğun fiziksel özelliklerini dikkate alarak ya da "istisna yapamayacakları" gerekçesiyle çocukları yaşıtlarıyla aynı sınıfa kaydetmeyi tercih etmektedir. Ancak bu durum yaşça büyük çocukların okulda başarısız olmasına ve hatta okuldan ayrılmasına neden olabilmektedir (İnsan Hakları İzleme Örgütü, Kasım 2015: 22 ve 24-25).

Millî Eğitim Bakanlığı Suriyeli çocukların Türk eğitim sistemine geçişini ve uyumunu teşvik etmek veya kolaylaştırmak adına Türkçe dil öğretimine ağırlık verme ve hafta sonu, yarıyıl ve yaz tatillerinde Türkçe ve diğer alanlarda kurslar ve programlar düzenlenebilmesi yönünde karar almıştır (Habertürk, 22 Ağustos 2016). Millî Eğitim Bakanlığı ile Avrupa Birliği arasında imzalanan "Suriyeli Öğrencilerin Türk Eğitim Sistemine Entegrasyonu" projesi kapsamında AB'nin vereceği 300 milyon avroluk desteğin Suriyeli öğrencilerin Türkçeyi daha iyi öğrenmesi için Geçici Eğitim Merkezleri ve devlet okullarında çalışacak Türkçe öğretmenliği, Türk dili ve edebiyatı ve sınıf öğretmenliği branşlarından 4.200 öğretmenin bir yıllık istihdamını finanse etmek üzere kullanılacağı ifade edilmiştir (NTV, 4 Kasım 2016). Bakanlık ayrıca Suriyeli mültecilere Türkçe öğrenme olanağı sunmak için birçok ildeki Halk Eğitim Merkezleri'nde ücretsiz Türkçe dersleri vermektedir (Theirworld ve A World at School, 2015: 9). Ancak sorun sadece Türkçe kursları ya da ek Türkçe dersleriyle çözülebilecek gibi görünmemektedir. Bahçeşehir Üniversitesi Yabancı Diller Meslek Yüksekokulu Müdürü Mehmet Atasagun Türkiye'de yabancılara Türkçe eğitiminin daha ziyade yetişkinlere yönelik olarak düşünüldüğünü ve (Suriyeli) çocuklar göz önüne alınarak yeniden dizayn edilmesi gerektiğini ifade etmektedir (Heyse, 2016:13). Suriyeli çocuklara Türkçe öğreten Suriyeli öğretmenler de Türkçe öğretimi için kullanılan kitapların ve araçların yetersizliğinden yakınmaktadır (Balkar, Şahin ve Babahan, 2016: 1302).

*Eğitim Masrafları.* Türkiye'de temel eğitim ücretsizdir. Buna rağmen bazı devlet okulları kayıt, kırtasiye, kitaplar ve çeşitli eğitim faaliyetleri için velilerden para talep edebilmektedir. Bu tür talepler çocuklarını devlet okullarına kaydettirmek isteyen Suriyeli aileler için önemli bir engel teşkil etmektedir. Ancak kamplarda ve kamp dışında kalan Suriyeli aileler açısından eğitim masrafları farklılaşmaktadır. Kamplardaki aileler çocuklarını okul ve

Geçici Eğitim Merkezlerine ücretsiz gönderebilirken, kamp dışında kalan aileler açısından okul ve ulaşım masrafları önemli bir sorundur. Çocuğunu devlet okuluna göndermek isteyen bir Suriyeli aile ayda 108 TL harcamak durumundadır. Devlet okulu yerine Geçici Eğitim Merkezlerini tercih eden aileler de farklı okul ücretleriyle karşı karşıya kalmakta ve bu ücretleri karşılamakta güçlük yaşamaktadır (Heyse, 2016: 16-17). Suriye özel okullarına çocuklarını göndermek birçok aile için çok zordur, bu okullardaki çocukların aylık masrafı 1.500 TL civarındadır (Heyse, 2016: 18).

Devlet okullarının ve Geçici Eğitim Merkezlerinin uzak olması ve ailelerin ulaşım giderlerini karşılayacak imkanlarının olmaması da çocuklarını okula göndermelerine engel olmaktadır (Kaya ve Aysu, Nisan 2016: 4; Theirworld ve A World at School, 2015: 8). Millî Eğitim Bakanlığı kamp dışında okullaşma oranını artırmak için maddi durumu iyi olmayan Türk öğrenciler için uygulanan okula giden çocuk sayısı kadar annelere verilen parasal desteğin ve ücretsiz taşıma olanaklarının Suriyeli öğrenciler için de kullanılmasını planlamaktadır (Emin, 2016: 18). Çocukların eğitime erişiminde ulusal düzeyde atılacak adımların yanı sıra bu konuda bölgesel farklılıkların en aza indirilmesi tüm Suriyeli öğrencilerin eğitim destek hizmetlerinden eşit biçimde faydalanmaları açısından büyük önem taşımaktadır (Koman, 29 Aralık 2015).

*Geçim Zorluğu ve Çocuk İşçiliği Sorunu.* Ebeveynin ailenin geçimi için yeterince gelire sahip olmadığı durumlarda çocukların okula gitmek yerine çalışmaya başladığı ya da okuldan geldikten sonra çalışmakta oldukları görülmektedir (İnsan Hakları İzleme Örgütü, Kasım 2015: 4). Ağır koşullarda, çok düşük ücretlere, uzun saatler boyunca çalışmak zorunda kalan, dolayısıyla temel geçim masraflarını karşılayamayan ailelerin çocuklarını çalıştırmaktan başka bir seçeneği kalmamaktadır. Hayata Destek Derneğinin *İstanbul'daki Suriyeli Mültecilere İlişkin Zarar Görebilirlik Değerlendirme Raporu*'na göre İstanbul'da yaşayan Suriyelilerin hane geliri giderlerinin altında kalmakta, bu da çocukların çalışması zorunluluğunu beraberinde getirmektedir. Ailenin temel ihtiyaçlarını karşılamak için başvurulan yöntemler para ödünç almak (%44), çocuklarını çalıştırmak (%12), birikimlerini kullanmak (%11), eşyalarını satmak (%6), dilenmek (%5), eğitim giderlerini karşılayamadığı çocuklarını okuldan almak, 15 yaşın altında çocuklarını evlendirmek ya da ailedeki bir yetişkini çalışmak üzere başka bir yere göndermek (%2) şeklinde sıralanmaktadır (Kaya ve Aysu, Nisan 2016: 32). Bu araştırmaya göre İstanbul'da okul çağındaki Suriyeli çocukların okula kayıt olma oranı %14 civarındadır (Kaya ve Aysu, Nisan 2016: 27).

Suriyeli mültecilerin önemli bir kısmının karşı karşıya olduğu yerinden edilme, işsizlik ve sosyal destek mekanizmalarının olmaması gibi nedenler çocuk işçiliği sorununu ortaya çıkarmaktadır (Yalçın, 2016: 90 ve 93). Çocuk işçiliği sorunu esasen Türkiye'deki Suriyeli mültecilerin çalışma iznine sahip

SURİYELİ ÇOCUKLARIN EĞİTİM HAKKI

olamaması ve kayıt dışı çalışmak zorunda kalmasıyla ilgilidir (İnsan Hakları İzleme Örgütü, Kasım 2015: 31). Ocak 2016'da yürürlüğe giren 2016/8375 sayılı "Geçici Koruma Sağlanan Yabancıların Çalışma İzinlerine Dair Yönetmelik"le Suriyeli mültecilere çalışma izni verilmesi düzenlenmiştir. Çalışma hayatına ilişkin bu düzenleme ve çalışma izinlerinin veriliyor olması önemli (ve çok gecikmiş) bir gelişme olmakla birlikte bu durum Türkiye'deki çalışan Suriyeli nüfusun büyük çoğunluğunun çok düşük ücretlere, kayıt dışı çalıştığı gerçeğini değiştirmemektedir. Çalışma ve Sosyal Güvenlik Bakanlığı 2016 yılında toplam 73.584 yabancıya çalışma izni verirken sadece 13.298 Suriye vatandaşı çalışma izni almıştır (NTV, 18 Ocak 2017). Türkiye'deki çalışabilir Suriyeli nüfus göz önüne alındığında bu çok sınırlı bir kazanımdır. Bu düzenleme sonrası çalışma izni alan Suriyeli sayısı Türkiye'deki çalışma yaşındaki Suriyeli nüfusun %1'ine bile tekabül etmemektedir. 500.000 kadar Suriyeli mülteci ise Türkiye'de çalışma izni olmaksızın çalışmakta ve sömürülmektedir (The Economist, 29 Haziran 2017). Hayata Destek Derneği'nin en fazla sayıda Suriyeli mülteciye ev sahipliği yapan iki sınır ili olan Şanlıurfa ve Hatay'da yapmış olduğu araştırması çalışan Suriyelilerin %95'inin vasıfsız işçi olarak ve geçici işlerde çalışmakta olduğunu ortaya koymuştur (Yalçın, 2016: 93).

Yakın dönemde yapılan bir araştırma da Suriyeliler açısından kayıt dışı çalışma koşullarının değişmediğini göstermektedir. Birleşik Metal-İş Sendikasının 640 Suriyeli ve Türk tekstil işçisiyle yaptığı anket Suriyeli işçilerin Türk işçilerden yaklaşık %25 daha ucuza çalıştıklarını ve Suriyeli işçilerin kayıt dışı çalışma oranının %100'e yaklaştığını ortaya koymaktadır. Bu anketin sonuçlarına göre Suriyeli erkek işçilerin %99.6'sı, kadın işçilerin ise tamamı sigortasız çalışmaktadır. Anketin ortaya koyduğu bir diğer çarpıcı sonuç ise Türk vatandaşı erkek işçilerin %46'sının, kadın işçilerin ise %63'ünün kayıt dışı çalıştığı gerçeğidir (Turhan, 5 Temmuz 2017). Dolayısıyla Suriyeli işçiler halihazırda Türkiye'deki enformel emek piyasasına entegre olmuştur ve bu piyasadaki hiyerarşinin alt sıralarında güvencesiz bir şekilde ve çok düşük ücretlere çalışmaktadır. (Yalçın, 2016: 92).

Suriye'den Türkiye'ye çocuklarını korumak için gelmiş aileler eğitime erişememe, çocuk işçiliği, erken yaşta evlilik gibi nedenlerle çocuklarının geleceğinden endişe duymaktadır (Yalçın, 2016: 94). Sorunu daha da vahim ve derin hale getiren Türkiye'de Suriye mülteci krizi ortaya çıkmadan önce de çocuk işçiliği sorununun varolmasıdır. Mülteci krizi öncesinde Türkiye İstatistik Kurumu'nun 2012'de yayınladığı verilere göre Türkiye'de yaklaşık bir milyon çocuk işçi bulunmaktadır. Bu çocuklardan %40'ı, yani yaklaşık 400.000'i, mevsimlik tarım işinde çalışmaktadır. Türkiye mevsimlik tarımda çocuk işçiliğini çocuk işçiliğinin en kötü biçimlerinden biri olarak kabul etmiştir ve 2015 yılına dek bu işçiliği ortadan kaldırmayı Uluslararası Çalışma Örgütüne taahhüt etmiştir (Hayata Destek Derneği, Temmuz 2016). Türkiye'nin bu taahhüdünü yerine getirmekten çok uzak olması bir yana,

Suriyeli mültecilerin gelişi sonrasında (Suriyeli) çocuk işçi sayısında ciddi bir artış gözlenmiştir (Pitel, 20 Eylül 2017). Suriyeli çocuk işçiler ağırlıklı olarak tekstil (konfeksiyon) ve ayakkabıcılık sektöründe çalışmakta, ucuz ve sömürülen Suriyeli çocuk emeği birçok tanınmış Avrupalı ve küresel markanın ülkemizdeki fason üretiminde rol almaktadır (Yalçın, 2016: 91-92; Kaya ve Aysu, Nisan 2016: 28).

Türkiye çocuk işçiliğini yasaklayan Uluslararası Çalışma Örgütü Asgari Yaş Sözleşmesi, En Kötü Biçimlerdeki Çocuk İşçiliği Sözleşmesi, Uluslararası Ekonomik, Sosyal ve Kültürel Haklar Sözleşmesi ve Her Türlü Irk Ayrımcılığının Ortadan Kaldırılmasına İlişkin Uluslararası Sözleşme gibi uluslararası sözleşmelere de taraf bir ülkedir (İnsan Hakları İzleme Örgütü, Kasım 2015: 29-30). Türkiye'nin 1994'te taraf olduğu BM Çocuk Haklarına Dair Sözleşme'nin 32. maddesi taraf devletleri çocukların ekonomik sömürüden korunması adına gerekli yasal, idari, sosyal ve eğitimle ilgili önlemleri almakla yükümlü kılmaktadır (Çocuk Haklarına Dair Sözleşme, 20 Kasım 1989). Bu sözleşmelerin içerdiği hükümlerin Türk vatandaşı olmayan çocukları da kapsadığına ilişkin bir hüküm olmasa da Türkiye'nin Suriyeli çocukların çocuk işçi olarak çalıştırılmasına ve sömürülmesine göz yumamayacağı açıktır.

*Psiko-sosyal Desteğin ve Telafi Eğitiminin Olmaması.* Suriyeli çocuklar; savaş, çatışma, açlık, kayıplar ve zorunlu göç sürecinde psikolojik travmaya maruz kalmış, Türkiye'ye geldikten sonra da "toplumdan dışlanma, ayrımcılık, ekonomik ve cinsel sömürü ve çocuk evlilikleri" gibi birçok riskle karşı karşıya kalmıştır (UNICEF, Ocak 2017). Suriye'de yaşarken Hama'da öğretmenlik yapan ve Türkiye'de Kırıkhan'daki bir Geçici Eğitim Merkezinde ilkokul öğretmeni olarak çalışan Fatima Aleyvi çocukları okula kaydetmenin yeterli olmadığını, savaşın yerle bir ettiği güven duygusunu yeniden kazandıracak psiko-sosyal destek olmadan birçok çocuğun okula geri dönmeyeceğini ifade etmektedir (Heyse, 2016: 53).

İnsan Hakları İzleme Örgütü'nün 2015 yılında yaptığı araştırma sırasında görüştüğü 50 aileden bir kısmında çocuklar krizin ortaya çıkışından itibaren dört yıl boyunca eğitimden uzak kalmıştır. Savaş başladığında okul çağında olmayan çocuklar arasında daha sonrasında hiç okulla tanışmamış olanlar bulunmaktadır (İnsan Hakları İzleme Örgütü, Kasım 2015: 2). Bu nedenle Suriyeli öğrencilerin okula gitmesini teşvik için okuldan uzak geçirilmiş zamanı telafi edici farklı mekanizmalar geliştirilmeli, öğrencilerin sorun ve ihtiyaçlarının doğru tespiti için rehberlik ve danışma hizmetleri artırılmalıdır. Her öğrencinin hangi sınıfa yerleştirileceği kendi özel koşulları dikkate alınarak ayrı ayrı değerlendirilmelidir. Yaşıtları ile aynı sınıfa gitmek yerine birkaç sınıf alttan başlamak bazı durumlarda öğrenci açısından daha olumlu olabilir. Suriyeli öğrencilere sunulan burs olanaklarının artırılması da büyük önem taşımaktadır (İnsan Hakları İzleme Örgütü, Kasım 2015: 26; Emin,

SURİYELİ ÇOCUKLARIN EĞİTİM HAKKI

2016: 24).

Telafi eğitimin gerçekleştirilmesi çok kolay değildir. Türkiye'de merkezi eğitim sistemi nedeniyle devlet okullarının kendilerine ait özel ödenekleri bulunmamaktadır. Suriyeli mültecilerin yoğun olarak bulunduğu sınır bölgesindeki illerde pek çok okul sınırlı imkanlarla yüksek sayıda öğrenci ve az sayıda öğretmenle eğitim faaliyetlerini yürütmekteyken Suriyeli öğrencilerin özel ihtiyaçlarını karşılayacak bütçe ve donanıma sahip bulunmamaktadır (İnsan Hakları İzleme Örgütü, Kasım 2015: 13). Okullardaki aşırı yoğunluk sorunu Suriyeli mültecilerin Türkiye'ye gelişinden önce de bazı illerdeki okulların karşı karşıya olduğu bir sorundur. Örneğin Gaziantep'teki bazı devlet okulları Suriyeli mülteciler gelmeden önce yoğunluktan dolayı ikili öğretim sistemiyle faaliyet göstermekteydi (İnsan Hakları İzleme Örgütü, Kasım 2015: 43-44). Yeni gelen öğrenciler devlet okullarının sınırlı imkanları, kalabalık sınıfları üzerindeki baskıyı daha da artırmaktadır. Devlet okullarıyla aynı binaları kullanan Geçici Eğitim Merkezlerinde ise eğitim öğleden sonra, bazılarında akşam başlamaktadır. Öğrencilerden bazıları gündüz çalışıp akşam okula gelmekte ve bu öğrencilerin bir kısmı bir süre sonra okul ve çalışmayı bir arada sürdüremeyip okulu bırakmaktadır (Yalçın, 27 Temmuz 2017).

Telafi eğitimini güçleştiren bir diğer etmen öğretmen sayılarının yetersiz oluşudur. Bunun yanı sıra devlet okullarındaki birçok öğretmen uzun süreler okula gidememiş, Türkçeyi iyi konuşamayan, savaş ve yerinden edilme nedeniyle yaşadığı kayıplar yüzünden psikolojik desteğe ihtiyaç duyan, yeni bir ülke ve eğitim sistemine alışmaya çalışan öğrencilere eğitim vermek konusunda yeterli donanıma sahip değildir. (Theirworld ve A World at School, 2015: 5). Öğretmenler çocukların karşı karşıya olduğu sorunlar konusunda yeterince bilgi sahibi olmadıklarından, sınıf içerisindeki ayrımcılık, dışlama gibi sorunları çözmede de yeterince etkili olamamaktadırlar (Koman, 29 Aralık 2015).

*Ayrımcılık ve Dışlama.* Suriyeli çocukların devlet okullarında yaşıtları, yaşıtlarının velileri ve öğretmenlerinden gördükleri olumsuz muamele onları okuldan koparan etmenlerden biridir. Bazen sadece çocuk oldukları için sergiledikleri "çocukça" davranışlar mültecilikleriyle ilintilendirilerek sorun olarak algılanmakta, olumsuz, hatta düşmanca, tavırlara neden olmaktadır (Doyran, 26 Ocak 2017). Yaşıtları ve veliler dışında bazı devlet okullarında yöneticiler kayıt sırasında Suriyeli ailelerden sahip olmadıkları ya da nasıl alacaklarını bilmedikleri ek belgeler talep edilebilmekte ya da çocukların kaydını yapmayı reddedebilmektedir (Koman, 29 Aralık 2015). Millî Eğitim Bakanlığı yönerge ve genelgeler yayınlasa da bunlara tam olarak uyulduğu ve hükümlerinin birebir uygulandığı söylenemez. Bunun bir nedeni Bakanlığın ve okulların sınırlı kaynaklarıyken, bir diğer nedeni yeterli denetimin yapılamamasıdır. Bazı İl Millî Eğitim Müdürlükleri de farklı uygulamalar benimseyebilmektedir (İnsan Hakları İzleme Örgütü, Kasım 2015: 42). Suriyeli çocuklar ve ailelerinin eğitime erişim sürecinde karşılaştıkları sorunlar, keyfi uygulamalar ve hak ihlalleri karşısında başvurabileceği merci ya da mekanizmalar mevcut olmadığı ya da onlar tarafından bilinmediği için hak ihlallerinin cezalandırılması, sorunların çözülmesi güçleşmektedir.

Birçok Suriyeli ailenin çocuklarını devlet okulları yerine Geçici Eğitim Merkezlerine kayıt ettirmesinde eğitim dilinin Arapça olması, Suriye müfredatının okutulması ve çocuklara psiko-sosyal destek sunulması gibi nedenlerin yanı sıra (Heyse, 2016: 49) devlet okullarına kayıtta yaşanan sorunlar ve Suriyeli öğrencilerin devlet okullarında maruz kaldığı muamele de etkili olmaktadır (Emin, 2016: 19). Buna ilişkin bir olay Mart 2016'da Üsküdar Belediyesinin üç devlet okulunda Geçici Eğitim Merkezleri kurmasıyla yaşanmıştır. Belediyenin bu kararı karşısında Türk veliler belediye önünde gösteri yaparak bu merkezlerin kapatılmasını talep etmiştir. Bu tepkileri ortaya çıkaran Suriyeli çocuklarla Türk çocuklarına aynı mekânda eğitim verilmesinin eğitimin kalitesini düşüreceği endişesidir (Heyse, 2016: 30). Millî Eğitim Bakanlığı artık Geçici Eğitim Merkezlerini kapatma kararı aldığı için devlet okullarında çocuklar birlikte eğitim alacaktır. Yaşıtlarının Suriyeli çocuklara yönelik tavırlarında ailelerinin etkisi ve yönlendirmesi belirleyici olduğundan bundan sonraki süreçte Türk velilere çok önemli bir rol düşmektedir (Balkar, Şahin ve Babahan, 2016: 1302). Türk velilerin ortak yaşamı inşa etmede olumlu rol oynayabilmesi için velilere yönelik farklı eğitim programları da tasarlanabilir.

*Gönüllülük Esasına Dayalı Öğretmenlik ve Nitelikli Eğitim.* Dorman'ın Kırıkhan'da Suriyeli mültecilerin eğitim ihtiyaçları ile ilgili çalışması öğretmenlerin sınırlı kapasiteleri ve aldıkları düşük ücretlerin Suriyeli çocukların okullaşma oranlarını etkilediğini ortaya koymuştur (2014'den aktaran Balkar, Şahin ve Babahan, 2016: 1306). Düşük finansal destek nedeniyle birçok öğretmen ya işlerinden ayrılmakta ya da aynı anda başka bir işte daha çalışmaktadır (Heyse, 2016: 34; Balkar, Şahin ve Babahan, 2016: 1305). Bu durum iyi öğretmenlerin sistem içerisinde kalmasını teşvik etmekten uzak olduğu için özellikle Geçici Eğitim Merkezlerinde eğitim kalitesini korumak güçleşmektedir (İnsan Hakları İzleme Örgütü, Kasım 2015: 44). Teşviğin düşük olması nitelikli öğretmenleri sistemin içerisine çekmekten uzaktır. Birçok Suriyeli öğretmen Türkiye'de öğretmen olarak çalışmazken başka mesleklerden insanlar (avukat, eski devlet memuru, subay, din adamı vb.) öğretmenlik yapmaktadır. Böylece nitelikli öğretmenler sistemin dışında kalırken, öğretmen olarak çalışanlardan bazıları çocuklara hiçbir şey öğretememektedir. Bu nedenle nitelikli ve bu işin eğitimini almış Suriyeli öğretmenleri sisteme dahil etmek gereklidir (Heyse, 2016: 22).

Ocak 2016'da yürürlüğe giren "Geçici Koruma Sağlanan Yabancıların Çalışma İzinlerine Dair Yönetmelik"te eğitim meslek mensuplarının Millî

Eğitim Bakanlığından alacakları ön izinle yapacakları başvuruların değerlendirilmesi sonrasında çalışma izni alabilecekleri ifade edilmektedir. Yönetmeliğin 10. maddesinde geçici koruma statüsü altında çalışma izni verilen yabancıların minimum asgari ücrete tabi olacakları belirtilmektedir (Çalışma ve Sosyal Güvenlik Bakanlığı, 11 Ocak 2016). Başbakanlık Göç ve İnsani Yardımlar Koordinatörlüğü de gönüllülük esasına göre çalışan Suriyeli öğretmenlere çalışma izinlerinin verileceğini ve böylece sigortalı ve ücretli öğretmen olarak çalışmalarının önünün açılacağını ifade etmiştir (Emin, 2016: 19).

Suriyeli öğretmenlerin Türk eğitim sistemi hakkında sınırlı bilgiye sahip olması da bir diğer sorundur. Suriyeli öğretmenler Türk öğretmenlerle etkileşime girebilecekleri ve onlardan gerektiğinde mesleki konularda destek alabilecekleri bir ortamın bulunmadığını ifade etmektedirler (Balkar, Şahin ve Babahan, 2016: 1300). Aynı okul binasını kullanan Türk ve Suriyeli öğretmenler bile farklı saatlerde okulda oldukları ve aynı öğretmenler odasını kullanmadıkları için görüşememekte, birbirlerinin deneyimlerinden faydalanamamaktadır. Mesleki açıdan en fazla desteğe ihtiyaç duyanlar Türkçe öğreten Suriyeli öğretmenlerdir. Bu öğretmenler arasında öğretmenlik formasyonuna sahip olmayan ve Türkçe bildikleri ya da öğrendikleri için öğretmenlik yapmalarına izin verilenler de bulunmaktadır. Bu öğretmenler sınıf yönetimi konusunda büyük güçlük yaşamaktadır (Balkar, Şahin ve Babahan, 2016: 1301). Bu sorunların aşılması için Suriyeli ve Türk öğretmenlerin bir araya gelebileceği ortam ve etkinliklerin oluşturulması önemlidir. Öğretmenlik yapan Suriyelilerin formasyon ve mesleki yeterliliklerinin tespiti konusunda etkili bir denetim sistemi kurulmalı, Suriyeli öğretmenlere Türk eğitim sisteminin işleyişi hakkında eğitim verilmelidir. Bunun yanı sıra Suriyeli çocuklara Türkçe öğretmek amacıyla yeni ders kitapları hazırlanmalı, bu konuda eğitim veren öğretmenleri destekleyici materyal ve araçlar sağlanmalıdır (Balkar, Şahin ve Babahan, 2016: 1308).

*Suriyeli Çocukların Eğitime Erişimine Etki Eden Diğer Etmenler.* Suriyeli çocukların eğitime erişimine etki eden etmenler çok boyutlu ve karmaşıktır. Burada tamamını ayrıntılı olarak ele almamız mümkün olmasa da şu ana dek sözünü ettiğimiz etmen ve sorunların yanı sıra Arapça bilen idari personel, eğitimci ve uzman sayısının yetersiz olması nedeniyle iletişim konusunda yaşanan sorunlar, kamu kurumları ve sivil toplum kuruluşları arasındaki koordinasyon eksikliği, bürokrasinin katı kuralları ve yavaşlığı, eğitim için kullanılan mekânların fiziksel altyapı sorunları, oyun alanlarının azlığı ya da hiç olmaması, müfredatta yanlış bilgi ve eksiklikler, öğretim materyallerinin dağıtımında yaşanılan sorunlar ve eğitim sistemleri arasındaki farklılıkların devlet okulları ve Geçici Eğitim Merkezlerinde verilen eğitimin kalitesini, dolayısıyla hem Suriyeli çocukların hem de Türkiye'nin geleceğini, derinden etkilemekte olduğunu söylemek mümkündür (Emin, 2016: 21-22).

---

## Birlikte Yaşama Kültürünün İnşası için Yeni bir Eğitim Anlayışı

Mülteciler ev sahibi topluma kendisi ve sorunlarıyla yüzleşme fırsatı sunarlar. Mültecilerin varlığı ve halihazırda çözüm bekleyen sorunların mağduru olmaları sorunları görünür kılarak çözüm için atılması gereken adımları hızlandırabilir. Böyle bir imkân Türkiye'de eğitim alanı açısından söz konusudur. Türkiye'de eğitime ayrılan düşük bütçe, okul binası, araç ve materyallerinin yetersizlikleri, okullardaki kalabalık sınıflar, daha fazla sayıda ve daha donanımlı öğretmen ihtiyacı Suriyeli öğrencilerin gelişiyle daha görünür hale gelmiştir. Suriyeli öğrencilerin yaşadıkları sorunlar eğitim sistemindeki eşitsizliklere, Suriyeli çocuk işçilerin sayısı Türkiye'deki çocuk işçilere eklemlenmektedir. Bu sorunların çözümü sadece Suriyeli çocukların değil, Türkiye'de eğitim çağındaki tüm çocukların daha nitelikli ve kapsayıcı bir eğitim almasını sağlayacaktır.

Mülteci çocukların eğitim deneyimi ev sahibi toplumun yetersiz düzeyde sunduğu dil öğrenme desteği, toplumsal izolasyon ve yaşıtları, öğretmenleri ya da diğer öğrencilerin velileri tarafından dışlanma ve ırkçı tavırlar ile şekillenmektedir (Ager ve Stang, 2008: 172). Irkçılık, kurumsal ırkçılık, yardıma bağımlı kılınmak ve toplumsal dışlanma uyum sürecini olumsuz etkilemektedir. Suriyeli mültecilerin sayısı artıp Türkiye'de kalış süreleri uzadıkça mültecilere yönelik olumsuz tavır ve ırkçı reflekslerin güçlenmeye, saldırıların artmaya başladığını gözlemlemek mümkündür. Bu noktada ırkçılık ve yabancı düşmanlığının panzehiri olarak kültürler arası eğitim modellerinin geliştirilmesi ve uygulanmasının önemi ortaya çıkmaktadır. Bu eğitim gelecekte toplumu şekillendirecek bir adımken, eğitimin (Türkiyeli ve Suriyeli) yetişkinleri de kapsaması ve onlara yönelik farkındalık ve kültürler arası diyaloğu artırıcı eğitim ve programları da içermesi büyük önem taşımaktadır.

Çocuk Haklarına Dair Sözleşme'nin 29. maddesine göre taraf devletler çocuğa verilecek eğitimin amaçlarından birinin çocuğu "anlayışı, barış, hoşgörü, cinsler arası eşitlik ve ister etnik, ister ulusal, ister dini gruplardan, isterse yerli halktan olsun, tüm insanlar arasında dostluk ruhuyla, özgür bir toplumda, yaşantıyı, sorumlulukla üstlenecek şekilde" hazırlamak olduğunu kabul ederler (Çocuk Haklarına Dair Sözleşme, 20 Kasım 1989). Türkiye sadece bu Sözleşme'ye taraf olduğu için değil, toplumsal uzlaşma ve birlikte yaşama kültürünü oluşturmak ve gelecekte de sürdürebilmek için yeni bir eğitim anlayışı benimsemek durumundadır.

Kültürler arası eğitim kültürü durağan olarak ve basmakalıp yargılar üzerinden algılayan yaklaşımı benimsemek yerine dinamik ve çoğulcu bir bakış açısıyla etkileşim içerisindeki kültürlere ve kültürel ilişkilere odaklanır (Bleszynsk, 2008: 540). Kültürler arası eğitim kültürler arası etkileşimi ve diyaloğu geliştirmek ve çokkültürlü demokratik toplumların gelişimini sağlamak açısından elzemdir (Bleszynsk, 2008: 542). Kültürler arası eğitim okul öncesi, ilk ve ortaokul, lise ve yükseköğretimin tüm seviyelerinde, kısa süreli kurslardan farklı eğitim formatlarına, düzenli eğitimden e-öğrenme modellerine ve farklı mesleki eğitim modellerinde tüm yaş gruplarına verilen eğitimlerde kullanılabilir. Böylece farklı kültürlere mensup bireylerin birbirlerini anlaması ve bir arada yaşama kültürünü geliştirebilmesi, etnik ve ırksal önyargıların üstesinden gelinebilmesi, sosyal adalet sağlanırken insan haklarına saygı gösterilmesine yönelik düşünce ve davranışların benimsetilebilmesi, bireylerin topluma aidiyet hislerinin güçlendirilerek etkin katılımlarının sağlanması mümkün olacaktır (Bleszynsk, 2008: 543).

Türkiye Suriyeli mülteciler dışında farklı ülke ve bölgelerden gelen ancak bu çalışma kapsamında ele alamadığımız göçmen, mülteci ve sığınmacılara ev sahipliği yapan bir göç ülkesidir. Bundan hareketle göç ve iltica politikalarının hak temelli bir yaklaşımla şekillendirilmesi ve eğitim politika ve stratejilerinin eşitliği esas alan farklılık yönetimi ile yeniden belirlenmesi ve uygulamaya konulması gerekmektedir (Ereş, 2015: 24). Ayrıca müfredat programına emek göçü ve zorunlu göçe ilişkin bilgi ve tartışmaları eklemek bu konuda farkındalık yaratarak toplumsal uyum ve karşılıklı kabul açısından önemli bir katkı sunabilir. Bu konuda çalışacak uzmanların yetiştirilmesi noktasında üniversitelerde; sosyal ve siyasi bilimler, eğitim ve hukuk ile ilgili birimlerde mülteci hakları, insani yardım, uluslararası koruma, kültürler arası etkileşim gibi konuları ele alan dersler açılması (Kaya ve Aysu, Nisan 2016: 37), mevcut göç araştırma merkezlerine yenilerinin eklenmesi de büyük önem taşımaktadır.

## Kaynakça

Afet ve Acil Durum Yönetimi Başkanlığı (2017), "Suriyeli Sığınmacılara Yapılan Yardımlar", https://www.afad.gov.tr/upload/Node/2373/files/Suriyeli_Siginmacilara_Yapilan_Yardimlar+1.pdf, 19 Haziran 2017, erişim: 29 Haziran 2017.

Afet ve Acil Durum Yönetimi Başkanlığı (2013), "Syrian Refugees in Turkey, 2013", https://www.afad.gov.tr/upload/Node/3926/xfiles/syrian-refugees-in-turkey-2013_print_12_11_2013_eng.pdf, erişim: 26 Eylül 2017.

Ager, A. ve Stang, A. (2008), "Understanding Integration: A Conceptual Framework", *Journal of Refugee Studies*, 21(2): 166-191.

Altuğ, B., (2017), "YTB Başkanı Köse BM'de Suriyelilere yönelik çalışmaları anlattı", *Anadolu Ajansı*, 18 Ekim 2017, http://aa.com.tr/tr/dunya/ytb-baskani-kose-bmde-suriyelilere-yonelik-calismalari-anlatti/941043, erişim: 7 Aralık 2017.

Balcı, M. (1996), "Ulusal ve Uluslararası Hukukta İnsan Hakları Çerçevesinde Eğitim ve Öğretim Hakkı", *Yeni Türkiye Dergisi*, Ocak-Şubat, 7: 1-17.

Balkar, B., Şahin, S. ve Babahan, N. I. (2016), "Problems Confronted by Syrian Teachers Working at Temporary Education Centers (TECs)", *Eğitimde Kuram ve Uygulama/Journal of Theory and Practice in Education*, 12(6): 1290-1310.

BBC (2017), "Syria War: 2016 Deadliest Year Yet for Children, Says UNICEF", 13 Mart 2017, http://www.bbc.com/news/world-middle-east-39252307, erişim: 28 Temmuz 2017.

Birleşmiş Milletler (1966), "Ekonomik, Sosyal ve Kültürel Haklara İlişkin Uluslararası Sözleşme", 16 Aralık 1966, http://humanrightscenter.bilgi.edu.tr/media/uploads/2015/08/03/EkonomikSosyalKulturelHaklarSozlesmesi.pdf, erişim: 24 Temmuz 2017.

Birleşmiş, Milletler Mülteciler Komiserliği Türkiye Temsilciliği (1951), "Mültecilerin Hukuki Statüsüne İlişkin Sözleşme", 28 Temmuz 1951, http://www.goc.gov.tr/files/ files/multecilerınhukukıstatusuneılıskınsozlesme.pdf, erişim: 24 Temmuz 2017.

Birleşmiş Milletler Türkiye Dergisi (2017), "Uluslararası Göç Örgütü Suriyeli Mültecilere Destek Sağlamaya Devam Ediyor", http://www.bmdergi.org/ tr/uluslararasi-goc-orgutu-suriyeli-multecilere-destek-saglamaya-devam-ediyor/, erişim: 28 Temmuz 2017.

Bleszynsk, K M. (2008), "Constructing Intercultural Education", *Intercultural Education*, 19 (6): 537–545.

Butakın, K., (2017), "Entegrasyon İçin Okullara Suriyeli Tercüman Öğretmen", *Karar*, 30 Kasım 2017, http://www.karar.com/guncel-haberler/entegrasyon-icin-okullara-suriyeli-tercuman-ogretmen-674955#, erişim: 12 Aralık 2017.

Castles, S., Korac, M., Vasta, E. ve Vertovec, S. (2002), *Integration: Mapping the Field. Home Office Online Report 29/03*, Londra: Home Office.

Çalışma ve Sosyal Güvenlik Bakanlığı (2016), "Geçici Koruma Sağlanan Yabancıların Çalışma İzinlerine Dair Yönetmelik", 11 Ocak 2016, http://www.resmigazete.gov.tr/ eskiler/2016/01/20160115-23.pdf, erişim: 4 Temmuz 2017.

DEÜ İlahiyat Fakültesi (2013), "Suriye ve Mısır Ulkelerinden Yurdumuzda Bulunan Yükseköğretim Kurumlarına Yatay Geçış", http://ilahiyat.deu.edu.tr/index.php/tr/ yatay-gecis-islemleri/343-suriye-ve-misir-uelkelerinden-oezel-durumlardan-dolayi-yatay-gecis-yapacak-oegrenciler.html, 9 Ekim 2013, erişim: 4 Temmuz 2017.

Dünya Bülteni (2012), "Dinçer: Oyunun Kuralı Değişmemeli", 31 Temmuz 2012, http://www.dunyabulteni.net/haber/221066/dincer-oyunun-kurali-degismemeli, erişim: 28 Temmuz 2017.

Doyran, E. (2017), "Türk Toplumunda Suriyeli Mülteci Çocuklar Algısı: Fatih ve Esenler Örneği", Yayımlanmamış Doktora Tezi, İstanbul: Marmara Üniversitesi, Sosyal Bilimler Enstitüsü.

Dryden-Peterson, S. (2011), "Refugee Education: A Global Review", *Ontario Institute for Studies in Education*, University of Toronto, http://www.unhcr.org/4fe317589.pdf, erişim: 24 Temmuz 2017.

Eğitim Mevzuatı (2013), "Ülkemizde Geçici Koruma Altında Bulunan Suriye Vatandaşlarına Yönelik Eğitim Öğretim Hizmetleri", 26 Eylül 2013, http://www.egitimmevzuat. com/index.php/Resmi-2013/uelkemzde-gecc-koruma-altinda-bulunan-surye-vatandalarina-yoenelk-etm-oeretm-hzmetler.html, erişim: 29 Haziran 2017.

Emin, M. N. (2016), "Türkiye'deki Suriyeli Çocukların Eğitimi: Temel Eğitim Politikaları", *SETA Analiz*, 153.

Eres, F. (2015), "Türkiye'de Göçmen Eğitimi Sorunsalı ve Göçmen Eğitiminde Farklılığın Yönetimi", *Çankırı Karatekin Üniversitesi Sosyal Bilimler Enstitüsü Dergisi*, 6(2): 17-30.

Göç İdaresi Genel Müdürlüğü (2017), http://www.goc.gov.tr/icerik3/gecici-koruma _363_378_4713, 21 Haziran 2017, erişim: 5 Temmuz 2017.

Gözler, K. (2010), *Türkiye Cumhuriyeti Anayasası*, Bursa: Ekin Yayınevi.

Habertürk (2016), "MEB, Suriyeli Çocukların Eğitimi İçin Yol Haritasını Belirledi", 22 Ağustos 2016, http://www.haberturk.com/gundem/haber/1285903-meb-suriyeli-cocuklarin-egitimi, erişim: 1 Temmuz 2017.

Hayata Destek Derneği (2016), "Bu İş Çocuk Oyuncağı Değil: Mevsimlik Tarımda Çocuk İşçiliği", *E-Bülten*, 2, http://www.hayatadestek.org/media/files/BİÇOD_e-bülten_ Nisan_ Mayıs_Haziran_Mevsimlik%20Tarımda%20Çocuk%20İşçiliği.pdf; erişim: 4 Temmuz 2017.

Heyse, K. (2016), "On the Brink of a Lost Generation: 'I Can't Read. I Can't Write. I Want to Go to School'. Challenges to the Education of Syrian Refugee Children and Youth in Turkey", *Open Society Foundation*, http://aciktoplumvakfi.org.tr/pdf/On_the_Brink_of _a%20Lost_Generation.pdf, erişim: 2 Temmuz 2017.

Hürriyet (2017), "Yüksek Okullarda Boş Kontenjanlara Suriyeli Yerleşecek", 14 Şubat 2017, http://www.hurriyet.com.tr/yuksek-okullarda-bos-kontenjanlara-suriyeli-yer-40365177, erişim: 4 Temmuz 2017.

Hürriyet (2017), "Suriyeli Öğrencilere 'Tek Tuşla' Ulaşılacak", 17 Kasım 2014, http://www.hurriyet.com.tr/suriyeli-ogrencilere-tek-tusla-ulasilacak-27593775, erişim: 29 Haziran 2017.

Hürriyet, (2016), "Suriyeli Öğrenciler Meslek Lisesine Gidebilecek", 12 Ağustos 2016, http://www.hurriyet.com.tr/suriyeli-ogrenciler-meslek-lisesine-gidebilecek-40190631, erişim: 12 Aralık 2017.

İnsan Hakları İzleme Örgütü (2015), "'Geleceğimi Hayal Etmeye Çalıştığımda Hiçbir Şey Göremiyorum': Türkiye'deki Suriyeli Mülteci Çocukların Eğitime Erişiminin Önündeki Engeller-Kayıp Nesil Olmalarını Önlemek", https://www.hrw.org/sites/default/files/report_pdf/turkey1115tu_web.pdf, erişim: 2 Temmuz 2017.

İ. Ü. Sosyal Bilimler Enstitüsü (2013), "YÖK'ün 57802651/1008 Sayılı Genelgesi", 4 Eylül 2013, http://sosyalbilimler.istanbul.edu.tr/?p=7456&upm_export=print, erişim: 30 Haziran 2017.

Kahvecioğlu, A. (2012), "Suriyeli Mülteciye Üniversite Kapısı", *Milliyet*, 22 Eylül 2012, http://www.milliyet.com.tr/suriyeli-multeciye-universite-kapisi-gundem-1600266/, erişim: 30 Haziran 2017.

Karaboğa, K. (2016), "2 Milyon Suriyeli Mülteci, Arap Yatırımcıya Onlarca Okul Açtırdı", *Dünya*, 8 Temmuz 2015, https://www.dunya.com/gundem/2-milyon-suriyeli-multeci-arap-yatirimciya-onlarca-okul-actirdi-haberi-285453, erişim: 4 Temmuz 2017.

Kaya, A. ve Kıraç, A. (2016), "İstanbul'daki Suriyeli Mültecilere İlişkin Zarar Görebilirlik Değerlendirme Raporu", *Nisan, Hayata Destek Derneği*, http://sitap.org/wp-content/files_mf/2016_stl_ist_suriyeli_multeciler_degerlendirme_raporu.pdf, erişim: 3 Temmuz 2017.

Kaya, N. (2009), "Unutmak mı? Asimilasyon mu? Türkiye'nin Eğitim Sisteminde Azınlıklar", *Uluslararası Azınlık Hakları Grubu* (MRG), http://minorityrights.org/wp-content/uploads/2015/07/MRG_Rep_TurkeyMinEd_TURK_2009.pdf, erişim: 3 Temmuz 2017.

Koman, E. (2015), "Suriyeli Mülteci Çocuklar ve Engellenen Eğitim Hakkı", *Heinrich Böll Stiftung Derneği Türkiye Temsilciliği*, 29 Aralık 2015, https://tr.boell.org/tr/2015/12/29/suriyeli-multeci-cocuklar-ve-engellenen-egitim-hakki, erişim: 24 Temmuz 2017.

Mestheneos, E. ve Ioannidi, E. (2002), "Obstacles to Refugee Integration in the European Union Member States", *Journal of Refugee Studies*, 2002, 15(3): 304-320.

Millî Eğitim Bakanlığı (2015), *MEB 2015-2019 Stratejik Planı*, Ankara, http://sgb.meb.gov.tr/meb_iys_dosyalar/2015_09/10052958_10.09.2015sp17.15imzasz.pdf, erişim: 29 Haziran 2017.

Milli Eğitim Bakanlığı (2015), "Suriyeli Mültecilerin Eğitiminden Dolayı Türkiye'ye Övgü", 12 Kasım 2015, http://www.meb.gov.tr/suriyeli-multecilerin-egitiminden-dolayi-turkiye8217ye-ovgu/haber/9896/tr, , erişim: 3 Temmuz 2017.

Milli Eğitim Bakanlığı (2016), "Demirci: GEM'ler Üç Yıl İçinde Misyonunu Tamamlayacak", 6 Eylül 2016, http://meb.gov.tr/demirci-gemler-uc-yil-icinde-misyonunu-tamamlayacak/haber/11850/tr, erişim: 2 Temmuz 2017.

Milli Eğitim Bakanlığı (2016), "Suriyeli Çocukların Eğitimi için Yol Haritası Belirlendi", 22 Haziran 2016, http://meb.gov.tr/suriyeli-cocuklarin-egitimi-icin-yol-haritasi-belirlendi/haber/11750/tr, erişim: 26 Mayıs 2017.

Milli Eğitim Bakanlığı, Hayat Boyu Öğrenme Genel Müdürlüğü (2016), 16 Mayıs 2016, http://hbogm.meb.gov.tr/meb_iys_dosyalar/2016_05/18020117_gocveacildurumegitimdb.pdf, erişim: 24 Temmuz 2017.

Millî Eğitim Bakanlığı, Hayat Boyu Öğrenme Genel Müdürlüğü (2017), 17 Mart 2017, http://ergani.meb.gov.tr/meb_iys_dosyalar/2017_03/27110021_stk_larYn_desteklediYi_geYici_eYitim_merkezleri.pdf, erişim: 2 Temmuz 2017.

Millî Eğitim Bakanlığı, Temel Eğitim Genel Müdürlüğü, (2014), "Yabancılara Yönelik Eğitim-

Öğretim Hizmetleri Genelgesi", 23 Eylül 2014, https://antalya.meb.gov.tr/meb_iys_dosyalar/2014_10/02015212_yabanc.pdf, erişim: 29 Haziran 2017.

NTV (2016), "Suriyeli Öğrenciler için 4 bin 200 Öğretmen Alımı Yapılacak", 4 Kasım 2016, http://www.ntv.com.tr/egitim/suriyeli-ogrenciler-icin-4-bin-200-ogretmen-alimi-yapilacak,WiV-iQToOUS18Tk56cY0ng, erişim: 1 Temmuz 2017.

NTV (2017), "2016'da 13 bin Suriyeli Çalışma İzni Aldı", 18 Ocak 2017, http://www.ntv.com.tr/ekonomi/2016da-13-bin-suriyeli-calisma-izni-aldi,mBYMFvqvFUO3Suxk-Y6SKg, erişim: 5 Temmuz 2017.

Odman, T. (2008), *Çocuk Hakları Bağlamında Çocuk Mülteciler*, Tarsus: Çağ Üniversitesi Yayınları.

Pitel, L. ( 2017), "A Day on the Factory Floor with a Young Syrian Refugee", *Financial Times*, 20 Eylül 2017, https://www.ft.com/content/abd615a4-76d7-11e7-a3e8-60495fe6ca71, erişim: 7 Aralık 2017.

Radyodost (2017), "Suriyeli Göçmenlerin Eğitimi Müftülüğe Emanet", 6 Ocak 2016, http://www.radyodost.net/suriyeli-gocmenlerin-egitimi-muftuluge-emanet.html, erişim: 3 Temmuz 2017.

Resmî Gazete (2014), "2014/6883 sayılı Geçici Koruma Yönetmeliği", 22 Ekim 2014, http://www.resmigazete.gov.tr/eskiler/2014/10/20141022-15-1.pdf, erişim: 2 Temmuz 2017.

Sabah (2012), "4+4+4 Eğitim Sistemi Başlıyor", 16 Eylül 2012, http://www.sabah.com.tr/egitim/2012/09/16/444-egitim-sistemi-basliyor, erişim: 8 Temmuz 2017.

SETA (2016), "Türkiye'deki Suriyeli Çocukların Eğitimi", 9 Mart 2016, https://www.setav.org/ etkinlikler/turkiyedeki-suriyeli-cocuklarin-egitimi/, erişim: 12 Aralık 2017.

Seydi, A. R. (2014), "Türkiye'nin Suriyeli Sığınmacıların Eğitim Sorununun Çözümüne Yönelik İzlediği Politikalar", *SDÜ Fen Edebiyat Fakültesi Sosyal Bilimler Dergisi*, 31: 267-305.

Sputnik Türkiye, (2017), "MEB'den 'Suriyeli Öğrenciler İmam Hatiplere Yönlendirilsin' Genelgesi", 20 Eylül 2017, https://tr.sputniknews.com/yasam/201709201030221685-meb-suriyeli-ogrenci-imam-hatip-genelge/, erişim: 12 Aralık 2017.

Strang, A. ve Ager, A. (2010), "Refugee Integration: Emerging Trends and Remaining Agendas", Journal of Refugee Studies, 23 (4): 589-607.

Taştan, C. ve Çelik, Z. (2017). "Türkiye'de Suriyeli Çocukların Eğitimi: Güçlükler ve Öneriler", Ankara: Eğitim-Bir-Sen Stratejik Araştırmalar Merkezi.

The Economist (2017), "Turkey is Taking Care of Refugees, But Failing to Integrate Them", 29 Haziran 2017, http://www.economist.com/news/europe/21724413-if-syrians-become-permanent-underclass-country-headed-trouble-turkey-taking-care, erişim: 1 Temmuz 2017.

Theirworld ve A World at School (2015), "Partnering for a Better Future: Ensuring Educational Opportunity for All Syrian Refugee Children and Youth in Turkey", http://gbc-education.org/wp-content/uploads/2015/01/Turkey.pdf, erişim: 30 Haziran 2017.

Turhan, Ş. (2017), "Suriyeli İşçilerin Türk İşçilere Etkisi! Çok Çarpıcı Araştırma...", *Hürriyet*, 5 Temmuz 2017, http://www.hurriyet.com.tr/suriyeli-iscilerin-turk-iscilere-etkisi-cok-onemli-arastirma-40510669, erişim: 7 Temmuz 2017.

UNHCR (2016), "Missing Out: Refugee Education in Crisis", http://www.unhcr.org/57d9d01d0, erişim: 28 Temmuz 2017.

UNICEF (1989), "Çocuk Haklarına Dair Sözleşme", 20 Kasım 1989, https://www.unicef.org/turkey/crc/_cr23c.html, erişim: 15 Temmuz 2017.

UNICEF (2017), *Bilgi Notu*, 19 Ocak 2017, https://www.unicef.org/media/ media_94417.html, erişim: 1 Temmuz 2017.

UNICEF (2017), "Türkiye'de 'Kayıp bir Kuşak Oluşmasını Önlemek", http://www.unicef.org.tr/files/bilgimerkezi/doc/Children%20of%20Syria_01.2007_TR.pdf, erişim: 29 Haziran 2017.

# SURİYELİ ÇOCUKLARIN EĞİTİM HAKKI

"Ülkemizde Kamp Dışında Misafir Edilen Suriye Vatandaşlarına Yönelik Tedbirler", 30 Nisan 2013, http://melikgazi.meb.gov.tr/meb_iys_dosyalar/2013_05/03024558_suriye.pdf, erişim: 28 Haziran 2017.

Watt, E. (2017), "Six Years of War: Syrian Refugee Children Find Hope in Neighbouring Countries", *Theirworld*, 15 Mart 2017, http://theirworld.org/news/how-six-years-of-syria-war-has-affected-refugee-children, erişim: 29 Ağustos 2017.

Yabancılar ve Uluslararası Koruma Kanunu (2014), 11 Nisan 2014, http://www.goc.gov.tr/files/files/goc_kanun.pdf, erişim: 29 Haziran 2017.

Yalçın, F. (2017), "İstanbul'da Yaşayan Suriyeli Çocukların Eğitime Katılımları Bağlamında Uyum ve Kültürleşme Süreçleri", Yayımlanmamış Yüksek Lisans Tezi, İstanbul: Marmara Üniversitesi, Sosyal Bilimler Enstitüsü.

Yalçın, S. (2016), "Syrian Child Workers in Turkey," *Turkish Policy Quarterly*, 15(3): 89-98.

Yıldırım, B. (2016), "65. Hükümet Programı", 24 Mayıs 2016, http://reformlar.gov.tr/ui/pdf/65._hukumet_program.pdf, erişim: 30 Haziran 2017.

# BİR TÜRK ORYANTALİZMİ ÖRNEĞİ OLARAK TÜRK BASININDA SURİYELİ SIĞINMACILAR

Alaaddin F. Paksoy[1]

*"Halep, büyük bir şehir, Şam büyük bir şehir,*
*Beyrut büyük bir şehir, Kudüs büyük bir şehir*
*ve hepsi yabancı idi. Lübnan havası,*
*bize Dobruca havasından yüz kat daha*
*yabancı idi. Fakat her yere bizim diyorduk."*
*Falih Rıfkı Atay, Zeytindağı, (1915-1918)*

## Suriye Trajedisi ve Türkiye uzantısı

Suriye 2011 yılından bu yana insanlık tarihinin en acı ve en insanlık dışı savaşlarından birine sahne olmaktadır. Dera kentinde bir grup çocuğun bir duvar yazısı nedeniyle tutuklanmasının ardından Beşşar Esad yönetimine karşı başlayan yerel bir protesto eylemi bugün anlaşılması ve çözüm bulunması oldukça zor bir iç savaş trajedisine dönüşmüştür. Arap baharının yaşandığı diğer Arap ülkelerine kıyasla Suriye'deki mesele etnik, mezhepsel ve jeopolitik boyutları daha karmaşık bir süreç haline gelmiştir. Konunun bu boyutları Suriye'deki durumu Arap baharının etkilediği diğer ülkelere nazaran çok daha uluslararası bir niteliğe kavuşturmaktadır. Artık Suriye'de yaşananlar basit bir etnik ve mezhep temelli bir iç sorun değil, uluslararası siyaseti etkileyen ve başta ABD ve Rusya ile birlikte tüm bölge ülkelerini de içine alan uluslararası bir siyasi krizdir.

Suriye'deki kriz uluslararası siyaseti ve bölge ülkelerinin dış politikalarını

[1] Bu kitap bölümü 115K268 no.lu ve "Türk Basınında Suriyeli Sığınmacı Temsillerinin Eleştirel Söylem Analizi" adlı TÜBİTAK projesinin verilerinin bir kısmının kullanılmasıyla yazılmıştır. Desteklerinden dolayı TÜBİTAK'a teşekkürü bir borç bilirim. Ayrıca, bu projenin hazırlanmasında katkıları olan proje yürütücüsü Yrd.Doç.Dr. İbrahim Efe'ye, proje araştırmacısı Yrd.Doç.Dr. Müzeyyen Pandır'a, proje bursiyerleri Zana Baykal'a, Merve Şentöregil'e, Erdem Selvin'e ve Ahmet C. Bulundu'ya teşekkür ederim.

etkilemekle sınırlı kalmamaktadır. İç savaşın başladığı 2011 yılından bugüne 5 milyondan fazla Suriyeli ülkesinden göç etmek zorunda bırakılmıştır. Öyle ki yaşanan bu göç trajedisi 2. Dünya savaşından bu yana dünya tarihinde görülen en büyük göç dalgası olarak değerlendirilmektedir. Başta Suriye'nin komşuları Türkiye, Ürdün ve Lübnan olmak üzere bir çok ülke bu göç hareketinden etkilenmiştir. Özellikle 2015 yılının yaz aylarında rekor sayıda Suriyeli sığınmacı Ege Denizini kullanarak Türkiye üzerinden Yunanistan'a, oradan da Batı Avrupa ülkelerine göç etmiştir. Balkan Yolu olarak tabir edilen hat boyunca Avrupa Birliği'nin ortak sınır bölgesi Schengen alanının başlangıcı olan Macaristan'a varıncaya kadar yüzbinlerce sığınmacı zor koşullarda yolculuk etmişlerdir. Avrupa içlerine kadar ulaşan bu kitlesel göç sayesinde Suriye meselesinin insani boyutunun sadece bölgesel olmadığı ve küresel etkileri de olduğu anlaşılmıştır. Avrupalı siyasetçiler göçün etkilerinin Avrupa'ya uzanmasıyla konuyu daha ciddi olarak ele almaya başlamış ve Türkiye'yle imzalanan Geri Kabul Anlaşması'nın hayata geçirilmesi için daha hızlı davranmaya başlamışlardır.

2015 yılının yaz aylarının sonuna gelindiğinde ise Suriyeli sığınmacı krizinin dönüm noktalarından biri olan Aylan bebek vakası tüm dünyayı sarsmıştır. Bodrum'dan Yunanistan'ın Kos Adası'na geçmeye çalışırken Ege Denizi'nde hayatını kaybedenlerden biri de Aylan Kurdi isimli Suriyeli bir bebektir. Aylan'ın Bodrum sahilinde bulunan cansız bedeninin Doğan Haber Ajansı muhabiri Nilüfer Demir'in objektifinden tüm dünyaya geçilen fotoğrafı sayesinde Suriyeli sığınmacı krizinin ne kadar ciddi bir boyuta ulaştığı tüm dünyaca anlaşılmaya başlamıştır. Fotoğraf Türkiye'nin ve birçok ülkenin önemli gazetelerinin ilk sayfalarında yer almış ve özellikle sığınmacı krizi konusunda siyasi gündemi sarsmıştır.

Bütün bunlar bir arada düşünüldüğünde Suriye'deki iç savaşın hem bir siyasi kriz hem de bir insani kriz olduğu söylenebilir. Böylesine büyük boyutta bir göç hareketinin Türkiye'nin gündeminde nasıl tartışıldığının üzerinde durmak gerekmektedir. Bu krizin Türkiye'nin toplumsal ve siyasal gündemlerinde nasıl yer aldığıyla ilgili belirleyici etkenlerden biri hiç şüphesiz konunun medyada nasıl sunulduğudur. Bu çalışma da Suriyeli sığınmacı krizinin Türk basınında nasıl tartışıldığına ilgi duymaktadır. Bu amaçla Suriyeli sığınmacılarla ilgili 5 ulusal gazetede yayımlanan haber ve köşe yazıları analiz edilecektir.

Araştırmanın kuramsal çerçevesini ve sorunsalını tartışmadan önce Suriye'deki krizin kısa tarihine ve literatürde Suriyeli sığınmacıların Türk basınında nasıl yansıtıldığıyla ilgili yapılan çalışmaların bir özetine yer verilmesi faydalı olacaktır. Daha sonrasında araştırmanın kuramsal çerçevesi, örneklemi ve metodu sunulacaktır. Devamında ise araştırma kapsamında elde edilen ampirik bulguların analizine yer verilecek ve bölüm sonuç ve değerlendirme kısmıyla tamamlanacaktır.

## Suriye'deki Krizin Kısa Özeti

2011 yılında Arap coğrafyasında başlayan ve Arap baharı olarak tanımlanan halk hareketlerinin sonucu en ağır örneği Suriye'de yaşanmaktadır. Aslında Arap ülkelerindeki ayaklanmaların başlangıcında Suriye lideri Beşşar Esad'ın pozisyonu oldukça farklı olmuştur. 31 Ocak 2011 tarihli Wall Street Journal gazetesindeki demecinde Esad bu protestoları Ortadoğu'da yeni bir çağın başlangıcı olarak tanımlamaktadır. Fakat aynı yılın Şubat ayında olayların Suriye'de de başlaması Esad'ın bu yorumunun aksi yönünde davranmasına neden olacaktır (Şöhret, 2016). Dera kentinde bir grup çocuğun yazdıkları duvar yazısı nedeniyle tutuklanmalarının ardından barışçıl bir gösteri olarak başlayan olaylar rejim güçlerinin şiddetli müdahalesiyle büyüyüp 15 Mart 2011'den itibaren Suriye'nin diğer kentlerine sıçramıştır.

Bu kaos ortamında terör örgütlerinin de aktif hale gelmesi olayları içinden çıkılmaz bir duruma sokmuştur. ABD ve Rusya gibi süper güçlerin de Suriye'yi kendi güçlerini göstermek için bir oyun alanına çevirmesi hala sonu belli olmayan kaotik bir ortamı beslemeye devam etmektedir. Bu süreçte çok sayıda uluslararası çözüm girişimi başarısız olmuş ve yarım milyondan fazla insan iç savaşta hayatını kaybetmiştir. Ülkenin güvensiz ve yaşanamaz hale gelmesi milyonlarca insanın köylerini, kasabalarını, şehirlerini terk etmesine sebep olmuştur.

Birleşmiş Milletler Mülteciler Yüksek Komiserliği'nin 2017 yılına ait sayısal verilerine göre farklı ülkelerde kayıtlı Suriyeli sığınmacı sayısı 5 milyonun üzerindedir. Türkiye 3 milyona yaklaşan resmi rakamlarla en yüksek sayıda Suriyeli sığınmacıya sahip ülkedir (UNHCR, 2017). Burada aktarılan BM verileri düşünülürken göç ettikleri ülkelerde kayıtlı olmayan çok sayıda Suriyeli sığınmacının varlığı da hesaba katılmalıdır.

## Türkiye'deki Suriyeli Sığınmacılar

Türkiye Cumhuriyeti'nin kuruluşundan bugüne Anadolu ve Trakya toprakları göçmenlerin sığındıkları güvenli bir liman olagelmiştir. 1920'lerden 1990'ların ortasına kadar Balkanlardan 1.5 milyondan fazla göçmenin Türkiye'ye göç ettiği bilinmektedir (Kirişci, 2014). Türkiye ayrıca 1980'li yıllardan beri siyasi çalkantılar sebebiyle farklı zamanlarda Ortadoğu ülkelerinden göç almıştır. Ortadoğu'daki başarısız devlet yönetimleri ve çatışmalar bu göçlerin başlıca sebepleridir. Türkiye'nin bu göçlerde tercih edilen ülke olmasının temel nedeni olarak ise coğrafi yakınlık, Türkiye üzerinden Avrupa'ya ulaşma isteği ve Türkiye'nin bölge ülkelerine kıyasla istikrarlı bir ülke oluşu gösterilebilir (Tamçelik ve Ayaz, 2016).

Türkiye'ye Ortadoğu'dan gelen göçlerin büyüklüğüne bakıldığında hiçbiri 2011 yılında başlayan Suriyeli sığınmacı göçüyle kıyaslanamaz. Suriyeli sığınmacıların Türkiye'ye ilk girişleri 29 Nisan 2011'de başlamıştır.

Savaştan kaçan 250-300 kişilik Suriyeli grup Türkiye'ye sığınma talebinde bulunmuştur. Türkiye krize insani katkı sunma çerçevesinde "açık kapı politikası" uygulayarak sığınmacıları sınır illerindeki kamplara yerleştirmeye başlamıştır (Abdi, 2016). Sığınmacı kabulünün ilk safhasında sığınmacılar Türkiye tarafından "misafir" olarak tanımlanmıştır. Hukuki bir karşılığı bulunmayan bu tanımlamanın ileriki aşamada sorun oluşturmasının önüne geçilmesi için İçişleri Bakanlığı'nın 1994 Yönetmeliği'nin 10. maddesi uyarınca Suriyeli sığınmacılar Ekim 2011 itibariyle "geçici koruma" statüsüne alınmıştır (ORSAM, 2014). Geçici koruma statüsüyle kastedilen 3 temel nokta ise şunlardır: (1) Açık sınır politikası ile ülke topraklarına kabul; (2) Geri göndermeme ilkesi; (3) Gelen kişilerin temel ve acil ihtiyaçlarının karşılanması. (Bkz. İçişleri Bakanlığı Göç Dairesi Genel Müdürlüğü, 2017).

Geçici koruma statüsü 30 Mart 2012 tarihinde 62 sayılı "Türkiye'ye Toplu Sığınma Amacıyla Gelen Suriye Arap Cumhuriyeti Vatandaşlarının ve Suriye Arap Cumhuriyeti'nde İkamet Eden Vatansız Kişilerin Kabulüne ve Barındırılmasına İlişkin Yönerge'"nin kabulüyle hukuki bir çerçeve kazanmıştır (ORSAM, 2014).

## Türk Basınındaki Suriyeli Sığınmacılar

Suriye iç savaşının başladığı 2011 yılından beri Türk basınında Suriye kriziyle ilgili çok sayıda haber ve köşe yazısı yayımlanmıştır. 2012 yılından itibaren ise Suriye meselesi bir göç kriziyle beraber anılmaya başlanmıştır. Suriye'deki savaşın etkilerinin artık Türkiye toplumunun günlük hayatında dahi kendini göstermeye başladığı ortaya çıkmıştır. Bu durum elbette Türk basınınca ilgiyle karşılanmış ve ulusal ve yerel gazetelerde Suriyeli sığınmacı göçü hemen hemen her gün haberleştirilmiştir. Konunun siyasi gündemde ve medya gündeminde bu kadar çok yer teşkil etmesi medya ve göçle ilgili konulara ilgi duyan araştırmacıların da dikkatini çekmiş ve konuyla ilgili akademik makaleler ve kitaplar yayımlanmıştır.

Murat Erdoğan'ın yaptığı araştırmada ulusal ve yerel basının haber sitelerinde Suriyeli sığınmacılarla ilgili yayımlanan haber ve köşe yazıları incelenmiştir (Erdoğan, 2015). Araştırma sığınmacılarla ilgili yayımlanan yazıların Türkiye'nin iç siyasetinden bağımsız ele alınamadığını ortaya koymaktadır. Ayrıca bulgulara göre iktidarı destekleyen ve iktidara eleştirel bakan haber sitelerinin içeriği belirgin bir şekilde ayrışmaktadır.

Türk basınının iktidarla olan ilişkisi bağlamında Suriyeli sığınmacılara nasıl yaklaştığını daha detaylı bir şekilde anlayabilmek için bazı gazetelerin Suriyeli sığınmacılar meselesine nasıl baktığını tek tek incelemekte fayda vardır. İbrahim Efe (2015) tarafından kaleme alınan SETA raporunda, Türk basınında önemli bir yere sahip bazı gazetelerin konuya nasıl yaklaştığı özetlenmiştir:

**BirGün ve Evrensel:** Bu iki gazete benzer bir duruşa sahiptir. İki gazete de sığınmacı sorunlarına odaklanma eğilimindedir. Sığınmacıların yaşadıkları sorunlar bizzat sığınmacıların kendileri tarafından dile getirilmektedir.

**Yeni Şafak:** Gazete, Suriyeli sığınmacılarla ilgili haber ve köşe yazılarında insani ve İslami bir bakış açısına sahiptir.

**Zaman:** Gazetenin odaklandığı temel konu sığınmacılara yapılan yardım faaliyetleridir.

**Cumhuriyet:** Gazetenin içeriğinde sığınmacı sorunu siyasi çerçeve içinde ele alınmakta ve siyasi iktidarın eleştirildiği haberler ön plana çıkmaktadır.

**Hürriyet:** Sığınmacılarla ilgili haberler hem eleştirel hem de olumlu bakış açılarına sahip bir tonda kendini göstermektedir.

**Sabah:** Gazete, çoğu haberde siyasi yetkililerin görüşlerini okurlarına aktarmaktadır. Haber ve köşe yazıları siyasi iktidarın Suriyeli sığınmacılara ilişkin politikalarını destekleyen bir şekilde sunulmaktadır.

Hem haber metinlerinin hem de haber görsellerinin analiz edildiği başka bir çalışmada ise Türk basınınca Suriyeli sığınmacıların "yoksul", "yardıma muhtaç" ve "toplum güvenliği için tehdit" olarak gösterildiği vurgulanmıştır. Bu bağlamda: "Sıkça tekrarlanan bu temsiller ve ikilem göstermektedir ki Türk basınının Suriyeli sığınmacı temsili, uluslararası çalışmalarda tanımlanan stereotipik [basmakalıp] sığınmacı temsillerini yeniden üretmektedir" (Pandır vd., 2015: 1).

Suriyeli sığınmacılarla ilgili olumsuz temsil örneklerine rağmen literatürdeki çalışmalarda olumlu haberlerin olumsuz haberleri sayıca geride bıraktığı belirtilmektedir (Pandır vd., 2015: 24). Suriyeli sığınmacılara olumlu yaklaşılan haberlerin çoğunlukta olması hem konunun insani boyutunun çoğu kişi tarafından kabul edilir görünmesinden hem de mevcut araştırmalarda örnekleme alınan gazetelerin önemli bir bölümünün sığınmacılara açık kapı politikası uygulayan siyasi iktidara yakın bir yayın politikası izlemesinden kaynaklandığı söylenebilir. Bu olumlu gibi görünen duruş elbette kendi içinde çok sayıda ve analiz edilmesi gereken anlamlar yüklü olumsuz örnekler de içermektedir. Bu nedenle bu çalışma literatürdeki diğer çalışmalardan farklı olarak olumsuz örneklere odaklanacaktır. Bunu gerçekleştirmek için kuramsal çerçeve olarak "Türk Oryantalizmi" kavramının açıklanması gerekmektedir.

## Kuramsal Çerçeve: Türk Oryantalizmi

Edward Said'in "oryantalizm" ya da "şarkiyatçılık" kavramı genel anlamıyla Doğu ve Batı arasındaki epistemolojik ve ontolojik farklılıklara vurgu yapmaktadır (Said, 2003). Oryantalist bakış açısı önyargılıdır ve Doğu'yu olumsuz özelliklerle tanımlamaktadır. Batı'yı Doğu'nun geri kalmışlığı üzerinden yücelterek var etmektedir (Hobson, 2004). Böylece Batı Doğu'yu Doğu'nun kendi gerçekliğinden koparıp ona Batı'nın zaviyesinden yeni bir anlam kazandırmaktadır. Fakat oryantalizmi bu temel anlamıyla ve salt bir zıtlık ilişkisiyle sınırlandırmamak gerekir. Bakic-Hayden'e (1995) göre "doğu"lar kendi arasında bir hiyerarşiye sahiptir ve bazı doğular "daha doğu" olarak kabul edilir (nesting orientalisms). Örneğin, Batı Avrupa Doğu Avrupa'yı ya da Balkanları kendi doğusu olarak oryantalize edebilirken, Balkanlar da kendi doğusu olan Türkiye'ye benzer bir yaklaşımla bakabilir. Haliyle Türkiye de kendi doğusunu kendinden farklı göstererek doğulu imajını yumuşatabilir veya ortadan kaldırmaya çalışabilir (Bkz. Makdisi, 2002; Kahraman, 2002; Eldem, 2010; Palabıyık, 2010; Lafi, 2014). Bu anlamda Batılılaşma hareketinin vücut bulmaya başladığı 19.Yüzyıl Osmanlısında "Osmanlı Oryantalizmi" diye kavramsallaştırılan, Arapları, Kürtleri, Bedevileri yani Osmanlı elitinin kendi doğusunu dışladığı, kendinden farklı gördüğü bir durumdan bahsedilebilir (Eldem, 2010).

"Osmanlı Oryantalizmi" kavramı her ne kadar kulağa bir oksimoron (ya da birbirleri ile çelişen kavramların beraber kullanımı) gibi gelse de, Eldem'e (2010) göre bu kavramın arkasında mantıklı bir gerekçe bulunmaktadır. Osmanlı aydını (örneğin Osman Hamdi Bey) oryantalizmin önyargılı bir düşünce sistemi olduğunu iddia edip Batı'yla savaşmak yerine Osmanlı'nın bazı unsurlarını oryantal dünyanın dışına itmeyi denemiştir. Dönemin şartları içerisinde düşünüldüğünde Osmanlı'nın Hristiyan tebaası oryantalizmin olumsuz sıfatlarına mahkum edilmemektedir. O halde bu olumsuz isnat Osmanlı içindeki Kürtlere, Araplara, Bedevilere ve "görgüsüz" köylü Türklere yönlendirilebilecektir. Osmanlı aydını da bu sayede Oryantal dünyadan kurtulabilecek ve kendisini dışlanmış hissettiği Batı'ya yaklaştırabilecektir.

Cumhuriyetin kurulmasından sonra ise Türklüğün "doğulu" yaftasından kurtulabilmesi için yepyeni bir fırsat ortaya çıkmıştır. Yeni rejim Osmanlı geçmişini reddederek batılı, çağdaş, modern bir nesil yetiştirme gayesindedir. İmparatorluğun çöküşüyle Arap nüfusun yoğun olduğu bölgeler zaten yitirilmiştir. Sonraki yıllarda gerçekleşen Cumhuriyet devrimleri, özellikle 1930'lardan itibaren toplum tarafından da benimsenmeye başlamıştır. Yeni laik düzen İslam kültüründen miras kalan ve "çağdışı" görülen kural ve adetleri artık inkar etme imkanına sahiptir. Osmanlı oryantalizminin dinamikleri Türk oryantalizminde daha açık ve daha aşırı ölçülerde kendini gösterme fırsatı bulmuştur (Eldem, 2010). Batılılaşma -veya muasırlaşma- adeta İslam'dan uzaklaşma olarak kendini var etmiştir (Zeydanlıoğlu, 2008). Söz konusu Araplar, Kürtler ve Osmanlı mirası olduğunda; Kemalist Türkiye, Batı'nın Osmanlı'ya karşı sergilediği oryantalist bakışla bir sorun yaşamamaktadır (Eldem, 2010). Bu açıdan bakıldığında, tarihsel olarak Araplar ve Ortadoğululuk Türk eliti için bir kimlik sorunudur. Türk basını da kimi durumlarda Türk eliti eliyle Arapların ve Ortadoğu coğrafyasının dışlandığı, Türk kimliğinin yüceltildiği bir araç olarak kullanılmıştır. Bu çalışma bu tarihsel olgunun kendini bugünkü basın içeriğinde Suriyeli sığınmacılar üzerinden ne ölçüde gösterdiğiyle ilgilenmektedir.

## Araştırma Örneklemi ve Metodu

Suriyeli sığınmacıların medyada nasıl yer aldığıyla ilgili literatürdeki mevcut çalışmalar oldukça uzun dönemleri kapsamış ve çok sayıda haber metni ve köşe yazısı incelenmiştir. Bu çalışma mevcut çalışmaların örneklem metodunu tekrar etmek yerine farklı bir yol izleyerek "aykırı olay örneklem" yaklaşımını benimsemektedir. Kuramsal çerçeveyle uyum içerisinde, Suriyeli sığınmacılara karşı olumsuz içeriğe sahip haber metinleri ve köşe yazıları üzerine odaklanılmış ve bu metinler üzerinde derinlemesine bir analiz gerçekleştirilmiştir. Metinlerde Türk Oryantalizminin izlerini arayan bu çalışma için "aykırı olay örneklemi" uygun bir örneklem belirleme biçimidir. Aykırı olay örneklemi Neuman tarafından şöyle açıklanmaktadır:

> *"Bir araştırmacı aykırı olay örneklemeyi [...] egemen kalıptan farklılık gösteren ya da öteki örnek olayların ağır basan özelliklerinden farklı olan örnek olaylar ararken kullanır. Amaca yönelik örneklemeye benzer şekilde, bir araştırmacı belirli özellikleri olan örnek olayları belirlemek için çeşitli teknikler kullanır. Amaç, bütünü temsil etmeyen alışılmadık, farklı veya özgün örnek olayların bir toplamını belirlemektir. Örnek olaylar alışılmadık oldukları için seçilir ve araştırmacı genel kalıbın dışına düşen ya da olayların ana akışı dışındakileri kapsayan örnek olayları ele alarak toplumsal yaşam hakkında daha fazla şey öğrenmeyi umar" (Neuman, 2006: 326).*

Aykırı olay örneklemi kapsamında, 2011-2016 yılları arasında en yüksek tirajlı 5 ulusal gazetede (Hürriyet, Posta, Sabah, Sözcü, Zaman) Suriyeli sığınmacılarla ilgili yayımlanan olumsuz haberler araştırma örneklemine alınmıştır. Arşive erişmek için Prnet Medya Takip Merkezi'nden sağlanan veriler kullanılmıştır.

Suriyeli sığınmacıların Türk basınında temsiliyle ilgili yapılan araştırmaların büyük bir çoğunluğunda İçerik Analizi ve Eleştirel Söylem Analizi yaklaşımı kullanılmıştır. Bu çalışmada da Eleştirel Söylem Analizi yaklaşımı üzerinden metinler çözümlenmiştir. Aşağıdaki kısımda nasıl bir yaklaşım benimseneceği ve çözümlemenin nasıl gerçekleştirildiği açıklanmıştır.

*Eleştirel Söylem Analizi.* Araştırma örneklemine alınan haber metinlerinin ve köşe yazılarının analiz edilebilmesi için Eleştirel Söylem Analizi (ESA) kullanılacaktır. ESA'nın uygulanış biçimlerine ilişkin farklı ekoller arasında yer alan Viyana Okulunun temel yaklaşımı olan Söylem-Tarihsel Yaklaşım (STY) bu araştırma için en uygun yaklaşım olarak değerlendirilebilir. Bu tercihin nedeni araştırmanın kuramsal çerçevesi ve araştırma sorusunun tarihi bir arka plana dayalı olmasıdır. STY kullanılan çalışmalara bakıldığında daha çok ırkçılık, ulusal kimlikler ve "biz ve onlar" ikiliği gibi konuların irdelendiği, "önyargılı ifadelerin" ve "kinayelerin" açığa çıkartıldığı görülmektedir

PAKSOY

(Wodak ve Boukala, 2015: 93). Bu kullanım alanı da bu araştırmanın konusuyla uyumlu görülmüştür.

STY sıradan bir tanımlayıcı analiz türü olmak yerine "metinsel analizin ilerisine geçer, söylemin tarihsel oluşumuna özel bir dikkat atfeder ve sosyo-bilişsel düzeyi öne sürer" (Tekin, 2008: 733). Bunu gerçekleştirirken tarihsel arka plana vurgu yapar ve olayları, olguları ve aktörleri buna göre çözümler. "Söylem-tarihsel yaklaşım temel olarak siyasi metinlerdeki söylemsel eylemlerin tarihsel boyutlarına ilgi duyar. Bunu yaparken de 'tarihsel arka planda bulunan bilgileri, analiz edilen kaynağa iliştirilen söylemsel olaylarla bütünleştirmeye' çalışır. STY söylemi boşlukta tecrit edilmiş olarak görmek yerine onu bağlam içerisinde yer alan bir metin olarak algılar" (Tekin, 2010: 17).

STY'nin uygulama boyutu söylemsel stratejilerin çözümlenmesini kapsar. Bu bağlamda, haber metinleri ve köşe yazıları analiz edilirken Reisigl ve Wodak (2009) tarafından geliştirilen beş farklı söylemsel stratejiden faydalanılacaktır. Bu söylemsel stratejiler şunlardır:

1. Adlandırma / Atıf (Nomination / Referential): Bu söylemsel strateji çoğu zaman ben ve öteki grupları üzerinden kendini var eder. Adlandırmalar yoluyla sosyal aktörlerin, eylemlerin ve süreçlerin söylemsel inşası ortaya çıkar.

2. Yüklemleme / Etiketleme (Predication / Labelling): Bu söylemsel stratejide sosyal aktörler, eylemler ve süreçler etiketlenir. Çeşitli sıfatlar ve varsayımlar aracılığıyla olumlu ve olumsuz özelliklere ait değerlendirmeler ve yaftalamalar söylemsel stratejiyi oluşturur.

3. Münazara (Argumentation): Bu söylemsel stratejinin amacı olumlu ya da olumsuz bir takım özelliklerin, önermelerin mantıksal bir yolla meşrulaştırılmasıdır. Olgusal ve karşı olgusal gerçekler kullanılarak savunulan tezin haklılığı ortaya koyulmaya çalışılır.

4. Bakış açısı (Perspectivation): Bakış açısı söylemsel stratejisi metni kaleme alan kişinin veya kişiden bağımsız olarak metnin kendisinin ilgili konu üzerindeki duruşunu temsil eder. Olumlu, olumsuz veya nötr bakış açıları bu söylemsel strateji yoluyla tespit edilebilir.

5. Hafifletme / Yoğunlaştırma (Mitigation / Intensification): Bu söylemsel strateji önermelerin epistemik kipini biçimlendirir. Önerme söz konusu olanı (örneğin; aciliyet, gereklilik, önem, tehlike, vehamet, vs. açısından) olduğundan daha hafif (ya da yumuşak) veya daha yoğun (ya da abartılı) bir şekilde dile getirilir.

Burada açıklanan söylemsel stratejileri metin içerisinde ortaya çıkarırken bu stratejilerin bazılarının kimi durumlarda birbirini içerebileceği görülebilir ve stratejiler arasında çok net ayrımların yapılamadığı örneklerle karşılaşılabilir. Buna rağmen bu stratejiler üzerinden sığınmacı temsilleri hakkındaki söylemleri ortaya koymak Türk basınının Suriyeli sığınmacılara ilişkin algısını anlayabilmek için önemlidir.

Yukarıda belirtilen söylemsel stratejiler dikkate alınarak, aykırı olay örneklem alma yöntemiyle seçilip çözümlenecek haberlere şu iki temel araştırma sorusu sorulacaktır:

S1. Türk basınında Suriyeli sığınmacılarla ilgili haberlerde Türk Oryantalizmi örnekleri var mıdır? Bu nasıl sunulmaktadır?

S2. Türk basını Suriyeli sığınmacılara karşı bir nefret dili kullanmakta mıdır?

Bu iki sorunun cevaplanması için örnekleme alınan ve Suriyeli sığınmacılara karşı olumsuz bir dil kullanan haberlerin çözümlenmesinden seçilen örnekler aşağıdaki bulgular kısmında sunulmuştur. Olumsuz dil üretiminde seferber edilen söylemsel strateji kullanımları her bir örnek için belirtilmiştir.

## Bulgular: Basında Nefret Söylemi Olarak Türk Oryantalizmi

Suriye krizi ve sığınmacılar konusu 2011 yılının Nisan ve Mayıs aylarında haberleştirilmeye başlamıştır. Bu dönemde Türkiye'deki sığınmacı sayısı birkaç yüzden fazla değildir. Haber içeriklerinde kullanılan dil başlangıçta oldukça insani ve yardımsever bir şekilde kendini göstermektedir. Bunda siyasetçilerin demeçlerinin de etkisi olduğu söylenebilir. Örneğin, dönemin Dışişleri Bakanı Ahmet Davutoğlu "adlandırma" söylemsel stratejisi olarak nitelenebilecek şu ifadeleri kullanmıştır:

> *"Komşu ülkelerdeki bütün halklar bizim kardeşimizdir. Onların herhangi bir insani ihtiyacı söz konusu olduğunda buna mesafe koymamız söz konusu olamaz."* (Zaman, 01.05.2011)

Davutoğlu'nun bu duruşu Türkiye'nin Suriyeli sığınmacılara sahip çıkacağını henüz krizin başlangıcında ortaya koyduğunu göstermektedir. Basında yer alan şekliyle Davutoğlu'nun "kardeşlik" vurgusu açık bir şekilde Türkiye ve Suriye arasında "ben-grup"(in-group) inşası örneğidir.

2011 yılında sığınmacıların Türkiye'ye girişleriyle ilgili ilk haberlerden 2016 yılının sonuna kadar olan süreçte Türk basınının genel duruşunda çok büyük bir değişiklik olmamıştır. Zaman Gazetesi ve özellikle Sabah Gazetesi 5 yıllık zaman dilimi boyunca Suriyeli sığınmacılara karşı olumlu bir dil sergilemiş ve "adlandırma" stratejisi tanımına uygun olarak "kardeşlik" metaforunu kullanmıştır. Hürriyet bu iki gazete kadar olmasa da konunun insani boyutunun ele alındığı haberlerde sığınmacıların haklarını savunan bir içeriği sahiptir. Bu araştırma, araştırma soruları ve kuramsal çerçevesi gereği olumsuz haberlere odaklanmayı amaçlamaktadır. Bu nedenle çözümlenen ve aşağıda örnekleri verilen haberlerin büyük bir bölümü Sözcü Gazetesi'nden alınmıştır. Bu durum iddia edildiği üzere Türk basınındaki genel duruşun Suriyeli sığınmacılara karşı olumlu olduğu gerçeğini değiştirmemektedir. Buna rağmen bu durum Türk basınında Suriyeli sığınmacılara karşı dışlayıcı bir dil kullanıldığını da ortaya koymaktadır.

Türk basınındaki genel olumlu tona rağmen bazı haber metinlerinde ve köşe yazılarında ve özellikle Sözcü Gazetesi'nin içeriğinde Suriyeli sığınmacıların "adlandırma" söylemsel stratejisi bağlamında, "öteki-grup" (out-group) olarak temsil edildiği örnekler bulunmaktadır. Örneğin, Sözcü'de yayımlanan bir köşe yazısında Suriyeli sığınmacılar "onlar" olarak anılmaktadır (Sözcü, 04.05.2012). Bu tip yazılarda bazı Suriyeliler tarafından işlenen suçlar veya bazı kötü davranışlar tüm Suriyeli sığınmacılara yüklenebilmektedir. Bu yaklaşım "öteki-grup" inşasına örnektir. Benzer şekilde, başka bir köşe yazısında da "biz-onlar" ayrımı açık bir şekilde görülmektedir. Yazıdaki şu ifadeler Suriyeli sığınmacıları Türkiye üzerinde maddi külfet olarak göstermekte ve "bizden" denilerek bu külfetin Türkiye Cumhuriyeti vatandaşları tarafından karşılandığı vurgulanmaktadır: "Yeme içme yatma, tam pansiyon onlar için beleş, 7.500 kişinin tüm harcamaları bizden!" (Sözcü, 04.01.2012). Sözcü Gazetesi'ndeki bu üslup sığınmacıları Türkiye'nin üzerinde ekonomik bir yük olmaktan başka bir işe yaramayan yiyip, içip, yatan kişiler olarak resmetmektedir.

2013 yılında yine Sözcü'de yayımlanan başka bir haber metninde de yukarıdaki örneğe benzer bir durum vardır. Bu kez esnafların Suriyeli sığınmacılarla ilgili görüşleri aktarılırken "onlar" vurgusu baskındır: "Biz zaten iş bulamıyorduk, onlar geldikten sonra işsizlik daha çok arttı." Aynı haberde başka bir esnaf da şunları söylemektedir: "Onlar yüzünden biz işsiz kaldık" (Sözcü, 11.03.2013). Görüldüğü üzere haber dili ve haberde konuşturulan halk (vox pops) sığınmacıları birtakım ekonomik sorunlar üzerinden bir günah keçisi haline getirebilmektedir. Gazeteye göre sığınmacılar sadece Türk vatandaşlarının vergilerinden istifade ederek yaşayanlar değil aynı zamanda Türk vatandaşlarının işlerini ellerinden alma potansiyeline sahip kişilerdir. Bu nedenle bu örnekte sadece "adlandırma" söylemsel stratejisi değil, aynı zamanda Türkiye'deki işsizliğin nedeni olarak Suriyeli sığınmacıların gösterildiği bir "münazara" söylemsel stratejisi de bulunmaktadır.

Türk toplumunda Suriyeli sığınmacılara karşı olumsuz bir bakışın olduğuyla ilgili örnekler Zaman Gazetesinde yayımlanan haberlerde de kendini göstermektedir. "öteki-grup" biçiminde sunulan "adlandırma" söylemsel stratejisinde sığınmacılar fuhuşa sürüklenenler olarak temsil edilmiştir. Habere göre yerel halk göçmen kaçakçılığının farkındadır fakat sığınmacıların kaçakçılık yoluyla da olsa kendi şehirlerinden gittiklerini gördüklerinden bu duruma sessiz kalmaktadırlar (Zaman, 31.05.2014). Bu tip bir temsil Suriyeli sığınmacıları toplum tarafından istenmeyen ve halkın üzerinde ekonomik ve sosyal bir yük olmaya başlayan bir gruba dönüştürmektedir. Ayrıca, Zaman'ın konuyu haberleştirme şekline bakıldığında Türk vatandaşlarında büyük bir bıkkınlık ve sığınmacılara karşı bir vurdumduymazlık görünmektedir.

Sözcü Gazetesi'nde yayımlanan bir köşe yazısında ise yazar "Suriyeliler para karşılığı mı getirildi?" diye sormaktadır. "Yüklemleme" söylemsel stratejisine örnek olarak gösterilebilecek bu metine göre, Suriyeliler Türkiye'yi bir savaş kampı gibi kullanmaktadırlar. Bu iddia ortaya atılırken cihatçılar, savaşçılar ve siviller diye bir vurgu yapmak yerine bu kişilerden sadece "Suriyeliler" diye bahsedilmektedir (Sözcü, 04.05.2012). Yazara göre aslında "Suriyeliler" sığınmacıya dahi benzememektedir. Şımarmış tavırlara sahiptirler ve Birleşmiş Milletler'den kendileri için gelen paraya Türkiye'nin el koyduğunu söylemektedirler. Köşe yazısına önyargılı bir dil hakimdir. Sunulan Suriyeli sığınmacı tasviri sorunludur. Adeta sığınmacı bireyler tek tiptir ve birbirlerinden farklılaşamamaktadırlar (Sözcü, 04.05.2012). Aynı yıl Sözcü'de yayımlanan başka bir köşe yazısında da "yüklemleme" söylemsel stratejisine rastlanmıştır ve yazar Suriyeli sığınmacıları "düzmece sığınmacılar" diye tanımlamaktadır. Yazara göre sığınmacılar "Biz muhalifiz, Esad bizi kesecek' numarasıyla" Türkiye'ye giriş yapmışlardır. Yazara göre sığınmacılar, Türkiye'ye savaştan kaçtıkları için değil iş, bedava yemek ve kalacak yer bulmak için geçmişlerdir (Sözcü, 15.02.2012). Bu şekilde aktarılan sığınmacı tipi okurlarda sığınmacılar ile güvensizliği, sahtekarlığı ve yalancılığı eşleştirme durumunu ortaya çıkaracaktır. Bu da oryantalizmin Doğu'ya yüklediği karakteristik özelliklerin bu kez Türk basını tarafından Türk Oryantalizmi çerçevesinde Suriyeli sığınmacıları yaftalamasına bir örnektir.

Sabah Gazetesi Suriyeli sığınmacıları destekleyen bir duruşa sahip olsa da bir köşe yazarı –belki farkında olmadan- Suriyeli sığınmacıları zor durumda bırakacak bir dil kullanmıştır. Yazarın çoğu yazısında Suriyeli sığınmacılara karşı pozitif bir dil hakimdir. Fakat bir köşe yazısında Suriyeli sığınmacıları anlatırken kullandığı samimi dil gözden kaçmaması gereken bir aşağılamaya da sebep olmuştur. Çadırkentte yaşayan gençlerin futbol turnuvalarından bahseden yazar "bakış açısı" söylemsel stratejisine örnek olarak gösterilebilecek şu ifadeyi kullanmıştır:

> "Anadolu'daki kulüplerimize önerimiz... Çadırkentte yetenekli gençler var... Bazıları Suriye'de oynamış profesyonel futbolcular. Alın 'boğaz tokluğuna' oynatın" (Sabah, 17.04.2015).

Yazarın bu yorumu Suriyeli profesyonel futbolcuların dahi kaçak işçi seviyesinde, düşük ücretle çalıştırılmasını ve emeklerinin sömürülmesini normalleştirmektedir. Suriyeli sığınmacılar konusunda oldukça olumlu bir yaklaşıma sahip Sabah Gazetesi'nde dahi böyle bir örneğin görülmesi Türk basınının sığınmacılara problemli yaklaşımına bir örnektir.

Sabah Gazetesi'ndeki örnek kadar tekil bir durum olmasa da Zaman Gazetesi de sığınmacılarla ilgili bazı olumsuz içeriklere sahiptir. Zaman Gazetesi her ne kadar Suriyeli sığınmacıların haklarını koruyor ve sığınmacıların yanında yer alıyor gibi görünse de gazete özellikle 2013 yılı sonundan itibaren siyasi konulardaki duruşunda önemli bir değişim yaşamıştır. Örneğin, 2014 yılında Zaman'da yayımlanan bir haberde açıkça "sosyal patlama" vurgusu yapılmaktadır (Zaman, 29.11.2014). Burada kullanılan "münazara" söylemsel stratejisine göre kamp dışında yaşayan sığınmacılar sahipsizdir ve bu kişiler işsizlikle birlikte potansiyel bir sosyal patlamanın eşiğine gelmişlerdir. Bu anlamda Zaman Gazetesi bazı haber metinlerinde Sözcü Gazetesi'nin duruşuna yakınlaşmıştır. Yine 2013 sonrasındaki tutumu incelendiğinde, gazetenin kendine yakın yardım kuruluşlarının yardım faaliyetlerini haberleştirmeye öncelik verdiği ortaya çıkmaktadır.

Buna rağmen, ne Sabah ne de Zaman, Sözcü'nün takındığı olumsuz dile erişememektedir. Örneğin, Sözcü'nün barış yanlısı göründüğü bir haber metni dahi aslında Suriyelileri evlerine göndermekle ilgilidir. Halkın sözlerine yer verilerek hazırlanan içeriğe göre vatandaşların ortak dileği şudur: "Savaş bitsin ve Suriyeliler evlerine dönsün" (Sözcü, 11.03.2013). Suriye'deki krizin karmaşıklığı düşünüldüğünde bu naif istek önceliğin barıştan ziyade aslında Suriyelilerden kurtulmak olduğunu akla getirmektedir. Bu da sığınmacı krizinin ve Suriye iç savaşının "hafifletilip" (mitigation) aktarılması örneği olarak değerlendirilebilir. Sözcü'nün söylemsel stratejisindeki hafifletme bazen Suriye'deki iç savaşı "savaş" olarak bile göstermemektedir. Örneğin bir haberde Suriye'deki iç savaştan bahsedilirken "Suriye'deki çatışmalardan kaçan" ifadesi tercih edilmiştir (Sözcü, 30.11.2012).

Basın içeriğinden elde edilen bulgulardan bir diğeri ise Posta Gazetesi tarafından tercih edilen söylemsel strateji bağlamında "yoğunlaştırıcı" dil olmuştur. Gazete, krizin daha ilk günlerinde sığınmacıların Türkiye'ye girişlerini bazı sayılar sunarak vermekte ve kullandığı fiillerle bu rakamları yoğunlaştırarak sunmaktadır:

> *"15 bin Suriyeli sınıra dayandı. Suriye'deki Beşar Esad yönetiminin uyguladığı şiddetten kaçan binlerce kişi Türkiye sınırına akın etmeye başlamıştı. Ülkedeki karışıklıkların başladığı günden bu yana sınırı geçerek Türkiye'ye sığınanların sayısı 6 bin 821'e ulaştı. Binlerce sığınmacı için oluşturulan 5 çadır kent dolup taşınca Kızılay yeni çadırlar kurmaya başladı" (Posta, 14.06.2011).*

Sözcü Gazetesi'nde yayımlanan başka bir köşe yazısında ise sığınmacılar açık bir şekilde ötekileştirilmektedir. Yazıda Suriyeli sığınmacılara sığınmacı demekten dahi imtina edilmektedir. Yazar "'Sığınmacı' diye bağrımıza bastığımız iktidarın Arap kardeşleri..." diyerek Araplarla kardeşliği toplumsal düzeyden uzaklaştırıp yalnızca iktidara ait olabilecek gibi göstermektedir (Sözcü, 24.07.2012). Bu örnekteki "yüklemleme" söylemsel stratejisi siyasi iktidara karşı sergilenebilecek demokratik eleştiri hakkının ötesine geçip başta Suriyeli sığınmacılar olmak üzere tüm Arap halklarını dışlamakta ve aşağılamaktadır.

"Suriyeli'ye 100 milyon dolarlık 5 yıldızlı kamp" başlıklı haber örneklemde karşılaşılan en ilginç metinlerden biridir. "Yoğunlaştırma" söylemsel stratejisinin kullanıldığı haberde Sözcü Gazetesi sığınmacılara layık görmediği yatırımların yapılmasını eleştirmektedir. Haberin spotundaki ifade şöyledir: "AKP, İzmir'de Suriyeliler için internet, LED TV ve Hilton banyolu tesis kurdu. Bölge halkı ise harabe evde yaşıyor" (Sözcü, 01.08.2014).

Metinde iki nokta görmezden gelinmiştir. Birincisi, yapılan tesisin geçici olarak misafir edilecek sığınmacılar için olduğuyla ilgilidir fakat haberi okuduğumuzda sığınmacıların burada adeta tam pansiyon bir İzmir tatili yapacakları anlamı çıkmaktadır. İkinci nokta ise haber fotoğrafındaki inşaat tabelasındaki Avrupa Birliği bayrağıdır. AB fonlarından faydalanıldığı açık olmasına rağmen haber metninde tüm masrafların Türkiye'nin cebinden çıktığı iddia edilmektedir. Dolayısıyla bu iki noktada da haberde "yoğunlaştırma" (intensification) söylemsel stratejisi üzerinden var olan durumun abartılı bir şekilde sunulması gözlemlenmektedir. Haberin genel tonundan çıkarılabilecek esas problem ise böyle bir konfora sığınmacıların layık olmadığı yaklaşımıdır.

Sözcü Gazetesi'nin Türkiye'de yaşayan sığınmacıların "konforu"na ilişkin bir başka eleştirisi ise sığınmacı kamplarının doğal afetlerde Türk vatandaşlarına sunulan hizmetten daha iyisini aldığını iddia etmektedir. "Van ve Hatay kampları" başlığı atılan bir köşe yazısında yazar "münazara" söylemsel stratejisini kullanarak, kendi düşüncelerinin geçerliliğini kanıtlamak için Van depreminde mağdur olan depremzedelerin problemlerini ve Hatay'daki sığınmacı kampında Suriyelilerin ne kadar rahat olduklarını karşılaştırarak anlatmaktadır (Sözcü, 15.02.2012). Suriyeli sığınmacılarla ilgili popüler tartışmalardan bir diğeri de sığınmacıların neden kampta değil de şehirlerde yaşadığıdır. 2017 yılı itibariyle sığınmacıların büyük bir bölümü kamp dışında yaşamaktadır. Hürriyet'ten Sedat Ergin'in yazısı Suriyeli sığınmacıların neden kampları değil de kentlerde yaşamayı tercih ettiklerine bir açıklama getirmektedir. Buna göre sığınmacılar uzun bir süre 16 metrekarelik çadırlarında daraltılmış bir alanda yaşamak yerine risk alıp şehirlerde yeni bir hayata adım atmayı tercih etmektedirler. Bu anlamda Ergin, Sözcü Gazetesi'nin başını çektiği "neden Suriyeliler kamplarda değil de şehirlerde yaşıyorlar" argümanına açıklama getirmektedir (Hürriyet, 18.06.2014).

Haber ajansından gelen rutin bir haber metnini bir gazetenin kendi ideolojik çerçevesine göre nasıl yeniden kurguladığının iyi bir örneği Sözcü

Gazetesi'nde çıkan "Arapça gazete" haberinde görülmektedir. Haber konusu Suriyeli sığınmacılar için çıkartılan bir Arapça gazeteyle ilgili rutin bir gelişmedir. "Bakış açısı" söylemsel stratejisinin görülebileceği aşağıdaki ifadede Sözcü Gazetesi haberi şöyle sunmuştur: "SONUNDA bu da oldu... Arapça iş yeri tabelalarından sonra, Arapça gazete de basılmaya başlandı..." (Sözcü, 15.07.2014).

Türkiye'de uzun yıllardır yayın yapan İngilizce gazeteler mevcuttur (örnek: Hürriyet Daily News). Hatta İstanbul'da Rumca ve Ermenice yayın yapan gazeteler de dönem dönem çıkmıştır ve bazıları hala yayımlanmaktadır (örnek: Agos). Türkiye'nin Türkçe dışındaki dillerde gazete yayımlanmasıyla ilgili Osmanlı basın tarihi tecrübesi de düşünüldüğünde Suriyeli sığınmacılar için gazete çıkarılmasının "Sonunda bu da oldu..." haber girişiyle verilmesini anlayabilmek güçtür. Bu yaklaşım Araplara ve Arapçaya karşı açık bir Türk Oryantalizmi örneğidir.

## Sonuç ve Değerlendirme

Suriyeli sığınmacıların Türk basınında nasıl temsil edildiğini irdeleyen bu çalışmada, Eleştirel Söylem Analizi'nin Söylem Tarihsel Yaklaşımı kullanılarak veriler analiz edilmiştir. Beş ulusal gazetenin 2011 - 2016 yılları arasında Suriyeli sığınmacılarla ilgili yayımladığı haber metinleri ve köşe yazıları araştırma örneklemine alınmıştır. Örneklem belirlenirken "aykırı olay örneklemi" tekniği benimsenmiş ve yalnızca Türk basının sığınmacılara karşı genel olumlu duruşundan farklı bir pozisyon sergileyen metinler analizlere dahil edilmiştir.

Araştırma sonuçlarına göre gazeteler kendi ideolojik duruşlarına bağlı olarak Suriyeli sığınmacıları haber ve köşe yazılarında sunmuşlardır. Siyasi iktidarı destekleyen bir yayın politikasına sahip Sabah Gazetesi sığınmacıları "kardeşlik" metaforu kullanarak haberleştirmiştir. Benzer bir durum Zaman Gazetesi'nde de olmasına rağmen gazete 2014 yılıyla birlikte pozisyonunu sert bir şekilde değiştirmiştir ve siyasi iktidarla olan mücadelesi için sığınmacıları araçsallaştırmıştır. Hürriyet ve Posta gazeteleri ise sığınmacılar konusu siyasetten uzak ve insani boyutta ele alındığında, sığınmacılara olumlu bir dille yaklaşmaktadır. Buna rağmen iki gazete de sığınmacıların Türk toplumu üzerindeki olumsuz ekonomik ve sosyal etkilerini görmezden gelmemektedir.

Örneklemdeki gazeteler arasında Sözcü Gazetesi farklı bir yere sahiptir. Aykırı olay örneklemi tekniğiyle örneklem belirlendiğinden bulgularda verilen örnekler genelde Sözcü Gazetesi'nden oluşmuştur. Sözcü'nün Suriyeli sığınmacılar konusunda aldığı pozisyon açıktır. Gazete sığınmacıları Türkiye üzerinde çok ciddi bir maddi külfet olarak görmektedir. Bunu saklamadan ifade eden gazete kimi zaman "ırkçı" denilebilecek bir dil kullanmaktadır. Gazeteye göre Suriyeli sığınmacılar Türkiye için bir yüktür ve iktidarın yanlış politikaları yüzünden sığınmacı sorunu Türkiye'deki huzuru tehdit etmeye devam edecektir. Dolayısıyla, Sözcü için Suriyeli sığınmacılar konusu oldukça kullanışlı bir iktidarı eleştirme aracıdır.

Araştırma iki temel araştırma sorusunu cevaplamayı amaçlamıştır:

S1. Türk basınında Suriyeli sığınmacılarla ilgili haberlerde Türk Oryantalizmi örnekleri var mıdır? Bu nasıl sunulmaktadır?

Sözcü'nün Suriyeli sığınmacılara yaklaşımı değerlendirildiğinde gazetenin net bir şekilde ortaya koyduğu hükümet karşıtı yayın politikasının etkisi unutulmamalıdır. Fakat gazete bazı durumlarda siyasi iktidara karşı aldığı pozisyonu aşar bir şekilde popülist bir dile teslim olup sığınmacıları Türk toplumundan ve kültüründen dışlamaktadır. Bulgular bölümünde tartışılan "iktidarın Arap kardeşleri..." ve Arapça yayımlanan gazeteye karşı gösterilen orantısız tepki bu durumu ortaya koyan ampirik bulgulardır. Diğer gazetelerde Türk oryantalizmine örnek olabilecek güçlü bulgulara rastlanmamıştır. Dolayısıyla araştırma sorusunun cevabı tüm Türk basını üzerinden "Türk oryantalizmi vardır" şeklinde verilemez. Yine de Türkiye'nin en yüksek tirajlı gazetelerinden biri olan Sözcü Gazetesi'nin Suriyeli sığınmacılarla ilgili içeriğinde Türk oryantalizminin izleriyle ilgili güçlü örnekler olduğu açıkça gösterilmiştir.

S2. Türk basını Suriyeli sığınmacılara karşı bir nefret dili kullanmakta mıdır?

Türk basınında Suriyeli sığınmacılar konusunda nefret dili kendisini Sözcü Gazetesi haricinde açıktan ve sıkça göstermemektedir. Nefret dilinin varlığıyla ilgili durum, üzerinde rahatlıkla hüküm verilebilecek düzeyde değildir. Türk basını için Suriyeli sığınmacılar nefretten öte bir araçsallaştırma unsurudur. Gazeteler kendi ideolojik duruşlarını temellendirmek ve siyasi iktidarla olan yakınlık veya uzaklıklarını belirlemek için Suriyeli sığınmacı haberlerini kullanmaktadır. Eğer haberde işlenen konu çocuklar ve kadınlar hakkında ve insani yardım temalıysa, bu tür durumlarda dışlama, ötekileştirme ve nefret dili mevcut değildir. Diğer durumlarda, ülkedeki varlıklarının ekonomik maliyeti ve sosyal külfeti nedeniyle sığınmacılara karşı kısıtlı da olsa bir nefret dili gösterilebilmektedir.

## Kaynakça

Abdi, Z. (2016), "Türkiye'nin Suriyeli Mülteciler Politikası", H. Çomak, C. Sancaktar ve Z. Yıldırım içinde, *Uluslararası Politikada Suriye Krizi*, İstanbul: Beta Basım A.Ş., 627-636.

Atay, Falih Rıfkı (1932), *Zeytindağı*, İstanbul: Pozitif Yayınları.

Bakic-Hayden, M. (1995), "Nesting Orientalism: The case of Former Yugoslavia", *Slavic Review*, 54 (4): 917-931.

Efe, İbrahim (2015), *Türk Basınında Suriyeli Sığınmacılar* (Rapor), SETA, http://file.setav.org/ Files/Pdf/20151225180911_turk-basininda-suriyeli-siginmacilar-pdf.pdf , erişim: 12.05.2017.

Eldem, E. (2010), "Ottoman and Turkish Orientalism", *Architectural Design*, 80: 26–31.

Erdoğan, M. (2015), *Türkiye'de Suriyeliler: Toplumsal Kabul ve Uyum*, İstanbul: Bilgi Üniversitesi

Yayınları.

Hobson, J. (2004), *The Eastern Origins of Western Civilisation*, Cambridge: Cambridge University Press.

İçişleri Bakanlığı, Göç Dairesi Genel Müdürlüğü (2017). "Geçici Koruma", http://www.goc.gov.tr/files/files/Gi%C3%A7ici%20Koruma%20Y%C3%B6netmeli%C4%9Finin%20Getirdikleri.pdf , erişim: 21.03.2017.

Kahraman, H. B. (2002), "İçselleştirilmiş, Açık ve Gizli Oryantalizm ve Kemalizm", *Doğu-Batı*, 5(20):153-178.

Kirişçi, K. (2014), *Syrian refugees and Turkey's challenges: Going beyond hospitality*, Washington, DC: Brookings Institution.

Lafi, N. (2014), "Early Republican Turkish Orientalism? The Erotic Picture of an Algerian Woman and the Notion of Beauty between the 'West' and the 'Orient'", N. Maksudyan (ed.), *Women and the City, Women in the City. A Gendered Perspective on Ottoman Urban History*, New York, Oxford: Berghahn: 139-148.

Makdisi, U. (2002), "Ottoman Orientalims", *The American Historical* Review, 107(3): 768-796.

Neuman, W. L. (2006), *Toplumsal Araştırma Yöntemleri: Nicel ve Nitel Yaklaşımlar*, Çev: Sedef Özge. Ankara: Yayın Odası.

ORSAM (2014). "Suriye'ye Komşu Ülkelerde Mültecilerin Durumu: Bulgular, Sonuçlar, Öneriler", Rapor No. 189.

Palabıyık, S. M. (2010), "Travel, Civilization and the East: Ottoman Travellers' Perception of 'The East' in the Late Ottoman Empire", Yayımlanmamış Doktora Tezi, Ankara: ODTÜ Sosyal Bilimler Enstitüsü.

Pandır, M., Efe, İ. ve Paksoy, A. F. (2015), "Türk Basınında Suriyeli Sığınmacı Temsili Üzerine Bir İçerik Analizi", *Marmara İletişim Dergisi*, (24): 1-26.

Reisigl, M. ve Wodak, R. (2009), "The Discourse-Historical approach (DHA)", R. Wodak ve M. Meyer (ed.), *Methods for Critical Discourse Analysis*, Londra: Sage, 87-121.

Said, E. (2003), *Orientalism*, Londra: Penguin Books.

Şöhret, M. (2016), "Suriye'nin siyasal yapısı", H. Çomak, C. Sancaktar ve Z. Yıldırım içinde, *Uluslararası Politikada Suriye Krizi*, İstanbul: Beta Basım A.Ş., 39-85.

Tamçelik, S. ve Ayaz, G. M. (2016), "Suriyeli Mülteciler Sorununun Türkiye'ye Yansıması", H. Çomak, C. Sancaktar ve Z. Yıldırım içinde, *Uluslararası Politikada Suriye Krizi*, İstanbul: Beta Basım A.Ş., 637-659.

Tekin, B. C. (2008), "The construction of Turkey's possible EU membership in French political discourse", *Discourse & Society*, 19(6): 727-763.

Tekin, B. C. (2010), *Representations and Othering in Discourse: The Construction of Turkey in the EU Context*, Amsterdam: John Benjamins.

UNHCR (2017), http://data.unhcr.org/syrianrefugees/documents.php?page=1&view=grid, erişim: 26 Mart 2017.

Palabıyık, S. M. (2010), "Travel, Civilization and the East: Ottoman Travellers' Perception of 'The East' in the Late Ottoman Empire", Yayımlanmamış Doktora Tezi, Ankara: ODTÜ Sosyal Bilimler Enstitüsü.

Reisigl, M. ve Wodak, R. (2009), "The Discourse-Historical approach (DHA)", R. Wodak ve M. Meyer (ed.), *Methods for Critical Discourse Analysis*, Londra: Sage, 87-121.

Wodak, R. ve Boukala, S. (2015), "European Identities and the Revival of Nationalism in the European Union: A Discourse Historical Approach". *Journal of Language and Politics*. 14:1.

Zeydanlıoğlu, W. (2008), "'The White Turkish Man's Burden': Orientalism, Kemalism and the Kurds in Turkey", G. Rings ve A. Ife (ed.), *Neo-colonial Mentalities in Contemporary Europe? Language and Discourse in the Construction of Identities*, Newcastle upon Tyne: Cambridge Scholars Publishing, 155-174.

**Atıf yapılan haber ve köşe yazıları**

Çölaşan, E. (2012), "Tayyip'in Suriye Oyunu", *Sözcü*, 4 Ocak 2012.

Çölaşan E. (2012), "Bir Komedi Daha", *Sözcü*, 15 Şubat 2012.

# TÜRK BASININDA SURİYELİ SIĞINMACILAR

Donat, Y. (2015), "Rakamlarla", Yavuz Donat, *Sabah*, 17 Nisan 2015.

Ergin, S. (2014), "Türkiye'de Hayatın Yeni Gerçeği: Mülteciler", *Hürriyet*, 18 Haziran 2014.

Öztürk, S. (2012), "Suriyeliler Para Karşılığı mı Getirildi?", *Sözcü*, 4 Mayıs 2012.

Posta (2011) "15 Bin Suriyeli Sınıra Dayandı", *Posta*, 14 Haziran 2011.

Sözcü (2012), "Kamplarda Şaşırtan İddia: Kadınlar, Araplara Satılıyor", 30 Kasım 2012.

Sözcü (2013),"Suriyeliler Geldi, Dertler Çoğaldı", 11 Mart 2013.

Sözcü (2014),"Suriyeliler için Arapça Gazete", 15 Temmuz 2014.

Sözcü (2014), "Suriyeli'ye 100 Milyon Dolarlık 5 Yıldızlı Kamp", 01 Ağustos 2014.

Tatlı, S. (2014), "Mülteci Sorunu Sosyal Patlamaya Yol Açabilir", *Zaman*, 29 Kasım 2014.

Türker, M. (2012), "Sığınmacılar Özerklik İsteyebilir", *Sözcü*, 24 Temmuz 2012.

Zaman (2011), "Sınıra Çadırkent Kuruluyor", *Zaman*, 1 Mayıs 2011.

Zaman (2014), "Suriyeli Kadın Sığınmacılar Fuhuşa Sürükleniyor", 31 Mayıs 2014.

PAKSOY

# TÜRKİYE TOPLUMUNDA SURİYELİ SIĞINMACILARIN TOPLUMSAL KABULÜ VE DIŞLANMASI

## Ahmet Koyuncu

### Beklenmeyen Yenilik: Yoğun Göç Akını

2011 yılında Suriye'deki iç savaş sebebiyle ortaya çıkan insanlık dramı karşısında, Türk Hükümeti iç karışıklıklardan etkilenen Suriye vatandaşları için "açık kapı" politikası izlemeye başlamıştır. Türkiye, gerek Suriye sınırları gerekse kendi sınırları içerisindeki geçici barınma merkezlerinde ve çeşitli illerde, bu trajediden etkilenen Suriye vatandaşlarına kucak açmış ve sürecin önemli bir aktörü konumuna gelmiştir.

Suriyeli ilk kafile, 29 Nisan 2011 tarihinde Türkiye'ye giriş yapmış, söz konusu tarihten 2017 sonuna kadar geçen sürede resmi makamlara göre 3 milyon 424 bin 237 Suriyeli ülkemize sığınmıştır (GİGM, 2017a). Söz konusu Suriyelilerin sadece 259.877'si kamplarda, %90'ından fazlası ise kendi imkanları ile Türkiye'nin çeşitli kentlerinde yaşamlarını sürdürmektedir (AFAD, 2017a).

AFAD verilerine göre, Türkiye'de Suriye krizinden etkilenen mülteciler için kamu kurumu, sivil toplum kuruluşları ve halk tarafından yapılan harcamaların toplamı 25 milyar dolardır. Uluslararası toplumun Türkiye'deki Suriyelilere yaptığı yardımın toplam miktarı ise sadece 526 milyon dolardır. (AFAD, 2017b). Yaşanan bu dramlar karşısında Batılı ülkeler başarılı bir sınav verememiştir. Özellikle AB ülkeleri bu süreçte uluslararası göç örgütlerinin de desteği ile sermaye sahibi yatırımcılar ve nitelikli sığınmacıların kabulü dışında genel olarak tampon bölgeler kurma, geri kabul anlaşmaları ve gönüllü geri dönüşler için teşvik politikaları benimsemiş ve sayısız insan hakkı ihlaline imza atmıştır.

Suriye iç savaşı başladığında Türk hükümeti bu sürecin (birçok Arap ülkesinde olduğu gibi) kısa sürede sonlanacağı düşüncesiyle ülkemize sığınan Suriyelilere (1951 Cenevre Sözleşmesi'ne koyulan "coğrafi kısıtlama" sebebiyle) uluslararası hukukta istisnai bir prosedür olan geçici koruma statüsü vermiştir. Başka bir ifadeyle Suriye vatandaşlarına "mülteci" veya "sığınmacı" statüsü verilmemiş, her türlü ihtiyaçları devlet tarafından karşılanmak üzere bir anlamda "misafir" konumunda kabul edilmiştir (TBMM İnsan Haklarını İnceleme Komisyonu, 2012: 4). Zira geçici koruma statüsü, savaşın bitmesiyle Suriyeli savaş mağdurlarının evlerine döneceğini varsaymaktadır. Sığınan kişilerin sayıca çok olması bu statünün verilmesinde en büyük etkendir.

Gelinen noktada Suriye'de savaş sona ermemiş dahası mevcut koşullara bakıldığında kısa sürede sona ermesi mümkün gözükmemektedir. Bu durum Suriye vatandaşlarına tanınan ve bütün ihtiyaçların devlet tarafından karşılandığı geçici koruma statüsünün sürdürülebilir olmadığını açıkça ortaya koymuştur. Nitekim hükümet, bu süreç zarfında çıkardığı çeşitli yönetmeliklerle geçici koruma statüsünü daha uygulanabilir bir zemine çekmeye çalışmış ve çoğu durumda bu prosedüre aykırı olan (sığınmacıların istihdamı, iş yeri açma vb.) uygulamalara da göz yummuştur. Bu noktada metnin bütünlüğü açısından şu eklemeyi yapmak faydalı olacaktır. Türkiye'de yabancılar, göçmen, sığınmacı, mülteci ve geçici koruma (misafir) gibi farklı statülerde ikamet etmektedir. Bu sebeple metinde tüm statüler için genel bir kavram olarak sığınmacı kavramı tercih edilmiştir.

Sayıları giderek artan sığınmacılar için sunulan imkanların nasıl ve hangi şartlar altında devam ettirilebileceği, süreçte Türkiye'yi gerek siyasi gerekse yardımlar konusunda yalnız bırakan uluslararası toplumun sorumluluğu paylaşıp paylaşmayacağı ve ülkenin dört bir tarafına dağılan sığınmacıların sosyal, kültürel, ekonomik uyumu vb. konular netlik kazanmamıştır.

Altı yıl gibi kısa bir sürede Suriye ve diğer ülkelerden 4 milyondan fazla göç alan Türkiye'nin hukuktan dış politikaya, güvenlikten sağlığa, eğitimden istihdama, ekonomiden kültüre toplumsal yapının tümünde kendini hissettiren bu göç dalgası, özellikle Suriye vatandaşlarının yaşadığı sorunlar, ikamet ettikleri kente ve ülkeye entegrasyonları ile toplumsal kabul noktasında yapılacak tespitleri ve sunulacak çözüm önerilerini elzem kılmıştır. Bu çalışma bağlamında ağırlıklı olarak konunun toplumsal kabul ve dışlanma boyutuna odaklanılmıştır.

Bu çalışma ilgili literatürün yanı sıra 2017 yılı Ocak-Mayıs ayları arasında Konya'da ikamet etmekte olan farklı sosyo-ekonomik seviyeden 125 Suriyeli aile ve yerel halktan 143 kişi ile gerçekleştirilen nitel araştırma verilerine dayanmaktadır[1]. Çalışmada toplumsal kabul ve dışlanma konusu ele alındığından katılımcıların konuya ilişkin görüş, tutum ve algılarına ilişkin detay bilgilere ihtiyaç duyulması ve sığınmacıların konumları (rejim algısı, muhaberat korkusu, gurbette olmanın verdiği güvensizlik, dil sorunu, eğitim seviyesinin düşük oluşu vb.) dikkate alınarak nitel araştırma yöntemi tercih edilmiştir. Görüşmelerde yarı yapılandırılmış mülakat tekniği kullanılmıştır.

---

1  Çalışmanın saha araştırma aşamasında katkılarını esirgemeyen Necmettin Erbakan Üniversitesi Sosyoloji Anabilim Dalı Yüksek Lisans programı öğrencilerine teşekkürü borç bilirim.

Araştırmada seçilen örneklemin evreni temsil yeteneğine sahip olmasına özen gösterilmiştir. Bu kapsamda 68 Suriyeli aileye kartopu örneklem tekniği ve 57 Suriyeli aileye ise kotalı tesadüfi örneklem tekniği kullanılarak ulaşılmıştır. Kartopu örneklem tekniğine başvurulmasının sebebi Suriyeli sığınmacıların konumuna ilişkin yukarıda belirtilen hususlar göz önünde bulundurularak güven esaslı samimi görüşmeler gerçekleştirebilmektir. Ancak kartopu örnekleme tekniğinden kaynaklanabilecek sorunlar dikkate alınarak katılımcı sayısı mümkün olduğunca yüksek tutulmuş ayrıca mülakatlarda heterojen bir kitleye ulaşmak için farklı sosyo-ekonomik seviyeler başlangıç noktası alınmıştır. Bununla da yetinilmemiş ve Suriyeli sığınmacılara yönelik faaliyet gösteren sivil toplum kuruluşlarının da desteği alınarak 57 Suriyeli aile için kotalı tesadüfi örneklem tekniğine başvurulmuştur. Yerel halka yönelik örneklem seçiminde de evreni temsil yeteneği dikkate alınarak farklı sosyo-ekonomik seviyelerden 143 katılımcıya kotalı tesadüfi örneklem tekniği ile ulaşılmıştır. Araştırmadan elde edilen veriler sorun alanlarına göre tasnif edilmiş ve ilgili literatür de göz önünde bulundurularak analitik bir çözümleme yapılmıştır.

## Birlikte Yaşama Tecrübesi Bağlamında Toplumsal Kabul ve Dışlanma

Dünyanın en fazla sığınmacı barından ülkesi olması hasebiyle ülkemizde de birlikte yaşama tecrübesi kısa bir süre içinde toplumsal gündemin öncelikli konularından biri haline gelmiştir. Birlikte yaşama söz konusu olduğunda ilk elden gündeme gelen başlıklar, toplumsal kabul ve dışlanmadır.

Öncelikle şunu ifade etmek gerekir ki, ülkemizdeki sığınmacılara özellikle Suriyelilere ilişkin toplumsal kabul düzeyi oldukça yüksektir. Nitekim yapılan tüm araştırmalar da bu savımızı destekler verilere sahiptir. Dolayısıyla çalışma boyunca yapılan tartışmalar ve çalışmaya ilişkin okumalarda bu husus zihinlerde taze tutulmalıdır.

Bununla birlikte göç alan bütün toplumlarda olduğu gibi ülkemizde de sığınmacılarla ilgili olumsuz kanaatlere ve eleştirilere rastlamak mümkündür. Nitekim göç, sadece demografik bir nüfus hareketi değildir. Göç, insanın zaman ve mekânla kurduğu ilişkide kendini yeniden konumlandırdığı bir süreçtir. Göç eden birey, göç ettiği yere sadece fiziksel varlığını götürmez aynı zamanda kültürel varlığını da götürür ve orada onu yaşatmaya çalışır. Bu da göç alan ülkenin toplumsal yaşamında birçok sorunlar yumağını beraberinde getirir. Şayet bu göç farklı bir coğrafyadan ya da farklı bir kültürden gerçekleşmiş ise o zaman yerel halk ile göçmenler arasında kültürel çatışma kaçınılmazdır.

Konuya bu açıdan bakıldığında ülkemizdeki Suriyelilerin toplumsal kabulüne ilişkin temel sorun alanlarından ilki ulus devletin verili zihinsel kalıpları, ikincisi ise pratikte yaşananlar ve şehir efsaneleridir. Üçüncüsü, Suriyelilerin medyadaki sosyal temsilidir. Bu ana temalara kurumsal kapasite yetersizliği, iletişimsizlik ve veri paylaşımını da eklemek mümkündür.

## Ulus Devletin Verili Zihinsel Kalıpları

19. yy.'da imparatorlukların dağılmasının ardından ortaya çıkan ulus devletler meşruiyetlerini ve sürekliliklerini sağlama noktasında ulusal kimlik inşasına yönelmişlerdir. Bu inşa sürecinde pek çok argüman kullanılmıştır. Bunlardan biri de geçmişe ait bütün olumsuzlukların üzerlerine yüklenmesinde adeta bir paratoner işlevi gören ötekileştirilmiş milletlerdir. Biz ve onlar ikileminde ötekileştirilen milletler, kimi zaman düşman ama her zaman bir tehdit olarak gösterilmiş ve dışlanmışlardır. Öteki ile ilişkilerde çoğunlukla şehir efsaneleri üzerinden sürekli taze tutulan damgalamalarla toplumsal muhayyilenin anlam haritaları şekillendirilmeye çalışılmıştır. Aşağıdaki ifadeler konuyu yoruma gerek bırakmaksızın özetlemektedir.

> *"Kültürpark'taki* (Konya'nın merkezinde daha ziyade gençlerin vakit geçirdiği bölge) *Suriyeli gençler insana yiyecekmiş gibi bakıyor. Çok rahatsız oluyorum."*
>
> *"Evet, bu çok sık dile getirilen bir şikayet. Ancak aynı bölgede Türk gençler de benzer davranışlar sergiliyor. Dahası sözlü tacizde de bulunuyorlar."*
>
> *"Öyle, ama onlar en azından Türk."* (M., Kadın, 18, Öğrenci).

Türkiye Cumhuriyeti de benzer bir tecrübeye şahitlik etmiş, ulus kimliğini inşa etmede ötekileştirilen milletleri bir unsur olarak kullanmıştır. Bu süreçten Araplar da payına düşeni almıştır. Nitekim yakın döneme kadar eğitimin bütün seviyelerinde ve dahi gündelik dilde Araplara ilişkin pek çok olumsuzluk, yerme ve hakaret içeren söz ve fiil bulmak son derece sıradan bir durum olagelmiştir. Ancak bunlar içerisinde en önemlisi ve Suriyeli sığınmacılar hakkındaki kanaati şekillendiren en temel argüman Birinci Dünya Savaşı'nda "Arapların bizi sırtımızdan vurduğu" iddiasıdır. Suriye'de hali hazırda yaşananların da bu ihanetin bir sonucu olduğu kanaati oldukça yaygındır. Kamuda çalışan görüşmecimizin aşağıdaki ifadeleri konuya ilişkin genel görüşü en özlü şekilde ortaya koymaktadır.

> *"Zamanında bizi arkadan vururken iyiydi. Müstahak bunlara."* (B., Erkek, 38, Memur).

Konu ile ilgili gerçekleştirdiğimiz araştırmanın mülakatları esnasında bir kunduracı esnafın işyerinde esnaf ile mülakatımız devam ederken içeri giren Suriyeli müşteri, ayakkabıların fiyatlarını sormaya başlayıp fiyatları (kendi bütçesi açısından) pahalı bulmuş ve işyerinden ayrılmıştır. Bu olay karşısında esnafın "bu şe... zaten bizi sırtımızdan vurduydu. Almayacan bunları" (C., Erkek, 52, Esnaf) cevabı zihniyetin davranışa nasıl yansıdığını özetlemesi bakımından ibretliktir. Yaşanan olaya verilen tepki, oldukça ilgisiz olmasına karşın verili zihniyet kalıplarının davranışa yansıma düzeyi ve biçimi açısından oldukça önemli bir veri sunmaktadır. Örnekleri çoğaltmak mümkündür. Nitekim sosyal medyada konu ile ilgili çok daha sert hatta hakaret ve küfür içeren sayısız veri bulunabilir. Benzer şekilde TV'lerde yayınlanan ilgili tarih programlarında konuklara sorulan başlıca sorulardan biri bu iddiadır. Bu verili zihniyet kalıpları tek taraflı da değildir. Yine bir ulus devlet tecrübesi yaşayan Suriye için de benzer bir durum söz konusudur. Özellikle kent merkezlerinde yaşayan eğitimli Suriyeliler, Osmanlıların kendilerine büyük zulümler yaptığı ve sömürüldükleri iddiaları ile yetiştirilmeye çalışılmıştır.

*"Esed devletinin kitaplarında Osmanlıların Arap ülkelerini aldığı, Türklerin Araplara zulmettiği, milleti öldürdükleri, Türklerin kötü oldukları yazardı. Babam doğru derdi ama dedem bunların yalan olduğunu, Osmanlı'nın iyi olduğunu söylerdi." (M., Erkek, 34, Halep).*

*"Savaştan önce Türklerle ilgili düşündüklerim biraz farklı idi. Devlet okullarında bize Türkiye'nin aleyhinde şeyler anlatılırdı. Osmanlının bize zulüm yaptığından bahsedilirdi ve sizi bize zulmeden olarak tanıtıyordu. Ama medresedeki hocalarımız bunların yalan olduğunu, ümmeti bölmek, araya nifak sokmak için İngilizlerin uydurduğunu söylerlerdi. Buraya gelince anladım ki, medresedeki hocalarımın söylediği doğruymuş." (A., Erkek, 38, Şam).*

Burada üzerinde durulması gereken bazı önemli detaylar bulunmaktadır. İlki, eğitimli ya da eğitimsiz, sığınmacıların büyük bir çoğunluğu bütün dünya Suriyelilere kapılarını kapatmışken zor zamanda kendilerine kucak açmış bir topluma karşı olumsuzluk içeren cümleler kurmanın nankörlük olacağını düşünmektedir. Bunun bir sonucu olarak hali hazırda Türklere yönelik olumsuz kanaate sahip olanlar bile bu görüşlerini çok fazla dillendirmemeyi ya da daha düşük perdeden ve temkinli bir üslup kullanmayı tercih etmektedir.

İkincisi, eğitimli kesimler yüzeysel de olsa kendilerine öğretilen resmi tarihin dışında bilgilere de sahiptirler ve yaşanan göç, bu kesimlerde resmi tarihin yanlı olduğu konusundaki kanaatleri pekiştirmiştir.

Üçüncüsü, Suriye'den ülkemize gelen sığınmacıların önemli bir kısmının kırsal alanlardan gelen eğitim seviyesi düşük kişilerden oluşmasıdır. Bu husus AFAD raporlarına da yansımıştır. Buna göre, Türkiye'deki Suriyelilerin çoğunluğunun ilkokul mezunu olduğu görülmektedir (AFAD, 2014: 63). Dolayısıyla Türklere yönelik yukarıda ifadesini bulan ve eğitim yoluyla aktarılan verili kalıplar kırsal kesimde yaygın değildir.

*"Bize öyle bir şey anlatılmadı. Hepimiz din kardeşiyiz. İslam bizi kardeş yapıyor. Nasıl düşman olalım? Türkiye'ye geldiğimde daha da iyi gördüm." (H., Erkek, 30, Halep).*

*"Türkler de Müslüman. Onların da herkes gibi iyisi var kötüsü var. Buraya gelmeden önce Türkleri dizilerden tanıyordum o kadar. Ama gelip görünce dizilerde ki gibi değilmiş, bizim gibilermiş dedim." (R., Kadın, 33, Şam).*

Bu ifadeler, özellikle Türkiye ile akrabalık, ticaret, turizm vb. bağı olmayanların ülkemize ilişkin kanaatlerinin hangi yollarla şekillendiğini göstermekte olup, başta kadınlar olmak üzere benzer durumda olan neredeyse bütün katılımcıların ortak cevabıdır.

*"Türkleri yalnızca Türk dizilerinden tanıyorduk ama buraya gelince her şey TV'deki gibi değilmiş, bize çok benziyorlarmış dedim." (F., Kadın, 24, Şam).*

*"Türk dizilerindeki gibi insanlar olduğunuzu düşünüyorduk, ama buraya geldiğimizde böyle olmadığını anladık, Türkler de bizim gibi namaz kılıyor. Müslümanlar yani, başörtülü açıklardan fazla var." (A., Kadın, 32, Halep).*

*"Sadece dizilerde ki kadar bilgi sahibiydim. Benim dizilerde gördüğüm Türkler ya mafya birbirleriyle savaşıyor ya da birbirlerine âşık oluyor. (Kurtlar vadisi ve Aşk-ı Memnu dizilerini takip ediyormuş.) Ama buraya gelince gördüm ki, Türklerin hayatı işten ibaret. İşten başka bir şey bilmiyorlar. Burada parklar çok güzel yapılmış ama hepsi boş, çünkü herkes işte. Türkler çok yorgun..." (F., Erkek, 27, Rakka).*

Görüldüğü üzere bu kesimlerde Türklere yönelik inşa edilen bir ötekileştirme söz konusu değildir. Dahası, diziler üzerinden edinilen Türkiye algısının da Türkiye'nin toplumsal formasyonu ile örtüşmediği düşünülmektedir.

Öncelikle detaya girmeden şunu ifade etmek gerekir ki, "Arapların bizi sırtımızdan vurduğu" iddiası, gerek tarihi vesikalar gerekse dönemin şahitleri tarafından yalanlanmaktır. Söz konusu vesikalar bu iddianın kasıtlı, sistem atik ve bilinçli bir şehir efsanesi olduğunu gözler önüne sermesi açısından manidardır.[2] Aynı bilinçli stratejinin diğer tarafında yer alan Osmanlı'nın Araplara zulmettiği ve sömürdüğü yönündeki iddia ise daha da vahimdir. Bilindiği üzere Osmanlı Arap topraklarına ayak bastığında bölgede (şayet bir zenginlik sayılacaksa) çöl/kum, deve ve hurmanın dışında sömürülecek bir

---

[2] Bkz.: E. Güngör, *İslam'ın Bugünkü Meseleleri*, Ötüken Neşriyat, 1981; F. Kandemir, *Fahrettin Paşa'nın Medine Müdafaası*, Yağmur Yayınları 1999.; Z. Kurşun, *Yol Ayrımında Türk-Arap İlişkileri*, İrfan Yayınevi, 1992; P. Mansfield, *The British in Egypt*, Londra, 1971; P. Mansfield, *Osmanlı Sonrası Türkiye ve Arap Dünyası*, Çev. Salih Yurdakul, Söylem Yayınları, 2000; F. McCullagh, *Abdülhamit'in Düşüşü, Osmanlı'nın Son Günleri*, Çev. Nihal Önol, Epsilon Yayıncılık, 2005; Derin Tarih, *Arap İhaneti Efsanesi*, Sayı 58, Ocak 2017; Zeine N. Zeine, *Türk-Arap İlişkileri ve Arap Milliyetçiliğinin Doğuşu*, Çev. Emrah Akbaş, Gelenek Yayınları 40, 2003.

zenginlik mevcut değildi. Buna karşın yaklaşık 400 yıllık Osmanlı hakimiyeti boyunca bölgeye götürülen hizmetler ve bırakılan eserler herkesin malumudur.

Ulus devletin verili zihinsel kalıplarından bir diğeri de savaştan kaçanların ancak vatan haini olduğudur. Özellikle Fırat Kalkanı Harekatı sonrası bölgeden gelen şehit haberleri sonrasında Türk vatandaşlarının bu konuya ilişkin tepkileri daha da sertleşmiştir.

*"Bunlar vatanının kıymetini bilseydi kaçmaz savaşırlardı." (H., Erkek, 41, Doktor).*

*"Kendi vatanını satıp kaçan adamdan bu millete ne fayda gelecek. Yarın bizi de satarlar. Biz bu vatanı sokakta bulmadık." (M., Erkek, 37, Esnaf).*

*"Hadi kadınlarla çocukları anladık. Bu sokakta zıpır zıpır gezen gençler niye geldi. Burada boş boş gezeceklerine gitsinler vatanlarını savunsunlar." (T., Erkek, 57, Emekli).*

*"Bunlar burada yan gelip yatacaklar, biz her gün (Suriye'de) şehit verecez. Ne mecburiyetimiz var. Değer mi? Yazık değil mi? Her gün görüyorum. Bir sürü (Suriyeli) genç var. Onları göndersinler." (A., Kadın, 35, Ev Hanımı).*

*"Bizim askerimiz orda şehit düşüyor. Bunlar burada habire çocuk yapıp keyfine bakıyor. Böyle giderse kendi ülkemizde mülteci olacağız." (S., Kadın, 19, Öğrenci).*

Bu noktada dikkat çeken bir diğer veri de 15 Temmuz 2016 sonrasına ilişkindir. Katılımcıların bir bölümü 15 Temmuz hain darbe girişimi ile Suriye'deki savaşı kıyaslayarak: "İşte aramızdaki fark bu. Biz vatanımız için şehit olurken onlar vatanlarını bırakıp kaçtılar" yönünde bir değerlendirmede bulunmuşlardır. Kıyas edilen hususlar birbirinden farklı olsa da "Suriyelilerin vatan haini olduğu" iddiasının haklılığına bir delil olarak hain darbe girişiminin kullanılması da ayrıca dikkat çekicidir.

Suriyelilerin bu iddia karşısında oldukça mustarip oldukları, çoğu zaman hüzünlenip kimi zaman aynı sertlikte verdikleri cevaplar ise şu şekildedir.

*"Biliyorum. Bir tepki var. Ama oldu bir kere. Biz kaçmak zorunda kaldık. Ama kimse belli olmayan düşmana karşı savaşmak istemez. Mesela Çeçenler Ruslara karşı savaşıyor, Gazze'de bir düşman var ama Suriye'deki durum çok farklı. Düşman belli değil." (Y., Erkek, 36, Şam).*

*"Suriye'de hiçbir şey göründüğü gibi değil. Orada Amerika, Avrupa, Rusya,*

*Çin, Hindistan birçok ülkenin faklı çıkarları var. Kimi yerde Özgür Suriye ordusu bile ülke için değil kendi menfaatleri için savaşıyor. Suriye'deki savaş namus, şeref savaşı değil. Oradaki savaş petrol, altın, koltuk içindir." (H. A., Erkek, 32, Hama).*

*"(...) arkamızda devlet olsa savaşırdık, vatanımızı bırakmazdık". (A., Erkek, 58, Halep).*

*"O durumu yaşamayan bilemez. Bizim silahımız yok ama onların bombaları var. Uçaklara karşı savaşmak için uçak gerek. Tanklarla savaşmak için tank gerek. Ben oraya gidersem ölümü beklemek için gideceğim. Bizler sadece sayıdan ibaretiz." (Y., Erkek, 22, Şam).*

*"Suriye'de savaşçı eksikliği yok. Suriye'de savaşacak olanlara destek yok. Cephane yok. Şam'ın etrafında 600 bin savaşçı var. Sadece silah desteği bekliyorlar. İnsanların bilmeden konuştuğunu düşünüyorum." (M., Erkek, 52, Şam).*

*(Biraz tepkili ve sesini yükselterek) "Benim üç kardeşim şehit oldu. Eşleri dul, çocukları yetim kaldı. Burada olan herkesin ailesinde şehit olanlar var." (K., Kadın, 30, Halep).*

*"Bizim durumumuz çok karışık. Kürt olduğumuz için Araplar istemiyor bizi. Hep dışladılar savaş başlayınca daha da nefret ettiler. Biz (...) aşiretindeniz o yüzden sevmiyorlardı... Savaş çıkınca zulüm bir anda çok arttı. Evlere saldırmaya, kadınlara tecavüz etmeye başladılar. Ben o zaman yeni evliydim ve evde kız kardeşlerim de vardı. Nasıl onları o halde bırakıp gidebilirdim? Siz olsanız ne yapardınız? Gittim diyelim savaşa, kim düşman belli değil ki. Ama bize burada vatan haini olarak bakıyorlar. Çok zoruma gidiyor." (M., Erkek, 27, Halep).*

Söz konusu iddia ile ilgili eleştiriler yapılırken bilinmeyen ya da unutulan birkaç hususu dile getirmek faydalı olacaktır. Düşmana karşı yapılan bir savaşta vatanını terk edenin "hain" olduğu görüşüne katılacak pek çok insan bulunabilir. Bu söylemin haklılığı da savunulabilir. Özellikle son büyük savaşını (Kurtuluş Savaşını) düzenli ordularla ülkesini işgale gelmiş gayri Müslimlere karşı vermiş bir millet için bu söylem vazgeçilemez bir hakikat içerebilir. Ancak Suriye'de ne düzenli ordularıyla ülkeyi işgale gelen gayri Müslimler ne de vatanını savunmaya çalışan bir devlet vardır. Dahası devlet, bırakın vatan savunmayı vatandaşına kimyasal silahlarda dahil olmak üzere insanlık dışı her türlü zulmü reva görmüştür. Suriye, at izinin it izine karıştığı, bazı çatı gruplar olmakla birlikte yüzlerce farklı grup ve terör örgütünün cirit attığı, kimin neye hizmet ettiğinin belli olmadığı bir coğrafya halini almıştır. Ölenin de öldürenin de şahadet ve tekbir getirdiği ve her birinin bunu İslam adına ve bölgeyi düşmanlardan temizlemek uğrana yaptığı dikkate alındığında durumun vahameti daha net anlaşılacaktır. Birçoklarının zihinlerinde düzenli bir orduya sahip olduğu düşünülen *Özgür Suriye Ordusu* bile 700'ün üzerinde farklı mangadan oluşmaktadır. Bölgeyi bilenlerin malumu olduğu üzere kendi bölgelerini korumayı amaçlayan bu mangalar arasında bir emir komuta zinciri olmadığı gibi yaşanan iletişim sorunları sebebiyle kimi zaman farkında olmadan birbirleriyle çatıştıkları bizzat tanıkların şahitliğiyle sabittir. Ayrıca bu mangaların başındaki komutanların önemli bir kısmı askeri eğitimi olmayan ve savaş tecrübesi de bulunmayan (bakkal, manav, öğretmen, tekniker vb.), mesleği asker olmayan insanlardır. Bununla birlikte, iç savaş boyunca yüz binlerce Suriyelinin hayatını yitirdiğini ve hali hazırda savaşanların çok büyük bir çoğunluğunun da Suriyeli olduğunu unutmamak gerekir.

Konuya ilişkin bir diğer verili zihniyet kalıbı da "aynı durum bizim başımıza gelse Arapların (daha özelde Suriyelilerin) bırakın bize yardım etmeyi bir tekme de onların atacağı" görüşüdür. Bir önyargı olarak nitelen-dirilebilecek bu ifadenin toplumsal pratikte bir karşılığı yoktur elbette. Nitekim bu görüşü dile getiren katılımcılara niçin böyle düşündükleri sorulduğunda söz konusu iddiayı ispata dönük hiçbir somut delil sunamadıkları görülmüştür. Bu iddianın delili olarak sunulan argümanlar da yukarıda dile getirilen iki iddiaya bağlanmıştır.

Suriyeliler ise bu iddiayı anlamsız bulmuş ve Türkiye'de benzer bir durumun olması halinde Türklere kapılarını sonuna açacaklarını ifade etmişlerdir. Katılımcıların tamamına yakını İsrail-Filistin savaşı sebebiyle gelen Filistinlilere; İran-Irak savaşı sebebiyle gelen Iraklılara ve İsrail-Lübnan savaşı sebebiyle gelen Lübnanlılara uzattıkları yardım elini örnek/delil göstermişlerdir. Bir katılımcının şu ifadeleri genel görüşü yansıtması bakımından dikkate değerdir.

> *"İsrail zulmünden kaçan Filistinliler, 2006 Temmuz ayında Lübnan savaşından sonra Lübnanlılar, 2002'de Iraklılar Suriye'ye geldi. Biz onları kabul ettik, evlerimizde misafir ettik. Türkiye'yi de kabul ederdik tabii ki."* (M., Erkek, 27, Halep)

Bununla birlikte bazı katılımcılar Suriyelilerin Türklere (Türklerin kendilerine yaptığından) daha fazla sahip çıkacağını iddia etmiştir.

> *"Biz Irak ve Lübnan savaşından kaçıp gelenlere doğrudan evlerimizi açtık. Siz de gelseydiniz size de aynısını yapardık. Kamp açmayı kendimize yakıştıramadık ama biz burada o kardeşliği görmedik."* (S., Bayan, 22, Şam).

*"Türkler'in bizi ağırladığından daha güzel ağırlardık. Onları çadırda değil evimde misafir ederdim." (A., Erkek, 42, Şam).*

*"Biz bunu yaptık zaten. Ruslar, Çerkezler, Filistinliler, Iraklılar, Lübnanlılar hatta İran'dan gelenlere bile biz iyi davrandık. Bize gelenler okullarda, sokaklarda kalmadılar. Biz evlerimizi açtık. Biz kimseye nerelisin, dinin ne diye sormadık." (Q., Erkek, 25, Şam).*

*"Biz daha yardım sever olabilirdik. Gelsinler mi? Gelmesinler mi? Geri dönsünler gibi şeyler söylemezdik. Benim düşüncem bu şekilde." (İ., Erkek, 29, Halep).*

*"Daha önce de birçok millete vatanımızı açtık. Sizlere de açardık ama sizin gibi davranmazdık. Bunlar para kazanmak zorunda diye çok çalıştırıp az para vermezdik." (M., Erkek, 28, Halep).*

Konunun siyasi ve toplumsal boyutuna ilişkin oluşabilecek farklılıklar da unutulmamıştır.

*"Bilmiyorum Esad Türklere kapılarımızı açar mıydı ama ülkeye alınsaydınız insanlar size iyi davranırlardı. Sonuçta kardeşiz biz." (A., Erkek, 47, Halep).*

Sayıları oldukça sınırlı olsa da bu görüşün aksini savunanlarda mevcuttur. Özellikle iki Türkmen sığınmacının görüşleri tam tersi yöndedir.

*"Türklerin sahip çıktığı kadar Araplar sahip çıkmazdı. Hep diyorlar, anlatıyorlar ya Osmanlı bize hükmetti diye. Siz gelseydiniz diyelim Türklerin davrandığı gibi bir davranış emin ol görmezdiniz. Bir Türk için sınırı açacaklarını düşünmüyorum. Sizin gibi 900 km sınırı kimse açmazdı." (H., Erkek, 52, Halep).*

*"Kesinlikle sizi ülkeye koymazlardı. Koysalar da size orda çok sıkıntı yaparlardı."*

*"Suriyelilerin neredeyse tamamı daha önce Irak'tan, Lübnan'dan, Filistin'den gelen göçmenlere evlerini açtıklarını, ellerinden gelen yardımı yaptıklarını Türklere de aynısını yapacaklarını iddia ediyorlar. Siz bu konuda ne söylersiniz?"*

*"Allah şahidim ki onlar yalan söylüyorlar. O dönem Suriye'ye gelen Iraklılara (yıllık) kirası 60 bin olan yeri 200 bin liraya kiraya vermişlerdi. Madem Iraklılara kucak açmışlar, bedava verselerdi o zaman. Kusura bakmayın ama burada da öyle fırsatçılar var. 300 lira olan kira 600 lira olmuş. Suriyelilerin*

# SURİYELİ SIĞINMACILARIN TOPLUMSAL KABULÜ

*Iraklılara yaptıkları yüzünden başımıza bunlar geldi. Burada da öyle olacağından korkarım." (C., Erkek, 38, Halep).*

Bir katılımcının konuya ilişkin oldukça enteresan yorumu ise şöyledir.

*"Ben yardım edileceğini düşünüyorum ama dört milyon nasıl karşılanırdı bilemem. Bir de şu var, biz size göre daha sessiziz. Sizin her biriniz lidersiniz. 15 Temmuz bunun örneği. O yüzden siz, bizim oraya gelseydiniz her şeyi çabucak ele geçirmeye çalışırdınız. Biz ise hala meslek arıyoruz. O yüzden bu sorunuza tam yorum yapmak yanlış olabilir." (Y., Erkek, 26, Halep).*

Modern dünyada Ademoğlunun göçle imtihanını en gerçekçi şekilde ortaya koyan şu ifadeler yoruma gerek kalmayacak biçimde konuyu özetlemektedir.

*"Suriye 21 milyon nüfusu olan bir ülke idi. Bunun dört milyonu Filistin'den gelen, üç dört milyonu da Irak'tan gelen Müslümanlardan oluşuyor. Lübnan'dan da bir milyon Müslüman geldi. Aynı buradaki gibi. Her yer çok karıştı. Suriye'de de o zaman aynı Türkiye gibi kiralar yükseldi. Bu duruma Suriyeliler çok tepki gösterdi. Neden geldiler gibilerinden şikayetler oldu. İşimizi elimizden alacaklar diye korkanlar oldu. Eğer Türkler Suriye'ye gelse durum bence aynı olurdu. Bazı Suriyeliler razı olurken bazıları şikayet eder ve kabul etmezlerdi. Ama bu durum her yerde aynı oluyor. Burada farklı mı?" (M., Erkek, 28, Şam).*

Buraya kadar zikredilen hususlarla ilgili şunu ifade etmek gerekir ki, gerçekleştirilen mülakatlar sırasında yerel halkın söz konusu verili zihniyet kalıplarına ilişkin olumsuz görüşlerini açıklama ve izah etme de oldukça zorlandığı daha ziyade sloganik ifadelerle görüşlerini ispata yöneldiği görülmüştür.

Bu noktada dikkati çeken bir diğer husus da verili ulusal zihniyet kalıpları ile dini formasyon arasında yaşanan bocalamalardır. Nitekim yukarıda ifadesini bulan iddialara oldukça sert ve olumsuz yanıt veren birçok kişi, konunun dini (zulümden kaçan Müslüman kardeşlerimiz) boyutu gündeme geldiğinde toplumsal kabulün çok daha yüksek seviyede olduğu müşfik bir tavır sergilemiştir. Nitekim konu ile ilgili yapılan birçok araştırmada gerek Suriyelere yönelik basmakalıp kanaatlerin, gerekse pratikte yaşananlara ilişkin olumsuz görüşlerin sıklıkla dile getirilmesine karşın toplumsal kabulün bu kadar yüksek çıkması arasındaki çelişki bir türlü anlamlandırılamamaktadır. Bunun en temel sebebi söz konusu verili zihniyet kalıplarına ek olarak kavram setlerinde yaşanan anlam yitiminin göz ardı edilmesidir. Bu durum toplumsal hafızada milliyetçi seküler kavram ve pratikler ile dini kavram ve pratikler arasında yaşanan gel-gitin en somut ifadesidir.

Bu noktada karşımıza yukarıda ifadesini bulan verili kalıplarda etkisinin hissedildiği bir başka zihniyet dönüşümü çıkmaktadır. Bu durum, Ensar ve Muhacirler arasında bizzat Peygamberimiz (SAV) marifetiyle tesis edilen kardeşlik akdinin ve bu akdin ortaya koyduğu değerler, normlar ve ritüellerin gündelik hayatın yeniden üretimi ve toplumsal düzenin imkanına sağladığı katkının tarihsel süreçte uğradığı dönüşümle doğrudan ilgilidir. Bu durum, günümüz Müslümanlarının bu kardeşliği nasıl algıladığı, nerede durduğu ve bu algının ürettiği toplumsal pratiğin gündelik görünümleri ile seküler temelli toplumsal formasyonun gündelik hayata, bireysel tasavvurlara ve toplumsal ilişkilere yansıma biçimi arasındaki çelişkinin bir sonucudur.

Kısaca ifade edildiğinde hicretin yerini göç, muhacirin yerini sığınmacı ve mültecinin aldığı bir anlam yitimi söz konusudur. Adeta "varlık" sözcüğünün üstünü sık sık karalayan Heidegger gibi, itikadî anlamda dini formasyondan vazgeçmeyen ama gündelik kavram ve pratiklerde seküler bir bakış ve tutuma bel bağlanmaktadır. Muhacir yerine kullanılan mülteci ve sığınmacı kavramları, külfet temelli, ötekileştiren, katından iyilik ve yardım bahşeden, sürekli minnet bekleyen dışlayıcı bir içeriğe sahiptir. Muhacir kelimesinin anlamında meydana gelen buharlaşma doğal olarak Ensar kelimesinin anlamında da kaotik bir yitimi beraberinde getirmiştir. Nitekim İslam Tarihi'ndeki hicreti iltica ve sığınmadan ayıran en temel husus, Ensar'ın tutumudur.

Merhum Akif Emre'nin Müslüman coğrafyanın göçle imtihanının ve ıstırabının izini süren satırları mevzuyu bitirici ölçüyü de işaretlemektedir.

> *"Avrupalıları ayrımcılıkla suçlamak hicret yurdunun mukimleri için bir tür kendi hakikatini unutmayı sağlıyor. Siyasi, ekonomik kaosun içindeki Müslüman ülkelerden insanlar neden İslam topraklarına gelmiyor da ölümü göze alarak Yeni Roma'nın sınırlarını zorluyorlar? (...) İki sebebi var. Ya onlar muhaceretten vazgeçtiler yahut ülkelerimiz hicret yurdu olmaktan çıktı (...) Muhacir ile mülteci arasındaki farkın bilincinde değilsek hicret sahibi olma vasfını yitirdik demektir. Milyonları aşan Suriyeli muhacirlere ev sahipliği yapıyor olsak bile hala sığınmacı gözüyle bakıyorsak anlam buharlaşmış demektir." (Emre, 2015).*

## Pratikte Yaşananlar, Şehir Efsaneleri ve Medya

Gerek alan araştırmamız gerekse literatür taraması sonucunda, Suriyelilerin ülkemizdeki toplumsal kabulü ve dışlanmasına ilişkin pratikte yaşanan tartışmaların üç ana eksende sürdürüldüğü görülmektedir (Koyuncu, 2014; Erdoğan, 2014; İHH, 2014). Bu bölümde söz konusu eksenler tanımlanmakta ve tartışılmaktadır, ayrıca medyanın Türkiye'deki Suriyeliler hakkındaki kanının oluşumuna etkisi sorgulanmaktadır.

*Sığınmacılar İçerisindeki Risk Grupları Huzursuzluk Kaynağıdır.* Ülkemizdeki Suriyelilere yönelik tartışmalardan ilki ve en yoğun dile getirilen çöküntü alanlarından ve çingene mahallelerinden gelen dilencilerden ve suça bulaşmış olanlardan oluşan "risk gruplarının" sebep olduğu huzursuzluk ve güvensizliktir.

Dilenciler ve suça bulaşanlar yerel halkın en temel şikayet konusudur (Koyuncu, 2014: 108; Erdoğan, 2014:18; Lordoğlu ve Aslan, 2016: 807; İHH, 2014:15; MAZLUMDER, 2014: 40; KAMER, 2013:11; Kilis Ortak Akıl Topluluğu, 2013). Bu durum, araştırma kapsamında görüşme yapılan istisnasız tüm Suriyeli katılımcılar için de geçerlidir. Dahası birçok Suriyeli söz konusu kesimler için daha caydırıcı önlemler alınması gerektiğini ifade etmiştir.

Suriye'de de dilencilikle geçinen ya da suça bulaşmış olan bu kesimler ülkemizde de mevcut yaşam tarzını / mesleklerini sürdürmektedir. Bu kesimler, toplam sığınmacı nüfusu içinde oldukça küçük bir yekûn teşkil etmekte olup, karıştıkları olayların sayısı da zannedilenin aksine oldukça düşüktür. Ancak Suriyelilere yönelik dışlayıcı tavır ve tutumlar için temel dayanak noktasıdır. Nitekim Suriyelilerin karıştıkları olayların Türkiye'deki toplam asayiş olaylarına oranı 2014-2017 arasında yıllık ortalama %1,3'tür. Dahası, bu olayların önemli bir kısmı Suriyelilerin kendi aralarındaki anlaşmazlıklardan kaynaklanan olaylardır. Ayrıca 2017'de Suriyelilerin karıştıkları suç olaylarında, nüfuslarındaki artışa rağmen bir önceki yılın ilk 6 ayına oranla %5'lik bir azalma olmuştur (İçişleri Bakanlığı, 2017b). Ancak bu kesimler, kamusal alanda sürekli görünür oldukları için yerel halkın kanaatlerini olumsuz şekilde etkilemeleri ve bu görüşlerden hareketle Suriyeli sığınmacıların tümüne yayılan genellemelere gidilmesi en önemli sorundur. Bu risk gruplarının algılara etkisini aşağıdaki ifadeler yoruma gerek bırakmaksızın özetlemektedir.

*"Ortalık dilenciden geçilmez oldu. Her yeri sardılar. Sülük gibi yapışıyorlar insana. Nereye kafanı çevirsen hep bunlar." (D., Erkek, 44, İşçi).*

Bu noktada çoğu zaman dikkatlerden kaçan bir hususa daha değinmekte fayda vardır. Bilindiği üzere ülkemizdeki Suriyelilerin büyük bir bölümü sosyo-ekonomik seviyesi düşük kesimlerden oluşmaktadır. Başta Halep'in Şarkıyye kırsalı olmak üzere kırsal alanlardan gelenler (Suriyelilerin tabiriyle bedeviler) her ne kadar yukarıda bahsi geçen risk grupları gibi bir güvenlik sorunu oluşturmasalar da kent hayatına ve kurallarına uyum sağlayamadıkları için yerel halk arasında huzursuzluğa sebep olmaktadırlar. 1950-1970'lerin Türkiye'sinde kırdan kente (metropole) göçte yaşanan uyum sorunlarının benzerleri tekrarlanmaktadır.

***Sığınmacılar Ekonomik Açıdan Yük müdür?*** İkinci ana tartışma, konunun ekonomik boyutu üzerine olup, tartışmalar daha ziyade göçle gelen külfet üzerinedir. Elbette göç söz konusu olduğunda istihdam, işten çıkarma, ucuz emek, çocuk işçiliği, işsizlik, yoksulluk, yükselen kira fiyatları, kamu yardımları gibi konular ilk elden gündeme gelmekte ve daha çok olumsuz etkiler vurgulanmaktadır. Henüz gelişmekte olan ve ekonomik göstergeler açısından kırılgan bir yapıya sahip Türk ekonomisinin bu kadar fazla sığınmacıya ev sahipliği yapmasının ekonomiye büyük bir yük getireceği ve hatta ciddi bir tehdit oluşturacağı görüşü en sık dillendirilen konuların başında gelmektedir. Nitekim Türkiye'nin Suriyeli sığınmacılar için harcadığı 25 milyar doların yanı sıra özellikle Suriyelilerin istihdamı sebebiyle Türk vatandaşlarının işsiz kaldığı eleştirilerin merkezinde yer almaktadır. Bu eleştiri konu ile ilgili istinasız bütün araştırmalarda ortak noktadır ve Suriyelilerin Türklerin işini elinden aldığı iddiası adeta bir şehir efsanesi haline gelmiştir.

*"Türkler iş bulamazken, üniversite mezunu gençler hep işsizken bir de Suriyeliler çıktı şimdi. Sen önce kendi vatandaşının sorununu bir çöz de sonra elin Suriyelisine bak." (K., Erkek, 26, Esnaf).*

*"Bunlar geldi kendi vatandaşımız işsiz kaldı. Reva mı?" (B., Erkek, 35, İşçi).*

Bu iddianın ardından en çok dile getirilen konu kira fiyatlarındaki artıştır. Göç çalışanların malumu olduğu üzere bu durum tıpkı istihdam gibi göç alan yerleşimlerde en sık rastlanan şikayet konularından biridir. Ancak burada kiraları yükseltenlerin Suriyeliler (göç edenler) mi yoksa ev sahipleri mi (yerel halk mı) olduğu tekrar hatırlanmalıdır.

Elbette dile getirilen bu hususlarla ilgili bireysel sorunlar yaşanmış olabilir. Ancak toplumsal açıdan konuyu sadece külfet ya da olumsuzluklar üzerinden ele almak her şeyden önce göçün karakteri ile örtüşmemektedir. Nitekim her göç kendi ekonomisini de beraberinde getirmektedir. Bu ifadenin bizim medeniyetimizdeki karşılığı "Rızık Allah'tandır.", "Her gelen rızkıyla gelir." anlayışında gizlidir. Bu bağlamda göçle gelen sorunları yok saymadan, başka bir ifade ile Suriyeliler üzerinden bir sığınmacı güzellemesi handikabına düşmeden, ama konunun pek de dillendirilmeyen ekonomik boyutlarını resmi rakamlar, hazırlanan raporlar, bilimsel çalışmalar, gözlemler ve iş dünyası ile yapılan görüşmelerden elde edilen veriler ışığında okumak son derece önemlidir.

Meseleye bu açıdan bakıldığında her şeyden önce Suriyelilerin de bir tüketici oldukları ve ihtiyaç duydukları (gıda, giyim, barınma, temizlik, sağlık, eğitim vb.) mal ve hizmetleri satın almak suretiyle ülke ekonomisine katkı da bulundukları hatırlanmalıdır.

Ayrıca Suriyelilerin emek piyasalarında özellikle Türklerin çok da tercih etmedikleri inşaat, imalat sanayi, tarım ve mevsimlik sektörlerdeki vasıfsız eleman açığını kapattıkları, bu sektörlerin tam kapasite (7/24) çalışma imkanına kavuştukları bizzat sektör temsilcileri tarafından ifade edilmektedir. Elbette yerel halk içerisinde sürecin mağduru olan bireyler mevcuttur. Ancak resmin bütününe bakıldığında durumun aksettirildiği kadar vahim olmadığı hatta vasıfsız sığınmacıların söz konusu sektörler için önemli bir açığı kapattığı görülmektedir (Koyuncu, 2016: 110-111).

SURİYELİ SIĞINMACILARIN TOPLUMSAL KABULÜ

Benzer sonuçların ORSAM ve TESEV işbirliği ile hazırlanan *Suriyeli Sığınmacıların Türkiye'ye Etkileri* raporuna da yansıdığı görülmektedir. Rapora göre, "Suriyeliler yerel halkın iş fırsatlarını elinden almamakta, tersine vasıfsız işgücü gerektiren iş kollarındaki açığı kapatmaktadır. Buna karşın halk ve işçilerle görüşüldüğünde yerel halkın işten çıkarılarak yerine Suriyelilerin alındığı tepkisi dile getirilmiştir. Yerel işçiler farklı nedenlerle işini kaybetse dahi bunun sığınmacılar nedeniyle gerçekleştiği şeklinde bir algıya sahiptir." (2015: 18).

Bu noktada göç edilen kentin başta ekonomik imkanları olmak üzere sosyal, kültürel ve siyasi potansiyeli de oldukça önemlidir. Örneğin İstanbul, Gaziantep, Bursa, Konya gibi sanayisi ve ekonomisi gelişmiş şehirler de Suriyelilerin vasıfsız eleman ihtiyacına bir nevi merhem olduğu rakamlarla sabittir. Ek olarak, bu sektörlerde makine parkı 7 gün 24 saat üretim imkanına sahip olmasına karşın eleman yetersizliği sebebiyle 8 ya da 12 saat üretim yapabilen işletmelerin Suriyelilerin istihdamı ile tam kapasite (7/24) çalışma imkânına kavuştukları da unutulmamalıdır. Bu durum, yeni yatırımları ve beraberinde istihdam artışını da getirmektedir. TUİK verilerine bakıldığında; İstanbul, Bursa, Gaziantep, Konya gibi sanayisi gelişmiş şehirlerde Suriyelilerin göçü ile birlikte artması beklenen işsizlik oranlarının düştüğü görülmektedir. Bu iller arasında işsizlik oranının en fazla düşüş gösterdiği şehir, nüfusuna oranla en fazla Suriyelinin ikamet ettiği Gaziantep'tir (TUİK, 2016).

Kalkınma Bakanlığı desteği ile Konya'da gerçekleştirilen bir çalışma kapsamında görüşlerine başvurulan farklı sektörlerden iş adamları da "Suriyeliler olmasa şu anda buradaki atölyelerin en az %80'ni kapanırdı" diyerek sanayi sektöründeki eleman ihtiyacına vurgu yapmaktadır (Topçuoğlu, Özensel ve Koyuncu, 2015: 98). Benzer bir açıklama Başbakan Yardımcısı Veysi Kaynak'tan gelmiştir. Kaynak, "Şu anda Kahramanmaraş'ta, Adana'da, Osmaniye'de, Gaziantep'te hatta Ankara'da OSTİM'de, birçok ilde eğer Suriyeliler olmazsa düz işçilik yapan yok. Fabrikalarımız durur." diyerek mevcut durumu özetlemiştir (Fırat, 2017). Bu anlamda Suriyelilerin vasıfsız-ucuz işgücü ihtiyacını karşıladığı ve çeşitli ekonomik sektörlere canlılık getirdiği ortak görüştür. Suriyelilerin gelişi ile yerel halkın işsiz kaldığı, iş bulamadığı yönündeki iddialar ise ekonomik aktörler tarafından eleştirilmektedir. Türkiye'nin son yıllara göre %9 ilâ 11 arasında seyreden işsizlik oranları da bu savı doğrular niteliktedir. Zira yoğun göçün henüz yaşanmadığı 2010 yılında işsizlik bugünkü orandan daha yüksektir (Maliye Bakanlığı, 2015:3-4). Bununla birlikte Suriyelilerin vasıfsız işlerde istihdam edilmesiyle birlikte söz konusu sektörlerdeki yerel halkın bir kısmının bir üst statüdeki daha yüksek ücretli işlerde istihdamına imkan sağladıkları da unutulmamalıdır. Ayrıca, sayıları çok olmamakla birlikte ülkemizde bulunan Suriyeliler içerisinde nitelikli ve katma değer üreten bireylerin üretim ve yatırım ortamına kazandırılması, başta sanayi olmak üzere, farklı ekonomik

KOYUNCU

sektörlerin halen ihtiyaç duyduğu vasıflı personel açığının çözümünde bir rol üstleneceği ileri sürülebilir (Koyuncu, 2016: 119).

Gelişmekte olan ekonomisi göz önüne alındığında ülkemizin en önemli önceliklerden biri de yabancı sermayenin ülkemize getirilmesi ve yatırım imkanlarının zenginleştirilmesi, ulusal ve küresel düzeyde daha rekabetçi işletmelerin sayısının artırılması, bu yolla istihdama katkı sağlanmasıdır. Bu bağlamda, ilk başta küçük ölçekli ve katma değer açısından az bir getiriye sahip girişimler olsalar bile, sermaye sahibi Suriyelilerin yatırımlarıyla orta ve uzun vadede sektörel çeşitlilik, istihdam, ihracat, pazar payı ve rekabet gibi alanlarda ülke ekonomisine sağlayacakları katkılar yadsınmamalıdır. TOBB verileri de göstermektedir ki, Türkiye'de kurulan yabancı ortak sermayeli şirketlere bakıldığında 2012 öncesinde Suriye sermayeli hiç bir firma mevcut değil iken; 2013'ten itibaren Suriyeli yatırımcılar ilk sırayı almış ve sadece 2016'da ülkemizde kurulan 4.523 yabancı sermayeli şirketin 1.764'ü (yani %40'ı) Suriye ortaklı şirketlerden oluşmuştur (TOBB, 2016). Ekonomi Bakanlığı Teşvik Uygulama ve Yabancı Sermaye Genel Müdürlüğünün internet sitesinde yayınladığı "Türkiye'de Faaliyette Bulunan Yabancı Sermayeli Firmalar Listesi"ne göre, 2015 Haziran ayı itibariyle Türkiye'deki Suriyeli firma sayısı 2.827 olmuştur ve sayı bürokratik engellere rağmen her geçen gün artmaktadır. Ek olarak 2 Eylül 2015 tarihli *Dünya Gazetesi*'nde ülke genelinde kayıt dışı çalışan firmalarla birlikte 10 binden fazla Suriyeli işletme bulunduğu ifade edilmiştir (Dünya Gazetesi, 02.09.2015).

Suriyeli sığınmacıların Türkiye'ye ekonomik katkıları konusunda belki de gündeme hiç gelmeyen ya da getirilmeyen hususlardan biri de savaş sonrası Suriye'nin imarına dönüktür. Takdir edileceği üzere bu savaş ilelebet sürmeyecek ve bir gün sona erecektir. O gün geldiğinde gündeme gelecek ilk konu da Suriye'nin her alanda yeniden imarı olacaktır. Bu noktada sermaye sahibi Suriyeliler ile kurulan işbirliği ve ortaklıkların Suriye'nin yeniden imarında Türk ekonomisi ve iki ülke arasındaki siyasi, sosyal, kültürel ilişkiler açısından sunacağı yeni imkanlar tartışmalarda en çok göz ardı edilen hususlardır (Koyuncu, 2016: 121-125).

***Sosyal Haklarımız Sığınmacılar Tarafından Gasp Ediliyor mu?***
Pratikte en sık dile getirilen eleştirilerden bir diğeri ise kamu imkanlarından faydalanmaya ilişkindir. Bir katılımcının şu ifadeleri genel kanıyı özetlemektedir.

> *"Kendi vatandaşımız açken elin ne idiğü belirsiz Suriyelilerine bizden daha iyi bakıyor devlet. Her şey bedava bunlara. Hastane bedava, ilaç bedava. Üstüne bir de yardım alıyorlar. Oh! Üç dönüm bostan yan gel yat Osman. Biz de Suriyeli olalım o zaman." (H., Erkek, 56, Memur).*

Kamu imkanlarından faydalanma noktasında sürekli gündemde olan öncelikli konu başlığı, Suriyelilerin sağlık imkanlarından ücretsiz yararlandığı ve yine aynı şekilde eczanelerden ücretsiz ilaç aldığıdır. Ancak bu iddia gerçeği yansıtmamaktadır. Suriyelilerin sağlık da dahil olmak üzere herhangi bir kamu yardımından faydalanabilmesi için öncelikle geçici kimlik belgesine sahip olması gereklidir. Şayet bu şart yerine getirilirse katkı payını ödemek koşuluyla SUT'ta (Sağlık Usul Tebliği) bir Türk vatandaşı için hangi şartlar geçerli ise Suriyeliler için de aynı haklardan faydalanma imkanı doğmaktadır. Yani bir Suriyelinin katkı payını ödemeden tedavi olması mümkün olmadığı gibi eczanelerden ücretsiz ilaç almaları gibi bir uygulama da mevcut değildir.

Bir başka iddia da ihtiyaç sahibi Türk vatandaşları yerine ayni ve nakdi sosyal yardımların Suriyelilere yapıldığıdır. Bu bağlamda ilgili makamlarla yapılan görüşmelerde sosyal yardımlar konusunda Suriyeliler için özel bir bütçe ayrılmadığı ve genel bütçe üzerinden ihtiyacı olan Türklere de Suriyelilere de yardım yapıldığı ifade edilmektedir. Ayrıca yapılan yardımlarda oldukça titiz davranıldığı ve yardımların sürekli değil denetimli olmak kaydıyla üç ya da altı aylık dönemler halinde gerçekleştirildiği dikkati çekmektedir (Koyuncu, 2014: 133).

Sıklıkla dile getirilen bir başka iddia ise Türk vatandaşı gençler sınav zorunluluğu sebebiyle üniversite kapılarında beklerken Suriyelilerin üniversitelere sınavsız alındığı ve devlet burslarından daha fazla yararlandığı yönündedir. Üniversiteye girebilmek için yıllarca emek veren öğrenciler ve aileler için bu eleştiri elbette haklılık payı taşımaktadır. Ancak Suriyeliler de diğer yabancı uyruklu öğrenciler gibi belirlenen şartlar kapsamında eğitim alabilmektedir. Ayrıca, Türkiye'de 2017 itibariyle yaklaşık 7,2 milyon üniversiteli (YÖK, 2017) içinde yabancı öğrenci sayısı toplam103 bin 727'dir. İlk sırayı 15 bin 36 öğrenci ile Azerbaycan alırken Suriyeli öğrenci sayısı 14 bin 765'tir.

Burslara bakıldığında ise 2016'da 142 ülkeden 3 bin 995 yabancı öğrenciye burs verilmiş olup, söz konusu burslardan faydalanan Suriyeli öğrenci sayısı 1.275'tir (GİGM, 2017b: 40-47). Dolayısıyla mevzuat ve rakamlara bakıldığında iddiaya ilişkin cevap da ortaya çıkmaktadır. Burada gözden kaçan en temel nokta yabancı öğrenciler konusunun küresel ölçekli ve stratejik hedeflere dayalı bir politika olduğudur. Nitekim savaş sonrası Suriye'nin imarında eğitimli/kalifiye insanlara duyulan ihtiyaç ortadadır. Dolayısıyla eğitimini Türkiye'de alan Suriyelilerin başta siyaset olmak üzere iki ülke arasında ekonomik, sosyal ve kültürel ilişkilerin güçlenmesine sağlayacağı katkı unutulmamalıdır. Ayrıca kendi ülkelerine dönmeleri ya da başka bir ülkeye iltica etmeleri durumunda da gittikleri ülkede Türkiye adına bir kültür elçisi olma ihtimalleri de göz ardı edilmemelidir. Ek olarak, ülkemizdeki Suriyelilerin de içinde yaşadıkları kültüre uyum sağlamaları açısından eğitim en önemli imkanlardan biridir.

**Sığınmacıların Medyadaki Sosyal Temsilleri.** Tüm bu iddialar ve çoğu zaman da şehir efsanesi haline gelmiş yanlış ya da eksik bilgilerin yayılmasında medyanın da önemli bir etkisi vardır. Medya üzerinden oluşturulan ayrımcı haber ve söylemler sosyal, kültürel, siyasi ve ekonomik bariyerler oluşmasına ve sığınmacıların dışlanmasına sebep olan söz ve fiillere yansımaktadır. Bu konu ile ilgili yapılan araştırmalara bakıldığında Suriyelere yönelik haberler ve köşe yazılarında konunun insani boyutundan ziyade siyasi ve ideolojik bağlamlarıyla ele alındığı görülmektedir. Yani ilk dikkati çeken medyanın aşırı siyasallaşmış görüntüsüdür. Bu bağlamda Suriyeliler medyada (farklı siyasi ve ideolojik duruşa sahip medya kuruluşları söylem ve temsil açısından farklılıklara sahip olsalar da) bir tehdit olarak sunulmaktadır.

Suriyeliler işsizlikten kira artışlarına, artan suç oranlarından dış politikaya kadar hemen her konuda sorunun asli kaynağı olarak sunulmakta adeta bir günah keçisi olarak temsil edilmekte ve dışlayıcı bir dil kullanılmaktadır (Göker ve Keskin, 2015:231; Çağlar ve Özkır, 2014: 499; Pandır, Efe ve Paksoy, 2015: 21; Boztepe, 2017: 91). Suriyelilerin medyadaki sosyal temsilleri sığınmacılara yönelik sosyal dışlanmanın önemli bir ögesi haline gelmiştir. 2014 yılı itibariyle en yüksek tiraja sahip ilk beş gazetede ("Hürriyet", "Sabah", "Posta", "Sözcü", "Zaman") Suriyeliler ile ilgili yayımlanan tüm haberler, köşe yazıları ve görsellerin incelendiği bir araştırmada metin ve görseller de yoksulluk ve yardım temalarının ardından sığınmacı temsillerinde en sık tekrarlanan temanın "tehdit" teması olduğu vurgulanmıştır. Çalışmaya göre sığınmacılar istihdamdan ev kiralarına ekonomiden toplumsal infialin ortaya çıkardığı linç görüntülerine kadar çeşitli konular etrafında tehdit olarak temsil edilmektedir (Pandır, Efe ve Paksoy: 2015: 21).

01 Ocak 2015 ile 30 Haziran 2015 tarihleri arasında *Zaman, Hürriyet, Posta, Cumhuriyet* ve *Yeni Şafak* gazetelerinin Suriyeli sığınmacılarla ilgili yayınladığı haberlerin analiz edildiği bir başka araştırmada ise "savaş" temasının ardından en sık kullanılan temalardan birinin toplumsal gelişmeler, ekonomik kaygı ve sorunlar olduğu tespit edilmiştir. Bir başka tema ise bireyselliği ifade eden 'suç' teması yerine kolektifliği ifade eden 'olay/çatışma' temalarının ön plana çıkarılması ve Suriyelilerin genel olarak 'rahatsız edici bir unsur' olarak kategorize edilmesidir (Göker ve Keskin, 2015: 242).

Türk televizyonlarında da benzer sonuçları görmek mümkündür. *Show TV, Kanal D, Kanal 7* ve *Halk TV* ana haber bültenlerinin örneklem olarak seçildiği araştırmada Show TV'nin sığınmacılara ilişkin haberlerin sunumunda söylemlerinin sorunlu olduğu, haberlerde medya ve toplum tarafından üretilen sorunlu söylemlerin pekiştirildiği görülmüştür. Bu haberlerde sığınmacılar 'ekonomik yük', 'sosyal sorun' ve 'mağdur' söylemi ekseninde ele alınmış; simgesel olarak yok edilerek, ötekileştirilerek temsil edilmiştir. Kanal D Televizyonun sığınmacılarla ilgili söylemleri ve temsil biçimi de sorunludur. Haberlerde sorunun bağlamından koparılması, sorunun gerçek nedenlerinin ve sorumlularının görmezden gelinmesi, mağdur/sosyal sorun/ekonomik yük söylemlerinin kullanılması, sığınmacıların dram üzerinden ve ötekileştirilerek temsili ön plana çıkmıştır. Kanal 7 Televizyonu ve Halk TV ise konuya daha siyasi ve ideolojik bir perspektiften yaklaşmıştır. Kanal 7, hükümetin konu ile ilgili politikalarını olumlu olarak sunmuş, hükümetin ve devlet görevlilerinin sorumluluklarını kapsam dışı bırakmış ve sığınmacılara 'kardeşlerimiz', 'hayırseverlik' gibi dini referanslarla yaklaşmıştır. Halk TV ise sığınmacıları kendi yayın anlayışı ve ideolojisi çerçevesinde ele almıştır. Sığınmacılar hükümeti eleştirmek için bir 'eleştiri malzemesine' dönüştürülmüş ve sığınmacılar istihdam piyasasında sorunlara yol açmakla, ekonomik yük getirmekle suçlanmıştır (Boztepe, 2017: 104-115).

Ana akım medyada yer alan bu dışlayıcı dil sosyal medyaya da yansımaktadır. Türkiye'de sosyal medya kullanıcılarının Suriyeli sığınmacılara ilişkin sosyal temsillerini araştıran bir çalışmada Suriyelilerin Türkiye'nin sosyal yapısına ilişkin bir tehdit olarak algılandığı ve Türkiye toplumunun sosyal uyumunu ve demografik özelliklerini olumsuz yönde etkileyecekleri belirtilmektedir. Çalışmaya göre, Türkiye'deki Suriyeliler, ülkenin geleceğine, huzuruna, ekonomisine ve sosyal yapısına karşı bir tehdit olarak görülmektedir (Özdemir ve Öner-Özkan: 2016: 240). Dahası son dönemde Suriyelilere yönelik provokatif kitlesel şiddet eylemlerinin önemli bir bölümünün sosyal medya üzerinden örgütlendiği dikkati çekmektedir. Sosyal medya, sadece dışlayıcı ve ayrımcı değil, hakaret ve küfürlerin havada uçuştuğu kin ve nefret söylemleri için de yeni ve verimli bir zemin oluşturulmaktadır:

#ÜlkemdeSuriyeliİstemiyorum, #suriyelidefol, #MahalleniSuriyeliden Temizle, #suriyelilersınırdışıedilsin, #suriyelilerehayır, #Vatanhaininden Vatandaşolmaz, #Suriyelilersavasa, #SuriyelilerYallahSuriyeye, #Şehidin VarUyumaTÜRK, #ŞehitGecekondudaSuriyeliTokide vb. birçok hashtag üzerinden bu dışlayıcı dilin sürdürüldüğü ve yeniden üretildiği görülmektedir.

Kısaca ifade edildiğinde Suriyelilerin sosyal temsilinde medyanın kullandığı dil, Suriyelilere yönelik önyargıları artırmakta ve dışlayıcı, ayrıştırıcı dolayısıyla toplumsal kabulü ve entegrasyonu önleyici bir unsur vazifesi görmektedir. Bu durum yerel halkın Suriyeliler hakkındaki toplumsal kabulünü her geçen gün daha da olumsuz yönde etkilemekte ve temkin yerini endişeye hatta öfkeye bırakmaktadır.

## Göç Yolda mı Düzülür?

Modern dönemde göç, aynı zamanda "biz" ve "onlar/ötekileştirilenler" ikilemi üzerine bina edilen ve buradan hareketle mevcut ve muhtemel bütün toplumsal sorunların asli kaynağı olarak gösterilen "yabancı"ların makûs talihinin de şahitliğini üstlenmiştir. Yabancı, günümüz toplumlarında çoğu zaman bir tehdit olarak algılanmaktadır. Yabancılara ilişkin oluşturulan risk, şüphe, kaygı ve belirsizlikler, toplumsal sorunların yabancılara tahvil edilmesinin zeminini oluşturmuştur. Bu husus, bugün ülkemizdeki Suriyelilerin toplumsal kabulü ve dışlanması ile ilgili yaşanan sorunun da en önemli sacayaklarından biridir. Bir zihniyet dönüşümüne işaret eden bu sorunun çözümü kolay değildir. Ancak bir imkan olarak kendi medeniyet müktesebatını yeniden hatırlama potansiyeline sahip toplumlar için imkansız da değildir. Bu bağlamda başta Ensar-Muhacir kardeşliği olmak üzere mevcut toplumsal gerçekliği kendi kavram setleri ile tanımlayan, anlam haritalarını ve toplumsal pratiği bu kavram setlerinin içerdiği ve bağlantılı olduğu tüm değer ve kodlarla yeniden inşa edebilen bir anlayış söz konusu sorunların ve tartışmaların büyük bölümünü sonlandıracak, hatta anlamsız kılacaktır. Ancak hali hazırda böyle bir imkandan bahsetmek pek de mümkün değildir. Şu halde konunun mevcut durum üzerinden tartışılması daha uygun olacaktır.

Bu bağlamda öncelikle ifade etmek gerekir ki, 2000'li yıllara kadar düzensiz göçlerde transit ülke olma özelliği taşıyan Türkiye'nin son dönemde hedef ülke haline gelmesi ve ülkenin bu gelişmelere hazırlıksız yakalanmış olması unutulmamalıdır. Nitekim konunun doğrudan muhatabı olan Göç İdaresi Genel Müdürlüğü'nün 2013 yılında kurulması da bunun en açık göstergesidir. Başka bir ifade ile ülkemiz gerek resmi kurumları gerekse STK'ları ile karşılaşılan bu kitlesel göç akınına ilişkin yeterli kurumsal kapasiteye sahip değildir. Yapılan düzenlemeler ve uygulamalar ise "göç yolda düzülür" anlayışının bir yansıması niteliğindedir.

Bu noktada en temel problem Suriyelilerin hukuki statüsüne ilişkindir. Nitekim geçici koruma statüsü hem aidiyet hem de toplumsal pratik açısından sürdürülebilir değildir. Bununla birlikte hali hazırda sahada yaşanan sorunları daha aza indirmek ve Suriyelilere yönelik tehdit ya da sorun algısını kısmen de olsa ortadan kaldırabilmek, toplumsal kabulü artırmak için görev ve veri paylaşımı daha düzenli ve sistematik bir biçimde koordine edilmelidir.

Yukarıda da ifade edildiği üzere sığınmacılara yönelik olumsuz kanaatlerin, peşin hüküm ve güvensizliğin oluşmasına kaynaklık eden şehir efsanelerinin büyük bir çoğunluğu dilenciler ve suça bulaşanlar üzerinden kulaktan kulağa ya da medya aracılığıyla yayılan asılsız ya da eksik bilgilerden kaynaklanmaktadır. Bu sebeple dilenciler için denetimler sıklaştırılmalı, suça bulaşanlar için yaptırımlar ağırlaştırılmalıdır. Ek olarak başta suç oranları ve Suriyelilere sağlanan kamu yardımları olmak üzere sağlanan imkanların ve gerçekleştirilen hizmetlerin ve bu hizmetler için ayrılan bütçelerin gerekçeleri ile düzenli olarak yerel halkla paylaşması son derece elzemdir. Dahası Suriyelilerin bir külfet oldukları yönündeki iddialara rakamlar ve verilerle cevap verilmeli, ülke ekonomisine sağladıkları ve ileride sağlayabilecekleri katkı vurgulanmalıdır. Benzer şekilde sığınmacıların kent hayatına uyumu ve kendilerine sağlanan imkanlar -suistimallerin önüne geçmek için- SMS, akıllı telefon uygulamaları, sosyal medya, yazılı ve görsel basın vb. iletişim araçları kullanılarak duyurulmalıdır.

Söz konusu sürece ilişkin temel politika tercihleri merkezi yönetimin uhdesinde olmakla birlikte sahadaki (gündelik hayattaki) sorunlar yerel düzeyde yaşanmaktadır. Bu sebeple başta belediyeler olmak üzere kurumsal yerel aktörlerin sürece dahil edilmesi son derece elzemdir. Bunun için öncelikli olarak "vatandaşlık" üzerine bina edilen mevcut yerel yönetim mevzuatının sürdürülebilir hale getirilmesi ve politikalar belirlenirken yerel aktörlerin karar alma sürecine katılımı sağlanmalıdır. Bu kapsamda yerel yönetimler bünyesinde bağımsız bir birim ihdas edilmelidir. Her bir yerel birim için Suriyelilerin sosyal içermelerinin sağlanması ve bu kesimlere götürülecek hizmetler ve üretilecek politikalar konusunda yerel eylem planlarının hazırlanması, geleceğe dönük projeksiyonlar üretilmesi, hem yerel hem de ulusal düzeyde politika yapıcıların göç politikalarına ilişkin strateji geliştirmelerine destek olunmalıdır.

Bu noktada bir diğer sorun da sığınmacılara yönelik ayni ve nakdi yardımlar konusudur. Yardımlar konusunda STK'ların önemli bir rol üstlendiği bilinmektedir. Ancak gerek ihtiyaç sahiplerinin belirlenmesi gerekse aynı kişilere farklı kurumlar aracılığıyla yapılan mükerrer yardımlar önemli bir sorun alanıdır. Söz konusu sorunun aşılabilmesi için yerel kamu kurumları bünyesinde söz konusu sivil toplum kuruluşlarıyla koordinasyon ve işbirliği sağlanarak bir veri tabanı oluşturulmalıdır. Nitekim Konya'daki araştırmamız kapsamında elde edilen veriler de Suriyelilerin büyük bir bölümünün artık yardım almadığı ve kendi ayakları üzerinde durmaya çalıştığını göster-mektedir. Sığınmacılar Türkiye'ye göç ettikleri ilk dönemde kamu kurumları (kaymakamlık ve belediyeler), sivil toplum kuruluşları ve özellikle de komşularından yardım aldıklarını ancak süre uzadıkça kamu yardımlarının kesildiğini ve komşulardan gelen yardımlar karşısında da mahcup olduklarını ifade etmişlerdir. Dahası birçoğu bu süre zarfında düşük ücretle de olsa bir iş bulup çalışmaya başladığını belirtmiştir. Başka bir ifade ile sığınmacılara sağlanan ayni ve nakdi yardımların hem kurumsal açıdan hem de sığınmacılar açısından sürdürülebilir olmadığı açıktır. Bu kapsamda söz konusu kesimlere onurlu bir yaşam imkanı sunacak hizmetlere ağırlık verilmeli, bu insanlar arasından başta sanayi olmak üzere ekonominin ihtiyaç duyduğu alanlarda ara ya da kalifiye eleman yetiştirilmesine özen gösterilmelidir. Bu bağlamda yerel aktörler sosyal yardımlardan ziyade sosyal içerme ve sosyal hizmeti önceleyen politikalara yoğunlaşmalıdır. Ayrıca sermaye sahibi Suriyeli yatırımcılar için bürokratik ve hukuki işlemler konusunda destek verilmeli ve ilgili meslek grupları ile işbirliği içinde iki ülke iş adamları arasında işbirliği ve ortaklığa zemin hazırlayacak mekanizmalar oluşturulmalıdır.

Sığınmacılara yönelik faaliyet gösteren sivil toplum kuruluşları vizyon ve misyonlarından hareketle faaliyet alanlarına göre sınıflandırılmalı ve sığınmacıların ihtiyaçlarına göre bu sivil toplum kuruluşlarına yönlen-dirilmeleri sağlanmalıdır. Özellikle sığınmacılar tarafından kurulan sivil toplum kuruluşları mutlaka sürece dahil edilmelidir.

Yerel halk ile Suriyelilerin daha aktif biçimde kaynaşmaları adına Kardeş Dernek, Kardeş Aile ve Kardeş Öğrenci projeleri gibi uzun vadeli etkinlikler gerçekleştirilmelidir. Yerel halkta bu ve benzeri uygulamalara sıcak bakan çok sayıda aile mevcuttur. Temel endişe güvenilir ailenin tespitidir. İşte bu noktada görev ve sorumluluk alabilecek yerel aktörlere ihtiyaç vardır. Örneğin; Suriyeli bir aile/öğrenci ile Türk bir aile/öğrenci kardeş yapılarak, başta komşuluk ilişkilerinin tesisi olmak üzere ihtiyaç duyulan alanlarda birbirlerine destek olmaları sağlanmalıdır. Özellikle Kardeş Öğrenci projesi ile çocukların sokakta, mahallede, okulda birlikte hareket etmeleri, okula birlikte gidip gelmeleri, birlikte ders çalışmaları, ödev yapmaları, oyun oynamaları sağlanmalı, bu yolla hem çocuklar arasında hem de aileler arasında sosyal bağlar, komşuluk ilişkileri ve iletişim güçlendirilmelidir. Böylece sığınmacı çocukların ve ailelerinin mahallede de toplumsal kabulü artırılarak sosyal uyum ve entegrasyonları ile anlam haritalarının yeniden inşası noktasında önemli bir eşik aşılmış olacaktır.

Üzerinde hassasiyetle durulması gereken bir diğer husus, iki halk arasında çatışma ortamı oluşturma çabalarıdır. Bu noktada sosyal medya önemli bir unsur vazifesi görmektedir. Bu risk sadece yerel halk için geçerli değildir. İkamet ettikleri şehirde sosyal medya üzerinden iletişim kuran ve (gruba eklenmiş) sayıları 10 binleri bulan Suriyeliler de aynı provokasyon riski ile karşı karşıyadır. Terörden ve Alevi-Sünni çatışmasından bir sonuç çıkaramayanların mevcut konjonktürde ilk gündeme alacakları konu, iki halkın çatıştırılması üzerinden tesis edilmeye çalışılacak yeni bir fay hattıdır. Nitekim sadece 2017 yılında Adana (Seyhan), Ankara (Altındağ ve Demetevler), Antalya (Kepez, Elmalı), Konya (Merkez ve Karapınar), İstanbul (Sultangazi, Esenler, Üsküdar, Küçükçekmece), İzmir (Torbalı), Denizli (Sarayköy), Mersin (Akdeniz), Sakarya (Hendek) ve Şanlıurfa (Ahmet Yesevi, Bağlarbaşı, Topçu Meydanı) başta olmak üzere birçok ilde Suriyeliler ile yaşanan gerginlikler bunun çok uzak bir ihtimal olmadığını da göstermektedir. Tüm bu tespitler, ülkemizde Suriyelilere yönelik toplumsal kabulün artırılmasının ne kadar elzem olduğunun bir göstergesidir.

Son olarak, Müslüman coğrafyanın istikrarsızlaştırılmasını hedefleyen Orta Doğu'daki mevcut gelişmeler dikkate alındığında bölgedeki çatışma ve savaş ortamının uzun süre devam edeceği, parçalı ve küçük çaplı butik devletler inşa etme talepleri doğrultusunda bölge insanının bilinçli ve sistematik olarak göçe zorlanacağı açıktır. Dolayısıyla ülkemize yönelen göç akınının sadece Suriye ve Irak ile sınırlı kalmayacağı net olarak görülmektedir. Bu durum, bugün Suriye'den yarın başka ülkelerden gelen sığınmacıların kapımızı çalmaya devam edeceği anlamına gelmektedir. Dahası çatışma ve savaş ortamından gelen sığınmacıların ülkemizde kalıcı olacakları unutulmamalıdır. Bu bağlamda nüfus, istihdam, barınma, eğitim, sağlık, çevre gibi tüm alanlarda yeni göç politikalarının oluşturulması elzemdir.

# Kaynakça

AFAD (2014), "Suriye'den Türkiye'ye Nüfus Hareketleri, Kardeş Topraklarındaki Misafirlik Raporu", https://www.afad.gov.tr/Dokuman/TR/79-20140529153928-suriye'den-turkiye'yenufus-hareketleri,-kardes-topraklarindaki-misafirlik,-2014.pdf, erişim: 8.5.2014.

AFAD (2017a), "20 Şubat 2017 İtibariyle Barınma Merkezlerindeki Suriyeli Sayısı", https://www.afad.gov.tr/tr/2374/Barinma-Merkezlerinde-Son-Durum, erişim: 2.4.2017.

AFAD (2017b), "32 Ülkeden 60 Gazeteci AFAD'ı Ziyaret Etti", 21.07.2017, https://www.afad.gov.tr/tr/19324/32-Ulkeden-60-Gazeteci-AFAD-i-Ziyaret-Etti, erişim: 23. 7.2017.

Boztepe, V. (2017), "Televizyon Haberlerinde Suriyeli Mültecilerin Temsili", *İlef Dergisi*, https://doi.org/10.24955/ilef.312831, 4(1): 91-122.

Çağlar İ. ve Özkır Y. (2015), "Suriyeli Mültecilerin Türkiye Basınında Temsili", *Ortadoğu Yıllığı 2014*, Ed. Kemal İnat, Muhittin Ataman, İstanbul: Açılım Kitap, 485-501.

Dünya Gazetesi (2015), "Suriyeli firma sayısı 10 bini aştı", (02.09.2015), http://www.dunya.com/gundem/suriyeli-firma-sayisi-10-bini-asti-haberi-290981, erişim: 17.11.2015.

Emre, A. (2015, 01 Eylül), "Muhacirlikten sığınmacılığa bir dönüşüm hikayesi" *Yeni Şafak*, erişim: 12.05.2017.

Erdoğan, M. (2014), *Türkiye'deki Suriyeliler: Toplumsal Kabul ve Uyum Araştırması*, Ankara: HUGO (Hacettepe Üniversitesi Göç ve Siyaset Araştırmaları Merkezi).

Fırat, H. (2017), "Başbakan Yardımcısı: Hoşgörüyü elden bırakmayalım", http://www.hurriyet.com.tr/basbakan-yardimcisi-kaynak-kimsenin-suc-isleme-ozgurlugu-yoktur-40509701, erişim: 05.07.2017.

GİGM (Göç İdaresi Genel Müdürlüğü) (2017a), *2016 Türkiye Göç Raporu*, Yayın No: 40, Ankara.

GİGM (Göç İdaresi Genel Müdürlüğü) (2017b), *Yıllara Göre Geçici Koruma Altındaki Suriyeliler*, http://www.goc.gov.tr/icerik6/gecici-koruma_363_378_4713_icerik, erişim: 1.1.2018.

Göker, G. ve Keskin, S. (2015), Haber Medyası ve Mülteciler: Suriyeli Mültecilerin Türk Yazılı Basınındaki Temsili, *İletişim Kuram ve Araştırma Dergisi*, Sayı 41, 229-256.

İçişleri Bakanlığı (2017), 05.07.2017 tarihli Basın Açıklaması, https://www.icisleri.gov.tr/basin-aciklamasi05072017, erişim: 11.07.2017.

İHH (İnsan Hak ve Hürriyetleri) İnsani Yardım Vakfı (2014), *Komşudaki Kriz: Suriyeli Mülteciler*, İstanbul: İHH İnsani ve Sosyal Araştırmalar Merkezi.

KAMER (Kadın Merkezi Vakfı) (2013), Suriyeli Mülteciler: Dışarıda Kalanlar-İhtiyaç Analizi Anketi, http://www.kamer.org.tr/icerik_detay.php?id=178, erişim tarihi: 11.04.2014.

Kilis Ortak Akıl Topluluğu (2013), *Kilis'teki Suriye: Sorunların Tespiti ve Çözümlerine İlişkin Rapor*, Kilis.

Koyuncu, A. (2014), *Kentin Yeni Misafirleri Suriyeliler*, Konya: Çizgi Kitabevi.

Koyuncu, A. (2016), Nimet mi? Külfet mi? Türkiye'nin Suriyeli Sığınmacıları ve Göç Ekonomisi Üzerine Bir Derkenar, Ed. Adem Esen ve Mehmet Duman, *Türkiye'de Geçici Koruma Altındaki Suriyeliler: Tespitler ve Öneriler* içinde, İstanbul: WALD, 107-130.

Lordoğlu, K. ve Aslan, M. (2016), "En Fazla Suriyeli Göçmen Alan Beş Kentin Emek Piyasalarında Değişimi: 2011-2014", *Çalışma ve Toplum*, 2016/2: 789-808.

Maliye Bakanlığı (2015), *Yıllık Ekonomik Rapor 2015*, https://www.maliye.gov.tr/Documents/Y%C4%B1ll%C4%B1k%20Ekonomik%20Rapor%202015.pdf, erişim: 15.05.2016.

MAZLUMDER (2014), *Kamp Dışında Yaşayan Suriyeli Kadın Sığınmacılar Raporu*, http://www.mazlumder.org/webimage/MAZLUMDER%20KAMP%20DI%C5%9EI NDA%20YA%C5%9EAYAN%20SUR%C4%B0YEL%C4%B0%20KADIN%20SI%C 4%9EINMACILAR%20RAPORU(2).pdf, erişim: 19.06.2014.

ORSAM ve TESEV (2015), *Suriyeli Sığınmacıların Türkiye'ye Etkileri*, ORSAM Rapor No: 195.

Özdemir, F. ve Öner-Özkan, B. (2016), "Türkiye'de Sosyal Medya Kullanıcılarının Suriyeli Mültecilere İlişkin Sosyal Temsilleri", *Nesne Psikoloji Dergisi*, 4(8): 227-244.

Pandır, M., Efe, İ. ve Paksoy, A. F. (2015), "Türk Basınında Suriyeli Sığınmacı Temsili Üzerine Bir İçerik Analizi", *Marmara İletişim Dergisi*, 24: 1-26.

TBMM İnsan Haklarını İnceleme Komisyonu (2012), *24. Dönem 1.ve 2. Yasama Yılları Faaliyet Raporu*, Haziran 2011-Ekim 2012, Yayın No:28, Ankara: TBMM Basımevi.

TOBB (2016), *Kurulan ve Kapanan Şirket İstatistikleri 2016*, https://www.tobb.org.tr/ BilgiErisimMudurlugu/Sayfalar/KurulanKapananSirketistatistikleri.php, erişim: 2.7.2016.

Topçuoğlu, A., Özelsel, E. ve Koyuncu A. (2015), *Konya'daki Suriyeli Misafirlerin Ekonomik*

*Potansiyelleri ve İşbirliği İmkanlarının Belirlenmesi Araştırması*, Kalkınma Bakanlığı, MEVKA, MÜSİAD Konya Şubesi.

TUİK (2016), *İl Bazında İşsizlik Oranları (2011-2013)*, http://www.tuik.gov.tr, erişim: 23.01.2017.

YÖK (2017), *2016-2017 Öğretim Yılı Yükseköğretim Kurumlarında Okuyan Öğrenci Sayısı*, https://istatistik.yok.gov.tr, erişim: 03.07.2017.

# "KOMŞULUK HUKUKU" AÇISINDAN SURİYELİ GÖÇMENLER

## Kadir Canatan

### Ortadoğu'da Komşuluk Kültürü ve Modern Toplum

Sosyolojik anlamda komşu; aile, arkadaş ve akraba gibi birincil gruplar içinde değerlendirilir ve bu gruplar içinde geçerli olan ilişki biçiminin tüm özelliklerini yansıtır. Birincil grup ilişkilerinin tipik özellikleri olan yüz yüze (sürekli) ilişkiler, ortak değerler ve samimiyet komşuluk ilişkilerinde de önemli bir rol oynamaktadır. Geleneksel toplumlarda aile üyeleri ve arkadaşlar kadar komşulara da gün boyunca herkesin kapısı açıktır. Komşuluk ilişkileri çerçevesinde hem maddi hem de manevi değerler paylaşılır. Bir Türk atasözünün ifade ettiği üzere: "Komşu komşunun külüne muhtaçtır".

Ortadoğu toplumlarında komşuluğa yapılan vurgu, kadim bir metin olarak Tevrat'ta on emir olarak belirlenmiş ilke ve kurallara kadar geri gider. On emrin son iki maddesinden biri, "Komşuya karşı yalan şahitlik yapmamayı", diğeri de "Komşunun evine tamah etmemeyi" öğütler (Çıkış 20). Komşunun evinden maksat, komşunun karısı, kölesi ve cariyesi ile onun sahip olduğu hayvanlarıdır. Geleneksel Ortadoğu kültürlerinde komşuluk haklarının, Allah ve anne-baba haklarından sonra gelmesi, komşuya ve komşuluk ilişkilerine verilen değeri gösterir.

Hıristiyanlık, insan ilişkilerinde daha radikal bir değişimi gerçekleştirmek istemiştir. Bunu İncil'de geçen şu ifadelerde açıkça görüyoruz: *"Komşunu seveceksin, düşmanına da kin besleyeceksin dendiğini [Tevrat'ta] duydunuz. Ama size derim ki, düşmanlarınızı sevin ve size baskı uygulayanlar için dua edin."* (Matta 5). İncil, insanlara göklerdeki Baba gibi davranmayı emreder. Baba, nasıl nimetlerini sunma konusunda insanlar arasında ayrım gözetmezse, insanlar da O'nun gibi yapmalıdır.

İslam, komşuluk ve komşuluk hakları konusunda kendinden önce gelen İbrahimî dinlerden daha az duyarlı değildir. Nebevi gelenekte komşuluk hakları, Allah ve anne-baba haklarından sonra üçüncü sırada yer almaktadır:

*'İslam'da komşu hakları genel olarak kul hakları (hukuk-ı ibad) veya insan hakları (hukuk-ı ademiyyin) denilen haklar çerçevesinde ele alınır, bu*

*haklarla ilgili emir ve yasaklar komşuluk ilişkilerini de bağlar. Kur'an-ı Kerim'de Allah'a imanı emreden ve şirki yasaklayan ifadelerin hemen arkasından sıralanan ahlak emirleri arasında ana babaya iyi davranmaktan sonra komşuya iyilik yer almaktadır (en-Nisa 4/36)" (Çağrıcı, 2002:157).*

Haklar konusunda yapılan hiyerarşik sıralama, güven konusuyla da doğrudan bağlantılıdır. Hiyerarşinin tepesinde yer alan Allah, insanların varoluşunda ve varoluşunu sürdürmede en fazla güvenebileceği bir varlıktır. Bundan sonra kişi anne ve babasına, yani ailesine güvenir. Bunun ardından ise, komşuya güven gelir. İnsan yeryüzünde yaşadığı ontolojik güvensizlik duygusunu, bu kesimlere duyduğu güvenle aşar. Burada ortaya çıkabilecek bir güvensizlik kriz yaratır ve bu kriz, ilişkilerde tamir edilmesi zor sorunlara yol açar.

Müfessirler yatay düzlemde de komşular arasında bir ayrım yapmışlardır. "Yakın komşu" evi yakın olan ve akrabadan olan komşu; "uzak komşu" da evi uzak olan veya akrabadan olmayan ya da Müslüman olmayan komşu olarak yorumlanmıştır. Bir mahallede, hatta bir beldede oturan insanların birbirinin komşusu olduğunu söyleyenler varsa da, günümüzde apartman ve gökdelenlerin hâkim olduğu büyük şehirlerimizde bu ayrım pratik olarak zor uygulanabilir görünmektedir. Bu yüzden ne kadar insanın ya da kaç eve kadar komşuluk yükümlülüğümüz olduğu meselesi örflere göre tayin edilebilecek bir konudur (Cebeci, 2013: 55).

Dünya Değerler Araştırması verileri temelinde on tane Ortadoğu ülkesinde yaptığımız komşuluk ve komşuya güven çözümlemesi, bu ülkeler arasında iki kategori ayırt edilebileceğine dair bir sonuç vermiştir: Komşuya güven oranının kısmen düşük olduğu ülkeler (Kuveyt, Bahreyn, Filistin ve Lübnan) ortalamanın altında kalırken, diğer ülkeler (Mısır, Yemen, Irak, Türkiye, Ürdün ve Katar) ise, genel dünya ortalamasının üstünde olup dolayısıyla güven düzeyinin yüksek olduğu ülkelerdir (Canatan ve Pazarbaşı, 2016: 40). Genel bir gözlem olarak komşuya güvenin az olduğu ülkelerin, ya heterojen bir yapıya sahip oldukları ya da savaş ve çatışmalar nedeniyle gerilimlerin yüksek olduğu ülkeler olduğu söylenebilir.

Elde ettiğimiz bulgular temelinde (Canatan ve Pazarbaşı, 2016: 44-45) hangi demografik, sosyal ve kültürel değişkenlerin komşuya güveni etkilediği konusunda şunlar söylenebilir: Nüfusu 500.000 ve üzerinde olan yerleşim yerlerinde komşuya güven azalmaktadır. Bu bakımdan komşuya güvensizlik, küçük yerleşim birimlerinden ziyade büyük kentlerin bir sorunu olarak karşımıza çıkmaktadır. Ayrıca beklenenin aksine, komşuya güven kendini alt ve üst sınıflara ait gören kesimin bir sorunu olarak kaydedilmelidir. Bir başka deyişle kendini alt ve üst sınıflara yerleştiren kişiler komşuya güvensizlik duymaktadırlar. Yerleşim yeri ve sınıfsal aidiyetle bağlantılı bir başka değişken, eğitim faktörü olup komşuya güven ortaöğretim ve yükseköğretim mezunları arasında azalmaktadır. Muhtemelen eğitim insanları bireyselleştirmekte ve sosyal bağlılıklardan uzaklaştırmaktadır. Çalışma

KOMŞULUK HUKUKU AÇISINDAN SURİYELİLER

durumu ve meşguliyetler açısından ev kadınları, çalışan, işsiz ve emeklilere kıyasla komşularına daha az güvenen bir grup olarak çıkmıştır. Bir başka veri, bu bulguyu desteklemektedir: Komşuya güven ile cinsiyet arasında bir ilişki kurulduğunda, istisnasız tüm ülkelerde kadınlar, erkeklere kıyasla komşuya daha az güven duymaktadırlar.

Kişilerin medeni durumu, yani evli, bekâr ya da ayrı/boşanmış olmaları komşuya güveni (olumlu ya da olumsuz) etkilemektedir. Bu noktada en fazla güven duyan evlilerin karşısında en az güven duyan grup olarak ayrı yaşayan ya da boşanmış kişiler yer almaktadır. Boşanmış ve ayrı yaşayan eşlerin, yaşadıkları travma nedeniyle insanlara daha az güven duydukları söylenebilir. Ayrıca bu kesim toplumsal bütünleşme sorunları yaşayan, genellikle toplumda dışlanan bir grup olup sosyal çevreleriyle aralarında ortaya çıkan sosyal mesafe nedeniyle güvensizlik duygusu yaşamaktadır.

Yaş ve kuşak faktörüne gelince, bu etken Ortadoğu ülkeleri genelinde komşuya güveni etkilemekte ve özellikle gençler (16-30 yaş arası) diğer yaş gruplarına kıyasla komşuya daha az güvenmektedirler. Gençlerin, önceki kuşaklarla bir kuşak çatışması yaşadığı ve eğitimlerinin görece daha yüksek olduğu düşünülürse, bu grubun neden güvensizlik sorunları yaşadığı anlaşılacaktır.

Tüm bu bulgular topluca ve birlikte düşünüldüğünde, komşuya güvenin azalmasının modernleşme trendleriyle uyumlu olduğu söylenebilir. Kentleşme, eğitimin artması, bireyselleşme, sekülerleşme ve toplumsal çözülme gibi modernleşme trendleri toplumsal yapıyı ve ilişkileri değiştirmekte ve insanlar arası ilişkilerde güven bunalımı yaratmaktadır. Bu anlamda komşuluk sorunu, modern toplumun ve modernleşme süreçlerinin bir ürünü olarak ortaya çıkmaktadır.

Modern zamanlarda yersiz-yurtsuz kalmış olan insanlık topyekûn bir belirsizlik ve güvensizlik içinde yaşamaktadır. Anthony Giddens'in modernliğe dair genel gözlemleri komşulukla ilgili tespitlerimizi ortaya çıkaran toplumsal bağlamı nitelemektedir:

> *"Modernlik koşullarında karşılaştığımız tehlikeler artık birincil olarak doğadan kaynaklanmamaktadır. Kasırgalar, depremler ve diğer doğal afetler kuşkusuz bugün de meydana gelmektedir. Ancak fiziksel dünya ile olan ilişkilerimizin büyük bir kısmı önceki yüzyıllardaki ilişkilerden köklü biçimde farklıdır; bu özellikle yerkürenin endüstrileşmiş kesimleri için söz konusu olsa da bir anlamda her yerde böyledir... Ekolojik tehditler, endüstri gelişiminin maddi çevre üzerindeki etkisi aracılığı ile dolayımlanan, toplumsal olarak düzenlenmiş bilginin sonucudur. Söz konusu tehditler, modernliğin baş göstermesiyle tanınmaya başlayan, yeni bir risk profili olarak adlandırılan şeyin parçasıdırlar." (Giddens, 1994: 100).*

Modernleşme süreci sadece insan ve doğa ilişkilerini dönüştürmekle kalmadı, insanlar arası, toplumsal ilişkileri de dönüştürdü. Geleneksel sosyal yapıların çözülmesiyle bireyselleşme ve buna eşlik eden yalnızlaşma olgusu ortaya çıktı. Özellikle büyük kentlerde kendini gösteren farklılaşma, sekülerleşme ve bireyselleşme gibi modernleşmenin başat süreçleri insan ilişkilerinde ciddi bir güvensizlik ve risk yaratmaktadır.

Komşuya güven, aynı zamanda bir toplumda bütünleşmenin göstergesi olarak okunabilir. Güvenin olduğu ortamlarda toplumsal bütünleşme ve dayanışma kuvvetlidir. Toplumsal yapının çözüldüğü ortamlarda ise, güven duygusu zayıflar ve mesafeli ilişkiler ortaya çıkar. Duygusal, maddi ve manevi alışverişler azalır. Komşu, daha fazla yabancı ve el olarak algılanmaya başlar. Nitekim büyük kentlerde apartman ve sitelerde yaşayan insanlar birbirlerine selam vermekten kaçınırlar ve birbirlerini yabancı gibi görürler. Mekânsal ve sosyal hareketliliğin hızlı olduğu bu ortamlarda uzun sürede elde edilen güven ve itimat duyguları fazla gelişmez.

İlişkilerde topyekûn bir kopuşun yaşandığı kent yaşamının bize armağan ettiği şey, Zygmunt Bauman'ın ifadesiyle "Bireyselleşmiş Toplum"dur:

*"Bireyselleşme devamlı kalmak üzere buradadır: Onun hepimizin hayatlarımızı yönetme tarzımız üzerinde yarattığı etkinin üstesinden gelme araçlarına ilişkin düşünen herkes, bu olguyu bilerek işe başlamalıdır. Bireyselleşme, artan sayıda erkek ve kadına görülmemiş bir deneme özgürlüğü verir ama aynı zamanda onun sonuçlarıyla başa çıkmaya yönelik görülmemiş bir görev çıkarır onların önüne. Kendini kabul ettirme hakkı ile bunu uygulanabilir ya da gerçekdışı hale getiren toplumsal ortamları denetleme yeteneği arasındaki giderek açılan gediğin "ikinci modernite"nin ana çelişkisini oluşturduğu görülür. Bu deneme ve yanılma, eleştirel düşünce ve cesur deneyim yoluyla kollektif olarak nasıl çözeceğimizi, kolektif olarak öğrenmemizi gerektiren bir çelişkidir." (Bauman, 2011: 68).*

Büyük kentlerde ortaya çıkan apartmanlar, gökdelenler ve site yaşamının komşuluk ilişkilerini kökten değiştirdiği varsayımı kimi araştırmalara da konu olmuştur. Bu bağlamda Alver, evin dönüşüm geçirdiğini iddia etmektedir. Ona göre ev, mekânsal ayrışmanın en önemli göstergelerinden biri olmaktadır. Yeni bir hayat tarzına bağlı olarak son yıllarda tüm metropollere yayılan, güven anlayışını öne çıkararak ayrışan lüks siteler, kapitalizm ve küreselleşme sürecinde evin dönüşümüne işaret etmektedir. Artık mekân ve mekânsal organizasyonlar, üretimler bir kimlik unsuru haline gelmekte, insanı ele vermektedir (Alver, 2007: 12). Komşuluk kültürünün kentsel yaşamda gelişmesine ilişkin bir başka çalışma, bazı paradokslara dikkat çekmektedir. Sözgelimi zaman geçirmek için bitişik komşu değil, kilometrelerce uzakta iş arkadaşı tercih edilmektedir. Yine aynı şekilde apartmanın giriş kapısında X dairede taziye vardır yazısının yanında aynı anda sosyal merkezde düğün olduğu duyurusu yapılmaktadır (Yıldız ve Gündüz, 2015: 215-216).

## Küreselleşen Dünyada Sınırlar ve Sınır-Ötesiyle İlişkilerimiz

Bugün sıklıkla kullandığımız küreselleşme kavramının seksenli yılların başında Theodore Levitt tarafından Harvard Business Review (1983) kullanılmış olması bir tesadüf değildir (https://nl.wikipedia.org/wiki/ Mondialisering; erişim: 28.03.2017) Çünkü dünya bu yıllardan itibaren adım adım geleneksel kodların dışında yeni bir ilişki biçimine geçmiş ve gelişen iletişim ve bilişim teknolojileri sayesinde dünya "küçük" bir köye dönüşmüştür. Dünyanın küçük bir köye benzetilmesi iletişim bilimci Marshall McLuhan'a ait olup o daha altmışlı yılların başında iletişim teknolojisinin dünyayı nasıl bir küreselleşmeye uğratacağını sezinlemiştir. Küreselleşme konusunda farklı tanımlar olmakla birlikte bu kavram dünyada bilgi, işgücü, sermaye, mal ve hizmetlerin dolaşıma girmesini ve ulusal sınırların anlamlı olmaktan çıkmasını ifade etmektedir. Küresel dünya her şeyin iç içe geçtiği ve özellikle de melez yapıların önem kazanmaya başladığı bir dünyadır.

Küreselleşen dünyada komşuluk kavramı iki anlamda genişlemektedir. Bir taraftan ülkeler arasındaki sınırlar anlamını kaybederken, diğer yandan da sınırlar ötesine geçişler hızlanmaktadır. Böylece yeni komşular olarak örneğin göçmenler günlük hayatımızın bir parçası haline gelmektedirler. Türkiye, bölgede önemli bir kırılma noktası olan İran İslam Devrimi'nden (1979) bu yana Ortadoğu'daki komşularından göç almaktadır. Devrim'den sonra ülkemize gelen bir milyon civarındaki İranlı göçmenin önemli bir kısmı, bir süre Türkiye'de kaldıktan sonra sosyal ve ekonomik standartları daha yüksek olan Avrupa ülkelerine veya ABD'ye geçmişlerdir. Eş zamanlı olarak Türkiye'nin 12 Eylül 1980 darbesinden sonra dışarıya verdiği göç hızlanmıştır. Bu dönemde bir yandan darbe öncesinden başlamış olan Avrupa'ya yönelik aile birleşimi devam ederken, diğer yandan darbe koşullarından etkilenen bir kısım insanlar sığınmacı ve mülteci olarak Avrupa ülkelerine akmaya başlamışlardır. Seksenli yıllar boyunca Almanya ve Fransa başta olmak üzere birçok Avrupa ülkesi daha önceki on yıllara göre daha fazla Türkiyeli göçmeni ağırlama durumunda kalmıştır.

1990'larda Soğuk Savaş'ın bitmesi ve Berlin Duvarı'nın yıkılması, bu kez Avrupa ortamında yeni bir göç dalgası yaratmıştır. Eski Yugoslavya ve Doğu Avrupa ülkelerinden kopup gelen göç dalgası, Avrupa'da bir göçmen krizine yol açmıştır. İlk kez bu yıllarda sığınma ve mültecilik meseleleri sıcak tartışmalara konu olmuş ve Avrupa, daha sonra giderek kristalleşecek olan "daha az göç, daha fazla entegrasyon" politikasının temellerini bu dönemde atmıştır.

Doksanlı yıllarda değişen sınırlar ve iç savaşlar nedeniyle Avrupa'da büyük dramlar yaşanmıştır. Doğu ve Batı Almanya'nın birleşmesi başlı başına bir olay olmuş ve bu olay, ülkedeki etnik ve sosyal ilişkileri ciddi olarak etkilemiştir. İlk olarak mülteci kamplarına yönelik olarak başlayan aşırı sağ şiddet, daha sonra Türk ailelerin evlerini kundaklamaya yönelmiştir. Tarihler, 29 Mayıs 1993'ü gösterirken, yabancı düşmanlığı, Almanya'da Solingen'de en çirkin yüzünü göstermiştir: Evleri kundaklanan Genç ailesinin 5 ferdi yanarak hayatını kaybetmiştir. Yapılan soruşturma sonrasında aşırı sağcı 4 Alman tutuklanmış, 2'si hüküm giymiştir. Ancak sonraki yıllarda da, hala bugün

CANATAN

olduğu gibi, benzer şiddet olayları devam edegelmiştir.

Biraz yakın geçmişe dönüp bakarsak Avrupa, kendi içindeki göç akımları bakımından iki önemli gelişmeye sahne olmuştur. Birincisi, 1992-1995 yılllları arasında gerçekleşen Bosna krizi ve bunun özellikle Batı Avrupa ülkelerine çok sayıda mülteci akını biçiminde yansıması olmuştur. İkincisi ise, sınırların ortadan kalkmasının ardından Doğu Avrupa ülkelerinden Batı Avrupa ülkelerine yayılan serbest dolaşıma bağlı göç dalgasıdır. Doksanlı yıllarda başgösteren bir kriz de "yerli" ya da "ulusal" azınlıklar olarak tabir edilen grupların koruma altına alınmasıdır. Avrupa Konseyi'nin 1992 tarihinde Avrupa Konseyi Bakanlar Komitesi tarafından saptanan ve 1 Mart 1998 tarihinde yürürlüğe giren "Avrupa Bölgesel Diller ya da Azınlık Dilleri Şartı" ve yine Avrupa Konseyi'nin hazırladığı ve yürürlüğe koyduğu ikinci önemli sözleşme, 1 Şubat 1995 tarihli "Ulusal Azınlıkların Korunması Çerçeve Sözleşmesi", Doğu Avrupa ülkeleri başta olmak üzere tüm Avrupa'da tarihsel ve yerli azınlıkları korumak için önemli bir çalışma olmuştur.

## Yeni Komşularımız: Suriyeli Göçmenler

Son zamanlarda Suriye'de baş gösteren iç kargaşanın yarattığı göçmen akımı, hem komşu bir ülke olarak Türkiye'yi hem de Avrupa ülkelerini ciddi olarak etkilemiştir. Bu göç akımına karşı tepkilerin olumsuz olmasının sebebi, bir yandan bu göçün kitlesel bir mahiyet arz etmesi diğer yandan da söz konusu ülkelerin önemli oranda göçe doymuş olmalarıdır. Sosyolojik olarak göç tutumlarının oluşmasında, göçmenlerin kökeni; yani hangi ülkeden geldikleri ya da hangi etnik ve ırksal özelliklere sahip oldukları önemli bir değişkendir. Bu değişkene bağlı olarak tutumlar da değişmektedir. Genel bir sosyolojik ilke olarak şu söylenebilir: Toplumlar kendilerine yakın buldukları göçmenlere daha açık ve hoşgörülü olurken, kendilerine uzak göçmenlere daha mesafeli ve düşmanca bir tutum sergiler (Tür türünü arar ya da insan tanımadığının düşmanıdır ilkesi).

Avrupa Sosyal Araştırmaları, Avrupa toplumlarının göçmenlerin geldikleri ülkelere ve kökenlerine bakarak onlara karşı tavır koyduklarını göstermektedir. Avrupa toplumları, ırksal ve etnik özellikler kadar göçmenlerin geldikleri ülkenin ekonomik özelliklerine de duyarlı görünmektedir. Aradaki farklar büyük olmamakla birlikte, Avrupalı insanlar yoksul ülkelerden gelen göçmenlere karşı birkaç puan daha fazla olumsuz bir tavır ortaya koymaktadır. Yine aynı şekilde izin verilmesi gereken göçmen miktarı hakkında da daha fazla (yüzde 36) hoşgörüsüz davranmaktadır (Canatan, 2013: 322-323).

Öte taraftan göçün sosyal, ekonomik ve hatta kültürel sonuçları da yerleşik toplumu çok ilgilendirmektedir. Göçmenlerin uyumu, göç olgusunun başından beri önemli bir tartışma konusudur ve bu bağlamda kültürel değer ve normların rolü konusundaki görüşler giderek çatallaşmıştır. Bazı kesimler, göç olayını ve bunun sonucu olan kültürel çeşitliliği ülke için olumlu bir katkı ve zenginleşme olarak görürken, bazı kesimler de bunun tersine çokkültürlülüğün ülkede kültürel temelli çatışmalara yol açacağını ve toplumsal yaşamı istikrarsız kılacağını düşünmektedir.

Avrupa'da göçmen karşıtı kesimin kimliği ve toplumsal kökeni, genellikle orta yaş grubunu (31-45 yaş arası) temsil eden orta öğretimden geçmiş, evli ve dindar kesime dayanmaktadır. Göç karşıtlığının bu kesimde daha fazla taraftar bulması, muhtemelen onların tutucu olmaları ve istikrarlı bir toplum arayışlarından kaynaklanmaktadır. Bunun dışındaki etkenler (cinsiyet, siyasal görüş vb.) pek etkili gözükmemektedir (Canatan, 2013: 327).

Dünya Değerler Araştırması'nda, "Diyelim evinizin yanına bir komşu taşınacak. Şimdi size göstereceğim insanlardan hangilerinin komşunuz olmasını istemezdiniz. İstemediklerinizi seçip belirtiniz" sorusuna, Türkiye'de katılımcıların yüzde 30'u "göçmenler ve başka ülkelerden gelen işçileri" istemediklerini bildirmiştir (Dünya Değerler Araştırması, 2011). Geriye kalan kesim ise cevap vermemiştir. Bu, onların hepsinin göçmen komşuları istedikleri anlamına gelmemektedir. İçlerinde bir kısmı olumlu kanaate sahip iken, bir kısmı olumsuz yanıt vermekten kaçınmış olabilir. Son bir kısmı da muhtemelen çekimser kalmaktadır.

Hacettepe Üniversitesi Göç ve Siyaset Araştırmaları Merkezi (HUGO, 2014: 33) tarafından yapılan bir araştırmada doğrudan "Suriyeli biri ile komşuluk yapmak sizi rahatsız eder mi?" şeklinde soru sorulmuş ve bu soruya katılımcıların yarısı "evet" derken diğer yarısı da "hayır" cevabını vermiştir. Bu veri, Suriyeli göçmenlerle komşuluk konusunda Türk halkı arasında tam bir bölünme olduğunu göstermektedir. Bu bölünmenin olası nedenlerini aynı araştırmada çıkarsamak mümkündür. "Suriyeli sığınmacıları kabul etmek din kardeşliğimizin gereğidir" önermesine katılanların oranı, yüzde 53 civarındadır. Bu demektir ki, "din kardeşliği" Suriyelileri kabullenmede önemli bir faktör olarak işlev görmektedir. Din karşısında "kültürel yakınlık" faktörünün çok önemli olmadığı anlaşılmaktadır. Çünkü "Suriyeliler ile kültürel olarak aynı olduğumuzu düşünüyorum" önermesine katılımcıların yüzde 75'i katılmadıklarını belirtmişlerdir. Katılımcılar, Suriyelilerle aramızdaki bağın kültürden ziyade din bağı olduğuna inanmaktadırlar.

Neden Suriyeli komşunun rahatsız edici olacağına dair gösterilen iki önemli gerekçeden (HUGO, 2014: 33) en önemlisi, "Şahsıma ver aileme zarar vereceklerini düşündüğüm için" şeklinde ifade edilmiştir. Bu gerekçe açıktır ki "Kişi tanımadığının düşmanıdır" ilkesine uygun düşmektedir. Ya değilse ortadan kendilerine verilmiş bir zarar söz konusu değildir. Bu algının Suriyeli göçmenlerin yoğun olmadığı bölge dışında daha da yüksek çıkması bizim bu yorumumuzu destekleyen bir başka veridir. Türk halkının ikinci önemli gerekçesi, Suriyelileri kültürel olarak kendilerine yakın hissetmemesi olarak ifade edilmiştir.

2014 yılında yapılan bu araştırmada katılımcıların sadece yüzde 21'i Suriyelilerin "misafir" olduklarını kabul etmektedir. Daha büyükçe bir kesim

(%41), "zulümden kaçan insanlardır" ifadesine katıldıklarını belirtmişlerdir. Yüzde 20 kadar bir kesim ise, "bize yük olan insanlardır" algısına sahiptirler. Yine aynı araştırmada yüzde 70 kadar bir kesim "Bu kadar sığınmacıya bakılması Türkiye'nin ekonomisine zarar vermektedir" (HUGO, 2104: 32) görüşüne katıldığını belirtmiştir.

Göçün sonuçlarıyla ilgili bir başka nokta, göçün sosyal ve ahlaki yozlaşma getirip getirmediği hususudur. "Suriyeli sığınmacılar bulundukları yerlerde şiddet, hırsızlık, kaçakçılık ve fuhuş gibi suçlara bulaşarak toplumsal ahlak ve huzuru bozmaktadır" önermesine oldukça önemli bir kesim katıldıklarını bildirmişlerdir. Özellikle Adana, Gaziantep, Hatay, Mardin ve Şanlıurfa'da yüzde 42 kadar bir kesim "kesinlikle katılıyorum" derken, "katılıyorum" diyenlerle birlikte bu kesimin oranı yüzde 70'e kadar çıkmaktadır. Bu bölgelerin dışındaki katılımcılar ise görece daha az endişe taşımaktadır (HUGO, 2014: 29). Göç yoğunluğu ve bunun yarattığı stres dikkate alınırsa bu farklılaşma anlaşılır bir durumdur.

Bu veriler gerek Avrupa'da gerekse Türkiye'de yerleşik halkın göçmenler karşısındaki olumsuz tepkilerinin gerisinde benzer motiflerin yattığını göstermektedir. Bir yandan ekonomik yük olma, diğer yandan da sosyal, kültürel ve ahlaki yozlaşmaya sebep olacakları korkusudur. Avrupa halkı ile Türk halkı arasındaki en önemli ayrıştırıcı ya da birleştirici etken din faktörüdür. Türkiye'de "din kardeşliği" yakınlaştırıcı, birleştirici ve kabulü kolaylaştırıcı bir faktör iken, Avrupa'da tam tersine İslam tehdit edici ve yabancılaştırıcı bir faktör olarak görülmektedir.

## Suriyeliler İle İlgili Söylemlerde Komşuluk İmgesi

Suriye göçü başladığı günden beri Türk siyaseti ve basını konuya sıcak ilgi göstermiş ve çeşitli tartışmalara yol açmıştır. Medya üzerinden yapılan araştırmalardan hareketle bazı söylemlerin dile getirildiğini görmekteyiz. Medyanın Suriyeliler hakkında nasıl bir tanımlama yaptığına baktığımızda en fazla kullanılan tanımlama etnik tanımlamadır. Türkiye'de göçmen olmak demek "Suriyeli" olmak demektir. İkinci tanımlama hukuksal tanımlamadır. Bu noktada en fazla "Mülteci" terimi kullanılmaktadır. Mülteci kadar hukuksal bir kavram olan "Sığınmacı" deyimi daha az kullanılmaktadır. Daha sosyolojik kavramlar olarak "Göçmen" ve "Misafir" terimleri en az kullanılan terimlerdir (Efe, 2015: 46).

Farklı kesimleri dikkate alarak Türkiye'de Suriyeli göçmenler açısından en az üç söylemin mevcut olduğunu söyleyebiliriz. Muhafazakâr kesimlerde sığınmacılar genellikle "kardeşlerimiz", "muhacirler" ve "misafir" olarak karşılanmaktadır. Bu ifadelere özellikle Yeni Şafak ve Zaman haberlerinde ve köşe yazılarında rastlanmaktadır (Efe, 2015:53). Bu kesimin kullandığı sözcükler, İslami ve tarihi ifadelerdir. "Kardeşlik", dinden kaynaklanan bir ilişki biçimidir. "Muhacir" kelimesi ise, Müslümanların tarihinde Mekke'den Medine'ye hicret eden ilk kuşağı ifade eder. Bu deyim, daha sonra din veya başka insani amaçlarla hicret eden kişiler için kullanılmıştır. Osmanlı'nın toprak kaybına uğradığı Balkan ve Kafkasya gibi coğrafyalardan Türkiye'ye sığınan kişilere de "muhacir" ya da halk ağzında ifade edildiği şekliyle "macir" denilmiştir. Bu ifade, tarihsel bir sürekliliğe ve ilişki biçimine işaret etmektedir. Muhacirleri karşılayan ve kabul eden kişilere de "Ensar" denilmektedir. Muhacir-Ensar ilişkisi, Müslümanlar arasındaki bir dayanışma biçimidir. "Misafir" kelimesi, geçiciliği de ifade etmekle birlikte gelen kişileri misafir gibi ağırlama ve karşılama biçimini de içerir. Türkler kendilerini misafirperver olarak görürler ve özellikle mağdurlara sahip çıkarlar.

Türkiye'de milliyetçi/ulusalcı ve muhalif kesimlerde sığınmacı sorunları hükümet eleştirisi için araçsallaştırılmaktadır. Bu kesimin gazetelerinde ve televizyonlarında hükümetin başarısız dış politikasının bir göstergesi olarak ele alınan Suriyeli göçmenler, ülkeye de bir yük olarak yansıtılmaktadır. Sözgelimi:

> *"Cumhuriyet gazetesi sığınmacı sorununun siyasi alanda ele alındığı, daha çok eleştirel haberleri ön plana çıkarmaktadır. Hürriyet'te ise hem siyasi temalı hem de sığınmacı sorunlarının ele alındığı haberler yoğunluktayken, ilgili haberlerde hem eleştirel hem de olumlu bakış açılarına yer verilmektedir. Sığınmacıların sorunlarını konu eden BirGün, Evrensel ve Hürriyet gazetelerinin haberlerinde sığınmacı sorunları hükümet eleştirisi için araçsallaştırılmaktadır... Suriyeli sığınmacılar ve Türkiye'nin Suriye politikası ile ilgili en eleştirel haber ve köşe yazıları, siyasi temalı haberlerin yoğunlukta olduğu Ortadoğu gazetesinde yer almaktadır." (Efe, 2015:43).*

Doğal olarak siyaset perspektifinden yaklaşım, mülteci sorununun insani boyutunu ihmal etmekte ve bu sorunu sadece kendi siyasal amaçları için (özellikle hükümet politikalarını eleştirmek ve iktidarı yıpratmak için) malzeme olarak kullanmaktadır. Muhafazakâr medyada dini ve insani söylem ne kadar ön planda ise, muhalif medyada da siyasi ve göçmen karşıtı söylem o kadar ön plandadır.

Son olarak Türkiye'de bir de eleştirel-popüler söylem ayırt edebiliriz. "Mağdur Suriyeliler" temsilinin aksine daha az sıklıkta kullanılan bu söylemde Suriyeliler "suç" ve "karmaşa"yla ilintili olarak aktif bir şekilde temsil etmeye çalışılmaktadır. Bu durumda Suriyelilerin varlığı "kirasını ödemeyen", "işsizliğe neden olan" ve "dilencilik yapan" vb. olumsuz sosyal süreçlerde anılmaktadır. Suriyeli sığınmacıların sorun çıkaranlar olarak temsil edildiği bu söylem, özellikle büyük şehirlerde ve sığınmacıların daha görünür olduğu sınır illerinde yaşanan sıkıntılar bağlamında şiddetlenmektedir. Bu söylem sığınmacıları şehirleri kirleten, işsizlik oranını artıran, suç işleyen, düzeni bozan ve bunun gibi bir dizi karmaşa ve güvensizlik akla getiren sosyal süreçte temsil eder ve altta yatan tehdit söylemiyle yakından alakalıdır (Efe, 2015: 50-51).

Bu söylem, günlük sıkıntılar yaşayan insanların şikâyet kültürünün bir parçası olmakla birlikte insani drama seyirci ve duyarsız bir söylemdir. Bazı durumlarda da gerçeği yansıttığı söylenemez. Sözgelimi Türkiye'de yoğun işsizliğe rağmen bazı sektörlerde işçi-eleman sıkıntısı da yaşanmaktadır. Eğer yerli işçilerin çalışmaya tenezzül etmediği bu işleri Suriyeliler yapmaya başlarsa, sahte bir şekilde "İşimizi elimizden alıyorlar" şikâyeti dillendirilmektedir. Oysa Türkiye epey bir süredir bakım ve temizlik işleri için bile Ukrayna ve Gürcistan gibi kuzeydeki ülkelerden eleman getirmektedir. Onlara karşı yapılmayan bu şikâyetler, mağduriyet sonucu ülkesinden ve savaştan kaçmak üzere ülkemize sığınmış bulunan insanlar için yapılmaktadır. Çalışmayan ve dilencilik yapanlara "dilenci", çalışanlara da "İşimizi elimizden alıyorlar" şeklindeki şikâyetler toplumsal bir tutarsızlığı yansıtmaktan başka bir anlama gelmemektedir.

## Komşuluk Kültürünün Günümüz Dünyasındaki Rolü

Küreselleşme süreçlerinin giderek dünyayı etkilediği bir zaman diliminde yeni değerler ile ulus-devlet modeli ve onun milliyetçi değerleri arasında bir gerilim yaşanmaktadır. Göç, sınırları aşan ve uluslararası akisler yaratan bir gelişme olup küreselleşmenin bir göstergesidir. Bu gelişmeye verilen tepkilerin farklı farklı olması, mevcut ve yeni gelişen değerler sistemiyle alakalıdır. Ortadoğu'da oldukça yerleşik ve kadim olan "komşuluk hukuku", küresel dünyanın yeni değerleriyle uyum içindedir. Yeni dünya, eski (yakın) komşuluk ilişkilerini uzak komşuluk ilişkilerine dönüştürmüştür. Bir başka deyişle geçmişte birbirine komşu olması düşünülmeyen insanlar ve gruplar bugün birbirleriyle komşu hale gelmektedirler. Bu sürecin sıkıntısız yürüdüğünü söylemek elbette güçtür.

Ulus devlet ve milliyetçilik ne kadar bencil ve etnomerkezci ise, küreselleşme o kadar yayılımcı ve paylaşımcıdır. Bu durumda bir değerler ve çıkarlar çatışması olmasını doğal karşılamak gerekir. Göç akımlarıyla yüz yüze gelen ulus devletler ve milliyetçi değerlere bağlı halklar, sahip oldukları imkânları başkalarıyla paylaşmaktan kaçınmakta ve uluslararası göçün yerleşik düzeni bozacağını düşünmektedirler.

Ancak insani değerler ve bu insani değerlerin bir parçası olan "komşuluk hukuku", oldukça çatışmalı geçen yeni ilişkilere olumlu bir katkı sunmaktadır. Suriyeli göçmenlere Türkiye'de verilen tepkinin fazla olumsuz olmamasının temelinde, bu insani değerler önemli bir rol oynamaktadır. Özellikle Yahudilik, Hristiyanlık ve İslam'dan kaynaklı komşuluk kültürü, daha çatışmalı olabilecek bir sürecin barış ve sükûn içinde geçmesine yardımcı olmaktadır. Kişilerin din, dil, ırk, mezhep ve etnisite gibi alt kimliklerine bakılmaksızın bu kültürün geliştirilmesi küresel dünyada insanlar ve halklar arasında önemli bir yapışkan olacaktır.

## Kaynakça

Alver, K. (2007), *Steril Hayatlar, Kentte Mekânsal Ayrışma ve Güvenlikli Siteler*, Ankara: Hece Yayınları.

Bauman, Z. (2011), *Bireyselleşmiş Toplum*, İstanbul: Ayrıntı Yayınları.

Çağrıcı, M. (2002), "Komşu", *İslam Ansiklopedisi*, C. 26, İstanbul: İSAM, 157-158.

Canatan, K. (2013). "Avrupa Toplumlarının Göç Algıları ve Tutumları: Sosyolojik Bir Yaklaşım", *Sosyoloji Dergisi*, 2 (27): 317-332.

Canatan, K. ve Pazarbaşı, İ. (2016), "Ortadoğu Toplumlarında Komşuluk İlişkileri ve Komşuya Güven Düzeyi: Sosyolojik Bir Yaklaşım", *İZU Sosyal Bilimler Dergisi*, Bahar-Güz Birleşik Sayısı: 33-64.

Cebeci, L. (2013), "İslam Kültüründe Komşuluk", içinde: *Komisyon, İnsani Sorumluluk Komşuluk*, Ankara: DİB Yayınları: . 51-58.

Dünya Değerler Araştırması (2011), http://www.worldvaluessurvey.org/WVSOnline.jsp, Erişim tarihi: 07.04.2017.

Efe, İ. (2014), *Türk Basınında Suriyeli Sığınmacılar*, Ankara: SETA.

Hacettepe Üniversitesi Göç ve Siyaset Araştırmaları Merkezi (2014), *Türkiye'deki Suriyeliler: Toplumsal Kabul ve Uyum Araştırması*, Ankara.

Giddens, A. (1994), *Modernliğin Sonuçları*, İstanbul: Ayrıntı.

Kitab-ı Mukaddes (1997), İstanbul: Kitab-ı Mukaddes Şirketi.

Yıldız, C. ve Gündüz, M. (2015), *Komşuluk Kültürü*, Ankara: Nobel Yayınları.

CANATAN

# GÜÇLÜ BİR TOPLUMSAL DEĞİŞİM ETKENİ: TÜRKİYE'YE YÖNELİK SURİYELİ GÖÇÜ

## Ural Manço

Bu kitapta sekizi kadın sekizi erkek toplam 16 araştırmacı, "Suriyelilerin Türkiye'deki varlığının boyutları nelerdir; sosyal, ekonomik ve hukuksal konumlarının niteliği nedir ve bu olgu toplumumuzda neyi, hangi yönde değiştirmiştir?" sorularına cevap aradı. Bu bağlamda ilk olarak birinci bölümde üç ayrı çalışma Türkiye'ye yönelik göç olgusunun yakın geçmişi ile bugününü siyasi ve hukuksal bağlamlar dahilinde sorgulamış; Suriyelilerin bu çerçeve içindeki yerini belirlemeye çalışmıştır. İkinci bölümde, yine üç farklı makale Türk sosyal bilimlerinin bu yeni göç olgusuna nasıl baktığını ve yeni sorunsallara ışık tutabilmek amacıyla hangi değişiklikleri hayata geçirmesi gerektiğini tartışmıştır. Kitabın üçüncü bölümünde ise, birbirlerinden farklı konulara değinen altı araştırma Türkiye'deki Suriyelilerin yaşadıkları sosyal sorunlar ve varlıklarının ortaya çıkarttığı yeni toplumsal tartışmaları irdelemiştir.

Ekibimiz birkaç açıdan çoğulcu bir karaktere sahip. Uzmanlık alanları bakımından yedi sosyolog, üç coğrafyacı, üç uluslararası ilişkiler uzmanı, iki iletişim bilimi uzmanı ve bir hukukçu ile beraber çalıştık. Farklı dünya görüşlerine sahip oldukları yazılarında fark edilebilen araştırmacılarımızın dokuzu Anadolu'nun değişik üniversitelerinde (bunlardan ikisi Suriye ile sınır oluşturan bölgede çalışmakta); altısı ise ülkemizin üç büyük kentindeki üniversitelerde görevli iken bir tanesi de araştırma ve eğitim etkinliklerini uzun yıllardır yurtdışında devam ettirmektedir.

Sonuç yazısındaki amacımız kitabı oluşturan araştırmaların bulgu ve sonuçlarını tekrarlamak değil. Kitabımızda bulunan her makale diğerlerinden bağımsız olarak çeşitli bilgiler oratay koymaktadır ve bunları kendi bilimsel sınırlılıkları dahilinde ayrıntılı bir biçimde tartışmakta. Sonuç bölümündeki amacımız ortak eserimizde sunulan bilgi birikiminden yola çıkarak ileriye dönük bir perspektif çizme denemesinden ibaret. Burada Suriyelilerin Türkiye'deki geleceği ve Suriyelileri de içeren Türkiye toplumunun geleceği hakkında bazı düşünceleri paylaşmak istiyoruz.

MANÇO

## Suriyelilerin Türkiye'deki varlığı neyi, hangi yönde değiştirebilir?

İçişleri Bakanlığının 2017 yılının Kasım ayında kamuoyuna sunduğu verilere göre, Türkiye'de kayıtlı yabancı sayısının ülke nüfusunun %6'sına yaklaştığı görülmektedir. Bu durum ülkemiz için yeni bir olgudur. Türkiye artık gelişmiş Avrupa ülkeleri gibi yoğun oranda göç alan bir ülke konumuna gelmiştir. Bugünden itibaren Türkiye'nin sosyal, ekonomik ve kültürel açılardan geleceği bu gerçek göz önünde bulundurularak ele alınmak zorundadır.

Ne kadar oldukları haliyle tam olarak bilinmeyen ancak var olduklarından emin olunan kayıt dışı göçmenler ve sığınmacılar hesaba katılmadan, ülkemizde 4,5 milyona yakın kayıtlı yabancı bulunmaktadır. Bu toplamın dörtte üçünü Suriye'den gelenler oluşturuyor. Kaynak ülke farkı gözetmeksizin, Türkiye'deki kayıtlı yabancıların sadece %18'i ikamet iznine sahip düzenli göçmenlerdir. Diğerleri (%82'si) sığınmacılardan ve geçici koruma altındaki kişilerden oluşmaktadır. Bu insanlar teorik olarak kendilerini kabul eden bir yabancı ülke bulunduğunda o ülkeye iltica etmeyi beklemektedirler. Fakat bu insanların ezici çoğunluğunun yakın bir gelecekte veya günün birinde kendilerini kabul edecek bir ülkeye gideceğini; ya da savaştan yıkılmış olan veya sosyo-ekonomik açıdan yaşanılabilir olmaktan çıkmış kendi ülkelerine geri döneceğini düşünmek gerçekçi olmayacaktır.

Hiç kuşkusuz geçici koruma statüsü altında ülkeye girmiş Suriyeli nüfus ve Türkiye'ye sığınmış diğer yabancı gruplar her ne kadar ülkemize zorunlu göçler kapsamında girmiş olsalar da gün geçtikçe karşımıza salt "göçmen" olarak çıkmaktadırlar. "Geçicilik" kavramı artık güncel gerçeklerle uyuşmayan ve bu insanların gündelik yaşantısı ile bağdaşmayan, sürdürülemez bir konum halini almıştır. Ülkelerinde yeniden barış ve güven ortamı sağlansa bile bu ülkelerdeki yaşam şartlarının elverişsizliği büyük ihtimalle devam edecektir. Dolayısıyla Suriyeliler ile diğerlerinin (Afganlar, Iraklılar, Somalililer vd.) önemli bir oranı ülkelerine geri dönmeyecektir.

Türkiye'nin güncel göç problematiği ile Batı Avrupa toplumlarının 20. yüzyılın ikinci yarısından beri yaşadığı göç sorunsalı arasındaki önemli fark belki bundan kaynaklanıyor. "Geriye dönüş" umudu geleneksel olarak her göç öyküsünde bulunur. Onlarca yıl boyunca özellikle gurbetteki Türkiye kökenliler bu hayal ile kendilerini avuttular. Söz konusu yanılsama muhtemelen asimilasyon olgusuna karşı direnmelerinde belirli bir rol oynadı; onları kendi ülkelerine sıkı sıkıya bağladı. Ancak günümüzde yaşanan göç hikâyelerinin ve özellikle Türkiye'de bulunan insanların göç nedenlerinin "geriye dönüş" rüyasına izin vermeyecek şekilde bir kaçış veya zorunlu göç ögesi barındırdığını unutmayalım.

Bu insanlar Anadolu'dan Almanya'ya (belki de bazı durumlarda istemeyerek ama ülkesinde kazanamadığını elde etmek amacıyla) göçen işçilere benzemiyorlar. Başta Suriyeliler olmak üzere ülkemizdeki yabancıların büyük çoğunluğu; ülkelerindeki iç savaştan, ailelerini hedef alan şiddetten veya devlet otoritesi iflas etmiş toplumsal yapılardan, mal varlıklarını terk ederek ve sıklıkla yakınlarından bazılarını kaybetmek suretiyle acilen kaçmak zorunda kalmışlardır. Hemen her biri zorunlu göç sonucunda Türkiye'de bulmaktadır. Başka bir deyiş ile: Bu yolculuğun geri dönüşü yok; yani yerleştikleri yere (daha doğrusu kalmalarına izin verilen yere) uyum sağlamak zorundalar. Dolayısıyla, olayın doğrudan ilgilileri olarak ülkemizdeki sığınmacılar şu an durumlarının gerektirdiği kaçınılmaz sosyal ve ekonomik uyum şartının bilincindeler.

Bununla beraber, Türkiye'deki Suriyelilerin yarısı henüz çocuk yaşta. Yetişkin olduklarında birçoğu için hayatlarının neredeyse tümü ülkemizde geçmiş olacak. Muhtemelen Türkçeyi anne ve babalarının ana dilinden daha rahat konuşacaklar; köken ülkelerini belki de hiç görmemiş olacaklar. Yakın geleceğin bu yetişkinlerinden Türkiye'de doğmuş olanlar ne zorunlu göç kapsamında ne de göçmen olarak kendi istekleri doğrultusunda Türkiye'de bulunuyor olacaklar. Suriyelilerin Türkiye'de geçirdikleri süre uzadıkça, özellikle çocuk ve gençlerin sayısı arttıkça, Türkiye toplumu bizim kadar onların da olacak. Bu topraklarda birlikteliğimiz sürdükçe, toplum daha önce ekonomik ve sosyo-kültürel bağlamlarda karşılaşmadığı yeni bir olgu ile karşı karşıya bulunacak ve daha önce düşünülmemiş sorunlarla baş etmek zorunda kalacak. Türkiye toplumu artık göç alan bir toplumdur. Bu durum, Suriyelilerin ve diğer ülkelerden gelenlerin sayısı arttıkça ve ülkede kalma süreleri uzadıkça daha belirgin bir hal alacak.

Sözü geçen tarihsel göç olguları arasında, Türkiye'deki Suriyeliler ve Avrupa'daki Türkler arasında, yapısal nedensellikler ve göçmen tahayyülü açısından farklar olduğu gibi benzerlikler de bulunmaktadır. Batı Avrupa toplumlarının geçen yüzyılda yaşadığı ve halen yaşamakta olduğu göç ve uyum sorunsallarını ve tartışmalarını Türkiye, kendisine sığınan insan grupları ve özellikle Suriyeliler aracılığıyla, hızlı ve yoğunlaşmış bir şekilde önümüzdeki yıllarda yaşamaya aday gözükmektedir. Bu bağlamda Batı toplumlarında yarım yüzyılı aşkın bir süredir yaşayan Türkiye kökenli göçmen topluluklarının değişik toplumsal düzlemlerdeki her türlü deneyimleri bugün bize yol göstermelidir. Suriyeli toplulukların veya diğer ülkelerden gelen grupların Türkiye'ye girdikten sonra deneyimleyecekleri sosyal, ekonomik ve kültürel yaşantılarında ve ev sahibi toplumla ilişkilerinde, Batı Avrupa toplumlarındaki göçmen işçi topluluklarının (ve özellikle Türkiye köken-lilerin) yaşadığı evrelere benzer aşamalardan geçmeleri büyük bir olasılık dahilinde.

## Suriyelilerin Türkiye'deki Coğrafi Dağılımının Öğrettikleri

Dünyanın en çok sığınmacı barındıran ülkesi unvanına sahip Türkiye'de

Suriyelilerin sosyal ve ekonomik konumuna dair bilgiler ve bu nüfusun demografik durumunu yansıtan veriler neredeyse günden güne değişmekte. Ülkelerindeki iç savaştan kaçan Suriyeliler 2011 yılından beri Türkiye gündeminin değişmeyen bir maddesi oldular ve hızla toplumumuzun bir parçası olmaktadırlar. Bu metin yayına hazırlanırken ilan edilen en son resmî veriye göre Türkiye'de kayıtlı Suriyeli sayısı 3.412.368 kişi olarak beliriyordu (GİGM, 14.12.2017). Suriyelilere dair veriler İçişleri Bakanlığı tarafından aydan aya yenilenmektedir. Yayımlanan bu sayı; hem kayıt altına alınan kişilerin artması, hem ülkemize yeni gelenlerden dolayı, hem de Türkiye'de doğan Suriyeli çocuklar yoluyla durmaksızın yükselmekte. Kamu kurumları ve önemli sayıda sivil toplum kuruluşu ülkedeki Suriyeli nüfusu kayıt altına alma ve onları insan onuruna yakışır bir şekilde ağırlamak için çabalarını esirgememektedirler. 2018 yılının Ocak ayı itibarıyla, Türkiye'deki kayıtlı Suriyeli nüfus sayısı ülkenin toplam nüfusunun %4,3'üne erişmiş durumda. Ancak her şeye rağmen ilan edilen sayılara henüz kayıt altına alınmamış olan Suriyelileri de hesaba katmak amacıyla muhtemelen %15'lik bir oran eklemek doğru olacaktır.

2011'den beri Suriyelilerin Türkiye'deki coğrafi dağılımına dair veriler doğrultusunda öne çıkan yorumlar; bu nüfusun ülkemize girdiği Suriye ile komşu bölgeler ve Avrupa Birliği ülkeleri ile sınır bölgeleri (Yunanistan, Bulgaristan) arasında, yani güneydoğu/kuzeybatı ekseninde dağıldığı yönünde idi. Başlangıçta Türkiye'ye giren Suriyelilerin öncelikli amacı tercihen bir Batı Avrupa ülkesine ulaşıp iltica başvurusunda bulunmaktı. Türkiye birçoğu için geçici olarak barınacakları bir duraktı. Durum, toplumumuz ve devletimiz tarafından da aynı şekilde algılandı ve resmî söylemde hala bu şekilde ifade edilmeye devam etmektedir: "Suriyeliler ülkelerindeki kaos ortamından kaçmaktalar. Suriye'ye geri dönene kadar veya gidecekleri diğer ülkeler kendilerini kabul edene kadar 'misafirimiz' olacaklar". Ancak AB ülkelerinin Suriyeli mülteci akınını durdurmak için ellerinden geleni yapması ve Türkiye'de geçen sürenin uzaması nedeniyle ülkemizde bulunan Suriyeli nüfusun niyetinin ve buna bağlı olarak coğrafi dağılımının artık değişmekte olduğunu gözlemleyebiliriz.

Bugün Türkiye'de en büyük kayıtlı Suriyeli nüfusu barındıran 10 il ülkedeki toplam Suriyeli nüfusun %78'ini kapsıyor (yaklaşık 2,7 milyon kişi). Bu iller barındırdıkları nüfusun büyüklüğüne göre şu şekilde sıralanmaktadır: İstanbul, Şanlıurfa, Hatay, Gaziantep, Mersin, Adana, Bursa, Kilis, İzmir ve Kahramanmaraş. Buradan yola çıkarak Türkiye'deki Suriyeli nüfusun bir kısmının akrabalarının yaşadığı Suriye ile komşu olan bölgeye ve ülkenin sahil kesimlerindeki gelişmiş metropollere yoğun olarak yerleştiği anlaşılmaktadır. Örneğin 2017 sonunda Türkiye'de toplam nüfusa göre %4,3'lük bir oranı temsil eden Suriyeliler; Kilis, Hatay, Şanlıurfa, Gaziantep, Mersin, Kahramanmaraş ve Adana illerinde toplam vilayet nüfusuna göre sıra ile: %101(!), %29, %24, %18, %11, %9 ve %8 gibi önemli oranları temsil etmekteydiler.

Ancak durumun gelecek yıllarda değişeceğini ileri sürebiliriz. Yukarıda değindiğimiz yoğunlaşma oranı yavaş yavaş azalmaktadır. 2015 ve 2016 resmî verilerine göre en büyük kayıtlı Suriyeli nüfusu barındıran 10 ildeki Suriyeli nüfus tüm Türkiye'deki Suriyelilerin sırayla %80 ve %79'unu oluşturmaktaydı.

Daha yakından bakacak olursak; kalabalık Suriyeli nüfusu ağırlayan 10 ili Suriye ile sınır bölgesi ve sahil bölgelerindeki büyük şehirler olarak 2 farklı gruba ayırabiliriz. İlk grupta (barındırılan Suriyeli nüfusun büyüklük sırasına göre) Şanlıurfa, Hatay, Gaziantep, Kilis ve Kahramanmaraş bulunmaktadır. İkinci grupta ise (barındırılan Suriyeli nüfusun büyüklük sırasına göre) İstanbul, Mersin, Adana, Bursa ve İzmir yer almaktadır. Bu illere yerleşmiş olan Suriyelilerin 2016 ve 2017 verileri karşılaştırıldığında, sadece son bir yılda, sınır bölgesindeki şehirlerden sahillerdeki metropollere doğru bir kayma olduğunu tespit edebiliriz. Sınır bölgesinde; Şanlıurfa, Hatay, Gaziantep, Kilis ve Kahramanmaraş 2016 yılında Türkiye'deki toplam kayıtlı Suriyelilerin %47'sini barındırmaktaydı. Bu oran 2017 sonunda %44'e düşmüş durumda. Sahil metropolleri açısından ise İstanbul, Mersin, Adana, Bursa ve İzmir 2016 yılında Türkiye'deki Suriyelilerin %32'sini ağırlarken, bu oran 2017 yılında %34'e çıkmış durumdadır.

Suriye ile komşu olan veya bu bölgeye yakın vilayetlerde oluşturulmuş toplam 23 sığınmacı kampında barınanların sayısı da yıldan yıla azalmaktadır. Bu insanlar Türkiye'nin çeşitli yerlerine dağılarak kendi hayatlarını yeniden kendileri idame ettirmek çabasındadırlar. 2017 yıl sonu verilerine göre, Türkiye'deki kayıtlı Suriyelilerin %7'den azı kamplarda yaşamaktadır. Dahası var: Şimdiye kadar coğrafi dağılım tespitlerimize temel oluşturan 10 il dışında ağırladıkları Suriyeli sayısının hızla yükseldiğini gördüğümüz ve ne sınır bölgesinde ne de Avrupa yönünde bir göç güzergâhı üzerinde bulunan başka iller de mevcut. Orta Anadolu'da Ankara, Kayseri, Konya ve Nevşehir; Batı Anadolu'da Afyonkarahisar ve Isparta; Karadeniz'de Samsun; Doğu Anadolu'da Diyarbakır ve Elazığ bu illere örnek olarak gösterilebilir.

Yukarıda sunulan gözlemlerden şu sonucu çıkarabiliriz: Türkiye'deki Suriyeli nüfusun önceliği değişmektedir. Amaç artık bir Avrupa ülkesine iltica etmekten çok buraya yerleşip, ikamet iznine sahip göçmen statüsünde, hatta mümkünse vatandaşlığa geçerek, hayatını Türkiye'de yeniden kurmak olarak belirmektedir. Zira AB ülkeleri ile gerçekleştirilen geri kabul antlaşmasının "başarılı" olduğu; Ege sahilleri veya Trakya kara sınırından Yunanistan ya da Bulgaristan'a geçiş teşebbüslerinin oldukça azaldığı ortadadır. Yukarıdaki paragraflarda göstermeye çalıştığımız gibi, ülkedeki Suriyeli nüfus Avrupa'ya doğru giden güneydoğu/kuzeybatı eksenini terk etmeye ve ülkenin sanayi kentleri başta olmak üzere tüm yurt sathına yayılmaya başlamıştır.

İnsani Geliştirme Vakfı ve sosyal araştırma şirketi IPSOS'un 2017 Mayıs ayında en çok Suriyeli barındıran 10 ilde 1282 Suriyeli ile yüz yüze görüşerek gerçekleştirdiği bir ankete göre, Türkiye'deki Suriyeli yetişkinlerin %88'i emeği karşılığı elde ettiği gelir veya geçmiş birikimi ile yaşamını sürdürmektedir. Türkiye'de kendilerine sunulan sosyal yardım ile yaşayanların oranı ise sadece %6'dır. Türkiye'de geçirilen süre uzadıkça çalışarak elde ettikleri gelir ile yaşayan Suriyelilerin oranı artarken, nakdi veya ayni yardım ile yaşayanların oranı azalmaktadır. Burada altı çizilmesi gereken husus, Suriyelilerin ezici çoğunluğunun Türkiye'de halen yasal çalışma izninin bulunmadığıdır. Aynı araştırmaya göre, Suriyelilerin %70'i henüz Türkçe okuma-yazma bilmemesine rağmen bu grubun yarısından fazlası (%52) kendi ve çocuklarının geleceğini Türkiye'de görmekte; %49'u kendisini Türkiye'nin bir parçası olarak düşünmekte; %44'ü artık Türkiye dışında başka bir ülkede (Suriye dahil) yaşamak istememektedir. Ayrıca, görüşülen Suriyelilerden %74'ü Türk vatandaşlığına geçmeyi arzulamaktadır. Bu bağlamda 2011 yılından beri sadece 20.000 Suriyeliye T.C. vatandaşlığı verildiğini resmî verilere dayanarak hatırlatmak faydalı olacaktır (TGRT Haber, 31.12.2017).

## Türkiye'deki Suriyelilerin Demografik Yapısının Düşündürdükleri

Batı dünyasının gelişmiş ülkeleri ile karşılaştırıldığında, Türkiye halen nüfusu genç bir ülke olarak tanımlanabilir. Ancak Türkiye'de nüfus artışının yavaşlamakta olduğu ve yakın yıllarda toplumumuzun yaşlanmasının açık bir biçimde ortaya çıkacağı kabul etmemiz gereken bir gerçektir. TÜİK verilerine göre son yıllarda ülkemizde düzenli olarak düşmekte olan doğurganlık yaşındaki kadın başına ortalama çocuk sayısı 2016 yılında 2,1 olarak kayıt edilmiştir. Yani ülkemiz tarihinde ilk kez asgari nüfus yenileme oranına erişilmiştir. Kadın başına ortalama doğurganlığın gelecek yıllarda bu oranın altında seyretmesi bundan sonra ülkemizde nüfusun artmayacağı ve yaşlanmaya başlayacağı anlamına gelir. Bugün Türkiye'de toplam nüfusun %28,7'si 18 yaş altı çocuklardan oluşmaktadır. Hane halkı büyüklüğü verileri ise ülkemizde ailelerin ortalama 3,5 kişiden oluştuğunu göstermektedir (TÜİK, 2017). 2017 yıl sonu resmî verilerine göre, Türkiye'deki 3,4 milyona yakın Suriyelinin %47,4'ünü 18 yaşının altındaki çocuklar (1.615.883) oluşturmakta (GİGM, 21.12.2017) ve ülkemizdeki Suriyeli ailelerin hane halkı büyüklüğü ise, 2017 yılının Mayıs ayında gerçekleştirilen İNGEV-IPSOS araştırmasına göre ortalama 6,2 kişidir. Genel nüfusa göre çocuk oranı ve ortalama hane halkı büyüklüğü verilerinin karşılaştırılmasından anlaşılacağı gibi, Türkiye'deki Suriyeliler ülkemizin genel nüfusundan daha doğurgan ve genç bir demografik yapıya sahiptir.

Geleceğe dönük olarak, bu durum hiç kuşkusuz Türkiye'deki Suriyeliler sorunsalının en önemli noktasını oluşturmaktadır. Türkiye sadece dünyada en çok sığınmacı barındıran ülke unvanına sahip değil; aynı zamanda dünyada en çok sığınmacı çocuk ağırlayan ülke konumundadır. Hacettepe Üniversitesinin Göç ve Siyaset Araştırmaları Merkezinin 2015'te Türkiye İşveren Sendikaları

Konfederasyonu ile beraber yayımladığı bir raporda 2011 yılından beri ülkemizde her yıl ortalama 40.000 Suriyeli çocuğun doğduğuna işaret ediliyor. Bu veriye göre, son 6 yılda Türkiye'de dünyaya gelen yaklaşık 240.000 Suriyeli çocuk; bir o kadar da, Suriye'de doğmuş olsa bile, hayatının çoğunu Türkiye'de geçirmiş çocuk bulunmaktadır. Aynı Araştırma Merkezinin paylaştığı daha yeni verilere göre, 2016 ve 2017'de Türkiye'de doğan Suriyeli bebek sayısının artarak yılda 80.000'i aştığı görülmektedir (T24, 26.12.2017).

Şu an ülkemizde okul çağında bulunan (5-18 yaş arası) bir milyondan fazla Suriyeli çocuk yaşamaktadır. Resmî makamların ve sivil toplum kuruluşlarının tüm çabalarına rağmen bunların ancak %62'si düzenli olarak bir okula kayıtlı bulunmaktadır. Okul sonrası genç yaş gruplarına bakarsak, şu an ülkemizde bulunan Suriyeli nüfusun %41'i 15-34 yaş arasındaki gençlerden oluşmaktadır (1.394.985 kişi; GİGM, 21.12.2017). Bu insanların da kısa sürede yeterli derecede bir meslek eğitimine veya Türkçe dil bilgisine sahip olmaları ve ülkemiz ekonomisine kazandırılmaları zorunludur.

Kısacası ülkemizdeki Suriyeli nüfusun yerli nüfustan daha genç ve dinamik olduğu açıktır. Yani Türkiye toplumunun yakın bir gelecekte başlaması beklenen yaşlanmasını bir süre geciktirecek nitelikte bir demografik yapı söz konusudur. Türkiye'deki Suriyeli nüfusun ülkenin demografisine ve ekonomisine katkıda bulunma potansiyeline sahip olması bir gerçek teşkil etse de bu potansiyelin efektif katkıya dönüşmesi kendiliğinden olmayacaktır. Bu nüfusun çoğunlukla Suriye'nin kırsal kesimlerinden geldiği ve büyük bir kısmının eğitim veya mesleki beceri konusunda yüksek bir seviyeye sahip olmadığı da bilinmektedir. Türkiye'deki Suriyelilerin ülkenin geleceğine olumlu bir katkı sağlaması olasıdır ancak bunun gerçekleşebilmesi için barınma, sağlık, okul eğitimi, Türkçe dil eğitimi ve mesleki eğitim gibi hizmetlerden faydalanmaları; yasal çalışma olanağı gibi haklara sahip olmaları gerekmektedir.

Aksi takdirde bu nüfusun sayıca en kalabalık olan genç katmanlarının içinde doğduğu veya hayatının önemli bir kısmını geçirdiği toplumla bütünleşmesi; kendini yaşamını içinde devam ettireceği Türkiye toplumuna ait hissetmesi kolay olmayacaktır. Sosyal uyum ve ekonomik entegrasyon konularında acilen önemli başarılar elde edilemezse, Türkiye'deki Suriyeli genç nüfusun bir sorunlar yumağı olarak ülkenin gündemine oturacağı açıktır. Batı Avrupa ülkelerinde, içinde çokça Türkiye uyrukluların da bulunduğu, yabancı kökenli genç nüfusların yaşadığı sosyo-ekonomik problemler ve kimlik sorunları karşımızda tekrar edilmemesi gereken bir hatalar bütünü olarak durmaktadır.

Suriyelilerin ev sahibi toplumla ilişkileri konusunda gerçekleştirilmiş iki anket çalışmasının sonuçları birlikte ele alınabilir; zira aralarında zaman farkı olsa bile ortaya benzer bir tablo çıkıyor. İlki 2014 yılının Ekim ayında Hacettepe Üniversitesi Göç ve Siyaset araştırmaları Merkezi tarafından 1501 kişilik bir temsili örneklem üzerinde gerçekleştirilmiş. İkincisi ise, 2017 Eylül'ünde Aksoy Araştırma Kuruluşu ve Ekonomistler Platformu ile ortaklaşa, yine 1500 kişilik bir temsili örneklem ile görüşülerek yapılmış. Her iki anket de Suriyelilerin toplumsal kabulünün ülkemizde kayda değer bir oranda seyrettiğini; insani değerler, din kardeşliği ve komşuluk görevi temelli yardım anlayışının toplumumuzda azımsanamayacak bir yere sahip olduğunu göstermektedir. Fakat katılımcıların önemli bir kısmı bu kabulün özellikle iktisadi bedelinin Türkiye için ağır olacağını düşünmektedir (işsizliği arttırması, maaşların artışını engellemesi, kira artışına ivme kazandırması ve enflasyonu tetiklemesi gibi).

Daha dikkatle bakıldığında, toplumumuzda mevcut inanç grubu (Sünni, Alevi, Nusayri) ve etnik köken (Arap, Kürt, Türkmen) endeksli ayrımcı yardım ve şartlı kabul reflekslerinin önemi ortaya çıkmaktadır. Katılımcılar kendilerine yakın bulduklarına yardımı esirgemezken diğerlerini kötülemektedir (özellikle asayiş ve güvenlik tehdidi oluşturduklarını ileri sürmekteler). Bunula beraber anketlere katılanların ezici çoğunluğu Türkiye'deki Suriyelileri "öteki" olarak tanımlama ve onları "bizden biri" olarak kabul etmeme konusunda ısrarlı oldukları görülmektedir. Yani Suriyelileri kültürel açıdan kendinden farklı ve hatta onları "daha geri" olarak görmektedirler. Her iki ankette, yerel halk Suriyelilere vatandaşlık verilmesine çoğunlukla karşı çıksa da 2014'teki anket çalışmasında bile Suriyelilerin artık geri dönmeyecekleri fikrinin kabul görmeye başladığını tespit edebiliriz.

Türkiye'de Suriyeli varlığının iç siyasete malzeme yapılması; Suriyelilere yönelik basmakalıp düşüncelerin oluşması, türlü türlü nefret söylemlerinin üretilmesi ve hatta bazı linç girişimlerinde bulunulması; ülkemizdeki Suriyeli nüfusun ekonomik sorunlar, suç ve şiddet olayları veya yolsuzluk ile ilişkilendirilmesi ya da bu olumsuzluklardan sorumlu tutulması gibi konuların üzerinde dikkatle durmalıyız. Ülkemizde hangi ailenin yurtdışına göçmüş akrabası yok? Hepimiz Batı Avrupa'da yaşayan yakınlarımızın sorunlarını aklımızda tutarsak, Türkiye'deki Suriyelilerle eş duyum sağlayabilmemiz bir o kadar kolay olacaktır. Avrupa'da yabancıların, özelde Müslümanların ve daha özelde Türkiye kökenlilerin yaşadığı sosyal dışlanma ve ayrımcılık mağduriyetinin ülkemizdeki Suriyelilere yaşatılmaması sadece ilgililerin değil, tüm toplumun yani Türkiye'nin yararına olacaktır.

## Türkiye'deki Suriyeli Nüfusun Sosyo-Ekonomik Bilançosunu İyileştirmek

Batı Avrupa ülkelerinin onlarca yıldır aldığı yoğun göçlerin ev sahibi toplum tarafından nasıl algılandığı ve kabul gördüğü konusunda artık oldukça belirgin olan bir genel kanı söz konusudur. Yabancıların algılanışı ve kabulü toplumların iktisadi ve siyasi iklimleri ile bire bir ilişkilidir. Dolayısıyla, ekonomik krizler ve politik belirsizlikler baş gösterdikçe çeşitli formlarda ifade edilen yabancı düşmanlığı artmaktadır. Bugün Batı Avrupa'da olduğu gibi. İkinci dünya savaşını izleyen 30 yıl boyunca yaşanılan neredeyse duraksamasız iktisadi büyüme ve siyasi istikrar yıllarında ise, yabancı düşmanlığı hiç bir zaman tamamıyla yok olmasa bile hissedilir bir biçimde düşüktür. Aynı türden gelgitlerin ülkemizde de gözlemlenmesi muhtemeldir. Ancak 2011'den bu yana Türkiye toplumunun ve kamu kurumlarının Suriyeli sığınmacıları ağırlamak açısından genelde başarılı bir sınav verdiğini mutlulukla kayıt edelim. Bu özveri ve başarının devamı gelecek mi? Duyarlı, öngörülü ve soğukkanlı olmayı becerebilirsek Türkiye'de Suriyeli varlığının ortaya çıkardığı sorunları; hem ev sahibi toplum açısından hem de sığınmacıların zarar görebilirliği bakımından asgariye indirmek, toplumsal sürtüşme ve çatışma risklerini azaltmak, huzursuzlukları ve rahatsızlıkları önlemek mümkündür.

Elimizdeki bilgiler dahilinde şu anki duruma göre Türkiye'de Suriyelilerin büyük bir kısmı geçimlerini yardımlardan çok kendi çabaları ile sağlamaktalardırlar. Ülkemizde çalışan Suriyeliler çoğunlukla; herhangi bir mesleki beceriden yoksun, eğitim seviyeleri düşük ya da yetersiz, dil bilgileri zayıf veya yok ve vatandaşlarımızın çoğunluğunun (artık) yapmak istemediği işlerde kayıt dışı istihdam edilen insanlardan ibaret bir emekçi kitlesi oluşturmaktadırlar. Bu grubun içerisinde bulunan çocuk sayısı endişe verecek ölçüde yüksektir. Yıllar boyu ilerleyen bilinçlenme sayesinde ve resmî kurumların gösterdiği çabalar sonucunda Türkiye'de hem kayıt dışı istihdam hem de özellikle çocuk istihdamı konularında gözlemlenen kazanımların Suriyelilerin iş piyasasına girmesiyle gerilediği görülmektedir. Çocuk istihdamı ve kayıt dışı çalışma ise emek sömürüsünü körüklemekte ve geleceğe dair önemli sosyal riskler barındırmakta.

Suriyelilerin Türkiye toplumuna katkı sağlamalarını garantilemek istiyorsak çocuklarının okullaşma oranını Türk vatandaşı çocukların oranına çekmek zorundayız. Ayrıca yukarıda da belirtiğimiz gibi Suriyeli yetişkinlerin ekonomimizin işgücüne ihtiyaç duyduğu sektörlerde yasal ve sigortalı olarak çalışmalarını acilen sağlamalıyız. Bunun için çalışma izninin genelleştirilmesi, ilgili sektörlere (imalat, inşaat, tamircilik, tarım, tekstil gibi) uygun mesleki eğitim programlarının geliştirilmesi ve iş yeri sosyal güvenlik denetimlerinin artırılması şart gözükmektedir. Suriyeli nüfus içerisinde esnaf geçmişi olan, sermaye veya meslek sahibi insanlar da bulunmaktadır. Bu niteliklere sahip olanların ülkemizde şirket kurup iş yeri açmaları kolaylaştırılmalı; diplomaları varsa, denklik işlemleri basitleştirilmelidir.

Suriyelilerin Türkiye'deki varlığının şimdiden toplumumuza kazandır-dıklarını göz ardı edemeyiz. Çalışma yaşındaki nüfusumuzun ezici çoğun-luğunun girmek istemediği ancak ekonominin ihtiyaç duyduğu işlere talip olduklarını daha önce de belirtmiştik. Burada bir de toplam nüfusun %4'ünden fazlasını oluşturan bu topluluğun perakende tüketimi ve barınma harcamalarının ekonomimize katkı sağladığını hatırlatmak gerekmektedir. Özellikle Suriyelilerin barınma harcamalarının kira olarak birçok Türk hanesinin aylık gelirini arttırdığının altını çizelim. İş piyasasında olduğu gibi, konut piyasasında da Suriyelilerin aslında ülkemizin vatandaşlarına rakip olmaktan çok onlara yeni imkânlar sağladıklarını söyleyebiliriz. Türkiye'deki Suriyelilerin ülkemiz insanlarının çoğunluğunun artık oturmak istemediği; düşük nitelikli, başka şekilde kolayca değerlendirilemeyecek olan eski konutlarda ya da işlevini yitirmiş dükkândan veya atölyeden devşirme mekânlarda barındıkları kabul etmemiz gereken bir gerçek. Suriyelilerin barınma koşullarının iyileştirilmesi ve Türkiye'deki ortalama barınma koşullarının seviyesine yükseltilmesi de gelecekte yaşayabileceğimiz olası sosyal problemlerin veya sağlık sorunlarının önüne geçmek için bir gereklilik oluşturmaktadır.

Suriyeliler halen hiç bir şekilde Türkiye Cumhuriyeti vatandaşlarından daha iyi hizmet görmüyorlar. Devlet onları kendi vatandaşlarından daha çok gözetmiyor. Bu konudaki önyargılarla mücadele ve kamuoyunun Suriyeliler konusunda izlenen politikalar hakkında şeffaf bir şekilde bilgilendirilmesi resmî kurumlar tarafından önemsenmelidir. Ancak Türkiye'deki Suriyelilerin devlet kurumlarından aldıkları hizmetler gerektiği yerde onların özel ihtiyaçlarına cevap verebilecek şekilde düzenlenebilir. Bu işlem de aslında toplumumuza, hem şimdiki zaman dilimi için hem de gelecekte, yararı olacak bir girişimdir. Eğitim ve sağlık başta olmak üzere, Suriyelilerin her türlü kamu hizmetinden insan hakları dahilinde faydalanabilmesi, özellikle yoğun olarak yaşadıkları bölgelerde kalifiye devlet memuru (öğretmen, hekim, hemşire, sosyal hizmet uzmanı vs.) istihdamının artması ve buna bağlı ticari hizmetlerin de (eczacı, optikçi, okul taşımacısı, kırtasiyeci, diğer esnaf grupları vs.) gelişmesi demektir.

## Adını koymak: Türkiye'deki Suriyeliler bizim neyimiz olur?

Yaşama süresi uzadıkça, göç alan toplumdaki yabancı gruplar, sıklıkla ev sahibi topluma rağmen, o toplumun bir parçası olurlar. Yabancıların yaşadıkları sorunlar da göç alan toplumun çözmekle yükümlü olduğu, öz sorunları haline gelir. Çünkü bu sorunların nedeni son tahlilde ev sahibi toplumda bulunmaktadır. Aslında yabancılarla göç alan toplum arasında düşünümsel bir etkileşim söz konusudur. Yabancılar bir ülkeye hangi nedenle ve hangi statüyle (göçmen, sığınmacı, mülteci) yerleşirlerse yerleşsinler, içine girdikleri toplumda "ayna" işlevi üstlenirler. Yabancılar ev sahibi topluma kendinde görmek istemediğini yansıtırlar. Yabancıların varlığı, göç alan toplumu kendisi ile yüzleşmeye zorlar. Yabancılar aslında toplumda önceden var olan ama göz ardı edilen bazı sorunsalları, endişe ve belirsizlikleri ev sahibi toplumun yüzüne vurur. Yabancı grupların sosyo-kültürel farklılıkları ve toplumsal cinsiyet nitelikleri; ev sahibi toplumun sosyal katmanlaşmasındaki yerleri, maruz kaldıkları sosyal ve ekonomik eşitsizlikler; yaşadıkları ötekileştirme süreçleri, etnik ya da dinsel dışlama olayları ev sahibi toplumun kendi içinde onlarca yıldır barındırdığı benzer yapısal sorunları su yüzüne çıkarır.

Bugün nasıl Batı Avrupa toplumları onlarca yıldır Avrupa dışından (özellikle Müslüman ülkelerden) aldıkları yoğun göç sonucunda kendi etnik/ulusal kimliklerini, din/laiklik veya azınlık/çoğunluk anlayışlarını sorgulamak durumundalarsa; toplumsal cinsiyet eşitsizliği sorunsallarını, sosyal eşitsizliklerini, ötekileştirme algılarını ve oryantalizm yanılsamalarını (isteksizce olsa da) tartışmak zorundalarsa; yakında aynı şekilde Türkiye'deki Suriyelilerin ve diğer yabancıların yüzleştirici etkisi şu an olduğundan daha açık bir şekilde toplumsal gündemimize yerleşecektir.

Vardığımız noktada bir an durmamız yararlı olacaktır. Aslında Suriyelilerin ülkemizdeki varlığının önemli bir getirisi belki de buradadır. Malum, Türkiye toplumu ve devlet kurumları yakın tarih boyunca kendi içindeki dinsel ve etnik farklılıkların kabulü ve ifadesi bakımından oldukça zorlandı. Suriyelilerin etnik ve dinsel kompozisyonu ülkemizdekilerle aynı unsurlardan oluşuyor, sadece oranlar değişiyor. Bu açıdan önümüzdeki yıllarda Suriyelilerin Türkiye toplumuna eklemlenmesi; azınlıkların tanınması, çok kültürlülük ve çoklu aidiyet, çok dillilik ve hatta anadilde eğitim gibi günümüz için sorunlu konuların; nefret söylemi, ötekileştirme ve ırkçılık gibi mücadele edilmesi gereken olguların barışçıl ve demokratik yöntemlerle somut olarak tartışılıp çözüme erdirilmesi için bir fırsat oluşturabilir.

Suriyelilerin bir bölümünün ülkemizde akrabalarının olması veya kendi etnik (Arap, Kürt, Türkmen) ve inanç gruplarından (Sünni, Alevi, Nusayri, Ezidi, Hristiyan) insanların yerel nüfusta da bulunması önemli bir koz olarak kabul edilmeli. Ancak dayanışmanın, bugün sıklıkla rastlandığı gibi, kısmi ve seçici olamayacağı konusunda farkındalık yaratmak zorundayız. Bununla beraber tüm yurtta; sosyal içerme ve kültürel farklılıkların kabulü hakkında samimi çalışmalar gerçekleştirilmeli; nefret söylemi, ayrımcılık, ötekileştirme ve ırkçılık ile yeterli ve caydırıcı olanaklarla mücadele edilmelidir. Bugüne kadar Suriyelilerin ağırlanmasına dair izlenen devlet politikaları ve bu konuda üretilen resmî söylemler de bu olumlu yöndedir. Fakat bu çabanın devamının özellikle yerel yönetimler, uluslararası kuruluşlar, yerli ve yabancı sivil toplum kuruluşları ile sıkı işbirlikleri içinde gelişmesi gerekmektedir.

Ev sahibi toplum tarafından yabancı grupların varlıklarının gündelik düzlemde algılanması ve nesnel bir yoğunlukta hissedilmeye başlanması beraberinde tanımlama sorununu da getirmektedir. Batı Avrupa toplumlarında özellikle Avrupa dışından ve Müslüman ülkelerden gelen yabancıların ve çocuklarının adlandırılması her zaman sorunlu bir uğraş olmuştur. 1950-1960'larda, yerleşimlerinin ilk yıllarında, yabancılar "misafir işçi", "göçmen işçi" gibi geçicilik içeren tanımlamalar ile tarif ediliyorlardı. Daha sonraki yıllarda, 1970 ve 1980'lerde, "göçmen aileler" ortaya çıkmış, geçicilik düşüncesi yerini kalıcılığın kabulüne bırakmıştır. Zaman ilerledikçe, 1990'lı ve 2000'li yıllarda, yabancıların çocukları büyüyüp topluma karıştıkça "ikinci kuşak" ve daha sonra da "üçüncü kuşak" göçmenlerden söz edilir olmuştur ki bu adlandırmalar da tatmin edicilikten uzaktılar ve ötekileştirmeden muaf değillerdi. Zira bu kuşakların mensupları ebeveynlerinin göç ettiği ülkede doğduklarından kendileri teknik açıdan göçmen değillerdi ve artık sıklıkla doğdukları ülkenin tabiiyetine de sahiptirler. Bunun sonucunda "yabancı/göçmen kökenli vatandaşlar" ya da "Avrupalı Türkler, Araplar veya Müslümanlar" gibi yeni tanımlamalar türetilmiştir ancak ötekileştirmeye devam eden isimlendirmelerin ardı arkası kesilmemiştir. Bu tür adlandırmalarda ısrar eden "ev sahibi" toplum her defasında ilgili kişiye "sen -henüz- bizden değilsin, yeterince uyum sağlamamışsın" demektedir.

Suriyeliler Türkiye'deki diğer yabancı gruplardan nüfus bakımından daha büyük bir grup oluşturduklarından ve coğrafi olarak tüm diğer gruplardan daha geniş bir yayılma alanına sahip olduklarından, Batı Avrupa'daki Müslüman grupların durumuna diğerlerinden önce ulaşacaklarını düşünebiliriz. Yani Suriyelilerin artık toplumumuz tarafından tutarlı ve ötekileştirmeye yer vermeyen bir şekilde adlandırılmaları gerekmektedir. Yasal statüleri açısından "geçici koruma altında" bulunan ve resmî söylemin bugün hala "misafir" olarak adlandırdığı kitlesel ve kalıcı bir gruptan söz ediyoruz. Bu grup altı yılı aşkın bir süredir Türkiye'de yaşamakta ve özellikle ülkemizde doğmuş üyelerinin sayısı her geçen gün artmaktadır. Adlandırma sorununun bir yansıması olarak kitabımıza özgün araştırmaları ile katkıda bulunan yazarlar ülkemizdeki Suriyelileri tanımlamak amacıyla farklı terimler kullanmaktadırlar. Tüm katılımcılar tarafından bir tek terim kullanılması konusunda uzlaşma yoluna gitmedik. Her araştırmacı bölümünde dilediği adlandırmayı seferber etmekte serbest bırakıldı.

Ancak tüm yazarların hemfikir olduğu bir nokta var: Suriyeliler Türkiye'ye geliş nedenlerinden dolayı "göçmen" olarak adlandırılamazlar. Ülkelerini kendi istekleri doğrultusunda, başka bir ülkede yasal olarak yaşamak ve çalışmak amacıyla terk etmediler. İsteseler de şu anda ülkelerine geri dönemezler. Suriyelilerin Türkiye'ye girişi "zorunlu göç" ve "kayıt dışı (veya düzensiz) göç" olarak nitelendirilebilir; zira ülkelerindeki savaş ortamından, bazen ellerinde hiç bir kimlik belgesi olmadan, canlarını kurtarmak amacıyla kaçmış kişilerden bahsediyoruz. Ülkeye girdikten sonra, Avrupa Konseyi ülkeleri dışından gelen tüm diğer yabancılar gibi, Türkiye'deki geçerli yasalara göre (Türkiye'nin taraf olduğu uluslararası antlaşmalara koyduğu coğrafi çekinceler dolayısıyla) "sığınma" talebinde bulunamıyorlar ve "mülteci" (yani resmi makamlar tarafından tanınmış, tescilli sığınmacı) statüsüne erişemiyorlar. Bu statüye ancak bir başka ülke kendilerini kabul ederse erişebilirler. Bu olası durum gerçekleşene kadar Türkiye'de beklemek zorundalar. Türk yetkililer de onları ağırlamak ve kaçtıkları ülkelerine geri göndermemekle yükümlüdür.

Zorunlu göçler kitlesel olgulardır. Anidirler. Buna karşın "mülteci" statüsü bireyseldir. Ancak uzun süren hukuksal bir süreç sonunda edinilebilir. Mültecilik statüsünü elde etmek amacıyla sisteme giren çoktur ama olumlu bir sonuçla çıkan pek azdır. Batılı ülkeler açıkça seçici davranmaktadırlar. Sığınmacılardan üstün eğitim seviyesine, yeterli yabancı dil bilgisine ve iyi mesleksel becerilere sahip insanları ve ailelerini kabul etmektedirler. Son 6 yıldır Türkiye'ye sığınmış insanlardan çok azı bir Avrupa veya Kuzey Amerika ülkelerine yerleşebilmiştir. Geriye kalanlar Türkiye'de (veya Libya, Lübnan, Ürdün gibi başka ülkelerde) çok uzun süren bir belirsizlik döneminde arafta yaşamaya mahkûm edilmişlerdir. Batılı ülkeler Türkiye'nin doğu ve güney sınırlarında "açık kapı" politikası uygulamasını, sığınmacıları kabul etmesini telkin ederken batı sınırlarını sıkı sıkıya kapaması karşılığında mali yardım vaat etmektedirler. Ancak aynı konumdaki insan sayısı arttıkça ve süre uzadıkça bu muğlak durumun açığa çekilmesi bütün taraflar için bir gereklilik halini almıştır.

Sonuç olarak Türkiye'de önemli bir sığınmacı yığılması oluşmaktadır. Ülkemiz açısından bir yenilik olan "geçici koruma" politikası bu fiili durumu düzenlemek için, uzun yıllar boyunca Türkiye'de beklemek zorunda kalan bu insan kitlesinin sosyal ve ekonomik açıdan zarar görebilirlik potansiyelini düşürmek amacıyla kurgulanmıştır. Göç konusundaki yasal boşluğu gidermek için peş peşe yürürlüğe giren Yabancılar ve Uluslararası Koruma Kanunu (2013) ve Geçici Koruma Yönetmeliği (2014) Türkiye'nin artık kendini resmen göç alan bir ülke olarak tanımladığının hukuksal kanıtlarıdır. Ancak bu gerekli ve olumlu adımlar atılırken dahi Türkiye, Cumhuriyet döneminin ilk on yıllarından kalan, etnik (ve dini) temelli asimilasyoncu ulus devlet anlayışını güncellememek için direnmektedir. Önümüzdeki yıllarda ülkemizin geliştirmek zorunda kalacağı göç politikaları ve entegrasyon felsefesinde ulus devlet anlayışının ve vatandaşlık doktrininin sorgulanması, küreselleşmiş 21. yüzyıl şartlarıyla daha uyumlu hale getirilmesi olasılık dahilindedir. Bu değişikliklerin gerçekleşmesi için toplumu ve kurumlarını zorlayacak önemli etken ise Türkiye'ye yerleşmiş Suriyeliler olacaktır.

Ülkemizde "misafir edilen Suriyeliler" kavramı hiçbir hukuksal dayanağı olmayan ideolojik bir söylemdir. Misafirlik geçici bir olgudur. Bir atasözümüz; "misafir umduğunu değil bulduğunu yer" der. Misafir ikram ve saygı görür ama ev sahibinin eş değeri değildir, haddini bilmelidir. Türkiye'de doğmuş veya büyümekte olan Suriyeli çocuk kitlesine bu söylem ile yaklaşılamaz. Böyle bir ısrar ancak onların yakın bir gelecekte isyan etmesine katkı sağlar. Ne geçici koruma statüsü (ki bu yasal düzenek Türkiye'deki her sığınmacıya değil ama sadece Suriye'den gelenlere uygulanıyor olması açısından da sorunludur), ne de misafirlik söylemi insan hakları temelli bir yaklaşım geliştirilmesi için elverişli değildir. Kamuoyunda Suriyelilere ve diğer yabancı gruplarına dair çeşitli adlandırmalar kafa karışıklığına ve bilgi kirliliğine neden olmaktadır: geçici koruma altındakiler, sığınmacılar, mülteciler, kayıt dışı veya düzensiz göçmenler, ikamet sahibi yabancılar, misafirler... Halbuki Türkiye toplumu başta Suriyeliler olmak üzere yabancıların kalıcılığına alıştırılmalıdır.

En kısa sürede Türkiye'deki tüm sığınmacı gruplara aynı, yani eşit ve daimi bir yasal statü verilmesi; onlara Türkiye'de ikamet hakkının tanınması; hepsinin Türk vatandaşlarının sahip olduğu sosyal haklardan, sağlık ve eğitim gibi hizmetlerden, çalışma izninden faydalanabilmesi; aynı zamanda hepsinin vatandaşların uymak zorunda olduğu yasalara uyar duruma getirilmeleri gerekmektedir. Ancak bu şekilde Türkiye'deki tüm sığınmacılar insan onuruna yaraşır hak, hürriyet ve sorumluluklarla donatılmış olurlar. Bugünden itibaren bu insanların geleceklerinin daha iyi olması tüm Türkiye'nin geleceğinin daha iyi olması anlamına gelmektedir. Ancak göç dalgaları Suriyelilerle sınırlı kalmayabilir. Gelecekte Ortadoğu, Orta Asya veya Doğu Afrika gibi bölgelerde yaşanacak yeni istikrarsızlıklar veya doğal afetler ortaya hedefi Türkiye olan yeni göç dalgalarını çıkarabilir. Toplumumuz bu olasılıklar karşısında da farkındalık sahibi ve hazır olmalıdır. Ülkemizde birçok olumsuzlukların yaşandığını görüyor ve aşılmamış sorunlarımızın olduğunu hepimiz biliyoruz ancak siyasi ve ekonomik problemler veya doğal afetler nedeniyle dünyadaki çeşitli mağdur coğrafyalarından kaçan ve huzuru Türkiye'de arayan insanların veya eğitim hizmetlerinden yaralanmak amacıyla ülkemizi seçen yabancı öğrencilerin varlığı bizler için onur kaynağı olmalıdır. Fakat toplumumuzda bu duygunun oluşabilmesi için yabancıların ülkemizdeki varlıkları, hepimizin desteği ile, sorundan çok faydaya dönüştürülmelidir.

Suriyeliler ve diğer tüm sığınmacı gruplara yönelik kabul ve uyum politikası geçicilik kavramı üzerinden inşa edilemez. Bugün ülkemizde bulunan yabancılar konusunda göz ardı edilen her sorun gelecekte misli ile toplumumuzun karşısına çıkacaktır. Batı Avrupa toplumlarının göç sorunsallarının açmazlarını aşmak için ve onların hatalarını tekrarlamamak amacıyla ülkemizde yabancılar konusunda hak merkezli, insanlık onurunu önde tutan ve ev sahibi toplumda herhangi bir mağduriyet hissi yaratmayan, herkesin bilgisine açık şeffaf politikalar üretilmelidir. Göç ve uyum politikalarının tasarımında Suriyelilerin (ve diğer yabancı grupların) Türkiye'ye katkıları hatta onlar için üretilen politika ve hizmetlerin kısa, orta ve uzun vadede tüm topluma nasıl yarayacağının altı çizilmelidir. Ve tabii ki göç ve uyum sorunsalları konusunda ve ülkemizdeki yabancı grupların daha iyi tanınması, onların etkin bir biçimde toplumumuza kazandırılması amacıyla bilimsel veri ve bilgi üretimi ile uygulamalı sosyal projeler desteklenmelidir.

## Kaynakça

GİGM (14 ve 21.12.2017), Geçici Koruma, http://www.goc.gov.tr/icerik3/gecicikoruma_363_378_4713, erişim: 3.1.2018.

TGRT Haber (2017), http://www.tgrthaber.com.tr/gundem/suriyeliler-neden-turk-vatandasi-olmak-istemiyor-218090, erişim: 3.1.2018.

TÜİK (2017), http://www.tuik.gov.tr/PreHaberBultenleri.do?id=24646, erişim: 3.1.2018.

T24 (2017), http://t24.com.tr/haber/guardian-turkiyede-dogurganlik-oraninin-dusmesi-erdoganin-vizyonunu-tehdit-ediyor,521380, erişim: 3.1.2018.

www.ingramcontent.com/pod-product-compliance
Lightning Source LLC
Chambersburg PA
CBHW071638270326
41928CB00010B/1965